A obra do dr. Jean Francesco é profu[...]nos grandes clássicos da teologia. De forma piedosa, competente, didática e bem escrita, propõe-se a ajudar a todos aqueles que desejam amadurecer na vida cristã, estabelecendo uma relação de equilíbrio entre os quatro elementos de nossa experiência de fé: crença, obediência, oração e encontro. Durante a leitura, somos instruídos e edificados de forma profunda e suave. *Reformando o discipulado* é um livro excelente que certamente contribuirá de modo acadêmico-pastoral para a edificação da igreja em todos os níveis.

Rev. Hermisten M.P. Costa, pastor presbiteriano, professor de teologia e doutor em Ciências da Religião pela Universidade Metodista de São Paulo

Neste livro somos guiados na compreensão, reflexão e envolvimento com o discipulado de forma bíblica, pessoal, esperançosa e perseverante. Trata-se de uma mensagem necessária e urgente para todos aqueles que são discípulos de Cristo e que buscam fazer outros discípulos para a glória do próprio Cristo. É um texto rico, claro e edificante. Aprendi e fui edificado ao lê-lo. *Reformando o discipulado* certamente será uma bênção para a igreja brasileira.

Rev. Ronaldo Lidório, pastor presbiteriano, missionário e doutor em Estudos Interculturais pela Royal London University

As pregações e escritos do meu colega e amigo, rev. Jean Francesco, sempre me edificam. Meu desejo é que muitos mais possam se aprofundar no conhecimento da fé cristã por meio deste volume que ele agora publica. *Reformando o discipulado* merece atenção daqueles que desejam crescer na fé, como Deus espera de todos os seus remidos.

Rev. Synesio Lyra Jr., pastor presbiteriano, professor de teologia e doutor em História do Cristianismo pela Vrije Universiteit Amsterdam

Reformando o discipulado é mais uma obra que testemunha que estamos diante de um tipo de renascença da teologia evangélica brasileira. Quero enfatizar o termo "evangélico", pois ser evangélico é colocar no centro da vida cristã nada senão as obras e a pessoa de Cristo. Todo esforço teológico brasileiro que coopera para recuperar tal centralidade deve ser recebido com gratidão. *Reformando o discipulado* tem uma preocupação introdutória e formativa. A preocupação do autor é evitar o que ele chama de camuflagens ou reducionismos que impedem a integralidade da vida cristã. Ênfases em temáticas importantes podem simplesmente produzir distorções, resultando em algo caricaturado, que simplesmente não é cristão. Como bem aborda o autor, o discipulado total integra fé, obediência, oração e encontro. Este "quadrivium" do discipulado cristão não deve ser visto como momentos estanques, mas organicamente integrados e relacionados. A partir de uma rica experiência pastoral e familiaridade com a tradição teológica do cristianismo antigo e da Reforma, Jean Francesco apresenta uma espécie de arco formativo da vida e do caráter cristãos, e o faz de forma humilde, sem cair na armadilha da "inovação" teológica. Jean combina as peças dispostas na comunidade cristã e oferece uma jornada em direção a uma profunda transformação da vida cristã. Os cristãos precisam ser discipulados, isto é, educados e formados sobre o que significa crer, ser e viver como cristãos. Uma obra recomendada para todo pastor--teólogo, para aqueles envolvidos com projetos de educação cristã e os ocupados com a maturidade e saúde espiritual e teológica da igreja local.

> **Rev. Igor Miguel,** pastor da Igreja Esperança (BH), pedagogo e mestre em Letras e Hebraico pela Universidade de São Paulo

Este manual de vida e doutrina cristã é um acréscimo importante à biblioteca da teologia brasileira. Ele certamente servirá bem de auxílio em grupos de estudos nas igrejas, ou como currículo para a escola dominical, ou como guia para ajudar os pais na catequese dos filhos da aliança. O aspirante a seminarista pode usá-lo em sua preparação para os estudos. A linguagem empregada consegue traduzir de forma inteligível a complexidade de vários conceitos da dogmática reformada, facilitando a jornada de crescimento e discipulado do leitor. O livro dialoga não somente com os credos e confissões da igreja, mas também com a obra essencial de diversos autores cristãos clássicos e contemporâneos, muitos deles pouco conhecidos nos círculos evangélicos. Jean Francesco, com isso, contribui enormemente para a popularização e, por vezes, crítica desses autores. O tratamento de temas como a oração e a ética cristã traz o foco pastoral necessário e reflete a experiência e o ministério do autor.

> **Dr. Lucas G. Freire,** professor e pesquisador do Centro Mackenzie de Liberdade Econômica. Doutor em Política pela University of Exeter e pós--doutor pela North-West University

Aqui está o propósito deste valioso livro: articular um projeto de discipulado integral à luz do que Deus espera de nós. Partindo de uma reafirmação fundamental da centralidade de Deus na vida cristã, Jean Francesco nos conduz de maneira cativante por um processo de formação do caráter cristão que envolve fé (doutrina), obediência (ética), oração (comunhão) e encontro (revelação). Os riquíssimos temas são tratados à luz da Escritura, da fé reformada e da tradição cristã histórica. O alvo final é uma vida cristã genuína, que coloca o Deus triúno no centro de toda a realidade.

> **Rev. Alderi Souza de Matos,** pastor presbiteriano, professor de teologia e historiador oficial da IPB. Doutor em Teologia pela Boston University

O grande historiador do avivamento, J. Edwin Orr, disse que um despertar teológico deve preceder um avivamento da religião. Uma das práticas espirituais dos novos convertidos no dia de Pentecostes era a dedicação ao ensino dos apóstolos (Atos 2:42). Como resultado, a igreja primitiva cresceu astronomicamente. Convencido de que o discipulado contemporâneo no Brasil carece dessa disciplina espiritual de vital importância, o rev. Jean Francesco convida o leitor a se juntar a ele em uma jornada pela teologia cristã ortodoxa. Seu objetivo é ajudar o leitor a saber mais sobre o Deus triúno, entender como obedecer a Deus, aprender como orar e discernir como Deus se revela a nós. Esta excelente introdução foi escrita em um estilo lúcido e devocional que busca envolver o leitor com perguntas e histórias pessoais. Ao explicar as principais doutrinas cristãs, o autor faz uso de boa exegese de textos bíblicos e faz distinções relevantes utilizadas pela teologia cristã clássica. Esta leitura de primeira linha certamente dará uma contribuição sólida para o crescimento espiritual do leitor e para o crescimento numérico da igreja.

> **Rev. Carl J. Bosma,** pastor da Christian Reformed Church, missionário no Brasil e professor emérito do Calvin Theological Seminary

O esforço de sintetizar as doutrinas bíblicas de forma pedagógica e lógica faz parte da rica tradição teológica da igreja cristã. Muitos homens de Deus se debruçaram sobre essa hercúlea tarefa e nos legaram ótimos manuais doutrinários. Por que mais um compêndio de Teologia Sistemática é necessário, então? A leitura da obra de Jean Francesco vai responder essa pergunta a partir da sua proposta central: pensar e apresentar as doutrinas centrais do cristianismo, dentro de uma perspectiva reformada clássica, de forma a servir aos propósitos da igreja, mais especificamente, como forma de caminhar com Jesus, ou seja, discipulado. É isso! Jean nos convence que a doutrina não se reduz a meras proposições, mas diz respeito a uma vida moldada por Deus e vivida diante dele.

> **Rev. Paulo Won,** pastor presbiteriano, mestre em Estudos Bíblicos pela Universidade de Edimburgo, diretor da Escola Didaskalia, apresentador do podcast Com Texto e autor do livro *E Deus falou na língua dos homens* (Thomas Nelson Brasil)

Entre os amigos de L'Abri e outros círculos teológicos de que participo temos clareza sobre um fato momentoso a respeito do movimento evangélico hoje: é que ele carece de uma re-evangelização e de uma ampla reconstrução teológica. E dou graças a Deus ao ver novos teólogos com o calibre do Jean Francesco "pegando esse boi pelo chifre". Seu livro apresenta uma síntese de alta qualidade sobre os fundamentos da doutrina e da vida cristã, combinando legibilidade, precisão doutrinária e espírito de adoração. Aventurando-se a ler essa introdução ao cristianismo, o sujeito corre o risco de tornar-se teólogo! A obra mostra *pedigree*, ao demonstrar respeito aos credos e catecismos; impossível não notar o parentesco com a "Instrução na Fé" de João Calvino, ou a influência de Herman Bavinck na leitura do Credo Apostólico como síntese da cosmovisão cristã. Como o autor observa, o livro é uma viagem longa; mas seu texto é uma estrada fácil e a paisagem teológica compensa o esforço! Uma excelente opção como livro-texto de doutrina cristã para as nossas igrejas brasileiras.

> **Rev. Guilherme de Carvalho,** pastor da Igreja Esperanca (BH), mestre em Teologia e Ciências da Religião, diretor de L'Abri Fellowship Brasil e diretor de conteúdo da ABC²

Entre as muitas enfermidades que têm acometido o evangelicalismo brasileiro nas últimas décadas, uma das mais degenerativas é, sem dúvida, a amnésia.

O esquecimento das doutrinas que têm norteado a fé e a prática dos santos ao longo dos séculos nos submeteu a velhos sofismas e comprometeu severamente a tarefa suprema da igreja de fazer discípulos. Em *Reformando o discipulado*, Jean Francesco nos ajuda a remediar esse problema, organizando conceitos essenciais à fé cristã em torno dos Credos Ecumênicos e de temas bíblicos centrais. O resultado é um lembrete extremamente oportuno de alguns dos principais pilares doutrinários do cristianismo, a partir de uma perspectiva marcadamente agostiniana-reformada. O leitor que até então sentia-se intimidado com as volumosas obras de Teologia Sistemática pode agora desfrutar dessa acessível introdução.

> **Rev. Bernardo Cho,** PhD em Linguagem, Literatura e Teologia do Novo Testamento pela Universidade de Edimburgo, professor de Novo Testamento e Teologia Bíblica no Seminário Teológico Servo de Cristo e pastor da Igreja Presbiteriana do Caminho

As Escrituras Sagradas enfatizam a responsabilidade intergeracional, na qual, os que foram agraciados por receberem o legado da fé cristã tornam-se responsáveis por transmiti-lo à geração seguinte. Lemos nos Salmos: "uma geração contará à outra a grandiosidade dos teus feitos; eles anunciarão os teus atos poderosos" (145:4); e na Segunda Carta a Timóteo, o apóstolo Paulo afirma: "...as coisas que me ouviu dizer na presença de muitas testemunhas, confie a homens fiéis que sejam também capazes de ensinar a outros" (2:2). Receio que a velocidade do crescimento numérico da igreja evangélica brasileira tenha afetado a dinâmica deste processo de formação na fé cristã. A dimensão pessoal, relacional, do discipulado tem sido colocada em segundo plano neste processo de transmissão, o que nos tem permitido informar a muitos sobre a fé, mas, nem sempre, formá-los na fé. O livro *Reformando o discipulado* chega em momento oportuno para ajudar a mudar esta realidade. Jean Francesco nos oferece uma excelente obra, de grande fôlego, cuidadosa, pastoral e contemporânea, onde busca instruir a mente e o coração do leitor, levando-o a uma vida de adoração. Estou muito agradecido a Deus por poder encorajar a leitura desta obra. Boa e transformadora leitura a todos!

> **Rev. Ziel J. O. Machado,** historiador, teólogo e doutor em ministério. É vice-reitor do Seminário Servo de Cristo e pastor na Igreja Metodista Livre (SP)

REFORMANDO O DISCIPULADO

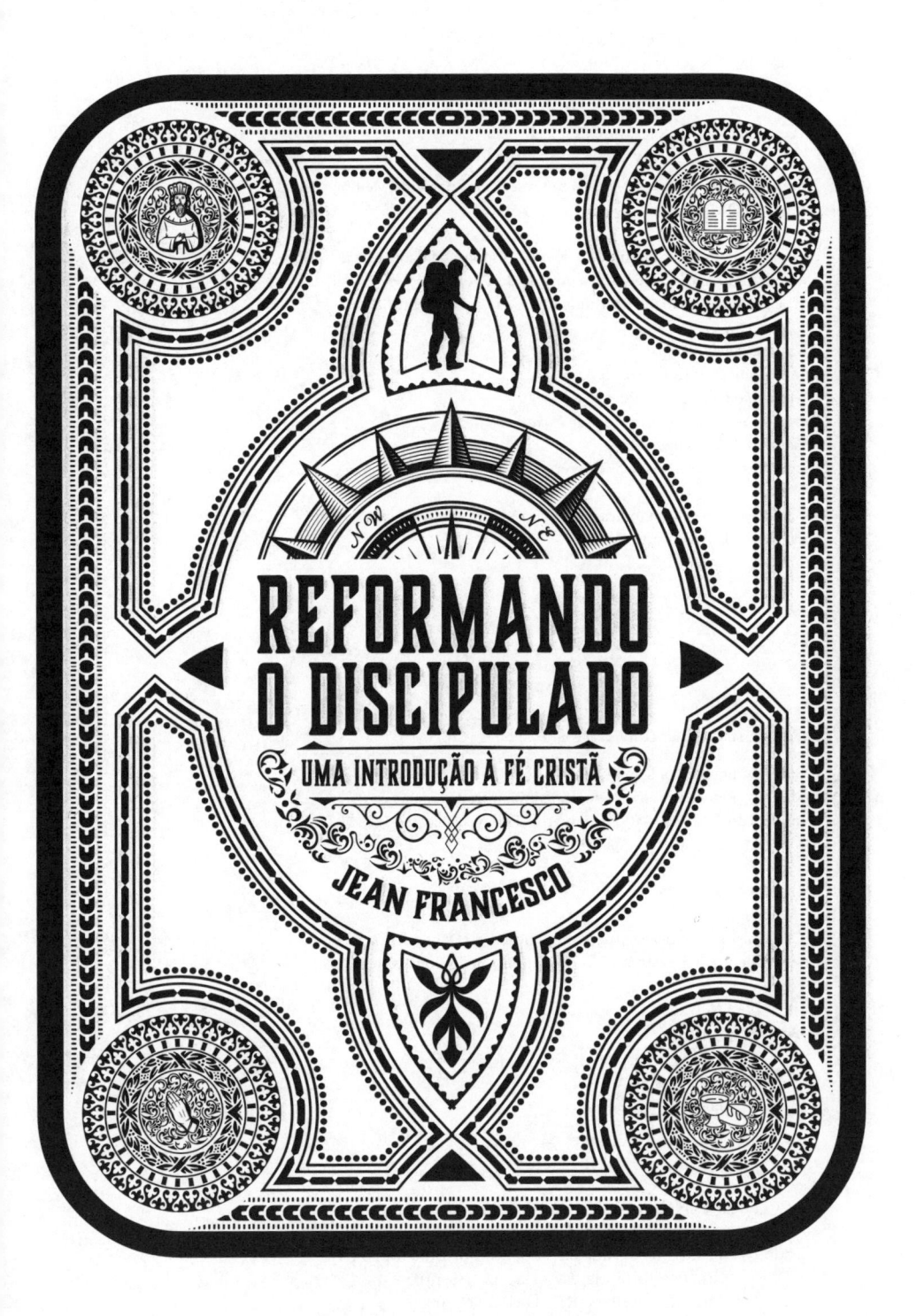

REFORMANDO O DISCIPULADO

UMA INTRODUÇÃO À FÉ CRISTÃ

JEAN FRANCESCO

THOMAS NELSON
BRASIL

PUBLISHER *Samuel Coto*
EDITOR *Guilherme H. Lorenzetti*
PREPARAÇÃO *Gustavo Bonifácio*
REVISÃO *Guilherme Cordeiro* e *Edson Nakashima*
DIAGRAMAÇÃO *Luciana Di Iorio*
CAPA *Felipe Mateus Almeida de Oliveira*

As citações bíblicas sem indicação da versão foram extraídas da versão Nova Almeida Atualizada (NAA).

Dados Internacionais de Catalogação na Publicação (CIP)

F335r	Francesco, Jean
1.ed.	Reformado o discipulado : uma introdução à fé cristã / Jean Francesco. – 1.ed. – Rio de Janeiro : Thomas Nelson Brasil, 2022. 656 p.; 15,5 x 23 cm.

ISBN: 978-65-56894-06-5

1. Cristianismo. 2. Ética – Aspectos religiosos. 3. Deus (Cristianismo) – Conhecimento. 4. Fé cristã – Estudo e ensino. 5. Teologia sistemática. I. Título..

11-2021/59   CDD 230

Índice para catálogo sistemático:
1. Fé cristã : Teologia : cristianismo   230

Thomas Nelson Brasil é uma marca licenciada à
Vida Melhor Editora LTDA.
Todos os direitos reservados à Vida Melhor Editora LTDA.
Rua da Quitanda, 86, sala 218 – Centro
Rio de Janeiro – RJ – CEP 20091-005
Tel.: (21) 3175-1030
www.thomasnelson.com.br

SUMÁRIO

AGRADECIMENTOS

À Thomas Nelson Brasil pela sua qualidade editorial, profissionalismo e também coragem para publicar novos autores no cenário teológico brasileiro.

À minha esposa Gesiê pela paciência que teve comigo durante a escrita deste livro e por suas sugestões em alguns capítulos. Também agradeço a compreensão do meu filho Valentim. Não foram poucas as vezes que tive de retornar ao lar pela madrugada para terminar os capítulos no prazo, deixando de orar com ele e lhe dar um beijo de boa noite.

Ao Calvin Theological Seminary por ser a escola que me cedeu um escritório particular nos meus estudos de doutorado, lugar onde tive o privilégio de escrever este livro. Além disso, sem os recursos da Hekman Library, seria impossível ter acesso ao vasto material que utilizei nesta obra, especialmente as fontes primárias.

À Bruna Gomes Ribeiro, que me fez o convite para escrever o livro e publicá-lo pela Thomas Nelson Brasil. Agradeço também todo o apoio da equipe que trabalhou comigo, especialmente ao meu editor, Guilherme H. Lorenzetti, ao nosso diretor editorial, Samuel Coto, e ao Gustavo Bonifácio, pelo trabalho magnífico a fim de deixar o texto livre de erros, fluido e inteligível.

Aos membros do TeoClub, comunidade de amantes da boa teologia reformada da qual sou fundador, com os quais tenho o privilégio de caminhar junto aprendendo e ensinando teologia. Dentre as centenas de pessoas que já passaram pelo TeoClub, cito com gratidão: Matheus Canesin, Romeu Antunes, João Vitor Barros, Emerson Severo, Elielson Almeida, Levi Ceccato e Jonatas Braz. Todos eles, cada um do seu jeito, me ajudaram no processo de formação e aperfeiçoamento de cada capítulo da obra. A contribuição de vocês foi indispensável para alcançar o resultado final.

Aos amigos brasileiros que me fizeram companhia em meus estudos no Calvin Seminary, particularmente José Augusto e Ruan Bessa. Vocês têm me encorajado neste projeto e oferecido diversas contribuições para sua melhoria!

Ao Deus Pai, Filho e Espírito Santo por ter colocado o desejo em meu coração para iniciar este livro e me dado forças e condições para concluí-lo. *Soli Deo gloria!*

APRESENTAÇÃO

Sinto-me assaz honrado pelo privilégio de apresentar esta robusta obra, da lavra do querido rev. Jean Francesco. Trata-se de um verdadeiro compêndio de teologia, um manual para aqueles que desejam conhecer acerca do discipulado. Meu desejo é que esta obra de grande envergadura ilumine sua mente, aqueça seu coração e desperte você para conhecer mais a Cristo e torná-lo conhecido.

As razões que me levaram a escrever esta apresentação são várias. Aqui elenco algumas:

Primeira, porque o autor trata do assunto sob a perspectiva bíblica, sendo um fiel intérprete das Escrituras. Não basta citar a Bíblia. Muitos o fazem, mas ao fazê-lo torcem as Escrituras, seja por desconhecimento ou por dolo. Não podemos fazer uma viagem sem saber para onde vamos. Não podemos entrar e nos integrar a uma igreja sem saber qual é o seu compromisso com a fidelidade às Escrituras. Não deveríamos gastar tempo com um livro que nos leva para fora da Palavra de Deus.

Segunda, porque o autor é um homem comprometido com as mesmas verdades que compartilha com seus leitores. Jean não é um pesquisador apartado das verdades que semeia nestas páginas. Ele mesmo foi transformado pela verdade do evangelho e agora, sentindo-se devedor, está pronto a repartir com seus leitores o que recebeu de Deus. Ele não se envergonha do evangelho, porque sabe que o evangelho é o poder de Deus para a salvação de todo aquele que crê.

Terceira, porque o assunto aqui abordado é de extrema importância para o crescimento espiritual da igreja. Jesus não chamou fãs nem admiradores. Ele chamou homens e mulheres para serem discípulos. Quem quiser seguir a Cristo precisa renunciar a si mesmo, tomar a sua cruz e segui-lo. O caminho do discipulado é estreito, mas conduz à vida.

Quarta, porque o exame meticuloso desta obra pode oferecer aos leitores uma boa introdução à fé cristã e servir para eles de importante ferramenta para o seu crescimento espiritual.

Minha ardente expectativa é que o autor veja os frutos do seu labor e que isso redunde em glória para Deus, edificação para a igreja e salvação para todos aqueles que em Cristo colocarem a sua confiança. Boa leitura!

Rev. Hernandes Dias Lopes, pastor presbiteriano, conferencista
e doutor em ministério pelo Reformed Theological Seminary

PREFÁCIO

D ois mil anos atrás, o Senhor Jesus Cristo chamou alguns homens para, inicialmente, "estarem com ele", e, "para os enviar a pregar" (Marcos 3:14). Assim, começou a maior empreitada da existência humana. Assim começou o cristianismo. O mundo não foi mais "o mesmo" desde que aqueles (relativamente) poucos homens, cheios do Espírito Santo e do conhecimento das Escrituras, partiram para anunciar as boas-novas em todo lugar. Hoje o cristianismo é a religião com mais adeptos em todo o mundo. Mas o mundo parece "o mesmo". Portanto, parece errado.

Percebe-se que o modelo, o qual chamamos de "discipulado", foi escolhido por Cristo para cumprir sua imperiosa missão no mundo: chamar, salvar, transformar e enviar vidas, para reiniciar esse ciclo infinito. Os primeiros discípulos passaram muito tempo com Jesus aprendendo na teoria e na prática quem era o Cristo e qual era a missão dele. Enfrentaram, sem dúvida, situações difíceis, desistências, decepções, tropeços, contudo, triunfaram em sua missão, por terem se rendido a Cristo integralmente, por terem aprendido e recebido dele todo o conteúdo do evangelho e por terem dedicado suas vidas sem ressalvas à missão dada por ele.

Atualmente, a igreja precisa de novos discípulos. Não novos num sentido "inovador", pois desses já há muitos por aí, com novos modelos de igreja, de culto e de missão, mas a igreja não parece estar retornando aos trilhos do evangelho, nem sendo mais efetiva em seu testemunho. A igreja precisa de novos discípulos no sentido de que sejam verdadeiras "novas criaturas", como aqueles primeiros discípulos de Jesus, ou como Paulo, que disse: "antes de tudo, entreguei a vocês o que também recebi" (1Coríntios 15:3).

Esse conteúdo recebido, que Paulo chama de "evangelho" (1Coríntios 15:1), é composto da descrição de eventos da vida do próprio Cristo que produziram impacto na vida de seus discípulos (1Coríntios 15:3-9), ou seja, um conteúdo formal, transmitido com "graça", que capacita o discípulo a servir eficazmente no mundo (1Coríntios 15:10-11).

Não há outro caminho para a igreja ser eficiente em seu testemunho se não for por um retorno às Escrituras, um retorno ao evangelho de Jesus Cristo e ao modo de "formação" de discípulos que ele estabeleceu. Conteúdo doutrinário e vida transformada são os ingredientes essenciais desse modelo original.

Ancorado na sólida experiência das igrejas históricas e confessionais que sempre produziram credos, catecismos e confissões a fim de continuar esse grande projeto de Cristo, o rev. Jean Francesco — que tem sido um dos promissores teólogos da atualidade em nosso país — procura oferecer uma introdução à fé cristã, e este livro serve também como uma opção ou modelo de conteúdo de discipulado. Trata-se de um texto bem acessível e, ao mesmo tempo, bem fundamentado. Uma abordagem que tenta combinar os elementos essenciais do discipulado de Cristo, ou seja, conhecimento e prática cristã coerente, que resulte numa vida para a glória de Deus.

Nossa certeza é de que o Senhor Jesus continuará essa grande empreitada, como ele próprio prometeu que faria, até sua volta e a consumação de todas as coisas (Mateus 28:20). Que esse livro possa ser uma ferramenta útil nesse sentido. Uma ferramenta que ajude os discípulos de Cristo a conhecerem melhor sua fé no Senhor e no evangelho, bem como seu entendimento a respeito da igreja e da missão no mundo. Contudo, não um conhecimento meramente teórico, mas um conhecimento transformacional, por graça.

E que o Senhor levante mais jovens autores em nosso país, pessoas sérias e comprometidas com o evangelho bíblico, para continuar o legado dos antigos que tanto já fizeram por aqui, abrindo caminhos difíceis, para que hoje possamos trilhar essas estradas com mais segurança e confiança.

Rev. Leandro Antônio de Lima, pastor presbiteriano, professor de teologia, doutor em Letras pela Universidade Presbiteriana Mackenzie

INTRODUÇÃO

onta-se que, após palestrar em Dublin, o famoso biólogo britânico Thomas H. Huxley precisava pegar um trem para discursar em outra cidade. Ele subiu a bordo de uma das carruagens de Dublin e disse ao cocheiro: "Rápido, estou muito atrasado; siga rápido!" Eles seguiram em um ritmo frenético. Huxley recostou-se em sua cadeira e simplesmente fechou os olhos. Depois de um tempo, Huxley abriu os olhos, observou pela janela e percebeu que eles estavam indo na direção errada. Lembrando-se de que não havia dito ao condutor para onde levá-lo, ele gritou: "Você sabe para onde está indo?" O motorista respondeu: "Não, senhor, mas estou guiando muito rápido".[1]

O espírito apressado do famoso biólogo é similarmente sintomático da nossa própria geração. Estamos com pressa e correndo, mas geralmente para um destino desconhecido. Curiosamente, na minha cidade, São Paulo, é comum encontrar pessoas entrando em filas enormes em lojas e bancos a despeito de não saberem o motivo delas. Talvez precisassem fazer a pergunta de Huxley a si mesmas: "Você sabe para onde está indo?"

Na experiência cristã contemporânea não é diferente. Milhares de pessoas têm entrado em igrejas, recebido o batismo, participado da eucaristia, se comprometido com uma série de atividades, mas poucas têm refletido acerca do porquê fazer o que fazem. Estão simplesmente correndo e não dedicam tempo para se questionarem a respeito

---

[1]Swindoll, *Growing strong in the seasons of life* (Grand Rapids/MI: Zondervan, 1994), p. 153.

da jornada na qual entraram. Mas, afinal, quais perguntas um cristão deveria fazer a si mesmo?

Pense comigo: para ser um bom marido, é preciso que o homem ame sua esposa e saiba o que ela espera dele; para ser um bom filho, é crucial amar seus pais e aprender as "regras da casa", que eles desejam que o filho siga; para agradar seus clientes, uma empresa deve discernir quais são as suas expectativas. De forma similar, guardadas as devidas proporções, para agradar a Deus é preciso amá-lo e saber o que ele espera de nós em tudo o que pensamos e fazemos. Esta é justamente a pergunta que permeia todo este livro e que cristãos deveriam se perguntar constantemente durante sua jornada de fé: "O que Deus espera de nós?"

Antes de responder a essa questão, precisamos reconhecer que vários problemas assolam o cristianismo atual, mas nenhum deles se compara à nossa insuficiência no que se refere ao discipulado. A igreja cristã é uma comunidade dinâmica que está sempre recebendo novos membros — por nascimento, evangelismo ou missões —, e um de seus desafios duradouros é ensinar aos recém-chegados a gramática básica da fé cristã.[2]

Os métodos pelos quais as igrejas têm instruído as novas gerações são diversos, entretanto, não podemos falar que a maioria das igrejas tem um método estratégico de discipulado! A despeito dos esforços continuados, os cristãos contemporâneos são comumente rasos no tocante a fé. Podemos medir essa imaturidade, por exemplo, por meio de uma rápida varredura pelas características que constituem a maturidade cristã. Eu me refiro ao apreço tradicional da nossa fé pela intelectualidade, pelo cultivo das virtudes morais, pela qualidade, pela densidade e pelo fervor de nossos encontros de adoração, bem como à presença pública dos cristãos no tecido social de forma mais ampla, para citar apenas alguns traços de um cristianismo maduro. Considerar apenas esses fatores já é o bastante para concluirmos que nosso estado

---

[2] Ao utilizar a expressão "gramática da fé", eu me refiro à ordem, estrutura e regras que o cristão assimila ao adquirir o conhecimento doutrinário, o que, por conseguinte, se reflete em sua forma de se dirigir a Deus em obediência, louvor e oração.

atual é de insuficiência grave em nossa formação cristã. Nosso cristianismo está muito aquém daquilo que o nosso Senhor espera de nós.

Para remediar o problema, sugiro que retornemos a um projeto de discipulado integral dos cristãos — o qual sempre fez parte, em maior ou menor grau, da tradição cristã em diversos momentos da história. Uma pergunta é crucial para descobrirmos a composição desse discipulado virtuoso: O que Deus espera de nós? Se essa pergunta fosse feita para os reformadores protestantes do século 16, muito provavelmente eles responderiam que Deus espera quatro coisas de nós: que (1) creiamos nele; (2) obedeçamos a sua vontade; (3) recorramos a ele em oração; e (4) estejamos atentos aos meios pelos quais ele se revela a nós. Em outras palavras, eles entendiam que a formação do caráter cristão é melhor compreendida como a união de quatro partes harmônicas, a saber: fé, obediência, oração e encontro.

Na minha perspectiva, a desarmonia das quatro partes constitutivas da nossa experiência de fé — (1) crença, (2) obediência, (3) oração e (4) encontro — tem produzido uma série de "camuflagens cristãs", que se confundem com cristianismo, mas, na verdade, são apenas caricaturas dele. Vemos tais camuflagens cristãs nos paradigmas contemporâneos de *fé sem obediência, obediência sem fé, doutrina sem espiritualidade, espiritualidade sem doutrina*, entre outros.

Fé sem obediência é uma contradição, uma vez que nosso amor a Deus se expressa por meio da nossa submissão aos seus mandamentos (João 14:15,21). Mas não é disso que está repleto o mundo? Em outras palavras, o mundo não está cheio de cristãos nominais que alegam professar sua fé na existência de Deus e até mesmo na obra de Cristo, mas que vivem como se tudo não passasse de uma fábula? Acredito que sim, pois os sintomas do nominalismo cristão são a mornidão espiritual, a falta de engajamento com as obras que acompanham a fé e uma grave crise de autoengano. A maioria dessas pessoas realmente acredita na sua salvação e terá uma grande surpresa quando, diante do Senhor no grande dia, clamarem: "Senhor, Senhor!" E ouvirem como resposta: "Eu nunca conheci vocês. Afastem-se de mim, vocês que praticam o mal" (Mateus 7:23).

Obediência sem fé é outro absurdo, visto que "sem fé é impossível agradar a Deus, porque é necessário que aquele que se aproxima de

Deus creia que ele existe" (Hebreus 11:6). Mas não é esse um fenômeno cada vez mais presente em nossa cultura? Refiro-me ao fato de cristãos defenderem a ideia de que doutrinas, rituais, sacramentos, igrejas locais, cultos, tradições e trabalho evangelístico não importam, pois o que realmente importa é o esforço (*práxis*) de cada indivíduo e de suas comunidades em fazer o mundo um lugar melhor. Os membros do grupo obediência sem fé geralmente pintam um quadro de Jesus como um personagem extraordinariamente humano que é servo e camarada, diferente apenas em grau das demais pessoas. Essa "fé" em um Jesus revolucionário que não se interessa pelos assuntos da alma e da salvação eterna reduz a mensagem do evangelho às questões de justiça social. Devemos resistir a esse modelo, pois não retrata a fé cristã primitiva dos apóstolos, e sim uma visão anacrônica de Jesus em uma moldura ideológica.

Outra camuflagem cristã fica visível no paradigma *doutrina sem espiritualidade*. Esse reducionismo cristão tem afetado vários jovens evangélicos — especialmente os da própria tradição reformada a que pertenço — que se interessam pela doutrina cristã, mas não têm o mesmo encanto pela vida piedosa. São mestres na arte da "treta" teológica — nome dado às discussões na internet —, mas rasos na experiência da própria fé que arduamente defendem. À semelhança dos cristãos da cidade de Éfeso, esse grupo tem a habilidade de pôr à prova falsos mestres e, ao mesmo tempo, permanecer frio no amor (Apocalipse 2:1-7).

Existe ainda o movimento *espiritualidade sem doutrina*, que vem sendo popularizado em nosso país por aqueles que prometem um encontro sobrenatural com Cristo sem a necessidade de se submeter a dogmas, princípios morais ou renúncia pessoal. É o movimento das muitas horas de adoração extravagante, sermões de autoajuda e estilo de vida confortável, livre da carga pesada da religião. O grande problema desse movimento é que seus integrantes experimentam apenas conversões psicológicas, que não sobrevivem por muito tempo, à semelhança do que ocorreu na Parábola do Semeador, na qual a semente do evangelho foi semeada entre pedras e espinhos (cf. Mateus 13:1-9; Marcos 4:3-9 e Lucas 8:4-8). Na realidade, o fardo de Cristo é dito ser leve não porque ele seja leve em si mesmo, mas porque o próprio Senhor prometeu carregá-lo ao nosso lado. Portanto, para ser genuinamente cristão, você precisará ir além dos eventos espirituais emocionantes e se importar com a formação das raízes — lentas de crescer e trabalhosas de cultivar — que darão suporte ao seu caráter cristão.

Necessitamos de um remédio para esse cristianismo fragmentado, e eu creio que o tratamento depende de uma compreensão mais robusta da identidade cristã, que é forjada somente pelo discipulado. Precisamos ser treinados e reaprender o que Deus espera que creiamos a seu respeito, de que modo deseja que obedeçamos a sua vontade, como deseja que conversemos com ele e, finalmente, como espera que o encontremos nos meios pelos quais ele se revela. Discípulos maduros conhecem a sua fé, vivem em obediência a Deus, são amigos de Deus e capazes de dizer onde encontrá-lo. A menos que mantenhamos as quatro partes que constituem o discipulado cristão em harmonia — crença, obediência, oração e encontro —, seguiremos dando um falso testemunho às nações do que é a nova vida prometida pelo evangelho de Cristo.

É fato que cada igreja local tem o desafio de compreender seu próprio contexto e ensinar sua comunidade de acordo com ele. Contudo, para educar os recém-chegados em nossas comunidades, não precisamos começar do zero. Vários métodos e recursos têm sido produzidos e utilizados ao longo da história da igreja para atingir esse objetivo e, na minha opinião, eles permanecem úteis na tarefa de treinar recém-chegados na fé cristã.

Um dos métodos mais eficazes adotados pelo cristianismo para suprir a demanda de formação cristã das novas gerações tem sido a catequização. De minha perspectiva, não existe introdução mais direta e completa à fé cristã do que os catecismos, que são livretos escritos em forma de pergunta e resposta e adotados oficialmente por uma igreja ou denominação cristã. Os reformadores do século 16, por exemplo, foram responsáveis pela produção de diversos catecismos que formaram gerações e mais gerações em um paradigma de fé pujante. Um de meus prediletos, o *Catecismo da Igreja de Genebra* (1542), foi escrito por João Calvino e tinha como objetivo instruir as crianças daquela cidade de forma simples e clara nos tópicos mais centrais da vida cristã: exposição do Credo Apostólico, dos Dez Mandamentos, do Pai Nosso e dos meios de graça (Escritura, batismo e ceia do Senhor).[3] Essa jornada durava aproximadamente um ano e tinha como objetivo capacitar aquelas crianças a crer, obedecer, orar e encontrar Deus nos meios de graça.

Calvino insistiu com os líderes de Genebra que a educação religiosa, estrategicamente condensada em seu catecismo, deveria ser implementada de forma tríplice: nos cultos aos domingos, na instrução domiciliar conduzida pelos pais durante a semana e, de forma adaptada, nas novas escolas reformadas de Genebra. Dessa forma, Calvino acreditava que esses três grupos de líderes em seus respectivos domínios, pastores na igreja, pais em casa e professores nas escolas, formariam a próxima geração de cristãos em Genebra.

Durante o período em que Calvino esteve à frente da catequização da cidade, a estratégia pareceu ter sido frutífera. William Monter, estudioso renomado da civilização genebrina, comenta que após quinze anos da implementação da catequese, em 1557, os líderes da igreja de Genebra descobriram apenas cinco idosos sem condições de articular sua fé em Cristo, carência esta sanada imediatamente pela indicação de tutores que ensinariam os fundamentos da fé aos velhinhos. Meses depois, todos na igreja eram capazes de responder a razão de sua esperança (1Pedro 3:15).[4] O impacto desse método de instrução na fé foi tão marcante que até mesmo alguns adultos passaram a ser discipulados pelos próprios filhos![5]

O livro que você tem em mãos não é um catecismo. Meu objetivo é oferecer ao leitor uma introdução à fé cristã que seja profundamente influenciada pela *estrutura* dos catecismos da Reforma protestante. Esse resgate é necessário tendo em vista que muitos manuais de discipulado hoje são incompletos. Alguns focam apenas na intelectualidade

---

[3]Para uma análise da história, da importância e dos principais temas do Catecismo da Igreja de Genebra, veja meu artigo: Gomes, "Reforming church, home, and school: the strategic role of catechesis in Calvin's Geneva", *Fides Reformata*, 24, 1 (2019): 87-108.

[4]Monter, *Calvin's Geneva* (Huntington, NY: Robert E. Krieger Press, 1975), p. 100-101.

[5]Lambert, "Preaching, praying, and policing the Reform in sixteenth-century Geneva", dissertação de Ph.D. (University of Wisconsin-Madison, 1998), p. 435-7, 457-8.

do cristianismo, sendo então taxados de "teóricos". Outros são muito "práticos", mas não ensinam doutrina sólida de acordo com a Escritura e a tradição cristã. Existem também os manuais que não preparam os cristãos teologicamente nem moralmente, mas quase exclusivamente focalizam os usos e costumes (padrões restritos de corte de cabelo e barba, vestuário, adornos, bebida etc.) que algumas denominações cristãs julgam vitais à fé. Em outras palavras, precisamos reformar a nossa maneira de enxergar o discipulado.

A minha oração é que este livro ajude você a entender e viver a fé cristã de forma mais plena. Para isso, precisamos falar sobre as doutrinas do cristianismo e escavar nossa tradição em busca dos tesouros da intelectualidade cristã, a fim de enraizar nossa fé. É igualmente importante traduzirmos esse conteúdo dogmático em normas práticas para o seu direcionamento ético. Vida cristã é união com Cristo, por isso, uma parte dessa obra também é destinada ao cultivo da prática de oração. Finalmente, dediquei parte considerável do livro para tratar da revelação divina e de como vamos corresponder às maneiras pelas quais Deus vem ao nosso encontro.

O que este livro tem de diferente das demais introduções à fé cristã? Em primeiro lugar, é uma abordagem que leva em conta o processo de discipulado como uma preparação para a adoração. Intencionalmente, do início ao fim, o livro carrega um distinto traço litúrgico-doxológico — isto é, tem como objetivo prepará-lo para cultuar a Deus. Os capítulos se desenvolvem a partir da crença de que toda a nossa teologia deve sempre desaguar em doxologia, seja em relação ao que cremos, à forma que obedecemos, ao modo que falamos ou à maneira pela qual discernimos a respeito do Senhor. De certa forma, uma introdução à fé cristã não é nada mais do que uma introdução à vida doxológica, isto é, ela se presta a ensinar a viver para a glória de Deus em todas as áreas da vida.

Em segundo lugar, é um livro escrito dentro da tradição protestante e reformada, mas que procura reintroduzir o valor da catolicidade da igreja para o discipulado. Que legado é esse? Estamos falando da formação catequética cristã que se desenvolve a partir dos primeiros artigos do Credo Apostólico, perpassa os fundamentos da moralidade cristã contidos nos Dez Mandamentos, chegando até as últimas petições da oração do Pai Nosso. Certamente, maiores são os fatores que unem cristãos de diferentes tradições do que as razões que os separam. Meu alvo é tentar encapsular o mínimo inegociável da fé cristã de tal modo que o povo de Deus nas diversas tradições cristãs possa dizer amém à maior parte do conteúdo sem dificuldades.

Em terceiro lugar, o livro procura ser uma introdução à fé cristã para quem entende pouco ou nada sobre o cristianismo. Na medida do possível, procurei preservar a clareza de quem pretende apresentar a fé aos novos convertidos, mas sem perder o peso daquele vocabulário clássico que pode ajudar também os mais maduros a compreenderem melhor *o que* a fé cristã implica e *por que* e *como* a fé cristã envolve todo o tecido da vida humana.

Em quarto lugar, escrevo este livro para contribuir com o amadurecimento da igreja brasileira. Nossa igreja tupiniquim precisa sair das fraldas e do leite espiritual. Ainda existe muito analfabetismo bíblico e teológico em nosso meio. A única opção que temos para reverter esse quadro é o discipulado. Por mais estranho que possa parecer, ensinar o cristianismo para os cristãos é a coisa mais urgente que cada igreja deveria se esforçar para realizar. Felizmente, por um lado, nossa nação vê um despertar de pessoas querendo conhecer mais de Deus, por outro lado, a maior parte delas não sabe por onde começar. Por isso, o livro busca contribuir de alguma forma com pastores, pais, professores e líderes que estejam em busca de um material claro e organizado para discipular os novos convertidos e, ao mesmo tempo, reciclar a fé dos cristãos mais antigos.

Por fim, os temas que você verá aqui foram testados pelo fogo durante minha caminhada pastoreando crianças, adolescentes, jovens, adultos, homens e mulheres. Foram centenas de novos discípulos de Jesus que conviveram comigo por mais de oito anos no meu gabinete pastoral, em padarias com café e pão de queijo, em almoços, jantares, reuniões em minha casa ou na deles. Portanto, este não é somente mais um livro sobre discipulado. Ele foi gestado por vários anos e veio à luz enquanto o Senhor me ajudava nas minhas fraquezas, quando eu tentava discipular pessoas de diversas idades, formações e níveis de maturidade.

O livro é dividido em quatro partes. Na primeira delas, nós faremos uma jornada pelos principais temas do Credo Apostólico, destacando a importância de conhecer o Deus triúno revelado nas Escrituras e seu plano para nos redimir. Ao longo dessa primeira incursão, descobriremos juntos o significado do drama bíblico envolvendo Criação, Queda, Redenção e Consumação e a diferença que participar desse drama produz em nossa visão de mundo.

A segunda parte é voltada para a moralidade cristã que flui das nossas convicções sobre Deus e sobre nós mesmos. Não é simplesmente uma parte sobre ética, mas precisamente uma teologia moral, isto é, uma reflexão teológica sobre de que forma quem nós somos determina o que fazemos. Como povo redimido, nós estamos ligados moralmente aos Dez Mandamentos, ao Sermão do Monte, à imitação de Cristo e, também, somos profundamente orientados pela sabedoria bíblica.

Na terceira parte nós meditaremos sobre a natureza e a prática da oração. De acordo com a tradição cristã, nossa escola de oração tem dois professores: o livro de Salmos e a oração do Pai Nosso. A oração é onde nossa teologia deságua e a ferramenta mais poderosa que temos para crescer em intimidade com o Senhor.

A quarta parte do livro é dedicada às diferentes formas pelas quais Deus se revela a nós, tornando possível o encontro do Deus vivo conosco. Vamos explorar os rastros universais que Deus deixou de si próprio na Criação e, de forma mais específica, os modos pelos quais Deus nos encontra na encarnação do Filho, na Palavra de Deus escrita, na pregação fiel do evangelho e, em forma visível, nos sacramentos.

Como você pode perceber, este livro não é pequeno. A proposta aqui não é ser um breve passeio pela fé cristã, mas uma longa viagem. A fé cristã não é algo que se aprende em um dia só, mas uma peregrinação com desafios surpreendentes e aprendizados diários. Ser cristão é fazer parte de um drama cujo enredo é uma *exitus et reditus* — a expressão significa "saída e retorno" em latim.[6] Refere-se à grande moldura da fé cristã que narra nossa origem pelas mãos do Deus criador, nosso afastamento dele por causa do pecado e nosso retorno a Deus por meio da obra de Cristo pelo Espírito Santo. Está preparado? A minha oração é que você desfrute de cada detalhe do percurso. Vamos começar. Aproveite a jornada!

---

[6]A expressão *exitus-reditus* possui fortes precedentes patrísticos e foi sistematizada por Tomás de Aquino no preâmbulo da *Summa theologiae*.

REFERÊNCIAS

GOMES, Jean Francesco A. L. "Reforming Church, home, and school: the strategic role of catechesis in Calvin's Geneva". *Fides Reformata* 24, 1 (2019): 87-108.

LAMBERT, Thomas A. "Preaching, praying, and policing the Reform in sixteenth-century Geneva". Ph.D. diss. University of Wisconsin-Madison, 1998.

MONTER, William. *Calvin's Geneva* (Huntington, NY: Robert E. Krieger Press, 1975).

SWINDOLL, Charles R. *Growing strong in the seasons of life* (Grand Rapids: Zondervan, 1983).

_____. *Crescendo nas estações da vida* (São Paulo: Atos, 2003).

TOMÁS DE AQUINO. "Summa theologiae." In: MORTENSEN, John, et al., org. *Latin/English edition of the works of St. Thomas Aquinas* (Lander, WY: The Aquinas Institute for the Study of Sacred Doctrine, 2012). Vol. 13-20

_____. *Suma teológica* (Campinas: Ecclesiae, 2018). 5 vols.

PRIMEIRA PARTE: FÉ

O QUE DEUS ESPERA QUE CREIAMOS A SEU RESPEITO?

ORAÇÃO DE ABERTURA

Pai Amado,

Nós te louvamos porque tu és o Deus que se revela. Tu te alegras em tirar o véu para que possamos ver tua face de amor descoberta, ainda que de forma muito limitada. Limite este não da tua revelação, mas da nossa capacidade de olhar fixamente para os raios de teu conhecimento sem a proteção devida; sim, pois a glória do teu conhecimento ofusca nossos olhos naturais. Olhos que foram criados muito bons, mas corrompidos desde a Queda de nossos primeiros pais naquele jardim. É pelos olhos da fé que tu nos fazes enxergar de forma mais nítida o teu próprio ser, tua santidade, tua beleza, tuas perfeições sem fim. Ó Pai, não fosse tua livre iniciativa, ainda estaríamos tateando no escuro, procurando por ti sem nenhuma perspectiva de sucesso. Graças à tua bondade sem igual, agora te conhecemos. Conhecemos o Pai, por meio do Filho, sob a direção do Santo Espírito. Nessa jornada terrena, agora temos um Pai que excede todas as virtudes da paternidade, um Irmão mais velho que não se envergonha de nossa fraqueza e um Consolador que sente as nossas dores e nos conforta com paz que supera todo o entendimento.

É a ti, ó Deus Pai, Filho e Espírito, que nossa alma sedenta anseia encontrar. É sobre ti que nossa mente ensinável busca conhecer. É de ti que o nosso coração inquieto quer aprender. É para ti todo o nosso prazer de viver. Venha nos ajudar a conhecer-te. Pela tua graça, concede-nos a fé para enxergar-te. Ó Pai, aumenta a nossa fé! Aquela fé em busca de entendimento. A fé antiga que sempre se renova. A fé que, de uma vez por todas, foi confiada aos teus. A mesma fé ortodoxa dos apóstolos, dos pais, dos medievais, dos reformadores, dos modernos e de todo o remanescente fiel que ainda permanece alicerçado na rocha que é Cristo.

Ó Senhor, tu que habitas na luz inacessível, ousamos entrar em teu terreno santo! Nossa fé quer entender melhor quem tu és para melhor discernirmos quem realmente somos. Queremos compreender o que tu esperas que creiamos a teu respeito. Ó Pai, guarde nossa entrada, nosso caminho e nossa saída. Abençoe nossas mentes, corações e mãos; nossos pensamentos, sentimentos e ações. Dirige-nos em fé, esperança e amor. E, onde essas letras vierem a errar, perdoa-me tu, Senhor, e perdoem-me os teus.

CONVITE À ORTODOXIA

P: *Qual é o seu único consolo na vida e na morte?*

R: *Que não pertenço a mim mesmo, mas pertenço de corpo e alma, tanto na vida quanto na morte, ao meu fiel salvador Jesus Cristo. Ele pagou completamente todos os meus pecados com o seu sangue precioso e libertou-me de todo o domínio do Diabo. Ele também me guarda de tal maneira que, sem a vontade do meu Pai celeste, nem um fio de cabelo pode cair da minha cabeça; na verdade, todas as coisas cooperam para a minha salvação. Por isso, pelo seu Espírito Santo, ele também me assegura a vida eterna e faz-me disposto e pronto de coração para viver para ele de agora em diante.*[1]

— CATECISMO DE HEIDELBERG, 1.1

---

[1] Catecismo de Heidelberg, in: *As três formas de unidade das igrejas reformadas* (Recife: CLIRE, 2013).

> *Teologia não é uma ciência enfadonha e árida. É uma teodiceia, uma doxologia para todas as virtudes e perfeições de Deus, um hino de adoração e ação de graças, uma "glória a Deus nas alturas" [...] A teologia nos mostra como Deus, que é todo-suficiente em si mesmo, glorifica-se a si mesmo na sua Criação, que, mesmo dilacerada pelo pecado, é novamente restaurada em Cristo [...] Teologia descreve para nós Deus, sempre Deus, do princípio ao fim — Deus em seu ser, Deus em sua Criação, Deus contra o pecado, Deus em Cristo, Deus quebrando toda a resistência por meio do Espírito Santo e guiando toda a Criação de volta ao objetivo que ele decretou: a glória de seu nome.*[2]

— Herman Bavinck

O que Deus espera que *creiamos* a seu respeito? Essa é a primeira das quatro perguntas que nortearão nossa jornada neste livro, a qual, assim creio, é uma questão crucial para um cristianismo autêntico. Para desfrutar um relacionamento saudável com alguém, é muito importante termos informações sobre essa pessoa: seu caráter, sua história, seus planos e suas intenções, por exemplo. Na verdade, as informações que possuímos sobre alguém determinam a qualidade do nosso relacionamento. Pense em uma moça que se apaixonou por um rapaz, os quais, em pouco tempo de relacionamento, passam a viver um romance sem precedentes. Tudo parece lindo, as emoções são intensas e o amor parece crescer mais e mais.

No entanto, o que aconteceria com essa paixão arrebatadora se essa jovem descobrisse que o rapaz já era comprometido antes de iniciar um relacionamento com ela? E mais, o que seria dessa união se ela fosse informada de que aquele jovem é um aproveitador? Ou ainda, como ficaria o seu coração apaixonado ao descobrir que aquele rapaz é um criminoso foragido da justiça? Não resta dúvida de que o relacionamento estaria praticamente terminado naquele instante. O que mudou, afinal? A moça, de repente, obteve informações a respeito do

---

[2]Bavinck, *Reformed dogmatics* (Grand Rapids: Baker, 2008), vol. 1, p. 112.

caráter, da história e das intenções daquele rapaz que determinaram sua permanência no relacionamento.

Similarmente, ter informações corretas a respeito do ser de Deus é de crucial importância para um relacionamento verdadeiro com ele. O que cremos a respeito de Deus determina o nosso amor por ele. Como diz o salmista: "Amo o SENHOR, porque ele ouve a minha voz e as minhas súplicas" (Salmos 116:1). O fato de saber que Deus está atento às nossas orações é um dos milhares de motivos para amá-lo. Em outras palavras, quanto mais sabemos sobre Deus, mais preparados estamos para amá-lo.

Doutrina é muito importante — mais relevante do que muitos cristãos imaginam! Conhecer boa doutrina é como aprender novas palavras para expressarmos o quanto amamos o Senhor. É com essa perspectiva que eu espero que você leia este livro. O que você tem diante de seus olhos é uma introdução à fé cristã e não uma pilha de doutrinas colocadas puramente em ordem lógica. É um treinamento intensivo para quem deseja mais de Deus, para quem deseja aprender novas maneiras de expressar seu amor por ele. Podemos dizer que este livro é uma teologia para discípulos, pois é endereçada àqueles que já experimentam a bondade do Senhor e almejam continuar crescendo nesse caminho.

Escrevi este livro para os discípulos de Jesus Cristo que já decidiram colocar os pés na estrada e estão sujando os seus rostos com a areia que salta das sandálias do Mestre. A metáfora da jornada captura bem o significado do discipulado na época de Jesus. O bom discípulo era aquele que vivia coberto da areia dos pés do seu próprio mestre, sinalizando que era um discípulo verdadeiro, presente em todos os momentos da vida do seu professor e coberto da cabeça aos pés com seus ensinos, suas palavras e sua sabedoria.

Um dos meus objetivos gerais do livro, portanto, é ajudar você a refletir sobre o conceito de teologia como uma *ciência participatória*, isto é, teologia como uma disciplina sobre a fé da qual o próprio teólogo participa.[3] A verdade é que conhecer sobre Deus não basta. Nós precisamos participar daquilo que cremos, entendendo as doutrinas sobre o Pai, o Filho e o Espírito Santo como *veículos* para nos

---

[3] Cf. Kooi; Brink, *Christian dogmatics* (Grand Rapids: Eerdmans, 2017), p. 1-34.

lançarmos em seus braços. Obesidade doutrinária é um perigo catastrófico para a verdadeira espiritualidade, pois não produz discípulos, mas meros consumidores de religião. Em contrapartida, doutrinas são como calorias que devem ser queimadas em nossos exercícios de louvor; elas existem para serem verbalizadas em adoração e oração, e não para serem acumuladas na alma. Por isso, a boa teologia é sempre teologia produzida por discípulos engajados na fé cristã e para eles; teologia funciona como as coordenadas que nos ajudam a nos manter no caminho correto do conhecimento de Deus.

Meu objetivo específico neste capítulo é convidar você para a ortodoxia. O termo ortodoxia (*orto* + *doxa*) vem do grego e significa "crença certa". É usado em contraposição à heterodoxia, que representa o movimento daqueles que abraçam crenças misturadas ou contrárias à tradição cristã expressa nos credos da igreja. O motivo do convite à ortodoxia é simples: estamos em uma jornada, e você precisa da bagagem adequada para viajar pelas estradas do cristianismo e não se perder no caminho. Aproveitando a metáfora da jornada, a ortodoxia é justamente esse conjunto de "equipamentos" (i.e. credos, confissões, catecismos) desenvolvidos pelos nossos antepassados que nos ajudam a sobreviver na estrada, a resistir aos atalhos enganosos que aparecem durante o percurso e a permanecer na rota correta em nossa busca pelo conhecimento de Deus.

O roteiro deste capítulo será dividido em três etapas. Inicialmente, apresentarei as principais definições contemporâneas de teologia e, em seguida, a definição clássica de teologia adotada pela ortodoxia. Em segundo lugar, faremos uma visita aos principais documentos oficiais de doutrina produzidos na história da igreja, os credos, para redescobrirmos sua relevância para nossa fé. Finalmente, destacarei algumas distinções importantes que devemos fazer ao refletirmos sobre o conhecimento de Deus, particularmente a respeito dos conceitos *autoridade*, *heresia* e *erro teológico*.

AFINAL, O QUE É TEOLOGIA?

Nesta primeira parte, apresentarei as definições mais comuns de teologia na atualidade. E, ao fazê-lo, colocarei as cartas na mesa desde já, indicando onde me localizo no espectro teológico.[4] Existem pelo menos cinco definições do termo teologia nas discussões acadêmicas recentes — as quais podem ajudar ou dificultar o discipulado cristão!

Teologias modernas

Para os teóricos da primeira definição, a teologia é vista como *uma construção filosófica*. O grande expoente dessa visão é Gordon D. Kaufman, o qual acreditava que as afirmações teológicas não se restringem à vida da igreja, a dogmas ou documentos venerados na igreja, nem devem ser encontradas em algo tão incipiente como a experiência crua. Para ele, a atividade central da teologia era a busca por construir o sentido do conceito "Deus", a fim de determinar da forma mais coerente possível o que ele significa e quais são suas implicações para a vida presente. Ele também defendia que teólogos não devem se dirigir apenas aos cristãos, mas falar de uma maneira que todos possam entender, de modo a oferecer argumentos que visem persuadir a humanidade em geral.[5]

Fortemente influenciado pelo conceito kantiano de que os nossos sentidos não podem perceber as realidades que estão por trás dos fenômenos — estes sim podem ser conhecidos pelos sentidos —, Kaufman argumentava que "Deus" está indisponível para ser conhecido por qualquer um e, portanto, deve ser uma "construção imaginativa" que nos permite ordenar o nosso mundo. Toda teologia é, em essência, construção filosófica, e, consequentemente, está limitada ao contexto onde é produzida, é falível e é sempre contestável.[6]

De acordo com a segunda definição, a teologia é definida como *a busca do denominador comum entre fé e cultura*. Rudolf Bultmann é visto como o maior proponente dessa linha. Bultmann foi um importante estudioso do Novo Testamento no século 20 conhecido por sua agenda para "desmitologizar" o Novo Testamento, isto é, interpretar, de acordo com os conceitos da filosofia existencialista, a mensagem neotestamentária essencial, que foi expressa, segundo ele, em termos

---

[4]Para uma tipologia semelhante, veja: Kooi; Brink, *Christian dogmatics*, p. 27-9.
[5]Kaufman, *An essay on theological method* (Missoula: Scholars Press, 1975), p. 1-86.
[6]Ibidem, p. 35-64.

míticos. Assim, para Bultmann, tudo o que é descrito pelas Escrituras que não se encaixa nas categorias da filosofia existencialista deve ser filtrado como informação condicionada pelo tempo.[7]

Esse tipo de visão teológica levou Bultmann a afirmar que a fé cristã deve ser desinteressada da busca pelo Jesus histórico e, em vez disso, centrada no Cristo transcendente. Ao fazer essa separação tão brusca entre fé e história, ele estava argumentando que a fé cristã é pura e simplesmente a fé no *kerygma* (a proclamação essencial) da igreja, e, como resultado, podemos dizer que Jesus ressuscitou dos mortos somente como uma crença ou durante um sermão e não de forma real e histórica.[8]

Na terceira definição, a teologia é descrita como *a correlação entre fé e cultura*. O personagem principal dessa corrente foi Paul Tillich, o qual definia teologia como reflexão, do ponto de vista cristão, sobre toda a realidade. Ao seguir por esse caminho, Tillich abraçou o labor teológico como teologia filosófica ou teologia apologética, visto que a teologia é sempre uma resposta às questões da situação contemporânea. Essa visão tem como característica particular, portanto, a busca por atualizar ou reinterpretar a doutrina tradicional da igreja à luz dessa relação com as inovações da cultura. Em outras palavras, a visão teológica de Tillich é uma ponte entre filosofia e teologia. Algumas palavras-chave para entender o seu método teológico são síntese, mediação, correlação, entre outras. Por causa disso, a filosofia existencialista e todos os demais tipos de conhecimentos tornam-se aliados do cristianismo à medida que fornecem questões que devem ser respondidas pelos símbolos do evangelho.[9]

Na quarta definição, a teologia tem sido retratada como *uma disciplina apologética*. Wolfhart Pannenberg é o grande articulador dessa perspectiva. Ele acredita no diálogo intensivo com a cultura, mas o seu objetivo não é fazer sínteses com ela, e sim explicar a verdade cristã e

---

[7]Bultmann, *New Testament & mythology and other basic writings* (Minneapolis: Fortress Press, 1984), p. 45-68.

[8]Bultmann, *Kerygma and myth* (Nova York: Harper TorchBooks, 1961), p. 8-51.

[9]Tillich, *Systematic theology* (Chicago: University of Chicago Press, 1950), vol. 1, p. 3-159.

torná-la aceitável para todos. Diferentemente de Bultmann e Tillich, Pannenberg argumenta que Deus se manifestou empírica, universal e suficientemente no evento histórico da ressurreição de Jesus. Embora a prova absoluta aguarde o seu desfecho no fim da história, Pannenberg afirma que o testemunho das Escrituras, a proclamação e adoração da igreja e a teologia, como explicação da atividade de Deus na história, são evidências suficientes para que os seres humanos reconheçam que o cristianismo é a resposta final para todas as suas inquietações. Em suma, todo o projeto de Pannenberg se concentra, portanto, no esforço de demonstrar que a visão cristã de mundo oferece, melhor do que qualquer outra tradição religiosa, uma compreensão mais perfeita das realidades mais profundas da vida.[10]

Teologia clássica: objeto, propósito, audiência e fontes

Uma definição diferente dessas já mencionadas é a que apresenta a teologia como *autodescrição da fé*. Ela se propõe a *descrever a fé e o conhecimento de Deus* conforme revelados em Jesus Cristo e nas sagradas Escrituras. Nessa perspectiva, a tarefa do teólogo não é negociar com a cultura de igual para igual — sendo refém dela — nem tentar provar a veracidade da fé cristã para o mundo; antes, sua tarefa é primeiramente trabalhar para reconhecer e preservar a fé que nos foi dada pelo Senhor e, então, aplicá-la como *a norma* que orienta a vida cristã. É verdade que a teologia deve oferecer respostas à cultura, como diz o apóstolo Paulo: "Que a palavra dita por vocês seja sempre agradável, temperada com sal, para que saibam como devem responder a cada um" (Colossenses 4:6). No entanto, a tarefa elementar da teologia não é fazer "pontes" com a cultura, mas exercer juízo sobre ela, levando "cativo todo pensamento à obediência de Cristo" (2Coríntios 10:5).

Essa tem sido a corrente teológica predominante entre os teólogos ortodoxos durante a história do cristianismo, ou seja, entre os pais da igreja, os teólogos medievais, os reformadores, os teólogos modernos e atuais — e é a minha perspectiva também! Karl Barth é considerado um dos teólogos notáveis que reintroduziu esse tipo de perspectiva

---

[10]Pannenberg, *Systematic theology* (Grand Rapids: Eerdmans, 2010), vol. 1, p. 1-257.

teológica no cenário atual de forma mais contundente.[11] Para Barth, antes de qualquer interação com a cultura, a função do teólogo é a de redescobrir o significado do próprio cristianismo:

> O cristianismo autêntico é perigoso [...] é precisamente aqui que se encontra a tarefa especificamente moderna da teologia, conforme tentei integrá-la no trabalho da minha vida: apresentar o que o cristianismo realmente é, de forma nova em todas as dimensões, com todas as suas consequências e todos os seus perigos. E, pelo menos pela minha experiência, posso dizer que, à medida que a teologia faz isso, ela sempre encontra uma audiência e é respeitada. Em contraste, a teologia como construção de pontes, como mediação, evasão, encobrimento — isso desaparece hoje mais do que nunca. Assim, onde quer que se encontre aquele abismo entre a teologia e a realidade [...] a própria teologia é a culpada. E não porque esteja essencialmente "fora de contato com o mundo", mas porque não entendeu sua própria tarefa [...] a teologia só pode fazer bem ao mundo se não se secularizar.[12]

Em outras palavras, a perspectiva ortodoxa da teologia abraça o princípio *fides quaerens intellectum* — fé em busca de entendimento. Não estamos tentando entender Deus racionalmente para então crermos nele, pelo contrário, nós primeiro cremos nele de todo o coração e, então, buscamos pelo sentido da nossa crença. O princípio norteador da teologia cristã é a hermenêutica da fé, e não da dúvida. Primeiro, nós cremos na revelação divina, o "assim diz o SENHOR", depois perguntamos: por que isso faz sentido? Nesse sentido, até mesmo a dúvida que acompanha nossa busca pelo sentido serve para tornar a fé mais robusta e sólida, pois é uma dúvida enraizada na fé, isto é, motivada pelo desejo de conhecer a Deus e amá-lo mais intensamente.

---

[11] Barth, *Church dogmatics*, study edition (Edinburgh: T&T Clark, 1975), vol. I/1: The doctrine of the word of God, §1-4, p. 1-292.

[12] Barth, "Interview by Alexander J. Seiler 1960", in: Bush, org., *Barth in conversation* (Louisville, KY: Westminster John Knox Press, 2017), vol. 1: 1959-1962, p. 63-4.

A fim de sermos fiéis em nossa tarefa de descrever a fé cristã, precisamos discernir quatro dimensões do trabalho teológico: seu objeto, seu propósito, sua audiência e suas fontes.

1. Objeto da teologia

O que especificamente estamos estudando na teologia cristã? A tradição cristã afirma indisputavelmente que o objeto da teologia é o conhecimento revelado de Deus. Nosso foco principal não é estudar as linguagens das religiões, catalogar nossos sentimentos religiosos, entender a realidade sob uma perspectiva cristã ou explorar cientificamente os atos de Deus na história; ao contrário, queremos envidar todos os nossos esforços para conhecer a revelação que o próprio Deus faz de si mesmo. O foco principal do teólogo é estudar Deus e todas as demais realidades da vida em sua relação com Deus.[13] Tomás de Aquino colocou a questão de forma excelente:

> Eu respondo que era necessário para a salvação do homem que houvesse um conhecimento revelado por Deus além da ciência filosófica construída pela razão humana [...] era necessário para a salvação do homem que certas verdades que excedem a razão humana lhe fossem dadas a conhecer por revelação divina. Mesmo com relação às verdades sobre Deus que a razão humana poderia ter descoberto, era necessário que o homem fosse ensinado por uma revelação divina; porque a verdade sobre Deus tal como a razão poderia descobrir só seria conhecida por alguns, e isso depois de muito tempo, e com a adição de muitos erros [...] Portanto, para que a salvação dos homens pudesse ser realizada de maneira mais adequada e segura, era necessário que eles aprendessem as verdades divinas por revelação divina. Era necessário, portanto, que, além da ciência filosófica construída pela razão, houvesse uma ciência sagrada aprendida por meio da revelação.[14]

---

[13]Embora a teologia trate de vários tópicos, todos eles são estudados em relação a Deus. Para sermos mais exatos, na teologia não lidamos com a essência de Deus, mas com seus efeitos, com aquilo que o próprio Deus nos deu a conhecer sobre si.

[14]Tomás de Aquino, *Summa theologiae*, I.q.1.a.1. Veja também artigos 1-7.

2. Propósito da teologia

Aonde queremos chegar com os estudos teológicos? A ortodoxia cristã responde que o propósito de estudarmos a revelação divina é o conhecimento salvífico de Deus, para prestarmos a adoração correta a ele e crescermos em virtude. Teologia é do nosso interesse porque ela nos serve como um veículo para descobrirmos três coisas: (1) Como podemos ser salvos?; (2) Como Deus deve ser adorado?; (3) De que modo posso agir como um ser humano virtuoso? Em outras palavras, boa teologia é motivada por interesses soteriológicos, litúrgicos e éticos.

Reforçamos aqui o que dissemos anteriormente: teologia é uma ciência participatória. Nossa busca pelo conhecimento de Deus flui do nosso desejo de entender o que significa estarmos unidos com Cristo para a vida eterna; o que significa o nosso ajuntamento dominical onde levantamos as vozes em louvor, ajoelhamos, confessamos pecados, ouvimos a pregação do evangelho e participamos dos sacramentos; e o que significa sermos salvos, em termos práticos, nos desafios morais do cotidiano. O propósito da teologia, portanto, é fundamentalmente prático do início ao fim, pois é um conhecimento de Deus que nos ajuda a conhecer melhor a nós mesmos.[15]

3. Audiência da teologia

Para quem estamos produzindo teologia, ou melhor, a quem queremos alcançar com esse estudo? A tradição cristã defende que a audiência da teologia é a própria igreja de Cristo, isto é, aqueles que possuem a fé salvadora. Visto que o trabalho teológico depende da revelação divina, não podemos fazer teologia sem fé. Portanto, a comunhão dos santos é o cenário onde a teologia é produzida e, ao mesmo tempo, é o seu público-alvo principal. (No entanto, Tomás de Aquino destaca que, se estivermos falando de uma teologia filosófica — ou teologia natural —, o público-alvo da teologia pode ser aberto aos não cristãos, uma vez que é feito com base na razão que está ao alcance de todos.) De fato, não há nenhuma razão para fazer teologia como *sacra doctrina* fora dos limites da igreja, uma vez que os incrédulos não têm acesso à revelação de Deus e não podem entender os conceitos revelados na Palavra de

---

[15]Calvino, *Institutas da religião cristã* (São Paulo: Cultura Cristã, 2006), I.i.1.

Deus a menos que recebam iluminação do Espírito Santo. Portanto, em sua essência, a teologia é uma disciplina eclesiástica; produzida com base na "fé que uma vez por todas foi entregue aos santos" para edificação, salvação e crescimento no conhecimento de Deus (cf. Judas 3).

Isso não significa que os estudos teológicos não tenham relevância para a comunidade científica ou para as questões fora do espectro eclesiástico, mas, sim, que tal interação com o mundo só será frutífera à medida que os cristãos conhecerem o verdadeiro cristianismo e, a partir daí, dialogarem a respeito das implicações éticas, políticas e sociais que a fé tem a oferecer para o bem comum.

Norteado por essa linha teológica, podemos dizer que fazer teologia é um ato de amor a Deus por se tratar de um recurso para desenvolvermos a piedade. Teologia não é a arte de satisfazer curiosidades humanas, dissecar o divino, e muito menos a missão de acumular conhecimento abstrato sobre a vida cristã; pelo contrário, ao saturar nossa mente de pensamentos sobre o ser e as obras do Pai, do Filho e do Espírito Santo, a teologia se torna um veículo que nos ajuda a dobrar os joelhos e falar com Deus com mais frequência. Em contrapartida, teologia é também um ato de amor ao próximo, à medida que a utilizamos como instrumento para a nutrição da fé da igreja. Por isso, quando a teologia se torna um fim em si mesma — não nos conduzindo a Deus nem à edificação do próximo —, ela perde totalmente a sua razão de ser.

Precisamos recuperar a noção de que boa teologia é útil para a vida do cristão como parte formadora de seu caráter. A teologia é proveitosa para a jornada cristã não apenas como informação sobre o caminho, mas como uma bússola que nos ajuda a encontrar as coordenadas do nosso destino. A teologia nos ajudará a responder com mais profundidade, por exemplo, a quatro perguntas fundamentais da nossa fé, a saber: (1) O que devemos crer sobre Deus?; (2) Como obedecer a vontade de Deus?; (3) Como falar com Deus?; e (4) Onde podemos encontrar Deus?

4. Fontes da teologia

Com base em que fontes e critérios estamos estudando o conhecimento de Deus? Para os teólogos clássicos, a fonte final e autoritativa da teologia é a sagrada Escritura, uma vez que ela nos foi dada por inspiração divina. Diferente de todos os outros campos do saber, a teologia está ancorada nos princípios revelados da Escritura, e não do conhecimento natural do ser humano. Como escreveu Tomás de Aquino, o conhecimento de outras ciências é inferior à ciência teológica em substância por causa da fonte superior desta. Isso não significa, entretanto, que o trabalho teológico não possa ser auxiliado por outras ciências. Como Tomás explica, as demais ciências contribuem para o conhecimento teológico quando funcionam como *ancilla theologiae*, isto é, como servas da teologia, e não mestras dela. Por exemplo, a filosofia é particularmente útil à medida que dá ferramentas aos teólogos para que as doutrinas possam ser mais claras e coerentes — não porque a revelação divina seja deficiente, mas por causa da fraqueza de nossa inteligência.

Além da Escritura, a tradição cristã produzida durante dois milênios também é uma fonte da teologia, pois se trata do "depósito das verdades" da igreja. Todavia, precisamos saber distinguir entre a autoridade da Escritura e a da tradição. Como Tomás sugere, somente as Escrituras contêm verdades incontestáveis e infalíveis, ao passo que os ensinos dos filósofos pagãos e doutores da igreja são, na melhor das hipóteses, prováveis por natureza:

> ... a doutrina sagrada faz uso dessas autoridades [dos filósofos] como argumentos extrínsecos e prováveis; mas usa apropriadamente a autoridade das Escrituras canônicas como uma prova incontestável, e a autoridade dos doutores da igreja como uma que pode ser usada apropriadamente, embora meramente como provável. Pois nossa fé repousa na revelação feita aos apóstolos e profetas que escreveram os livros canônicos, e não nas revelações feitas a outros doutores.[16]

REDESCOBRINDO O VALOR DOS CREDOS

Mas, afinal, por onde devemos começar a nossa jornada pela busca do conhecimento de Deus? Será que precisamos começar do zero? Felizmente, desde os primórdios do cristianismo, os apóstolos e demais líderes da igreja tentaram resumir o conhecimento de Deus da forma mais breve possível. Por exemplo, a simples confissão "Jesus é o Senhor" (Romanos 10:9; 1Coríntios 12:3) parece ter sido a primeira expressão

---

[16]Tomás de Aquino, *Summa theologiae*, I.q.1.a.8, ad.2. Tradução do autor.

usada pelos cristãos primitivos a fim de resumir sua fé, provavelmente em um esforço de se referirem a Cristo nos mesmos termos que os israelitas se dirigiam a Yahweh no Antigo Testamento.[17]

Breves confissões de fé eram amplamente usadas nas celebrações batismais no cristianismo primitivo. Em Atos 8:37, ouvimos da boca de um eunuco evangelizado por Filipe: "Creio que Jesus Cristo é o Filho de Deus". Outras fórmulas de fé mencionam a encarnação de Cristo, sua morte e a ressurreição (Romanos 1:3,4; 1Coríntios 15:3,4; 1João 4:2). É bem provável que a belíssima referência à dupla natureza de Cristo em Filipenses 2:6-11 fosse parte de uma canção entoada nos primeiros cultos cristãos de batismo.

Alguns anos depois, o padrão confessional trinitário (Mateus 28:19; 2Coríntios 13:14) se tornou o modelo formal exigido dos recém-chegados à fé cristã. O Antigo Credo Romano dizia: "Eu creio em Deus Pai todo-poderoso e em Cristo Jesus, seu Filho, nosso Senhor, e no Espírito Santo, na santa igreja e na ressurreição da carne".[18] Os credos batismais foram ganhando cada vez mais força entre os pais da igreja, por exemplo, Irineu, Clemente de Alexandria, Tertuliano e Hipólito. Esses resumos de doutrina cristã ficaram conhecidos como "regras de fé" e eram endereçados aos catecúmenos da época.[19] Finalmente, o Credo Apostólico se tornou o "credo dos credos" e passou a ser utilizado pelas igrejas

---

[17]Yahweh ou YHWH é o tetragrama que, na Bíblia hebraica, indica o nome próprio de Deus em sua relação pactual com o povo de Israel. As quatro letras do alfabeto hebraico que compõem esse tetragrama são י, ה, ו, e de novo ה. Em português a transliteração e pronúncia usual é Yahweh ou Javé. É muito comum encontrarmos defesas da pronúncia "Jeová", mas ela não se sustenta historicamente.

[18]Para um estudo detalhado dos credos cristãos primitivos, veja: Bray, *Creeds, Councils and Christ* (Leicester: InterVarsity Press, 1984); Fuhrmann, *Introduction to the great creeds of the church* (Philadelphia: Westminster Press, 1960); Kelly, *Early Christian creeds* (Londres: Longman, 1972). Para uma coleção com vários documentos do cristianismo em português, veja Bettenson, *Documentos da igreja cristã* (São Paulo: ASTE, 1998).

[19]Catecúmeno é a pessoa que recebe instrução religiosa, geralmente por meio de um catecismo, para ser admitida ao batismo e à membresia de uma igreja local.

não apenas nos ritos de batismo, mas também de forma dominical nas liturgias cristãs.

Credo Apostólico

1. *Creio em Deus Pai todo-poderoso, Criador do céu e da terra,*
2. *e em Jesus Cristo, seu único Filho, nosso Senhor,*
3. *o qual foi concebido pelo Espírito Santo, nasceu da virgem Maria,*
4. *padeceu sob o poder de Pôncio Pilatos, foi crucificado, morto e sepultado;*
5. *desceu ao mundo dos mortos, ressuscitou ao terceiro dia,*
6. *subiu ao céu, e está sentado à direita de Deus Pai todo-poderoso,*
7. *de onde virá para julgar os vivos e os mortos.*
8. *Creio no Espírito Santo,*
9. *na santa igreja católica, na comunhão dos santos,*
10. *na remissão dos pecados,*
11. *na ressurreição do corpo*
12. *e na vida eterna. Amém.*[20]

Como saber se realmente a nossa fé está posta no lugar certo e não em inovações descabidas? Qual é o conteúdo puro e simples da fé cristã? A resposta mais direta possível está no Credo Apostólico, pois é a declaração mais magnífica que resume a fé cristã em apenas doze artigos. Também conhecido pela igreja como *Symbolum Apostolicum*, o Credo Apostólico é o que eu chamo de *convite à ortodoxia cristã*, pois sintetiza o mínimo inegociável que devemos crer a respeito de Deus. A origem dele está associada à crença de que: ou os doze apóstolos contribuíram diretamente para a produção dos doze artigos, ou tais sentenças foram coletadas fielmente pelos cristãos primitivos que tinham acesso aos primeiros escritos apostólicos. A segunda teoria parece mais correta, uma vez que a forma atual do Credo Apostólico remonta ao oitavo século e representa um longo desenvolvimento de fórmulas batismais trinitárias mais simples, particularmente do já citado Antigo Credo Romano.

---

[20]Tradução do autor. Extraído da versão latina do *Catechismus Catholicae Ecclesiae*, I.i.iii.ii.iii, "Symbolum Fidei", disponível em: http://www.vatican.va/archive/catechism_lt/index_lt.htm, acesso em: 01 jun. 2021.

O Credo Apostólico é dividido em três partes. A primeira parte inclui declarações sobre Deus Pai. A segunda parte abrange a pessoa e a obra do Filho de Deus, nosso Senhor Jesus Cristo. A terceira parte concentra-se na pessoa e na obra do Espírito Santo, especialmente sua atuação na gestação de um novo povo, a igreja, com suas implicações aqui e agora, até a plena concretização dos planos de Deus em nosso favor na vida eterna. A estrutura trinitária do credo é tão didática quanto emblemática. Ela aponta para o coração inalterável da nossa fé: que não há verdadeiro cristianismo, sob nenhuma hipótese, sem a crença no Deus triúno.

Como já dissemos, os credos ilustram o interesse dos cristãos primitivos em formar discípulos para a jornada de fé. Existem quatro palavras que nos ajudam a entender melhor o que eles tinham em mente nesse processo de formar novos discípulos: *drama, doutrina, doxologia* e *discipulado.*

Além da forte influência trinitária, o Credo Apostólico também reflete o *drama* da realidade. Espero que você não fique confuso pelo termo "drama" aparecer várias vezes aqui.[21] De forma simples, drama é um termo teatral que remete a uma história. Por isso, ao utilizar o termo drama, eu me refiro a um enredo que contempla início, desenvolvimento e desfecho. Esse enredo é a grande história do mundo narrada pelas lentes do Deus que entrou em ação para salvar pecadores. Já a *doutrina* — que não deve ser confundida com o drama — tem a

---

[21]O termo "drama", ou "teodrama", deriva da obra do teólogo Hans Urs von Balthasar (1905-1988) e tem se mostrado um conceito promissor para as diversas tradições cristãs. Entre os teólogos da tradição reformada que têm utilizado e desenvolvido essa ideia, podemos mencionar Kevin Vanhoozer, Michael Goheen e Michael Horton. A ideia do drama nos ajuda a entender a relação de Deus com os seres humanos como uma história real. A fé cristã não é um monte de ideias retiradas de narrativas míticas — que nunca existiram —, mas uma fé que nasce da história que Deus está criando conosco como nosso Criador, Redentor e Restaurador. "Teodrama" nada mais é que uma metáfora que estimula a nossa imaginação para olharmos a história real deste mundo tendo Deus como o ator principal do enredo. Veja: Horton, *Doutrinas da fé cristã* (São Paulo: Cultura Cristã, 2019); Vanhoozer, *O drama da doutrina* (São Paulo: Vida Nova, 2016); Bartholomew; Goheen, *O drama das Escrituras* (São Paulo: Vida Nova, 2017).

função de expressar em palavras o drama, que atinge o seu ápice na pessoa e obra de Jesus. A *doxologia* (*doxa* + *logia* = palavra de louvor) se refere a nossa resposta ao drama divino articulado com base na gramática doutrinária. Ou seja, é a maneira pela qual cultuamos a Deus publicamente em nossos encontros de louvor. Finalmente, o *discipulado* é o processo de treinamento dos recém-chegados à fé nesse ciclo dinâmico de aprendizagem envolvendo o drama, a doutrina e a doxologia.

Drama, doutrina, doxologia e discipulado são como quatro placas que nos dão direção no caminho pelo conhecimento de Deus. A primeira delas nos ajuda a discernir a origem e o protagonista da história: de Gênesis a Apocalipse, é Deus quem começa a história, redime a história e completa a história. A segunda placa também é conhecida como *fé*, neste caso em particular, não se refere à experiência religiosa do cristão, mas ao seu conteúdo. Isto é, diz respeito à doutrina cristã apreendida do grande drama Criação-Queda-Redenção-Consumação narrado nas Escrituras. De forma mais precisa, nossa fé diz respeito à maneira pela qual articulamos o drama divino na história humana com as nossas palavras.

Porém, conhecer a Deus não se resume à assimilação de doutrinas — por melhores que sejam! Até porque a doutrina nunca é um fim em si mesma, mas a gramática da nossa linguagem diante do Deus vivo. Nossas palavras não são jogadas num vácuo, mas em adoração ao Pai, Filho e Espírito Santo. Por isso, a terceira placa nos diz que toda doutrina cristã é doxológica, isto é, existe como recurso linguístico para conversarmos apropriadamente com Deus e sobre ele em um ambiente de adoração.

A quarta placa é o discipulado. Reconhecemos o protagonismo de Deus no drama, aprendemos a expressá-lo com palavras, utilizamos esse vocabulário em adoração. Mas as coisas não param por aí. O conhecimento de Deus precisa ser vivido e ensinado a outros. Conhecer a Deus envolve torná-lo conhecido. Essa prática de discipular, no entanto, não está restrita apenas aos recém-chegados em uma igreja local, mas compreende todos os membros da igreja cristã, uma vez que todos são discípulos de Jesus aprendendo a viver em união com ele, por ele e para ele em todas as áreas da vida. Portanto, discipulado será sempre uma tarefa inacabada para toda a igreja até o retorno do Mestre.[22]

Conserve em mente a distinção entre drama e doutrina. Na visão cristã, as doutrinas surgem de uma história real, não de mera especulação ou poder imaginativo. Como alguns autores gostam de enfatizar — e eu concordo —, a doutrina cristã é a gramática da nossa fé. São as palavras que utilizamos para entendermos e participarmos daquilo que o Pai, o Filho e o Espírito Santo estão fazendo por nós e pelo mundo. Michael Horton resume bem o conceito:

> Quem nós somos? Por que estamos aqui? Para onde estamos indo? Qual é o propósito em tudo isso? Deus existe? Por que existe mal no mundo? Questões como essas, que exigem uma análise intelectual rigorosa, são realmente doutrinas que surgem de uma história [...] O cristão responde a essas grandes questões ensaiando a história do Deus triúno na Criação, na Queda das criaturas que ele fez à sua imagem, na promessa de um Redentor por meio de Israel e no cumprimento de todos os tipos e sombras da encarnação, vida, morte, ressurreição, ascensão e retorno de Jesus Cristo. O Credo Apostólico e o Credo Niceno não são apenas uma lista de doutrinas-chave; são uma confissão em forma de história, nosso testemunho compartilhado dos fatos mais significativos da realidade.[23]

Se a doutrina está associada ao testemunho que damos dos fatos mais significativos da história, todo cristão deveria amar doutrina. Não precisamos rejeitar o termo, muito menos nos assustarmos com ele. Doutrina literalmente significa ensino e, ao utilizarmos o termo, estamos nos referindo a algo muito superior a ideias, conceitos sofisticados e frases bem-feitas. De fato, doutrina é o que define e refina nossa compreensão daquilo que Deus está fazendo para restaurar o mundo do pecado e seus efeitos trágicos.

---

[22]Voltaremos a falar mais detalhadamente do conhecimento de Deus na parte 4 deste livro.

[23]Horton, *The Christian faith* (Grand Rapids: Zondervan, 2011), p. 14. Tradução do autor.

Não podemos separar doutrina do drama ou da teologia da história. Nossa linguagem doutrinária é o recurso que temos para conversar com Deus, interpretar o mundo ao nosso redor e viver cada segundo da nossa existência de forma coerente com a nova vida em Cristo. Quando separadas daquilo que Deus está fazendo na história real, nossas doutrinas rapidamente se tornam pura religiosidade, um jogo de palavras, ou mesmo vaidade intelectual. Talvez seja por isso que muitas pessoas dentro da cristandade não se interessam mais por teologia — e talvez menos ainda por teologia ortodoxa —, pois elas são levadas a pensar que teologia é outra maneira de se referir a discussões descoladas da vida real, as quais, no fim das contas, não mudam o curso de nossas vidas.

O drama narrado nas Escrituras e condensado nos doze artigos do Credo Apostólico envolve quatro grandes acontecimentos que são cruciais para entendermos a realidade. O primeiro evento é a Criação do céu e da terra. O segundo é o trágico evento da Queda, que se intrometeu na boa Criação divina. O terceiro diz respeito à Redenção do ser humano caído por meio da encarnação, vida, morte, ressurreição e ascensão de Cristo. Finalmente, o quarto momento decisivo nesse drama se refere à Consumação do projeto divino para o mundo, a qual ocorrerá no retorno de Cristo para julgar vivos e mortos.

Somos incluídos nesse drama de diversas maneiras. O próprio termo "credo" (primeira palavra do documento no original) vem do latim e significada "eu creio". Isso significa que participamos da história redentiva ao crermos naquilo que Deus é, faz, e está por fazer. Esse primeiro ato envolve tanto o evento pontual da pública profissão de fé — a que alguém se submete geralmente no momento de seu batismo para entrar no cristianismo — quanto a confissão pública dos já iniciados que permanecem reafirmando seu lugar nesse drama. Confessar a fé, portanto, seja individualmente, seja como um corpo, é parte integrante da experiência de ser cristão, e não apenas um teste da ortodoxia.

O credo também inclui aquilo que o Espírito Santo está fazendo em nós ao nos agraciar com um novo *status* comunitário: somos igreja santa, una, católica e apostólica. Recebemos também o novo *status* de pecadores redimidos, pois com o Espírito agora temos segurança interna de que a obra de Cristo foi suficiente para perdoar todos os nossos pecados, sem falar que o mesmo Espírito nos ajuda a lutarmos contra as inclinações pecaminosas que ainda deixaram seus resquícios em nós. Finalmente, o credo nos apresenta as promessas da ressurreição do corpo e da vida eterna. Por meio delas temos a certeza de que todos os resultados da Queda ainda presentes em vida serão destruídos para sempre.

Enquanto convite à ortodoxia, o Credo Apostólico nos oferece um roteiro, que é suficiente para conhecermos o Deus que cria — e não que destrói pecadores —, redime e restaura sua Criação e, ao mesmo tempo, para descobrirmos o nosso papel como povo de Deus nesse enredo. Desde os primórdios da igreja até o presente, os doze artigos de fé contidos no Credo Apostólico têm sido reverenciados como o mínimo inegociável para alguém se considerar cristão.

O Credo Apostólico, no entanto, é apenas *a porta de entrada para a ortodoxia* — o qual deveria ser estudado por todos os cristãos e não apenas por pastores! Dizemos que alguém está de acordo com a ortodoxia cristã de forma mais ampla quando professa publicamente seu alinhamento aos artigos de fé definidos nos credos ecumênicos — o consenso doutrinário aceito por toda a cristandade. Os principais credos aceitos pela cristandade são os três credos ecumênicos: o Credo Apostólico, o Credo Niceno e o Credo de Atanásio.[24] A adesão aos três credos funciona como um "teste de ortodoxia" dentro do cristianismo, isto é, para as três grandes tradições da cristandade que incluem os católicos romanos, os ortodoxos orientais e os protestantes em geral.

Credo Niceno-Constantinopolitano

Creio em um só Deus,
Pai todo-poderoso,
Criador do céu e da terra, e
de todas as coisas visíveis e invisíveis.

E em um só Senhor Jesus Cristo,
Filho unigênito de Deus,

---

[24]Para uma rápida introdução aos credos, veja Demarest, "Creeds", in: Davie, et al., *New dictionary of theology* (Downers Grove, IL: InterVarsity Press, 2016), p. 233-5.

nascido do Pai antes de todos os séculos,
Deus de Deus, Luz de Luz,
Deus verdadeiro de Deus verdadeiro,
gerado, não criado,
consubstancial ao Pai,
por quem todas as coisas foram feitas;
que por nós, homens, e para nossa salvação,
desceu dos céus,
e se encarnou pelo Espírito Santo,
da virgem Maria,
e se fez homem,
também por nós foi crucificado sob Pôncio Pilatos,
padeceu e foi sepultado,
e ressuscitou ao terceiro dia,
segundo as Escrituras,
e subiu aos céus,
onde está sentado à direita do Pai,
e virá outra vez em sua glória,
julgará os vivos e os mortos;
e o seu reino não terá fim.

E no Espírito Santo, Senhor e vivificador,
o qual procede do Pai e do Filho,
e com o Pai e o Filho é adorado e glorificado,
o qual falou pelos profetas.
E na igreja una, santa, católica e apostólica.
Professo um só batismo para remissão dos pecados.
E espero a ressurreição dos mortos,
e a vida do mundo vindouro. Amém.[25]

O Credo de Niceia (325) foi redigido para refutar a heresia de Ário, presbítero da igreja de Alexandria, o qual afirmava que o Filho era

---

[25]Tradução do autor. Extraído da versão latina do *Catechismus Catholicae Ecclesiae*, I.i.iii.ii.iii, "Symbolum Fidei", disponível em: http://www.vatican.va/archive/catechism_lt/index_lt.htm, acesso em: 01 jun. 2021

a criação mais elevada de Deus e, portanto, essencialmente diferente do Pai. O credo afirma a unidade de Deus, insistindo que Cristo foi gerado do Pai antes de todos os tempos, e declara que Cristo é da mesma essência (*homoousios* em grego) que o Pai.[26] Portanto, o Filho é Deus em todos os aspectos.

O credo também argumenta pela divindade do Espírito Santo e sua procedência do Pai. No ocidente, a frase "que procede do Pai" foi posteriormente alterada para se ler "do Pai e do Filho". Essa distinção ficou conhecida na famigerada cláusula *filioque* (e do Filho), que assevera a dupla procedência do Espírito. Por esta causa, o Credo Niceno como o conhecemos hoje representa uma ampliação do ensino do credo original de 325, provavelmente aprovado pelo Concílio de Constantinopla em 381. A ampliação foi rejeitada pela Igreja Oriental e se tornou uma das principais questões para o Grande Cisma entre oriente e ocidente que atingiu o auge em 1054.

Credo de Atanásio

1. *Todo aquele que quer ser salvo, antes de tudo deve professar a fé católica.*
2. *Quem quer que não a conservar íntegra e inviolada, sem dúvida perecerá eternamente.*
3. *E a fé católica consiste em venerar um só Deus na Trindade e a Trindade na unidade,*
4. *sem confundir as pessoas e sem dividir a substância.*
5. *Pois uma é a pessoa do Pai, outra a do Filho, outra a do Espírito Santo;*
6. *mas uma só é a divindade do Pai e do Filho e do Espírito Santo, igual a glória, coeterna a majestade.*
7. *Qual o Pai, tal o Filho, tal também o Espírito Santo.*
8. *Incriado é o Pai, incriado é o Filho, incriado o Espírito Santo.*

---

[26]Os termos "gerado" e "criado" podem parecer sinônimos ou confusos para alguns. Lembre-se de que, na doutrina da dupla natureza de Cristo, o termo *gerado* é utilizado para se referir à geração de Cristo pelo Pai na eternidade. Já o termo *criado* se refere à heresia de Ário, o qual dizia que Cristo havia sido criado na história e, portanto, não seria eterno e da mesma substância que o Pai. Em suma, Jesus é gerado na eternidade, sempre existiu, e não foi criado como um ser humano comum.

9. *Imenso é o Pai, imenso o Filho, imenso o Espírito Santo.*

10. *Eterno o Pai, eterno o Filho, eterno o Espírito Santo;*

11. *contudo, não são três eternos, mas um único eterno;*

12. *como não há três incriados, nem três imensos, porém um só incriado e um só imenso.*

13. *Da mesma forma, o Pai é onipotente, o Filho é onipotente, o Espírito Santo é onipotente;*

14. *contudo, não há três onipotentes, mas um só onipotente.*

15. *Assim, o Pai é Deus, o Filho é Deus, o Espírito Santo é Deus;*

16. *e, todavia, não há três Deuses, porém, um único Deus.*

17. *Como o Pai é Senhor, assim o Filho é Senhor, o Espírito Santo é Senhor;*

18. *entretanto, não são três Senhores, porém um só Senhor.*

19. *Porque, assim como pela verdade cristã somos obrigados a confessar que cada pessoa, tomada em separado, é Deus e Senhor, assim também estamos proibidos pela religião católica de dizer que são três Deuses ou três Senhores.*

20. *O Pai por ninguém foi feito, nem criado, nem gerado.*

21. *O Filho é só do Pai; não feito, nem criado, mas gerado.*

22. *O Espírito Santo é do Pai e do Filho; não feito, nem criado, nem gerado, mas procedente.*

23. *Há, portanto, um único Pai, não três Pais; um único Filho, não três Filhos; um único Espírito Santo, não três Espíritos Santos.*

24. *E nesta Trindade nada é anterior ou posterior, nada maior ou menor; porém todas as três pessoas são coeternas e iguais entre si;*

25. *de modo que em tudo, conforme já foi dito acima, deve ser venerada a Trindade na unidade e a unidade na Trindade.*

26. *Portanto, quem quer salvar-se deve pensar assim a respeito da Trindade.*

27. *Mas para a salvação eterna também é necessário crer fielmente na encarnação de nosso Senhor Jesus Cristo.*

28. *A fé verdadeira, por conseguinte, é crermos e confessarmos que nosso Senhor Jesus Cristo, Filho de Deus, é Deus e homem.*

29. *É Deus, gerado da substância do Pai antes dos séculos, e é homem, nascido, no mundo, da substância da sua mãe.*

30. *Deus perfeito, homem perfeito, subsistindo de alma racional e carne humana.*

31. *Igual ao Pai segundo a divindade, menor que o Pai segundo a humanidade.*

32. *Ainda que seja Deus e homem, todavia não há dois, porém um só Cristo.*

33. *Um só, entretanto, não por conversão da divindade em carne, mas pela assunção da humanidade em Deus.*

34. *De todo um só, não por confusão de substância, mas por unidade e pessoa.*

35. *Pois, assim como a alma racional e a carne são um só homem, assim Deus e homem são um só Cristo;*

36. *o qual padeceu pela nossa salvação, desceu aos infernos, ressuscitou dos mortos,*

37. *subiu aos céus, está sentado à destra do Pai, donde há de vir para julgar os vivos e os mortos.*

38. *À sua chegada todos os homens devem ressuscitar com seus corpos e vão prestar contas de seus próprios atos;*

39. *e aqueles que tiverem praticado o bem irão para vida eterna; aqueles que tiverem praticado o mal irão para o fogo eterno.*

40. *Esta é a fé católica. Quem não crer com fidelidade e firmeza, não poderá salvar-se.*[27]

O Credo de Atanásio, também conhecido como *Quicumque vult* — palavras iniciais do texto em latim —, apresenta, em versão resumida (40 versos), as doutrinas essenciais para a salvação afirmadas por toda a igreja cristã em todos os tempos e lugares: a Trindade e encarnação do Filho de Deus.

O documento é comumente atribuído a Santo Atanásio, bispo de Alexandria, e grande guardião da ortodoxia trinitária durante a controvérsia ariana que eclodiu no quarto século. Atanásio morreu em 373 e o epíteto que apareceu em sua lápide é muito famoso, pois captura a essência de sua vida e ministério. Diz: "Athanasius contra mundum", isto é, "Atanásio contra o mundo". Isso se deve ao fato dele ter sofrido

---

[27]Extraído do *Livro de Concórdia*, disponível em: www.luteranos.com.br/textos/credo-atanasiano, acesso em: 01 jun. 2021.

vários exílios durante a acirrada controvérsia ariana por causa da firme profissão de fé que manteve na ortodoxia trinitária.

Recentemente, estudiosos têm favorecido a tese de que o documento teria sido escrito no sul da Gália por um autor da tradição agostiniana desconhecido por volta do quinto século. Outros estudiosos defendem que o Credo de Atanásio foi composto pela Igreja Ocidental e, de forma misteriosa, ficou desconhecido nesta igreja até o século 12, mas até hoje o credo não é reconhecido oficialmente por essa igreja. A primeira cópia conhecida do credo foi incluída como um prefácio de uma coleção de homilias de Cesário de Arles (falecido em 542). A influência do credo parece ter ocorrido principalmente no sul da França e na Espanha no sexto e no oitavo séculos. Também foi usado na liturgia da igreja na Alemanha no nono século e um pouco mais tarde em Roma. Atualmente, o Credo de Atanásio também é usado nas liturgias de igrejas protestantes, especialmente por anglicanos e presbiterianos.

O credo possui duas seções, uma lidando de forma precisa com a Trindade e outra com a encarnação de Cristo; ambas as doutrinas devem ser cridas estritamente para a salvação. O credo começa e termina com advertências severas de que a adesão inabalável a essas verdades é indispensável para a salvação. A severidade no tom dessas cláusulas tem levado alguns críticos, especialmente nas igrejas anglicanas, a levantar algumas restrições ao documento e até a cogitar seu abandono. Além disso, muitos têm sentido que, em seu tom, falta a característica do amor, pelo que não deveria ser incluído na liturgia dos cultos.

O Credo de Atanásio deve ser lido à luz de seu contexto e, portanto, seu tom austero se explica pelo fato de ter sido escrito como uma censura contra os hereges. Entendido isso, creio que ele deve ser mantido como uma bússola que nos orienta na jornada pelo conhecimento de Deus. É fato que a maioria dos cristãos hoje em dia não teria êxito ao tentar expressar com precisão sua fé na Trindade nos termos ortodoxos do credo. E a razão para isso não é a falta de evidência de salvação por parte deles — caso contrário condicionaríamos a salvação à capacidade intelectual de fazer distinções precisas! —, mas o fato de que essas discussões estão ausentes em nossos encontros de discipulado, bem como o desinteresse dos cristãos contemporâneos por aprender boa doutrina. O Credo de Atanásio não diz que cristãos com dificuldades de expressar o dogma trinitário serão condenados, mas que o ensino trinitário precisa ser afirmado pelos salvos por se tratar de uma verdade incontestável e, portanto, não sujeita a qualquer corrupção.

Quanto à Trindade, o credo afirma que "o Pai é Deus, o Filho é Deus e o Espírito Santo é Deus; e, todavia, não há três Deuses, porém, um único Deus". O Credo de Atanásio está em plena harmonia com a doutrina da Trindade estabelecida no quarto século em Niceia e também com as afirmações do concílio em Calcedônia, no ano de 451.

A luta era basicamente contra duas heresias cristológicas: o monofisismo e o nestorianismo. A primeira reduzia a pessoa de Cristo a uma única natureza teantrópica (*teo* + *antrópica* = Deus-homem) que não era puramente divina nem puramente humana. Em outras palavras, a pessoa de Cristo era vista como sendo uma pessoa com uma única natureza, confundindo e misturando assim as duas naturezas de Cristo. Ao mesmo tempo que a igreja combatia a heresia monofisista, ela também resistiu ao nestorianismo, que buscava não tanto confundir e misturar as duas naturezas, mas separá-las, chegando à conclusão de que Cristo tinha duas naturezas e era, portanto, duas pessoas: uma humana e uma divina.

Tanto a heresia monofisita quanto a heresia nestoriana foram claramente condenadas no Concílio de Calcedônia em 451, em que a igreja, reafirmando sua ortodoxia trinitária, declarou sua crença de que Cristo era *vere homo* e *vere Deus* — verdadeiramente humano e verdadeiramente Deus. Declarou ainda que as duas naturezas em sua unidade perfeita coexistiam de tal maneira que não havia mistura, confusão, separação ou divisão, e que cada natureza retinha seus próprios atributos. Assim, com o tom contundente característico do Credo de Atanásio, tanto a heresia do nestorianismo quanto a heresia do monofisismo foram definitivamente condenadas.

Quanto à encarnação de Cristo, os artigos desse credo sustentam sua geração eterna da substância do Pai, sua verdadeira divindade e humanidade, sua morte pelos nossos pecados, sua ressurreição, sua ascensão, sua segunda vinda e o julgamento final. Em outras palavras, no mistério da encarnação, a natureza divina do Senhor não se transformou em natureza humana, mas, sim, a natureza divina imutável assumiu uma natureza humana (cf. Filipenses 2:5-11).

O Credo de Atanásio é considerado um dos quatro credos oficiais da Igreja Católica Romana[28] e, novamente, afirma em termos concisos o que é necessário acreditar para ser salvo. Embora esse credo não receba tanta publicidade nas igrejas protestantes contemporâneas, as doutrinas ortodoxas da Trindade e da encarnação são afirmadas por praticamente todas as igrejas protestantes históricas.

Credo de Calcedônia

Fiéis aos santos pais, todos nós, perfeitamente unânimes, ensinamos que se deve confessar um só e mesmo Filho, nosso Senhor Jesus Cristo, perfeito quanto à divindade, perfeito quanto à humanidade, verdadeiro Deus e verdadeiro homem, constando de alma racional e de corpo; consubstancial ao Pai, segundo a divindade, e consubstancial a nós, segundo a humanidade; em todas as coisas semelhante a nós, excetuando o pecado, gerado segundo a divindade antes dos séculos pelo Pai e, segundo a humanidade, por nós e para nossa salvação, gerado da virgem Maria, mãe de Deus; Um só e mesmo Cristo, Filho, Senhor, Unigênito, que se deve confessar, em duas naturezas, inconfundíveis e imutáveis, inseparáveis e indivisíveis; a distinção das naturezas de modo algum é anulada pela união, mas, pelo contrário, as propriedades de cada natureza permanecem intactas, concorrendo para formar uma só pessoa e subsistência; não dividido ou separado em duas pessoas. Mas um só e mesmo Filho Unigênito, Deus Verbo, Jesus Cristo Senhor; conforme os profetas outrora a seu respeito testemunharam, e o mesmo Jesus Cristo nos ensinou e o credo dos pais nos transmitiu.[29]

---

[28]Os quatro credos autoritativos são: 1) Credo Apostólico, 2) Credo Niceno-Constantinopolitano, 3) Credo de Atanásio, 4) Credo do Papa Pio IV, também conhecido como *Professio Fidei Tridentina*. Foi publicado em 13 de novembro de 1565 pelo Papa Pio IV em sua bula *Iniunctum nobis* sob os auspícios do Concílio de Trento (1545-1563). Nós, protestantes, reconhecemos a autoridade dos três primeiros, mas não o último, visto que sua principal intenção era definir claramente a fé católica romana contra o protestantismo — embora seja raramente usado hoje em dia.

[29]Extraído e traduzido de Schaff, *Creeds of Christendom* (Grand Rapids: Baker, 1984), 2:62-3.

Também conhecido como *Symbolum Chalcedonense*, o Credo de Calcedônia é outro símbolo de fé importantíssimo para nossa compreensão da doutrina cristã ortodoxa. Foi preparado por mais de quinhentos bispos gregos no Concílio de Calcedônia em 451 como resposta às visões errôneas da pessoa de Cristo apresentadas por Apolinário, Nestório e Eutiques. A definição calcedoniana afirma que Jesus Cristo é perfeitamente Deus e perfeitamente homem, que é consubstancial com Deus quanto à sua divindade e com os homens quanto à sua humanidade. Além disso, a humanidade e a divindade estão unidas no Deus-homem sem confusão, sem mudança, sem divisão e sem separação. Calcedônia representa a declaração definitiva, embora em linguagem grega, de como nosso Senhor Jesus Cristo é Deus e homem ao mesmo tempo.

APRENDENDO A FAZER DISTINÇÕES

Em que sentido devemos apreciar os credos e confissões produzidas na história da igreja cristã? Nesta terceira parte do capítulo, espero ajudar você a discernir duas coisas: 1) a relação entre *credos, igreja e Escritura*; e 2) a diferença entre uma *heresia* e um *erro teológico*.

1. Credos, igreja e Escritura

Grosso modo, os credos eram usados em um contexto batismal. Ao responder às perguntas ou recitar certas fórmulas que mais tarde se tornaram fixas, o candidato ao batismo fazia sua confissão de fé em Cristo publicamente. Além disso, os credos eram usados para propósitos catequéticos, ou seja, para instruir novos cristãos nos fundamentos da fé. Os credos também foram utilizados para fins confessionais, isto é, para refutar e expor os ensinamentos heréticos de seu tempo. E, finalmente, os credos serviam a um propósito litúrgico, visto que eram recitados em vários lugares nos cultos de adoração das igrejas.

Quanto à autoridade dos credos, a Igreja Ortodoxa Oriental atribui autoridade aos sete concílios ecumênicos, do Primeiro Concílio de Niceia (325) até o Segundo Concílio de Niceia (787). Porém, as igrejas orientais não reconhecem os credos doutrinários ocidentais e também rejeitam o acréscimo *filioque* ao Credo Niceno. A Igreja Católica Romana, em contrapartida, reivindica infalibilidade para todos os pronunciamentos do magistério. Tradicionalmente, o Credo dos Apóstolos, o Credo Niceno e o Credo de Atanásio eram conhecidos como "os três símbolos". De acordo com a Igreja de Roma, as antigas fórmulas credais contêm verdades reveladas por Deus e, portanto, oficiais para todos os tempos.

Os reformadores aceitaram o Credo dos Apóstolos e os decretos dos primeiros quatro concílios em virtude de sua conformidade com as Escrituras — a única regra de fé e prática para nós, protestantes. Para Martinho Lutero, em referência ao Credo Apostólico, "a verdade cristã não poderia ser colocada em uma declaração mais curta e clara".[30] A respeito da autoridade dos concílios ecumênicos, João Calvino escreveu: "... venero-os de coração e gostaria que todos fossem celebrados com a devida honra".[31] Os principais ramos do protestantismo valorizam os quatro credos discutidos acima como uma incorporação fiel dos ensinamentos das Escrituras.

Teólogos protestantes modernos, especialmente aqueles de matriz liberal, costumam ter uma postura negativa em relação aos credos clássicos do cristianismo.[32] Adolf von Harnack, por exemplo, rejeitou os credos alegando que foram escritos sob influência do pensamento grego e de uma cosmologia antiquada. Rudolf Bultmann, Paul Tillich e J. A. T. Robinson não vão tão longe quanto Harnack, mas geralmente pontuam que os credos possuem pouca relevância para o mundo contemporâneo. O mesmo é verdade até para pensadores católicos romanos, como é o caso de Hans Küng, o qual argumenta que os credos são declarações humanas formuladas em contextos culturais estranhos ao nosso e, portanto, estão infectados por vários erros.

---

[30]Fischer, org., *Luther's works* (Minneapolis: Fortress Press, 1961), vol. 37: Word and sacrament III, p. 360.

[31]Calvino, *Institutas da religião cristã*, IV.ix.1.

[32]Liberalismo teológico é um movimento que emergiu na Europa entre o século 18 e o início do século 20. As marcas mais características do movimento têm sido a relativização da autoridade bíblica, assimilação deliberada de correntes filosóficas estranhas ao cristianismo histórico e uma metodologia teológica que se assemelha mais à disciplina das ciências da religião do que à teologia propriamente dita.

Diferente da postura liberal, o protestantismo ortodoxo tem uma visão distintiva da Escritura e dos credos. Na nossa visão, os credos são distintos da Escritura porque somente a Bíblia é *norma normans* (regra que governa), enquanto os credos são *norma normata* (regra que é governada). Dessa maneira, nós asseguramos nosso lugar na ortodoxia cristã, pois vemos cada um dos credos acima mencionados como uma *norma normata*, ou seja, como uma regra que é governada pela autoridade final e exclusiva da Palavra de Deus. Assim, para nós, os credos clássicos não são invenções engenhosas dos melhores bispos da cristandade, mas expõem o que sempre foi crido por toda a igreja em todos os tempos.

2. Heresia e erro teológico

Os atalhos que comprometem o bom andamento da jornada de fé são também conhecidos como heresias.[33] O termo grego *hairesis* literalmente significa "escolha" ou "seita" e se refere à negação obstinada feita por alguém, após seu batismo, de uma ou mais doutrinas cristãs essenciais que deveriam ser cridas e defendidas como normativas por toda a igreja cristã. O herege é a pessoa que faz a escolha ou adere a um grupo que escolhe conscientemente crer na falsa doutrina.

A heresia sempre esteve à espreita na jornada cristã durante os séculos e é sábio tomar cuidado com os hereges. No Novo Testamento, a palavra *hairesis* é utilizada para designar uma seita ou escola de filosofia (cf. Atos 5:17; 15:5; 24:5; 26:5; 28:22). Paulo se refere a *hairesis* em 1Coríntios 11:19, ao tratar de certas "facções" na igreja, e em Gálatas 5:20, ao exortar membros da igreja com espírito sectário. Outras ocorrências do termo aparecem em Tito 3:10 e 2Pedro 2:1 e se referem diretamente a falsos profetas que introduzem heresias destrutivas para a saúde do povo de Deus.

Algumas pessoas infelizmente confundem os termos "heresia", "erro teológico" e "diferenças doutrinárias", tratando-os como sinônimos. Isso é um equívoco e deve ser evitado, uma vez que somos

---

[33]Para um estudo completo sobre as heresias dentro do cristianismo do período apostólico até o presente, veja Brown, *Heresies* (Garden city, NY: Doubleday, 1984).

desafiados pelo Senhor Jesus a zelar pela unidade cristã e não cairmos na tentação de associar qualquer pessoa, irmão ou igreja a heresias sem os devidos critérios. Em primeiro lugar, opiniões teológicas sobre diferenças doutrinárias estão associadas a tópicos secundários da fé cristã, tais como a forma batismal de certa denominação, seu modelo de governo eclesiástico, usos e costumes, entre outros, que não ferem o coração da doutrina cristã e, portanto, não devem ser motivo de rotulação herética.

Em segundo lugar, um erro teológico pode ser sustentado por um indivíduo ou por uma denominação e ainda assim não ser motivo de anátema. A famosa disputa entre calvinistas e arminianos holandeses no século 17 ilustra bem o ponto em questão. A controvérsia foi iniciada originalmente por Jacob Arminius, professor de teologia na Universidade de Leiden, que questionava o ensino de Calvino e de seus seguidores em vários pontos importantes acerca da salvação. Após a morte de Arminius, seus seguidores apresentaram cinco desses pontos problemáticos em um documento chamado Remonstrância em 1610.[34]

Nesse documento, os arminianos discordavam da soteriologia calvinista até então vigente na Igreja Reformada Holandesa. Eles alegavam que: (1) a eleição divina se dava com base na fé prevista; (2) a aplicação universal da expiação de Cristo estava disponível para todos os que livremente o aceitavam; (3) a depravação humana era limitada; (4) a graça de Deus podia ser resistida; e (5) haveria possibilidade de perder a salvação. Como resposta aos cinco artigos dos arminianos, aquela igreja convocou o Sínodo de Dort (1618-1619) e, depois de muitos debates acalorados — não apenas contra os arminianos, mas entre os próprios reformados! —, rejeitou a perspectiva arminiana como errônea, reiterando o ensino reformado sobre a salvação com o propósito de oferecer uma garantia mais densa aos cristãos de acordo com o ensino das Escrituras.

A moral da história é que em nenhum momento dessa controvérsia os reformados consideraram os arminianos como hereges, por mais que

---

[34]Vale ressaltar que o pensamento dos arminianos expresso naquele documento nem sempre seguia de perto as próprias ideias de Arminius. Para uma excelente introdução ao pensamento deste, veja: Muller, *God, Creation, and providence in the thought of Jacob Arminius* (Grand Rapids: Baker, 1991).

considerassem falsos seus cinco artigos. O motivo é simples: não existe anátema onde não há heresia. Por isso, reformados e arminianos, apesar de suas desavenças teológicas, permanecem sendo irmãos em Cristo e abertos ao diálogo nesse e em outros pontos da doutrina cristã.

Tendo deixado isso claro, estamos mais seguros para atestar, em terceiro lugar, que heresia é um desvio vertiginoso para fora do caminho do conhecimento de Deus que, consequentemente, desvirtua pessoas da salvação eterna para a condenação eterna. Ela é diferente de um erro doutrinário ou de uma visão teológica diferente, os quais, portanto, devem ser tolerados e debatidos em amor. As palavras do apóstolo Paulo aos Gálatas não deixam dúvidas a respeito da periculosidade de uma heresia:

> Estou muito surpreso em ver que vocês estão passando tão depressa daquele que os chamou na graça de Cristo para outro evangelho, o qual, na verdade, não é outro. Porém, há alguns que estão perturbando vocês e querem perverter o evangelho de Cristo. Mas, ainda que nós ou mesmo um anjo vindo do céu pregue a vocês um evangelho diferente daquele que temos pregado, que esse seja anátema. Como já dissemos, e agora repito, se alguém está pregando a vocês um evangelho diferente daquele que já receberam, que esse seja anátema (Gálatas 1:6-9).

Anátema é realmente uma palavra forte e merece a devida atenção. Literalmente, anátema é uma denúncia de algo ou alguém como maldito. De forma mais específica, referia-se ao banimento ou à maldição pronunciada solenemente por uma autoridade eclesiástica contra um herege que, geralmente, vinha acompanhada de excomunhão. De acordo com o ensino bíblico, os hereges são aqueles que "promovem divisões, seguem os seus próprios instintos e não têm o Espírito" (Judas 19). Devemos ter sempre misericórdia daqueles que, sob a influência de um falso mestre, "estão em dúvida" (Judas 22), mas sermos implacáveis contra qualquer um que se infiltre em nosso meio pervertendo a fé. Como diz Judas, nosso desafio é "lutar pela fé que uma vez por todas foi entregue aos santos" (Judas 3).

Dentre as heresias combatidas pelo cristianismo, podemos mencionar as quatro mais famosas. A primeira delas ficou conhecida como gnosticismo. Os gnósticos creem que o principal elemento da salvação consiste no conhecimento direto da divindade suprema na forma de uma visão mística ou esotérica. Em geral, muitos textos gnósticos — antigos e recentes — não tratam de conceitos de pecado e arrependimento, mas de ilusão e iluminação.

A segunda heresia combatida pelo cristianismo foi o pelagianismo. Seu principal articulador, o monge britânico Pelágio (c. 355-420), defendia que o pecado original não contaminou a natureza humana e que os humanos têm o livre arbítrio para alcançar a perfeição humana sem o auxílio da graça divina. As ideias de Pelágio foram duramente atacadas por Santo Agostinho, o qual expôs biblicamente a condição desoladora do ser humano após a Queda e sua desesperadora necessidade da graça divina.

O terceiro grupo corresponde às heresias cristológicas. Dentre as grandes questões debatidas pelo cristianismo primitivo, nenhuma delas superou a disputa pelo correto entendimento sobre a dupla natureza (divina e humana) do Senhor Jesus Cristo. Após longos debates nos concílios de Éfeso (431), Calcedônia (451) e Constantinopla (680), a questão foi formalmente resolvida na doutrina ortodoxa da união hipostática de Cristo. A explicação mais simples para essa expressão paradoxal é a de que Jesus Cristo possui duas naturezas em uma só pessoa. Em suma, Cristo é verdadeiro Deus e verdadeiro homem, e suas duas naturezas são preservadas e unidas — inconfundíveis, imutáveis, indivisíveis e inseparáveis — em uma só substância e em uma única pessoa.

A quarta heresia é conhecida como antinomismo. A heresia da *antinomia* (*anti* + *nomia* = contra a lei) se refere a qualquer visão teológica que rejeite a influência de leis ou normas morais para a vida cristã. É uma espécie de proclamação de liberdade da lei na forma de licenciosidade. Segundo essa heresia, os cristãos podem viver como quiserem, pois a lei não é de forma alguma obrigatória para os cristãos. Os próprios apóstolos confrontaram a teologia antinomiana de seus dias. Paulo, por exemplo, teve de explicar que qualquer pessoa que usa a graça de Deus como desculpa para pecar e quebrar a lei não entendeu realmente o evangelho (Romanos 6:15-23).

BEM-VINDO À ORTODOXIA!

Há uma forte antipatia no mundo atual contra declarações de verdade de qualquer natureza. A cultura contemporânea parece viver sob o feitiço relativista e evita qualquer aproximação com verdades absolutas. Contra o poder encantador dessa falácia recente, neste capítulo fiz a você um convite aberto à ortodoxia. Apresentei o Credo Apostólico como nosso texto orientador e mostrei como a relação íntima com os credos clássicos do cristianismo (pelo menos até o quarto concílio de Calcedônia) nos ajuda na jornada pelo conhecimento de Deus.

Ao longo da história da igreja tem sido necessário adotar declarações oficiais para esclarecer a fé cristã e distinguir o conteúdo verdadeiro do erro. Elas são uma tentativa de apresentar, de forma coerente e unificada, todo o escopo das Escrituras. Sem essas declarações de fé, a anarquia teológica já teria reinado na igreja e no mundo. Retornando à metáfora da jornada, podemos dizer que os credos funcionam como *guard rails* da doutrina cristã, isto é, são como barras de ferro delimitando as margens da pista e nos deixando mais seguros durante a viagem. Em contraposição, abrir mão da ortodoxia seria como dirigir sua jornada de fé em uma pista sem *guard rails*, correndo assim o risco de cair de um penhasco.

Em suma, os credos ortodoxos fornecem um valioso resumo das crenças cristãs universais, refutam ensinos estranhos à Palavra de Deus e são úteis na instrução e adoração cristãs. Também enfatizamos que, em última análise, mesmo as melhores fórmulas credais devem ser governadas pela Palavra infalível de Deus.

Bem-vindo à ortodoxia! Nos próximos capítulos aprofundaremos nossa jornada pelos principais tópicos da fé cristã na seguinte ordem: a doutrina da Trindade, atributos de Deus, Criação, Queda, Redenção, igreja e Consumação.

REFERÊNCIAS

BARTH, Karl. "Interview by Alexander J. Seiler 1960." In: BUSH, Eberhard, org. *Barth in conversation* (Louisville, KY: Westminster John Knox Press, 2017). Vol. 1: 1959-1962.

_____. *The Church dogmatics*. Study edition (Edinburgh: T&T Clark, 1975). Vol. I/1: The doctrine of the Word of God.

BARTHOLOMEW, Craig; GOHEEN, Michael. *The drama of Scripture: finding our place in the biblical story* (Grand Rapids: Baker, 2004).

_____; _____. *O drama das Escrituras: encontrando o nosso lugar na história bíblica* (São Paulo: Vida Nova, 2017).

BAVINCK, Herman. *Reformed dogmatics* (Grand Rapids: Baker, 2008). 4 vols.

_____. *Dogmática reformada* (São Paulo: Cultura Cristã, 2012). 4 vols.

BETTENSON, Henry. *Documentos da igreja cristã* (São Paulo: ASTE, 1998).

BRAY, Gerald. *Creeds, councils and Christ* (Leicester: InterVarsity Press, 1984).

BROWN, Harold O. J. *Heresies: the image of Christ in the mirror of heresy and orthodoxy from the apostles to the present* (Garden city, NY: Doubleday, 1984).

BULTMANN, Rudolf. *Kerygma and myth* (Nova York: Harper TorchBooks, 1961).

_____. *New Testament & mythology and other basic writings* (Minneapolis: Fortress Press, 1984).

CALVIN, Jean. "Institutio Christianae religionis." In: BAUM, G.; CUNITZ, E.; REUSS, E., orgs. *Ioannis Calvini Opera Quae Supersunt Omnia*. Corpus Reformatorum (Brunswick and Berlin: C. A. Schwetschke and Son [M. Bruhn], 1863-1900). Vols. 29-87.

_____ [CALVINO, João]. *Institutas da religião cristã* (São Paulo: Cultura Cristã, 2006). 4 vols.

Catechismus Catholicae Ecclesiae. Disponível em: http://www.vatican.va/archive/catechism_lt/index_lt.htm, acesso em: 01 jun. 2021.

"Catecismo de Heidelberg." In: *As três formas de unidade das igrejas reformadas* (Brasília: CLIRE, 2013).

DAVIE, M. et al. *New dictionary of theology: historical and systematic*. 2. ed. (Downers Grove, IL: InterVarsity Press, 2016).

FISCHER, Robert H., orgs. *Luther's works* (Minneapolis: Fortress Press, 1961). Vol. 37: Word and sacrament III.

FUHRMANN, P. T. *Introduction to the great creeds of the church* (Philadelphia: Westminster Press, 1960).

HORTON, Michael. *Doutrinas da fé cristã: uma teologia sistemática para os peregrinos no Caminho* (São Paulo: Cultura Cristã, 2019).

KAUFMAN, Gordon. *An essay on theological method* (Missoula: Scholars Press, 1975).

KELLY, J. N. D. *Early Christian creeds* (Londres: Longman, 1972).

KOOI, Cornelis van der; BRINK, Gijsbert van den. *Christian dogmatics: an introduction* (Grand Rapids: Eerdmans, 2017).

MULLER, Richard A. *God, Creation, and providence in the thought of Jacob Arminius: sources and directions of scholastic protestantism in the era of early orthodoxy* (Grand Rapids: Baker, 1991).

PANNENBERG, Wolfhart. *Systematic theology* (Grand Rapids: Eerdmans, 2010). Vol. 1.

_____. *Teologia sistemática* (São Paulo: Academia Cristã/Paulus, 2009). Vol. 1.

SCHAFF, Philip. *Creeds of Christendom* (Grand Rapids: Baker, 1984). 3 vols.

TILLICH, Paul. *Systematic theology* (Chicago: University of Chicago Press, 1950). 2 vols.

_____. *Teologia sistemática*. 5. ed. (São Leopoldo: Sinodal/EST, 2005). Volume único.

TOMÁS DE AQUINO. "Summa theologiae." In: MORTENSEN, John, et al., org. *Latin/English edition of the works of St. Thomas Aquinas* (Lander, WY: The Aquinas Institute for the Study of Sacred Doctrine, 2012). Vol. 13-20.

_____. *Suma teológica* (Campinas: Editora Ecclesiae, 2018). 5 vols.

VANHOOZER, Kevin. *O drama da doutrina: uma abordagem canônico-linguística da teologia cristã* (São Paulo: Vida Nova, 2016).

A TRINDADE

Creio em Deus Pai... e no Filho... e no Espírito Santo.

— Credo Apostólico

Pois uma é a pessoa do Pai, outra a do Filho, outra a do Espírito Santo; mas uma só é a divindade do Pai e do Filho e do Espírito Santo, igual a glória, coeterna a majestade. Qual o Pai, tal o Filho, tal também o Espírito Santo. Incriado é o Pai, incriado é o Filho, incriado o Espírito Santo. Imenso é o Pai, imenso o Filho, imenso o Espírito Santo. Eterno o Pai, eterno o Filho, eterno o Espírito Santo; contudo, não são três eternos, mas um único eterno; [...] Assim, o Pai é Deus, o Filho é Deus, o Espírito Santo é Deus; e, todavia, não há três Deuses, porém, um único Deus.

— Credo de Atanásio, 5-11, 15-16

... a história recente dessa doutrina mostra muito claramente que a ortodoxia clássica tem o poder de se recuperar da crítica e revigorar a discussão teológica quando isso é menos esperado. A doutrina da Trindade, sempre a principal marca distintiva do cristianismo ortodoxo, tornou-se novamente a expressão viva da fé e uma força criativa na

teologia contemporânea que certamente produzirá ainda mais frutos nos anos vindouros. [1]

— Gerald L. Bray

Um dos meus teólogos prediletos, Agostinho de Hipona (354-430), passou mais de trinta anos trabalhando em seu tratado *De Trinitate*,[2] tentando explicar da maneira mais inteligível possível o mistério da doutrina da Trindade. Sobre o esforço de Agostinho para compreender o dogma trinitário, Jacobus de Voragine (1228-1298), arcebispo de Gênova, conta uma história marcante.[3]

Diz o conto que Agostinho caminhava um dia à beira-mar, contemplando o mistério da santíssima Trindade, quando viu uma criança correndo de um lado para o outro da água até chegar à beira-mar. O menino estava usando uma concha para carregar água do grande oceano e despejá-la em uma pequena cova que ele havia feito na areia. Agostinho veio até ele e perguntou o que estava fazendo.

— Vou despejar todo o oceano neste buraco — respondeu o menino.

— O quê? — disse Agostinho. — Isso é impossível, minha querida criança; o mar é muito grande enquanto a concha e o buraco são muito pequenos.

— Isso é verdade — disse o menino. — Porém, seria mais fácil e rápido tirar toda a água do mar e colocá-la neste buraco do que você

---

[1]Bray, "Trinity", in: Davie, et al., *New dictionary of theology* (Downers Grove, IL: InterVarsity Press, 2016), p. 924.

[2]Edição em português: Agostinho, *A Trindade, Coleção Patrística* (São Paulo: Paulus, 1994), vol. 7.

[3]Embora a história seja retratada várias vezes na arte medieval tardia e no início do período moderno, suas origens são obscuras. O relato mais confiável pode ser encontrado em uma tradução para o inglês da chamada *Legenda Aurea* ou *Golden Legend*. Esta foi uma coleção sobre a vida de diversos santos reunida pelo dominicano italiano Jacobus de Voragine em meados do século 13. Cf. Voragine, *The Golden Legend*, organização de F. S. Ellis (impr. 1900; Sydney: Wentworth Press, 2019), vol. 5, disponível em: https://sourcebooks.fordham.edu/basis/goldenlegend/GoldenLegend-Volume5.asp#Augustine, acesso em: 01 jun. 2021.

tentar encaixar o mistério da Trindade em seu pequeno intelecto; pois o mistério da Trindade é infinitamente maior em comparação à sua inteligência do que esse vasto oceano em comparação a este pequeno buraco.

E então a criança desapareceu.

Alguns dizem que Agostinho estava conversando com um anjo enviado por Deus para lhe ensinar uma lição sobre orgulho intelectual. Outros dizem que foi o próprio Cristo em forma de criança que veio lembrar Agostinho acerca dos limites da compreensão humana em relação aos grandes mistérios da fé. A moral dessa história é bem simples: estamos entrando em terreno santo e, portanto, devemos caminhar por essa trilha do conhecimento de Deus com humildade e reverência. Não estamos falando sobre Deus uns com os outros apenas, estamos conversando sobre Deus *na presença* de Deus. Além disso, estamos reconhecendo que os nossos maiores esforços para entender o nosso Deus serão como tentar colocar o oceano em um buraco de areia na praia.

A doutrina da Trindade está situada no campo do mistério, por isso devemos refletir sobre ela com temor e tremor. O bom e velho princípio agostiniano *fides quaerens intellectum* (fé em busca de entendimento) não deve sair do nosso radar durante a jornada. Isso porque nossa tentativa neste capítulo não será a de provar ou explicar a Trindade — dado que isso está para além da nossa capacidade —, mas a de *descrever* e *preservar* esse mistério.

Espero familiarizar você a respeito dos elementos centrais do ensino trinitário, mostrando como esse dogma nos ajuda a compreender todo o corpo doutrinário do cristianismo. Para tanto, as seguintes perguntas nortearão nossa jornada: (1) Onde a pessoalidade plural de Deus está *implícita* no Antigo Testamento?; (2) Como a triunidade de Deus é *definida* no Novo Testamento?; (3) Como entender a obra da Trindade no drama da redenção?; (4) Quais distinções são úteis para nossa apreciação da doutrina trinitária?; (5) Quais erros devem ser rejeitados? Antes de começarmos, porém, precisamos nos perguntar: por que começarmos pela doutrina da Trindade e não por outro caminho?

Geralmente os livros de teologia sistemática começam suas análises do ser de Deus pelos atributos de Deus para depois explicar a doutrina da Trindade. Neste livro, essa ordem será invertida por pelo menos três razões.[4] Primeira, eu creio que nossa jornada de fé em busca do conhecimento de Deus não deve começar por uma abstração do ser divino, o que geralmente é o caso quando iniciamos nossas conversas sobre Deus discorrendo sobre a simplicidade, asseidade, imutabilidade, impassibilidade e eternidade divinas. Embora esses cinco termos sejam importantes para nossa compreensão do ser divino, não precisamos começar por eles.

Segunda, a Trindade vem primeiro porque é a doutrina central do cristianismo, a qual o torna distinto das demais religiões. O próprio Ário, herege mencionado anteriormente, começou a ensinar que o Filho era um ser criado, e não verdadeiramente Deus. Ele fez isso porque acreditava que Deus é a origem e a causa de tudo e não é causado por nada mais. Foi justamente por começar pela cláusula "não causado" que Ário rejeitou a divindade de Cristo, já que o Filho, sendo um filho, deve ter recebido seu ser do Pai e, portanto, não poderia ser Deus. Esse argumento não convenceu a igreja de forma unânime, muito menos o jovem e brilhante Atanásio, o qual contendeu com Ário, declarando que ele teria começado a partir do lugar errado com sua definição básica de Deus. Para Atanásio, começar com Jesus Cristo, o Filho de Deus, e não com alguma definição abstrata, é a maneira correta de pensar sobre o ser divino, visto que, ao falarmos sobre o Filho, seremos automaticamente levados até o Pai dele, conduzidos pelo Espírito que procede de ambos.[5]

Terceira, começamos pela Trindade porque é a doutrina que melhor retrata o ser relacional de Deus: Pai, Filho e Espírito Santo. Como dissemos anteriormente, teologia não é uma ciência objetiva na qual podemos examinar exaustivamente o ser de Deus "do lado de fora", como em um laboratório, mas uma ciência participatória. Isto é, precisamos nos envolver com aquilo que estamos conhecendo. Nosso conhecimento de Deus é, portanto, relacional do início ao fim: não podemos conhecer a Deus a menos que estejamos imersos na relação que ele começou conosco. Não podemos formar nossas opiniões sobre

---

[4]Cf. Kooi; Brink, *Christian dogmatics* (Grand Rapids: Eerdmans, 2017), p. 113-20.
[5]Cf. Reeves, *Delighting in the Trinity* (Downers Grove, IL: InterVarsity Press, 2012), p. 19-38.

Deus à distância e, então, com base nelas, decidirmos se creremos ou não nele; passamos a conhecê-lo conforme ele se dá a conhecer a nós, em uma relação de aliança. Assim como aconteceu com Abraão, Deus se revela a nós durante a jornada, nunca de uma vez só. Deus não pode ser domesticado, manipulado ou controlado pela nossa inteligência, pois Deus é livre para nos ensinar sobre ele mesmo e para humilhar nossa frágil inteligência.

"Si enim comprehendis, non est Deus" (se você o compreende, não é Deus), disse Agostinho em um de seus sermões.[6] Este é um grande paradoxo: a doutrina da Trindade é o ensino mais importante e, ao mesmo tempo, a mais misteriosa e difícil de todas as doutrinas bíblicas.[7] É a própria arquitetura de toda a teoria e prática do cristianismo.[8] É nada mais nada menos que o coração da fé cristã.[9] Em outras palavras, tudo o que envolve ser cristão: nossas crenças, a maneira de adorar, cantar, se relacionar e viver, depende da maneira como enxergamos a natureza triúna de Deus.

O termo latino *Trinitas*, de onde extraímos nossa versão *Trindade* para o português, não é encontrado na Bíblia. Foi inventado por um cristão primitivo chamado Tertuliano de Cartago (c. 160-220) como uma tradução para a palavra grega *trias*, termo utilizado na época ao descrever a triunidade divina, mas que não tinha até então um significado explicitamente teológico.[10] Com o passar do tempo, o termo foi utilizado pelos pais da igreja em sua tentativa de sistematizar o conceito da pluralidade do ser divino inicialmente implícito no Antigo Testamento e, posteriormente, desenvolvido no Novo Testamento. Se isso traz algum consolo a você, leitor, a igreja cristã demorou ao menos três

---

[6]Augustinus Hipponensis, *Sermo 117*.3.5, disponível em: https://www.augustinus.it/latino/discorsi/discorso_152_testo.htm, acesso em: 08 ago. 2021. Tradução do autor. Para uma tradução inglesa, veja: Augustine, *Sermons 94A-147A, on the Old Testament*, OP Series, organização de Rotelle (O.S.A. Brooklyn, Nova York: New City Press, 1992), vol. III/4.

[7]Lloyd-Jones, *Deus o Pai, Deus o Filho* (São Paulo: PES, 1984), p. 114.

[8]Horton, *The Christian faith* (Grand Rapids: Zondervan, 2011), p. 273.

[9]Bavinck, *Reformed dogmatics* (Grand Rapids: Baker, 2008), vol. 2, p. 260.

[10]Bray, "Trinity", in: Davie, et al., *New dictionary of theology* (Downers Grove, IL: InterVarsity Press, 2016), p. 921.

séculos para definir com mais precisão o significado de Deus ser único em três pessoas — portanto, não se sinta pressionado a aprender tudo em um dia só!

Em vez de tentarmos apreender abstratamente o conceito, deixemos que os textos da Escritura nos esclareçam como é possível haver três pessoas no único Deus. Comecemos o percurso mencionando os padrões *proto-trinitários* pelos quais Deus é retratado no Antigo Testamento.

A PESSOALIDADE PLURAL DE DEUS

Deus revela sua substância única no Antigo Testamento logo na primeira página: "No princípio, Deus criou os céus e a terra" (Gênesis 1.1). Essa revelação vai se desdobrando até chegarmos ao *Shema Yisrael*, que são as duas primeiras palavras da seção da Torá que constitui a profissão de fé central do monoteísmo judaico: "Escute, Israel, o SENHOR, nosso Deus, é o único Senhor" (Deuteronômio 6.4). Diferente do politeísmo crido pelas nações ao redor, o povo da antiga aliança se distinguia religiosamente por ter recebido a revelação clara de que não existem deuses, mas somente o único Deus.

Em diversos lugares do Antigo Testamento, no entanto, percebemos na unidade da divindade certas noções de pluralidade impressionantes. Um exemplo disso é o relato da Criação em Gênesis 1:1-3. Nele, vemos o único Deus verdadeiro criando todas as coisas e, ao mesmo tempo, três atores participando da mesma obra criativa: Deus, a Palavra e o Espírito. Esse retrato plural do ser divino é posteriormente confirmado em João 1:1-3, onde o apóstolo João destaca a presença de Jesus — ainda não encarnado — no princípio de tudo como o meio pelo qual Deus criou todas as coisas: "Todas as coisas foram feitas por ele, e, sem ele, nada do que foi feito se fez" (João 1:3).

Na língua hebraica também existem formas bem intrigantes para se referir a uma unidade. A primeira palavra é *yachid* e significa "único", mas como uma unidade singular ou absoluta: único e somente um. Já a segunda palavra é *echad*, igualmente traduzida por "único", mas com um sentido diferente da primeira, significando uma unidade coletiva. Darei quatro exemplos: (1) Adão e Eva formam uma só carne após o casamento (Gênesis 2:24); (2) Os espias cortam um cacho de uvas em Canaá (Números 13:23); (3) Abraão entrega seu filho único para o sacrifício (Gênesis 22:2); (4) Deus é o único Senhor (Deuteronômio 6:4). Em quais desses casos, na língua hebraica, você acha que se usa *yachid* ou *echad*? As conclusões são muito interessantes:

Uma só carne = *echad* (união coletiva)
Um cacho de uvas = *echad* (união coletiva)
Filho único = *yachid* (unidade absoluta)
Deus, único Senhor = *echad* (unidade coletiva)

Era de se esperar que a palavra usada no quarto exemplo, em relação a Deus como único Senhor, fosse *yachid*, mas, em vez disso, o texto sagrado registra que Deus é uma unidade coletiva, *echad*. O autor não faz questão de dizer quantas pessoas estão presentes dentro da unidade divina, mas deixa sinais que dentro da divindade existe uma comunidade.

Em três ocasiões, o livro de Gênesis menciona pluralidade nas ações de Deus: na criação do homem e da mulher: "Façamos..." (Gênesis 1:26); na Queda do casal, em que Deus afirma: "o homem se tornou como um de nós" (Gênesis 3:22); e no episódio da Torre de Babel, em que Deus diz para si mesmo: "desçamos e confundamos..." (Gênesis 11:7,8). Essas passagens não são tão claras quanto gostaríamos e, sem dúvida, os plurais mencionados podem se referir àquilo que estudiosos chamam de "plural de majestade", ou seja, uma construção idiomática da época que conferia grandeza a um indivíduo — deuses, anjos, juízes — ao referir-se a ele com pronome no plural. Um dos nomes mais utilizados para referir-se a Deus no Antigo Testamento, por exemplo, é o termo *Elohim*, o qual é traduzido por Deus, mas literalmente significa "deuses". A maioria dos estudiosos concorda que se trata aqui de um exemplo do costume do antigo Oriente Próximo de pluralizar um nome para denotar sua excelência e transcendência. Ainda assim, não é descartada a possibilidade de interpretar essas passagens como indícios de complexidade dentro da unidade divina.[11]

---

[11]Cf. Carson, *O Deus presente* (São José dos Campos: Fiel, 2010), p. 27.

Outro indício, talvez o mais importante de todos, é o de que o Salvador do mundo — chamado pelos judeus de Messias — seria um homem que é descrito pelos profetas, misteriosamente, com traços divinos (Salmos 16; 110; Isaías 9:6-8; Jeremias 23:5,6; Miqueias 5:2). Na narrativa de Lucas 20:41-44, por exemplo, Jesus confirma esse indício ao mencionar que o rei Davi chamou o seu futuro herdeiro ao trono de *Senhor* em Salmos 110. Isso significa que, de acordo com esse salmo, o filho de Davi — Messias/Cristo — seria digno de ser descrito pelo nome que apenas Deus era digno de ser chamado.[12] Um homem sendo descrito com nomes divinos. A mesma ilação de Davi é feita pelos apóstolos ao proclamarem Jesus como o Cristo e Senhor: "Porque Davi não subiu aos céus, mas ele mesmo afirma: 'Disse o Senhor ao meu Senhor: 'Sente-se à minha direita, até que eu ponha os seus inimigos por estrado dos seus pés'.' — Portanto, toda a casa de Israel esteja absolutamente certa de que a este Jesus, que vocês crucificaram, Deus o fez Senhor e Cristo" (Atos 2:34-36). Posteriormente, essa conexão se tornou fundamental para os cristãos primitivos afirmarem que Jesus é verdadeiro homem e verdadeiro Deus.

Existem outros exemplos que apontam para essas noções plurais da identidade divina, mas os mencionados são satisfatórios.[13] Em suma, por mais que não possamos provar a doutrina da Trindade por meio do Antigo Testamento, as noções plurais ou *proto-trinitárias* dentro da unidade divina são perfeitamente plausíveis nele.

---

[12]Os termos usados em referência a Deus em Salmos 110 são Yahweh e *Adonai* em hebraico e *Kyrios* em grego.

[13]Cf. Kooi; Brink, *Christian dogmatics*, p. 81-86; Horton, *Pilgrim theology* (Grand Rapids: Zondervan, 2011), p. 90-4. De particular importância para alguns é a aparição dos três homens (ou anjos) a Abraão em Gênesis 18. Abraão se refere aos hóspedes no singular como "Senhor" (*Adonai*). Filo de Alexandria, o qual não era cristão, acreditava que essa aparição demonstrava que o número três estava de alguma forma presente em Deus e foi ele quem primeiro usou a palavra grega *trias* para descrevê-lo. No terceiro século, o termo *trias* se tornou parte da apologética cristã, e ainda é encontrado com frequência, especialmente na Igreja Ortodoxa Oriental, onde há uma longa tradição de pintar Abraão e os três homens em um ícone conhecido como *A Trindade do Antigo Testamento*. Cf. Bray, "Trinity", in: Davie, et al., *New dictionary of theology*, p. 922.

A DESCRIÇÃO TRINITÁRIA NO NOVO TESTAMENTO

Uma vez que a revelação bíblica se deu progressivamente, a noção que temos a respeito de Deus no Antigo Testamento é ainda uma sombra perto da imagem nítida que temos no Novo Testamento. Para interpretar a Bíblia corretamente, precisamos aplicar o princípio de que a revelação posterior esclarece as revelações mais antigas.[14] Assim, diferentemente do Antigo Testamento, que apenas nos traz noções plurais dentro da unidade divina, o Novo Testamento nos oferece uma imagem mais robusta e completa a respeito do caráter único e triúno do ser de Deus.

Quais são os textos neotestamentários que tratam da tripessoalidade do único Deus? Levaria muito tempo e faltaria papel para trabalharmos cada uma das referências que os autores do Novo Testamento fazem a esse respeito. Grosso modo, as indicações trinitárias do Novo Testamento podem ser divididas em duas categorias. A primeira lida com referências formulares diretas à Trindade, das quais existem duas: a fórmula da Grande Comissão em Mateus 28:19 e a Benção Apostólica em 2Coríntios 13:13. A segunda categoria inclui referências indiretas à Trindade, das quais há mais de trinta. Esses são textos nos quais todas as três pessoas são mencionadas, mas não de maneira formular. Pense, por exemplo, em Gálatas 4:6: "E, porque vocês são filhos, Deus enviou o Espírito de seu Filho ao nosso coração, e esse Espírito clama: 'Aba, Pai!'." Outro exemplo é Efésios 2:18: "porque, por meio dele, [referindo-se a Cristo] ambos temos acesso ao Pai em um só Espírito." Gerald Bray nos relembra de que passagens como essas não foram inseridas no texto sagrado para defender uma doutrina trinitária posterior, mas simplesmente para demonstrar como a Trindade trabalha na vida espiritual do cristão.[15]

Meu objetivo não é ser exaustivo e apresentar todas as referências trinitárias do Novo Testamento. Nos próximos parágrafos, comento algumas passagens bíblicas que mais marcaram minha jornada na busca por compreender o mistério da Trindade. Eu as entendo como o mínimo necessário para arranhar a superfície desse vasto oceano!

---

[14]Longman III, *Como ler Gênesis?* (São Paulo: Vida Nova, 2009), p. 196.
[15]Bray, "Trinity", in: Davie, et al. *New dictionary of theology*, p. 922.

1. O nascimento de Jesus (Lucas 1:26-38)

Nesse relato, notamos a presença das três pessoas divinas de Deus: Pai, Filho e Espírito Santo. Destaco o versículo 35: "O anjo respondeu: 'O Espírito Santo virá sobre você, e o poder do Altíssimo a envolverá com a sua sombra; por isso, também o ente santo que há de nascer será chamado Filho de Deus'" (Lucas 1:35). Você percebeu os três agentes pessoais, Pai, Filho e Espírito Santo, trabalhando juntos como uma equipe para que ocorresse a encarnação do Senhor? Lucas nos diz que Maria recebeu o Espírito, foi envolta com a sombra do Pai — provavelmente referindo-se à fecundação misteriosa ocorrida ali — e, consequentemente, habilitada miraculosamente para dar à luz o ente santo, nosso Senhor Jesus.

A encarnação do Filho de Deus é um mistério, e vários pensadores cristãos no curso da história têm tentado capturar a profundidade embutida nela.[16] Na minha visão, ninguém descreveu a encarnação do Filho com mais beleza do que Agostinho. O bispo de Hipona proclama em seu Sermão 187:

> Aquele por quem todas as coisas foram feitas foi feito uma de todas essas coisas. O Filho de Deus pelo Pai, sem mãe, tornou-se o Filho do homem por uma mãe, sem pai. A Palavra que é Deus antes de todos os tempos se tornou carne no tempo determinado. O Criador do sol foi feito sob o sol. Aquele que enche o mundo jaz em uma manjedoura, grande na forma de Deus, mas minúsculo na forma de servo; isto foi de tal forma que nem sua grandeza foi diminuída por sua pequenez, nem sua pequenez foi superada por sua grandeza.[17]

Nos sermões natalinos 188 e 190, Agostinho troveja mais uma vez:

> Ele nos amou tanto que, por nossa causa, foi feito homem no tempo, por meio de quem todos os tempos foram feitos; estava no

---

[16]Para uma obra clássica sobre o mistério da encarnação, veja Athanasius, *On the incarnation* (Yonkers, NY: St. Vladimir's Seminary Press, 2011), p. 49-110

[17]Augustinus Hipponensis, *Sermo 187*.1.1, disponível em: https://www.augustinus.it/latino/discorsi/discorso_240_testo.htm, acesso em: 08 ago. 2021. Tradução do autor.

mundo há menos anos do que seus servos, embora mais velho do que o próprio mundo em sua eternidade; foi feito homem quem fez o homem; foi criado de uma mãe, a quem ele criou; foi carregado pelas mãos que ele formou; amamentou-se nos seios que ele havia enchido; gritou na manjedoura, na infância, sem palavras, ele, a Palavra sem a qual toda eloquência humana é muda.[18]

Ele está em uma manjedoura, mas contém o mundo. Ele mama no peito, mas também alimenta os anjos. Ele está envolto em panos, mas nos veste com a imortalidade. Ele não encontrou lugar na pousada, mas fez para si um templo no coração dos cristãos.[19]

O natal é a mensagem da encarnação, do toque, da visão, do Deus conosco. Por isso, é a mensagem mais poderosa do mundo. É o testemunho de que Deus venceu a nossa resistência contra ele, não apenas por palavras bonitas, mas concretamente por meio de sua presença entre nós. Como pregou o bispo africano, "Deus se tornou um ser humano, para que, em uma pessoa, você pudesse ter algo para ver e algo em que acreditar".[20]

2. O batismo de Jesus (Mateus 3:13-17)

O evangelista Mateus registra, no ato em que Jesus foi batizado, a presença do Espírito Santo descendo a ele como pomba, além de uma voz paterna vinda do céu demonstrando seu pleno prazer em tê-lo como filho. "Depois de batizado, Jesus logo saiu da água. E eis que os céus se abriram e ele viu o Espírito de Deus descendo como pomba, vindo sobre ele. E eis que uma voz dos céus dizia: 'Este é o meu Filho amado, em quem me agrado'" (Mateus 3:16,17). É uma cena emocionante, que faz encher os olhos de lágrimas. Além do reconhecimento da existência

---

[18]Idem, *Sermo 188.*2.2, disponível em: https://www.augustinus.it/latino/discorsi/discorso_241_testo.htm, acesso em: 08 ago. 2021. Tradução do autor.
[19]Idem, *Sermo 190.*3.4, disponível em: https://www.augustinus.it/latino/discorsi/discorso_243_testo.htm, acesso em: 08 ago. 2021. Tradução do autor.
[20]Idem, *Sermo 126.*5, disponível em: https://www.augustinus.it/latino/discorsi/discorso_240_testo.htm, acesso em: 08 ago. 2021. Tradução do autor.

de três pessoas dentro da divindade, podemos contemplar algo mais: como as três pessoas da Trindade estão perfeitamente unidas em amor.

O batismo de Jesus não foi o primeiro encontro das três pessoas. Em outros lugares, fica bem claro que Pai, Filho e Espírito são incriados e, portanto, se conhecem desde a eternidade. Por causa de textos assim, o cristianismo entende que o amor mais puro e poderoso do universo sempre esteve em Deus, em quem cada pessoa divina glorificava uma a outra em uma espécie de dança. Deus é amor, e a perfeita harmonia das três pessoas da Trindade ilustra bem isso (1João 4:8). Refletindo sobre as implicações de Deus ser amor, C. S. Lewis disse que amor é algo que uma pessoa tem *por* outra. Se Deus fosse uma pessoa só, não poderia ter sido amor antes de algum outro ser ter sido criado. Se Deus é amor, ele precisa ser necessariamente uma comunidade, e é exatamente nisso que cremos.[21]

O relato do batismo também lança luz sobre algo muito belo dentro da Trindade: o fato de as três pessoas serem inseparáveis. Não apenas na criação do mundo, as três pessoas estavam juntas (Deus, Palavra e Espírito), mas também, em absolutamente tudo o que Deus faz, cada uma delas está agindo de forma interdependente e harmoniosa. Não confunda distinção com separação. Podemos distinguir as três pessoas da Trindade — como faremos em breve —, mas jamais podemos separá-las, visto que as três possuem a mesma substância divina. Distinção é um recurso teórico, didático e formal; separação tem que ver com a realidade. Portanto, podemos fazer distinções a respeito do ser divino, assim como é viável fazermos distinções sobre os lados de um triângulo. No entanto, não podemos separar as três pessoas, nem os lados de um triângulo, do contrário Deus deixaria de ser Deus e o triângulo deixaria de ser triângulo. Se me permitem a comparação, Deus é como uma orquestra: vários instrumentos distintos tocando notas diferentes, mas, aos ouvidos de todos, ressoa como uma única e bela harmonia.

Um dos termos gregos mais comuns para explicar a comunhão das Pessoas da Trindade é *perichoresis*. O termo se refere a um envolvimento de profunda intimidade ou mútua submissão. Alguns chamam isso

---

[21]Lewis, *Cristianismo puro e simples* (Rio de Janeiro: Thomas Nelson Brasil, 2017) p. 227-8.

de "dança da Trindade", isto é, cada membro da Trindade, em algum sentido, habita no outro em amor perfeito, sem diminuição da total pessoalidade de cada um. Este é o coração da Trindade: dar-se em amor pelo bem do outro. A passagem do batismo, portanto, deixa nítida a sensação de que Pai, Filho e Espírito Santo estão vivendo essa realidade de perfeita comunhão uns com os outros.

3. A Grande Comissão (Mateus 28:19)

Após ter ressuscitado dentre os mortos, Jesus reúne seus seguidores e os desafia para uma missão universal: fazer discípulos de todas as nações da terra. O Senhor também dá ordens para que os novos discípulos sejam batizados em nome do Pai, do Filho e do Espírito Santo. Existe algo muito profundo nas palavras de Cristo que não pode passar despercebido. O que, de fato, significa ser batizado em nome das três pessoas divinas? De forma simples, Jesus está nos ensinando que, ao decidir pelo discipulado, a pessoa está entrando, na realidade, não apenas em comunhão com o Filho, mas também com o Pai e com o Espírito.

Há algo de muito prático aqui: fazer discípulos significa convidar a humanidade para entrar nessa relação de amor que Deus tem com ele mesmo. Um discípulo é alguém que entrou em uma aliança com o Deus triúno. Portanto, Deus quer que a mesma coisa que está acontecendo com ele também aconteça entre nós e ele. Nas palavras de C. S. Lewis, os homens precisam olhar para o caráter tripessoal de Deus e assumir o seu lugar nessa dança.[22]

4. A Benção Apostólica (2Coríntios 13:13)

O apóstolo Paulo termina sua segunda carta aos irmãos da cidade de Corinto dizendo: "A graça do Senhor Jesus Cristo, e o amor de Deus, e a comunhão do Espírito Santo estejam com todos vocês." Novamente, as três pessoas da Trindade são as responsáveis por abençoar o seu povo. Jesus é a expressão da graça de Deus em carne e osso, o Pai encapsula o amor que move todo o ser divino e o Espírito Santo é aquele que,

---

[22]Ibidem, p. 230.

como um elo de amor, comunica as bênçãos do Pai e do Filho a nós, possibilitando a nossa comunhão real com Deus.

5. O amor do Deus triúno (1João 4:10-13)

Deus é amor. Essa é uma das definições mais breves e profundas que a Escritura faz do ser divino. De acordo com o apóstolo João, esse amor é evidenciado a nós pelo fato de o Pai ter enviado seu Filho como propiciação pelos nossos pecados.[23] Mas João não para por aí. Ele não oferece apenas a evidência objetiva do amor divino, mas também como podemos participar dessa relação de amor. E a resposta é esta: "Nisto conhecemos que permanecemos nele e que ele permanece em nós: pelo fato de nos ter dado do seu Espírito" (1João 4:13). O Espírito Santo é o encarregado de nos inserir na comunhão de amor entre o Pai e o Filho.

6. Saudações apostólicas (1Pedro 1:2 e Judas 20,21)

Mais exemplos da linguagem trinitária utilizada pelos apóstolos são encontrados nas saudações. Por exemplo, a saudação do apóstolo Pedro: "eleitos, segundo a presciência de Deus Pai, em santificação do Espírito, para a obediência e a aspersão do sangue de Jesus Cristo" (1Pedro 1:2); e também a saudação de Judas: "orando no Espírito Santo, mantenham-se no amor de Deus, esperando a misericórdia de nosso Senhor Jesus Cristo, que conduz para a vida eterna" (Judas 20,21). Os dois exemplos nos ajudam a perceber como a doutrina da Trindade não é apenas um conceito, mas uma realidade formativa da nossa vida cristã. Vamos expandir essa ideia na próxima seção.

Em síntese, embora a linguagem técnica do trinitarismo histórico — o termo Trindade — não seja encontrada nas Escrituras, a fé e o pensamento trinitários estão presentes de Gênesis a Apocalipse e, nesse sentido, a Trindade deve ser reconhecida como uma doutrina bíblica: uma verdade confiável sobre Deus, a qual, embora nunca explícita no Antigo Testamento, é manifesta no Novo Testamento.

---

[23]Tratrei mais sobre o conceito de propiciação no capítulo 6 ao abordar o tema da Redenção.

A OBRA DA TRINDADE NO DRAMA DA REDENÇÃO

Como já notamos anteriormente, o Credo Apostólico é estruturado de forma tripla: a primeira parte descrevendo o Pai e sua obra de Criação; a segunda parte apresentando o Filho e sua obra de redenção; e a terceira parte retratando o Espírito e sua obra de aplicação das bênçãos do Pai e do Filho na vida do povo de Deus. Embora já tenhamos estudado que as três pessoas da Trindade têm os mesmos poderes, são indivisíveis e, portanto, sempre trabalham ao mesmo tempo, a Escritura nos revela que cada uma das pessoas divinas recebe maior ênfase em seus papéis na história da redenção. Meu objetivo nesta seção é analisar o texto de Efésios 1:3-14 e mostrar de que modo podemos entender melhor a nossa salvação como uma obra trinitária.

> Bendito seja o Deus e Pai de nosso Senhor Jesus Cristo, que nos abençoou com todas as bênçãos espirituais nas regiões celestiais em Cristo. Antes da fundação do mundo, Deus nos escolheu, nele, para sermos santos e irrepreensíveis diante dele. Em amor nos predestinou para ele, para sermos adotados como seus filhos, por meio de Jesus Cristo, segundo o propósito de sua vontade, *para louvor da glória de sua graça*, que ele nos concedeu gratuitamente no Amado. Nele temos a redenção, pelo seu sangue, a remissão dos pecados, segundo a riqueza da sua graça, que Deus derramou abundantemente sobre nós em toda a sabedoria e entendimento. Ele nos revelou o mistério da sua vontade, segundo o seu propósito, que ele apresentou em Cristo, de fazer convergir nele, na dispensação da plenitude dos tempos, todas as coisas, tanto as do céu como as da terra. Em Cristo fomos também feitos herança, predestinados segundo o propósito daquele que faz todas as coisas conforme o conselho da sua vontade, a fim de sermos *para louvor da sua glória*, nós, os que de antemão esperamos em Cristo. Nele também vocês, depois que ouviram a palavra da verdade, o evangelho da salvação, tendo nele também crido, receberam o selo do Espírito Santo da promessa. O Espírito é o penhor da nossa herança, até o resgate da sua propriedade, *em louvor da sua glória*.[24]

---

[24]Itálicos do autor.

O que você acabou de ler acima são doze versos em uma única frase. Doze versos, nenhum ponto final. Doze versos de declarações doutrinárias e verdades poderosas que mudam a nossa vida. Essa canção de louvor é como uma bola de neve, um efeito dominó, uma verdade após a outra sem pausa. De fato, há muita informação aqui, e nós vamos apenas ficar na superfície.

Ao lermos a passagem com atenção, veremos que o mesmo refrão se repete três vezes: nos versículos 6, 12 e 14 (destaques em *itálico*). Cada um desses destaques indica a finalidade para a qual uma determinada bênção é concedida aos eleitos. A bênção descrita no versículo 6 está ligada ao Pai, a bênção do versículo 12 está conectada com o Filho e a bênção do versículo 14 está relacionada ao Espírito Santo. Você já tinha percebido essa estrutura trinitária do texto antes? São três bênçãos que recebemos por cada pessoa da Trindade. Em resumo, as três bênçãos nessa passagem retratam o papel específico que cada uma das pessoas da Trindade desempenha em nossa salvação. A mensagem central desse texto é que a salvação é um labor trinitário: (1) o Pai nos escolhe na eternidade; (2) o Filho nos redime do pecado, pagando o preço devido; e (3) o Espírito Santo sela nossa união com Cristo e assegura nossa restauração futura.

1. A eleição paterna na eternidade (Efésios 1:4-6)

A primeira bênção aqui é a nossa eleição. Paulo menciona ao menos três ângulos pelos quais podemos abordar a doutrina da eleição: tempo, propósito e razão. Em relação ao tempo, está claro que nossa eleição ocorreu antes da fundação do mundo. O que isso significa? Que Deus sempre teve um plano para nós. Portanto, sua vida não é um erro. Você faz parte de um plano. Você tem um propósito. Você tem uma missão a cumprir nesta vida. E, mais importante do que isso, também significa que muito antes de você pensar em Deus, Deus pensava em você.

O propósito da nossa eleição é duplo. Deus nos elegeu para sermos seu povo santo e para sermos seus filhos. O primeiro é um *processo*: tornar-se santo. O segundo é um *status* ou *posição*: fomos planejados para sermos seus filhos amados — como filhos com plenos direitos legais de herança. É por isso que Paulo diz que fomos eleitos em Cristo. Pois

Cristo é o Santo e o próprio Filho de Deus. O objetivo da nossa eleição é aprender com Cristo como nos tornarmos plenamente humanos e desfrutarmos da dignidade de nosso novo *status* como filhos e filhas de Deus. Já que estamos em Cristo, o Pai agora nos olha como olhou para Cristo no batismo e nos diz: "Tu és meu Filho amado em quem tenho todo o meu prazer."

Paulo também menciona o motivo ou as razões da eleição. São duas: o amor e o bom prazer de Deus. Que motivos Deus tem para nos amar? Na verdade, nenhum! Se você pensar bem, Deus tem vários motivos para estar aborrecido conosco. Por isso, Deus nos ama sem méritos da nossa parte, uma vez que seu amor por nós não é de forma alguma uma recompensa pelo bem que fazemos a ele.

Gosto de ilustrar isso pensando na dinâmica do amor no casamento. Pergunte-se: por que você ama seu cônjuge? Vamos tentar algumas respostas: (a) porque ele é belo. Resposta errada! Um dia ele irá envelhecer e você poderá mudar de ideia; (b) porque ele é inteligente. Resposta errada! Um dia ele pode apresentar amnésia e esquecer tudo; (c) porque ele tem muito dinheiro. Mais uma vez, errado! Um dia vocês podem perder todos os bens; (d) porque ele é muito extrovertido, feliz e bem-humorado. Errado de novo! Um dia ele pode ficar deprimido, e você pode mudar de ideia. Moral da história: não há argumento que seja suficiente para amar seu cônjuge. E por que não? Amar é, antes de tudo, uma escolha! É uma ação de eleger — *a priori* sem motivos — alguém para amar. Portanto, só há uma resposta certa para o dilema: amamos porque amamos. A melhor resposta é se voltar para o seu cônjuge e dizer: "Você sabe por que eu te amo? Eu te amo porque amo" — para citar o poema *As sem-razões do amor* do poeta Carlos Drummond de Andrade. É exatamente por isso que Deus te ama: ele te ama porque te ama.

A segunda razão para a eleição é basicamente a mesma, é o bom prazer que Deus tem para conosco. Deus nos elegeu para a salvação porque ele quis. Em outras palavras, somos objetos do desejo de Deus. Talvez outra ilustração ajude. Meu filho Valentim foi objeto de nosso amor e desejo. Muito antes de ele nascer, já pensávamos nele, já orávamos por ele, ficávamos nos questionando sobre seu nome, planejando seu futuro, sonhando com seu rosto, seu sorriso, seus gritos, seus carinhos e seus abraços. De forma parecida, Deus nos ama muito antes de nascermos. Ele nos viu quando não éramos visíveis. Deus escreveu nosso nome em seu Livro da Vida quando nenhum ser humano existia. Ele planejou ser nosso Pai muito antes de nossos pais biológicos. Ele é nosso verdadeiro Pai. Seu amor por mim e por você é inexplicável. Deus te ama porque te ama.

2. A libertação por meio do Filho (Efésios 1:7-12)

A segunda bênção trinitária é retratada no ato de libertação, por meio de Cristo, de nós, pecadores. Estou tomando os termos redenção e libertação como sinônimos. Há pelo menos quatro coisas importantes a serem observadas sobre nossa redenção aqui: seu significado, seu método, seus resultados e seu propósito. Quanto ao significado do termo "redenção", a palavra quer dizer "comprar algo de volta". Similarmente, libertar alguém implica libertação *de* e *para*: *da* condição miserável na qual todos nós nascemos *para* um estado de bênção; *da* escravidão do pecado *para* a libertação dele; *do* estado de queda *para* sermos restaurados ao estado original.

O Filho nos liberta para sermos santos. Mas como isso é possível? Como podemos ser moralmente justos e sem mácula diante da presença de Deus? Não podemos! Aprendemos no Antigo Testamento que o salário do pecado é a morte. Assim, uma vez que todos nós somos pecadores e Deus é um Juiz justo, a justiça de Deus exige que o pecado seja punido com a penalidade suprema: a morte eterna do corpo e da alma. Todos nós precisamos de libertação!

Como funciona a redenção? Qual é seu método? No Antigo Testamento, Israel era capaz de permanecer diante de Deus apenas por meio da fé no Salvador que havia de vir, simbolizado por um sacrifício de sangue substitutivo. Explico-me. Naquela época, eles acreditavam que nenhum pecador poderia entrar na presença de Deus e permanecer vivo. E eles estavam certos! O acordo era o seguinte: para estar na presença de Deus e não ser consumido pela santidade absoluta de Deus, outra criatura deveria, simbolicamente, receber a morte em seu lugar, o que apontava para o sacrifício perfeito vindouro. Era necessário um mediador. Naquela época, eles escolhiam os melhores animais que possuíam, todos sem defeito; contudo, esses animais eram como uma sombra — espécie de modelo imperfeito — do sacrifício eficaz que estava por vir. No entanto, dado que tais sacrifícios eram sempre provisórios e insuficientes, precisavam ser repetidos com frequência. Cada culto de adoração era uma cerimônia sangrenta. E, claro, não havia verdadeira libertação em tudo aquilo em si mesmo, mas na fé em algo melhor destinado para o futuro. Apenas um sacrifício feito por um mediador humano poderia acabar com a repetição do sacrifício de uma vez por todas. O problema era: todos os seres humanos pecaram.

Isso nos leva a questionar: quem deve ser nosso mediador? Um ser humano real e santo capaz de receber a morte em nosso lugar e também alguém mais poderoso que todos os seres humanos para suportar o peso da ira de Deus pelos nossos pecados. Quem é esse mediador? Somente uma pessoa se encaixa nesse posto: nosso Senhor Jesus Cristo, o Deus--homem. E é exatamente isto que nosso Salvador fez por nós: ele sofreu e morreu como um homem e carregou todo o peso da condenação pelos pecados humanos sobre si mesmo como o Deus-homem.

Deixe-me ilustrar isso. Você já tentou olhar para o sol sem óculos escuros por vários minutos? Sabia que você corre o risco de ficar cego? Isso ocorre não porque o sol seja algo ruim, pois ele é, de fato, uma coisa boa; a questão é que você não pode olhar para ele sem ajuda. Com o auxílio de óculos escuros, porém, nos tornamos capazes de olhar para o sol, porque eles suportam, em nosso lugar, os raios solares que nos cegam. Nossa redenção funciona mais ou menos assim. O fato de que não podemos estar na presença de Deus sem a ajuda de Cristo não é porque Deus é mau, pelo contrário, é precisamente porque ele é perfeitamente bom e sua luz está muito acima dos raios ultravioleta que podemos suportar. Seguindo a metáfora, Cristo se coloca entre nós e o Pai como esses "óculos de sol todo-poderoso" que nos permitem desfrutar da presença de Deus. Ele é nosso mediador e, sem ele, permanecemos cegos espiritualmente até nos tornarmos um monte de cinzas caso não o busquemos em arrependimento e fé.

Quanto aos resultados da redenção, Paulo menciona dois. Primeiro, a libertação por Cristo envolve o perdão de nossos pecados. Uma definição rápida de perdão: perdoar não é esquecer — isso é amnésia. O perdão é cura; é lembrar-se da ferida sem sentir a dor. Quando a

Bíblia diz que Deus se esquece de nossos pecados, devemos entender a expressão simbolicamente. Na verdade, Deus ainda se lembra dos nossos pecados (ele é onisciente), mas estes não o ofendem mais. Em outras palavras, embora a nossa ficha criminal tenha sido cancelada, todos os nossos pecados permanecem como cicatrizes que Cristo carrega em seu corpo. Mesmo após a ressurreição, Cristo permanece com as marcas dos pregos. Este é o verdadeiro perdão: lembrar sem sentir a dor. E é justamente assim que Deus nos recebe como seus filhos, sabendo quem somos e o que continuaremos a fazer contra ele, mas sem dor e amargura. As cicatrizes gravadas em nosso Salvador são a prova de que Deus nos perdoa.

O segundo resultado da redenção é que Cristo nos libertou do poder do pecado. Não faz sentido Deus nos perdoar para nos deixar impotentes contra o pecado. Pelo contrário, Deus derrama o Espírito Santo sobre nós para nos habilitar a vencer o pecado. Isso não significa que venceremos sempre, pois a ausência de pecado faz parte de uma realidade futura, mas, sim, que podemos realizar muito mais do que pensamos. O segredo para vencer a tentação é permanecer nutrido pela Palavra e em devoção constante, como o próprio Jesus ensinou em sua tentação no deserto. Deus é bom e nos capacita a lutar contra nossa natureza pecaminosa.

Finalmente, o propósito da libertação. Toda a obra de salvação descrita aqui vai muito além da salvação de almas. De acordo com Paulo, a salvação visa fazer todas as coisas convergirem para Cristo. Tente imaginar um universo cristocêntrico. Um mundo onde todas as coisas estão sob o senhorio de Cristo. Um universo onde tudo vem dele e existe para ele. Um universo que ecoa por toda parte a beleza e a glória de Cristo. Todas as coisas em união com Cristo: corpo e alma, céu e terra, coisas visíveis e invisíveis, toda a Criação; uma bênção universal. Esse mundo já começou, mas ainda não foi terminado. Nosso mundo já possui sinais desse brilho — em virtude da primeira vinda de Cristo e do derramamento do Espírito Santo —, mas ainda é muito pouco se comparado à promessa futura de restauração de toda a Criação. Os teólogos gostam de refletir sobre essa tensão entre o agora iniciado e o futuro que há de ser completado utilizando a expressão "já e ainda não." Isto é, já estamos em um novo mundo, mas ainda não completamente. Portanto, a redenção não está apenas relacionada aos seres humanos, é também o desejo de Deus que toda a Criação gravite em torno de Cristo.

3. A redenção sendo aplicada a nós pelo Espírito Santo (Efésios 1:13,14)

As bênçãos trinitárias não param no Pai e no Filho, elas continuam abundantes na obra do Espírito. O apóstolo descreve pelo menos duas delas: um selo colocado em nós e uma garantia de herança futura. Quanto ao selo ou marca do Espírito Santo, essa é uma bênção que diz respeito a nossa realidade presente. Aqueles que ouvem a verdade do evangelho e creem em Cristo recebem a bênção da confirmação do Espírito Santo. É uma espécie de sinal, um carimbo, uma marca, um selo de autenticidade. Na época de Paulo, um selo era também um direito de propriedade: uma marca na pele que simbolizava o pertencimento total de alguém a outra pessoa. Observe a importância dessa metáfora: se você pertence a Deus, não pertence mais a si mesmo nem a ninguém mais. Cristo te comprou. Seu sangue foi o preço. Isso quer dizer que ninguém pode tirar você dos braços de Deus. O selo do Espírito Santo significa que estamos protegidos, marcados e resguardados de tudo e de todos os que tentam nos distrair do caminho do Senhor.

Como esse selamento ocorre na prática? Por vias visíveis e invisíveis. A forma visível é o batismo. A água do batismo representa nosso selamento como povo de Deus, assim como a circuncisão representava a mesma ideia na antiga aliança. É como se a pessoa batizada agora carregasse a assinatura de Deus em seu corpo. A segunda maneira de perceber isso é pela fé. O Espírito Santo comunica essa verdade em nossos corações após a conversão. Isso é o que os reformadores protestantes do século 16 chamavam de testemunho interno do Espírito Santo.[25]

Sobre a garantia ou o penhor do Espírito, Paulo está se referindo ao fato de que, ao sermos habitados pelo Espírito Santo, recebemos apenas a primeira parcela de um pagamento completo. Ou seja, ser

---

[25]Veja a contribuição de Calvino para o tema em *Instituição da religião cristã*, 1.7.4-5.

habitado pelo Espírito no momento presente é apenas um aperitivo do que está por vir. Ser morada do Espírito Santo é uma garantia de que as bênçãos espirituais que recebemos da Trindade estão apenas começando. O Espírito Santo habitando em nós é, portanto, como o primeiro fruto de uma colheita. É o primeiro pagamento de uma compra. É a primeira bênção que garante as demais.

Finalmente, qual é a nossa herança garantida pelo Espírito Santo? De acordo com Paulo, nossa herança é dupla. Em primeiro lugar, somos ensinados em toda parte nas Escrituras que *nós* somos a herança de Deus. Após sermos comprados por Cristo, somos agora propriedade exclusiva de Deus. Nesse sentido, já recebemos parte da nossa herança, pois já pertencemos a Deus. Mas nosso corpo ainda está corrompido pelo pecado, cheio de defeitos, e ainda experimentamos a morte. Paulo entra em detalhes sobre isso em Romanos 8, dizendo que nossa herança final virá na ressurreição de nossos corpos. Em segundo lugar, as Escrituras também ensinam que Deus sempre quis viver conosco em um lugar especial. No início, esse *habitat* era um jardim, depois veio a ser Canaã e, finalmente, Jerusalém. Entretanto, somente após a leitura de Apocalipse 21—22 é que entendemos o sentido de tudo isso. Deus está preparando uma cidade para nós. Esta é a segunda parte da nossa herança: o mundo inteiro como propriedade de Deus nos será dado. Em suma, nossa herança é individual e cósmica, pois se trata da promessa de que viveremos na presença de Deus, com corpos ressuscitados, em uma Criação restaurada para sempre.

A nossa salvação é um trabalho trinitário onde o Pai, o Filho e o Espírito Santo trabalham em sintonia fina. Compreender isso muda radicalmente a maneira que lemos a Escritura e especialmente nossa maneira de viver. É como se estivéssemos cercados pela Trindade em cada aspecto da vida. Fomos eleitos pelo Pai na eternidade, justificados pela obra do Filho na história e regenerados pelo Espírito Santo em nossa história pessoal. O drama da redenção é o grande quadro que nos ajuda a perceber as três pessoas da Trindade em ação, e, na minha visão, é o mais próximo que podemos chegar ao tentar compreender a Trindade, considerando nosso esforço de preservar o mistério divino.

AS DISTINÇÕES APRENDIDAS NA JORNADA

Após uma longa jornada pela Escritura investigando de que modo Deus se revelou a nós como um Deus em três pessoas, é hora de pararmos por um instante e refletirmos sobre o que aprendemos na viagem. Antes disso, porém, talvez seja uma boa ocasião para respirarmos fundo e elevarmos nossas vozes ao Senhor em gratidão. Uma das orações mais belas que já li sobre a Trindade foi escrita por Teresa de Ávila:

> Ó minha alma: considere o grande prazer e grande amor que o Pai tem em conhecer seu Filho e o Filho em conhecer seu Pai; e o amor estimulante com o qual o Espírito Santo se une a eles; e como nenhum deles é capaz de se separar desse amor e conhecimento, porque eles são um. Essas Pessoas soberanas se conhecem, se amam e se deleitam. Então, que necessidade há do meu amor? Por que você quer isso, meu Deus, ou o que você ganha? Oh, que tu sejas engrandecido! Que tu sejas engrandecido, meu Deus, para sempre! Que todas as coisas te louvem, Senhor, sem fim, pois em ti não pode haver fim.[26]

Cremos em *um* só Deus em *três* pessoas. Como vimos, a definição possui duas noções e dois números. A primeira noção é a de natureza/essência; a segunda é de pessoa/subsistência. Os números são um e três. Conectando as duas noções aos dois números temos o "um" ligado à natureza de Deus e o "três" associado com as pessoas dentro de Deus. Entendemos Deus como um ser *triúno*, isto é, que há três pessoas no único Deus ou que há em Deus a pluralidade de três pessoas — a ordem não importa contanto que seja preservada sua natureza única e subsistência tripla.

Como vimos até aqui, refletir sobre a doutrina da Trindade é um exercício que demanda de nós a capacidade de fazer distinções. É preciso lembrar que distinguir é diferente de separar. Ao refletirmos sobre o ser de Deus, fazer distinções não significa que estamos fatiando o

---

[26]Extraído e traduzido de *Soliloquies* 7, 2, in: Kavanaugh; Rodriguez; orgs., *The collected works of St. Teresa of Avila* (Trivandrum, India: Carmel International Publishing House, 2001), vol. 1, p. 380.

conhecimento de Deus em pedaços desconexos, mas que estamos racionalmente tentando entender a inteireza do ser divino, analisando cada um de seus aspectos. Nos parágrafos abaixo discutiremos algumas das distinções relevantes sobre a nossa compreensão do mistério trinitário.

1. Linguagem analógica

A jornada pelo conhecimento divino tem nos mostrado, em primeiro lugar, que nossa linguagem para compreender a Trindade é analógica. Iremos explorar mais sobre esse assunto na Parte 4 do livro, mas, por hora, satisfaz dizer que Deus se utiliza de comparações para se revelar a nós. Deus "coloca as nossas roupas", desce até o nosso nível e fala conosco por meio do nosso vocabulário comum. Michael Horton explica:

> Como em uma "conversa de bebê", Deus fala na linguagem que podemos entender. Sua comunicação é eficaz, embora ele transcenda infinitamente sua própria revelação. Quando ele nos conta que é bom e fala de si mesmo como um pai amoroso ou rei e responde às nossas orações, nós podemos estar confiantes de que ele está dizendo a verdade até onde ela pode ser conhecida por nós — ainda que ela não seja a Verdade como o próprio Deus a conhece. O conhecimento de Deus é *arquetípico* (original), enquanto o nosso é *ectípico* (uma cópia finita). Deus não é apenas infinitamente transcendente, mas também livremente imanente — isto é, ele vem até nós e se envolve em nossas vidas. Porque nosso Deus não permanece indiferente a nós, mas entra em nossa história falando sua Palavra e, então, enviando sua Palavra encarnada para nossa redenção, nós podemos conhecer Deus verdadeiramente como criaturas finitas.[27]

Nós conhecemos a Deus como criaturas finitas. Nosso conhecimento não é igual (unívoco) ao que Deus tem de si mesmo, tampouco é irracional ou impossível (equívoco), mas é analógico. Deus comunica por meio de símbolos humanos toda a verdade que ele julga necessária para que possamos amá-lo e viver de acordo com sua vontade.

---

[27] Horton, *Pilgrim theology*, p. 33.

Foi pensando nisso que Agostinho desenvolveu a ideia de que, ao se revelar na Escritura, Deus se ajustou às capacidades humanas finitas com o objetivo de ser compreendido por nós. Em linhas gerais, a realidade do ser divino é, na Bíblia, representada em termos humanos. O Deus que é um espírito infinito decidiu comunicar-se com seres humanos finitos, e, para tanto, ele utiliza imagens, figuras, metáforas, para fazer-se inteligível a nós.[28]

Precisamos perguntar, então, como as três pessoas são unas e como são distintas. Por um lado, as três pessoas possuem a mesma substância/natureza e, por isso, são iguais em todos os seus atributos, em poder, em glória etc.; e as três são dignas da mesma adoração. Por outro lado, as três pessoas estão relacionadas uma a outra de formas diferentes: 1) o Filho é gerado eternamente do Pai; 2) o Pai não é gerado por ninguém; e 3) o Espírito procede do Pai e do Filho. Nesse sentido, as três pessoas da Trindade possuem a mesma essência (*ousia*), mas cada uma possui uma subsistência individual com suas próprias características (*hypostasis*). A fórmula ortodoxa de Niceia ficou assim formulada: *mia ousia kai treis hypostaseis* — uma essência e três pessoas.

Como pregador eloquente, Agostinho sempre procurava analogias para ajudar seus ouvintes a compreender tanto a unidade da Trindade quanto as obras distintas de cada pessoa. Por sermos criados à imagem divina, Agostinho dizia, o próprio Deus deve ter deixado vestígios trinitários em nossa composição humana. Agostinho não cria que tais analogias eram possíveis de serem decifradas nos demais elementos da Criação, uma vez que somente o ser humano foi criado à sua imagem. Em uma de suas analogias mais conhecidas, Agostinho descreve a Trindade como uma comunidade de amor. Para ele, o Pai era o *Amante*, o Filho era o *Amado* e o Espírito Santo era o *Amor* que flui entre eles e cria o vínculo de unidade em Deus. Em outra analogia, também conhecida como "analogia psicológica", Agostinho dizia que, na unidade da mente humana, encontramos três elementos distintos, porém inseparáveis: memória, intelecto e vontade. Ou seja, quando

---

[28]Ao desenvolver o pensamento de Agostinho, Calvino refere-se ao termo "acomodação" para lidar com o assunto. Cf. Calvino, *Institutas da religião cristã* (São Paulo: Cultura Cristã, 2006), 1.13.1.

você busca *entender* um conceito (intelecto), você tem que *lembrar* qual é o conceito (memória) e se *esforçar* para entendê-lo (vontade); quando você quer ou deseja algo, deve compreender o que deseja e deve lembrar-se do que deseja; quando você se lembra de uma história, deve ter entendido as palavras que estavam sendo ditas e precisa se esforçar para relembrar essa história, e assim por diante.[29]

Como Agostinho, outros personagens na história da igreja cristã tentaram compreender a definição trinitária por meio de analogias. C. S. Lewis, por exemplo, diz que, na dimensão de Deus, encontramos um ser que são três pessoas sem deixar de ser um único ser, da mesma forma que um cubo são seis quadrados sem deixar de ser um único cubo.[30] A própria ideia de *perichoresis* é especialmente útil. O conceito é também chamado de "interpenetração divina", pois sugere que a vida de cada uma das pessoas flui através de cada uma das outras, de modo que cada uma sustenta cada uma das outras e cada uma tem acesso direto à consciência das outras. À luz da *perichoresis*, podemos pensar aqui em um organismo humano como uma boa ilustração do ser trinitário de Deus. Por exemplo, o cérebro, o coração e os pulmões de um determinado indivíduo se sustentam e se suprem mutuamente, e cada um depende do outro. Essas e tantas outras, no entanto, como todas as analogias, são apenas tentativas falíveis de preservar o mistério da Trindade.[31]

O *Escudo da Trindade*, também conhecido como *Scutum Fidei*, é um tradicional símbolo cristão que expressa muitos aspectos da doutrina da Trindade, resumindo a primeira parte do Credo de Atanásio em um compacto diagrama.[32]

---

[29]Agostinho se demora em suas analogias psicológicas para descrever a Trindade. Para uma análise detalhada, veja: Agostinho, *A Trindade* (São Paulo: Paulus, 1994), 8.12-9.2; 9.2-8; 10.17-19; 14.11-15.28.

[30]Lewis, *Cristianismo puro e simples*, p. 213.

[31]Cf. Erickson, *Christian theology* (Michigan: Baker Academic, 1998), p. 366.

[32]Embora seja difícil dizer algo a respeito da sua origem, é bem provável que tenha sido elaborado na Idade Média. No século 13, por exemplo, o Escudo da Trindade aparece no manuscrito *Compêndio historiae na genealogia Christi*, do teólogo francês Pedro de Poitiers, e parece ter sido amplamente utilizado nos séculos 15 e 16

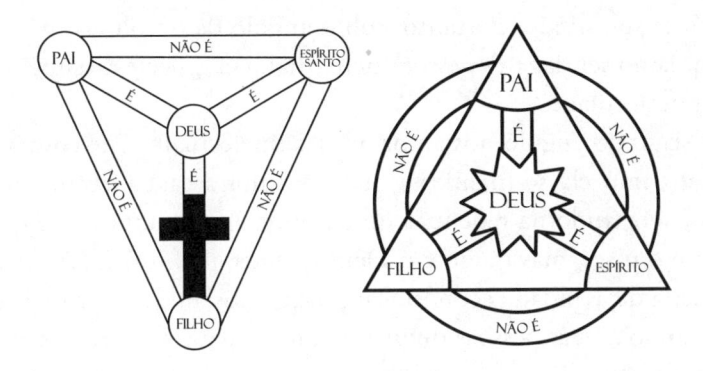

2. Trindade ontológica e econômica

Em segundo lugar, a jornada pela narrativa bíblica nos alertou para o fato de que existem dois ângulos distintos que nos ajudam a pensar sobre a Trindade. Os teólogos chamam o primeiro ângulo de "Trindade ontológica" e o segundo de "Trindade econômica".[33] O primeiro conceito nos ajuda a apreciar Deus quanto a seu ser (*ontos*). A fim de entendermos melhor o ser divino, precisamos recorrer a, pelo menos, quatro categorias reveladas na Escritura: (1) nomes divinos; (2) atributos divinos; (3) obras divinas; (4) louvor a Deus. O Pai, o Filho e o Espírito Santo são três pessoas distintas integrando a mesma substância divina porque todas elas se encaixam perfeitamente em quatro categorias, isto é, recebem *nomes* divinos, são descritas por meio de *atributos* divinos, manifestam *obras* divinas e são dignas da mesma *adoração*. Assim, quando falamos sobre Deus na perspectiva da Trindade ontológica, estamos nos referindo à igualdade plena das três pessoas quanto à sua essência: sua eternidade, a capacidade de realizar as mesmas obras e

---

em manuscritos, vitrais e esculturas ornamentais em diversas igrejas. O Museu Britânico tem uma cópia desse diagrama que data de 1210.

[33]O termo *ontologia* é a união de duas palavras gregas: *onto* (ente) + *logia* (ciência ou estudo), significando a ciência dos entes. O termo *economia* é também a união de duas palavras gregas: *oiko* (casa) + *nomia* (lei ou ordem), sendo assim ela pode ser descrita como a ciência que estuda as leis para gerir ou administrar a casa. Na teologia, o termo economia diz respeito às maneiras pelas quais Deus se organiza para nos salvar na história.

sua mútua submissão. Portanto, sob o ângulo da ontologia, não existe hierarquia no ser das três pessoas nem qualquer espécie de superioridade ou inferioridade.

O segundo ângulo nos ajuda a lidar intelectualmente com a Trindade tal como ela se manifesta quanto a nossa casa (*oikos*), isto é, o mundo, sobretudo na redenção do pecador. A pergunta não é quem é Deus em seu ser, mas quem é o Deus que age na história. A distinção é chamada de Trindade econômica, porque nos ajuda a ver mais claramente como as três pessoas divinas assumem papéis diferentes (*nomos*) no desenrolar da história da salvação, e, apenas nesse sentido, elas assumem alguma forma de subordinação funcional ou diferentes papéis no drama de criar, redimir, aplicar a salvação ao coração do pecador e consumar a obra redentiva em definitivo.

Já vimos que há uma ênfase na pessoa do Pai como aquele que nos elege, na pessoa do Filho como aquele que nos redime e na pessoa do Espírito como aquele que aplica tais bênçãos em nosso coração. Isso é só uma gota no oceano. Na perspectiva da Trindade econômica, podemos reler toda a Escritura e perceber um padrão que, grosso modo, descreve o Pai na função de líder, o Filho como executor e o Espírito como capacitador e comunicador.

Pai: líder do drama. De uma perspectiva histórica, Deus Pai, age como líder do Filho e do Espírito Santo. A noção de liderança paterna está clara no ensino de João. Jesus diz: "Este mandato recebi de meu Pai" (João 10:18). Embora o Pai seja o líder e, portanto, esteja em posição de autoridade em relação ao Filho e ao Espírito, estes se submetem a ele mesmo sabendo que são exatamente iguais no que diz respeito à substância divina.

Isso nos ajuda a harmonizar autoridade e subordinação, a falarmos da coexistência das duas entre pessoas iguais. Por exemplo, filhos devem se sujeitar à autoridade de seus pais, mesmo sabendo que são exatamente iguais a eles em valor e dignidade humana. A mesma coisa acontece dentro do casamento, no ambiente de trabalho etc. Somos seres iguais e reconhecemos que a definição de hierarquia é útil para nos organizarmos nas diversas tarefas da vida. É nesse sentido que precisamos interpretar a frase: "o Pai é maior do que eu" (João 14:28). Dentro do drama histórico da redenção, o Filho decidiu submeter-se às ordens de seu Pai. Se tirarmos essa frase de seu contexto apropriado, alguém poderia concluir que Jesus não era divino. No entanto, a Escritura não pode errar, e o próprio Jesus disse em outro lugar: "Eu e o Pai somos um" (João 10:30). Portanto, o Pai não é superior ontologicamente ao Filho, mas apenas economicamente ou funcionalmente, no que tange aos papéis estabelecidos na narrativa da salvação.

Filho: executor. O Filho é o fiel executor dos planos de seu líder e Pai. Note o tom trinitário da oração de Jesus em João 17:4: "Eu te glorifiquei na terra, *consumando a obra que me confiaste* para fazer" (ARA). Podemos entender o Pai como o grande Arquiteto (Hebreus 11:10) e o Filho como o grande Construtor da obra. Enquanto o Pai trabalha como o idealizador de todas as coisas, o Filho é aquele que faz os planos se tornarem realidade.

Quais são as obras do Filho? Em primeiro lugar, a função de Jesus é revelar quem é o Pai. Em João 1:18 lemos: "Ninguém jamais viu a Deus; o Deus unigênito, que está junto do Pai, é quem o revelou." Respondendo à pergunta de Filipe, Jesus disse: "Há tanto tempo estou com vocês, Filipe, e você ainda não me conhece? Quem vê a mim vê o Pai. Como é que você diz: 'Mostre-nos o Pai'?" (João 14:9). Paulo descreve Jesus como a "imagem do Deus invisível" (Colossenses 1:15). Para o autor de Hebreus, o Filho é aquele por meio de quem Deus fala, pois é a expressão exata do seu ser (Hebreus 1:2,3).

Em segundo lugar, Jesus veio para cumprir outro desejo do Pai, a saber, o de *salvar* aqueles que são seus amados desde a eternidade. João registra isso na oração sacerdotal de Cristo: "Pois tens dado ao Filho autoridade sobre todos os seres humanos para que ele dê a vida eterna a todos os que lhe deste" (João 17:2, NTLH). E mais adiante: "Eu revelei teu nome àqueles que do mundo me deste. Eles eram teus; tu os deste a mim, e eles têm obedecido à tua palavra" (João 17:6, NVI). O versículo mais conhecido entre os cristãos não pode deixar de ser mencionado, uma vez que sintetiza a missão principal que o Pai deu ao Filho: "Porque Deus amou o mundo de tal maneira que deu o seu Filho unigênito, para que todo o que nele crê não pereça, mas tenha a vida eterna" (João 3:16). Esse é o papel do filho, executar os planos do Pai. Vamos, por fim, descrever o papel — um pouco esquecido — do Espírito Santo.

Apenas uma ressalva: os dois ângulos citados — ontológico e econômico — são apenas distinções úteis para não perdermos de vista de quem estamos falando ao empregarmos a palavra "Deus". Na realidade, a ontologia e a economia divinas são inseparáveis. Por exemplo, não há como Jesus ser o agente salvador no drama a menos que ele seja o próprio Deus. Talvez o episódio mais marcante dessa autorrevelação de Jesus como Deus encarnado tenha sido registrado em sua disputa contra os fariseus em João 8:

> Em verdade, em verdade lhes digo que, se alguém guardar a minha palavra, não verá a morte eternamente. Então os judeus disseram: "Agora estamos certos de que você tem demônio. Abraão morreu, e também os profetas, e você diz: 'Se alguém guardar a minha palavra, não provará a morte eternamente'. Você não está querendo dizer que é maior do que Abraão, o nosso pai, que morreu? Também os profetas morreram. Quem você pensa que é?". Jesus respondeu: "Se eu glorifico a mim mesmo, a minha glória não é nada. Quem me glorifica é o meu Pai, o qual vocês dizem que é o Deus de vocês. Entretanto, vocês não o conhecem; eu, porém, o conheço. Se eu disser que não o conheço, serei como vocês: mentiroso; mas eu o conheço e guardo a sua palavra. Abraão, o pai de vocês, alegrou-se por ver o meu dia; e ele viu esse dia e ficou alegre." Então os judeus lhe perguntaram: "Você não tem nem cinquenta anos e viu Abraão?". Jesus respondeu: "Em verdade, em verdade lhes digo que, antes que Abraão existisse, Eu Sou.". Então pegaram pedras para atirar nele, mas Jesus se ocultou e saiu do templo (João 8:51-59).

Essa unidade entre ontologia e economia também é confirmada pelo autor aos Hebreus ao se referir à imutabilidade do Senhor. Ele diz: "Jesus Cristo é o mesmo ontem, hoje e eternamente" (Hebreus 13:8, ARC). Mateus descreve autoridade de Jesus como rei do universo: "Toda a autoridade me foi dada no céu e na terra" (Mateus 28:18); e sua presença em toda a parte: "E eis que estou com vocês todos os dias até o fim dos tempos (Mateus 28:20). João também retrata o seu conhecimento absoluto: "E não precisava que alguém lhe desse testemunho a respeito das pessoas, porque ele mesmo sabia o que era a natureza humana" (João 2:25). Feita essa ressalva, e sem perder o grande quadro de vista, podemos afirmar sem problemas que o Filho se distingue economicamente do Pai enquanto executor dos planos dele.

Espírito Santo: capacitador e comunicador. Como pessoa divina, o Espírito Santo possui o mesmo poder, o mesmo conhecimento e a mesma capacidade do Pai e do Filho; nesse sentido, eles são completamente iguais e, por isso, devem receber a nossa adoração do mesmo jeito. No entanto, a Bíblia enfatiza trabalhos específicos de cada pessoa que compartilha a única natureza divina: o Pai é o líder, o Filho executa as suas ordens e o Espírito Santo é o responsável por capacitar o Filho em seu ministério terreno e efetuar, no povo de Deus, as obras de regeneração, santificação e o empoderamento para o testemunho missionário entre as nações. Além disso, o Espírito é aquele que "traduz" o conhecimento de Deus para nossa linguagem humana, visto que "ninguém pode dizer: 'Senhor Jesus!', senão pelo Espírito Santo" (1Coríntios 12:3).

O Espírito Santo é a pessoa divina que internaliza em nós tudo aquilo que o Pai e o Filho fizeram e fazem por nós. O Pai planeja, cria, idealiza. O Filho constrói. O Espírito age dentro de nós, em nosso coração, e assim torna possível que desfrutemos dessas bênçãos. Quando afirmamos a identidade e o papel do Espírito Santo, não estamos falando apenas de um poder ou uma energia que nos ajuda na jornada, mas de um *Consolador* que habita dentro de nós (João 14:16,17).

Os capítulos 14, 15 e 16 do Evangelho de João são cruciais para nossa compreensão da obra do Espírito Santo. Após ler e reler tais textos, ficará claro que a principal função do Espírito Santo é glorificar Jesus Cristo ou testemunhar dele (João 16:12-14). Todas as demais coisas que são competência do Espírito precisam ser compreendidas dentro desse "guarda-chuvas" maior. Vejamos cinco operações importantes do Espírito: (1) unir-nos a Cristo por meio da regeneração (João 3:3; Romanos 8:8-11; Tito 3:4; 1João 3:24); (2) ensinar-nos a respeito de Cristo e sua obra, especialmente pela inspiração das Escrituras (João 14:26; 15:26; 2Pedro 1:21); (3) trabalhar o caráter de Cristo em nós, santificando-nos (Gálatas 5:22,23); (4) capacitar-nos para o serviço da igreja e para o serviço no mundo por meio dos dons (Romanos 12;

1Coríntios 12—14; Efésios 4:1-32); (5) empoderar-nos para cumprir a missão de fazer discípulos de todas as nações (Atos 1:8; 4:18; 13:1).

Em suma, o Espírito Santo tem a função de nos unir a Cristo e, por conseguinte, nos capacitar para sermos como Cristo e fazermos o que ele faz — de acordo com as nossas limitações. Não há verdadeiro discipulado sem a presença do Espírito Santo trabalhando em nosso favor. As palavras do apóstolo Paulo são cirúrgicas: "Vocês, porém, não estão na carne, mas no Espírito, se de fato o Espírito de Deus habita em vocês. E, se alguém não tem o Espírito de Cristo, esse tal não é dele" (Romanos 8:9). Paulo está ensinando que só é possível sermos como Cristo e fazermos o que ele fez se o Espírito que habitou nele também habitar em nós. Por isso a fé cristã é algo transformador de dentro para fora: não tem tanto que ver com aquilo que nós fazemos para Deus, mas com aquilo que Deus fez, faz e fará em nós e por meio de nós. Nosso maior modelo é o próprio Senhor, que viveu "no Espírito" não apenas para cumprir o seu ministério redentivo, mas para nos dar o exemplo do que significa segui-lo.

O Espírito Santo é Deus e possui a mesma substância do Pai e do Filho. Ele não é mera emanação ou um poder impessoal de Deus. O Espírito é descrito pelas Escrituras como uma pessoa dentro do ser divino. Existe uma história no livro de Atos que ilustra bem a divindade do Espírito, é a de Ananias e sua esposa Safira (Atos 5:1-11). O apóstolo Pedro dirige palavras duríssimas aos dois, após tentarem enganar a igreja. Segundo o discernimento dado a Pedro, quando mentiram ao Espírito Santo, eles estavam na verdade mentindo ao próprio Deus.

> Então Pedro disse: "Ananias, por que você permitiu que Satanás enchesse o seu coração, para que você mentisse ao Espírito Santo, retendo parte do valor do campo? Não é verdade que, conservando a propriedade, seria sua? E, depois de vendida, o dinheiro não estaria em seu poder? Por que você decidiu fazer uma coisa dessas? Você não mentiu para os homens, mas para Deus" (Atos 5:3,4).

Há uma ênfase particular no Evangelho de Lucas sobre a influência do Espírito na vida do Senhor Jesus. Foi por meio do Espírito Santo que o poder do Pai fecundou Maria para o nascimento virginal de Jesus.

O próprio Cristo recebeu o poder do Espírito no batismo. Foi no poder do Espírito Santo que Jesus cumpriu o seu ministério: "Então, Jesus, *no poder do Espírito...*". Mais à frente Lucas narra a leitura do profeta Isaías por Jesus: "O Espírito do Senhor está sobre mim, pelo que me ungiu para evangelizar os pobres; enviou-me para proclamar libertação aos cativos e restauração da vista aos cegos, para pôr em liberdade os oprimidos" (Lucas 4:14,18, ARA).

Assim como foi com o Senhor, o Espírito também é o responsável por agir em nós. Podemos ter uma noção disso ao refletirmos sobre a identidade do Espírito a partir da palavra grega *Parákleto*, que significa literalmente "chamado para estar ao lado" — traduzida na maioria das Bíblias por "Consolador". Jesus prometeu enviar outro *Parákleto* (sendo ele mesmo o primeiro), o qual teria um ministério pessoal multifacetado como conselheiro, advogado, ajudante, consolador, aliado, apoiador (João 14:16,17,26; 15:26,27; 16:7-15). Esse outro Consolador, da mesma substância que o primeiro, veio sobre a igreja no Pentecostes para continuar o ministério iniciado no batismo de Jesus.

3. Unidade e diversidade

A última distinção a ser feita após essa longa jornada é a da relação equilibrada entre unidade e diversidade. Não podemos enfatizar a unidade e negar a diversidade, nem afirmar apenas a diversidade, negando a unidade. Ao falarmos sobre a divindade do Pai, do Filho e do Espírito, precisamos manter unidade e diversidade sempre em equilíbrio.

Uma dificuldade constante no desenvolvimento da doutrina trinitária era encontrar as palavras certas para expressar tanto a unidade quanto a diversidade em Deus. Era geralmente aceito que, como um ser, Deus é um e único. Isso foi descrito pela palavra grega *ousia* e pelas palavras latinas *substantia* e, posteriormente, *essentia*. Ao declarar que o Filho era *homoousios* (da mesma substância) com o Pai, o primeiro concílio de Niceia em 325 canonizou esse uso, que nunca foi seriamente contestado.

No entanto, encontrar a maneira certa de expressar a triplicidade em Deus foi muito mais difícil. Orígenes usou o termo *hipóstase*, que provavelmente retirou de Hebreus 1:3, e Tertuliano usou o termo *persona*, que ele pegou emprestado do direito romano, mas que remontava ao teatro grego e carregava a noção de "máscara". A diferença conceitual entre essas duas palavras é que *hipóstase* se refere principalmente à manifestação de uma identidade distinta, enquanto *persona*, pelo menos em seu sentido jurídico, enfatiza a atividade de um sujeito. Infelizmente, muitos teólogos gregos não perceberam isso e pensaram que, ao chamar as hipóstases da divindade de *personas*, Tertuliano havia caído na heresia modalista, segundo a qual as pessoas divinas eram apenas máscaras que indicavam os diferentes papéis que Deus poderia desempenhar no drama cósmico. A confusão acabou sendo resolvida por Basílio de Cesareia, que percebeu que *hipóstase* e *persona* significavam a mesma coisa, uma conclusão que foi endossada em Calcedônia em 451.

HERESIAS QUE DEVEM SER REJEITADAS

Conhecer a verdade sobre a triunidade divina nos ajuda também a reconhecer as tentações mais comuns que emergiram — e que ainda permanecem à espreita — no processo de compreensão da doutrina. Uma das teorias que tentava explicar o mistério do ser divino propunha que as pessoas da Trindade correspondem a diferentes épocas de autorrevelação divina, sendo o Pai o Deus do Antigo Testamento, o Filho, o Deus dos Evangelhos e o Espírito Santo, o Deus da igreja pós-Pentecostes. O nome da heresia ficou conhecida como *modalismo*.

Uma variante dela indicava que as diferenças se deviam às diferentes funções que Deus desempenha no mundo: como Criador ele é o Pai, como Redentor ele é o Filho, como Santificador ele é o Espírito Santo. Teorias desse tipo são chamadas *modalistas* porque afirmam que as diferenças das pessoas na divindade são vistas nos *modos* pelos quais Deus age. O modalismo é uma heresia e deve ser rejeitada porque reduz as três pessoas da Trindade a um fenômeno de tempo e espaço, tornando impossível para uma pessoa da Trindade se relacionar com a outra, o que claramente conflita com as evidências do Novo Testamento. O modalismo, às vezes, é considerado a heresia mais tentadora e típica da igreja ocidental, pois supostamente enfatiza a unidade do ser divino e deriva a sua trindade dela.

Outra abordagem herética do ser divino ficou conhecida na igreja primitiva como *subordinacionismo*. Como o nome sugere, trata-se da crença de que o Pai é superior às outras duas pessoas, que são definidas em relação a ele. Por exemplo, os defensores dessa teoria defendiam que a geração do Filho ocorreu no tempo, no início da Criação. A procedência do Espírito Santo também foi dita ser proveniente do Pai e ter ocorrido depois da geração do Filho, embora não esteja totalmente claro quando. Crenças desse tipo circularam amplamente na igreja oriental e, por fim, resultaram no *arianismo*, que negava a plena divindade do Filho e (pelo menos, por implicação) a do Espírito Santo. Foi a luta para certificar que o Filho e o Espírito Santo eram ambos verdadeiro Deus, e, portanto, iguais ao Pai em todos os aspectos, que produziu a doutrina trinitária a qual se tornou e continua sendo a expressão clássica e ortodoxa da fé cristã.

Um Deus em três pessoas: em que isso me ajuda na jornada?

Será que faz diferença como pensamos sobre Deus? Nós cristãos cremos que a maneira que pensamos sobre Deus altera substancialmente todas as dimensões da vida humana. Qualquer desequilíbrio no pêndulo trinitário ou desarmonia entre as três pessoas da Trindade produzirá experiências cristãs anômalas. Por isso, devemos resistir à ideia de que a doutrina da Trindade é um dogma puramente abstrato que não faz diferença para a vida cristã.

Podemos dar vários exemplos de experiências cristãs assimétricas que emergem de uma compreensão equivocada da Trindade. Primeiro, se ficarmos apenas com o Pai e rejeitarmos o Filho e o Espírito, não fará mais sentido falarmos em salvação e sua aplicação interna em nossos corações. O que sobra é um "deus distante" de nós, o oposto de *Emanuel* ("Deus conosco"). Essa é justamente a tendência do deísmo, pois reconhece apenas a necessidade de um arquiteto universal, mas descarta a importância do engenheiro e do construtor.

Segundo, se ficarmos apenas com Cristo e rejeitarmos o Pai e o Espírito, afundaremos na areia movediça do moralismo e do ativismo social, pois não haverá Espírito nos capacitando para imitar a Cristo.

Essa é uma caricatura cristã muito comum entre irmãos que apreciam demasiadamente a face do Jesus histórico, que fazia o bem, ajudava os pobres e questionava os poderosos, mas, geralmente, se esquecem o quadro maior. A fraqueza dessa camuflagem cristã está justamente no fato de depreciar a espiritualidade. O evangelho materialista é um convite para seguir um Jesus revolucionário que tem pão apenas para a barriga, e não para a alma. Essa compreensão deve ser resistida porque não retrata a fé cristã primitiva dos apóstolos, e sim uma visão anacrônica de Jesus em uma moldura ideológica. Ficar com Cristo e rejeitar o Pai também traz consequências graves, a principal delas é uma fé dualista e, portanto, desconectada da boa Criação do Pai e dos aspectos legítimos da vida ordinária.

Terceiro, se colocarmos o Espírito Santo no centro e abdicarmos do Pai e do Filho, poderemos cair facilmente em um espiritualismo permeado de experiências sobrenaturais e isoladas com o Espírito, as quais nada tem que ver com a obra de Cristo e a vontade do Pai — exatamente o oposto da missão do Espírito que nos ajuda a clamar *Abba*, Pai, e que nos une ao amor de Cristo. Em suma, somente a doutrina da Trindade nos dá o perfeito equilíbrio para entendermos o drama da salvação e nos envolvermos nele de forma plena.

Isto posto, se formos honestos com a Escritura, será impossível não enxergarmos os vários benefícios práticos de confessarmos a fé na doutrina trinitária. Dentre eles, destaco que essa doutrina nos dá uma rica gramática para a piedade, isto é, nos mune com um vocabulário vasto para desfrutar o melhor da espiritualidade cristã em nossos períodos de oração, culto público, confissão de pecados, canções e conversas entre irmãos e irmãs da igreja.

Não podemos nos conformar com o esvaziamento de referências à Trindade em nossas liturgias, pois nós cristãos somos chamados para falar não apenas *sobre* a Trindade, mas *com* o Deus triúno. A menos que nossa experiência seja trinitária, ela não será jamais cristã. Portanto, mais urgente do que enfatizarmos a importância da Trindade para nossos sistemas de doutrina talvez seja redescobri-la em nossa própria vivência como discípulos de Cristo. Para isso, precisamos utilizar essa gramática de forma mais intencional em nossas liturgias, em nossos encontros de discipulado, em nossos grupos pequenos, em nosso repertório musical e, sobretudo, na maneira pela qual proclamamos o evangelho para as nações. Afinal, nosso chamado é para fazer discípulos e batizá-los em nome do Pai, do Filho e do Espírito Santo.

REFERÊNCIAS

ATHANASIUS. *On the incarnation* (Yonkers, NY: St. Vladimir's Seminary Press, 2011).

_____. "A encarnação do Verbo". In: QUINTA, Manoel, org. *Santo Atanásio*. Coleção Patrística (São Paulo: Paulus, 2002). Vol. 18.

AUGUSTINUS. "De civitate Dei." In: DOMBART, B.; KALB, A., org. *Corpus Christianorum Scholars Version* (Turnhout: Brepols 2014).

_____ [AGOSTINHO]. *A cidade de Deus* (Petrópolis: Vozes, 1990).

_____ [AGOSTINHO]. *A Trindade*. Coleção Patrística (São Paulo: Paulus, 1994). Vol. 7.

_____ [AUGUSTINE]. *Sermons 94A-150* (Vol. III/4). Organização de John E. Rotelle (New Rochelle, NY: New City Press, 1992).

BAVINCK, Herman. *Reformed dogmatics* (Grand Rapids: Baker, 2008). 4 vols.

_____. *Dogmática reformada* (São Paulo: Cultura Cristã, 2012). 4vols.

BRAY, Gerald L. "Trinity". In: DAVIE, M., et al. *New dictionary of theology: historical and systematic*. 2. ed. (Downers Grove, IL: InterVarsity Press, 2016).

CALVIN, Jean. "Institutio Christianae religionis." In: BAUM, G.; CUNITZ, E.; REUSS, E., orgs. *Ioannis Calvini Opera Quae Supersunt Omnia*. Corpus Reformatorum (Brunswick and Berlin: C. A. Schwetschke and Son [M. Bruhn], 1863-1900). Vols. 29-87.

_____ [CALVINO, João]. *Institutas da religião cristã* (São Paulo: Cultura Cristã, 2006). 4 vols.

CARSON, D. A. *O Deus presente* (São José dos Campos: Fiel, 2010).

ERICKSON, Millard J. *Christian theology*. 2. ed. (Michigan: Baker Academic, 1998).

_____. *Teologia Sistemática* (São Paulo: Vida Nova, 2015).

HORTON, Michael. *Pilgrim theology: core doctrines for Christian disciples* (Grand Rapids: Zondervan, 2011).

_____. *The Christian faith: a systematic theology for pilgrims on the way* (Grand Rapids: Zondervan, 2011).

_____. *Doutrinas da fé cristã: uma teologia sistemática para os peregrinos no caminho* (São Paulo: Cultura Cristã, 2019).

KAVANAUGH, Kieran; RODRIGUEZ, Otilio, orgs. *The collected works of St. Teresa of Avila*. Tradução de Kieran Kavanaugh; Otilio Rodriguez (Trivandrum, India: Carmel International Publishing House, 2001). Vol. 1.

KOOI, Cornelis van der; BRINK, Gijsbert van den. *Christian dogmatics: an introduction*. (Grand Rapids: Eerdmans, 2017).

LEWIS, C. S. *Cristianismo puro e simples* (Rio de Janeiro: Thomas Nelson Brasil, 2017).

LLOYD-JONES, David M. *Deus o Pai, Deus o Filho* (São Paulo: PES, 1984).

LONGMAN III, Tremper. *Como ler Gênesis?* (São Paulo: Vida Nova, 2009).

REEVES, Michael. *Delighting in the Trinity: an introduction to the Christian faith* (Downers Grove, IL: InterVarsity Press, 2012).

_____. *Deleitando-se na Trindade* (Brasília: Monergismo, 2017).

ROTELLE, John E., org. Augustine. *Sermons 94A-147A. on the Old Testament*. OP Series. Tradução e notas de Edmund Hill (O.S.A. Brooklyn, Nova York: New City Press, 1992). Vol. III/4.

VORAGINE, Jacobus de. *The Golden Legend*. Tradução de William Caxton em 1483. Organização de F. S. Ellis (impr. 1900; Sydney: Wentworth Press, 2019). Vol. 5. Disponível: https://sourcebooks.fordham.edu/basis/goldenlegend/GoldenLegend-Volume5.asp#Augustine, acesso em: 02 jun. 2021.

OS ATRIBUTOS DE DEUS

O que és tu, então, meu Deus? O que, senão o Senhor Deus? [...] O mais alto, o supremo bem, o mais potente, o mais onipotente; muito misericordioso, mas muito justo; o mais oculto, mas muito presente; o mais belo e muito forte; estável e incompreensível; imutável, mudando tudo; nunca novo, nunca velho, mas renovando todas as coisas; [...] sempre trabalhando, sempre em repouso; ainda reunindo, mas nada faltando; apoiando, enchendo e espalhando; criando, nutrindo e ama-durecendo; buscando, mas tendo todas as coisas. Tu amas sem paixões; é ciumento, mas sem ansiedade; arrepende-te, mas não se aborrece; enraivece-te, mas continua sereno; muda tuas obras, mas o propósito permanece inalterado; recebe novamente o que tu encontras, mesmo sem nunca ter perdido; nunca em necessidade, mas alegrando-se em tudo o que ganhou; nunca cobiçoso, mas exigindo um grande preço. Tu recebes o que te é devido; mas quem tem algo que não seja teu? Tu pagas dívidas, embora não devas nada. O que há demais no que eu disse, meu Deus, minha vida, minha santa alegria? Ou o que qualquer homem diz quando fala de ti? No entanto, ai daquele que nada fala...[1]

— Agostinho de Hipona

---

[1]Augustinus, *Confessiones*, I.4, disponível em: https://faculty.georgetown.edu/jod/latinconf/, acesso em 08 ago. 2021. Tradução do autor.

Há um só Deus vivo e verdadeiro, o qual é infinito em seu ser e perfeições. Ele é um espírito puríssimo, invisível, sem corpo, partes ou paixões; é imutável, imenso, eterno, incompreensível — onipotente, onisciente, santíssimo, completamente livre e absoluto, fazendo tudo para a sua própria glória e segundo o conselho da sua própria vontade, que é reta e imutável. É cheio de amor, é gracioso, misericordioso, longânimo, muito bondoso e verdadeiro remunerador dos que o buscam, e, contudo, justíssimo e terrível em seus juízos, pois odeia todo o pecado; de modo algum terá por inocente o culpado.

— Confissão de Fé de Westminster, II. 1.

A partir da jornada que fizemos no capítulo anterior, espero ter deixado claro que nosso conhecimento de Deus tem como fundamento a revelação que o próprio Deus faz de si mesmo como Pai, Filho e Espírito Santo. O conhecimento de Deus, portanto, não é mera especulação, superstição ou abstração religiosa; falamos de Deus com *relativa certeza* porque o Deus triúno se abriu para ser conhecido por nós. Não negamos que Deus ainda seja um mistério, mas pelo menos podemos dizer que Deus é agora um segredo que se tornou público. Nosso conhecimento de Deus envolve verdades sobre o ser divino que aprendemos *com* o próprio Deus Pai, Filho e Espírito Santo no drama da redenção retratado nas Escrituras.

Meu objetivo neste capítulo é oferecer uma noção geral dos atributos de Deus à luz daquilo que o próprio Deus triúno revela de si mesmo na história bíblica. Como veremos abaixo, a maior parte das vezes que a Escritura menciona os atributos de Deus, ela o faz no contexto de adoração, isto é, quando o povo de Deus expressa sua devoção ao Deus que faz grandes coisas em seu favor. Não tocamos no assunto dos atributos divinos por mero entretenimento filosófico, mas para cantar louvores! Sim, nós estudamos os atributos porque estamos em busca de melhorar nosso repertório teológico para exaltarmos com mais beleza o Deus Pai, Filho e Espírito Santo. Portanto, é um conhecimento doxológico que faz parte do vocabulário da nossa jornada espiritual: em nossas orações, nossas conversas, nossos aconselhamentos, no encorajamento mútuo, no sofrimento, no lamento e também nas liturgias dominicais.

Assim, ao assimilar as verdades sobre o ser de Deus e seus atributos, espero que você se sinta mais preparado para desfrutar da comunhão com o Senhor e com mais vocabulário para adorar ao Pai, ao Filho e ao Espírito Santo.

De forma geral, os teólogos têm sistematizado os atributos de Deus em duas categorias. A primeira diz respeito à transcendência divina e a segunda corresponde aos atributos da sua condescendência para conosco.[2] Os nomes das categorias são diversos, assim como a listagem dos atributos divinos em cada uma delas. Por exemplo, alguns preferem se referir aos atributos no sentido positivo e negativo, isto é, aquilo que podemos afirmar e negar sobre o ser de Deus. Outros falam de atributos absolutos e relativos — a primeira categoria diz respeito àquilo que Deus é em si mesmo, enquanto a segunda descreve Deus em sua relação com o mundo. No entanto, a visão mais popular desde o período da pós-Reforma é a divisão entre atributos incomunicáveis e comunicáveis de Deus — a primeira categoria se refere aos atributos da transcendência divina ou aqueles que não compartilha com criaturas, ao passo que a segunda diz respeito as suas qualidades que, em maior ou menor grau, são compartilhadas pelas criaturas.[3]

Na minha perspectiva, todas essas abordagens tentam fazer justiça à perspectiva bíblica de que Deus é tanto *distante* quanto *presente* (Jeremias 23:23), ou seja, buscam preservar a correta distinção entre Criador e criatura. Por um lado, a Escritura claramente descreve Deus habitando em luz inacessível, como autossuficiente, eterno, sendo impossível esgotar o seu conhecimento (1Timóteo 6:16; Romanos 11:33). Por outro lado, a Escritura afirma que Deus é fiel, justo, amoroso, bondoso e cheio de compaixão (1João 1:9; 4:6; Salmos 103:8). Portanto, independentemente das categorias a serem adotadas, o motivo principal da

---

[2]Utilizo o termo "condescender" aqui no sentido clássico do termo latino *condescendere*, a saber, que Deus, como um Pai amoroso, se abaixa para falar conosco de maneiras pelas quais possamos compreendê-lo.

[3]Cf. Kooi; Brink, *Christian dogmatics* (Grand Rapids: Eerdmans, 2017), p. 113-56; Erickson, *Christian theology* (Michigan: Baker Academic, 1998), p. 234-8; 272-90; Horton, *The Christian faith* (Grand Rapids: Zondervan, 2011), p. 223-72; Berkhof, *Manual of Reformed doctrine* (Grand Rapids: Eerdmans, 1933), p. 62-74.

nossa sistematização é fazer justiça aos aspectos únicos e transcendentes de Deus e àqueles aspectos que dizem respeito ao modo como o Senhor se relaciona conosco. Apenas por uma questão de precisão de termos — e para evitarmos a noção de incapacidade divina —, vamos utilizar a categoria *não comunicados* e *comunicados*, em vez de incomunicáveis e comunicáveis.[4]

O roteiro da nossa jornada será o seguinte. Primeiramente, vamos apresentar alguns nomes de Deus utilizados tanto no Antigo Testamento quanto no Novo Testamento para solidificar nossa visão sobre a transcendência e condescendência divinas. Em seguida, vamos iniciar nossa investigação sobre os atributos comunicados de Deus, por serem de mais fácil compreensão. Finalmente, iremos estudar os atributos não comunicados de Deus à luz das análises feitas nas duas primeiras divisões do capítulo.[5]

OS NOMES DE DEUS

Antigo Testamento

O Deus revelado nas Escrituras faz questão de desvendar o seu nome aos personagens da narrativa bíblica. Isso significa que Deus não é totalmente incompreensível e misterioso, mas um ser que também decide participar das experiências da vida humana e ser abordado por nós. Por exemplo, em Êxodo 3, Deus revela seu nome a Moisés após se manifestar em uma sarça ardente que queimava e não se consumia. Moisés então se aproxima da sarça a fim de descobrir mais a respeito. Do meio daquela manifestação extraordinária, Deus fala com Moisés e lhe ordena que tire as sandálias dos pés, indicando que aquele lugar estava tomado pela santidade divina. O Senhor então se apresenta:

---

[4]Estou seguindo a sugestão recente de Holmes, "God", in: Davie, et al., *New dictionary of theology* (Downers Grove, IL: InterVarsity Press, 2016), p. 369-73.

[5]A maior parte das teologias sistemáticas apresenta primeiro a transcendência divina para depois descrever a sua condescendência. Não tenho nenhuma restrição a isso, desde que sejamos capazes de relacionar, e não simplesmente separar, esses dois aspectos do ser de Deus.

— Eu sou o Deus de seu pai, o Deus de Abraão, o Deus de Isaque e o Deus de Jacó. Moisés escondeu o rosto, porque teve medo de olhar para Deus. Então o Senhor continuou: — Certamente vi a aflição do meu povo, que está no Egito, e ouvi o seu clamor por causa dos seus feitores. Conheço o sofrimento do meu povo. Por isso desci a fim de livrá-lo das mãos dos egípcios e para fazê-lo sair daquela terra e levá-lo para uma terra boa e ampla, terra que mana leite e mel; o lugar do cananeu, do heteu, do amorreu, do ferezeu, do heveu e do jebuseu. Pois o clamor dos filhos de Israel chegou até mim, e também vejo a opressão com que os egípcios os estão oprimindo. Agora venha, e eu o enviarei a Faraó, para que você tire do Egito o meu povo, os filhos de Israel. Então Moisés perguntou a Deus: — Quem sou eu para ir a Faraó e tirar do Egito os filhos de Israel? Deus respondeu: — Eu estarei com você. E este será o sinal de que eu o enviei: depois que você tiver tirado o povo do Egito, vocês adorarão a Deus neste monte. Moisés disse para Deus: — Eis que, quando eu for falar com os filhos de Israel e lhes disser: "O Deus dos seus pais me enviou a vocês", eles vão perguntar: "Qual é o nome dele?" E então o que lhes direi? Deus disse a Moisés: — Eu Sou o Que Sou. Disse mais: — Assim você dirá aos filhos de Israel: "Eu Sou me enviou a vocês." Deus disse ainda mais a Moisés — Assim você dirá aos filhos de Israel: "O Senhor, o Deus dos seus pais, o Deus de Abraão, o Deus de Isaque e o Deus de Jacó, me enviou a vocês. Este é o meu nome eternamente, e assim serei lembrado de geração em geração."

Deus revela dois aspectos distintos de seu ser por meio de dois nomes. Por um lado, ele é o Deus absoluto, livre, autossuficiente, poderoso e que não pode ser manipulado por ninguém. É YHWH. Esse é um nome bem peculiar para Deus escolher como seu, visto que a palavra deriva dos verbos "ser" e "viver". Por ser de difícil tradução, alguns sugerem que o termo pode ser traduzido como "Eu sou quem sou" e até mesmo "Eu serei quem serei". Independente da tradução que adotarmos, o nome YHWH nos ajuda a entender pelo menos duas coisas de suma importância para nossa discussão sobre os atributos de Deus: (1) somente Deus "vive" no verdadeiro sentido da palavra; e que

(2) nossa vida é uma existência derivada e temporal que se origina da fonte divina da vida.[6] Ao utilizar esse nome, Deus está comunicando que ele é totalmente diferente das criaturas e tem soberania absoluta sobre a vida no mundo.[7]

Por outro lado, ao se identificar com Abraão, Isaque e Jacó, Deus está comunicando sua relação de amor e fidelidade para com o seu povo ao longo das gerações. O nome de Deus combinado com o nome dos patriarcas é um lembrete para Moisés de como Deus se envolve na história humana de forma redentiva. Portanto, Êxodo 3 é um claro exemplo da transcendência e condescendência divinas e de como esses dois aspectos do ser de Deus se relacionam. Assim como, em Gênesis 1, Deus cria o mundo, precede a Criação e também habita nela, especialmente no Éden, em Êxodo 3, Deus transcende Israel, Egito e todo o mundo e, ao mesmo tempo, se envolve com a história de Israel. Como comentam Kooi e Brink: "Êxodo 3 demonstra claramente que a transcendência de Deus não deve ser interpretada como uma altivez desapegada; pois enfatiza que o Deus elevado e santo é aquele que vem e se inclina em direção ao mundo".[8]

Outros nomes divinos no Antigo Testamento corroboram para a conclusão acima de que Deus é um ser transcendente que se envolve na história humana. O tetragrama YHWH recebe combinações como *YHWH Tsebaoth* (Senhor dos Exércitos de anjos). O termo *El*, que é traduzido por "Deus" nas nossas Bíblias, é a forma singular de *Elohim* (deuses, ou plural de majestade). Esse termo também recebe combinações como em *El Elyon* (Deus Altíssimo) e *El Shaddai* (Deus poderoso), nomes que expressam a noção de um ser transcendente, acima dos seres humanos, com poderes sobrenaturais e com vida inesgotável em

---

[6]Kooi; Brink, *Christian dogmatics*, p. 122.

[7]O nome YHWH é uma invocação de caráter político que Moisés utilizará para libertar os israelitas da opressão do rei egípcio. "O governo transcendente de Deus está ligado ao curso da história humana e à experiência tangível. Embora Deus não deva ser identificado com a história ou qualquer coisa nela (como faz G. F. W. Hegel em sua noção de Espírito), Deus governa e guia a história para seus propósitos." Michael, "Exodus 3", in: *Theological commentary* (Nova York: T&T Clark, 2011), p. 29.

[8]Kooi; Brink, *Christian dogmatics*, p. 124. Tradução do autor.

si mesmo, de quem todas as criaturas dependem para sua existência e vida. Deus também é chamado de *Adonai*, que descreve aquele que governa sobre todas as coisas, entre outros nomes. Portanto, ao falarmos sobre Deus no Antigo Testamento, estamos nos referindo ao Deus transcendente que participa dos eventos da história.[9]

Novo Testamento

A noção bíblica do Deus transcendente que se envolve com a história humana fica ainda mais nítida no Novo Testamento, visto que o Deus de Israel é encontrado agora na experiência daqueles que se tornam discípulos de Jesus de Nazaré. Os autores do Novo Testamento nos ensinam que o Deus de Israel pode ser conhecido unicamente por meio de Jesus Cristo, como o próprio Senhor afirma: "Eu sou o caminho, a verdade e a vida; ninguém vem ao Pai senão por mim" (João 14:6). Além disso, a íntima conexão entre Pai e Filho se torna a linguagem principal dos autores bíblicos para nos ensinar que Cristo é a revelação mais perfeita e concreta do Pai. Portanto, quem permanece com o Pai, mas rejeita o Filho, manifesta, na verdade, não possuir nenhum conhecimento de Deus. Em uma das controvérsias com as lideranças judaicas da época, Jesus declarou:

> O Pai, que me enviou, esse mesmo é que tem dado testemunho de mim. Vocês *nunca* ouviram a voz dele, nem viram a sua forma. Também não têm a palavra dele permanente em vocês, porque *não creem naquele a quem ele enviou*. Vocês examinam as Escrituras, porque julgam ter nelas a vida eterna, e são elas mesmas que testificam de mim. Contudo, vocês não querem vir a mim para ter vida. Eu não aceito glória que vem de pessoas; sei, entretanto, que *vocês não têm o amor de Deus em vocês*. Eu vim em nome de meu Pai, e vocês não me recebem; se outro vier em seu próprio nome, vocês certamente o receberão. Como podem crer, vocês que aceitam glória uns dos outros e não procuram a glória que vem do Deus único? Não pensem que eu os acusarei diante do Pai; *quem acusa vocês é Moisés,*

---

[9]Holmes, "God", in: Davie, et al., *New dictionary of theology*, p. 370.

em quem puseram a sua esperança. Porque, se vocês, de fato, cressem em Moisés, também *creriam em mim*; pois ele escreveu a meu respeito. Se, porém, não creem nos escritos dele, como crerão nas minhas palavras? (João 5:37-47).[10]

Como fica evidente na passagem acima, aqueles que creem em Cristo são os verdadeiros israelitas, pois são os únicos que realmente: (1) ouvem o Pai e o recebem; (2) interpretam fielmente as Escrituras; e (3) creem em Moisés e seus escritos. Do contrário, aqueles que afirmam crer no Pai, examinam as Escrituras e depositam esperança em Moisés, mas não recebem o Cristo prometido por essas testemunhas, demonstram não possuir o verdadeiro conhecimento de Deus e, portanto, ainda estão debaixo de condenação.

O apóstolo João diz: "E o Verbo se fez carne e *habitou* entre nós, cheio de graça e de verdade, e vimos a sua glória, glória como do unigênito do Pai" (João 1:14).[11] A palavra grega traduzida por "habitou" (*skenoo*) alude ao tabernáculo do Antigo Testamento, onde a glória visível da presença de Deus residia de maneira peculiar. João está sugerindo que aquela glória antiga que enchia o tabernáculo e o templo agora pode ser vista de forma ainda mais intensa na pessoa gloriosa de Cristo, o Deus-homem! Que condescendência maravilhosa da parte do nosso Deus. Como João explica: "Ninguém jamais viu Deus; o *Deus unigênito*, que está junto do Pai, é quem o revelou" (João 1:18).[12]

Pelo fato da encarnação do Filho ser a revelação mais perfeita do ser de Deus, o Novo Testamento utiliza o termo "Pai" frequentemente para se referir ao Senhor Deus (cf. Mateus 6:9; 11:25-27; João 5:19-44). É verdade que encontramos esse título também no Antigo Testamento, mas apenas algumas vezes (Isaías 63:16; Malaquias 1:6). A razão para isso é simples: o Novo Testamento tem como objetivo nos mostrar como o Deus de Israel se desvenda para nós por meio da encarnação do Filho; consequentemente, não podemos mais nos referir ao Filho sem lembrarmo-nos imediatamente do Pai e vice-versa. Portanto, o Deus

---

[10]Itálicos do autor.
[11]Itálicos do autor.
[12]Itálicos do autor.

e Pai de nosso Senhor Jesus Cristo é o mesmo Deus da antiga aliança, que agora está cumprindo suas promessas de salvação na nova aliança.

Não existe nenhuma indicação nas Escrituras de que o Deus do Antigo Testamento esteja em oposição ao Deus retratado no Novo Testamento.[13] Por exemplo, além de "Pai", os autores bíblicos continuam retratando Deus na nova aliança como o antigo *Adonai*, termo traduzido para o grego como *Kyrios*, que agora é amplamente utilizado pelos apóstolos se referindo ao Cristo ressuscitado e entronizado nos céus (cf. Atos 2:36; 10:36; Romanos 10:9-13; 1Coríntios 8:6; 2Coríntios 12:8-10; Apocalipse 22:20). Por exemplo, ao encontrar o Senhor Jesus ressurreto, Tomé exclama: "*Senhor* meu e Deus meu!" (João 20:28).[14] Assim, chamar Jesus de *Kyrios* possui inúmeras implicações teológicas e práticas. Dentre elas, *Kyrios* é o termo utilizado na Septuaginta para traduzir o nome YHWH, o nome divino em Êxodo 3. Cristo é o YHWH que não apenas viu, ouviu e conheceu a opressão dos israelitas no Egito, mas aquele que carregou sobre si a opressão mais infernal que podemos imaginar:

> Mas ele foi traspassado por causa das nossas transgressões e esmagado por causa das nossas iniquidades; o castigo que nos traz a paz estava sobre ele, e pelas suas feridas fomos sarados. Todos nós andávamos desgarrados como ovelhas; cada um se desviava pelo seu próprio caminho, mas o Senhor fez cair sobre ele a iniquidade de todos nós. Ele foi oprimido e humilhado, mas não abriu a boca. Como cordeiro foi levado ao matadouro e, como ovelha muda diante dos seus tosquiadores, ele não abriu a boca (Isaías 53:5-7).

De forma mais explícita e definitiva, Mateus descreve o nome de Deus no singular utilizando a fórmula trinitária: "Portanto, vão e façam discípulos de todas as nações, batizando-os *em nome do Pai, do Filho e do Espírito Santo*" (Mateus 28:19).[15] Qual é o nome de Deus?

---

[13]Essa heresia foi sugerida por Marcião de Sinope (85-160). Ele foi um dos mais proeminentes heresiarcas durante o cristianismo primitivo. O *marcionismo* propunha dois deuses distintos, um no Antigo Testamento e outro no Novo Testamento e foi corretamente denunciado pelos pais da igreja.

[14]Itálicos do autor.

[15]Idem.

Pai, Filho e Espírito Santo. Ao lembrarmos desse nome, somos guiados imediatamente para a realidade triúna do ser de Deus e também para sua transcendência condescendente. Assim, ao iniciarmos nosso estudo pelos nomes de Deus, podemos concluir que a doutrina cristã de Deus encontra seu ponto de partida na maneira pela qual Deus se apresenta no Antigo Testamento e, posteriormente, continua no esclarecimento decisivo daquela imagem de Deus agora retratada no Novo Testamento pelo ministério de Jesus.[16]

OS ATRIBUTOS COMUNICADOS DE DEUS

O período iluminista do século 18 alterou a forma de ver várias coisas no âmbito da filosofia e da ciência e, da mesma forma, lançou novas luzes sobre a crença religiosa — e muitas trevas também! Uma teoria muito comum daquela época ficou conhecida como *deísmo*. Voltaire (1694-1774), por exemplo, acreditava que, por trás do mundo bem ordenado descrito por Newton, deveria existir um Criador racional. Contudo, não um Criador presente entre os humanos como descrito no judaísmo, islamismo e cristianismo, mas uma mente inteligente que se mostra ao ser humano apenas por meio da natureza e das leis naturais.[17]

Voltaire não era ateu, mas também não acreditava na possibilidade da relação dos seres humanos com Deus. Isso o levou a pensar que todas as ideias religiosas até então eram pura invencionice advinda da cegueira humana, que precisava libertar-se pela razão. Para ele, o mundo é controlado por leis imutáveis, não por um Deus que intervém, preserva e reina sobre todas as coisas. Essa visão até hoje é popular entre os cientistas que continuam crendo na existência de uma divindade superior, embora não relacional. A melhor ilustração desse pensamento consiste em crer que Deus criou o mundo como um relojoeiro faz um relógio. Após ter concluído sua obra, tendo dado corda, o relojoeiro colocou o relógio para funcionar e não teve mais interesse por ele, nem fez mais nada por ele.[18]

---

[16]Kooi; Brink, *Christian dogmatics*, p. 126-7.
[17]Gaarder, et al. *O livro das religiões*, p. 250-1.
[18]Lloyd-Jones, *Deus o Pai, Deus o Filho* (São Paulo: PES, 1997), p. 71.

Na contramão do deísmo, que enfatizava a transcendência absoluta de Deus, alguns teólogos atuais têm defendido a condescendência absoluta de Deus, também conhecida como "teísmo aberto". Essa é uma visão na qual Deus é um ser relacional, pessoal, amoroso e triúno, mas não é soberano e não pode conhecer todas as coisas antes delas acontecerem. Deus é como um cavalheiro: ele não interfere — nem pode interferir — no mundo, por isso vive convidando a humanidade ao seu amor. Ele é pego de surpresa em *tsunamis* e terremotos, e a única coisa que pode fazer diante do sofrimento humano é sofrer junto e chorar. Essa posição tem sido defendida teológica e filosoficamente dentro do meio evangélico por Gregory Boyd[19] e também possui alguns simpatizantes brasileiros. Alguns afirmam que "não existe a possibilidade de Deus tudo controlar, tudo gerenciar, tudo conduzir e, ao mesmo tempo, as pessoas serem livres", portanto, Deus não sabe todas as coisas nem tem o poder sobre todas as coisas. Assim, Deus "concedeu a mulheres e homens a capacidade de alterar o curso da história."[20]

O cristianismo clássico afirma que Deus não é apenas amoroso e Pai, mas onisciente e soberano. Diante do caos e do sofrimento do mundo Deus não apenas vê, ouve e conhece a nossa dor, o Senhor está plenamente no controle de todas as coisas e faz tudo de acordo com os seus sábios e imutáveis propósitos. Em outras palavras, Deus é transcendente e imanente. Quando queremos nos referir a algo que excede os limites naturais, usamos a palavra transcendente. Deus é transcendente, sublime e infinitamente superior a tudo o que é humano e natural. A imanência tem que ver com o fato de Deus estar presente ativamente nos eventos do mundo criado. Assim, no cristianismo ortodoxo, Deus tem em si mesmo esses dois tipos de atributos: Deus está separado da sua Criação (transcendência) ao mesmo tempo que também está em uma profunda relação com ela (imanência). Com base nisso, o cristianismo se distancia essencialmente do deísmo, do panteísmo e do teísmo aberto.[21]

---

[19]Cf. Boyd, *God of the possible* (Grand Rapids: Baker Books, 2000).

[20]Posição de Ricardo Gondim. Artigo disponível em: http://www.ricardogondim. com.br/estudos/teismo-aberto-e-eu/, acesso em: 03 jun. 2021.

[21]O teísmo aberto tem sido definido por alguns como uma forma de "panenteísmo", a doutrina que diz que o universo está contido em Deus, embora Deus seja maior do que o universo.

Feitos os esclarecimentos acima, iniciamos nossa jornada pelos atributos comunicados de Deus. Em sua relação condescendente com a humanidade, Deus manifesta suas perfeições de forma análoga àquelas que estamos acostumados. O Antigo Testamento está repleto de situações em que Deus descreve seus atributos à semelhança das qualidades peculiares dos seres humanos, com a ressalva de que, em Deus, os atributos são infinitamente superiores às qualidades humanas. Como a Bíblia sagrada não é uma teologia sistemática, os atributos de Deus aparecem na narrativa bíblica quase sempre combinando sua transcendência e condescendência:

> O Senhor passou diante de Moisés e proclamou: "O Senhor! O Senhor Deus compassivo e bondoso, tardio em irar-se e grande em misericórdia e fidelidade; que guarda a misericórdia em mil gerações, que perdoa a maldade, a transgressão e o pecado, ainda que não inocente o culpado, e visita a iniquidade dos pais nos filhos e nos filhos dos filhos, até a terceira e quarta geração!" (Êxodo 34:6,7).

Como disse anteriormente, não quero que você perca de vista que a transcendência e a condescendência divinas são dois aspectos inseparáveis de seu ser. Vamos distinguir — não separar — os dois aspectos apenas por motivos didáticos, isto é, para entendermos mais claramente o significado de cada um e, então, relacioná-los adequadamente. Meu objetivo não é explicar todos os atributos comunicados de Deus, mas mencionar alguns deles, por serem os mais frequentemente utilizados na Escritura.

1. A sabedoria e o conhecimento de Deus

Assim como nós, Deus é revelado nas Escrituras possuindo sabedoria e conhecimento. Por definição, sabedoria é o poder de discernir a verdade do erro, a justiça da injustiça e de fazer escolhas deliberadas que resultam em bem, em vez de mal. Podemos definir conhecimento como a simples possessão de verdades. Nós sabemos as coisas de forma parcial e incompleta, estamos sempre aprendendo novas verdades e dependemos de uma série de fatores e circunstâncias para nos tornarmos sábios e doutos.

Diferente de nós, Deus é plenamente sábio e conhece todas as coisas perfeitamente. Com razão, dizemos que Deus é *onisciente* (*oni* = todo + *ciente* = conhecedor), pois ele é sábio completamente; ele não precisou aprender a sabedoria, pois ela faz parte da sua natureza desde a eternidade; e ele não depende das circunstâncias ou das criaturas para exercitar sua sabedoria, visto que é absolutamente livre. Quanto ao seu conhecimento, do mesmo modo, Deus possui toda a verdade, conhecendo até mesmo as contingências, incluindo os atos futuros de todas as suas criaturas. De fato, as Escrituras frequentemente descrevem o Senhor como a fonte de toda a sabedoria. O capítulo 8 de Provérbios, por exemplo, descreve o Senhor como a própria Sabedoria que existe desde a eternidade. Portanto, ninguém pode ensinar coisa alguma a Deus, pois ele conhece perfeitamente a si próprio, bem como toda a realidade criada. Deus conhece todas as coisas do passado, do presente, do futuro e tudo aquilo que está oculto a nós.

Precisamos ver a sabedoria e o conhecimento absolutos de Deus como remédios espirituais contra a ansiedade, a angústia e as diversas circunstâncias da vida que nos deixam perplexos. Afinal, se entramos em desespero é porque nosso conhecimento sobre a vida é puramente parcial. Não entendemos o sentido do quebra-cabeça, pois não temos todas as peças dele. Contudo, a despeito da nossa desordem aparentemente sem solução, Deus vê o mosaico da vida completo, e isso deveria servir de grande consolo para nós. O Senhor diz: "assim como os céus são mais altos do que a terra, assim os meus caminhos são mais altos do que os seus caminhos, e os meus pensamentos são mais altos do que os pensamentos de vocês" (Isaías 55:9).

2. O poder de Deus

Como nos diz o Credo Apostólico: "cremos em Deus Pai, todo-poderoso". Poder é a habilidade para agir livremente sobre determinadas situações da vida. De fato, nós temos certos poderes sobre os eventos que acontecem ao nosso redor, mas, se comparados à livre agência de Deus, podemos dizer que são praticamente insignificantes. Deus é poderoso porque age livremente sobre tudo e todos. Como diz o apóstolo Paulo, em Deus nós "vivemos, nos movemos e existimos" (Atos 17:28).

A nossa liberdade de agir, portanto, é sempre dependente ou derivada da liberdade absoluta do Criador. Diferente de nós, Deus tem total domínio sobre todas as coisas que criou e ninguém pode resistir sua vontade (Jó 42:2; Romanos 9:19).

Deus é livre e soberano e nada que acontece no mundo pode sair da sintonia fina de seus propósitos. Deus não tem um "Plano B" para absolutamente nada. Às vezes, pode até parecer que o mundo está fora de controle, todavia, pelo seu sábio governo sobre todas as coisas, Deus sempre sinaliza na história da humanidade que está assentado no trono e sabe exatamente o que está fazendo (cf. Isaías 40:12-31).

3. A santidade de Deus

Aprendemos com a revelação escrita que Deus é santo. Por definição, santidade sugere uma *separação* do mundo, isto é, pureza e repulsa das variadas formas de mal moral. Como diz Louis Berkhof: "A santidade de Deus é antes de tudo aquela perfeição divina pela qual ele é absolutamente distinto de todas as suas criaturas e é exaltado acima delas em majestade infinita."[22] Tanto na antiga aliança quanto na nova, o Senhor convoca o seu povo a ser santo à luz da sua santidade (Levítico 11:45; 1Pedro 1:16). Porém, ainda que o Novo Testamento se refira aos cristãos como "santos", sabemos que é o Espírito Santo que cria a verdadeira santidade que Deus exige de nós. No caso do Senhor, ele é moralmente perfeito e não pode ser tentado pelo mal (Tiago 1:13), por isso, Deus é santo em tudo o que faz, em sua sabedoria, seu conhecimento, seu governo e suas manifestações de amor. Por exemplo, a santidade divina é uma santidade amorosa. A cruz de nosso Senhor Jesus Cristo é o lugar onde Deus demonstrou sua santidade e seu amor combinados como em nenhum outro evento, pois no calvário vemos o Justo sendo julgado no lugar dos injustos, não por mérito nenhum deles, mas por puro amor divino pelo seu povo.

4. A bondade de Deus

O Senhor Jesus afirmou que "ninguém é bom, a não ser um, que é Deus" (Marcos 10:18). Toda a bondade que vemos na terra é nada

---

[22]Berkhof, *Manual of Reformed doctrine*, p. 68. Tradução do autor.

mais que uma expressão da sua fonte suprema. Como diz o salmista: "Ele ama a justiça e o direito; a terra está cheia da *bondade* do Senhor" (Salmos 33:5). Por definição, bondade diz respeito ao ato de buscar o bem do próximo. O apóstolo Paulo diz que nós fomos criados por Deus para a prática das boas obras (Efésios 2:10). Porém, diferente de nós, Deus é a bondade absoluta. Deus é o único que busca o bem das suas criaturas de forma generosa, constante e amorosa. Como um atributo comunicado, a bondade humana nada mais é que a pura graça de Deus transbordando em nós e por meio de nós.

5. A retidão e a justiça de Deus

Como a santidade de Deus se manifesta no mundo? Podemos dizer que a sua santidade está intimamente conectada com sua retidão moral particular e seus juízos na história. Em outras palavras, em Deus não existe separação entre poderes legislativos, executivos e judiciários, visto que ele é o Legislador, o Governador e o Juiz das nações. Como Legislador, a lei de Deus nada mais é que um reflexo do seu caráter; como Governador, ele leva o mundo para os fins que determinou em sua sabedoria eterna; como Juiz perfeito, Deus não faz acepção de pessoas, é imparcial e faz justiça na terra para recompensar os bons e punir os maus (cf. Deuteronômio 7:9-19). Em alguns momentos, a justiça divina pode parecer demorar ou estar ausente, mas Deus nunca chega atrasado ou está silente diante do mal. Deus é o nosso legítimo Juiz e julgará com justiça todos os casos da história humana (cf. Jó 38—42).

A ira de Deus, por exemplo, quando entendida à luz de sua santidade e justiça, deve ser interpretada como uma expressão sábia de juízo sobre a violação de sua lei. Deus não é um ser caprichoso e iracundo — no sentido de não poder conter sua raiva — como os deuses gregos do Olimpo, mas um Deus que se ira contra o pecado por ser justo e querer o bem da sua Criação. Como diz o apóstolo: "A ira de Deus se revela do céu contra toda impiedade e injustiça dos seres humanos que, por meio da sua injustiça, suprimem a verdade" (Romanos 1:18).

6. A veracidade de Deus

A veracidade de Deus pode ser descrita como aquela perfeição de ser verdadeiro em tudo o que é, em sua revelação e em sua relação com seu povo. Deus é a verdade e, portanto, não pode mentir ou enganar, ele sempre expressa a verdade em tudo o que diz e faz. Deus conhece as coisas como elas realmente são e também capacita os seres humanos a conhecerem a realidade das coisas. Com base na sua veracidade, podemos afirmar que Deus é fiel e cumpre à risca todas as suas promessas. Em nossa jornada espiritual, somos tentados a duvidar da Palavra de Deus, isto é, das verdades que o Senhor nos diz, dos seus mandamentos e das suas promessas de salvação. Devemos resistir a tais tentações e descansar em Deus por sabermos que tudo o que ele é, faz e fala corresponde à verdade absoluta sobre a vida. É com base na veracidade e na fidelidade divinas que continuamos de pé na esperança do evangelho. Como diz o autor de Hebreus: "Guardemos firme a confissão da esperança, sem vacilar, pois quem fez a promessa é fiel" (Hebreus 10:23).

7. O amor de Deus

Como é o caso com os demais atributos, Deus não apenas pratica o amor, antes, o amor é aquilo que Deus é. Porém, diferente da forma como o amor é entendido nos dias atuais, primordialmente como sentimento, paixão, fogo e desejo ardente, o amor de Deus é algo muito mais profundo. Nas Escrituras, o amor divino é visto sob vários aspectos: (1) a partir da sua bondade no trato com todas as suas criaturas (Mateus 5:43-48); (2) pela sua graça maravilhosa derramada sobre pecadores que, por natureza, são merecedores da sua ira e condenação (Efésios 2:1-10); (3) como expressão da sua misericórdia e compaixão para com aqueles que estão em uma realidade de miséria, angústia, medo e enfrentando as consequências de seus pecados (cf. Salmos 103); (4) é também descrito pelos autores bíblicos como a paciência de Deus, que tolera os pecados dos seres humanos, seja para adiar o juízo sobre eles, seja para alcançá-los com sua salvação (Atos 17:30; Romanos 2:4; 9:22).

O amor de Deus é perfeito e está em harmonia com todos os seus demais atributos. Diferente de nós, criaturas interdependentes que costumam amar apenas aqueles que nos tratam com amor, Deus, ama sem qualquer compulsão ou necessidade, pois ele é livre para amar até seus inimigos e é igualmente livre, bom e justo para odiá-los (Salmos 5:5,6; 11:5). O apóstolo João diz: "Nisto consiste o amor: não em que nós tenhamos amado a Deus, mas em que ele nos amou e enviou o seu Filho como propiciação pelos nossos pecados" (1João 4:10).

8. A beleza de Deus

Um dos atributos divinos pouco mencionados pelos teólogos é a sua beleza. De fato, o Deus vivo é invisível, e, portanto, não podemos atribuir qualidades estéticas a Deus exatamente como fazemos com seres humanos ou com a Criação. Grosso modo, a beleza do Senhor tem que ver com a sua glória, a sublimidade e o esplendor de suas obras. Como diz o salmista: "Uma coisa peço ao Senhor e a buscarei: que eu possa morar na Casa do Senhor todos os dias da minha vida, para *contemplar a beleza do Senhor* e meditar no seu templo" (Salmos 27:4).[23] Estamos falando da beleza de Deus ao ponderarmos sobre a harmonia perfeita do seu caráter e sobre o modo pelo qual ele se revela coerentemente em tudo o que faz. Como nos convida o salmista: "Adorem o Senhor *na beleza da sua santidade*; tremam diante dele, todas as terras" (Salmos 96:9).[24] Na experiência de muitos religiosos, Deus não passa de uma "coisa" útil para satisfazer as nossas necessidades, nossas vontades e nossos sonhos. Na perspectiva bíblica, porém, Deus é um ser belo a ser contemplado. Nossa teologia não serve apenas para saciar nossas curiosidades intelectuais sobre a divindade, mas para satisfazer a alma por inteira. Como disse Agostinho em uma de suas orações: "Fizeste-nos para ti, e inquieto está o nosso coração, enquanto não repousa em ti".[25]

OS ATRIBUTOS NÃO COMUNICADOS DE DEUS

Os atributos não comunicados são as perfeições divinas que não encontram ressonância ou nenhuma semelhança nas criaturas, sendo qualidades exclusivas da transcendência divina. Os atributos a seguir nos ajudam a entender a absoluta distinção entre Deus e a Criação.[26]

---

[23]Itálicos do autor.
[24]Itálicos do autor.
[25]Agostinho, *Confissões* (São Paulo: Paulus, 1984), I.1.
[26]Cf. Berkhof, *Manual of Reformed doctrine*, p. 62-5.

1. A asseidade divina

A expressão latina "*a se*" diz respeito à independência e à autossuficiência de Deus. Ele existe necessariamente em si mesmo e sem a ajuda ou o apoio da ordem criada (cf. Atos 17:23-25). A asseidade divina é a qualidade de Deus em ter vida em si mesmo. Isso nega qualquer relato sobre Deus que sugira que ele depende do mundo para ser quem ele é. Portanto, é verdadeira a frase: "Deus não precisa de nós, mas nós precisamos de Deus." Como diz o apóstolo Paulo: "Ó profundidade da riqueza, tanto da sabedoria como do conhecimento de Deus! Quão inexplicáveis são os seus juízos, e quão insondáveis são os seus caminhos!" Paulo continua citando Isaías 40:13: "'Pois quem conheceu a mente do Senhor? Ou quem foi o seu conselheiro? Ou quem primeiro deu alguma coisa a Deus para que isso lhe seja restituído?' Porque dele, e por meio dele, e para ele são todas as coisas. A ele seja a glória para sempre. Amém!" (Romanos 11:33-36).

2. A simplicidade divina

O termo latino *simplicitas* diz respeito à total integralidade de Deus. Pelo fato de Deus ser autossuficiente e não depender de nada fora de si mesmo para existir, sua substância divina não pode ser dividida em partes — como se fossem anexadas a Deus por existirem previamente. A verdade é que Deus é sempre total e inteiramente envolvido em tudo o que ele é e faz. Embora a Escritura sagrada não descreva a simplicidade divina explicitamente, a doutrina pode ser deduzida logicamente de sua asseidade e imutabilidade. A Escritura é clara ao afirmar que a sua natureza, suas intenções e seus modos de agir não mudam, seja para melhor — porque o perfeito não pode se tornar melhor do que já é —, seja para pior. O conceito de imutabilidade não diz respeito a Deus como um ser estático ou congelado, mas à constância de todas as suas perfeições e em tudo o que faz. Como diriam os teólogos medievais, Deus é *actus purus* — ato puro ou pura atividade. Portanto, sua imutabilidade deve ser entendida sob esta rubrica, como a constância de uma vida perfeitamente dinâmica e ativa.

A simplicidade divina é uma doutrina que nos ajuda a compreender melhor todos os atributos de Deus, seja os comunicados, seja os não comunicados. Por exemplo, as três pessoas da Trindade não devem ser concebidas como três partes dentro de Deus, mas como a plenitude da essência divina. Similarmente, seus atributos não são diferentes de sua essência, pois Deus é os seus atributos. Como já dissemos, Deus não possui apenas amor, bondade, sabedoria, justiça e santidade; ele é todas essas coisas de forma inteira e perfeita. A doutrina da simplicidade nos ajuda a entender que nenhum dos atributos divinos é mais importante do que os outros. Não há confusão ou divisão em Deus. Ele não tem coisas dentro de si de que goste mais ou de que goste menos, ele é simples, é um ser íntegro e não há a mínima possibilidade de haver, dentro dele, competição em relação a suas qualidades.[27]

Precisamos ser cuidadosos para jamais isolar qualquer um dos atributos de Deus em nosso entendimento de quem Deus é. Por exemplo, jamais devemos contrastar a sua santidade com a sua misericórdia. Deus é santo *e* misericordioso. Ele é tudo isso, inteiramente, desde sempre e para sempre. Como diz D. Martyn Lloyd-Jones: "Deus nos livre de chegarmos a dividir o próprio Deus!" Seria uma tragédia colocar o seu amor contra a sua justiça. Deus não é mais amoroso do que justo ou mais justo que amoroso. Tudo em Deus é perfeitamente amoroso e justo. Devemos sempre cultivar em nossa mente a perfeição do equilíbrio que existe no ser de Deus.[28] Isso é exclusivo em Deus porque nós somos seres tentados o tempo todo a gostar mais de nós mesmos em algumas coisas do que em outras. Não é assim com Deus; ele é o que ele é, sempre e em tudo o que faz.

3. A onipresença divina

A fé cristã afirma que Deus não está limitado ao espaço físico, pois Deus é Senhor sobre o tempo e o espaço! Ele está em todo lugar porque é maior do que o universo criado. Sim, se o universo é finito e Deus é infinito, ele é maior que tudo aquilo que ele mesmo criou. Assim, não existe lugar no qual Deus esteja ausente. Ele está na terra, no céu e até mesmo no inferno. Alguns podem ficar chocados com essa última

---

[27]Ferreira; Myatt, *Teologia sistemática* (São Paulo: Vida Nova, 2007), p. 217.
[28]Lloyd-Jones, *Deus o Pai, Deus o Filho*, p. 106-7.

afirmação, mas, se ele não estivesse lá, como seria onipresente? Obviamente, Deus está no céu de uma forma diferente de como está no inferno, visto que, em um lugar, ele exerce livremente a sua bondade e, noutro, os seus perfeitos juízos. Como diz o salmista:

> Tu me cercas por todos os lados e pões a tua mão sobre mim. Tal conhecimento é maravilhoso demais para mim: é tão elevado que não o posso atingir. Para onde me ausentarei do teu Espírito? Para onde fugirei da tua face? Se subo aos céus, lá estás; se faço a minha cama no mais profundo abismo, lá estás também; se tomo as asas da alvorada e me detenho nos confins dos mares, ainda ali a tua mão me guiará, e a tua mão direita me susterá (Salmos 139:5-10).

Precisamos ler as palavras de Salmos 139 com cuidado para não entendermos a mensagem do texto de forma errada. A Bíblia apresenta o ser de Deus de modo diferente de todas as demais religiões. Por exemplo, alguns acreditam erroneamente na ideia popular de que cada religião tem uma parte da verdade e, quando se ajuntam, todas as partes se complementam. É a metáfora do corpo do elefante: como se cada religião fosse uma parte do corpo do animal. Uma é a tromba, outra, os pés, e as demais, o rabo, a cabeça etc., que, quando unidas, destacam aspectos diferentes da mesma realidade. Cremos que não funciona assim. Deus não está fatiado em várias partes e distribuído pelas diversas religiões existentes, pois uma breve análise das ideias acerca de Deus nas religiões deixará claro que estamos diante de lógicas em conflito. Religiões simplesmente possuem visões totalmente incompatíveis umas com as outras e não é possível colar suas partes, por mais que tenhamos boa vontade.

Nas religiões de matriz oriental, por exemplo, é comum pensar em Deus não como um ser pessoal e transcendente, mas como uma *energia* que permeia tudo o que existe: os objetos inanimados, as plantas, os animais e os homens.[29] A principal religião antiga que adota essa visão é o hinduísmo, muito pouco praticada no Brasil. No entanto, as visões hindus foram adaptadas para o ocidente especialmente pelo

---

[29] Gaarder, *O livro das religiões*, p. 42, 52.

movimento espírita kardecista e pela Nova Era. A visão de Deus como uma energia impessoal é completamente incompatível com a crença em um Deus pessoal. Por quais razões? A principal delas é que não há relacionamento pessoal verdadeiro com uma energia. Talvez você já tenha ouvido alguém dizer: "Eu creio em Deus como uma força superior." Como podemos nos relacionar com um deus que é meramente uma energia?

Conversamente, o Deus revelado nas Escrituras é um espírito invisível que fala, ama, cria, vê, ouve, toca, se ira, se entristece, se alegra, sofre, entre muitas outras características semelhantes de seres pessoais. Jesus é o maior exemplo disso, pois ele é o Deus encarnado que veio até nós manifestar o quanto Deus está interessado em ter um relacionamento íntimo e pessoal conosco (Romanos 5:8). Não é possível ter esse tipo de relacionamento pessoal com energias, pois são apenas energias abstratas. Da mesma forma que você não se comunica com a eletricidade após um choque forte, a crença em um "Deus energético e impessoal" é incompatível com a fé em um Deus pessoal e relacional.

Ao falarmos da onipresença de Deus, precisamos deixar claro que o Senhor não é tudo o que existe nem está unido essencialmente a tudo o que existe. É comum ouvirmos: "Deus é tudo para mim", quando alguém pergunta: "Quem é Deus para você?" Provavelmente, o que esse cristão quer dizer é que sem Deus ele não é nada. Todavia, é preciso tomarmos cuidado com as palavras que utilizamos quando nos referimos a Deus. No Oriente, afirmar "Deus é tudo" pode soar como uma negação da verdade cristã sobre o ser de Deus, visto que o *panteísmo* entende a divindade como uma energia que permeia todas as coisas.

Na visão cristã, em contrapartida, Deus não é a natureza, o ser humano, a alma, a chuva, a água, os animais etc. Deus é diferente da sua Criação, ele é Criador e não a criatura. Os orientais, via de regra, acreditam que Deus e a natureza são duas faces da mesma realidade. Defendem que o cosmo sempre existiu e que a história é um movimento cíclico infindável. Entretanto, nós cremos que o universo não é infinito e teve um início no tempo e no espaço, e, embora os eventos da história possam parecer repetitivos, eles não se constituem de um movimento cíclico irreversível, ao contrário, estão progredindo para o fim determinado por Deus.

4. A infinidade e a eternidade divinas

Ao falarmos sobre Deus como um ser infinito, estamos nos referindo àquela "perfeição de sua natureza pela qual tudo o que pertence a seu ser é sem medida ou quantidade."[30] Em outras palavras, Deus é infinito, onipresente, onisciente e eterno e, portanto, não está restrito por nenhuma das limitações de espaço ou de tempo que se aplicam às suas criaturas. Ele está sempre presente em todos os lugares, embora imperceptivelmente, e a cada momento está ciente de tudo o que já foi, é ou será, bem como de tudo o que poderia ter sido.

Em relação ao tempo, Deus é eterno. Muitas pessoas ouvem a palavra "eternidade" e imediatamente a associam ao conceito de duração infinita, porém essa é uma *meia* verdade. Sim, tudo aquilo que é eterno não tem fim, mas para isso damos o nome específico de "infinito". Podemos dizer que a eternidade de Deus se refere a algo mais amplo, envolvendo o fato de que Deus não tem fim nem *começo*. Ele, por isso, é *antes* de todas as coisas, *incriado*, pois sempre existiu. O salmista diz: "Antes que os montes nascessem e tu formasses a terra e o mundo, de eternidade a eternidade, tu és Deus" (Salmos 90:2). Similarmente, os quatro seres viventes proclamam sem descanso de dia e de noite: "Santo, santo, santo é o Senhor Deus, o Todo-Poderoso, aquele que era, que é e que há de vir" (Apocalipse 4:8).

Em relação ao espaço, Deus é imenso. Por transcender o espaço, Deus pode estar fora dele e presente em todos os pontos do espaço com todo o seu ser. Ele não está em parte em nosso país e em parte em outros países, mas preenche cada parte do espaço com todo o seu ser. Essa é outra maneira de abordar sua onipresença. Deus é imanente e está com suas criaturas o tempo todo, mas de forma alguma é limitado por ela. Assim, afirmamos que Deus transcende o tempo e possui toda a sua vida de uma só vez. Há com ele apenas um *eterno agora*, e nenhum passado ou futuro. Essa é uma verdade que nos traz imenso consolo. Nosso Deus transcende as categorias de espaço e de tempo e, por isso, pode estar presente para o nosso bem simultaneamente em todos os tempos e lugares.[31] Como Michael Horton destaca: "isso ressalta

---

[30]Berkhof, *Manual of Reformed Doctrine*, p. 63.
[31]Agostinho, *Confissões*, XI.

a liberdade de Deus *da* Criação como a própria pressuposição de sua liberdade total *para* ela".[32]

5. A imutabilidade divina

Como já afirmamos, Deus não muda. Diferente do que ensinava o filósofo Aristóteles, Deus não é um "motor imóvel", uma máquina, um ser impessoal e estático que é meramente a causa de todas as coisas se moverem. Cremos sim que Deus é a causa de todas as coisas, mas ele está envolvido pessoalmente no mundo. Como diz D. Martyn Lloyd-Jones: "A imutabilidade de Deus não é a imutabilidade de uma pedra", isto é, não tem que ver com inércia de sua parte, mas com a perfeição absoluta de seu caráter, suas perfeições e sua constância em tudo o que faz.

Deus não pode se arrepender ou errar como nós seres humanos, pois ele não pratica o mal (Tiago 1:17). Contudo, é dito frequentemente no Antigo Testamento que Deus "se arrepende" e muda a sua forma de agir em determinadas situações bem específicas (cf. Gênesis 6:5-7; 1Samuel 15:10,11,35; Jonas 3:10 etc.). Como entender isso? Podemos dizer que: (1) Deus não muda os seus planos, pois todos eles são absolutamente sábios e não podem ser frustrados (Jó 42:1); (2) Deus não muda o seu caráter, pois ele é totalmente santo e diferente dos seres humanos (Números 23:19). O que muda em Deus é a forma que ele nos trata e isso de acordo com a maneira que nós o tratamos. Se nos rebelarmos contra ele, certamente ele "mudará" o jeito de nos tratar, passará a agir com juízo e disciplina; se, ao contrário, nos arrependermos, obedecermos e entregarmos nossa vida inteiramente a ele, Deus "muda" a forma de nos tratar, nos dá sua bênção em vez de juízo. Como diz o salmista:

> Por isso, o Senhor me retribuiu segundo a minha justiça, conforme a pureza das minhas mãos, na sua presença. Para com quem é fiel, fiel te mostras; com o íntegro, também íntegro. Com o puro, puro te mostras; com o perverso, inflexível. Porque tu salvas o povo humilde, mas os olhos soberbos, tu os abates (Salmos 18:24-27).

---

[32]Horton, *Pilgrim theology*, p. 82. Tradução do autor.

Além disso, a Bíblia é um registro divino adaptado à nossa forma limitada de compreender as coisas. Quando Deus se revela a nós, ele descreve a si mesmo como revestido de membros corporais como olhos, ouvidos, mãos, pernas etc. Da mesma forma, quando Deus muda o jeito de tratar o seu povo, a Escritura descreve esse ato com a expressão "arrependimento" ou "voltar atrás", não porque ele é um ser inconsequente e precipitado que vive a cometer erros, mas porque é a forma do Deus transcendente se comunicar conosco de um jeito compreensível. Em síntese, Deus se apresenta a nós não como ele é para si mesmo, em absoluto, pois tal conhecimento seria impossível de atingirmos por sermos finitos. Antes, Deus se revela por meio de imagens, metáforas, analogias e ideias que nos remetem aos nossos próprios sentidos.

Embora Deus, em sua essência, seja movido em última instância por seus próprios planos, não há dúvidas de que o arrependimento dos pecadores agrade o seu coração. O profeta Jonas reconheceu isso, mesmo que a contragosto, em sua oração: "E orou ao SENHOR e disse: Ah! SENHOR! Não foi isso o que eu disse, estando ainda na minha terra? Por isso, me adiantei, fugindo para Társis, pois sabia que és Deus clemente, e misericordioso, e tardio em irar-se, e grande em benignidade, e que te arrependes do mal" (Jonas 4:2, ARA). O texto não diz que Deus errou ou que mudou de planos, mas, sim, que Deus alterou o trato com os ninivitas pelo fato de terem se arrependido de seus pecados.

6. A impassibilidade divina

A palavra impassível significa literalmente "aquele que não sofre" ou "não experimenta paixões." À primeira vista, essa afirmação parece ser totalmente absurda, afinal, Deus não é indiferente ao nosso sofrimento, pelo contrário, a Escritura constantemente nos informa de que Deus se importa conosco, ouve os nossos clamores e conhece o nosso sofrimento (Êxodo 3:7). Deus é amor, como vimos, ele possui emoções, mas, diferente de nós, Deus não pode ser *vencido* por elas e isso porque Deus não depende de nada e a sua vontade sozinha é suficiente para dirigir todas as suas decisões.[33]

---

[33]Vanhoozer, *First theology* (Downers Grove: InterVarsity Press, 2002), p. 88-93, 252; Horton, *The Christian faith*, p. 249

É claro que nossa dor, nosso sofrimento e nossas angústias chegam ao conhecimento de Deus, mas essas coisas não determinam como ele irá nos tratar, pois nada força Deus a fazer alguma coisa definitivamente, senão sua própria liberdade. Em última análise, o que determina as ações de Deus é a sua própria vontade, que é soberana, transcendente, sábia, bondosa e cheia de amor. Portanto, embora Deus se agrade do nosso amor e o deseje, Deus não sofre por ser rejeitado, pois ele não precisa de nós ou do amor de qualquer um de nós para ser feliz. O apóstolo Paulo deixa isso claro em seu discurso na cidade de Atenas: Deus não "é servido por mãos humanas, *como se de alguma coisa precisasse*; pois ele mesmo é quem a todos dá vida, respiração e tudo mais" (Atos 17:25).[34] Nós, em contrapartida, somos totalmente dependentes uns dos outros e, principalmente, de Deus. Dentro de nós, há uma necessidade impressionante de amar e sermos amados. Assim, os homens dependem inteiramente de Deus para serem homens, Deus não depende de absolutamente nada nem ninguém para ser Deus.

Espero que você tenha chegado à mesma conclusão que eu cheguei após deparar com a glória do ser de Deus: é hora de parar por aqui, curvar-nos e adorar esse Deus. Teologia existe para que nós tenhamos melhores condições de adorar o Todo-Poderoso. Se as nossas reflexões aqui forem úteis apenas para saciar nossas curiosidades, estaremos perdendo o nosso tempo. Pergunte a si mesmo: se Deus sabe todas as coisas e tem poder sobre todas elas, por que ficarmos ansiosos ou amedrontados diante das circunstâncias? Se Deus é imutável, simples e impassível, por que não confiarmos nele de forma mais firme? Se Deus é onipresente, por que não desfrutarmos mais de sua presença em meio aos momentos de preocupação, medo e solidão? Concordamos com o que diz Stephen R. Holmes: "A teologia ainda não começou, e Deus não é conhecido de forma alguma, a menos que o estudo da natureza e do caráter de Deus resulte em adoração sincera."[35]

---

[34]Itálicos do autor.
[35]Holmes, "God", in: Davie, et al., *New dictionary of theology*, p. 372. Tradução do autor.

REFERÊNCIAS

ALLEN, R. Michael. "Exodus 3." In: ALLEN, R. M. *Theological commentary: evangelical perspectives* (Nova York: T&T Clark, 2011). p. 25-40.

AUGUSTINUS. "De civitate Dei." In: DOMBART, B.; KALB, A., org. *Corpus Christianorum Scholars Version* (Turnhout: Brepols 2014).

_____ [AGOSTINHO]. *A cidade de Deus* (Petrópolis: Vozes, 1990).

_____ [AGOSTINHO]. *Confissões* (São Paulo: Paulus, 2002).

BERKHOF, Louis. *Manual of Reformed doctrine* (Grand Rapids: Eerdmans, 1933).

BOYD, Gregory. *God of the possible* (Grand Rapids: Baker Books, 2000).

Confissão de Fé de Westminster (São Paulo: Cultura Cristã, 2014).

ERICKSON, Millard J. *Christian Theology*. 2. ed. (Michigan: Baker Academic, 1998).

_____. *Teologia Sistemática* (São Paulo: Vida Nova, 2015).

FERREIRA, Franklin; MYATT, Alan. *Teologia sistemática* (São Paulo: Vida Nova, 2007).

GAARDER, Jostein. et al. *O livro das religiões* (São Paulo: Companhia das Letras, 2016).

HOLMES, Stephen R. "God". In: DAVIE, M., et al. *New dictionary of theology: historical and systematic*. 2. ed. (Downers Grove, IL: InterVarsity Press, 2016). p. 369-373.

HORTON, Michael. *The Christian faith: a systematic theology for pilgrims on the way* (Grand Rapids: Zondervan, 2011).

_____. *Doutrinas da fé cristã: uma teologia sistemática para os peregrinos no caminho* (São Paulo: Cultura Cristã, 2019).

KOOI, Cornelis van der; BRINK, Gijsbert van den. *Christian dogmatics: an introduction* (Grand Rapids: Eerdmans, 2017).

LLOYD-JONES, David M. *Deus o Pai, Deus o Filho* (São Paulo: PES, 1997).

ULANOV, Barry. *The prayers of St. Augustine* (Minneapolis: The Seabury Press, 1983).

VANHOOZER, Kevin. *First theology* (Downers Grove: InterVarsity Press, 2002).

_____. *Teologia primeira: Deus, Escritura e hermenêutica* (São Paulo: Shedd Publicações, 2016).

CRIAÇÃO

Fazem alarde e falam com arrogância; todos os que praticam a iniquidade se vangloriam. Esmagam o teu povo, Senhor, e oprimem a tua herança. Matam as viúvas e os estrangeiros e assassinam os órfãos. E dizem: "O Senhor não está vendo; o Deus de Jacó não faz caso disso." Prestem atenção, ó estúpidos dentre o povo; e vocês, tolos, quando se tornarão sábios? Aquele que fez o ouvido será que não ouve? Aquele que formou os olhos será que não enxerga?

— Salmos 94:4-9

Creio em Deus Pai todo-poderoso, Criador do céu e da terra.

— Credo Apostólico

Pergunte à beleza da terra, pergunte à beleza do mar, pergunte à beleza do céu; pergunte à ordem das estrelas, pergunte ao sol fazendo a luz do dia com seus raios, pergunte à lua temperando a escuridão da noite que se segue; pergunte aos seres vivos que se movem nas águas, que jazem na terra, que voam no ar, pergunte às almas que estão escondidas, aos corpos que são perceptivos, às coisas visíveis que devem ser governadas, às coisas invisíveis que governam — pergunte a todas essas coisas, e todas irão responder: "Veja só, nós somos adoráveis." A beleza delas é a sua confissão. E essas coisas amáveis, mas mutáveis, quem as fez, senão a Beleza Imutável?[1]

— Agostinho de Hipona

A doutrina cristã não é uma pilha de verdades espirituais flutuando no vácuo, mas a gramática ou o vocabulário pelo qual entendemos a história de como Deus salva pecadores. Podemos resumir o drama das Escrituras em pelo menos quatro grandes eventos: Criação, Queda, Redenção e Consumação. Como temos defendido, a boa teologia ortodoxa jamais separa doutrina de história, por isso esses quatro eventos não são apenas verdades fundamentais da fé cristã, eles compõem o retrato fiel da história universal. Por meio de tais eventos compreendemos que o mundo: (1) foi criado, originalmente, muito bom por Deus; (2) foi tragicamente corrompido pela rebelião de nossos primeiros pais; (3) começou a ser renovado pela obra de nosso Senhor Jesus Cristo; e (4) aguarda o retorno do Senhor, que julgará vivos e mortos, e, então, restaurará plenamente todas as coisas. Consequentemente, é por meio do drama redentivo em quatro episódios que nós, cristãos, entendemos e discernimos toda a realidade do mundo. Portanto, jamais podemos interpretar nenhum deles isoladamente, pois esses eventos estão sempre em íntima conexão.

Meu objetivo neste capítulo é te ajudar a perceber o evento da Criação dos céus e da terra como o primeiro episódio desse drama de salvação. É difícil colocar em palavras como a doutrina da Criação é essencial para a ortodoxia cristã. Sem o episódio da Criação, toda a história da narrativa bíblica deixa de existir e perde completamente o sentido. Por exemplo, sem a crença em uma Criação feita originalmente boa pelo Deus triúno, não faz sentido algum falarmos em Queda, Redenção e Consumação. Só faz sentido afirmarmos a corrupção do ser humano se tivermos noções mínimas de sua integridade original. Similarmente, se algo existe para ser restaurado pelo Senhor Jesus Cristo, precisamos ter um retrato de como era o projeto original a ser recuperado. Além

---

[1]Agostinho, *Sermo* 241.ii.2, in: Ulanov, *The prayers of St. Augustine* (Minneapolis: The Seabury Press, 1983), p. 35. Tradução do autor.

disso, o Novo Testamento fala dos futuros novos céus e nova terra que o Pai, o Filho e o Espírito Santo prometeram fazer para habitarem conosco eternamente. A menos que tenhamos uma perspectiva clara da velha criação, não poderemos discernir em qual sentido a nova criação é diferente da antiga.

Em outras palavras, precisamos compreender a doutrina da Criação à luz de todo o drama da redenção. Teremos uma noção mais nítida dessa pintura quando chegarmos ao capítulo 8. Por hora, iniciaremos nossa jornada em busca das origens. O trajeto a ser percorrido será o seguinte. Em primeiro lugar, voltaremos nossos olhos para a revelação divina registrada em Gênesis 1 e 2 — à luz de todo o cânon — para entendermos melhor as conexões e distinções entre a Criação e o Criador. Em seguida, focalizaremos nossa reflexão em uma das partes da Criação divina, a saber, o ser humano. Eu me darei por satisfeito se, ao final do percurso, eu conseguir contribuir para fazê-lo apreender um pouco mais sobre a natureza humana, seus propósitos originais, como saber disso é de suma importância para a nossa vida ordinária e, em última análise, como a doutrina da Criação pavimenta o caminho para a nossa redenção em Cristo.

A CRIAÇÃO E O DEUS TRIÚNO

Dentre as perguntas mais comuns que nós fazemos em algum momento da vida, certamente estas estão inclusas: "Afinal, como tudo começou?"; "De onde viemos?"; "Para onde estamos indo?"; "Quem é o ser humano?"; "Qual é o meu propósito?"; "Qual é o sentido da vida?"; "Se há alguém por de trás do universo, quem seria?" Muitas propostas têm sido oferecidas para responder a essas perguntas, quer pelas ciências naturais, quer pela filosofia e pela teologia. A despeito dos grandes avanços da biologia, da física, da química e de tantas outras ciências, a sensação é que ainda estamos na superfície de um vastíssimo oceano e, portanto, a palavra "mistério" permanece uma resposta perfeitamente adequada às perguntas acima. Assim como existem debates intermináveis entre cientistas a respeito de como o universo teria emergido, muitos teólogos não concordam entre si acerca dos pormenores do texto principal sobre a origem do mundo, a saber, Gênesis 1 e 2.

Não é minha intenção aqui entrar em debates envolvendo a idade da terra, a existência de dinossauros ou as descobertas da teoria evolucionária e suas implicações para a doutrina cristã. Essas discussões não devem ser desconsideradas pelos cristãos de forma alguma, mas não se encaixam em meu propósito específico.[2] Minha intenção é seguir o conselho de Francis Schaeffer e me debruçar na investigação a respeito das verdades mínimas e inegociáveis que a Escritura apresenta sobre as origens do mundo e da humanidade. A pergunta que irá nortear este capítulo é a seguinte: Qual é o mínimo que Gênesis 1 e 2 estão dizendo para que o restante da Bíblia faça sentido?[3] O que esses dois capítulos nos ensinam sobre Deus, sobre a própria Criação e, mais detalhadamente, sobre nós, seres humanos? Uma leitura apropriada do texto nos levará a concluir que a intenção original do autor bíblico não era apresentar um tratado científico sobre as origens da vida de forma exaustiva, muito menos oferecer um contraponto à Charles Darwin. De forma bem peculiar, os dois capítulos de Gênesis narram — de maneira contundente para os leitores da época — quem criou o mundo, quem é o ser humano e qual é o propósito para todas essas coisas existirem.[4]

1. A Criação como obra da Trindade

O que estamos dizendo ao afirmar que Deus é o Criador de todas as coisas? Pelo menos quatro declarações devem informar nossa resposta. Em primeiro lugar, estamos dizendo que a Criação é uma obra da Trindade. A doutrina da Criação é primordialmente a doutrina do Criador. Tudo o mais que dizemos para definir sua obra deriva daquilo que é dito de seu ser. Diferentemente de outras visões rivais do cristianismo

---

[2]Para um estudo sobre as diferentes versões de criacionismo à luz das recentes descobertas científicas, veja: Stump, org., *A origem* (Rio de Janeiro: Thomas Nelson Brasil, 2019).

[3]Schaeffer, *Gênesis no espaço-tempo* (Brasília: Monergismo, 2016).

[4]Escritos a respeito de como o mundo teria surgido já existiam antes de Gênesis. O mais famoso é conhecido como *Enuma Elish* e pertence aos povos que habitavam na Mesopotâmia (sumérios). Uma discussão frutífera sobre as relações entre Gênesis e os demais relatos criacionais pode ser encontrada em Longman III, *Como ler Gênesis?* (São Paulo: Vida Nova, 2005), p. 81-92.

que não fazem distinção entre Criação e Criador — o panteísmo, principalmente —, nós proclamamos que o Deus Pai, Filho e Espírito Santo é o responsável pela origem do mundo. Isto é, o universo é *obra* das mãos de Deus (Salmos 102:25). Como diz Herman Bavinck: "afirmar a distinção entre o Criador e a sua Criação é o ponto inicial da verdadeira religião."[5] Deus não é o mundo nem o mundo é Deus. O mundo existe tão somente pela iniciativa e preservação do Deus triúno. Não é o Criador que depende de suas criaturas, mas as criaturas que dependem totalmente do Criador. A primeira afirmação da Bíblia é esta: "No princípio Deus criou os céus e a terra" (Gênesis 1:1). Portanto, a origem e a causa de todas as coisas existentes é Deus; todas as coisas existentes são resultado da iniciativa divina.

A doutrina da Criação como obra do Deus triúno não pode ser aprendida por outra fonte senão a *Escritura* e não pode ser recebida de outra forma senão pela *fé*. Como diz o autor de Hebreus: "Pela fé, entendemos que o universo foi formado pela palavra de Deus, de maneira que o visível veio a existir das coisas que não são visíveis" (Hebreus 11:3). E ele continua: "De fato, sem fé é impossível agradar a Deus, porque é necessário que aquele que se aproxima de Deus creia que ele existe" (Hebreus 11:6).

Que diferença faz falarmos do Criador como o "Deus triúno"? É comum pensarmos no Pai como Criador de todas as coisas, no Filho como responsável pela redenção e no Espírito Santo como aquele que aplica a obra de salvação aos cristãos. No entanto, como dissemos no capítulo sobre a Trindade, as obras de Deus são indivisíveis. Por isso, a Escritura atribui a obra da Criação às três pessoas da Trindade, sendo o Pai a fonte, o Filho o mediador, e o Espírito a pessoa que produz na Criação o efeito designado por ambos. Ao refletirmos sobre a Criação, portanto, precisamos manter em perspectiva a unidade e a diversidade da Criação, assim como entendemos a unidade divina em três pessoas. Bavinck capturou bem essa relação:

As obras externas de Deus são indivisíveis, embora seja apropriado distinguir uma economia de tarefas na divindade. A iniciativa

---

[5]Bavinck, *Reformed dogmatics* (Grand Rapids: Baker, 2008), vol. 2, p. 250.

da Criação procede do Pai; no sentido administrativo, a Criação é especificamente atribuída a ele. O Filho não é um instrumento, mas a Sabedoria pessoal, o Logos, por meio de quem tudo é criado [...] O Espírito Santo é a causa imanente pessoal pela qual todas as coisas vivem, se movem e existem, recebem sua própria forma e configuração, e são conduzidas ao seu destino, em Deus [...] Portanto, assim como Deus é um em essência e distinto em pessoas, também a obra da Criação é una e indivisível, mas de tal modo que, em sua unidade, ainda é rica em diversidade.[6]

O padrão que recebemos da Escritura é o seguinte: o Pai dá uma ordem e a Criação passa a existir, e todo o processo criativo de Deus é realizado pela mediação do Filho, pelo poder do Espírito. Por exemplo, a Escritura diz: "Então *Deus disse*: 'Haja luz! E *houve* luz'" (Gênesis 1:3).[7] Vemos aqui um comando paterno, a Palavra falada do Filho e o efeito desejado por ambos na geração da vida que acontece pelo movimento do Espírito (Gênesis 1:2). Outros textos da Escritura confirmam esse padrão trinitário para a Criação: (a) Pai: "Pois ele falou, e tudo se fez; ele ordenou, e tudo passou a existir" (Salmos 33:9); (b) Filho: "Todas as coisas foram feitas por ele, e, sem ele, nada do que foi feito se fez" (João 1:3); (c) Espírito Santo: "Envias o teu Espírito, eles são criados, e assim renovas a face da terra" (Salmos 104:30).

O mundo criado é fruto da iniciativa do Deus que existe em três pessoas, um projeto do Deus que é uma comunidade trinitária. A Criação foi ordenada pelo Pai, por meio da Palavra do Filho, e trazida à existência pelo Espírito. Portanto, estamos falando da Criação como resultado não de uma "força superior", de uma "energia que permeia tudo" ou do "motor imóvel" de Aristóteles, mas da vontade livre do Deus relacional e amoroso: Pai, Filho e Espírito Santo.

2. A Criação como livre iniciativa de Deus

Em segundo lugar, o fato de a Criação ser obra do Deus triúno possui diversas implicações para a maneira que entendemos as distinções entre

---

[6]Ibidem, vol. 2, p. 255.
[7]Itálicos do autor.

Deus e a Criação. A principal delas tem que ver com o motivo pelo qual Deus criou todas as coisas. Afinal, por que Deus decidiu criar o mundo? Na tradição cristã, nós costumamos dizer que o ato de criar céus e terra não foi uma *necessidade* da parte de Deus, mas fruto da sua *livre e generosa vontade*. Duas palavras nos ajudam em nosso vocabulário teológico para expressar essa verdade: *suficiência* e *liberdade*.[8]

Como um ser absolutamente suficiente e livre, Deus não precisa criar nada. O Senhor é o único ser que existe por necessidade, enquanto todas as demais coisas podem ser colocadas na categoria das contingências da vida, isto é, as coisas que não são necessárias para a vida ou que podem ou não virem a existir. Isso significa que Deus é suficiente para si mesmo e não precisa de mais nada para se sentir realizado, completo ou satisfeito. Em outras palavras, Deus não precisa de nós para continuar a ser Deus, ele não depende de nós para ser mais alegre ou menos alegre. Como diz o salmista: "Antes que os montes nascessem e tu formasses a terra e o mundo, de eternidade a eternidade, tu és Deus" (Salmos 90:2).

Por ser plenamente realizado em si próprio e, consequentemente, não ser forçado a criar absolutamente nada para aumentar ou aperfeiçoar algo em si mesmo, dizemos que a Criação é um ato de *pura liberdade* do Pai, do Filho e do Espírito Santo. Ele criou tudo o que existe para o louvor da sua própria glória e não para se sentir amado. Deus não criou o mundo porque se sentia sozinho, afinal ele é o Deus triúno. Deus simplesmente quis que existíssemos e que compartilhássemos com ele a alegria da existência. O ato de criar nada mais é que o transbordamento amoroso da pura liberdade de Deus; um amor infinito que doa sem precisar de nada em troca. Nas palavras de John Webster: "Como Criador, Deus não cessa de estar perfeitamente vivo e ativo sem a criatura; ele permanece supremamente ele mesmo à parte do que ele fez. O começo do céu e da terra não é começo para Deus. A doutrina

---

[8]Cf. Horton, *Pilgrim theology* (Grand Rapids: Zondervan, 2011), p. 107-10; Berkhof, *Manual of Reformed doctrine* (Grand Rapids: Eerdmans, 1933), p. 95-8; Kooi; Brink, *Christian dogmatics* (Grand Rapids: Eerdmans, 2017), p. 205-11; Webster, "Creation out of nothing", in: Allen; Swain, *Christian dogmatics* (Grand Rapids: Baker, 2016), p. 137-47.

da Criação flui da perfeição infinita de Deus".[9] Webster resume os conceitos de suficiência e liberdade divinas de forma magnífica:

> [A] Criação é uma obra do amor livre e da bondade ilimitada de Deus. Supremamente, é claro, Deus ama a si mesmo em deleite mútuo em consideração das três pessoas nas quais está toda a sua satisfação. Mas seu amor também é conhecido na generosidade [...] Deus não faz isso para compensar alguma deficiência em sua bem-aventurança, pois a Criação não o realça ou o satisfaz. Deus cria não para se tornar completo, mas porque ele já é íntegro e totalmente livre para criar sem perdas. Como Pai, Filho e Espírito, ele é infinito, sem qualquer necessidade de reter sua identidade [...] Precisamente por ser incriado, Deus é criativo. Possuindo bem-aventurança ilimitada, Deus não possui seu ser em competição, reservando o ser e o viver para si mesmo [...] Deus está além da inveja e nenhuma outra realidade pode aumentar ou diminuir sua perfeição. Como aquele que tem vida em si mesmo, ele pode dar vida ao mundo, e pode ser infinitamente generoso sem se esgotar.[10]

Várias implicações fluem da verdade de que Deus criou o mundo movido por sua livre e amorosa vontade. As afirmações a seguir são uma tentativa de sistematizar o consenso da fé cristã a respeito dos principais contornos da doutrina da Criação.[11]

a) *A Criação é contingente.* O mundo *poderia* não ter existido se Deus não tivesse criado tudo o que existe. Os cristãos primitivos negaram com razão a teoria neoplatônica de que o mundo seria tão somente uma emanação do ser de Deus. Nessa visão, o mundo surge como uma extensão necessária do ser divino: como se o Senhor fosse uma "fonte" com cascatas de água ou uma "luz puríssima" emanando seus raios em graus decrescentes. Nessa abordagem, nunca houve um tempo em que o cosmo não existia. Aristóteles, por exemplo, desenvolveu a teoria da Criação eterna, que sempre existiu e sempre existirá.

---

[9] Webster, "Creation out of nothing", in: Allen; Swain, *Christian dogmatics*, p. 138.
[10] Ibidem, p. 138.
[11] Cf. Kooi; Brink, *Christian dogmatics*, p. 206-11.

Dessa perspectiva, a Criação é tão necessária quanto o divino — participa no ser divino —, dissolvendo consequentemente a distinção entre Criador e criatura. De modo oposto, como veremos na próxima seção, a noção de *Criação a partir do nada pela Palavra* destaca a absoluta liberdade e independência de Deus em seu ato criativo.

b) As coisas criadas dependem do Criador. O autor de Hebreus deixa claro que não podemos separar a doutrina da Criação da doutrina da providência, pois o mesmo Deus que cria todas as coisas por sua Palavra é o Senhor que sustenta "todas as coisas pela sua palavra poderosa" (Hebreus 1:3). Na narrativa de Gênesis, lemos: "Então o SENHOR Deus formou o homem do pó da terra e lhe *soprou* nas narinas o fôlego de vida, e o homem *se tornou* um ser vivente" (Gênesis 2:7). Jó confirma essa noção de total dependência das criaturas pelo Criador, dizendo: "O Espírito de Deus me fez, e o *sopro* do Todo-Poderoso me dá vida" (Jó 33:4; cf. Jó 27:3). O salmista nos ensina que Deus "manda a sua palavra e o gelo se derrete; faz *soprar* o vento, e as águas correm" (Salmos 147:18). Em outras palavras, é pelo fato de Deus sustentar tudo o que existe pelo sopro da sua voz que o mundo continua existindo.

c) Deus é eterno, mas sua Criação é temporal. Quando a Escritura diz que, "no princípio", Deus criou os céus e a terra, ela se refere não apenas à origem das coisas temporais, mas até mesmo ao início do próprio tempo. Não seria correto supor que o tempo já existia quando Deus criou o mundo e que o Senhor teria trazido o mundo à existência em determinado ponto daquele tempo. A tradição cristã tem seguido a sugestão de Agostinho de que o mundo foi criado *com* o tempo, e não *no* tempo. Antes do "princípio" mencionado em Gênesis 1:1, está uma eternidade sem começo. Deus não é apenas mais longevo que toda a Criação, mas transcende o próprio fluxo do tempo.[12]

d) A realidade criada não é divina e, portanto, possui importância penúltima. A distinção entre Criador e criatura deve também nos ajudar a apreciar as coisas boas da Criação com sabedoria. Embora devamos desfrutar das coisas que Deus nos deu na Criação, nós aproveitamos o mundo enquanto permanecemos desapegados dele. Isso significa que

---

[12]Agostinho, *A cidade de Deus*, 11.6.

amamos o mundo como criação de Deus, mas também estamos prontos a odiá-lo à medida que os nossos olhos se fixarem mais na Criação do que no Criador. Os puritanos, por exemplo, desenvolveram uma noção paradoxal de que os cristãos devem apreciar o mundo com *afeições desmamadas*. Increase Mather aconselhava os cristãos a usufruírem das coisas do mundo, "mas não se apegarem a elas, se *desmamarem* delas, como se [...] as tivessem utilizado, mas ao mesmo tempo se abstido".[13]

e) Há uma diferença ontológica entre Criador e criatura. Como já mencionamos, o Criador é eterno e não tem outra fonte de vida além de si mesmo (asseidade divina). Todas as criaturas, em contraste, existem tão somente por causa de Deus. Portanto, a partir de uma perspectiva ontológica, "Deus e os seres humanos não estão no mesmo barco. Diferente de nós, Deus não é sujeito ao tempo e às coincidências, e ele não é uma vítima de tudo o que possa acontecer [...] Só Deus é divino e santo; o mundo não é divino nem sagrado, mas temporal."[14]

f) A Criação é uma obra intencional, pois é parte do plano redentivo de Deus. A Criação veio a existir porque Deus tinha um propósito específico para ela. O fato de a Criação não ser necessária também não significa que foi um ato puramente arbitrário da parte do Senhor. Não somos um pensamento repentino de Deus, um capricho divino, mas fomos conscientemente intencionados por Deus com um objetivo claro em mente. Como diz o apóstolo Paulo: "Porque *dele*, e *por meio dele*, e *para ele* são todas as coisas. A ele seja a glória para sempre. Amém!" (Romanos 11:36). Em outras palavras, a *origem* da Criação é divina, o *mecanismo* pelo qual ela foi trazida à existência é divino e seu *propósito* final é divino. A Criação é um verdadeiro espetáculo da glória de Deus! É um movimento *exitus et reditus*, ou seja, *sai* de Deus e *retorna* para Deus. Como diz Bavinck: "A Criação procede do Pai, por meio do Filho, no Espírito, para que, no Espírito e por meio do Filho, volte ao Pai."[15]

---

[13]Confira meu artigo "Do envolvimento cristão com as tecnologias digitais: uma perspectiva reformada." *Fides Reformata* 24, 2 (2019): 27-49.
[14]Kooi; Brink, *Christian dogmatics*, p. 208.
[15]Bavinck, *Reformed dogmatics*, vol. 2, p. 256.

No entanto, como você pode perceber nas primeiras páginas da Bíblia, esse objetivo não foi realizado imediatamente. Isto é, o drama não termina na Criação, mas tem a sua abertura nela. Uma leitura cuidadosa de Gênesis 1 e 2 nos levará a perceber que, desde o início, a Criação tem uma orientação escatológica; é uma Criação que aponta para algo maior e mais sublime, como uma sombra que apenas nos dá indícios da realidade mais nítida. Esse objetivo é simbolizado pelo sábado, o sétimo dia como um dia de descanso, no qual a obra da Criação de Deus culmina: "E, havendo Deus terminado no sétimo dia a sua obra, que tinha feito, descansou nesse dia de toda a obra que tinha feito. E Deus abençoou o sétimo dia e o santificou; porque nele descansou de toda a obra que, como Criador, tinha feito" (Gênesis 2:2,3).

Por que o narrador bíblico diz que Deus descansou? Não devemos imaginar que Deus esteja dizendo: "Puxa, como estou cansado. É hora de tirar uma soneca!" Definitivamente não. Embora o texto declare que o Senhor tenha terminado a obra de criar o universo, outros lugares da Escritura deixam claro que o nosso Deus nunca dorme, se cansa ou para de trabalhar (cf. Salmos 121:3,4; João 5.17). O verbo hebraico para descanso em Gênesis 2:2,3 é *sabbath* e nos remete ao que faz um artista após perceber que sua pintura ficou magnífica: "*Voilà*". Similarmente, Deus sentiu-se satisfeito com o que havia criado e celebrou: "muito bom!"[16] Isso nada tem que ver com "um dia de folga" ou mera ociosidade. Deus cessou seu trabalho como Criador para *celebrar* a sua obra de Criação (cf. Gênesis 1:31; Êxodo 31:17; Salmos 104:31). Mais adiante, nos Dez Mandamentos (Êxodo 20:1-17 e Deuteronômio 5:1-21), aprendemos que Deus exige o mesmo de nós: que tiremos um dia da semana para cessar nossas atividades ordinárias, celebrá-las, e, sobretudo, adorarmos ao Deus que nos dá o verdadeiro descanso para a alma.

Portanto, o fato de a Criação terminar no descanso divino não é mero artifício literário, mas o propósito escatológico de Deus para com o mundo criado: Deus quer que participemos do seu descanso. A princípio, aqui em Gênesis 1 e 2, esse descanso parece se estender apenas às

---

[16]Cf. Agostinho, *A cidade de Deus*, XI, 8; XII, 17; Tomás de Aquino, *Summa theologiae*, I.q.73; Bavinck, *Reformed dogmatics*, vol. 2, p. 301.

atividades do corpo, contudo, se continuarmos lendo a Escritura, perceberemos que a teologia do *sabbath* aponta para um descanso muito mais sublime e completo. O autor de Hebreus, por exemplo, nos diz que Jesus Cristo é aquele que nos dá o *sabbath* que nem Moisés nem Josué puderam fornecer ao povo israelita. Sob Moisés, o povo de Deus foi desobediente e falhou em entrar no descanso de Deus (Hebreus 3:18). Josué também não pôde dar ao povo israelita o verdadeiro *sabbath*, pois, por meio de Davi, Deus falou sobre o descanso que ele daria em outro dia no futuro (Hebreus 4:7). "Nós, porém, que cremos, entramos no descanso" (Hebreus 4:3). Aqueles que creem no Senhor Jesus Cristo já encontraram o descanso para sua alma (Mateus 11:25-30). Cristo é a imagem real para a qual o sétimo dia de Gênesis 2:3, apenas como uma sombra, apontava. O Novo Testamento diz que o Senhor Jesus é "Senhor do sábado" (Lucas 6:15). Quando um pecador se une a Cristo pela fé, dizemos que ele entrou no descanso do Senhor, isto é, recebeu vida eterna e agora participa do *sabbath* do Criador.

No entanto, como diz o autor de Hebreus, ainda resta um repouso sabático para o povo de Deus (Hebreus 4:9). Que tipo de descanso é esse? É um *sabbath* eterno e definitivo na presença de Deus. Como explica Agostinho ao término de *A cidade de Deus*:

> ... o sétimo dia será o nosso *sabbath*, cujo fim não será um entardecer, mas o Dia do Senhor, como um oitavo dia, eterno, consagrado pela ressurreição de Cristo e que prefigura o descanso eterno não só do espírito, mas também do corpo. Lá devemos descansar e ver, ver e amar, amar e louvar. Eis o que será, no fim para o qual não haverá fim! Para que outro fim nos propomos a nós mesmos senão alcançar aquele reino que não terá fim?[17]

g) Como dádiva de Deus, a Criação reflete a bondade e a sabedoria de Deus. O fato de coisas ruins acontecerem com o mundo após a Queda não nega seu bom começo. Deus não criou o mundo decadente, pois, como um ato livre e amoroso do Deus triúno, a Criação refletia — e continua refletindo em certo sentido — a bondade do seu Criador.

---

[17]Augustinus, *De civitate* Dei, XXII.30. Tradução do autor.

Como um presente geralmente reflete algo sobre o doador, a obra da Criação nos ajuda a descobrir não apenas o poder de Deus, mas também a sua bondade, seu amor e sua sabedoria em nos conceder existência gratuitamente. Como diz o profeta Jeremias: "O Senhor fez a terra pelo seu poder. Com a sua sabedoria, estabeleceu o mundo; e, com a sua inteligência, estendeu os céus" (Jeremias 10:12).

3. A Criação feita a partir do nada pela Palavra divina

Em terceiro lugar, a ortodoxia cristã também afirma que Deus criou tudo o que existe não com base em matéria preexistente, mas a partir do nada. A expressão latina *Creatio ex nihilo* (Criação a partir do nada) é uma concepção empregada pela primeira vez pelos apologistas cristãos do segundo século em suas disputas contra os pagãos, particularmente na tentativa de explicar a existência eterna do Criador contra as noções de matéria eterna defendidas pelos gregos.[18] O objetivo dos apologistas era tornar mais explícita a distinção entre Criador e criatura abraçada pela tradição judaico-cristã. Como comenta Webster: "A noção de Criação do nada serviu para explicitar as implicações ontológicas da distinção entre o eterno Criador e as criaturas contingentes e temporais que são objetos de seu olhar salvífico, resistindo às ideias do Criador como aquele que apenas deu forma à matéria presente, e, desse modo, acentuando a capacidade ilimitada e a liberdade de Deus".[19]

A expressão "criar a partir do nada" não está registrada em nenhum lugar na Escritura, mas ocorre em 2Macabeus 7:28, descrevendo o Senhor como Criador de céus e terra e todas as demais coisas a partir do nada. No entanto, o ensino geral sobre a Criação *ex nihilo* é claríssimo na Escritura. Como escreveu Bavinck: "Elohim não é apresentado

---

[18]Cf. "O pastor de Hermas", 1.1, in: QUINTA, Manoel, org., *Padres apostólicos* (São Paulo: Paulus, 2014); "Teófilo de Antioquia", II.4, in: QUINTA, Manoel, org., *Padres apologistas* (São Paulo: Paulus, 2014); Tertullian, *The prescription against heretics* (Oxford, 1722), 13; Irineu de Lyon, *Adversus haereses*, II.10. Uma das melhores obras sobre o tema permanece sendo: May, *"Creatio ex nihilo: the doctrine of 'creation out of nothing'"*, in: *Early Christian thought* (Edinburgh: T&T Clark, 1994). Veja também Bavinck, *Reformed dogmatics*, vol. 2, p. 250-6.

[19]Webster, "Creation out of nothing", p. 129-30.

em Gênesis 1 como um escultor cósmico que usa material preexistente para produzir uma obra de arte, mas como aquele que pelo mero falar, ao proferir uma palavra de autoridade, chama todas as coisas à existência."[20] Portanto, os cristãos rejeitam a ideia de que o mundo sempre existiu ao afirmarem que o universo tem sua causa apenas em Deus, isto é, *a existência* das coisas criadas não vem das coisas, *ela é dádiva* daquele que sozinho é eterno e imperecível.

Como já destacamos, Deus traz a sua Criação à existência por meio de sua palavra poderosa. Deus fala e aquilo que não era passa a existir: "Disse Deus [...] e houve [...] disse Deus [...] e assim se fez..." Esse é um padrão que se repete ao longo do capítulo 1 de Gênesis e permanece reverberando em outros lugares na Escritura. O salmista canta: "Louvem o nome do Senhor, pois ele deu uma ordem, e foram criados" (Salmos 148:5). Talvez o texto mais claro tenha sido escrito pelo autor de Hebreus: "Pela fé, entendemos que o universo foi formado pela palavra de Deus, de maneira que o visível veio a existir das coisas que não são visíveis" (Hebreus 11:3). Em todos os casos, notamos a total liberdade, suficiência e independência de Deus em relação às coisas criadas, enquanto estas últimas dependem absolutamente do Criador, e mais ninguém, para possuírem sua própria existência. Tomás de Aquino sistematizou essa ideia ao dizer que Deus é *ens per essentiam* (ser por essência) — um ser autossuficiente e necessário em si mesmo; ao passo que a Criação é *ens per participationem* (ser por participação) — entes que existem por pura participação e dependência da vida que é gerada por Deus.[21] Como reconheceu Jó: "enquanto eu puder respirar e o sopro de Deus estiver nas minhas narinas, nunca os meus lábios falarão injustiça, nem a minha língua pronunciará engano" (Jó 27:3,4).

4. A Criação e a providência de Deus

Em quarto lugar, ao afirmarmos que Deus é o Criador de todas as coisas, somos naturalmente levados pela sabedoria bíblica a confessar a

---

[20]Bavinck, *Reformed dogmatics*, vol. 2, p. 253.
[21]Tomás de Aquino, *Summa theologiae*, I.q.45.a.1

doutrina da providência divina.[22] O Deus que cria todas as coisas pela sua Palavra é o mesmo que sustenta o universo pela mesma Palavra (Hebreus 1:1-3). Embora a obra de Deus como Criador e a sua obra como sustentador de todas as coisas sejam dois elementos distintos, ambas são tratadas pela Escritura em conexão tão íntima que, às vezes, aparecem como sinônimas. O salmista diz: "Envias o teu Espírito, eles são criados, e assim renovas a face da terra" (Salmos 104:30; cf. Isaías 45:7; Amós 4:13). A grande diferença entre as duas é que a Criação é uma obra divina *a partir do nada*, enquanto a providência é a preservação e o governo divino das coisas que já foram criadas.

Assim como a Criação reflete de forma magnífica os atributos do Deus triúno, o mesmo pode ser dito da sua providência sobre as coisas criadas. Cremos que este mundo é governado e preservado pelo Pai, Filho e Espírito Santo e, portanto, estamos nas mãos do Deus que é perfeitamente inteligente, soberano e bom. Uma leitura atenta do primeiro capítulo de Gênesis já deixa algumas noções básicas sobre a providência divina bem claras. Por exemplo, o narrador bíblico dividiu o relato da Criação em sete dias, organizando toda a Criação em paralelos que se complementam (1 e 4; 2 e 5; 3 e 6). Isso significa que Deus criou os diversos tipos de *habitat* e depois os *habitantes*. Veja o gráfico abaixo:

Dia 1	Dia 2	Dia 3
Dia e noite, v. 3-5	Céu e água, v. 6-8	Terra, v. 9,10
Dia 4	Dia 5	Dia 6
Sol, lua e estrelas, v. 14-19	Aves e peixes, v. 20-23	Animais e humanos, v. 24-27

Por meio dessa estrutura paralela, o autor bíblico parece estar interessado em nos ensinar sobre a *ordem* e os *propósitos* do mundo material criado por Deus. É um mundo onde as coisas fazem sentido e as peças se encaixam. Deus criou o sol, a lua e as estrelas para o dia e para a noite; as aves e os animais marinhos para habitarem o céu e os mares; os animais terrestres e os seres humanos para povoarem a terra. Temos um refrão repetido sete

---

[22]Para um resumo da doutrina, veja: Berkhof, *Manual of Reformed doctrine*, p. 111-7.

vezes: "e Deus viu que isso era bom" (Gênesis 1:4,10,12,18,21,25,31); dez repetições de: "Deus disse" (Gênesis 1:3,6,9,11,14,20,24,26,28,29); três aparições de: "Haja" (Gênesis 1:3,6,14); bem como ouvimos seis vezes: "e assim aconteceu" (Gênesis 1:7,9,11,15,24,30); e seis vezes: "houve tarde e manhã" (Gênesis 1:5,8,13,19,23,31).

Obviamente, a narrativa de Gênesis não é a forma como alguém escreveria a respeito da origem do mundo em nossa época marcada pelas descobertas das ciências naturais. Gênesis 1 e 2, portanto, não devem ser lidos como um livro-texto de ciências ou a partir do pressuposto de que os autores bíblicos possuíam um conhecimento enciclopédico das ciências naturais como são concebidas atualmente. No entanto, isso não significa que o relato da Criação deva ser encarado como uma descrição mitológica ou arquetípica da realidade. Longe disso, a tradição cristã tem se pronunciado em uníssono reiterando que o relato criacional de Gênesis é um retrato *histórico* da realidade, embora tenha sido construído no contexto do Antigo Oriente Próximo e faça uso de muitos elementos comuns às narrativas ficcionais dos povos vizinhos de Israel.[23] Craig Bartholomew e Michael Goheen resumem bem a questão:

> Os primeiros capítulos de Gênesis, contando a história da Criação, foram escritos para os israelitas há muito tempo atrás, em uma cultura bem diferente da nossa. Embora alguns aspectos das histórias da Criação em Gênesis 1 e 2 possam parecer estranhos para nós, precisamos nos lembrar que eles fizeram todo o sentido para o povo de Israel quando os ouviu pela primeira vez. Isso ocorre porque o escritor está usando imagens e conceitos familiares ao seu próprio público [...] As histórias da Criação de Gênesis são argumentativas. Elas afirmam dizer a verdade sobre o mundo, contradizendo categoricamente outras histórias comuns no mundo antigo. Israel foi constantemente tentado a adotar essas outras histórias como base de sua visão de mundo, em vez da fé no Senhor Deus, que criou os

---

[23]Para um resumo das principais similaridades e diferenças entre a Criação bíblica e as demais cosmogonias da antiguidade, veja: Longman III, *Como ler Gênesis?*, p. 81-92.

céus e a terra [...] Nesses capítulos, é contada a história da Criação, mas não para satisfazer nossa curiosidade do século 21 a respeito dos detalhes de *como* Deus fez o mundo [...] A história de Gênesis, porém, é dada para que possamos ter um verdadeiro entendimento do mundo em que vivemos, de seu autor divino e de nosso próprio lugar nele.[24]

A narrativa de Gênesis 1 retrata a Criação divina como uma orquestra sinfônica onde todos os instrumentos tocam em perfeita harmonia. Tudo tem seu lugar, sua hora, seu padrão de funcionamento, seu governo estabelecido, suas similaridades e diferenças. Deus é um magnífico artista trabalhando![25] O autor de Hebreus diz que o Senhor é, de fato, o supremo arquiteto e construtor (Hebreus 11:10).

Não devemos pensar, entretanto, que o mundo foi criado como um relógio puramente mecânico, com leis fixas, o qual não necessita da presença de seu Criador. A Escritura nos ensina que Deus está presente e ativo como preservador e governador em todos os eventos da vida criada. Deus *cuida* de todas as suas criaturas, *vê* todas elas, *determina* os limites de sua habitação, *move* o coração de todos, *dirige* os passos de todos e *lida* com as hostes do céu e com os habitantes da terra de acordo com sua vontade. Toda a Criação está nas mãos do Criador como o barro nas mãos do oleiro (cf. Isaías 29:16; 45:9; Jeremias 18:5; Romanos 9:20,21).[26] Portanto, as leis do universo não devem sugerir que Deus seja uma "força superior" ou meramente um "Grande Arquiteto", mas, sim, o Deus pessoal que fez uma aliança com a sua Criação dizendo que: "Enquanto durar a terra, não deixará de haver semeadura e colheita, frio e calor, verão e inverno, dia e noite" (Gênesis 8:22).

A Escritura também salienta que as ações divinas no mundo acontecem por meios diretos e indiretos — ou imediatos e mediados.[27]

---

[24]Bartholomew; Goheen, *The drama of Scripture* (Grand Rapids: Baker, 2004), p. 30-2.

[25]Longman III, *Como ler Gênesis?*, p. 125.

[26]Cf. Bavinck, *Reformed dogmatics*, vol. 2, p. 301.

[27]Os teólogos fazem uma distinção entre *providentia ordinaria* e *providentia extraordinaria*. No primeiro caso, Deus atua por meio de causas secundárias em estrita conformidade com as leis da natureza, embora possa variar os resultados

A obra da Criação, por exemplo, é uma *creatio ex nihilo* onde não há participação ou uso de meios que estejam fora do ser divino. Deus cria tudo o que existe, direta ou imediatamente, por sua exclusiva, livre e amorosa vontade. Em contrapartida, Deus também pode produzir vida indiretamente, utilizando a própria Criação como mediação. O narrador bíblico relata: "E Deus disse: 'Que *a terra produza relva*, ervas que deem semente e árvores frutíferas que deem fruto segundo a sua espécie, cuja semente esteja no fruto sobre a terra.' E *assim aconteceu*" (Gênesis 1:11). O texto continua: "E *a terra produziu relva*, ervas que davam semente segundo a sua espécie e árvores que davam fruto, cuja semente estava nele, conforme a sua espécie. E Deus viu que isso era bom" (Gênesis 1:12).[28] Similarmente, Deus cria novos seres humanos pela mediação de homem e mulher: "E Deus os abençoou e lhes disse: 'Sejam fecundos, multipliquem-se, encham a terra e sujeitem-na'" (Gênesis 1:28).

Portanto, a Escritura não vê dificuldades em atribuir a mesma ação ou evento a Deus e às criaturas. Os teólogos cristãos chamam isso de *concursus*, isto é, o concurso, a afluência ou a cooperação entre a ação divina e a agência das criaturas. Assim, por meio das mãos humanas, Deus mantém as suas próprias mãos sobre a Criação, preservando e governando todas as coisas. Em seu comentário de Gênesis, Lutero afirma que "Deus ordenha as vacas por meio de homens que foram chamados para esse ofício."[29] Para Lutero, ao usar os homens como suas próprias "mãos", Deus oferece suas dádivas ao mundo por meio das vocações terrenas: comida por meio de fazendeiros, pescadores e caçadores; paz externa por meio de príncipes, juízes e poderes organizados; conhecimento e educação por meio de professores e pais. Enquanto oramos pela manhã: "o pão nosso de cada dia nos dá hoje", pessoas estão muito ocupadas trabalhando nas padarias. Portanto, por meio das

---

por diferentes combinações. Porém, neste último, o Senhor opera imediatamente ou sem a mediação de causas secundárias em sua operação normal. A *providentia extraordinaria* se manifesta geralmente naquilo que chamamos de *milagres*.

[28]Itálicos do autor.

[29]Luther, *Werke Kritische Gesamtausgabe* (Weimar: Hermann Bohlaus, 1883), 44:6. Tradução do autor.

nossas atividades, por mais simples que pareçam, o mundo criado está sendo trazido ao cuidado providencial de Deus.[30]

Ao falarmos da preservação e do governo divino sobre todas as coisas criadas, é importante distinguirmos como Deus faz isso em relação ao mundo em geral e para com o povo de Deus em especial. Na tradição reformada, essa distinção ficou conhecida como providência geral e providência especial. A primeira delas é chamada geral, pois trata das ações de preservação e governo que Deus exerce sobre toda a Criação de forma mais ampla. A preservação e o governo do mundo criado podem ser percebidos por meio das leis físicas que o Senhor estabeleceu no mundo material (Gênesis 8:22) e pela lei moral que foi gravada na consciência humana (Romanos 2:14,15). O Senhor Jesus afirmou que o Pai "faz o seu sol nascer sobre maus e bons e vir chuvas sobre justos e injustos" (Mateus 5:45). O Espírito Santo também é enviado não apenas para regenerar e habitar os santos, mas para iluminar e estimular os dons naturais de artistas não cristãos, cientistas, governantes e pais, a fim de contribuírem para o bem comum.[31] Todas essas operações podem ser encapsuladas no conceito de "graça comum", que se refere a um aspecto da graça divina que permite ao mundo permanecer habitável, a despeito da pecaminosidade humana.[32]

A segunda forma da providência divina é entendida como "especial" porque lida com as diversas ações de preservação e governo que o Deus Pai, Filho e Espírito Santo exerce particularmente sobre os cristãos. Podemos perceber isso na sábia coordenação que Deus faz dos eventos da história, culminando no bem do seu povo, ou quando o Senhor responde às nossas orações, ou na libertação de problemas e em todos os casos em que a graça e a ajuda divinas vêm em circunstâncias

---

[30]Cf. Wingren, *Luther on vocation* (St. Louis: Concordia, 1957), p. 9, 27.

[31]Horton, *The Christian faith* (São Paulo: Cultura Cristã, 2019), p. 365.

[32]O conceito de graça comum foi primeiramente ventilado por João Calvino em sua reflexão sobre a preservação das capacidades intelectuais e morais dos incrédulos após a Queda. Cf. Calvino, *Institutas da religião cristã* (São Paulo: Cultura Cristã, 2006), II.2.17; II.2.2. No entanto, a melhor articulação da doutrina da graça comum foi desenvolvida pelo teólogo holandês Abraham Kuyper em três volumes em *De gemeene gratie*, cf. Kuyper, *Common Grace* (Bellinghan: Lexham Press, 2020).

críticas. Como refletiu José do Egito para com seus irmãos: "Vocês, na verdade, planejaram o mal contra mim; porém Deus o tornou em bem, para fazer, como estão vendo agora, que se conserve a vida de muita gente" (Gênesis 50:20). O apóstolo Paulo também escreve que: "todas as coisas cooperam para o bem *daqueles que amam a Deus*, daqueles que são chamados segundo o seu propósito" (Romanos 8:28). Teólogos chamam de *providentia specialissima* a manifestação do cuidado divino em um nível mais íntimo para o bem de seu povo. Talvez, o melhor exemplo da Escritura seja o seguinte:

> Que diremos, então, à vista destas coisas? Se Deus é por nós, quem será contra nós? Aquele que não poupou o seu próprio Filho, mas por todos nós o entregou, será que não nos dará graciosamente com ele todas as coisas? Quem intentará acusação contra os eleitos de Deus? É Deus quem os justifica. Quem os condenará? É Cristo Jesus quem morreu, ou melhor, quem ressuscitou, o qual está à direita de Deus e também intercede por nós. Quem nos separará do amor de Cristo? Será a tribulação, ou a angústia, ou a perseguição, ou a fome, ou a nudez, ou o perigo ou a espada? Como está escrito: "Por amor de ti, somos entregues à morte continuamente; fomos considerados como ovelhas para o matadouro." Em todas estas coisas, porém, somos mais que vencedores, por meio daquele que nos amou. Porque eu estou bem certo de que nem a morte, nem a vida, nem os anjos, nem os principados, nem as coisas do presente, nem do porvir, nem os poderes, nem a altura, nem a profundidade, nem qualquer outra criatura poderá nos separar do amor de Deus, que está em Cristo Jesus, nosso Senhor (Romanos 8:31-39).

Podemos agrupar as várias ações específicas do Senhor em favor da sua igreja por meio do conceito de "graça particular", que se refere às operações de Deus visando a nossa salvação e vida eterna. Estamos falando da obra de regeneração, dos dons de fé e arrependimento, da santificação, da união com Cristo, dos dons espirituais e também dos meios de graça: a proclamação da Palavra, os sacramentos e a disciplina eclesiástica.

A providência geral e especial não são dois tipos de providência, mas a *mesma providência* exercida sob dois aspectos diferentes: a geral diz respeito a toda Criação e tem caráter penúltimo ou temporal, ao passo que a especial se relaciona exclusivamente aos eleitos de Deus, sendo de caráter espiritual ou eterno. Embora sejam distintas e alcancem grupos diferentes de pessoas, elas apontam para o mesmo propósito escatológico de Deus: "de fazer convergir nele [em Cristo], na dispensação da plenitude dos tempos, todas as coisas, tanto as do céu como as da terra" (Efésios 1:10). Portanto, as autoridades políticas deste século não estão menos sob o domínio de Cristo do que a igreja. Afinal, Cristo é Senhor de todo o universo, tanto das coisas visíveis quanto das invisíveis (Colossenses 1:16,20). No entanto, na presente era, Cristo governa a ordem temporal por meio de sua providência e graça comum e dirige a igreja por meio de sua graça salvadora. Não são dois tipos de governo, como entidades totalmente separadas, mas o *mesmo governo* sob dois aspectos distintos. Afinal, estamos falando do mesmo Senhor! Consequentemente, até mesmo os governantes incrédulos podem ser considerados "servos de Deus", no aspecto secular do termo, visto que são ministros de Deus para o bem comum (Romanos 13:1-5). Porém, eles não têm autoridade para exercer o ministério espiritual da Palavra, dos sacramentos e da disciplina nem para legislar acerca dessas coisas, assim como os pastores não têm jurisdição sobre a esfera civil.[33]

O SER HUMANO: UMA BREVE ANTROPOLOGIA BÍBLICA

A palavra "antropologia" diz respeito ao estudo da humanidade (*anthropos + logos*). O termo é utilizado pelas ciências naturais para se referir ao aspecto físico e biológico do ser humano, pelas ciências sociais que estudam a cultura e sociedade humana e também pela teologia cristã que investiga o ser humano a partir da revelação divina. Por fundamentar o conhecimento humano à luz da Escritura, este estudo é comumente chamado de antropologia teológica ou antropologia bíblica, embora de nenhum modo negligencie a contribuição que as demais ciências têm a oferecer para a compreensão do ser humano.

Algo fascinante no drama das Escrituras é que Deus não apenas *se* revela, mas, ao fazê-lo, ele também *nos* revela a nós mesmos.

---

[33]Cf. Horton, *Pilgrim theology*, p. 115.

A antropologia cristã difere das visões antropológicas seculares porque postula um vínculo explícito e inseparável entre Deus e a humanidade. Para o cristianismo, a humanidade não pode se interpretar a partir de si mesma, mas apenas em sua relação com Deus, seu Criador. Portanto, a antropologia cristã não pode admitir que os seres humanos sejam tratados como seres autônomos; ela trabalha sempre à luz da dependência divina deles.[34] Em linha com os grandes pensadores da tradição cristã, Calvino escreveu que o conhecimento de Deus e o conhecimento de nós mesmos estão intimamente interconectados:

> Quase toda a sabedoria que possuímos, ou seja, a verdadeira e sólida sabedoria, consiste em duas partes: o conhecimento de Deus e de nós mesmos. Mas, embora unido por muitos laços, não é fácil discernir qual precede e produz o outro. Em primeiro lugar, ninguém pode olhar para si mesmo sem voltar imediatamente o pensamento para a contemplação de Deus, em quem "vivemos e nos movemos" [...] cada um de nós deve, então, ser ferido pela consciência da própria infelicidade para obter pelo menos algum conhecimento de Deus. Assim, a partir do sentimento de nossa própria ignorância, vaidade, pobreza, enfermidade e depravação e corrupção, reconhecemos que a verdadeira luz da sabedoria, a plena virtude, a abundância total de todo bem e a pureza da retidão repousam tão somente sobre o Senhor. Nessa medida, somos impelidos por nossos próprios males a contemplar as coisas boas de Deus; e não podemos aspirar seriamente a ele antes de começarmos a ficar descontentes conosco [...] é certo que o homem nunca atinge um conhecimento claro de si mesmo, a menos que primeiro tenha olhado para a face de Deus e depois desça dessa contemplação para examinar a si mesmo. Pois sempre parecemos para nós mesmos justos, retos, sábios e santos

---

[34]Dois autores proeminentes da tradição cristã que esboçaram essa ideia com clareza foram Gregório de Nissa e Agostinho de Hipona. Para uma noção geral do pensamento de ambos, veja: Cary, *Augustine's invention of the inner self* (Nova York: Oxford University Press, 2000); Mathewes, "Augustinian anthropology." *Journal of Religious Ethics* 27, 2 (1999): 195-222; Young, "Gregory of Nyssa's use of theology and science in constructing theological anthropology." *Pro Ecclesia* 2 (1993): 345-63.

— esse orgulho é inato em todos nós — a menos que por provas claras estejamos convencidos de nossa própria injustiça, falibilidade, loucura e impureza.[35]

Iniciaremos nossa jornada pelo conhecimento humano passando por três avenidas principais. Primeiro, faremos um breve apanhado do que a Bíblia diz a respeito do ser humano. Em seguida, faremos uma breve incursão bíblico-teológica sobre as várias faces criacionais do ser humano e os diferentes papéis que lhe cabe exercer nesta vida. Finalmente, apresentaremos com mais detalhes a noção de *imago Dei* como a metáfora principal para conhecermos a nós mesmos em relação ao nosso Criador e Redentor.

Um breve panorama da antropologia cristã

Antigo Testamento

Começando pelo registro veterotestamentário, podemos aprender que o ser humano é uma *unidade psicossomática*, isto é, um ser composto por alma e corpo.[36] Lemos, em Gênesis 2:7, que "o SENHOR Deus formou o homem do pó da terra e lhe soprou nas narinas o fôlego de vida, e o homem se tornou um ser vivente". Há claramente um jogo de palavras no texto hebraico, visto que o termo utilizado para "homem" é *adam* e a expressão "terra/solo" é *adamah*. O texto hebraico literalmente traz: "E YAHWEH Deus formou/modelou o homem poeira/ barro a partir do solo/terra." Em outras palavras, a similaridade dos termos "terra" e "homem" (*adamah e adam*) conecta o material com o qual o homem foi feito com a sua própria identidade. Portanto, ser homem é ser barro, destacando as fraquezas, limitações e finitude do corpo humano.

No entanto, o corpo humano modelado a partir do barro ganhou um "sopro divino" e se tornou um ser vivo. Duas expressões são

---

[35]Calvin, *Institutio Christianae religionis*, I.i.1-2. Tradução do autor.

[36]Para uma visão resumida sobre a antropologia cristã, veja Noble, "Anthropology", in: Davie, et al. *New dictionary of theology* (Downers Grove, IL: InterVarsity Press, 2016), p. 39-42.

importantes aqui: *néshamah hayam* (fôlego de vida) e *nephesh hayá* (ser vivente).[37] A primeira é usada na Escritura com referência a Deus, isto é, em seu ato para conceder vida exclusivamente aos seres humanos e não aos animais. Aqueles que recebem o fôlego/sopro de vida se tornam seres animados pelo Senhor e possuem uma consciência espiritual única, como uma espécie de percepção funcionando neles. Como diz Jó: "Na verdade, há um espírito no homem, e o sopro do Todo--Poderoso lhe dá entendimento" (Jó 32:8).[38] Em outro lugar, lemos: "O espírito do ser humano é a lâmpada do SENHOR, a qual examina o mais profundo do seu ser" (Provérbios 20:27).[39] A segunda expressão, em contrapartida, é utilizada tanto para os animais quanto para os seres humanos, isto é, todos eles são seres viventes (*nephesh hayá*). Portanto, concluímos que a vida humana é descrita em Gênesis 2:7 como um corpo (feito da terra) e um sopro (dado por Deus), e, ainda que os animais sejam seres vivos, a humanidade recebeu vida do Criador de uma forma diferente e mais significativa espiritualmente.

Com base no que foi dito acima, o conceito bíblico de "alma" não deve ser confundido com a visão grega, a qual descreve "alma" como uma substância divina e imortal que sempre existiu. À luz do ensino apostólico, Deus é "o único que possui imortalidade" (1 Timóteo 6:16). Como vimos no capítulo anterior, somente o Deus Pai, Filho e Espírito Santo possui *asseidade*, isto é, a total independência e vida em si mesmo. No caso dos seres humanos, a imortalidade é recebida por concessão divina e, portanto, não se trata de um atributo próprio deles.

A distinção entre corpo e alma retratada em Gênesis também é diferente do pensamento helênico. Para os gregos, a dimensão material é como um reino de constante mudança e atividade, enquanto a dimensão espiritual representa o reino transcendente da calmaria eterna e imutável. Nesse sentido, ter um espírito significa participar da essência divina. Em contrapartida, embora a perspectiva bíblica

---

[37] O melhor estudo sobre o assunto foi desenvolvido por Mitchell, "The Old Testament usage of nešãma." *Vetus Testamentum* 11 (1961): 177-87.

[38] A expressão *néshama shadday* equivale a "sopro do Todo-Poderoso".

[39] A expressão *néshama adam* corresponde a "espírito do ser humano".

enfatize a superioridade da dimensão espiritual sobre a material (Isaías 31:3; 1Coríntios 15:47; 1Timóteo 4:8), o corpo humano é tratado com notável dignidade justamente por fazer parte da boa Criação de Deus. Quando a Escritura menciona as fraquezas da nossa corporeidade, ela não indica que a matéria humana seja ruim, mas faz referência à finitude e às limitações naturais do ser humano ou às consequências do pecado sobre as inclinações corrompidas ainda presentes no corpo (Eclesiastes 12:1-7; Romanos 8:5-8; Gálatas 5:16,19,24; 6:8).

Novo Testamento

Os apóstolos herdaram a visão do ser humano como uma unidade psicossomática do Antigo Testamento e desenvolveram ainda mais os contornos da antropologia cristã, e isso em meio ao contexto desafiador da cultura greco-romana da época. Dois eventos são de particular importância para ampliar o imaginário cristão sobre a natureza humana e reafirmar o valor do corpo: a encarnação e a ressurreição de Cristo. Enquanto o helenismo da época via a corporeidade como uma espécie de maldição (cf. Atos 17:32), o cristianismo proclamou que a *desencarnação* é uma maldição, visto que a morte — separação de corpo e alma — é descrita como salário do pecado (Romanos 6:23). Naquele contexto, portanto, falar de um Deus que assume um corpo humano, morre e depois ressuscita dos mortos tratava-se de uma mensagem inadmissível da perspectiva filosófica e cultural (cf. 1Coríntios 1—2).

Ao testemunharem da encarnação do Filho de Deus, os apóstolos confirmaram o significado da verdadeira humanidade contra a antropologia dos pagãos. O raciocínio é o seguinte: dado que a natureza humana é uma união de corpo e alma, quando o Deus Filho se fez homem, ele assumiu para si não apenas um corpo humano, mas também uma alma humana. Isso significa que o Deus encarnado teve e sempre terá duas naturezas: uma divina e outra humana, sendo a natureza humana composta de corpo e alma. As implicações disso são contundentes: (1) a alma humana não é parte da natureza divina imortal; (2) nem o corpo é demoníaco ou mau; (3) a humanidade plena é uma unidade de corpo e alma. Logo, a alma não é uma emanação da divindade sepultada ou aprisionada em um corpo físico; é um aspecto natural e imaterial de nossa condição humana. Além disso, não *temos* um corpo — como se a alma fosse o nosso eu verdadeiro —, *somos* criados como um todo psicossomático. Nossos corpos e almas não são compartimentos separados, mas aspectos interativos de nossa existência e atividade pessoal.[40]

Os teólogos cristãos dos primeiros cinco ou seis séculos não desenvolveram a disciplina "antropologia" como uma doutrina distinta, mas à luz da controvérsia sobre cristologia. Por exemplo, Apolinário de Laodiceia (310-390) ensinava que, embora o Filho de Deus, ao se encarnar tenha assumido um corpo humano, ele não possuía uma alma racional. A visão apolinarista defendeu, portanto, que o Senhor Jesus assumiu um corpo humano, mas permaneceu apenas com sua mente divina. Essa visão foi classificada como herética, em 381, pelo Primeiro Concílio de Constantinopla, o qual definiu como ortodoxia a visão de que Cristo assumiu uma natureza humana em sua inteireza, incluindo corpo e alma, para que assim pudesse ser exemplo e Redentor da humanidade.[41]

Por que foi tão importante para a igreja esclarecer essa realidade antropológica? O propósito da encarnação do Filho era curar e salvar a natureza humana (Isaías 53:5; Lucas 19:19; João 3:16,17; 1Timóteo 1:15). Se alguma parte dessa natureza humana não estivesse incluída na encarnação do Senhor, a nossa salvação seria incompleta. Similarmente, ao confessarem a ressurreição de Cristo, os apóstolos solidificaram a crença de que o ser humano é inteiro apenas na unidade de corpo e alma. Embora o corpo e a alma possam, por enquanto, serem separados pela morte física, eles não se manterão separados para sempre, uma vez que nossa salvação não estará completa até que sejamos fisicamente ressuscitados como pessoas inteiras (Romanos 8:23; 1Coríntios 15:12-57). Portanto, à luz da riquíssima cristologia do Novo Testamento, o significado de ser humano foi ampliado, e, ao mesmo tempo, focalizado em Jesus Cristo e na nova criação que ele está restaurando.

---

[40]Cf. Horton, *Pilgrim theology*, p. 116-22

[41]Para uma visão detalhada a respeito dos desenvolvimentos da antropologia cristã, veja: Cooper, *Body, soul, and life everlasting* (Grand Rapids: Eerdmans, 2000).

As características criacionais do ser humano

Por ser uma unidade psicossomática, o ser humano possui uma série de características básicas que determinam o significado e os propósitos de sua vida. À luz da nossa antropologia teológica, podemos afirmar que todos os seres humanos, sem exceção, compartilham de pelo menos cinco marcas distintivas: (1) consciência religiosa; (2) moralidade; (3) sociabilidade; (4) funcionalidade; e (5) sexualidade. Isso quer dizer que o Deus Pai, Filho e Espírito Santo nos chama para um relacionamento de amor com ele que, por sua vez, envolve nossa obediência aos seus mandamentos, boa convivência com os demais seres humanos, trabalho e constituição de família.[42]

1. Seres religiosos

De forma geral, as ciências humanas atribuem ao ser humano a natureza biopsicossocial, isto é, somos seres biológicos: temos moléculas, células, matéria; psicológicos: temos mente, pensamentos, raciocínio; e sociais: dependemos de diversos relacionamentos para nossa sobrevivência. De acordo com o drama das Escrituras, toda essa construção antropológica será insuficiente a não ser que adicionemos o componente espiritual no coração da nossa definição de ser humano. A Escritura diz que Deus soprou o seu fôlego de vida em nós e passamos de meros "seres de barro" para seres viventes (Gênesis 2:7). Temos uma fome e uma sede que vão além das coisas naturais; temos uma necessidade essencial por Deus. Em outras palavras, somos seres fundamentalmente religiosos.

Moisés explicou à segunda geração de israelitas que o Senhor deixou seus antepassados passarem fome para que aprendessem a seguinte verdade: "o ser humano não viverá só de pão, mas de tudo o que procede da boca do SENHOR" (Deuteronômio 8:3). Em Eclesiastes, lemos que: "Deus fez tudo formoso no seu devido tempo. Também pôs a

---

[42]Com base na teologia da aliança, alguns teólogos reformados têm estruturado esses traços da nossa humanidade em três mandatos: (1) espiritual: relacionamento entre ser humano e Criador; (2) social: relacionamento em família; (3) cultural: relacionamento com a sociedade. Cf. Groningen, *Revelação messiânica no Antigo Testamento* (São Paulo: Cultura Cristã, 2003), p. 100.

eternidade no coração do ser humano, sem que este possa descobrir as obras que Deus fez desde o princípio até o fim" (Eclesiastes 3:11). Há um enigma indecifrável dentro do coração humano e o sábio o chama de "eternidade". Há algo que desejamos dentro de nós que não sabemos de onde vem e que a Escritura revela como o desejo pelo Deus eterno.

É por causa desse sentimento religioso universal dentro de nós que temos a necessidade de adorar coisas ou amá-las como se nossa vida dependesse delas. É muito difícil — talvez impossível — pensar em algum povo, etnia ou tribo espalhado pelo mundo que não pratique algum ritual religioso. Todos adoram alguma coisa, quer o sol, a lua, as estrelas, quer as árvores, as vacas, os macacos, ou ainda o Deus Pai, Filho e Espírito Santo. Nós convivemos com um infinito vazio dentro de nós mesmos. Estamos com um vazio do tamanho de Deus em nosso interior.

O filósofo Blaise Pascal explica que o homem tenta inutilmente preencher o vazio de sua alma buscando tudo aquilo que o rodeia, mas, como não consegue socorro e felicidade em absolutamente nada, conclui que esse abismo infinito só pode ser preenchido pela única coisa infinita do universo, o próprio Deus.[43] A ideia de um ateísmo real é impossível. Se nossa origem vem de Deus, então, por mais que tentemos negar sua existência, nosso ser mais íntimo não conseguirá fugir do infinito vazio dele que continua dentro de nós.[44] Fomos criados para um relacionamento com Deus e, a menos que essa busca seja bem-sucedida, nosso coração jamais encontrará descanso e paz. A primeira pergunta do Catecismo de Westminster é: "Qual é o fim supremo e principal do homem?" A resposta é: "O fim supremo e principal do homem é glorificar a Deus e alegrar-se nele para sempre."[45]

A busca por Deus é o maior anseio de todo ser humano (Atos 17:27). O famoso escritor e filósofo G. K. Chesterton teria dito certa vez: "Cada vez que um homem bate na porta de um bordel, ele está na verdade procurando por Deus." Que pensamento provocador! O que Chesterton estava tentando dizer é que todo ser humano tem desejos

---

[43]Blaise Pascal, *Pensamentos*, art. XXII, 1, disponível em: <http://www2.uefs.br/filosofia-bv/pdfs/pascal_02.pdf>, acesso em: 04 jun. 2021.
[44]Calvino, *Institutas da religião cristã*, I.iii.1.
[45]Westminster Larger Catechism, Q&A 1. Tradução do autor.

que não podem ser satisfeitos. Ele estava dizendo que o que buscamos neste mundo não será satisfeito pelos caminhos do mundo. Já que fomos feitos à imagem de Deus, só podemos satisfazer esses anseios mais profundos estando em um relacionamento com Deus. Estamos sempre a bater às portas — sejam elas quais forem. Temos sede de estarmos totalmente satisfeitos. Estamos "batendo em portas diferentes" em busca de salvação para nossas almas, mas estamos confiando nos meios errados. E esse é o nosso problema: nosso problema é buscar nos seres humanos aquilo que somente Deus pode nos dar.

2. Seres morais

No jardim do Éden, Deus disse ao homem: "De toda árvore do jardim comerás livremente, mas da árvore do conhecimento do bem e do mal não comerás; porque, no dia em que dela comeres, certamente morrerás" (Gênesis 2:16,17, ARA). Deus é um ser que tem padrões morais e, nós, por sermos seres criados à sua semelhança, também os possuímos. Todos os seres humanos têm uma concepção de "certo e errado" — por mais que alguns neguem! Como bem escreveu C. S. Lewis, assim como os corpos são regidos pela lei da gravitação, e os organismos, pelas leis da biologia, a criatura chamada "homem" possui uma lei própria — com a grande diferença de que os corpos não são livres para escolher se vão obedecer à lei da gravitação ou não, ao passo que o homem pode escolher entre obedecer ou desobedecer à lei natural. Portanto, o certo e o errado e a liberdade de escolha são sinais de diferença entre os humanos e os animais e demais organismos.[46]

Com base na lei natural humana, nenhum relativismo moral absoluto pode ser verdadeiro. Lewis diz: "Se alguém se der ao trabalho de comparar os ensinamentos morais dos antigos egípcios, dos babilônios, dos hindus, dos chineses, dos gregos e dos romanos, ficará surpreso, isto sim, com o imenso grau de semelhança que eles têm entre si e também com os nossos próprios ensinamentos morais".[47] À luz de Gênesis

---

[46]Lewis, *Cristianismo puro e simples* (Rio de Janeiro: Thomas Nelson Brasil, 2017), p. 30-1.
[47]Ibidem, p. 32.

2:16,17, entendemos que: (1) Existe certo e errado, pois há regras de conduta estabelecidas pelo próprio Deus para os seres humanos desde a origem; (2) O ser humano tinha a capacidade de viver em obediência a Deus livremente, pois sua natureza era boa, embora tivesse também a capacidade de escolher contrariamente à vontade de Deus e rebelar-se; (3) No caso de descumprimento da ordem, estava prevista a devida punição, que naquele caso era a morte. Em outras palavras, somos seres com consciência moral e isso está intimamente conectado com o fato de sermos seres religiosos. Como disse o Senhor: "Aquele que tem os meus mandamentos e os guarda, esse é o que me ama; e aquele que me ama será amado por meu Pai, e eu também o amarei e me manifestarei a ele" (João 14:21).

3. Seres sociais

Deus também disse: "Não é bom que o homem esteja só" (Gênesis 2:18). Deus é um ser relacional, uma comunidade de três pessoas: Pai, Filho e Espírito Santo. Como reflexos dele, nós também somos seres essencialmente relacionais, e isso é indicado na Criação pelo fato de sermos macho e fêmea, feitos para a união matrimonial onde dois se tornam uma só carne (Gênesis 2:24). Na essência do ser humano existem as dimensões vertical e horizontal. Nossa verticalidade só pode ser suprida por Deus, enquanto nossa horizontalidade só pode ser suprida por relacionamentos pessoais. Quando uma pessoa combina bem os dois horizontes, ela entendeu o resumo da ética cristã: "Amarás, pois, o Senhor, teu Deus, de todo o teu coração, de toda a tua alma, de todo o teu entendimento e de toda a tua força [...] Amarás o teu próximo como a ti mesmo. Não há outro mandamento maior do que estes" (Marcos 12:30,31).

Não podemos existir de forma saudável sem obedecer a esse mandato social. Isso não significa que, para ser feliz, você precisa necessariamente ser casado, ser pai, mãe etc., mas é necessário entender que, sem pessoas, jamais nos sentiremos satisfeitos com a vida. Salomão disse que "o solitário busca o seu próprio interesse e insurge-se contra a verdadeira sabedoria" (Provérbios 18:1). Viver isolado de pessoas é lutar contra um aspecto natural e necessário da nossa humanidade. Quem escolhe caminhar na vida sem pessoas escolhe um caminho que começa na ignorância e termina na loucura.

4. Seres funcionais

Antes de Deus criar a mulher, o casamento e o sexo, ele deu trabalho ao homem. Adão recebeu a tarefa divina de cultivar o jardim, dar nome aos animais e administrar o mundo criado por Deus. O texto dá a entender que, originalmente, trabalhar era uma experiência realizadora, e isso em níveis que desconhecemos hoje. Desde a Queda, entretanto, o ato de trabalhar tem se tornado motivo de fadigas e frustração, sem falarmos da quantidade assustadora de pessoas que ainda hoje trabalham como escravos e em condições desumanas. A despeito da corrupção que o pecado trouxe para nossa percepção do trabalho, não podemos olhar para as nossas ocupações como se fossem maldições divinas ou males necessários para sobrevivência. A capacidade criativa e produtiva vem do próprio Deus e por isso devemos buscar com diligência os meios para sermos úteis no mundo.

Você enxerga seu trabalho, sua ocupação ou sua profissão como um serviço a Deus? Em sentido geral, tudo o que fazemos é culto oferecido na presença de Deus, pois "se vocês comem, ou bebem ou fazem qualquer outra coisa, façam tudo para a glória de Deus" (1Coríntios 10:31). Adão agradou a Deus enquanto zelava pelo jardim e dava nome aos animais. Você não precisa ser necessariamente um missionário, um pastor ou cantar na igreja para alegrar a Deus. O Deus triúno é engrandecido enquanto você ora, canta e louva, e também quando você acorda cedo e trabalha para glorificá-lo.[48]

Na visão cristã o trabalho é uma bênção porque vem de Deus. Somos portadores da imagem de Deus e, quando nos esforçamos em tudo o que fazemos, seja pregando o evangelho em um culto ou costurando um vestido, estamos glorificando a Deus — embora de maneiras diferentes. Além disso, nosso trabalho nunca deve ser apenas

---

[48]Para resgatar a compreensão cristã acerca do trabalho, indico dois livros: Horton, *O cristão e a cultura* (São Paulo: Cultura Cristã, 1998); Keller, *Como integrar fé e trabalho* (São Paulo: Vida Nova, 2014).

para benefício próprio (trabalhar apenas pelo salário), mas pelo bem comum. Afinal, Deus nos colocou aqui para cuidarmos do seu jardim. E, a menos que encontremos algo que nos torne úteis para cooperarmos com a preservação e o desenvolvimento da ordem criada, não estaremos exercendo uma parte vital da nossa humanidade.

De fato, a doutrina da Criação tem inspirado pessoas durante a história a trabalharem em prol do conhecimento científico. Por enxergar a Criação como um teatro que reflete a sabedoria, bondade e beleza de Deus, os cristãos, especialmente os protestantes, desenvolveram um apreço positivo pelas ciências naturais. Historicamente, a ciência moderna surgiu dentro de uma cultura impregnada pela fé cristã. Nancy Pearcey comenta que "foi a Europa cristianizada — e nenhum outro lugar — que se tornou o berço da ciência moderna".[49]

Pesquisadores têm reconhecido que o grande impulso para a pesquisa científica moderna do século 17 foi o conceito bíblico da Criação.[50] A ideia bíblica de que há um Deus sábio e criativo por detrás do universo moveu homens e mulheres do passado a descobrir, por meio da própria Criação, os sinais da inteligência divina nela. Afinal, se Deus é inteligente e criou todas as coisas de forma organizada e proposital, o universo também deve ter mecanismos próprios de funcionamento. Se nós somos seres feitos à imagem de Deus — e por isso também inteligentes —, é possível conhecer o mundo real. Não resta dúvida de que os pressupostos bíblicos acima mencionados contribuíram para as grandes descobertas dos astrônomos Kepler e Galileu, dos químicos Paracelso e van Helmont, dos físicos Newton e Boyle e dos biólogos Ray, Lineu e Cuvier, para citar alguns.

Os astrônomos Kepler e Copérnico, por exemplo, eram tão motivados por sua fé em um Deus criador e inteligente que se intitulavam "sacerdotes de Deus", examinando o livro da natureza. Eles acreditavam que ser um cientista envolvia compreender a mente de Deus, suas leis e sua sabedoria, para então glorificá-lo mais integralmente.[51] Esses

---

[49]Pearcey; Thaxton, *A alma da ciência* (São Paulo: Cultura Cristã, 2005), p. 19.
[50]Hooykaas, *A religião e o desenvolvimento da ciência moderna* (Brasília: UnB, 1988), p. 196.
[51]Ibidem, p. 137.

homens trabalharam incansavelmente, pois foram treinados para ver, no universo criado, os traços da sabedoria de seu Criador e, por causa disso, movidos a descobrir seus mistérios. A ciência, nas suas origens, nada mais era que a busca pelo conhecimento daquilo que o próprio Deus deixou no universo.[52]

5. A sexualidade humana

Nas religiões orientais antigas, era comum pensar em deuses e deusas, mas o Deus da Bíblia não pode ser descrito nas categorias macho ou fêmea, pois ele simplesmente não é um ser sexual nem possui gênero. No entanto, ao criar os seres humanos, ele os fez homem e mulher. Isso não é algo que devamos elencar como parte distintiva da nossa constituição como *imago Dei*, visto que os animais também compartilham da sexualidade. O fato de sermos homem e mulher testifica, no entanto, a respeito da bondade da Criação e da ordem estabelecida por Deus. Seguir a lei natural gravada em nossos corações nada mais é que reconhecer o que há de bom em nós e agirmos em conformidade com aquilo que Deus estabeleceu na natureza. Por exemplo, Deus diz que é *bom* que sejamos homem e mulher, logo o *correto* é que nos comportemos de acordo com a realidade criada.[53]

Diante de tantos debates atuais acerca de concepções de gênero, aborto, casamento, divórcio, homossexualidade, feminismo, entre outros, muitos cristãos parecem sem saber para onde ir, o que dizer e o que fazer. Qual é a perspectiva cristã sobre tais assuntos? Para respondermos a esses temas de forma distintamente cristã, precisamos conhecer melhor o ensino bíblico da Criação. Em linhas gerais, nós, cristãos, afirmamos aquilo que Deus diz que é bom. Por exemplo, a Escritura nos dá um vasto vocabulário para falarmos sobre a dignidade

---

[52]Veith, *De todo o teu entendimento* (São Paulo: Cultura Cristã, 2006), p. 23.

[53]Agradeço ao amigo Ruan Bessa por me ajudar a ver a conexão entre o bom e o correto à luz do pensamento de Oliver O'Donovan. Ele escreve: "O pensamento moral envolve saber que certas coisas são boas, mas vai além; é uma jornada em que partimos do que sabemos para chegar a uma conclusão sobre o que é certo fazermos" Cf. O'Donovan, "The path", *American Journal of Jurisprudence* 56, 1 (2011): 1.

humana, a igualdade e complementaridade entre os sexos, o casamento e a família. Nós lutamos por preservar aquilo que Deus diz que é bom, pois cremos que isso será bom para todos. Infelizmente, o esforço cristão pela busca do bem comum vai na contramão tanto do império das trevas quanto da cobiça do coração humano, que tentam perverter cada vez mais a natureza que Deus criou boa, para então refazê-la à imagem corrompida das criaturas. Como diz o profeta Isaías: "Ai dos que ao mal chamam bem e ao bem chamam mal; que fazem das trevas luz e da luz fazem trevas; que mudam o amargo em doce e o doce mudam em amargo!" (Isaías 5:20).

Reconhecemos a bondade do corpo humano (Gênesis 1:31; João 1:14) e o chamado para glorificarmos a Deus com nossos corpos (1Coríntios 6:12-20). Deus se opõe à confusão do homem como mulher e da mulher como homem (1Coríntios 11:14,15). Embora as situações envolvendo tal confusão possam ser dolorosas e complexas, homens e mulheres devem aprender a viver de acordo com seu sexo biológico. De acordo com a revelação divina, as diferenças entre homens e mulheres não são antagônicas, mas complementares. Quando o homem se une com a mulher tendo Cristo como eixo central, em vez de guerra, eles celebram com beleza a unidade na diversidade. Por isso, como cristãos, precisamos atentar para os possíveis estereótipos masculinos e femininos criados culturalmente e corrigi-los, mas sem abrirmos mão de sermos fiéis ao complementarismo bíblico: o conceito de que homem e mulher são seres diferentes que se completam. Entendemos que qualquer distorção desse padrão é uma forma de adulteração e falsificação do plano original do Criador.[54]

---

[54]Devemos lidar com compaixão para com aqueles que estão sinceramente confusos a respeito de seu senso interno de identidade de gênero (Gálatas 3:1; 2Timóteo 2:24-26). Reconhecemos que os efeitos do pecado se estendem à corrupção de toda a nossa natureza, incluindo a maneira que pensamos sobre nosso próprio gênero e sexualidade. Para uma discussão sobre aspectos essenciais e culturais do gênero masculino e feminino, veja: Kooi; Brink, *Christian dogmatics*, p. 280-7; Cortez, *Theological anthropology* (Londres: Continuum, 2010), p. 64-7. Veja também o recente relatório da Presbyterian Church in America (PCA) sobre a temática, disponível em: https://pcaga.org/aicreport/, acesso em: 04 jun. 2021.

A doutrina da *imago Dei*

De acordo com Gênesis 1:26,27, homens e mulheres são criados à imagem e semelhança de Deus, uma característica que os distingue de outras criaturas, pois a eles exclusivamente é dada a tarefa de dominar sobre o restante da Criação (Gênesis 1:28). A expressão "imagem e semelhança" em referência *à* natureza humana é praticamente escassa no restante do Antigo Testamento — *à exceção de Gênesis 9:5,6* —, mas é retomada com mais frequência no Novo Testamento, especialmente pelo apóstolo Paulo (1Coríntios 11:7; 2Coríntios 4:4; Colossenses 1:15; 3:10; cf. Tiago 3:9). Afinal, o que estamos dizendo ao afirmar a *imago Dei* nos seres humanos?

Para responder a essa pergunta, iremos analisar o assunto em duas etapas. Primeiro, faremos uma análise textual do conceito "imagem e semelhança" no Antigo Testamento. Em seguida, investigaremos o modo pelo qual o Novo Testamento amplia nossa percepção sobre o significado da *imago Dei* à luz da pessoa e do ministério do Senhor Jesus, com base nas contribuições dos teólogos clássicos da igreja.

Antigo Testamento

Em primeiro lugar, a palavra *tselem* (imagem) é utilizada nas Escrituras com respeito a estátuas, modelos e réplicas em geral. O termo *démut* (semelhança) é um substantivo abstrato e sua raiz verbal significa "ser parecido." No livro de Gênesis, os dois termos são empregados juntos e de forma sinônima para descrever os seres humanos como aqueles que refletem, ainda que de forma inferior, alguma coisa da *natureza* e das *funções* do Criador.[55] De acordo com especialistas em língua hebraica, a palavra *tselem* também é utilizada para se referir à construção de *imagens régias*, isto é, réplicas visíveis que representam o governo de um rei temporariamente ausente. Quando os reis da antiguidade não podiam estar fisicamente presentes em todos os seus domínios, eles estabeleciam imagens de si mesmos por todo o reino, a fim de lembrar o povo da sua autoridade e governo.[56] Se essa interpretação estiver correta, ser a "imagem de Deus" diz respeito *às* propriedades espirituais dadas por

---

[55]Clines, "The etymology of hebrew selem." *JNSL* 3 (1974): 19-25.
[56]Brueggemann, *Genesis* (Atlanta: John Knox, 1982), p. 31-2.

Deus que habilitam os seres humanos a se relacionarem com ele e a servi-lo, governando a ordem criada como seus representantes terrestres.[57]

Portanto, à luz do ensino do Antigo Testamento, a *imago Dei* diz respeito a pelo menos três aspectos distintos dos seres humanos: (1) capacidade para relacionamento; (2) refletir o caráter divino; (3) função de vice-regente do Criador na Criação. Esses três elementos parecem implícitos na fala do salmista, o qual descreve o homem e a mulher como a obra-prima da Criação de Deus:

> Quando contemplo os teus céus, obra dos teus dedos, e a lua e as estrelas que estabeleceste, que é o homem, para que dele te lembres? E o filho do homem, para que o visites? Fizeste-o, no entanto, por um pouco, menor do que Deus e de glória e de honra o coroaste. Deste-lhe domínio sobre as obras da tua mão e sob seus pés tudo lhe puseste: ovelhas e bois, todos, e também os animais do campo; as aves do céu, os peixes do mar e tudo o que percorre as veredas dos mares (Salmos 8:3-8).

Novo Testamento

Não há sugestão na Bíblia de que a imagem e semelhança de Deus tenha desaparecido com a Queda de Adão. Pelo contrário, a proibição de matar seres humanos em Gênesis 9:5,6, por exemplo, é justificada apelando para a nossa criação à imagem de Deus. O mesmo princípio é invocado no Novo Testamento por Tiago ao se referir ao poder mortal da língua: "mas a língua ninguém é capaz de domar; é mal incontido, cheio de veneno mortal. Com ela, bendizemos o Senhor e Pai; também, com ela, amaldiçoamos as pessoas, criadas à semelhança de Deus" (Tiago 3:8,9). Os cristãos são instruídos a não amaldiçoar

---

[57]A posição de liderança sobre o restante da Criação não pode ser utilizada para legitimar qualquer abuso humano sobre a Criação divina, afinal, o Senhor colocou o homem "no jardim do Éden para o cultivar e o guardar" (Gênesis 2:15, cf. Deuteronômio 20:19; 22:6). Como mordomo fiel da Criação, o ser humano tem a tarefa de proteger e desenvolver o potencial do mundo de Deus. Para um resumo dessa abordagem, confira: Hoekema, *Criados à imagem de Deus* (São Paulo: Cultura Cristã, 1999), p. 81-90.

outras pessoas porque foram criadas à semelhança de Deus. A *imago Dei*, mesmo após a Queda, portanto, permanece um distintivo do ser humano em relação às demais criaturas do Senhor, bem como a dignidade de todos os seres humanos, não havendo diferença objetiva entre a humanidade dos cristãos e a dos incrédulos.

O apóstolo Paulo também utiliza a expressão "imagem de Deus" nas suas cartas. Na complexa passagem de 1Coríntios 11, o apóstolo diz: "Porque o homem não deve cobrir a cabeça, por ser ele imagem e glória de Deus, mas a mulher é glória do homem. Porque o homem não foi feito da mulher, mas a mulher foi feita do homem. Porque também o homem não foi criado por causa da mulher, e sim a mulher por causa do homem" (1Coríntios 11:7-9).

Em qual sentido o homem é *imago Dei* e a mulher é apenas a glória do homem? De acordo com Tomás de Aquino, precisamos afirmar que tanto o homem quanto a mulher são igualmente imagem de Deus em um sentido primário, não havendo dignidade superior ou inferior entre ambos. Deste modo, somente em um sentido secundário a imagem de Deus é encontrada no homem e não na mulher, qual seja, referindo-se ao fato de que a mulher foi feita *do* homem e *para* o homem, como o apóstolo indica. Portanto, a mensagem apostólica deve ser interpretada à luz da distinção entre *natureza* e *economia*. Quanto à natureza, ambos são *imago Dei* e possuem a mesma dignidade; com relação à economia — ordem, execução e propósito das coisas —, o homem está em uma posição de liderança sobre a mulher porque ela foi criada a partir dele e para ele. Segundo Tomás, as razões pelas quais Deus criou primeiro o homem e depois a mulher são quatro:

> Quando todas as coisas foram formadas pela primeira vez, era mais adequado para a mulher ser feita do homem [...] Primeiro, a fim de dar ao primeiro homem uma certa dignidade no sentido de que, como Deus é o princípio de todo o universo, então o primeiro homem, em semelhança a Deus, fosse o princípio de toda a raça humana [...] (Atos 17:26) Em segundo lugar, para que o homem pudesse amar a mulher ainda mais e apegar-se a ela mais intimamente, sabendo que ela foi feita a partir dele [...] (Gênesis 2:23,24) [...] Em terceiro lugar, [...] porque o homem e a mulher

estão unidos não só para a geração, semelhante aos outros animais, mas também para a vida doméstica, na qual cada um tem o seu dever particular, em que o homem é a cabeça da mulher. Portanto, era adequado que a mulher fosse feita do homem, como advinda de seu líder. Em quarto lugar, há uma razão sacramental para isso. Pois, com base nisso, dá-se o significado de que a igreja tem sua origem em Cristo. Por isso o apóstolo diz (Efésios 5:32): "Este é um grande mistério, mas eu me refiro a Cristo e à igreja".[58]

O apóstolo também desenvolve o conceito de *imago Dei* de maneira cristológica, apontando para o Senhor Jesus Cristo como a *imagem de Deus* (2Coríntios 4:44; Colossenses 1:15; 3:10). De que maneira isso influencia nossa percepção do ser humano? Os pais da igreja refletiram profundamente sobre isso. Atanásio e Irineu ensinaram que a imagem de Deus em nós não se trata apenas daquilo que nos distingue dos animais, mas a capacidade de crescermos e nos tornarmos semelhantes a Cristo.[59] Em outras palavras, a *imago Dei* não é uma obra terminada, mas uma obra ainda em fase de desenvolvimento. Para ambos, é somente no conhecimento de Deus, restaurado por meio da encarnação e da redenção de Cristo, que podemos refletir o ser divino verdadeiramente.

Por ser uma obra em desenvolvimento e que tem lugar particular no coração do ser humano, os pais da igreja e os teólogos medievais localizaram a *imago Dei* primordialmente nas faculdades da "alma racional", e não no corpo humano. Para eles, o que há de semelhante entre Deus e nós se manifesta não pelo corpo, mas por meio da nossa consciência espiritual e moral. Isso não significa que a glória e a sabedoria de Deus não estejam manifestas nas potencialidades do corpo humano, mas que a nossa dimensão externa não é onde a semelhança entre o Criador e nossa humanidade se revela primordialmente.[60]

---

[58]Tomás de Aquino, *Summa theologiae*, 1.q.92.a2. Tradução do autor.

[59]Irineu distinguiu entre a "imagem" (*imago*), que não podemos perder sem deixar de sermos humanos, e a "semelhança" (*similitudo*), na qual somos chamados a crescer em Cristo.

[60]Isso está de pleno acordo com o ensino de Calvino. Cf. Calvin, *Institutio Christianae religionis*, XV.1-5. O reformador francês diz: "Agora considero suficientemente provado que tudo o que tem que ver com a vida espiritual e eterna está

Na minha leitura dos teólogos clássicos, isso não ocorreu em virtude da recepção ou do uso acrítico da filosofia grega da parte de Atanásio, Irineu, Gregório de Nissa, Agostinho e tantos outros. Pelo contrário, o foco deles era eminentemente *espiritual* e, portanto, queriam mostrar como o fim da nossa humanidade está na perfeição da humanidade do Senhor Jesus Cristo. Eles lidavam com a doutrina da *imago Dei* em tons nitidamente escatológicos e não como uma mera tentativa de distinguir racionalmente a superioridade do ser humano em relação aos animais, apelando para o racionalismo de Aristóteles.[61]

Por exemplo, na interpretação de Tomás, podemos falar em três níveis de *imago Dei*: aquela em conformidade com (1) a natureza; (2) a graça; e (3) a glória, sendo os dois últimos níveis diretamente influenciados pela encarnação e obra de Cristo. Em concordância com os pais da igreja, Tomás sustentou que aquilo que torna o ser humano semelhante a Deus é a sua natureza intelectual; não como um "cérebro em uma vara", mas consistindo principalmente na capacidade intelectual de entender e amar. Em primeiro lugar, o ser humano manifesta a *imago Dei* por possuir uma *aptidão natural* para entender e amar a Deus; e essa aptidão consiste na própria natureza da mente, que é comum a todos os homens. Em segundo lugar, à medida que o ser humano

---

incluído em "imagem". [...] A imagem de Deus deve ser devidamente buscada dentro do ser humano e não fora dele, de fato, é um bem interior da alma", XV.4. Em outro lugar: "embora a sede principal da imagem divina esteja na mente e no coração, ou na alma e suas capacidades, não há parte alguma do homem, nem mesmo o próprio corpo, em que algumas faíscas [da glória de Deus] não brilhem", XV.3. Tradução do autor.

[61]Cf. Athanasius, *On the incarnation* (Yonkers, NY: St. Vladimir's Seminary Press, 2011), capítulos 2 e 3; Irineu de Lyon, *Adversus haereses*, IV.11.2; 38.1-4; Gregory of Nyssa, "On the making of man", in: Schaff, *Nicene and post-Nicene fathers* (Buffalo, NY: Christian Literature Publishing, 1893), vol. 5, disponível em: https://www.newadvent.org/fathers/2914.htm, acesso em: 04 jun. 2021; Augustine, *The literal meaning of Genesis* (Nova York: Newman Press, 1982), iii.22; vi.12; xii.7.24. Veja também Charry, "Doctrine of human being", in: Vanhoozer, et al., *Dictionary for theological interpretation of the Bible* (Grand Rapids: Baker, 2005), p. 310-4; Bray, "Image of God", in: Davie, et al., *New dictionary of theology* (Downers Grove, IL: InterVarsity Press, 2016), p. 438-40.

conhece e ama a Deus de forma real e habitual — embora imperfeitamente —, dizemos que a *imago Dei* nele consiste *na conformidade com a graça*. Em terceiro lugar, *à* medida que o ser humano conhece e ama a Deus perfeitamente; e esta imagem consiste *na semelhança da glória*. Portanto, o brilho da imagem de Deus no ser humano possui uma tripla manifestação: na Criação, na recriação e na perfeição da glória. O primeiro nível da *imago Dei* é encontrado em todos os seres humanos, o segundo nos regenerados e o terceiro apenas naqueles que já partiram para estar com o Senhor (Filipenses 1:23).[62]

Gerald Bray assinala corretamente que restringir o conceito de *imago Dei* como "alma racional" no sentido racionalista pode nos levar a pensar que pessoas menos inteligentes ou deficientes mentais deixariam de ser totalmente humanos e poderiam, portanto, ser candidatos adequados para a eutanásia. Isso poderia sugerir também que os intelectuais estão mais perto de Deus do que outros e que os cristãos são mais inteligentes do que os não cristãos. Para evitar esse tipo de conexão indevida, muitos teólogos desde o século 16 *têm preferido localizar a imagem de Deus no ser humano todo, incluindo até mesmo o corpo*.[63]

Para Horton, por exemplo, "A imagem de Deus (*imago Dei*) não é algo *em nós que é semidivino, mas algo entre nós e Deus que constitui uma relação de aliança*".[64] Bavinck diz: "Todo o ser, toda a pessoa humana e não apenas 'algo' em nós, é a imagem de Deus [...] Assim, o ser humano

---

[62]Tomás de Aquino, *Summa theologiae*, 1.q.93.a.4. O mesmo ensino da *imago Dei* em três níveis pode ser visto em Calvino: "A imagem de Deus é a excelência perfeita da natureza humana que brilhou em Adão antes de sua corrupção, mas foi subsequentemente tão viciada e quase apagada que nada permanece após a ruína, exceto o que está confuso, mutilado e cheio de doenças. Portanto, em alguma parte agora é manifesto nos eleitos, à medida que eles renasceram no espírito; mas alcançará todo o seu esplendor no céu" (*Instituição*, XV.4).

[63]Bray, "Image of God", in: Davie, et al., *New dictionary of theology* (Downers Grove, IL: InterVarsity Press, 2016), p. 439. Calvino se opôs vigorosamente contra essa tendência de sua época, enfatizando o ensino clássico da igreja cristã que afirmava o ser humano como união psicossomática, mas localizava a alma como a sede da *imago Dei* com base no ensino do Novo Testamento. Cf; *Institutas da religião cristã*, XV.2-3.

[64]Horton, *Pilgrim theology*, p. 123.

não é *portador* nem *tem* a imagem de Deus, mas é a imagem de Deus."[65] No entanto, na minha perspectiva, os melhores teólogos contemporâneos simplesmente não conseguem esclarecer como o corpo humano comunica a "semelhança" do ser divino. Na melhor das hipóteses, eles só conseguem apontar o óbvio: que o corpo humano manifesta a glória de Deus assim como as demais criaturas do mundo material.[66] Portanto, o fato de o corpo humano manifestar a glória de Deus não o torna necessariamente parte da *imago Dei*, na minha visão. O próprio Bavinck reconhece essa flagrante desproporção:

> É claro que, da mesma forma que os atributos de Deus são mais claramente revelados em algumas criaturas do que em outras, também a imagem de Deus surge mais claramente em uma parte do organismo humano do que em outra, mais na alma do que no corpo, mais nas virtudes éticas do que nas capacidades físicas. Isso não altera a verdade de que a pessoa inteira é a imagem do Deus triúno.[67]

A despeito das divergências acima, o consenso da igreja é o de que a *imago Dei* é um componente exclusivo da vida humana que se desenvolve à medida que o ser humano se encontra com Cristo, "a imagem do Deus invisível" (Colossenses 1:15). É no momento que um pecador, em arrependimento e fé, se une a Cristo em amor que ele passa a ser a melhor versão de si mesmo. Como imagens da Imagem, nós "nunca personificamos a imagem de Deus mais claramente do que, quando amamos, nos deleitamos e comungamos com seu Filho encarnado, que reconciliou todas as coisas em si mesmo. Simplificando, nunca somos mais semelhantes a Deus do que quando amamos seu Filho por meio de seu Espírito."[68]

Portanto, nós agora descobrimos o significado mais profundo de sermos criados à semelhança de Deus: "é da natureza das criaturas racionais experimentar o amor de tal maneira que ele possa sombrear e

---

[65]Bavinck, *Reformed dogmatics*, vol. 3, p. 291.
[66]Ibidem, vol. 3, p. 292-3.
[67]Ibidem, vol. 3, p. 291.
[68]Kapic, "Anthropology", In: Allen; Swain, orgs., *Christian dogmatics* (Grand Rapids: Baker, 2016), p. 166. Tradução do autor.

representar o amor inefável e eterno que o Pai teve para com o Filho, e o Filho para com o Pai, pelo Espírito."[69] Aquele que mais se parece com Deus é certamente o que mais ama o Senhor Jesus Cristo, pois não há absolutamente nada que o Pai ame mais que seu próprio Filho, pelo vínculo do Espírito. Assim, é nesse amor por Jesus que Deus e os seres humanos se encontram.[70] As capacidades para relacionar-se, refletir o caráter divino e trabalhar como vice-regentes do Criador na Criação se resumem em uma frase: amar a Jesus Cristo de todo o coração. É o amor pela pessoa de Cristo que aperfeiçoa nossas relações uns com os outros, que nos une ao coração do Pai e nos torna úteis para servirmos o mundo. "Tu me amas?" é a pergunta mais importante que todo ser humano precisa responder ao Senhor Jesus para se tornar um ser humano pleno (João 21:15-17). Portanto, a íntima conexão entre antropologia e cristologia é a grande novidade que o Novo Testamento traz em relação ao ensino veterotestamentário sobre a *imago Dei*.

Espero que este capítulo tenha te ajudado a perceber a importância da criação de todas as coisas como o primeiro episódio do drama da redenção. Acabamos de pavimentar o caminho para entendermos melhor quem somos e a razão de estarmos neste mundo. Porém, isso é só o começo da história. Como veremos no próximo capítulo, nenhuma das virtudes do ser humano criado à imagem de Deus foi deixada ilesa pela Queda e, ao mesmo tempo, nenhuma delas foi totalmente perdida. A Criação de Deus como um todo e, particularmente, o ser humano permanecem sendo um teatro da glória de Deus, a despeito da corrupção e dos estragos causados pela desobediência de nossos primeiros pais.

REFERÊNCIAS

ATHANASIUS. *On the incarnation* (Yonkers, NY: St. Vladimir's Seminary Press, 2011).

_____. "A encarnação do Verbo". In: QUINTA, Manoel, org. *Santo Atanásio*. Coleção Patrística (São Paulo: Paulus, 2002). Vol. 18.

---

[69]Owen, "Discourse 22", in: Goold, org., *The works of John Owen* (Londres: Banner of Truth, 1965), p. 613.
[70]Ibidem, p. 615.

AUGUSTINUS. "De civitate Dei." In: DOMBART, B.; KALB, A., org. *Corpus Christianorum Scholars Version* (Turnhout: Brepols 2014).

_____ [AGOSTINHO]. *A cidade de Deus* (Petrópolis: Vozes, 1990).

_____ [AUGUSTINE]. *The literal meaning of Genesis* (Nova York: Newman Press, 1982).

BARTHOLOMEW, Craig G.; GOHEEN, Michael W. *The drama of Scripture: finding our place in the biblical story* (Grand Rapids: Baker, 2004).

_____; _____. *O drama das Escrituras: encontrando o nosso lugar na narrativa bíblica* (São Paulo: Vida Nova, 2017).

BAVINCK, Herman. *Reformed dogmatics* (Grand Rapids: Baker, 2008). 4 vols.

_____. *Dogmática reformada* (São Paulo: Cultura Cristã, 2012). 4vols.

BERKHOF, Louis. *Manual of Reformed doctrine* (Grand Rapids: Eerdmans, 1933).

BRAY, Gerald. "Image of God." In: DAVIE, M., et al. *New dictionary of theology: historical and systematic*. 2. ed. (Downers Grove, IL: InterVarsity Press, 2016). p. 438-40.

BRUEGGEMANN, Walter. *Genesis: a Bible commentary for teaching and preaching* (Atlanta: John Knox, 1982).

CALVIN, Jean. "Institutio Christianae religionis." In: BAUM, G.; CUNITZ, E.; REUSS, E., orgs. *Ioannis Calvini Opera Quae Supersunt Omnia*. Corpus Reformatorum (Brunswick and Berlin: C. A. Schwetschke and Son [M. Bruhn], 1863-1900). Vols. 29-87.

_____ [CALVINO, João]. *Institutas da religião cristã* (São Paulo: Cultura Cristã, 2006). 4 vols.

CARY, Phillip. *Augustine's invention of the inner self* (Nova York: Oxford University Press, 2000).

CHARRY, Ellen. "Doctrine of human being." In: VANHOOZER, Kevin, et al. *Dictionary for theological interpretation of the Bible* (Grand Rapids: Baker, 2005), p. 310-14.

CLINES, D. J. A. "The etymology of hebrew selem." *JNSL* 3 (1974): 19-25.

COOPER, John W. *Body, soul, and life everlasting Biblical anthropology and the monism-dualism debate* (Grand Rapids: Eerdmans, 2000).

CORTEZ, Marc. *Theological anthropology: a guide for the perplexed* (Londres: Continuum, 2010).

GOMES, Jean Francesco A. L. "Do envolvimento cristão com as tecnologias digitais: uma perspectiva reformada." *Fides Reformata* 24, 2 (2019): 27-49.

GREGORY OF NYSSA. "On the making of man." In: SCHAFF, Philip. *Nicene and Post-Nicene fathers* (Buffalo, NY: Christian Literature Publishing, 1893). Vol. 5.

_____ [Gregório de Nissa]. "A criação do homem." In: QUINTA, Manoel, org. *Gregório de Nissa*. Coleção Patrística (São Paulo: Paulus, 2014). Vol. 29.

GRONINGEN, Gerard van. *Revelação messiânica no Antigo Testamento* (São Paulo: Cultura Cristã, 2003).

HOEKEMA, Anthony. *Criados à imagem de Deus* (São Paulo: Cultura Cristã, 1999).

HOOYKAAS, R. *A religião e o desenvolvimento da ciência moderna* (Brasília: UnB, 1988).

HORTON, Michael. *Pilgrim theology: core doctrines for Christian disciples* (Grand Rapids: Zondervan, 2011).

_____. *Doutrinas da fé cristã: uma teologia sistemática para os peregrinos no caminho* (São Paulo: Cultura Cristã, 2019).

_____. *O cristão e a cultura* (São Paulo: Cultura Cristã, 1998).

IRENAEI. "Adversus haereses." In: HARVEY, W. W., org. *Sancti Irenaei episcopi Lugdunensis Libros quinque adversus haereses* (London: Gregg Press, 1965).

_____. [IRINEU DE LYON] *Contra as heresias*. Coleção Patrística (São Paulo: Paulus, 2014). Vol. 4.

KAPIC, Kelly M. "Anthropology." In: ALLEN, Michael; SWAIN, Scott R. orgs. *Christian dogmatics: Reformed theology for the Church Catholic* (Grand Rapids: Baker, 2016), p. 165-93.

KELLER, Timothy. *Como integrar fé e trabalho* (São Paulo: Vida Nova, 2014).

KOOI, Cornelis van der; BRINK, Gijsbert van den, *Christian dogmatics: an introduction* (Grand Rapids: Eerdmans, 2017).

KUYPER, Abraham. *Common grace: God's gifts for a fallen world* (Bellinghan: Lexham Press, 2020). 3 vols.

LEWIS, C. S. *Cristianismo puro e simples* (Rio de Janeiro: Thomas Nelson Brasil, 2017).

LONGMAN III, Tremper. *Como ler Gênesis?* (São Paulo: Vida nova, 2005).

LUTHER, Martin. *Werke Kritische Gesamtausgabe* (Weimar: Hermann Bohlaus, 1883). Vol. 44.

MATHEWES, C. "Augustinian anthropology." *Journal of Religious Ethics* 27, 2 (1999): 195-222.

MAY, Gerhard. *Creatio ex nihilo: the doctrine of "Creation out of nothing" in early Christian thought* (Edinburgh: T&T Clark, 1994).

MITCHELL, T. C. "The Old Testament usage of nešāma." *Vetus Testamentum* 11 (1961): 177-87.

NOBLE, T. A. "Anthropology." In: DAVIE, M., et al. *New dictionary of theology: historical and systematic.* 2. ed. (Downers Grove, IL: InterVarsity Press, 2016), p. 39-42.

"O pastor de Hermas." In: QUINTA, Manoel, org. *Padres apostólicos.* Coleção Patrística (São Paulo: Paulus, 2014). Vol. 1.

O'DONOVAN, Oliver. "The Path." *American Journal of Jurisprudence* 56, 1 (2011): 1-16.

OWEN, John. "Discourse 22." In: GOOLD, William H., org. *The works of John Owen.* (Londres: Banner of Truth, 1965). Vol. 9.

PASCAL, Blaise. *Pensamentos.* Art. XXII, 1. Disponível em: <http://www2.uefs.br/filosofia-bv/pdfs/pascal_02.pdf>. Acesso em: 04 jun. 2021.

PEARCEY, N.; THAXTON, C. *A alma da ciência* (São Paulo: Cultura Cristã, 2005).

SCHAEFFER, Francis. *Gênesis no espaço-tempo* (Brasília: Monergismo, 2016).

STUMP, J. B., org. *A origem: quatro visões cristãs sobre Criação, evolução e design inteligente* (Rio de Janeiro: Thomas Nelson Brasil, 2019).

"Teófilo de Antioquia." In: QUINTA, Manoel, org. *Padres apologistas.* Coleção Patrística (São Paulo: Paulus, 2014). Vol. 2.

TERTULLIAN, *The prescription against heretics* (Oxford, 1722).

TOMÁS DE AQUINO. "Summa theologiae." In: MORTENSEN, John, et al., org. *Latin/English edition of the works of St. Thomas Aquinas* (Lander, WY: The Aquinas Institute for the Study of Sacred Doctrine, 2012). Vol. 13-20.

_____. *Suma teológica* (Campinas: Editora Ecclesiae, 2018). 5 vols.

ULANOV, Barry. *The prayers of St. Augustine* (Minneapolis: The Seabury Press, 1983).

VEITH, G. E. Jr. *De todo o teu entendimento* (São Paulo: Cultura Cristã, 2006).

WEBSTER, John "Creation out of nothing." In: ALLEN, Michael; SWAIN, Scott R. *Christian dogmatics: Reformed theology for the Church Catholic* (Grand Rapids: Baker, 2016), p. 137-47.

WINGREN, Gustaf. *Luther on vocation* (St. Louis: Concordia, 1957).

_____. *A vocação segundo Lutero* (Porto Alegre/Canoas: Concórdia/ULBRA, 2006).

"Westminster Larger Catechism." In: DENNISON Jr., James T., org. *Reformed confessions of the 16th and 17th centuries in english translation* (Grand Rapids: Reformation Heritage Books, 2008). Volume 4: 1600-1693.

YOUNG, R. "Gregory of Nyssa's use of theology and science in constructing theological anthropology." *Pro Ecclesia* 2 (1993): 345-63.

QUEDA

Tarde te amei, Beleza tão antiga e tão nova, tarde te amei! Estavas dentro de mim, e eu lá fora, a te procurar! Eu, disforme, me atirava à beleza das formas que criaste. Estavas comigo, e eu não estava em ti. Retinham-me longe de ti aquilo que nem existiria se não existisse em ti. Tu me chamaste, gritaste por mim, e venceste minha surdez. Brilhaste, e teu esplendor afugentou minha cegueira. Exalaste teu perfume, respirei-o, e suspiro por ti. Eu te provei, e agora tenho fome e sede de ti. Tocaste-me, e o desejo de tua paz me inflama.[1]

— Agostinho de Hipona

Todo o pecado, tanto o original como o atual, sendo transgressão da justa lei de Deus e a ela contrária, torna, pela sua própria natureza, culpado o pecador, e por essa culpa está ele sujeito à ira de Deus e à maldição da lei e, portanto, exposto à morte, com todas as misérias espirituais, temporais e eternas.

— Confissão de Fé de Westminster, VI.6.

---

[1] Augustinus, *Confessiones*, X.27, disponível em: https://faculty.georgetown.edu/jod/latinconf/, acesso em 08 ago. 2021. Tradução do autor.

Relembrar e confessar nosso pecado é como tirar o lixo: uma vez só não basta.[2]

— Cornelius Plantinga, Jr.

T odos nós sabemos que algo está errado com o mundo. Viver é participar ou ter consciência da trágica realidade do sofrimento, da dor, das perdas e das tristezas que nos fazem refletir se há algum propósito em tudo isso. O pecado e o mal se alastraram por toda parte em nosso mundo, de modo que somente alguém com uma mentalidade ingênua em relação à vida não se colocaria a pensar seriamente nesses temas. Afinal, era esse o projeto de Deus para nós? O que deu errado com a boa Criação de Deus? Uma característica importante de qualquer história é seu conflito central, aquilo que dá errado e precisa ser consertado. Na perspectiva cristã, chamamos isso de "Queda", que diz respeito à intromissão do pecado na história humana (Gênesis 3:1-22, ARA).

Em nenhum momento do capítulo anterior eu quis passar a impressão de que Deus criou o mundo de maneira perfeita ou sem a necessidade de melhorias. O que recebemos da Palavra de Deus é que o mundo criado saiu das mãos do Deus Pai, Filho e Espírito Santo "muito bom". Os capítulos 1 e 2 de Gênesis apontam para o fato de que o ser humano tinha a capacidade de continuar naquele estado de felicidade paradisíaca, mas com a possibilidade de alterar o curso da sua própria história, sendo entregue à liberdade da sua própria vontade para obedecer a Deus ou rebelar-se contra ele. O que aconteceu no capítulo seguinte foi resultado da transgressão do mandamento divino, isto é, estamos em uma situação de miséria porque Adão e Eva abriram as portas para o pecado.

Como o segundo episódio no drama da redenção, a Queda é um elemento-chave para entendermos toda a vida humana e, particularmente, nosso atual estado de miséria espiritual. O Credo Apostólico não menciona a doutrina da Queda em suas doze sentenças, mas a

---

[2]Plantinga, *Not the way it's supposed to be* (Grand Rapids: Eerdmans, 1996), p. x. Tradução do autor.

deixa implícita, uma vez que o nascimento, a vida, a morte e a ressurreição de Cristo são eventos salvíficos em resposta ao pecado. Consequentemente, a Queda não é apenas um estado de dificuldade, caos ou falha moral, mas uma condição de perdição total: espiritual, física e eterna.

O roteiro da nossa jornada será dividido em três etapas. Em primeiro lugar, investigaremos a origem e os principais contornos que culminaram na Queda de nossos primeiros pais registrada em Gênesis 3. Em segundo lugar, apresentarei de forma mais sistematizada aquilo que chamamos de doutrina do pecado original. Em terceiro lugar, vamos olhar atentamente para o problema do mal e do sofrimento e como a fé cristã nos ajuda a enfrentar a questão.

O DRAMA DA QUEDA

Como vimos no capítulo anterior, a narrativa de Gênesis representa um drama histórico da realidade e não pode ser reduzida à mera descrição arquetípica da humanidade. O texto sagrado diz: "Esta é a gênese dos céus e da terra" (Gênesis 2:4). Por meio desse cabeçalho, especialmente pela utilização do termo hebraico *toledôt* (gênese ou genealogia), o autor bíblico não está indicando que está prestes a apresentar outro relato da Criação — que alguns interpretam erroneamente em contraposição ao primeiro (Gênesis 1:1—2:3) —, mas a continuação e elucidação dos eventos relacionados a Criação, Queda e juízo divino. De fato, a narrativa começa em 2:4 e termina em 4:22, visto que 5:1 é um novo *toledôt* que registra a genealogia de Adão e Eva.[3]

Em outras palavras, o propósito do autor é nos convencer de que algo trágico aconteceu com o primeiro casal, nos certificar que as consequências disso foram transmitidas aos demais seres humanos e nos dar esperança de que o Senhor, em vez de simplesmente destruir os humanos, começou a pôr em prática o seu plano para resgatá-los. O texto de Gênesis 2:4—4:26 é a narrativa que explica como o pecado

---

[3] Cf. Woudstra, "The *toledôt* of the Book of Genesis and their redemptive-historical significance." *Calvin Theological Journal* 5 (1970): 184-9.

entrou no mundo e corrompeu a boa Criação de Deus.[4] Logo, precisamos levar a sério os eventos registrados em Gênesis 3. Estamos diante de uma narração confiável acerca da origem do mal no mundo, que foi protagonizada na rebelião do primeiro casal, embora reconheçamos que os detalhes da narrativa — incluindo uma serpente falante e árvores misteriosas — sejam estranhos à maneira atual de contarmos uma história real.[5]

A narrativa se desenvolve como um movimento da plenitude e bênção divinas para o desvirtuamento e maldição humanos. De um lado, temos o jardim do Éden: um lugar fértil, pacífico e rico em recursos naturais; e o melhor de tudo, é um lugar onde o próprio Deus habita (Gênesis 3:8). Há uma comunhão maravilhosa entre Deus e o primeiro casal. Adão e Eva andam e conversam com Deus ao entardecer, formam um belo casal e vivem em um ambiente que lhes fornece tudo de que precisam. O leitor é levado a se perguntar: o que pode dar errado em um mundo como esse? O nosso sentimento é o de voltar ao início de tudo e ter a vida que eles tinham. Por que será que nossa vida é tão diferente da deles?

Sem demora, o narrador interrompe a descrição daquela cena paradisíaca e nos responde porque a vida chegou ao presente estado de desventura — embora não responda todas as nossas perguntas! Somos simplesmente informados de que uma serpente falante seduziu o primeiro casal com uma proposta tentadora, de que eles sucumbiram tragicamente a ela e de que as consequências foram devastadoras. Não sabemos de onde a serpente falante vem ou quem ela é, ou com quais poderes ela pôde arruinar tão gravemente o primeiro casal — um fato que parcialmente passa a ser desvendado apenas no último livro da Bíblia (Apocalipse 12:19).

---

[4]Devemos reconhecer nossas limitações e resistir à tentação de especular sobre a causa do mal. Gênesis 3 não tem todas as respostas que gostaríamos de ter, mas é aquela que o Senhor julgou boa o suficiente para entendermos a razão de o mundo estar no atual estado. Cf. Kooi; Brink, *Christian dogmatics* (Grand Rapids: Eerdmans, 2017), p. 299; Berkouwer, *Sin* (Grand Rapids: Eerdmans, 1971), p. 130-48.
[5]Cf. Bartholomew; Goheen, *The drama of Scripture* (São Paulo: Vida Nova, 2017), p. 41-5.

O que o Senhor quis que soubéssemos é que a Queda se deu em meio a um pacto feito entre Deus e o ser humano (Gênesis 2:16,17). Naquele acordo, o Senhor ofereceu liberdade ao homem para desfrutar de todas as maravilhas da Criação. A condição para o casal permanecer nesse estado de plenitude era não comer da árvore do conhecimento do bem e do mal, do contrário a desobediência deles redundaria em maldição com pena capital. Isso significa que o ser humano foi criado com a liberdade de escolha, particularmente a disposição para amar ou rejeitar a generosidade divina. Os teólogos de Westminster resumem fielmente o que estava em jogo nesse primeiro pacto entre Deus e o ser humano:

> Depois de haver feito as outras criaturas, Deus criou o homem, macho e fêmea, com almas racionais e imortais, e dotou-as de inteligência, retidão e perfeita santidade, segundo a sua própria imagem, tendo a lei de Deus escrita em seus corações, e o poder de cumpri-la, mas com a possibilidade de transgredi-la, sendo deixados à liberdade da sua própria vontade, que era mutável. Além dessa lei escrita em seus corações, receberam o preceito de não comerem da árvore da ciência do bem e do mal; enquanto obedeceram a este preceito, foram felizes em sua comunhão com Deus e tiveram domínio sobre as criaturas [...] O primeiro pacto feito com o homem era um pacto de obras; nesse pacto, foi a vida prometida a Adão, e, nele, à sua posteridade, sob a condição de perfeita obediência pessoal.[6]

O ser humano foi criado com uma disposição santa para obedecer a Deus e, ao mesmo tempo, com a capacidade de alterar essa inclinação, direcionando-a para o mal. Para que isso pudesse ocorrer, o primeiro casal precisava ser tentado de alguma maneira a exercitar o poder da sua livre vontade para o bem ou para o mal. Eis a conexão com a misteriosa árvore do conhecimento do bem e do mal (Gênesis 2:9). O narrador nos conta que a serpente os tenta a comer desta árvore, contrariando explicitamente a ordem estabelecida no pacto entre Deus e o casal (Gênesis 2:17; 3:1-5). A maioria dos estudiosos do Antigo Testamento concorda que a proposta da serpente representava um convite

---

[6]Confissão de Fé de Westminster, IV.2; VII.2.

à autonomia, isto é, escolher a si mesmo como fonte e critério para determinar o que é certo e errado, em vez de confiar na Palavra de Deus para orientação. É isso o que está em jogo na tentação, pois a serpente os seduz a pensar que eles poderiam criar as suas próprias leis em vez de se submeterem à instrução do Criador.[7]

A proibição de comer do fruto daquela árvore foi um teste para ver se o homem ficaria satisfeito com seu papel e lugar ou se tentaria ascender ao nível divino. São dois caminhos opostos: submeter-se à lei de Deus e desfrutar das bênçãos do Criador ou tentar encontrar em si mesmos um novo caminho e experimentar a morte. Para convencê-los da desobediência, a serpente precisou agir com sutileza e astúcia. A melhor maneira para fazer isso é por meio da dúvida, naquele caso, colocando sob suspeita as palavras de Deus e o seu caráter: "Então a serpente disse à mulher: '*É certo que vocês não morrerão. Porque Deus sabe que, no dia em* que dele comerem, os olhos de vocês se abrirão e, como Deus, vocês serão conhecedores do bem e do mal'" (Gênesis 3:4,5).[8]

A serpente está sugerindo que Deus teria mentido para o casal por temer que eles pudessem atingir o seu nível de sabedoria e autonomia. Ela vendeu ao casal a imagem de Deus como um ser inseguro e manipulador e da desobediência como o caminho para a verdadeira vida, felicidade e sabedoria. Ao comprarem essa ilusão diabólica, Adão e Eva veem a árvore com novos olhos e, ao comerem de seu fruto, depositam nela a expectativa de vida eterna. Somos surpreendidos pelo narrador pelo fato de Adão e Eva não morrerem imediatamente, dando a

---

[7]A árvore do conhecimento do bem e do mal deve ser interpretada da seguinte maneira: a árvore produziria frutos que, quando comidos, dariam um conhecimento especial do bem e do mal. Para um resumo das principais visões sobre o significado disso, veja Wenham, *Genesis* (Waco, TX: Word Books, 1982), p. 62-4; Veja também Clines, "The tree of knowledge and the law of Yahweh." *Vetum Testamentum* 24 (1974): 8-14; Bartholomew; Goheen, *The drama of Scripture* (Grand Rapids: Baker Academic, 2014), p. 42; Longman III, *Como ler Gênesis?* (São Paulo: Vida Nova, 2009), p. 123-52.

[8]No diálogo entre a serpente e o casal, três coisas são propostas: dúvida, contradição e indução: (1) dúvida: "Foi isso mesmo que Deus disse?"; (2) contradição: "Vocês certamente não morrerão"; e (3) indução: "No dia em que vocês comerem, serão como Deus."

entender que a serpente parecia estar com a verdade. Ao continuarmos a leitura da Escritura, contudo, entendemos que a morte é um conceito mais profundo do que um prejuízo físico — embora não seja menos que isso.

Ironicamente, o homem agora tem a capacidade de discernir o bem do mal (Gênesis 3:22), mas é moralmente corrupto, rebelde e não escolhe consistentemente o que é certo. Como vemos em toda a Escritura, ninguém pode se tornar sábio como Deus desobedecendo a Deus. É simples assim. O livro de Provérbios, por exemplo, enfatiza que obter sabedoria começa com o temor de Deus, o que é evidenciado por meio da obediência à sua Palavra. Inversamente, ao buscar sabedoria ouvindo a voz da serpente, Adão e Eva desobedecem a Deus e acabam se tornando tolos. Embora ainda não estejam mortos fisicamente, vários aspectos da vida do casal parecem ter desvanecido: (1) eles sentem vergonha da sua nudez; (2) seu relacionamento matrimonial é ameaçado por disputas de poder entre eles; e, o pior, (3) eles se escondem de Deus com medo e vergonha. Essas consequências demonstram que o pecado, como desconexão vital da comunhão com o Senhor, impactou todas as áreas da vida humana.

Isso nos leva a concluir que o pecado é uma espécie de idolatria que desumaniza o ser humano. O ato de comer o fruto não foi um gesto passivo ou sem importância, mas uma decisão consciente de abandonar o projeto divino para começar uma vida do zero tendo a si mesmos como lei e direção. É pura idolatria, pois retrata o homem querendo ser o seu próprio deus. De fato, uma ironia sem precedentes: o desenho se rebelando contra o Desenhista, o vaso se rebelando contra o Oleiro, a pintura se rebelando contra o Pintor. É também desumanização porque, à medida que o ser humano cortou o Autor da vida de seu coração, ele minou a sua identidade e comprometeu significativamente a relação com seus pares. A distância de Deus, portanto, o levou a fugir de si mesmo e a repelir o próximo.

A despeito da fuga do casal, Deus continua a procura deles. Interessantemente, não é o homem que pergunta por Deus, mas o próprio Deus que pergunta pelo homem: "Onde você está?" (Gênesis 3:9). A pergunta é retórica. Deus não tem interesse em saber *onde* eles estão, mas de interrogá-los acerca do *porquê* de se esconderem e comerem do fruto proibido. A resposta do homem é reveladora: "Então o homem disse: 'A mulher que me deste para estar comigo, ela me deu da árvore, e eu comi'" (Gênesis 3:12). Além de se eximir da culpa do seu próprio pecado transferindo-a para a mulher, em última análise, o homem está culpando Deus por lhe dar a mulher que — do ponto de vista do homem — o fez pecar. Deus então confronta Adão e Eva e declara o julgamento: (1) a serpente é amaldiçoada; (2) o parto será penoso para a mulher; e (3) o solo é danificado, de forma que o trabalho se tornará difícil e a busca por comida, uma tarefa trabalhosa. O fato de a mulher ser amaldiçoada em seus relacionamentos e o homem no trabalho não significa que as mulheres não devem trabalhar nem que os homens não se importem com relacionamentos, mas pode indicar onde os gêneros tendem a depositar a importância e o significado mais profundo de suas existências.[9]

A maldição do solo significa que ele não mais renderá sua generosidade como a bênção de Deus havia prometido. Toda a Criação, Paulo escreve em Romanos 8:22, ainda geme sob essa maldição, esperando o dia da redenção. Além disso, o tema de comer é proeminente em Gênesis 3. A proibição era contra comer da árvore do conhecimento. O pecado estava em comer. O interrogatório dizia respeito a comer da árvore do conhecimento. A serpente está condenada a comer o pó da terra. Porque o homem e a mulher pecaram ao comerem o fruto proibido, Deus proibirá a cooperação do solo, e, assim, será por meio do trabalho árduo que comerão.

O homem também voltará ao pó (Gênesis 3:19). O tema da mortalidade da humanidade é fundamental aqui em vista da tentação de ser como Deus. O homem trabalhará dolorosamente para fornecer comida, obviamente não desfrutando da generosidade que o Criador havia prometido anteriormente. No lugar da abundância de árvores frutíferas do pomar, espinhos e abrolhos crescerão. O homem terá que trabalhar o solo para que produza o grão para fazer o pão. Isso continuará até que ele retorne ao solo de onde foi tirado, afinal, *adam* é *adamah* — o jogo de palavras em hebraico que significa: o ser humano é apenas pó.

---

[9]Longman III, *Como ler Gênesis?*, p. 138.

Apesar dos sonhos de imortalidade e divindade prometidos pela serpente, o homem é apenas barro, e voltará a ele.

Curiosamente, o Novo Testamento retrata a morte do Senhor Jesus pendurado em uma cruz. Em seu sofrimento e morte, todos os elementos da maldição de Gênesis 3 são reunidos de propósito: (1) a árvore; (2) o suor; (3) os espinhos; e (4) o "pó da morte" (cf. Salmos 22:15). Como veremos no próximo capítulo, Jesus inicia uma nova criação após receber a maldição do primeiro Adão. Sim, o Senhor Jesus experimentou todas as maldições do primeiro Adão, mas triunfou sobre a morte por meio da ressurreição. Por estarmos unidos a Cristo, nós recebemos também a libertação dessa maldição e, portanto, não retornaremos ao pó para sempre, mas participaremos da ressurreição do corpo.

A boa notícia que recebemos do narrador de Gênesis é que o pecado e a morte não são a última palavra do livro. Deus não foi pego de surpresa pelo pecado da raça humana, e há pelos menos três indicadores de um protoevangelho[10] aqui: (1) Deus prometeu que um menino nasceria da mulher e iria destruir a serpente e suas obras (Gênesis 3:15); (2) Deus vestiu o casal com pele de animais, figurando — ainda que incipientemente — a salvação como um sacrifício substitutivo pelos pecadores (Gênesis 3:21); e (3) Deus puniu o casal expulsando-o do jardim por causa de seus pecados, mas o fez também para que não vivessem eternamente no estado miserável de pecado (Gênesis 3:22,23). Em outras palavras, a desobediência trouxe uma catástrofe. Aquele maravilhoso jardim agora está fechado atrás deles e há um mundo incerto e perigoso à frente. No entanto, o juízo divino não foi a última palavra. Deus tem um plano para cobrir a nossa nudez e vai levá-lo adiante até esmagar a cabeça da serpente.

A DOUTRINA DO PECADO ORIGINAL

À luz desse breve comentário sobre o drama histórico da Queda, percebemos que o pecado é, antes de tudo, um conceito teológico, e não

---

[10]A expressão *protoevangelho* (*proto* = primeiro) foi criada por alguns teólogos para indicar a primeira conversa de Deus com os seres humanos sobre o plano de salvação (Gênesis 3:15).

apenas um problema moral. Isto é, pecado é primordialmente uma rebelião contra Deus que altera nosso relacionamento com ele e, por conseguinte, todo o restante da vida. A Escritura apresenta a verdade clara de que fomos criados com uma inclinação santa para vivermos na presença de Deus em amor e comunhão, mas que os nossos primeiros pais rejeitaram esse caminho e se trancafiaram em mera autoafirmação. Com eles, nós agora vivemos em um estado de pecado e estamos encurvados para dentro de nós mesmos.[11]

Nesta segunda parte do capítulo, buscaremos um entendimento mais refinado da doutrina da Queda, distinguindo cuidadosamente as várias camadas associadas ao pecado original nas formas clássicas da teologia cristã. Antes disso, é importante definirmos pecado como um ato, uma condição e um estranhamento.

Definições de pecado

1. Pecado é um ato

De uma perspectiva exterior, o pecado diz respeito a cometer um ato mau. Podemos dizer que a desobediência a uma proibição ou a um mandamento divino é um pecado que acaba de nascer. Como diz Tiago: "Então a cobiça, depois de haver concebido, dá à luz o pecado; e o pecado, uma vez consumado, gera a morte" (Tiago 1:15). Além disso, quando definimos pecado como atos de desobediência, tendemos a falar no plural, com base nas várias listas de pecados condenados pelo ensino apostólico (cf. 1Coríntios 6:9-11; Efésios 4:22-32; Gálatas 5:19-21; Colossenses 3:8-14). Precisamos manter em perspectiva que o pecado não é uma ideia abstrata ou apenas uma quebra de regras, mas uma ruptura *relacional* com resultados desastrosos entre o ser humano e Deus.

---

[11]A expressão famosa de Lutero sobre a condição pecaminosa do ser humano é *incurvatus in se*, indicando que o ser humano vive voltado para dentro si mesmo, e não para aquilo que é externo, isto é, para Deus e o próximo. Para um estudo do pecado nessa perspectiva, veja: JENSON, *The gravity of sin* (Londres: T&T Clark, 2007).

2. Pecado é uma condição

De uma forma mais ampla, podemos dizer que pecado vai além de atos externos que ofendem o nosso Criador, pois os próprios atos indicam que há uma indisposição mais profunda em nosso ser contra o Senhor. Nesse sentido, pecado é uma condição humana, algo que afeta não apenas a nossa vontade, mas o nosso ser de forma geral. Em outras palavras, pecado não é apenas o que fazemos, antes, faz parte daquilo que nos tornamos. Estamos infectados em nossos desejos, nossa vontade e nosso intelecto por uma inclinação corrupta contra Deus e contra nossa condição de integridade original.

Agostinho foi um dos primeiros teólogos da tradição cristã a desenvolver esse conceito de pecado como condição adversa a Deus e à natureza original do ser humano. Por causa do pecado original, a nossa marca distintiva como criaturas feitas à imagem de Deus foi devastadoramente corrompida. Continuamos sendo imagem de Deus, mas uma imagem desfigurada, isto é, continuamos seres dignos e ainda existe uma sacralidade na vida humana, contudo, as capacidades intelectuais e morais que temos permanecem, em larga escala, redirecionadas na contramão da santidade divina.

Tomás de Aquino esclarece esse ponto dizendo que, em estado de Queda, os seres humanos continuam capazes de raciocinar e entender a realidade, mas não sem a presença do engano e da desordem que afetam todo o nosso ser.[12] O ser humano, independente do estado, precisa da graça divina. Ela é necessária antes e depois da Queda como elemento organizador de toda a natureza humana, embora o ser humano caído precise dela por mais razões, especialmente porque necessita de cura e direção.[13] Portanto, na visão de Tomás, embora o ser humano preserve a sua constituição inicial, a *imago Dei*, ele foi profundamente corrompido nas suas inclinações e perdeu completamente sua justiça original recebida no Éden. Desse modo, o ser humano continua, por um lado, sendo plenamente ser humano, com inteligência e capacidades que lhe são próprias, mas, por outro lado, impotente e ferido.

---

[12]Tomás de Aquino, *Summa theologiae*, 1a, q. 94, 1.
[13]Ibidem, 1a, q. 95, 1; cf. 1a2ae, q. 109, 2.

Tomás de Aquino utiliza a metáfora da doença para se referir ao estado atual da humanidade. Em estado de Queda, o ser humano está privado e adoecido sob diversos aspectos, em especial, com quatro feridas abertas, cada uma delas relacionada a uma parte da alma que estava sujeita à virtude em nossa constituição original: (1) a razão, onde reside a prudência; (2) a vontade, onde está a justiça; (3) a força de alma, onde habita a coragem; e 4) a potência concupiscível, que abriga a temperança. Tomás explica que esses quatro poderes da alma, que estavam sujeitos à virtude, foram afetados pelo pecado da seguinte maneira:

> À medida que a razão está privada de sua direção para a verdade, nós temos a ferida da ignorância; à medida que a vontade está privada de sua direção para o bem, nós temos a ferida da malícia; à medida que o apetite iracundo está privado de sua habilidade de enfrentar dificuldades, nós temos a ferida da fraqueza; à medida que o apetite concupiscente está privado da habilidade para temperar os prazeres, nós temos a ferida da concupiscência. Consequentemente, essas são as quatro feridas infligidas a toda a natureza humana como resultado do pecado de nosso primeiro pai.[14]

Agostinho também fala da condição caída dos seres humanos ao tratar da questão do livre-arbítrio. Escrevendo contra os pelagianos — que negavam a doutrina do pecado original e da condição caída da raça humana —, Agostinho faz distinção entre livre-arbítrio e liberdade.[15] Por um lado, ele enfatiza que Adão e Eva e seus descendentes nunca perderam o livre-arbítrio, visto que nós praticamos o mal não por necessidade ou coerção, mas livremente. Como o próprio Deus alertou Caim após assassinar seu irmão Abel: "eis que o pecado está à porta, à sua espera. O desejo dele será contra você, mas é necessário

---

[14]Ibidem, 1a2ae, q. 85, 3. Tradução do autor.
[15]Ao negar a doutrina do pecado original, o monge britânico Pelágio (360-418) ensinou que os descendentes do primeiro casal não nascem inclinados para o mal, mas com a mesma bondade e livre-arbítrio originais de Adão e Eva. Assim, o pecado é meramente uma questão opcional de imitar o mau exemplo deles. Cf. Augustine, *Against the two letters of the Pelagians*, I, 2, 5, disponível em: https://www.newadvent.org/fathers/1509.htm, acesso em: 04 jun. 2021.

que você o domine" (Gênesis 4:7). Em outras palavras, Caim não foi *forçado* a matar seu irmão porque havia herdado a condição caída de seu pai, mas cometeu esse crime voluntariamente pela sua falta de domínio próprio. Portanto, a morte de seu irmão Abel poderia ter sido evitada se Caim tivesse aprendido a dominar as inclinações perversas que habitavam em seu interior.

Por outro lado, isso naturalmente nos leva à segunda conclusão de Agostinho. Embora ainda tenhamos livre-arbítrio — algo inseparável da natureza humana —, nós perdemos a liberdade original que o primeiro casal tinha no paraíso. Na visão agostiniana, aquela liberdade dizia respeito ao poder dado a eles de não pecar. Por terem sido criados em um estado de bondade original, eles possuíam uma santa inclinação para a virtude e a obediência a Deus. No entanto, por possuírem também a capacidade de escolha contrária, eles podiam abandonar aquele estado inicial. E foi isso o que ocorreu com o primeiro casal, pois, ao escolherem desobedecer ao Senhor, eles perderam a sua inclinação santa para o que é bom, belo e justo: a vontade de Deus.

Foi com base nessa lógica que Lutero e Calvino concluíram que o ser humano em estado caído possui um *arbítrio escravo*, ou seja, continua tendo a capacidade de escolher, mas o que ele escolhe livremente é mero transbordamento de uma fonte contaminada.[16] Nesse sentido, o ser humano caído possui uma vontade escrava do pecado que o torna incapaz de buscar a Deus, e, portanto, ele não pode ser salvo a menos que o próprio Deus o resgate por sua pura graça. Paradoxalmente, o ser humano possui um livre-arbítrio sem liberdade, visto que ele continua agindo voluntariamente, mas tão somente para seguir as inclinações da sua natureza enviesada para o pecado. Seguindo o pensamento agostiniano, o famoso filósofo Arthur Schopenhauer defendeu a tese

---

[16]Para uma versão condensada do clássico de Lutero sobre o assunto, veja: Lutero, *Nascido escravo* (São José dos Campos: Editora Fiel, 2018). O tratado mais completo de Calvino sobre a questão do livre-arbítrio foi produzido em uma controvérsia com o teólogo católico romano Albert Pighius: Calvin, *The bondage and liberation of the will* (Grand Rapids: Baker, 1996). Cf. Calvino, *Institutas da religião cristã* (São Paulo: Cultura Cristã, 2006), II.i.8.

de que o homem é livre para fazer o que quer, mas não para querer o que quer.[17]

Agostinho também ficou conhecido por sistematizar a visão bíblica sobre os quatro estados da liberdade humana, como ilustrados[18] abaixo:

CRIADO	CAÍDO	REGENERADO	GLORIFICADO
Capaz de pecar Capaz de não pecar	Incapaz de não pecar	Capaz de pecar Capaz de não pecar	Incapaz de pecar
Posse peccare *Posse non peccare*	*Non posse non peccare*	*Posse peccare* *Posse non peccare*	*Non posse peccare*

O primeiro estado corresponde à condição do homem antes da Queda, tendo duas capacidades: a de seguir sua inclinação natural recebida por Deus ou de escolher contrariamente a ela. O segundo é o estado do homem após a Queda, no qual ele pode somente escolher livremente seguir sua natureza corrompida. Isso não significa que o ser humano não esteja mais em condições de obedecer a Deus, mas que, quando o faz, geralmente essa obediência é motivada por razões que não dizem respeito a Deus, mas a alguma recompensa pessoal. Além disso, o ser humano em decadência é levado a fazer o que é bom quando se sente coagido por forças externas, tais como o Estado, a polícia, a família, e a cultura ao redor. O terceiro é o estado do homem regenerado, que, por causa da obra do Pai, do Filho e do Espírito, torna os cristãos capazes de obedecer à vontade de Deus, ainda que não perfeitamente, em uma guerra entre carne e Espírito. Finalmente, o quarto estado representa o homem glorificado, onde nossa liberdade será restaurada, mas, diferentemente do estado original, não haverá mais a possibilidade de pecar. Na minha perspectiva, a teoria dos quatro estados continua sendo a melhor explicação para entendermos as noções de livre-arbítrio e liberdade.

---

[17]Cf. Schopenhauer, *O mundo como vontade e como representação* (São Paulo: Editora Unesp, 2005), p. 351-420.

[18]Cf. Augustine, *Enchiridion on faith hope and love* (Hyde Park, NY: New City Press, 1999), 31.118.

3. Pecado é estranhamento e alienação.[19]

Falar de estranhamento nos leva à real natureza e ao pano de fundo do pecado como ato e condição. As pessoas se tornam estranhas umas às outras quando violam os laços relacionais com os quais Deus as criou. A história de Caim e Abel é o exemplo mais nítido disso. A despeito dos laços familiares que os tornam semelhantes, há uma rivalidade perigosa entre os irmãos. O pecado entranhado em seus corações faz com que Caim não consiga tolerar o fato de que o sacrifício de Abel foi aceito enquanto o dele não. O estranhamento entre ambos faz com que Caim mate o seu próprio irmão. Aqui temos um sinal claro de que o mundo se tornou um lugar inóspito e ameaçador até mesmo quando estamos entre familiares.

Como efeito dominó, Caim aprofunda o rompimento de sua relação com o Criador, razão inicial que o levara a estranhar-se com seu irmão e, em última análise, consigo mesmo. Não há descanso no coração desse homem e o texto bíblico registra que o seu coração está profundamente perturbado: "Eis que hoje me expulsas da face da terra, e da tua presença terei de me esconder; serei fugitivo e errante pela terra; quem se encontrar comigo me matará" (Gênesis 4:14). O estranhamento passa de uma geração para a outra e se intensifica ainda mais no caso de seu descendente Lameque: "E Lameque disse às suas esposas: 'Ada e Zilá, ouçam o que eu digo; vocês, mulheres de Lameque, escutem o que passo a dizer: Matei um homem porque me feriu; e um jovem porque me machucou. Se Caim é vingado sete vezes, Lameque será vingado setenta vezes sete'" (Gênesis 4:23,24).

Portanto, ao falarmos da condição atual do ser humano, estranhamento parece ser um conceito apropriado. A metáfora nos ajuda a entender que, ao deixarmos Deus para trás em busca de uma suposta autonomia, deixamos igualmente de fazer justiça às pessoas, aos relacionamentos, aos animais, ao meio ambiente e a nós mesmos. O pecado é o afastamento da fonte da vida em direção ao vazio, em direção aos deuses e poderes que não podem preencher nossas vidas e, no final, nos deixarão vazios.

---

[19]Cf. Kooi; Brink, *Christian dogmatics*, p. 307-309.

Pecado é uma condição de miséria ilustrada pelo filho mais novo na Parábola do Filho Pródigo (Lucas 15:11-32). Ao fugir de seu pai — que representa a Deus —, o filho mais novo entra em um estado de estranhamento profundo: ele está longe de casa, sem-teto, gasta o seu dinheiro com prostitutas, vícios e termina na lama, almejando comer a comida dos porcos, embora ninguém lhe dê nada. Isso nos ajuda a compreender que, ao persistirmos em nosso estranhamento para com Deus, afundaremos no mais profundo vazio. Longe da casa do Pai, nos tornamos presas fáceis para o poder destrutivo do pecado: atormentar, estuprar, agredir, matar e humilhar, tudo isso torna-se um prazer. Esse tipo de alienação total da vida começou no Éden, quando o primeiro casal se afastou de Deus e de tudo o que era bom para buscar um novo estilo de vida autônomo, que acabou por destruir o ser humano no processo. Em outras palavras, o pecado é um estado de profunda desumanização.[20]

Pecado original: sete proposições

A doutrina do pecado original foi desenvolvida pelos pais da igreja em contraposição ao ensino gnóstico e maniqueísta da época que considerava o mal e o pecado como inerentes à matéria e ao corpo. Agostinho e Irineu, por exemplo, combateram a teoria dos pagãos afirmando que o mal entrou neste mundo não por causa da existência da matéria, mas por meio do uso idólatra que o primeiro casal fez de sua boa e livre vontade. Embora a origem do mal de forma mais ampla seja um mistério, em relação aos seres humanos, o que a Escritura nos permite dizer, de acordo com Agostinho, é que o pecado entrou no mundo como um ato voluntário da parte do homem.[21]

A versão clássica da doutrina do pecado original inclui sete proposições que são uma série de noções intimamente conectadas, que juntas formam uma espécie de "teia do pecado original."[22] Em uma frase,

---

[20]"O pecado fere outras pessoas e entristece a Deus, mas também nos corrói. O pecado é uma forma de abuso próprio." Plantinga, *Not the way it's supposed to be*, p. 124. Tradução do autor.

[21]Agostinho, *A cidade de Deus* (Petrópolis: Vozes, 1990), XIV, 11.

[22]Seguindo a tipologia sugerida por: Brink, "Questions, challenges, and concerns for original sin", in: Rosenberg, org., *Finding ourselves after Darwin* (Grand Rapids: Baker Academic, 2018), p. 119.

o pecado original é uma inclinação *universal, radical, total, dinâmica, adquirida, hereditária e inculpante* dos seres humanos para o pecado. As sete noções são como vários fios que compõem a rede do pecado original e se movem de seus aspectos mais plausíveis e geralmente fáceis de consentir (do primeiro ao quinto) para seus pressupostos mais contraintuitivos e contestados por teólogos contemporâneos (o sexto e o sétimo).[23]

1. Universal

Todos os seres humanos são pecadores. O texto fundamental para toda nossa discussão sobre a doutrina do pecado original é o seguinte: "Portanto, assim como por um só homem entrou o pecado no mundo, e pelo pecado veio a morte, assim também a morte passou a toda a humanidade, porque todos pecaram" (Romanos 5:12). Agostinho explica a passagem dizendo que o primeiro ato mau da vontade humana consistiu em afastar-se da obra de Deus (adoração) para as suas próprias obras (idolatria). Essas obras aconteceram por causa de um ato voluntário do ser humano e não por interferência divina, uma vez que Deus é santíssimo e não pode ser o autor do pecado.[24]

2. Radical

Todos os seres humanos possuem a inclinação para o pecado desde o início de suas vidas. O salmista dá testemunho dessa verdade: "Eu nasci na iniquidade, e em pecado me concebeu a minha mãe" (Salmos 51:5). A Confissão Belga explica: "Cremos que, pela desobediência de Adão, o pecado original se estendeu a toda a raça humana. Esse pecado é a corrupção de toda a natureza humana e um mal hereditário que contamina até mesmo as criancinhas no ventre de suas mães."[25]

Na visão de Agostinho, o ato maligno que introduziu o pecado no mundo foi precedido por uma *vontade maligna* produzida pelo primeiro casal, assim como uma árvore corrupta não produz frutos maus a

---

[23]Cf. Crisp, "Sin", In: Allen; Swain, orgs. *Christian dogmatics* (Grand Rapids: Baker, 2016), p. 195-215.
[24]Cf. Confissão de Fé de Westminster, III.1; V.4.
[25]Confissão Belga, art. 15.

não ser que esteja contaminada em suas raízes. A vontade de querer ser como Deus, portanto, deu ocasião ao ato de comer do fruto proibido. Em outras palavras, a *formalidade* do pecado estava no fato de Adão e Eva terem comido o fruto, mas a *essência* dele estava na disposição de ambos em buscar a autodivinização. Antes de cometerem o ato formal de comer da árvore, o pecado já havia se infiltrado no intelecto deles na forma de orgulho e incredulidade, nas suas afeições, à medida que buscaram satisfação pessoal nas coisas criadas e não no Criador, e na sua vontade como intenção de contrariar a sabedoria divina.[26]

O pecado para Agostinho não tem natureza em si, pois só pode existir como um defeito do que Deus criou como bom. Nada que Deus criou pode ter uma substância maligna em si mesma, do contrário o próprio Deus seria participante do mal como seu originador. Em contrapartida, se o ser é bom e o mal é o oposto do bem, segue-se que o mal não possui substância, mas consiste em uma privação do bem (*privatio boni*). Por não possuir uma essência, o mal não possui vida própria, mas vive tão somente às custas de um hospedeiro. Como um parasita, o mal existe apenas nas coisas boas como corrupção delas. É como a ferrugem que atinge o ferro. Não existe um ferro totalmente enferrujado, pois esse deixaria de existir. Assim como a ferrugem existe em função do ferro como elemento parasita e destruidor, também o mal só existe em função do bem. O apodrecimento de uma árvore só pode existir enquanto existir uma árvore; a ferrugem em um carro, da mesma forma; a cárie só pode existir enquanto houver um dente; consequentemente, o pecado pode apenas corromper as coisas boas que possuem existência. Assim, o bem existe sem o mal, mas o mal não pode existir sem o bem, pois não pode existir exceto na natureza que Deus criou boa.[27]

3. Total

A tendência para pecar afeta todas as faculdades humanas e não apenas parte delas.[28] Isto é o que o próprio Deus diz a respeito da natureza

---

[26]Cf. Berkhof, *Systematic theology* (Grand Rapids: Eerdmans, 1996), p. 222-3.
[27]Agostinho, *A cidade de Deus*, XIV, 11. Veja também Agostinho, *O livre-arbítrio* (São Paulo: Editora: Paulus, 1995), p. 68.
[28]Cf. Confissão de Fé de Westminster, VI.2.

humana caída: "O Senhor viu que a maldade das pessoas havia se multiplicado na terra e que todo desígnio do coração delas era continuamente mau" (Gênesis 6:5; cf. Romanos 3:10-18). Os efeitos do pecado original se tornam evidentes na desordem que o pecado gerou no intelecto, nas emoções e na vontade do ser humano. Nos livros III e IV das *Confissões*, Agostinho confessa algumas das falhas intelectuais que o impediram de encontrar a verdade, especialmente ao ser desviado do verdadeiro conhecimento de Deus pelos erros teológicos dos maniqueístas e de outras correntes filosóficas. Similarmente, os nossos amores estão profundamente desordenados. Para ele, o amor é a chave para a compreensão do ser humano, pois "se queremos descobrir o caráter de qualquer pessoa, basta examinar o que ele ama."[29] Os eleitos são membros da cidade de Deus que foram libertos da escravidão do amor próprio para amarem a Deus, enquanto os membros da cidade dos homens são aqueles que permanecem com seus amores desordenados e, portanto, em um estado de condenação eterna.[30] Finalmente, em relação à vontade, está claro para Agostinho que não há como sermos realmente livres enquanto estivermos escravizados por diversos vícios, visto que esses desejos e essas atitudes carnais são manifestações de uma vontade corrupta. Agostinho também menciona que sua ambição de ser bem-sucedido nas áreas do direito e de falar em público foi motivada pela vaidade e para nutrir o orgulho que envolvia todas as suas realizações.

4. Dinâmica

A inclinação pecaminosa é uma espécie de fonte da qual todos os tipos de pecados reais surgem na vida de todos. A Confissão Belga diz: "Como raiz, [o primeiro pecado] produz no homem toda a sorte de pecados. É, portanto, tão vil e enorme diante de Deus que é suficiente para

---

[29]Agostinho, *A cidade de Deus*, XIV, 24.

[30]"Duas cidades, então, foram criadas por dois amores: isto é, a terrena pelo amor de si mesmo que se estende até o desprezo a Deus, e a celestial pelo amor a Deus que se estende até o desprezo de si. Uma, portanto, se gloria em si mesma, a outra no Senhor; uma busca a glória dos homens, a outra encontra sua maior glória em Deus" Augustinus, *De civitate Dei*, XIV, 28. Tradução do autor.

condenar a raça humana."[31] É nesse sentido que vários autores falam do pecado original como uma *poluição*, pois, como resultado da Queda, o pai da raça humana só poderia passar uma natureza depravada para sua descendência. Dessa fonte contaminada, o pecado flui como uma torrente impura para todas as gerações dos homens, poluindo todos e tudo com que entra em contato.[32] Sobre isso, os teólogos de Westminster afirmam que: "Desta corrupção original pela qual ficamos totalmente indispostos, adversos a todo o bem e inteiramente inclinados a todo o mal, é que procedem todas as transgressões atuais."[33]

5. Adquirida

A inclinação para o pecado não faz parte de nossa constituição original, mas é a corrupção da natureza humana que resultou do primeiro pecado ocorrido no alvorecer da história humana. O apóstolo diz: "por um só homem entrou o pecado no mundo" (Romanos 5:12) e "pela desobediência de um só homem, muitos se tornaram pecadores" (Romanos 5:19). Tomás de Aquino explica esse aspecto do pecado original em duas partes: (1) *peccatum originale originans* (pecado original *originário*), que se refere ao efeito pessoal que o pecado original teve sobre Adão; e (2) *peccatum originale originatum* (pecado original *originado*), que indica o resultado do pecado original na humanidade como um todo, isto é, todos os demais pecados que existem se originaram de um só. Em outras palavras, a terrível miséria que oprime a humanidade e a sua inclinação para o mal devem ser entendidas *não* de modo individualístico, mas em conexão com o pecado de Adão e pelo fato de que ele nos transmitiu o "vírus" pelo qual todos nascemos doentes.[34]

6. Hereditária

Essa corrupção é um resultado do primeiro pecado, que é passado a todas as gerações posteriores por geração ordinária. Diferente de Agostinho, que afirmava a transmissão do pecado original por meio de

---

[31]Confissão Belga, art. 15.
[32]Cf. Plantinga, *Not the way it's supposed to be*, p. 43-5.
[33]Confissão de Fé de Westminster, VI, 4.
[34]Tomás de Aquino, *Summa theologiae*, 1a2ae, q. 85, 3.

relações sexuais, os teólogos da Reforma desenvolveram o conceito de transmissão do pecado original com base na linguagem pactual utilizada nas Escrituras (Gênesis 2:16,17; Romanos 5; 1Coríntios 15). Nessa visão, Adão e Eva não eram apenas um casal isolado dos demais, mas atuavam como "cabeças federais" de toda a humanidade, como os representantes espirituais de todos os seres humanos que haveriam de nascer. Eles receberam os termos da aliança, em Gênesis 2:16,17, com seus privilégios e deveres, bem como com uma maldição em caso de desobediência. Eles agiram como nossas "cabeças", de tal modo que somos responsabilizados como pecadores não apenas por termos os nossos próprios pecados, mas por estarmos unidos pactualmente a eles no primeiro pecado cometido no jardim.[35]

A noção de imputação pactual do pecado de Adão para toda raça humana parece ser confirmada pela analogia que o apóstolo Paulo faz entre Adão e Cristo:

> Se a morte reinou pela ofensa de um e por meio de um só, muito mais os que recebem a abundância da graça e o dom da justiça reinarão em vida por meio de um só, a saber, Jesus Cristo. Portanto, assim como, por uma só ofensa, veio o juízo sobre todos os seres humanos para condenação, assim também, por um só ato de justiça, veio a graça sobre todos para a justificação que dá vida. Porque, como, pela desobediência de um só homem, muitos se tornaram pecadores, assim também, por meio da obediência de um só, muitos se tornarão justos. A lei veio para que aumentasse a ofensa.

---

[35]As duas principais visões sobre a transmissão ordinária do pecado são conhecidas na tradição reformada como realismo e federalismo. A primeira sugere que todos os descendentes de Adão já estavam presentes em seu esperma, o que os torna culpados de seu ato (uma visão que é supostamente apoiada por Hebreus 7: 9,10). A segunda entende que Adão é o cabeça que representa toda a raça humana, de tal modo que o pecado de Adão foi imputado por Deus a todos os homens. O argumento federalista encontra apoio em Romanos 5, em que Adão, em analogia com Cristo, é representado como um "cabeça pactual." Cf. Kooi; Brink, *Christian dogmatics*, p. 320. Alguns têm sugerido que as duas posições não são antagônicas e que, portanto, podemos utilizar ambas, cf. Bavinck, *Reformed dogmatics* (Grand Rapids: Baker, 2008), vol. 3, p. 110-17.

> Mas onde aumentou o pecado, aumentou muito mais ainda a graça, a fim de que, como o pecado reinou pela morte, assim também a graça reinasse pela justiça que conduz à vida eterna, por meio de Jesus Cristo, nosso Senhor (Romanos 5:17-21)

Em suma, por estarmos unidos pactualmente em Adão e ele ter caído em pecado, nos tornamos pecadores e merecedores do juízo e da condenação de Deus. Em contrapartida, por estarmos unidos com Cristo e ele ter sido justo e justificador dos pecadores, somos declarados justos e herdeiros da vida eterna com o Senhor. A primeira é uma aliança de morte, pois, pela ofensa de Adão, reinam a morte e a condenação; a segunda é uma aliança de graça, pois, pela justiça de Cristo, reinam a graça e a vida eterna.

No capítulo 6 de Romanos, o apóstolo Paulo indica que o sacramento do batismo marca a nossa saída da aliança com Adão (velha natureza) e a nossa entrada para a aliança com Cristo (nova criação). Paulo escreve: "Fomos sepultados com ele na morte pelo batismo, para que, como Cristo foi ressuscitado dentre os mortos pela glória do Pai, assim também nós andemos em novidade de vida" (Romanos 6:4). Ele continua: "Porque, se fomos unidos com ele na semelhança da sua morte, certamente o seremos também na semelhança da sua ressurreição, sabendo isto: que a nossa velha natureza foi crucificada com ele, para que o corpo do pecado seja destruído, e não sejamos mais escravos do pecado" (Romanos 6:5,6). Em outras palavras, não estamos mais debaixo de Adão e do pacto que nos conduziu ao pecado e à morte, mas em Cristo, pela maravilhosa graça que nos leva à vida eterna.

7. Inculpante

Em conexão com a corrupção, a culpa do primeiro pecado também é imputada a todas as gerações posteriores. Portanto, todos os seres humanos merecem o julgamento e a condenação de Deus, ainda que não tenham cometido pecados reais — como no caso das crianças. Esse ponto é controverso para vários teólogos contemporâneos porque soa estranho aos nossos ouvidos ocidentais a ideia de que pessoas são consideradas culpadas pelos pecados que outros cometeram. Como podemos carregar a culpa dos pecados que os nossos primeiros pais cometeram?

Independente das *nossas* dificuldades com essa doutrina, devemos lembrar que a Escritura testifica claramente que: (1) permanecemos culpados pelos nossos *próprios* pecados; e (2) o pecado tem um aspecto *comunitário* — da mesma forma que a santificação não é um empreendimento solitário, mas um processo em que mortificamos nossa velha natureza e nos apropriamos da nova vida em Cristo como uma comunidade de pecadores em santificação. Portanto, não devemos preferir um em detrimento do outro, pois a Palavra de Deus nos informa de que tanto os aspectos individuais quanto os aspectos comunitários do pecado são verdadeiros e devem ser mantidos em perspectiva.

O PROBLEMA DO MAL

Na última parte deste capítulo, eu apresentarei uma questão que leva muitas pessoas a abandonarem a fé cristã ou mesmo a não se interessarem por ela: o problema do mal e do sofrimento.[36] É muito comum ouvirmos cristãos e pessoas de fora da igreja fazendo as seguintes perguntas: se Deus é bom, por que existe tanto sofrimento no mundo? Se Deus é bom e ao mesmo tempo Todo-Poderoso, por que ele não acaba com os problemas da humanidade de uma vez por todas? Em outras palavras, essas pessoas têm lutado com a aparente tensão entre o caráter de Deus e a forma como ele governa o mundo. Como resolver esse problema?[37]

Os filósofos gregos já lidavam com essa questão há vários séculos atrás. Por exemplo, em uma polêmica contra os estoicos, os epicuristas questionaram:

> Deus não quer, ou não pode, ou pode e não quer, ou não quer nem pode, ou quer e pode eliminar o mal. Se quer e não pode, é impotente, o que Deus não pode ser. Se pode e não quer, é invejoso, o

---

[36]Algumas partes desta seção foram tiradas de meu artigo: Gomes, "Se Deus é justo e bom, por que sofremos? Avaliando as propostas do universalismo e teísmo aberto para o problema do mal", *Revista Teológica* (Campinas) 72, 2 (2019): 27-51.

[37]John Frame sugere nove possíveis esquemas para tratar a questão, cf. Frame, *Apologetics to the glory of God* (Phillipsburg, NJ: P & R Publishing, 2015), p. 155-88.

que igualmente é contrário a Deus. Se não quer nem pode, é inve-
joso e impotente, portanto, não é Deus. Se quer e pode — única
coisa que convém a Deus —, qual a origem da existência do mal e
por que não o elimina?[38]

No ano de 1710, o filósofo alemão Gottfried W. Leibniz cunhou
o termo "teodiceia", que serviu de título a uma de suas obras na qual
ele reivindicou a justiça divina por meio da solução de dois problemas
fundamentais: o mal e a liberdade humana.[39] Leibniz acreditava que
o mundo existente é o melhor dos mundos possíveis, dado que ele
é o mundo efetivamente criado por Deus. Ele resume sua solução para
o problema do mal afirmando que, "dentre as infinitas combinações
de possíveis e de séries de possíveis, existe apenas uma na qual a maior
quantidade de essência ou de possibilidade é trazida à existência."[40]

Immanuel Kant argumentou que as teodiceias anteriores simplesmente não vindicaram a sabedoria moral de Deus contra as acusações
de mal e sofrimento experimentadas neste mundo.[41] Em seu breve
tratado "Sobre o fracasso de toda tentativa filosófica na teodiceia",
Kant faz uma crítica elaborada das nove formas conhecidas como "teodiceias filosóficas" e, depois de refutá-las, o filósofo volta ao livro de Jó
para concluir que Deus permanece um Criador sábio e mantenedor da
ordem da Criação, embora seus caminhos sejam misteriosos para nós.
Kant argumenta que a teodiceia não deve ser um experimento científico na esfera do conhecimento, mas uma questão de fé. Para ele, entrar
no debate da teodiceia por meio de argumentos filosóficos em defesa
da causa divina é ignorar as limitações da razão para tal empreendimento. A melhor estratégia, de acordo com Kant, seria reconhecer

---

[38]Usener, *Epicurea* (Nova York: Cambridge University Press, 2010), F. 374,
p. 253.

[39]Leibniz, *Ensaios de teodiceia sobre a bondade de Deus, a liberdade do homem e a
origem do mal* (São Paulo: Estação Liberdade, 2013).

[40]Leibniz, "Da origem primeira das coisas", in: *Newton; Leibniz I.* Coleção Os
Pensadores (São Paulo: Abril Cultural. 1979), p. 156.

[41]Kant, "On the miscarriage of all philosophical trials in theodicy", in: Wood, et
al., org. *Religion and rational theology* (Cambridge: Cambridge University Press,
1996), p. 20-37.

nossa ignorância primeiro e, então, fundamentar nossa teodiceia na esfera da fé.[42]

Esse parece ser um sábio conselho para iniciarmos nossa investigação para o problema do mal e do sofrimento. Meu objetivo aqui é fornecer uma abordagem para o problema do mal ancorada nas Escrituras, seguindo os princípios da tradição agostiniana-reformada. Na minha visão, pelo menos quatro elementos fazem parte de uma teodiceia genuinamente cristã.

1. Soberania de Deus

Em primeiro lugar, a Escritura apresenta Deus como um ser que não deve justificativas aos seres humanos. Em vários momentos da narrativa bíblica, Deus faz coisas das quais os leitores gostariam de ter mais informações a respeito. Tome, por exemplo, o relato da Criação de todas as coisas e como o pecado aparece de modo intrusivo naquele mundo muito bom (Gênesis 1—3). Leitores podem se perguntar: por que Deus permitiu a Queda da raça humana? De onde veio essa serpente que mais à frente é identificada como sendo Satanás? Por que Deus não impediu que esse personagem enganasse o primeiro casal? Por que Deus não criou uma humanidade que fosse impecável desde o início? Por que Deus colocou a árvore do conhecimento do bem e do mal naquele jardim?

A lista é grande. Leitores querem respostas, mas Deus simplesmente não se defende. E ele não se defende porque não é obrigado a dar explicações, afinal, ele é Deus. Esse é o Deus retratado pelas Escrituras, um Deus que é soberano, que não precisa de conselhos e que é digno de plena confiança, apesar das suspeitas que seus atos possam provocar nas mentes humanas.

Deus nos desafia a crermos nele "apesar de". Qual livro da Bíblia melhor retrata essa experiência? Sem dúvida, o livro de Jó. Esse personagem se vê enfrentando um sofrimento severo e, na opinião dele, injusto. Seus amigos, em contrapartida, tentam achar justificativas inteligentes (teodiceias) para o seu sofrimento, acusando-o de algum

---

[42]Ibidem, 8:255.

pecado ou falha particular. A narrativa dá a entender que as explicações reducionistas — causa e efeito — que seus amigos oferecem são insuficientes para justificar as ações de Deus no mundo.

Jó não vê nenhuma justificativa para a sua situação de caos e exige então uma entrevista com o Todo-Poderoso (cf. Jó 23:1-7; 31:35). Após vários capítulos de lamento e confusão, Deus lhe concede uma entrevista, mas nela é o próprio Deus quem faz as perguntas. Deus questiona: "Quem é este que escurece os meus desígnios com palavras sem conhecimento?" (Jó 38:2, ARA). "Cinja os lombos como homem, pois eu lhe farei perguntas, e você me responderá" (Jó 38:3). Que tipo de perguntas Deus faz a Jó? Basicamente, perguntas que ele seria incapaz de responder. Mistérios a respeito da origem do universo, da beleza e organização das constelações, dos limites da terra, dos mares e outros detalhes acerca dos quais Jó provavelmente não tinha conhecimento. Essas perguntas apontam para o fato de que o mundo é mais complexo do que a simples lógica retributiva de causa e efeito e de que o ser humano é incapaz de conhecer as razões que levaram Deus a permitir o mal e o sofrimento no mundo.

As respostas de Deus — em forma de perguntas — satisfazem Jó e o levam a confiar no caráter justo, bondoso, amoroso e soberano de Deus apesar de continuar sem todas as respostas.

> Bem sei que tudo podes, e nenhum dos teus planos pode ser frustrado. Tu perguntaste: "Quem é este que, sem conhecimento, encobre os meus planos?" Na verdade, falei do que eu não entendia, coisas que são maravilhosas demais para mim, coisas que eu não conhecia. Disseste: "Escute, porque eu vou falar; farei perguntas, e você me responderá." Eu te conhecia só de ouvir, mas agora os meus olhos te veem. Por isso, me abomino e me arrependo no pó e na cinza. (Jó 42:2-6)

Embora estejamos em uma posição melhor que a de Jó para compreender que Satanás estava por trás de seu sofrimento, várias questões continuam em aberto: por que Deus permitiu Jó ser tentado dessa forma? O que o Diabo estava fazendo no céu? Por que Deus fez esse acordo com Satanás? No fim das contas, o leitor é desafiado a tomar o lugar de Jó, entender sua incapacidade de compreender os mistérios divinos e adorar a Deus independentemente das dúvidas e do sofrimento.

Outro texto da Escritura que deixa claro a posição de Deus como "aquele que faz as perguntas" está registrado na Parábola dos Trabalhadores na Vinha (Mateus 20:1-16). A parábola apresenta um grupo de trabalhadores que labutaram por apenas uma hora e outros que o fizeram durante todo o dia. No final do dia, todos acabam recebendo o mesmo salário. Aquele grupo que trabalhou mais logo reclama contra o patrão: "Estes últimos trabalharam apenas uma hora; contudo, os igualaste a nós, que suportamos a fadiga e o calor do dia" (Mateus 20:12, ARA). Então, o dono da vinha — que aqui representa o próprio Deus — responde: "Amigo, não te faço injustiça; não combinaste comigo um denário? Toma o que é teu e vai-te; pois quero dar a este último tanto quanto a ti" (Mateus 20:13,14). O leitor, finalmente, é surpreendido pelo conceito de justiça usado pelo dono da vinha: "Porventura, não me é lícito fazer o que quero do que é meu? Ou são maus os teus olhos porque eu sou bom?" (Mateus 20:15). Moral da história: por ser um Deus soberano, ele pode fazer coisas que às vezes parecem, às mentes humanas, contrárias à sua retidão divina. Quando isso acontece, não devemos exigir explicações dele, mas apenas confiar que ele sabe o que faz.

2. A providência de Deus

Em segundo lugar, os autores bíblicos descrevem que Deus está misteriosamente por trás de tudo o que acontece. O texto sagrado apresenta o mal como uma categoria perversa a ser vencida, mas também o descreve como um problema que jamais esteve fora de controle. Davi escreve que Deus não apenas sabe tudo o que acontece, mas também escreveu e determinou toda a história da humanidade em um "livro" quando nada ainda havia (Salmos 139:16). Isaías nota que Deus nunca é pego de surpresa por nada, pois até a existência do mal faz parte de seu plano misterioso para a história humana (Isaías 45:7).

Deus está por trás de todas as ações boas dos seres humanos. Igualmente, até os atos maus dos seres criados estão debaixo do governo soberano de Deus. Como a Confissão de Fé de Westminster declara:

"Desde toda a eternidade, Deus, pelo muito sábio e santo conselho da sua própria vontade, ordenou livre e inalteravelmente tudo quanto acontece, porém de modo que nem Deus é o autor do pecado, nem violentada é a vontade da criatura, nem é tirada a liberdade ou contingência das causas secundárias, antes estabelecidas."[43] Em outras palavras, tudo o que acontece tem propósito — ainda que incompreensível para mentes humanas —, até os ímpios, para o dia da calamidade (Provérbios 16:4).

O profeta Amós diz que nenhum mal acontece à cidade sem que Deus o tenha feito (Amós 3:6). Às vezes, Deus julga nações rebeldes com catástrofes e entrega seres humanos à própria sorte para que vivam de acordo com a sua própria maldade (cf. Romanos 1:24-26). Jesus nota que até as contingências mais insignificantes da vida, como um pardal caindo de uma árvore ou o número de fios de cabelo, estão sob o controle soberano de Deus (Mateus 10:29,30). Se esses detalhes tão pequenos estão inclusos no governo de Deus sobre o mundo, o que dizer de cada detalhe da vida de seu povo eleito? Embora a presença do mal esteja misteriosamente em seu plano, Deus nunca força ninguém a ser mau; os seres humanos praticam o mal porque agem de acordo com a sua própria natureza, a qual está inclinada para o mal. O testemunho da Escritura é claro: Deus é sempre bom (Salmos 34), odeia o mal (Salmos 5:4), não pratica o mal (Jó 34:10) e ama o bem (Salmos 33:5).

O apóstolo Paulo garante que todas as coisas cooperam de alguma forma para o bem daqueles que amam a Deus (Romanos 8:28). A dificuldade de entender racionalmente a coexistência de um Deus bom e a realidade do mal é uma limitação inerente à perspectiva humana que só pode ser vencida pela fé. Em momentos de tribulação, portanto, cabe aos cristãos continuarem crendo no Deus soberano, amoroso, justo e bom, a despeito daquilo que seus olhos limitadamente podem ver.

3. O Redentor e o triunfo sobre o mal

Em terceiro lugar, a Escritura declara que Deus solucionou o problema do mal e do sofrimento tomando sobre si ambos, na pessoa de seu

---

[43]Confissão de Fé de Westminster, III, 1.

Filho Jesus Cristo. Apesar de não precisar explicar-se ou justificar seu governo justo e amoroso às suas criaturas, "Deus prova o seu próprio amor para conosco pelo fato de ter Cristo morrido por nós, sendo nós ainda pecadores" (Romanos 5:8, ARA). Quando sofredores não conseguem compreender a razão de Deus governar o mundo aparentemente de forma "injusta", eles podem lembrar que o próprio Deus-homem experimentou e triunfou sobre o sofrimento no lugar deles.

Desde a entrada do pecado no mundo, os filhos de Adão e Eva esperaram pelo Salvador que restauraria a ordem criacional que Deus considerou muito boa (Gênesis 1:31). Os israelitas aguardavam o dia em que a cabeça de Satanás seria esmagada (Gênesis 3:15), a cabeça da mesma pessoa que cooperou para a Queda do primeiro casal e tem cooperado, em grande medida, para o estado de caos dos seres humanos. Essa expectativa de redenção e reversão do mal tornou-se realidade por meio do nascimento, da vida, da morte, da ressurreição e da ascensão de Cristo. Ao encarnar-se, o Deus Filho participou de todas as coisas comuns aos seres humanos, incluindo dor, fome, sede, enfermidades e fraquezas, mas sem pecado (Hebreus 4:15).

O Deus encarnado também se colocou voluntariamente na posição de substituto dos seres humanos, para ser capaz de receber o pecado e a punição deles de uma vez por todas (Hebreus 2:17). Na sua crucificação e morte, portanto, Jesus tomou sobre seus ombros todos os pecados, todas as dores e as maldições do mundo. Como diz o profeta Isaías: "Certamente, ele tomou sobre si as nossas enfermidades e as nossas dores levou sobre si" (53:4, ARA). Ele continua, "ele foi traspassado pelas nossas transgressões e moído pelas nossas iniquidades; o castigo que nos traz a paz estava sobre ele, e pelas suas pisaduras fomos sarados" (53:5, ARA). E então o profeta conclui: "cada um se desviava pelo caminho, mas o SENHOR fez cair sobre ele a iniquidade de nós todos" (Isaías 53:6, ARA). À luz dessas palavras, pode-se concluir que é na morte de Cristo que Deus manifesta tanto sua justiça quanto seu amor. Em vez de mera justificativa intelectual, a "teodiceia" da Escritura constitui-se na própria atitude do Deus-homem de assumir o problema do mal causado pelos próprios seres humanos.

A Escritura também afirma que Cristo não apenas assumiu os pecados dos seres humanos sobre si, mas que triunfou sobre a morte ao ressuscitar ao terceiro dia. De acordo com o apóstolo Paulo, a ressurreição de Cristo é a garantia para os cristãos de que eles são perdoados e livres das amarras do pecado e de que também participarão da ressurreição do corpo e vida eterna (1Coríntios 15:12-17). Ressurgir dos mortos significa, então, vencer a morte e o pecado, o qual gerou todas as maldições correlatas e, finalmente, ser capaz de transferir a mesma vitória àqueles que creem em sua morte e ressurreição.

Alguém pode perguntar: "Por que Deus permite que coisas ruins aconteçam com pessoas boas?" À luz do evangelho, isso aconteceu apenas uma vez: Cristo se ofereceu à morte voluntariamente no lugar dos pecadores. Não há sofrimento tão ruim que não tenha feito parte dos sofrimentos de Cristo; semelhantemente, não há pessoa tão boa que mereça algo melhor em recompensa do que Cristo; no entanto, ele recebeu no lugar dos seres humanos todas as maldições que eles mesmos mereciam. A cruz de Cristo, portanto, torna quaisquer acusações de injustiça ou falta de amor levantadas contra Deus injustificáveis. O amor e a justiça divinos estão tão interligados que o apóstolo Pedro afirma que Deus já havia planejado o sangue de seu Filho como redenção para o mundo antes da Criação de todas as coisas (1Pedro 1:19,20). A cruz carregada pelo Deus-homem garante que nenhum sofrimento seja forte o suficiente para impedir que o mundo creia que Deus é amor.

4. A Consumação

Finalmente, a Escritura assegura aos redimidos que Deus irá eliminar toda forma de mal e sofrimento no último dia. Embora a morte e ressurreição de Cristo já sejam uma resposta para o problema do mal e do sofrimento, o problema só será finalmente resolvido após o retorno de Cristo. Como explica o autor de Hebreus: "Todas as coisas sujeitaste debaixo dos seus pés. Ora, desde que lhe sujeitou todas as coisas, nada deixou fora do seu domínio. Agora, porém, ainda não vemos todas as coisas a ele sujeitas." O autor continua, "vemos, todavia, aquele que, por um pouco, tendo sido feito menor que os anjos, Jesus, por causa do sofrimento da morte, foi coroado de glória e de honra, para que, pela graça de Deus, provasse a morte por todo homem" (Hebreus 2:8,9, ARA).

Em outras palavras, Cristo já conquistou a salvação de todos os seus, mas nem todas as coisas estão sujeitas a ele ainda. O drama do evangelho precisa ter seu desfecho. Reconhecendo isso, o apóstolo Paulo ensina que Cristo já triunfou sobre Satanás e os poderes do mal (Colossenses 2:15), mas que ainda não esmagou a cabeça de Satanás sob os pés da igreja de Cristo (Romanos 16:20). A redenção do mundo já começou e já tem a garantia da vitória, mas a batalha final ainda não aconteceu.

O autor de Hebreus também observa que, embora os salvos já tenham entrado no descanso de Deus e sejam socorridos por Cristo durante tentações nesta vida, eles ainda não receberam um descanso pleno, pois "resta um repouso para o povo de Deus" (Hebreus 4:9, ARA; cf. tb. 4:3). O autor de Hebreus afirma que o desfecho do drama da salvação acontecerá no retorno de Cristo. Ele diz: "assim também Cristo, tendo-se oferecido uma vez por todas para tirar os pecados de muitos, aparecerá segunda vez, não para tirar pecados, mas para salvar aqueles que esperam por ele" (Hebreus 9:28). Cristo virá segunda vez para julgar vivos e mortos e consumar a obra que começou. Quando a obra do Filho de Deus estiver terminada, os cristãos terão todas as lágrimas de seus olhos finalmente enxugadas. Como vê João em Apocalipse:

> Então ouvi uma voz forte que vinha do trono e dizia: "Eis o tabernáculo de Deus com os seres humanos. Deus habitará com eles. Eles serão povos de Deus, e Deus mesmo estará com eles e será o Deus deles. E lhes enxugará dos olhos toda lágrima. E já não existirá mais morte, já não haverá luto, nem pranto, nem dor, porque as primeiras coisas passaram" (Apocalipse 21:3,4).

Esse texto descreve o estado de perfeita alegria dos salvos na Nova Jerusalém em termos negativos: não haverá lágrimas, dores, pranto, morte ou qualquer maldição. Essa é uma promessa garantida aos redimidos porque Jesus levou sobre si as lágrimas, as dores, os prantos, as mortes e as maldições de seu povo. Por ter vencido a morte e todos os poderes do mal, Cristo pode oferecer esse estado de perfeito contentamento aos seus seguidores.

O versículo seguinte reitera essa garantia de segurança eterna aos seus habitantes: "'Eis que faço novas todas as coisas.' E acrescentou:

'Escreve, porque estas palavras são fiéis e verdadeiras'" (Apocalipse 21:5). João está utilizando as palavras de Isaías 43:19: "Eis que faço coisa nova", de uma forma mais universal, "faço novas todas as coisas." A inserção dos plurais e da ideia de totalidade sugere que todo o povo de Deus, junto com os céus e a terra, se transformará na nova criação de Deus, livre de todo o mal e dos sofrimentos do passado.

Após descrever a feliz condição dos redimidos na nova criação, João anuncia juízo eterno para aqueles que continuam em trevas: "Quanto, porém, aos covardes, aos incrédulos, aos abomináveis, aos assassinos, aos impuros, aos feiticeiros, aos idólatras e a todos os mentirosos, a parte que lhes cabe será no lago que arde com fogo e enxofre, a saber, a segunda morte" (Apocalipse 21:8, ARA). Leon Morris sugere que o livro de Apocalipse apresenta julgamento e graça acompanhados um do outro. Ele comenta que a beleza da noiva envolve necessariamente o julgamento da prostituta; que a nova criação exige o desaparecimento da velha, e assim por diante. Como o apóstolo Pedro afirma: "esperamos novos céus e nova terra, nos quais habita a justiça" (2Pedro 3:13). Portanto, não haverá lugar para a injustiça e crueldade da Babilônia e seus habitantes na Nova Jerusalém.[44]

A descrição da Nova Jerusalém feita em Apocalipse 22:1-5 também está cheia de elementos do jardim do Éden (Gênesis 1—2). João vê o pequeno jardim da velha criação ampliado na cidade da nova criação. Aquilo que começou como um pequeno jardim é agora vislumbrado como parte integrante de todo o cosmo restaurado. Assim, João vê o mesmo rio da água da vida (v. 1,2), a mesma árvore da vida com seus frutos e folhas (v. 2) e os seus novos habitantes, isto é, Deus junto com os seus súditos reais (v. 3-5). Colocando de outra maneira, o mundo futuro prometido nas Escrituras é um ambiente de pleno amor, paz, justiça e, portanto, livre de caos e qualquer manifestação de pecado. Será um mundo onde nunca mais se ouvirá falar de luto, câncer, pobreza, morte, sofrimento ou guerras. Esse será o mundo em que Deus habitará com o seu povo em perfeita harmonia eternamente.

A nossa conclusão é que não é sábio julgar a obra do Criador antes de ele mesmo dizer a última palavra. Este autor alega que Deus tem o mosaico da história humana completo em suas mãos. Embora aos

---

[44]Morris, *Revelation* (Westmont, IL: IVP Academic, 2009), p. 236.

olhares humanos a história pareça ser um quebra-cabeça repleto de espaços vazios e peças aparentemente deslocadas, a perspectiva bíblica continua insistindo que Deus segue os seus planos à risca. Mesmo as peças mais escuras da história humana fazem parte misteriosamente de um belo cenário onde resplandece a glória de Deus.

Sem abrir concessões a respeito dos atributos divinos e de seu plano eterno para a história, a mensagem bíblica propõe uma atraente e segura esperança de que este mundo será finalmente restaurado e liberto das manifestações do mal que ainda atuam na história. Por essa razão, os redimidos, a despeito das dores que ainda experimentam no presente, podem desde já descansar nas promessas de Deus, na sua bondade e no seu amor inigualáveis.

Terminamos aqui nossa breve jornada pelo conhecimento de nós mesmos à luz da doutrina da Queda. Obviamente, por falta de espaço, vários assuntos interessantes sobre essa matéria foram deixados de lado. Espero que o Senhor te ajude a compreender a natureza humana cada vez mais, a fim de que corra depressa para os braços do Salvador. Agradou ao Pai, Filho e Espírito Santo nos mostrar primeiro na Escritura o nosso estado de miséria para então nos oferecer o consolo da salvação. De fato, é impossível reconhecer a necessidade de salvação a menos que reconheçamos a nossa total perdição. Assim aconteceu com Pedro, pois, "começando a afundar, gritou: 'Salve-me, Senhor!'" (Mateus 14:30).

REFERÊNCIAS

AUGUSTINUS. "De civitate Dei." In: DOMBART, B.; KALB, A., org. *Corpus Christianorum Scholars Version* (Turnhout: Brepols 2014).

_____ [AGOSTINHO]. *A cidade de Deus* (Petrópolis: Vozes, 1990).

_____ [AGOSTINHO]. *Confissões* (São Paulo: Paulus, 2002).

_____ [AGOSTINHO]. *O livre-arbítrio*. 2. ed. Coleção Patrística (São Paulo: Editora: Paulus, 1995). Vol. 8.

_____ [AUGUSTINE]. *Enchiridion on faith hope and love* (Hyde Park, NY: New City Press, 1999).

_____ [AUGUSTINE]. *Against the two letters of the Pelagians*, I, 2, 5, disponível em: https://www.newadvent.org/fathers/1509.htm, acesso em: 04 jun. 2021.

BARTHOLOMEW, Craig; GOHEEN, Michael. *The drama of Scripture: finding our place in the Biblical story.* 2. ed. (Grand Rapids: Baker Academic, 2014).

_____; _____. *O drama das Escrituras: encontrando o nosso lugar na história bíblica* (São Paulo: Vida Nova, 2017).

BAVINCK, Herman. *Reformed dogmatics* (Grand Rapids: Baker, 2008). 4 vols.

_____. *Dogmática reformada* (São Paulo: Cultura Cristã, 2012). 4vols.

BERKHOF, Louis. *Systematic theology: new combined edition* (Grand Rapids: Eerdmans, 1996).

_____. *Teologia sistemática* (São Paulo: Cultura Cristã, 2002).

BERKOUWER, Gerrit C. *Sin.* Studies in dogmatics (Grand Rapids: Eerdmans, 1971).

BRINK, Gijsbert van den. "Questions, challenges, and concerns for original sin." In: ROSENBERG, Stanley, org. *Finding ourselves after Darwin: conversations on the image of God, original sin, and the problem of evil* (Grand Rapids: Baker Academic, 2018).

CALVIN, Jean. "Institutio Christianae religionis." In: BAUM, G.; CUNITZ, E.; REUSS, E., orgs. *Ioannis Calvini Opera Quae Supersunt Omnia.* Corpus Reformatorum (Brunswick and Berlin: C. A. Schwetschke and Son [M. Bruhn], 1863-1900). Vols. 29-87.

_____ [CALVINO, João]. *Institutas da religião cristã* (São Paulo: Cultura Cristã, 2006). 4 vols.

_____ [CALVIN, John]. *The bondage and liberation of the will: a defense of the orthodox doctrine of human choice against Pighius* (Grand Rapids: Baker, 1996).

CLINES, D. J. A. "The tree of knowledge and the law of Yahweh." *Vetum Testamentum* 24 (1974): 8-14.

"Confissão Belga." In: *As três formas de unidade das igrejas reformadas* (Brasília: CLIRE, 2013).

Confissão de Fé de Westminster (São Paulo: Cultura Cristã, 2014).

CRISP, Oliver. "Sin." In: ALLEN, Michael; SWAIN, Scott R., orgs. *Christian dogmatics: Reformed theology for the Church Catholic* (Grand Rapids: Baker, 2016), p. 195-215.

FRAME, John M. *Apologetics to the glory of God: an introduction* (Phillipsburg, NJ: P & R Publishing, 2015).

_____. *Apologética para a glória de Deus: uma introdução* (São Paulo: Cultura Cristã, 2011).

GOMES, Jean Francesco A. L. "Se Deus é justo e bom, por que sofremos? Avaliando as propostas do universalismo e teísmo aberto para o problema do mal." *Revista Teológica* (Campinas) 72, 2 (2019): 27-51.

JENSON, Matt. *The gravity of sin: Augustine, Luther, and Barth on "homo incurvatus in se."* (Londres: T&T Clark, 2007).

KANT, Immanuel. "On the miscarriage of all philosophical trials in theodicy." In: WOOD, et al., orgs. *Religion and rational theology* (Cambridge: Cambridge University Press, 1996). p. 20-37.

_____. Sobre o fracasso de toda tentativa filosófica na teodiceia. Disponível em: http://www.sociedadekant.org/studiakantiana/index.php/sk/article/view/225. Acesso em: 04 jul. 2021.

KOOI, Cornelis van der; BRINK, Gijsbert van den. *Christian dogmatics: an introduction* (Grand Rapids: Eerdmans, 2017).

LEIBNIZ, G. W. "Da origem primeira das coisas." In: *Newton; Leibniz I.* Coleção Os Pensadores (São Paulo: Abril Cultural. 1979).

_____. *Ensaios de teodiceia sobre a bondade de Deus, a liberdade do homem e a origem do mal* (São Paulo: Estação Liberdade, 2013).

LONGMAN III, Tremper. *Como ler Gênesis?* (São Paulo: Vida Nova, 2009).

LUTERO, Martinho. *Nascido escravo* (São José dos Campos: Editora Fiel, 2018).

MORRIS, Leon L. *Revelation*. 2. ed. (Westmont, IL: IVP Academic, 2009).

PLANTINGA Jr., Cornelius. *Not the way it's supposed to be: a breviary of sin* (Grand Rapids: Eerdmans, 1995).

SCHOPENHAUER, Arthur. *O mundo como vontade e como representação* (São Paulo: Editora Unesp, 2005).

TOMÁS DE AQUINO. "Summa theologiae." In: MORTENSEN, John, et al., org. *Latin/English edition of the works of St. Thomas Aquinas* (Lander, WY: The Aquinas Institute for the Study of Sacred Doctrine, 2012). Vol. 13-20.

_____. *Suma Teológica* (Campinas: Editora Ecclesiae, 2018). 5 vols.

USENER, Hermann. *Epicurea* (Nova York: Cambridge University Press, 2010).

WENHAM, G. J. *Genesis*. World Biblical Commentary (Waco, TX: Word Books, 1982). Volume 1: Genesis 1—15.

"Westminster Confession of Faith". In: DENNISON Jr., James T., org. *Reformed confessions of the 16th and 17th centuries in English translation* (Grand Rapids: Reformation Heritage Books, 2008). Volume 4: 1600-1693.

WOUDSTRA, M. H. "The *toledôt* of the Book of Genesis and their redemptive-historical significance." *Calvin Theological Journal* 5 (1970): 184-9.

REDENÇÃO

E em um só Senhor Jesus Cristo [...] que por nós, homens, e para nossa salvação, desceu dos céus, e se encarnou pelo Espírito Santo, da virgem Maria, e se fez homem, também por nós foi crucificado sob Pôncio Pilatos, padeceu e foi sepultado, e ressuscitou ao terceiro dia segundo as Escrituras, e subiu aos céus, onde está sentado à direita do Pai, e virá outra vez em sua glória, julgará os vivos e os mortos; e o seu reino não terá fim.

— Credo Niceno-Constantinopolitano

Jesus Cristo [...] em seu imenso amor, se fez o que nós somos para nos elevar ao que ele é.[1]

— Irineu de Lyon

Foi esta a maneira da redenção: "[Cristo foi] colocado sob a lei. Quando Cristo veio, encontrou-nos todos cativos sob aios e tutores, isto é, enclausurados e guardados sob a lei [...] Porque a lei [...] pecou tão horrivelmente e impiamente contra seu Deus, ela é intimada a comparecer no tribunal divino e é acusada. Ali Cristo diz: "Senhora lei, que és a

---

[1] Irineu de Lyon, *Adversus haereses*, V, Prefácio. Tradução do autor.

imperatriz e a mais poderosa e cruel tirana de todo o gênero humano, que cometi para que me acusasses, aterrorizasses e condenasses a mim, um inocente?" Então, a lei, que antes condenara e matara todos os homens, não tendo nada com que se defender ou purificar, por sua vez, é condenada e morta de tal maneira que perde seus direitos não apenas sobre Cristo (a quem, todavia, maltratou e matou injustamente), mas também sobre todos os que creem nele. Cristo, então, diz: "Vinde a mim, todos os que estais cansados sob o jugo da lei".[2]

— Martinho Lutero

O símbolo tradicional da fé cristã é a cruz. O uso desse símbolo tem sido central para o cristianismo, visto que a mensagem apostólica contida no Novo Testamento delineia a morte de Jesus Cristo na cruz como a fonte de onde os benefícios da salvação, tais como o perdão divino, a comunhão com Deus e a vida eterna, fluem para nós. Todavia, a cruz de Cristo parece ter se transformado em um acessório de moda cristã. Colocar uma cruz no peito hoje em dia não causa mais nenhum perigo. É, de fato, uma simbologia lindíssima que foi, de certa forma, esvaziada de seu poder.

Desde o início da fé cristã, a cruz foi vista como uma ofensa, um escândalo, um verdadeiro escárnio público. Por causa disso, ela deveria mudar toda a nossa forma de ver a vida: como enxergamos o sofrimento, a vergonha, a hostilidade, a violência e a crueldade neste mundo. Mas, infelizmente, a cruz não nos *escandaliza* mais — no bom sentido do termo! A banalização da cruz tem produzido uma vida confortável, o efeito oposto do que ela mesma propõe. Tornamo-nos uma igreja acostumada com a vida mansa. Perdemos de vista que seguir a Jesus é algo perigoso. Parece que nos esquecemos de que, para os primeiros discípulos, ser cristão significava pôr em risco a própria vida.

Qual é a mensagem da cruz? Como ela pode nos ajudar a reavivar nosso cristianismo tão pacato e pouco relevante para o mundo? Do que estamos falando ao nos referirmos à palavra *redenção*? O que isso tem

---

[2]Lutero, *Martinho Lutero: obras selecionadas* (São Leopoldo: Sinodal, 2008), vol. 10, p. 349.

que ver com a cruz de nosso Senhor Jesus Cristo? Como compreendermos melhor a salvação que recebemos dele? Essas são algumas perguntas que nortearão nossa jornada neste capítulo.

Apresento o mapa do caminho. Em primeiro lugar, faremos uma viagem pela história da igreja em busca de metáforas que nossos antepassados usaram para compreender o significado da redenção. Em seguida, apresentarei uma narrativa *temporal* da redenção a partir do Credo Apostólico.[3] Finalmente, terminaremos essa jornada colhendo algumas implicações que a doutrina da redenção oferece para o discípulo de Cristo na sua jornada de fé. Eu utilizo a palavra "redenção" neste capítulo como um termo abrangente que cobre todos os aspectos da soteriologia cristã.[4]

AS METÁFORAS DA REDENÇÃO

Nesta primeira parte, voltaremos no tempo até os primórdios do cristianismo para escavarmos algumas metáforas que condensaram a fé cristã primitiva a respeito da nossa redenção em Cristo. Essas figuras não foram inventadas ao acaso, mas seguem o próprio exemplo da Bíblia, que retrata a obra de Cristo por meio de várias imagens. Como Kooi e Brink sugerem: "Há uma boa razão pela qual a Bíblia oferece tal abundância de imagens e metáforas: todas elas almejam nos dar uma visão mais detalhada da 'multiforme sabedoria' de Deus (Efésios 3:10) que é

---

[3]Cf. Catecismo de Heidelberg, Q. 11-19. Em linha com o Credo Apostólico, a ordem do catecismo é a seguinte: (1) encarnação, (2) morte, (3) descida à sepultura, (4) ressurreição e (5) ascensão.

[4]John Stott diz com razão que a metáfora da redenção é uma das quatro "imagens da salvação" usadas no Novo Testamento, cf. Stott, *The cross of Christ* (Downers Grove: InterVarsity Press, 2006), p. 195-236. As quatro imagens são: (1) redenção; (2) propiciação; (3) justificação; e (4) reconciliação. Ainda assim, eu creio que o termo "redenção" pode ser usado como um "conceito guarda-chuva", isto é, que abrange o espectro total da salvação, uma vez que ele enfatiza a unidade de todos os demais aspectos da obra de Cristo. Cf. Kooi; Brink, *Christian dogmatics* (Grand Rapids: Eerdmans, 2017), p. 444; Bavinck, *Reformed dogmatics* (Grand Rapids: Baker, 2008), vol. 3, p. 452-4.

revelada na obra de Jesus Cristo."[5] À luz dessa realidade, meu objetivo é ajudar você a perceber que não devemos escolher a imagem correta e rejeitar as demais, mas reconhecermos que a Escritura apresenta a salvação de forma caleidoscópica: por meio de várias imagens que, refletidas juntas, enriquecem a nossa compreensão da obra de Cristo.[6]

A grande troca

A primeira metáfora usada por cristãos primitivos na tentativa de compreender o drama da redenção foi a linguagem de troca ou substituição. Essa ênfase reverberava a passagem de Isaías 53, na qual o Servo Sofredor leva os pecados dos pecadores, sofrendo no lugar deles a punição da morte que merecem, para que a justiça fosse plenamente cumprida.[7] Um dos documentos mais antigos da igreja cristã, a *Epístola a Diogneto*, descreve a nossa redenção em Cristo utilizando a linguagem de uma "doce troca": "Oh, doce troca! Oh, ato inexprimível! Oh, benefícios inesperados! Que as ações iníquas de muitos foram escondidas em um Justo e a justiça de um justificou os muitos que eram injustos"[8] A linguagem de um sacrifício substitutivo oferecido por Cristo em favor de pecadores está igualmente clara nos escritos de Atanásio:

---

[5]Kooi; Brink, *Christian dogmatics*, p. 444.

[6]De fato, a doutrina da salvação tem sido compreendida de diversas formas ao longo da história. Ela nunca foi o tema de um concílio ecumênico, por isso, não podemos descrever nenhuma das metáforas, isoladas das demais, para entender a obra redentora de Cristo ou condensar em uma delas o dogma da redenção. As diversas imagens utilizadas na história da igreja para descrever a salvação deixam claro que se trata de uma doutrina em desenvolvimento. Para o cristianismo ortodoxo, o termo "dogma" representa uma verdade que não está aberta à discussão. Cf. Bavinck, *Reformed dogmatics*, vol. 3, p. 340-41.

[7]Veja a linguagem tirada do profeta Isaías em Clement of Rome, "The letter of the Romans to the Corinthians", XLIX, in: Holmes, *The apostolic fathers* (Grand Rapids: Baker, 1999).

[8]*Epístola a Diogneto*, IX.5. Tradução do autor. A versão original em grego está disponível em: https://www.ccel.org/l/lake/fathers/diognetus.htm, acesso em: 09 jun. 2021.

Pois a Palavra [Cristo], sabendo que, de nenhuma outra maneira, senão pela morte, poderia desfazer a corrupção humana, sendo imortal e o Filho do Pai, não era capaz de morrer. Por esta razão, assume para si um corpo capaz de morrer [...] Assim, ao oferecer à morte o corpo que havia tomado para si, como uma oferta sagrada e livre de qualquer mancha, ele imediatamente aboliu a morte de todos como ele, pela oferta de um semelhante [...] E agora a própria corrupção da morte não se mantém, por mais tempo, firme contra os seres humanos por causa da Palavra que habita neles por meio de um só corpo [...] Pois, com o sacrifício do seu próprio corpo, ele pôs fim à lei que repousava contra nós e renovou para nós a fonte da vida, dando-nos a esperança da ressurreição. Pois, uma vez que, por meio dos seres humanos, a morte se apoderou dos seres humanos, por esta razão, novamente, por meio da encarnação do Verbo de Deus, ocorreu a dissolução da morte e a ressurreição da vida.[9]

O grande historiador Eusébio de Cesareia vai na mesma direção. Ao responder o porquê de não oferecermos sacrifícios ou frutos da terra para os deuses — como os homens dos tempos antigos faziam —, ele diz:

Enquanto o melhor, grande, digno e divino sacrifício ainda não estava disponível para os homens, era necessário que eles, com a oferta de animais, pagassem o resgate por sua própria vida [...] Assim fizeram os homens santos da antiguidade, antecipando, pelo Espírito Santo, que uma vítima sagrada, querida por Deus e grandiosa, viria um dia para os homens como oferta pelos pecados do mundo, crendo, [assim,] que, como profetas, deveriam cumprir em símbolo o seu sacrifício e mostrar em tipo o que ainda estava para ser. Contudo, quando o que era perfeito veio, de acordo com as predições dos profetas, os primeiros sacrifícios cessaram imediatamente por causa do sacrifício melhor e verdadeiro. Este sacrifício era o Cristo de Deus,

---

[9]Athanasius, *On the incarnation* (Yonkers, NY: St. Vladimir's Seminary Press, 2011), p. 59-60. Tradução do autor. Recentemente, Michael Horton fez uma revisão da literatura patrística para demonstrar que a fórmula da "grande troca" entre Cristo e os cristãos é paralela à doutrina protestante da justificação pela fé. Cf. Horton, *Justification* (Grand Rapids: Zondervan, 2018), 1:41.

desde tempos longínquos predito como vindo aos homens para ser sacrificado como uma ovelha por toda a raça humana.[10]

Esse tipo de linguagem comercial para a salvação possui amplo amparo nas Escrituras.[11] De acordo com a pregação apostólica, o Senhor Jesus nos *comprou* com o seu sangue e nos libertou do império de Satanás. Especialistas no Novo Testamento explicam que o termo redenção deve ser interpretado à luz da prática de manumissão, também conhecida como "alforria" ou "emancipação", que é o pagamento de um preço ao dono de um escravo para dar ao escravo sua liberdade.[12] Por exemplo, as cartas de Paulo apresentam a redenção obtida por meio do sangue de Jesus (Romanos 3:24,25; Efésios 1:7). Por esse sangue, os cristãos são redimidos da maldição da lei (Gálatas 3:13) e libertos da escravidão da lei e do poder do pecado (Gálatas 4:5). Agora que os cristãos foram "comprados por preço" — não o pagamento monetário, mas o sacrifício de Jesus —, eles não devem ser escravos de pessoas, mas escravos de Cristo (1Coríntios 6:20; 7:23).

Naquela época, quando uma nação perdia a guerra para outra, os guerreiros perdedores tornavam-se prisioneiros e escravos dos inimigos vencedores. Para ficarem livres do regime de escravidão imposto pelos

---

[10]Eusebius of Caeseria, *Demonstratio evangelica* (Londres: Macmillan, 1920), X.1. Outros exemplos dessa visão podem ser encontrados em Tertuliano, "On flight in persecution", XII, in: Schaff, *Ante-Nicene fathers* (Grand Rapids: Eerdmans, 1954), 4:123. A linguagem de sacrifício substitutivo foi amplamente usada por Agostinho (Augustinus, *De civitate Dei*, X.20; XIII.11).

[11]"O significado da salvação tende a variar dependendo de como o problema é percebido. Por exemplo, se a ameaça for um veredito de culpado no dia do julgamento, a salvação envolve *perdão* e *justificação*. Onde Paulo descreve as pessoas como escravas do pecado, a ideia de salvação envolve *redenção* ou *resgate*. Se a ênfase está na alienação de Deus, então a *reconciliação* ou *adoção* é o sentido relevante de salvação. Quando o problema é impureza ou contaminação, a pessoa é salva sendo *santificada*." Morrison, "Salvation", in: Barry, et al., orgs., *The lexham Bible dictionary* (Bellingham, WA: Lexham Press, 2016), versão digital. Tradução e ênfases do autor.

[12]Lau Peter, "Redenção", in: Barry, et al., orgs., *The lexham Bible dictionary*, versão digital.

conquistadores, era necessário pagar um preço. De forma mais precisa, a redenção de um prisioneiro de guerra era viável apenas se alguém da sua própria família que fosse livre o comprasse de volta para o seu país. Assim, para haver libertação de presos, o redentor precisava ser livre, parente da pessoa, ter os recursos e fazer isso de livre vontade.

Aplicando esse imaginário de redenção a nós, os apóstolos ensinaram que os seres humanos estão presos e escravizados pelo reino do pecado e pelo Diabo. Não podíamos alcançar a liberdade por nós mesmos. No entanto, o Senhor Jesus Cristo, que é totalmente livre de pecado, nos adotou para a família de Deus, pagando o preço dos nossos pecados, e o fez de forma voluntária. O nosso salário era a morte, por isso ele nos comprou de volta, morrendo na cruz. Suas feridas ganharam a nossa cura. Sua tristeza, a nossa alegria. Sua morte, a nossa vida. Chamamos a morte de Cristo por nós de "sacrifício substitutivo", pois o Salvador nos substituiu na cruz: a morte que era para ser nossa, Deus depositou na conta dele e a vida que era para ser dele, Deus creditou a nós. Em suma, Cristo nos liberta do reino das trevas e nos compra de volta para o reino do seu amor. Esse é o evangelho maravilhoso por trás da metáfora da redenção, o qual é, de fato, uma "doce troca"!

Christus Victor

A segunda metáfora criada para explicar nossa redenção ficou popularizada entre os cristãos primitivos na expressão *Cristo vitorioso*. A imagem retrata a batalha travada entre Cristo e os poderes do mal e a consequente libertação conquistada para a humanidade por meio de sua vitória na cruz e na ressurreição. A imagem de triunfo descreve bem a linguagem do Novo Testamento e dos pais da igreja, especialmente a vitória de Deus em Cristo sobre os poderes do Diabo, da morte e do inferno. Ao derrotar os poderes malignos que se opõem a Deus, Jesus Cristo resgatou seu povo de Satanás e se estabeleceu como o legítimo Rei do cosmo.

Um rápido passeio pelo Novo Testamento nos dá vários indícios desse tema de vitória. Jesus confrontou e venceu Satanás usando a Palavra de Deus quando foi tentado em Mateus 4. Embora não seja narrado de forma explícita, o Diabo deixa a cena como o perdedor, espancado e derrotado pela espada do Espírito, a Palavra de Deus. O apóstolo Paulo faz menção a essa espada como parte do armamento que os cristãos têm para combater os poderes espirituais do mal (Efésios 6:10-17). A linguagem imperial romana de triunfo é apropriada por Paulo ao se referir à morte e à ressurreição de Cristo:

> Também, nele, vocês receberam a plenitude. Ele é o *cabeça* de todo principado e potestade. Nele também vocês foram circuncidados, não com uma circuncisão feita por mãos humanas, mas pela remoção do corpo da carne, que é a circuncisão de Cristo, tendo sido sepultados juntamente com ele no batismo, no qual vocês também foram ressuscitados por meio da fé no poder de Deus que o ressuscitou dentre os mortos. E quando vocês estavam mortos nos seus pecados e na incircuncisão da carne, ele lhes deu vida juntamente com Cristo, perdoando todos os nossos pecados. Cancelando o escrito de dívida que era contra nós e que constava de ordenanças, o qual nos era prejudicial, removeu-o inteiramente, cravando-o na cruz. E, despojando os principados e as potestades, publicamente os expôs ao desprezo, *triunfando* sobre eles na cruz (Colossenses 2:10-15).[13]

Nessa referência, Paulo conecta o evento da crucificação de Cristo ao desfile imperial comum da época. A ironia aqui é clara: de onde se esperaria a derrota, veio a vitória! Por meio da morte do Salvador, as forças das trevas foram desarmadas e se tornaram um espetáculo público de vergonha. Na mesma direção, o apóstolo João fala dos cristãos vencendo o Diabo, conectando essa vitória com a Palavra de Deus que habita neles (1João 2:13,14). Jesus prometeu que seus discípulos receberiam autoridade para pisar em cobras e escorpiões e vencer o poder de Satanás (Lucas 10:19). Apesar das experiências de luta comuns aos apóstolos, a mensagem deles era carregada do tema de vitória associado à libertação em Cristo Jesus (cf. Romanos 8:1; 2Coríntios 2:14).

Que a vitória aconteceu, isso era incontestável, tanto nas Escrituras quanto para os pais da igreja. Porém, permanecia o dilema acerca de como a morte e a ressurreição de Cristo trouxeram concretamente a vitória contra o Diabo, a morte e o inferno. Essa interrogação foi

---

[13]Ênfases do autor.

respondida pela igreja por meio de várias teorias diferentes, dentre elas, três se tornaram populares.[14]

A primeira teoria é que Cristo trouxe vitória contra tudo e todos por meio de sua descida ao inferno. A ideia era a de que, após sua morte, Cristo desceu ao mundo dos mortos e proclamou vitória contra os poderes das trevas, libertando os seres humanos das garras do inferno.[15] De fato, a metáfora de Cristo invadindo e destruindo o mundo das trevas permeou a pregação dos primeiros cristãos e a sentença *descendit ad inferna* (desceu ao inferno) foi posteriormente adicionada ao Credo Apostólico.[16] A posição oficial da Igreja Romana é a seguinte:

> Os "infernos" (não confundir com o inferno da condenação) ou mansão dos mortos designam o estado de todos aqueles que, justos ou maus, morreram antes de Cristo. Com a alma unida à sua Pessoa divina, Jesus alcançou, nos infernos, os justos que esperavam o seu Redentor para acederem finalmente à visão de Deus. Depois de, com a sua morte, ter vencido a morte e o Diabo, "que da morte tem o poder" (Hebreus 2:14), [Cristo] libertou os justos que esperavam o Redentor e abriu-lhes as portas do céu.[17]

A descida de Cristo às regiões da morte permanece um profundo mistério para a igreja cristã. Calvino, por exemplo, prefere tratar do assunto da descida de Cristo como parte de seu sofrimento em nosso lugar, como tendo sido esquecido pelo Pai, e não como parte de sua vitória. O Catecismo de Heidelberg vai na mesma direção, apontando

---

[14]Cf. Kooi; Brink, *Christian dogmatics*, p. 455-60.

[15]A teoria está baseada nas seguintes referências bíblicas: Mateus 12:40; Atos 2:24,31; Efésios 4:8-10; e 1Pedro 3:18-20.

[16]Não é possível afirmar com certeza a razão da adição. Atualmente, o texto oficial aceito pela Igreja Romana diz *descendit ad inferos* (desceu ao mundo inferior), sugerindo que o lugar onde Cristo ficou após a morte não era o mesmo dos condenados, mas simplesmente a dimensão dos mortos. Cf. Catecismo da Igreja Católica, § 632-7.

[17]Catecismo da Igreja Católica, *Compêndio*, Questão 125, disponível em: https://www.vatican.va/archive/compendium_ccc/documents/archive_2005_compendium-ccc_po.html, acesso em 08 ago. 2021.

o caráter substitutivo da descida do Senhor e sublinhando o fato do abandono do Filho pelo Pai como motivo de consolo para os cristãos. Em resposta à pergunta: "Por que o Senhor desceu ao inferno?", o catecismo diz: "Porque meu Senhor Jesus Cristo sofreu, principalmente na cruz, inexprimíveis angústias, dores e terrores. Por isso, até nas minhas mais duras tentações, tenho a certeza de que ele me libertou da angústia e do tormento do inferno."[18]

A despeito do grande conforto que recebemos ao refletirmos sobre o aspecto vicário da descida de Cristo às regiões inferiores, essa teoria não faz justiça completa ao registro bíblico, pois o apóstolo Paulo parece realmente falar desse evento em tons de triunfo. O texto mais claro a esse respeito é, sem dúvida, Efésios 4:8-10, pois conecta tanto a ascensão de Cristo quanto a sua descida às regiões da morte a uma linguagem de vitória: "Por isso diz: 'Quando ele subiu às alturas, levou cativo o cativeiro e concedeu dons aos homens.' Ora, o que quer dizer 'ele subiu', senão que também havia descido até as regiões inferiores da terra? Aquele que desceu é também o mesmo que subiu acima de todos os céus, para encher todas as coisas." A lógica paulina nos leva a concluir que a mensagem de vitória chegou a todos os lugares do universo: nos céus, na terra, acima dos céus e nas regiões inferiores da terra. Mateus registra que, logo após a morte de Cristo, o mundo dos mortos recebeu a notícia de vitória, e coisas extraordinárias passaram a acontecer, culminando no reconhecimento do centurião de que Cristo é o Filho de Deus:

> E Jesus, clamando outra vez em alta voz, entregou o espírito. Eis que o véu do santuário se rasgou em duas partes, de alto a baixo; a terra tremeu e as rochas se partiram; os túmulos se abriram, e muitos corpos de santos já falecidos ressuscitaram; e, saindo dos túmulos depois da ressurreição de Jesus, entraram na cidade santa e apareceram a muitos. O centurião e os que com ele guardavam Jesus, vendo o terremoto e tudo o que se passava, ficaram possuídos de grande temor e disseram: "Verdadeiramente este era o Filho de Deus" (Mateus 27:50-54).

---

[18]Heidelberg Catechism, Q. 44. Tradução do autor.

A segunda teoria remonta a visão de alguns pais da igreja que passaram a explicar a vitória de Cristo sobre o Diabo por meio de uma paródia em que este último figurava como um enganador que foi enganado. A teoria dizia que o Diabo, por ter seduzido Adão e Eva no jardim, ganhou domínio sobre eles e toda a raça humana. Desde então, o Diabo foi considerado o dominador do mundo. É nesse cenário aparentemente sem final feliz que a vitória de Cristo sobre o Diabo acontece de forma intrigante. Pegando emprestado o imaginário da pesca, alguns pais ilustraram que o Senhor Jesus, como perito pescador, lançou a isca da sua humanidade ao Diabo. O Maligno, por sua vez, como o peixe da história, apanha a isca, achando que tinha capturado o Filho de Deus e vencido a batalha. Todavia, o Diabo é enganado de forma inesperada, dado que a divindade de Cristo era o anzol daquela isca que pegou o peixe diabólico pela boca. Nessa situação, o Diabo — que parecia ter capturado o Cristo — se torna a vítima do evento, pois é enganado e capturado pelo Cristo e, como resultado, perde todo o seu poder contra a humanidade.[19]

A terceira teoria incrementa o imaginário de vitória com a noção de que o resgate de Cristo em nosso favor havia sido pago ao Diabo.[20] A lógica era a seguinte: a sabedoria de Deus prendeu Satanás, pois, embora a morte de Cristo tivesse sido o preço que o Diabo recebeu em troca pela humanidade, ele não foi capaz de mantê-la. No terceiro dia, Cristo ressuscitou triunfante e Satanás ficou sem seus prisioneiros originais e sem o valor do resgate. Nessa perspectiva, a vida sem pecado de Jesus é vista como o preço pago ao Diabo para nos resgatar da escravidão imposta por ele. Assim, uma vez que o Diabo não tem como acusar aquele que é Santo no lugar dos pecadores, ele perde seu poder contra a humanidade.

---

[19]Cf. Gregório de Nissa, "Oratio catechetica", 22-24, 26, in: Schaff, *Nicene and post-Nicene fathers* (Grand Rapids: Eerdmans, 1892), 5:492-3.

[20]Essa visão pode ser encontrada nos escritos de Orígenes, particularmente em seus sermões em Mateus 16:8, Romanos 2:13, e Salmos 35. De fato, essa era apenas uma das linguagens pelas quais Orígenes entendia a redenção. Em outros lugares, como em seus sermões sobre João, ele deixa clara a sua ênfase na morte de Cristo como uma substituição. Cf. Kelley, *Early Christian doctrines* (San Francisco: HarperSanFrancisco, 1978), p. 185-8.

A despeito da criatividade das duas últimas teorias, parece-me que a ideia de que a morte de Cristo foi um pagamento ao Diabo não tem fundamento na Escritura. Pelo contrário, o testemunho inequívoco do Novo Testamento é o de que a morte do Senhor foi um pagamento para o próprio Deus. Efésios 5:2 diz: "E vivam em amor, como também Cristo nos amou e se entregou por nós, como oferta e sacrifício de aroma agradável a Deus". O autor aos Hebreus reafirma essa verdade ao escrever que Cristo, atuando como nosso Sumo Sacerdote, entrou no Santo dos Santos carregando seu próprio sangue para nos apresentar puros diante da presença de Deus (Hebreus 4—10). Portanto, a morte de Jesus foi um preço pago a Deus para satisfazer a justiça divina, visto que ele foi o ofendido pelos nossos pecados.

Ao mesmo tempo, o ensino apostólico é claro ao apontar que a morte de Cristo foi necessária por causa dos nossos pecados: "Antes de tudo, entreguei a vocês o que também recebi: que Cristo morreu pelos nossos pecados, segundo as Escrituras" (1Coríntios 15:3). Em outro lugar, o apóstolo afirma: "o qual entregou a si mesmo pelos nossos pecados, para nos livrar deste mundo perverso, segundo a vontade de nosso Deus e Pai" (Gálatas 1:4). E, por sua vez, o apóstolo João: "Nisto consiste o amor: não em que nós tenhamos amado a Deus, mas em que ele nos amou e enviou o seu Filho como propiciação pelos nossos pecados" (1João 4:10). O que concluímos, então? A cruz de nosso Senhor tem um efeito duplo. Em primeiro lugar, ela é direcionada a Deus para satisfazer sua justiça, que é contra nós, pecadores. Em segundo lugar, a morte de Cristo é direcionada a nós, pois somos os receptores do perdão divino.

Existem duas palavras que podem nos ajudar a entender esse mistério: *propiciação* e *expiação*. A primeira se refere ao efeito que a cruz exerceu no Pai. Somos informados de que a morte de Cristo satisfez a justiça de Deus e, portanto, "propiciou" ou "aplacou" a sua ira santa contra os pecadores. A segunda se refere ao impacto que a cruz exerce sobre nós. A Escritura testemunha que os nossos pecados foram "expiados", isto é, cobertos pelo sangue de Cristo. A conexão das duas palavras é a seguinte: (a) Deus está irado contra o pecado e, assim, não pode receber os pecadores na sua presença; (b) Cristo expia o pecado e, ao fazê-lo, (c) propicia a justiça do Pai, recebendo os pecadores como filhos. Entraremos em detalhes sobre esse assunto mais à frente.[21]

A metáfora de vitória — que é oriunda das Escrituras — foi trazida novamente à reflexão teológica, em grande medida, graças à contribuição de Gustaf Aulén, teólogo sueco do início do século 20. Em sua popular obra *Christus Victor*, Aulén buscou estruturar historicamente as três principais apresentações da obra expiatória de Cristo. A primeira delas é a metáfora clássica da vitória de Cristo, a qual tem o pai da igreja Irineu de Lyon como seu articulador principal. Em segundo lugar, a ideia de satisfação vicária, cujo articulador foi o teólogo medieval Anselmo da Cantuária. Em terceiro lugar, Aulén aponta a teoria do exemplo moral defendida pelo teólogo Pedro Abelardo. De forma geral, Aulén argumenta que o tema *Christus Victor* é uma metáfora superior as duas outras, pois representa melhor o ensino das Escrituras, dos pais da igreja e, especialmente, do reformador Martinho Lutero.[22]

União mística

A terceira imagem da nossa salvação é frequentemente chamada de "união mística" porque está ligada ao que acontece com as naturezas divina e humana de Cristo e seus efeitos em nós. O teólogo que introduziu esse conceito na história da doutrina cristã foi Irineu, em sua obra clássica *Adversus Haereses* (Contra as heresias).[23] A ideia de união mística também é conhecida como "divinização" e "participação em Deus". Antes de analisarmos a maneira pela qual Irineu abordou a questão, precisamos compreender primeiro a metáfora mais ampla que

---

[21] Para um estudo detalhado da relação entre propiciação e expiação, veja: Macleod, "The work of Christ accomplished", in: Allen; Swain, orgs., *Christian dogmatics* (Grand Rapids: Baker Academic, 2016), p. 243-67.

[22] Aulén, *Christus Victor* (Londres: Macmillan, 1969), p. 4-5, 19-20, 27-8. A contribuição de Aulén pretendia ser uma história da teologia da expiação, porém a sua descrição histórica da doutrina está repleta de falhas. Ele não fez justiça ao pensamento de Irineu, Anselmo, Lutero e Calvino. No entanto, a obra é muito proveitosa enquanto defesa do tema *Christus Victor* e resume bem as três principais metáforas utilizadas na história do cristianismo ocidental.

[23] Irineu de Lyon, *Adversus haereses*, III.9.1-18.7; V.11.

abriga esse conceito. Estamos falando da noção de *recapitulação*, que percorre toda a obra de Irineu.

Segundo Irineu, a história da salvação vai além de recebermos o perdão dos pecados, englobando toda a economia de Deus, isto é, o seu plano maior de recapitular e recuperar todas as coisas em Cristo. O termo recapitular está ligado à palavra *caput*, que significa "cabeça". Nesse sentido, recapitular seria a obra de Cristo para *reencabeçar* toda a velha criação, tirando-a do velho estado em que se encontra sob a liderança de Adão para o estado renovado em Cristo. Portanto, recapitulação tem que ver com o plano de Deus para reverter a história trágica do primeiro Adão por meio da redenção conquistada pelo segundo Adão, nosso Senhor Jesus Cristo. Há uma forte relação entre Criação e Redenção em Irineu. Ele está refutando os gnósticos, que menosprezavam a Criação divina e ostentavam ilusões esotéricas sem fundamento bíblico. Em resposta, Irineu enfatiza que a obra de salvação não é esotérica — como uma experiência etérea desconectada da Criação —, mas envolve tanto a afirmação quanto restauração da ordem criacional.[24]

O primeiro Adão é aquele que se opôs a Deus ao acatar, por sua imaturidade, o convite do Diabo para ser como Deus, conhecedor do bem e do mal, que acabou levando-o à morte. O segundo Adão, o Filho de Deus, é aquele que se encarnou na história para manifestar a nova humanidade ao velho homem e recuperá-lo para o caminho de Deus. Jesus Cristo é o único capaz disso, pois somente ele recapitulou e retomou a obra do velho Adão ao não se deixar seduzir pelo Diabo, permanecendo obediente ao Pai em todas as coisas. Em Cristo temos uma nova criação nascendo, como se Deus estivesse recriando a humanidade caída a partir de um novo Gênesis. Cristo faz novas todas as coisas. Cristo refaz o velho Adão à sua imagem renovada. E é a encarnação de Cristo que torna essa obra de salvação possível de ser realizada.

Ao entrarmos nesse processo de recapitulação iniciado na encarnação de Cristo, nós somos capacitados pelo Espírito a percorrermos uma jornada de amadurecimento para deixarmos a velha vida e participarmos da nova. Irineu chama esse processo de amadurecimento de

---

[24]Ibidem, III.21.1-23.8.

theoria,[25] pois reflete uma iluminação ou experiência direta com o Deus triúno que permite aos seres humanos provar o que significa ser totalmente humano, ou seja, a imagem criada de Deus em Cristo. Em outras palavras, por meio da nossa comunhão com Jesus Cristo, Deus compartilha de si conosco, a fim de modelar em nós o seu conhecimento, sua justiça e sua santidade. Irineu destaca que, assim como Deus se tornou humano em todos os sentidos, exceto no pecado, da mesma forma ele também nos fará participantes da sua divindade. Isso significa que seremos "santificados" em todos os sentidos, exceto na essência divina, que não é causada nem criada. Como Irineu escreve: "Jesus Cristo nosso Senhor, que em seu imenso amor se fez o que nós somos para nos elevar ao que ele é."[26]

Irineu explana que esse processo de "divinização" não significa que o homem se tornará Deus, o que é impossível, visto que o Eterno é o Criador e nós, as criaturas. Porém, nós somos os receptores dos dons divinos e temos o privilégio de sermos "pneumatizados" (espiritualizados) à medida que o Espírito de Deus atua na carne humana, fazendo-nos participar da imortalidade e da incorruptibilidade de Deus ao final desta jornada. Até chegarmos à plenitude do conhecimento de Deus que se dará na *visio Dei* (visão de Deus), o tempo e a história são as condições atuais para o nosso amadurecimento. Para Irineu, o ser humano não foi criado perfeito nem imperfeito, mas perfectível, isto é, capaz de ser aperfeiçoado. Enquanto Deus é sempre o mesmo, o homem que se encontra em Deus, quando habitado pelo Espírito, se transforma crescendo em direção a Deus.[27] Irineu resume o conceito de forma belíssima:

> Esta é a ordem, o ritmo, o movimento pelo qual o homem criado e modelado adquire a imagem e a semelhança do Deus incriado: o Pai

---

[25]Termo grego que significa literalmente "contemplação." Utilizado por Irineu para se referir à nossa participação na natureza divina. A expressão *theoria* era usada pelos filósofos gregos em um sentido religioso, pois designava a virtude contemplativa de refletir sobre o ser e os atos divinos. Na linguagem de divinização utilizada pelos teólogos orientais, a *theoria* é parte do processo de transformação maior designado como *theosis*.

[26]Irineu de Lyon, *Adversus haereses*, V, Prefácio. Tradução do autor.

[27]Ibidem, IV.11.2.

decide e ordena, o Filho executa e forma, o Espírito nutre e aumenta, o homem paulatinamente progride e se eleva à perfeição, isto é, se aproxima do Incriado, perfeito por não ser criado, e este é Deus. Era necessário que primeiramente o homem fosse criado; depois de criado, crescesse; depois de crescido, se fortalecesse; depois de fortalecido, se multiplicasse; depois de multiplicado, se consolidasse; depois de consolidado, fosse glorificado; depois de glorificado, visse o seu Senhor: pois é Deus que deve ser visto, um dia, e a visão de Deus causa a incorruptibilidade, e a incorruptibilidade produz o estar junto a Deus.[28]

Em suma, a nossa redenção é fruto da união das naturezas divina e humana na pessoa de Cristo. Deus se tornou homem para que pudéssemos nos tornar como Deus e, assim, essa infusão de energias divinas em nossa humanidade a transforma e a "diviniza." Esse tipo de perspectiva também é central para Atanásio[29] e se tornou dominante entre os teólogos da igreja oriental. Enquanto as duas primeiras abordagens (grande troca e *Christus Victor*) pressupõem a encarnação, mas não a veem como o evento expiatório em si, a terceira abordagem o faz, com a cruz e a ressurreição expressando o que já aconteceu por meio da união das duas naturezas.[30]

Na minha visão, embora a linguagem de participação em Deus (*theosis*) possa ser obscura ou problemática em alguns pontos, o conceito de união mística com o Senhor tem respaldo bíblico.[31] Por exemplo, o apóstolo Pedro se refere a isso ao escrever que: "Pelo poder de Deus nos foram concedidas todas as coisas que conduzem à vida e à piedade, pelo pleno conhecimento daquele que nos chamou para a

---

[28]Ibidem, IV.38.3.

[29]Athanasius, *Apologia contra arianos*, III.33, in: Schaff, *Nicene and post-Nicene fathers* (Buffalo, NY: Christian Literature Publishing, 1892), vol. 4

[30]Irineu de Lyon, *Adversus haereses*, I.4; 38.44. Para um bom resumo do assunto, veja: Blocher, "Atonement", in: Davie, M., et al., *New dictionary of* theology (Downers Grove, IL: InterVarsity, Press, 2016), p. 77-80.

[31]Para um estudo detalhado do conceito de divinização, veja: Pelikan, *The Christian tradition* (Chicago: University of Chicago Press, 1977), vol. 2; Horton, *The Christian faith* (Grand Rapids: Zondervan, 2011), p. 689-92.

sua própria glória e virtude. Por meio delas, ele nos concedeu as suas preciosas e mui grandes promessas, para que por elas vocês se tornem *coparticipantes da natureza divina*, tendo escapado da corrupção das paixões que há no mundo" (2Pedro 1:3,4).[32]

Portanto, deixando de lado alguns espinhos a respeito do termo "divinização" — conceito que pode ser facilmente distorcido por alguns —, podemos dizer que recapitulação é um "conceito guarda-chuva" útil para entendermos a história da redenção, pois, debaixo de si, compreende a participação na divindade, representando um dos benefícios dentre tantos que Cristo oferece a nós por meio de nossa união com ele, tais como a justificação, o perdão de pecados, a santificação, a certeza de fé, o exemplo de amor a ser seguido, a glorificação, e assim por diante.

Satisfação vicária

A quarta metáfora utilizada na história da igreja para explicar o drama da redenção é expressa no conceito de satisfação. A ideia é basicamente a de que algum valor precisa ser pago a Deus para que sua justiça seja satisfeita e, como consequência, os pecadores possam ser reconciliados com Deus. Para entender bem o conceito, vale a pena contarmos como ele foi se desenvolvendo ao longo da história.

A igreja do período pós-apostólico havia chegado ao consenso de que o batismo lava os nossos pecados, mas não deixou claro como lidar com os pecados graves cometidos após o batismo. Para resolver o dilema, alguns pais da igreja entenderam que pecados cometidos por cristãos batizados precisariam ser compensados de alguma forma. Isso poderia ser feito por meio de jejuns, esmolas ou alguma outra atividade meritória. É a partir daqui que a noção de penitência passou a ser adotada pela igreja como uma forma de oferecer satisfação a Deus pelas desonras que praticamos contra a sua santidade.[33]

---

[32]Ênfase do autor. Cf. Habacuque 3:4; 6:4; 1Coríntios 15:21,22; 2Coríntios 5:17; Romanos 12:5, entre muitas outras passagens que mencionam nossa união mística com o Pai, o Filho e o Espírito Santo.

[33]Lane, "Satisfaction", in: Davie, M., et al., *New dictionary of theology* (Downers Grove, IL: InterVarsity Press, 2016), p. 808.

Suponha que um cristão morra sem ter pago essa dívida de satisfação. Para solucionar a questão, a doutrina do purgatório emergiu como um lugar onde qualquer dívida remanescente é paga. Um precedente dessa doutrina pode ser apontado na própria teologia de Agostinho, visto que ele concordou com o pedido de sua mãe para ser "lembrada no altar" após sua morte.[34] No início da Idade Média, a doutrina do purgatório ganhou ainda mais nuances. Também foi ventilada a possibilidade de os vivos pagarem a dívida dos que já morreram. Não demorou muito, tornou-se viável comprar "indulgências" para si ou para outros, as quais prometiam a remissão de toda a dívida dos pecadores ou de parte dela.

Foi exatamente a prática de indulgências que provocou o protesto de Martinho Lutero em suas *Noventa e cinco teses*.[35] De comum acordo, os reformadores rejeitaram a ideia de que os cristãos pudessem pagar qualquer satisfação a Deus, pois a ideia não tinha fundamentos bíblicos e oprimia severamente a fé do povo de Deus.

Porém, essa não foi a única maneira pela qual o conceito de satisfação foi utilizado na tradição cristã. Embora não seja uma terminologia bíblica, a noção de que a redenção possui um caráter compensatório foi sendo desenvolvida desde cedo pelos pais da igreja Orígenes, Atanásio e Agostinho. No entanto, é indiscutível que Anselmo da Cantuária, mais do que qualquer outro pensador da antiguidade, mergulhou nas profundezas da visão substitutiva e compensatória da redenção. A sua compreensão do tema ficou registrada em um verdadeiro clássico da literatura cristã intitulado *Cur Deus homo* — Por que Deus se tornou homem?[36]

Na obra, Anselmo enfrenta a acusação de que seria impróprio para Deus se tornar homem e morrer para nos salvar. A repreensão vinha de judeus e de muçulmanos que debatiam bastante com os cristãos naquela época. O objetivo de Anselmo era mostrar racionalmente que, longe

---

[34]Agostinho, *Confissões*, IX.xii.32; IX.xiii.36.

[35]Texto de *As noventa e cinco teses* disponível em: https://www.luteranos.com.br/lutero/95_teses.html, acesso em: 09 jun. 2021.

[36]Anselmo da Cantuária, "Cur Deus homo", in: Davies, org., *Anselm of Canterbury* (Oxford: Oxford University Press, 1998).

de serem inadequadas e humilhantes para Deus, a encarnação e a cruz são absolutamente necessárias, pois representam o único curso de ação razoável à disposição de Deus. A ideia de Anselmo não era construir uma teologia puramente com base na razão, mas, sim, se valer do seu método já utilizado em outras obras (*Monologion* e *Proslogion*), o qual foi condensado no lema *Credo ut intelligam*, que significa "Creio para poder entender." Ou seja, tendo crido firmemente nas doutrinas da encarnação e da cruz, Anselmo usa a razão para entender por que elas são verdadeiras.[37]

A obra é escrita no formato de diálogo entre Anselmo e seu discípulo Boso. O ponto de partida de Anselmo é a miséria humana. Ele argumenta com seu discípulo que o pecado, entendido como uma falha em render a devida obediência a Deus, desonra a Deus profundamente. Deus, por sua vez, como defensor da justiça e da lei, não pode simplesmente perdoar, antes, deve restaurar sua honra perdida. Para Anselmo, isso pode acontecer de apenas duas maneiras: por meio de satisfação ou por meio de punição. Deus pode restaurar a sua honra satisfazendo toda a sua justiça ou punindo toda a humanidade com a condenação eterna.[38]

Para Anselmo, a segunda opção é impensável para Deus por duas razões: (1) o Senhor jamais pode perder a sua honra; e (2) os seres humanos são necessários para substituir os anjos caídos — este segundo argumento é retirado de Agostinho e não me parece muito convincente. Portanto, a humanidade pecadora deve restaurar a honra de Deus oferecendo-lhe uma satisfação adequada.[39]

Para Anselmo, a necessidade da satisfação da justiça divina não é algo imposto a Deus como se estivesse fora de si mesmo — como se a vontade divina estivesse submissa a qualquer outra lei ou tribunal —, mas é uma necessidade imposta a si próprio por seu próprio caráter e natureza. Deus não pode deixar de ser justo! Portanto, é necessário que

[37]Ibidem, I.1-11.

[38]Ibidem, I.11-16.

[39]Ao enfatizar a necessidade de satisfação da justiça e honra divinas, Anselmo está corretamente se contrapondo às teorias antigas de que a morte de Cristo foi um resgate pago ao Diabo. Cf. Anselmo da Cantuária, "Cur Deus homo", in: Davies, org., *Anselm of Canterbury*, I.16-20.

Deus seja Deus e nunca comprometa sua própria santidade, retidão e justiça. É nesse sentido que uma morte que satisfaça sua justiça é considerada necessária.[40]

Mas aqui há um dilema: se a satisfação deve partir do ser humano e nós somos pecadores, como isso será possível? Anselmo argumenta que somos incapazes de oferecer satisfação a Deus pelos nossos pecados porque nosso pecado é muito grave. E o que torna nosso pecado grave não é o simples fato de ele ser ruim em si mesmo, mas o fato de ser direcionado contra Deus. Pare ele, o crime deve ser medido pela dignidade daquele que foi ofendido. Nosso pecado não é apenas uma falha humana, mas uma rebelião contra o Deus eterno; portanto, ele tem consequências eternas e exige uma reparação que os seres humanos são incapazes de apresentar.

Segundo a lógica de Anselmo, Deus precisa tomar a iniciativa de realizar a satisfação que os humanos não podem oferecer por si mesmos, e, assim, o Salvador precisa ser ninguém menos que o próprio Deus. Porém, por ser um problema humano, o Salvador também deve ser homem. Anselmo conclui que o único candidato capaz de oferecer satisfação a Deus por nossos pecados seria um Deus-homem, daí a razão para a encarnação do Filho de Deus.

A satisfação não pode ocorrer a menos que haja alguém que faça um pagamento a Deus maior do que tudo o que existe fora de Deus [...] É necessário que alguém seja capaz de dar a Deus algo que exceda tudo o que é inferior a Deus [...] Não há nada superior a tudo o que existe que não seja Deus, exceto o próprio Deus [...] No entanto, a obrigação recai sobre o homem, e mais ninguém, para fazer o pagamento [...] Do contrário, o homem não estaria fazendo compensação. Se, portanto [...] ninguém *pode* pagar senão Deus e ninguém *deve* pagar senão o homem, é necessário que um Deus-homem pague.[41]

Somente Deus *pode* pagar a dívida, mas ninguém *deve* pagá-la senão o próprio homem. Anselmo completa dizendo que Jesus Cristo é o único que pode oferecer satisfação a Deus pelos pecados da

---

[40]Anselmo da Cantuária, "Cur Deus homo", in: Davies, org., *Anselm of Canterbury*, II.11.

[41]Ibidem, II.6. Tradução e ênfases do autor.

humanidade. Por ser verdadeiramente homem e ter vivido em perfeita obediência a Deus, ele é capaz de amontoar o crédito necessário para que a dívida dos pecadores seja finalmente paga. Esse crédito foi alcançado pela sua obediência em vida, para que, em um segundo momento, fosse transferido à humanidade na sua morte.

> Ele deve possuir algo que possa dar a Deus voluntariamente e não como pagamento de uma dívida [...] Se dissermos que ele se apresentará como um ato de obediência a Deus [...] isso não constituirá dar algo que Deus não exija dele como pagamento de uma dívida. Pois toda criatura racional deve essa obediência a Deus. Mas entregar-se à morte para a honra de Deus [...] não é algo que Deus exigirá dele em pagamento de uma dívida, visto que, como não haverá pecado nele, ele não terá nenhuma obrigação de morrer.[42]

A morte de Cristo é a satisfação suficiente e necessária que o Deus-homem oferece voluntariamente a Deus. Ele mesmo não precisa de satisfação nenhuma, por isso ela é *vicária*, isto é, feita no lugar daqueles que precisam desesperadamente de satisfação. Uma vez que Cristo transferiu seus méritos aos pecadores a fim de prover satisfação por seus pecados, todos eles, ao abraçarem o Filho, se tornam pecadores redimidos. De forma genial, assim, Anselmo refuta a acusação dos judeus e dos mulçumanos de que a encarnação e a morte de Cristo seriam impróprias ou humilhantes para Deus. Pelo contrário, as duas doutrinas só ressaltam ainda mais a justiça e o amor de Deus, pois Deus se fez homem para poder satisfazer às demandas de sua justiça e pagar o preço da nossa salvação.

A despeito da sua brilhante explicação, a teoria de Anselmo ainda parecia ser um quebra-cabeça incompleto. Como ele mesmo reconhece, sua visão de satisfação não contempla o fato de que, na cruz, Cristo também suportou a *punição* pelo pecado em nosso lugar.[43] Coube a Bernardo de Claraval, uma geração depois de Anselmo, adicionar a peça que faltava no quebra-cabeça de Anselmo e descrever a morte

---

[42]Ibidem, II.11. Tradução do autor.
[43]Ibidem, I.13.

de Cristo como uma satisfação penal. Para Bernardo, o que é satisfeita não é apenas a honra de Deus, mas sua justiça. Cristo não apenas conquistou a recompensa e a transferiu aos pecadores, ele também recebeu o castigo de Deus no lugar dos pecadores. Assim, Bernardo adiciona à linguagem de satisfação de Anselmo a compreensão de que a morte de Cristo é o sacrifício ofertado para aplacar a ira do Pai.[44]

Influência moral

A quinta metáfora empregada para explicar a nossa redenção em Cristo ficou conhecida como teoria subjetiva ou influência moral. Ela foi formulada por Pedro Abelardo (1079-1142) em reação à teoria de satisfação de Anselmo.[45] Abelardo defende que a principal função da morte de Cristo é a de influenciar a humanidade para o aprimoramento moral. Isto é, por meio da cruz, Deus pretende tocar nossos corações para que possamos viver de acordo com o exemplo do amor divino. Essa teoria nega que Cristo morreu para satisfazer qualquer princípio de justiça divina, mas ensina que sua morte foi projetada para impressionar os seres humanos com a percepção do amor de Deus, levando-os ao arrependimento. Abelardo escreve:

> Penso que o propósito e a causa da encarnação era que Cristo pudesse iluminar o mundo com sua sabedoria e estimulá-lo para o seu amor [...] Nossa redenção consiste em sermos alvos do amor supremo, demonstrado em nosso caso pela paixão de Cristo. Isso

---

[44]De acordo com Anthony Lane, é nesse sentido que o termo satisfação é usado em confissões reformadas como a Confissão Belga, artigo XXI, e os Trinta e Nove Artigos, artigo XXXI. Cf. Lane, "Satisfaction", in: Davie, M., et al., *New dictionary of theology* (Downers Grove, IL: InterVarsity Press, 2016), p. 809. As questões 12 a 19 do Catecismo de Heidelberg, todavia, seguem de perto o argumento de Anselmo. É somente a partir da questão 20 que a tônica da Reforma reluz, afirmando a singularidade da fé como o caminho certo para a apropriação da satisfação realizada por Cristo.

[45]Pedro Abelardo, *Expositio in Epistulam ad Romanos*, II.3. Cf. a versão em inglês em: "Commentary on the Epistle to the Romans", in: Fairweather, *A scholastic miscellany* (Philadelphia: Westminster, 1956), p. 276-87.

não só nos livra da escravidão do pecado, mas também nos ganha a verdadeira liberdade dos filhos de Deus, para que possamos cumprir todas as coisas por amor e não por medo [...] Cristo morreu por nós para mostrar quão grande foi seu amor pela humanidade e para provar que o amor é a essência do Cristianismo.[46]

Assim, na contramão da proposta de Anselmo, a redenção não é uma oferta a Deus com o propósito de manter sua honra e justiça, antes, é direcionada exclusivamente ao ser humano com o propósito de persuadi-lo a amar a Deus e a agir corretamente. Essa teoria não ganhou tração entre os cristãos medievais, pois a teoria de satisfação vicária de Anselmo permaneceu, incontestavelmente, como a melhor explanação da redenção. No entanto, Tomás de Aquino entendeu que a teoria de influência moral tinha seu lugar na Escritura e não poderia ser simplesmente descartada. Tomás preferiu fazer uma síntese entre as duas posições em vez de escolher entre uma das duas. Para ele, o sacrifício de Cristo foi o pagamento da pena devida à justiça divina, que melhor *expressa* o amor de Deus pelo seu povo.[47]

Tomás também deu um passo adiante dos demais teólogos medievais ao inquirir sobre a apropriação da redenção conquistada pelo sacrifício de Cristo. Para ele, "o sofrimento de Cristo opera seu efeito naqueles a quem é aplicado, por meio da *fé*, do *amor* e dos *sacramentos* da fé."[48] Em outras palavras, a despeito da redenção ser uma obra exclusiva da graça de Deus, nossa apropriação dos benefícios dessa graça acontece por meio da fé, do amor e da participação nos sacramentos. Os sacramentos específicos são: o batismo, para remover o pecado original e os pecados cometidos antes do batismo; e a penitência, para lidar com os pecados cometidos após o batismo. Dessa forma, Tomás desenvolveu a metáfora da redenção como satisfação vicária, adicionou o elemento moral de Abelardo e destacou a necessidade da

---

[46]Ibidem, II.3:26.
[47]Tomás de aquino, *Summa theologiae*, IIIa, q.48, a.1-4. Para uma visão panorâmica de Tomás sobre a redenção, veja também as questões 46 a 50.
[48]Ibidem, IIIa, q.49, a.3.

cooperação humana para aplicação da obra de Cristo em nós.[49] Essa ideia, a despeito de sua intenção original, foi pouco a pouco se transformando em um sistema de obras destinadas a merecer a graça e o perdão de Deus — e foi uma das razões pelas quais Lutero e Calvino buscaram reformar a igreja.

A teoria da influência moral, desconectada de qualquer noção sobrenatural de satisfação, permaneceu viva e versões dela podem ser encontradas nos socinianos do século 16, nos escritos de Friedrich Schleiermacher (1768-1834) e, atualmente, nos círculos em que a teologia liberal predomina. Estes últimos alegam que a teoria da satisfação lança uma suspeita sobre a graça e o amor de Deus. Eles questionam: se Deus é um Deus de amor, por que ele não perdoa as pessoas gratuitamente pela pura motivação de seu próprio amor e graça, sem se preocupar em satisfazer qualquer tipo de justiça?[50] A fraqueza desse argumento está na suposição de que Deus pode, ou deve, abrir mão da sua justiça para exercer seu amor. Na contramão disso, a Escritura nos ensina que a justiça e o amor de Deus sempre andam de mãos dadas, pois Deus é "justo e justificador daquele que tem fé em Jesus" (Romanos 3:26, ARC).[51]

Diferentemente da visão liberal, Deus não ignora simplesmente o pecado da humanidade caída e nos dá uma nova chance. Em vez disso, ele garante que seu próprio caráter não seja comprometido e, assim, estabelece sua justiça. Deus se faz homem e se torna o nosso substituto na vida e na morte de Cristo. Por isso, na cruz, temos a maior manifestação simultânea da justiça e do amor de Deus, pois, no sacrifício de Cristo, o supremo Juiz é satisfeito e a pena dos pecadores é paga.

---

[49]Horton descreve Tomás de Aquino como o primeiro teólogo medieval que transferiu a doutrina da justificação de um subtópico menor sob o guarda-chuva da penitência — articulado anteriormente por Pedro Lombardo — para o cerne de sua teologia da graça, cf. Horton, *Justification*, 1:93-129.

[50]Cf. Rashdall, *The idea of atonement in Christian theology* (Londres: Macmillan, 1919); Brondos, *Paul on the cross* (Minneapolis: Fortress Press, 2006).

[51]Para uma ótima crítica dessa teoria, veja: McGrath, "The moral theory of the atonement: an historical and theological critique", *Scottish Journal of Theology* 38 (1985): 205-20.

Lei e evangelho

A sexta metáfora para entender a redenção foi amplamente usada pelos reformadores do século 16 ao contrastarem as imagens de lei e evangelho. Sem dúvida, essa visão segue um caminho paralelo ao de Anselmo, mas é incrementada especialmente pelas noções forenses de justiça e lei. Isso porque, para os reformadores, o pecado é, em última análise, a violação da lei divina, e, por isso, a essência da redenção está no fato de que Cristo pagou a penalidade por nossa violação da lei; ele se colocou no lugar dos pecadores, e, visto que suportou o castigo na cruz, este não mais recai sobre eles.

Mas, afinal, no que consiste essa distinção entre lei e evangelho? E no que especificamente essa perspectiva difere das anteriores? Uma das explicações mais claras a respeito do tema foi proposta por Teodoro de Beza, sucessor de João Calvino em Genebra. Em sua obra *Confession de foi du chretien*, Beza sugere pelo menos três ideias que lançam luzes sobre o contraste entre lei e evangelho.[52]

Em primeiro lugar, Beza entende a lei e o evangelho como revelação natural e revelação sobrenatural de Deus, respectivamente. A lei é natural para o homem porque Deus a imprimiu em seu coração desde a Criação. Posteriormente, a lei natural foi repetida no decálogo para restaurar nosso conhecimento original dela, o qual, por causa da corrupção do pecado, foi pouco a pouco sendo distorcido no coração do homem. A lei revela suficientemente quem nós somos, os padrões morais de vida a serem seguidos pelos seres humanos e, em última análise, a santidade perfeita de Deus, pois ele a criou. Em contrapartida, Beza descreve o evangelho como uma doutrina sobrenatural, a qual nossa natureza limitada nunca poderia ser capaz de imaginar sem uma especial ajuda divina. O evangelho foi revelado primeiramente a Adão, depois aos patriarcas e profetas, até sua manifestação perfeita em Jesus Cristo, o Filho de Deus encarnado.[53]

---

[52]Bèze, *Confession de foi du chretien* (Saint-Germain-en Laye: La Revue réformée, 1955), IV.22-30. Cf. tradução inglesa em: *The Christian faith* (Glasgow, UK: James A. Dickson Books, 2016).

[53]A Confissão de Fé de Westminster, representando a maturação do pensamento reformado, entende a relação de Deus com os seres humanos a partir de uma

Em segundo lugar, Beza apresenta a lei e o evangelho como dois métodos antagônicos de justificação. Para ele, o propósito da lei é nos entregar a nós mesmos, para realizar toda a justiça que ela nos exige, isto é, a perfeição moral aos mandamentos divinos. Como resultado, a lei acaba por revelar a nossa maldição e miséria completa, uma vez que somos corruptos e quebramos a lei diariamente. Em compensação, o evangelho nos lança direto para os braços do Senhor Jesus Cristo e nos encoraja a encontrarmos nele aquilo que jamais acharíamos em nós mesmos: a perfeita justiça que nos liberta da maldição da lei.

Em terceiro lugar, Beza explica que a lei e o evangelho são como duas condições opostas de vida. A lei declara que seremos abençoados quando a cumprimos em cada uma de suas ordens sem omitirmos absolutamente nada. Esse é o método de salvação imposto pela lei, e quem quiser se salvar por meio dela precisa fazer tudo o que ela ordena. É um contrato de salvação por meio da obediência e das boas obras. De forma resumida, esse é o significado de estar sob a lei. Porém, o evangelho vai na contramão da salvação pela obediência da lei, pois ele é a promessa de que a salvação vem pela fé. Por nós, Cristo alcançou a obediência perfeita que não conseguimos e, por nós, ele recebeu a justa punição dos nossos pecados em seu próprio corpo. Portanto, estar sob a lei ou estar sob o evangelho são duas condições opostas: a primeira é uma tentativa de autossalvação, enquanto a segunda é baseada na promessa de que Deus nos oferece, em Jesus Cristo, gratuitamente, tudo o que precisamos para sermos salvos.

Beza conclui que a lei, por ela mesma, pode somente expor o ser humano ao ridículo, fazê-lo reconhecer sua maldade e agravar sua condenação. A lei mata e condena. Beza faz a ressalva de que esse poder aterrorizador da lei não é culpa dela mesma, visto que a lei é boa e santa, mas se deve a nossa natureza corroída pelo pecado. Por essa causa, a lei está correta em nos reprovar e ameaçar. É nesse sentido que precisamos interpretar a famosa — e mal interpretada — frase do apóstolo Paulo de que "a letra mata, mas o Espírito vivifica" (2Coríntios 3:6). Estar debaixo da lei é se colocar na condição de miséria eterna, pois

---

linguagem pactual. Ela apresenta a lei como parte do pacto das obras e o evangelho como parte do pacto da graça. Cf. Confissão de Fé de Westminster, VII.2-4.

a lei nada pode fazer por nós a não ser nos amedrontar e matar. Em contrapartida, estar sob o evangelho é se colocar nas mãos do Espírito que vivifica, pois, além de nos oferecer o remédio contra a maldição da lei, o evangelho nos presenteia com o Espírito Santo, que nos dá poder para vivermos uma nova vida segundo a humanidade de Jesus Cristo.

Em suma, a lei e o evangelho têm similaridades e distinções. Ambos têm em comum sua origem no Deus verdadeiro. A lei e o evangelho são bons, justos e coerentes com o caráter divino. Ambos nos apresentam a essência da justiça que a própria lei encapsula no dever de amar a Deus e ao nosso próximo. Em certo sentido, os dois são capazes de justificar, pois são caminhos justos para obter salvação. Contudo, no estado caído que nos encontramos, a lei e o evangelho se tornam dois caminhos opostos para o pecador que precisa comparecer diante do tribunal de Deus. Beza sintetiza bem essa dualidade:

> A lei procura em nós a justificação; ela não considera o que podemos fazer, mas o que devemos fazer [...] O homem, por sua falta somente, se fez incapaz de pagar, todavia, ele não deixa de ser devedor mesmo sendo incapaz de pagar. Consequentemente, a lei não erra em exigir de nós aquilo que devemos, apesar de não sermos capazes de fazê-lo. Já o evangelho, abrandando o justo rigor com a doçura da misericórdia de Deus, nos ensina a pagar por meio daquele que se fez nosso fiador, o qual se colocou em nosso lugar e pagou nossa dívida, assim como a do principal devedor, até o último centavo [...] O rigor da lei que nos fazia tremer e nos derrubava completamente, agora, nos aprova e aceita em Jesus Cristo [...] O fato é que a lei não foi dada para nos justificar [...] mas, pelo contrário, para nos condenar e para nos mostrar o inferno que está pronto para nos tragar, aniquilar e degradar totalmente nosso orgulho, fazendo que nossa multidão de pecados passe diante de nossos olhos e nos mostre a ira de Deus que se revela do céu contra nós.[54]

À luz dessa brilhante exposição de Beza, não devemos buscar salvação naquilo que nos condena, isto é, na lei, nas obras, em nosso próprio

---

[54]Bèze, *Confession de Foi du Chretien*, IV.24. Tradução do autor.

esforço, mas somente no Senhor Jesus Cristo, pela fé, que é nosso único recurso para sermos declarados justos e livres de condenação diante do tribunal celestial. Beza retrata aqueles que continuam conscientemente sob a lei para obterem sua salvação após terem ouvido o evangelho como prisioneiros cuja porta da prisão foi aberta, mas que, virando as costas para a liberdade, voluntariamente se trancam na prisão que lhes parece mais segura.[55]

Lutero foi outro gigante na arte de proclamar a redenção em Cristo a partir do contraste entre lei e evangelho. Para ele, ser capaz de distinguir entre lei e evangelho é a essência do verdadeiro cristianismo.[56] Lutero continuou enfatizando a metáfora da grande troca, da vitória triunfal de Cristo contra Satanás, e entendeu a satisfação vicária, agora destilada em sua versão de substituição penal, como o coração da redenção. Lutero escreveu que Cristo, se desvestindo de sua inocência e santidade e se revestindo com a nossa pecaminosidade, suportou nossos pecados, morte e maldição. Ele se tornou sacrifício e maldição por nós, a fim de nos libertar da maldição da lei. Isso aconteceu especificamente na cruz, onde nos substituiu perfeitamente: "o justo pelos injustos" (1Pedro 3:18).

Lutero também destacou que o sacrifício de Cristo cobre não apenas o pecado original, mas todos os nossos pecados, bem como faz propiciação de toda a ira divina que era contra nós. Nada que venha de nós, seja nosso amor, seja nossos votos, seja nossa participação nos sacramentos, pode contribuir com a nossa apropriação da obra de Cristo. Somente a fé — não como uma obra, mas como o estender de mãos vazias na direção de Deus — recebe gratuitamente a oferta do evangelho.[57] É a partir daqui que o ensino da justificação, apropriada exclusivamente pela fé, se torna a *artéria aorta* do protestantismo:

> Não devemos, portanto, imaginar Cristo como uma pessoa inocente e isolada que é santa e justa somente para si [...] Certamente, é verdade que Cristo é a mais pura das pessoas, mas não devemos

---

[55]Ibidem, IV.24. Tradução do autor.
[56]Luther, "The distinction between the law and gospel", *Concordia Journal* 18 (1992):153.
[57]Luther, *Luther's works* (St. Louis: Concordia Publishing House, 1962), 26:279-88.

parar por aqui. Pois ainda não tens a Cristo, embora saibas que ele é Deus e homem. Mas *apenas o tens na hora em que crês* que essa pessoa tão pura e inocente foi dada a ti pelo Pai, a fim de que fosse teu Sumo Sacerdote e Redentor, sim, teu servo, que, após se ter despojado de sua inocência e santidade e ter assumido a tua pessoa pecaminosa, carregou o teu pecado, a tua morte e maldição e tornou-se um sacrifício e uma maldição por ti, a fim de que, desse modo, te libertasse da maldição da lei.[58]

Lutero não difere da postura medieval no que diz respeito àquilo que Cristo conquistou na cruz — substituição, vitória, satisfação etc. —, mas, contundentemente, na maneira pela qual a redenção deveria ser apropriada pelos cristãos. Essa ênfase na exclusividade da fé era uma reação dos reformadores contra os escolásticos do final da Idade Média, especialmente João Duns Scotus, Guilherme de Ockham e Gabriel Biel, que reivindicavam a capacidade humana de merecer a justificação independentemente do sacramento da penitência e, até mesmo, da graça de Deus![59] Na visão de Michael Horton, esses teólogos radicalizaram a fórmula *facere quod in se est*, a qual proclama que os seres humanos devem *fazer o que puderem* para alcançar a bem-aventurança final.[60] Como resultado, esses pensadores se desviaram teologicamente tanto da era patrística quanto de Anselmo e Tomás e foram condenados, por Lutero, por causa de suas ideias semipelagianas:

> ... a redenção de Cristo é algo muito diferente de meu mérito baseado sobre as obras da lei, pois era necessário que o próprio Cristo nos redimisse da maldição da lei. Permanecem, pois, sob a maldição todos aqueles que *não se apropriam de Cristo pela fé* [...] Paulo diz que Cristo foi feito maldição por nós para nos redimir da maldição da lei. A lei, portanto, as obras, o amor, os votos etc., não redimem, mas nos envolvem ainda mais na maldição e a agravam. Por isso,

---

[58]Lutero, "Gálatas", in: *Martinho Lutero: obras selecionadas*, p. 276. Ênfase do autor.

[59]Horton, *Justification*, 1:142-4.

[60]Ibidem, 1:153.

quanto mais obras tenhamos praticado tanto menos capacidade teremos para conhecer a Cristo e nos apropriar dele.[61]

Triplo ofício de Cristo

A última metáfora condensa bem o que há de válido nas outras figuras de Cristo como sacerdote, profeta e rei. Para sermos exatos, não estamos falando de três ofícios distintos da obra de Cristo, mas de *um ofício triplo*[62] que representa os três aspectos principais da obra de Cristo como mediador da humanidade. Para entendermos o significado do triplo ofício de Cristo, vamos subir nos ombros de Calvino, pois sua contribuição para o tema é notável pela originalidade, clareza, profundidade e base exegética.[63] Para ele, a morte de Cristo no calvário foi o antítipo — ou seja, o cumprimento final — de todos os sacrifícios expiatórios do Antigo Testamento e a obra principal do ofício sacerdotal. Além disso, a cruz de Cristo marca o estabelecimento do Reino de Deus e reverbera a mensagem profética do amor de Deus pela humanidade.[64]

1. Aspecto profético

Calvino explica que o povo de Deus no Antigo Testamento esperava por um profeta que apresentasse o caminho para a salvação de forma mais completa. Ele cita, por exemplo, as palavras da mulher samaritana: "Eu sei que virá o Messias, chamado Cristo. Quando ele vier, nos anunciará todas as coisas" (João 4:25). O profeta esperado seria o Cristo (do grego *kristós* — o Ungido), pois as pessoas ungidas com óleo na antiga aliança eram justamente os profetas, os sacerdotes e os reis. Em

---

[61]Lutero, "Gálatas", in: *Martinho Lutero: obras selecionadas*, p. 275. Ênfase do autor.

[62]Em Latim: *munus triplex*.

[63]A ideia de um triplo ofício já aparecia nos escritos de Eusébio de Cesareia, mas não de forma sistematizada como em Calvino. Apesar de ter sido uma metáfora utilizada primariamente pelos reformadores do século 16, a noção do triplo ofício de Cristo tem provado seu potencial ecumênico ao ser utilizada por várias tradições cristãs, inclusive pela Igreja Romana. Cf. Catecismo da Igreja Católica, Compêndio, Q. 155.

[64]Calvino, *Institutas da religião cristã* (São Paulo: Cultura Cristã, 2006), II.15-17.

uma de suas profecias messiânicas, Isaías diz que o Messias seria ungido para proclamar o evangelho aos pobres, humildes e cativos (Isaías
61:1,2) e isso se cumpriu em Cristo em sua pregação na sinagoga em
Nazaré (Lucas 4:18).

Em outras palavras, a unção messiânica envolvia não apenas aspectos de realeza e sacerdócio, mas também de profecia.[65] Como o último
e maior dos profetas, Cristo trouxe ao mundo a doutrina perfeita que
dá sentido final a todas as profecias antigas, pois, em última instância,
todas elas apontavam para Cristo e, com a chegada dele, todas elas
cumprem seu propósito. Calvino afirma que "fora de Cristo não há
nada que valha a pena conhecer e todos os que pela fé percebem como
ele é compreenderam toda a imensidão dos benefícios celestiais."[66]
O apóstolo Paulo decidiu nada conhecer, a não ser Jesus Cristo e este
crucificado (1Coríntios 2:2). Na mesma linha de raciocínio, Calvino
salienta que nada é mais profundo, mais rico e mais verdadeiro do que
a simplicidade do evangelho.

2. Aspecto de realeza

O Salvador prometido, além de profeta, deveria ser um rei. A principal
preocupação de Calvino aqui é a de nos alertar que o poderio e a realeza
de Cristo só serão úteis para nós quando reconhecemos sua natureza
espiritual. De fato, como rei, Cristo nos promete segurança. Mas de
qual tipo? Ao expor os textos da Escritura que nos prometem proteção em meio a perseguição, calamidades e angústias, Calvino nos alerta
que tais promessas dizem respeito à preservação e à perpetuidade eterna
da igreja, e não necessariamente à defesa física ou temporal.[67] Assim, a
intenção principal do Espírito Santo nessas passagens da Escritura que
nos falam de proteção sendo garantida pelo Rei dos reis é, antes de tudo,
nos inspirar a ter esperança em relação à bendita imortalidade, e não primeiramente em relação às coisas que são temporárias. Calvino escreve:

> ... devemos saber que a felicidade que nos foi prometida em Cris-
> to não consiste em vantagens exteriores — tais como levar uma

---

[65]Ibidem, II.15.2.
[66]Ibidem, II.15.2.
[67]Calvino se refere particularmente aos Salmos 2 e 110.

vida alegre e pacífica, ter riquezas, estar a salvo de todos os perigos e ostentar uma vida em delícias como a carne comumente aspira. Não, nossa felicidade pertence à vida celestial! No mundo, a prosperidade e o bem-estar de um povo dependem em parte da abundância de todas as coisas boas e da paz doméstica, em parte de fortes defesas que os protegem de ataques externos. Da mesma maneira, Cristo enriquece seu povo com todas as coisas necessárias para a salvação eterna das almas e os fortalece com coragem para permanecerem invencíveis contra todos os ataques dos inimigos espirituais [...] Então, confiando no poder do mesmo Espírito, não duvidemos de que sempre seremos vitoriosos sobre o Diabo, o mundo e todo tipo de coisa prejudicial. Assim, podemos pacientemente passar por esta vida com sua miséria, fome, seu frio, desprezo, suas reprovações e outros problemas — contentes com uma coisa: que nosso rei nunca nos deixará destituídos, mas providenciará para nossas necessidades até, ao fim da guerra, sermos chamados ao triunfo.[68]

3. Aspecto sacerdotal

Como nosso Sacerdote, a função de Cristo é mediar nossa reconciliação com Deus. E por que precisamos de reconciliação? Calvino escreve que a "justa maldição de Deus impede nosso acesso a ele e Deus em sua qualidade de Juiz está irado conosco."[69] Algo precisa ser feito para que o Senhor Jesus, como nosso Sacerdote, possa obter o favor de Deus para nós e apaziguar sua ira. Assim, no ofício de sacerdote, Cristo deve apresentar um sacrifício para que tenhamos acesso a Deus, pois, segundo a lei, até o sacerdote era proibido de entrar no santuário sem sangue (Hebreus 9:7). Não temos acesso a Deus a menos que Cristo, como nosso Sumo Sacerdote, tendo nos lavado de nossos pecados, nos santifique e obtenha para nós aquela graça da qual a impureza de nossas transgressões e nossos vícios nos privam.

O que Calvino está dizendo é que não há propiciação sem expiação de pecados — como já falamos anteriormente. De fato, os dois atos

---

[68]Calvin, *Institutio Christianae religionis*, II.15.4. Tradução do autor.
[69]Ibidem, II.15.6. Tradução do autor.

são como duas faces da mesma moeda. O primeiro ato se refere àquele que acontece para com Deus por meio da obra de Cristo: a sua justiça é propiciada. Cristo paga por nós o preço devido por nossos pecados. Somos devedores que não podem pagar a dívida moral contra a justiça de Deus. Logo, a ira de Deus é satisfeita e propiciada pelo sacrifício perfeito que Cristo faz em nosso nome. No entanto, esse é apenas um aspecto do trabalho.

O segundo aspecto, a expiação, reflete o que acontece com os nossos pecados: eles são removidos de nós por terem sido transferidos ou imputados a Cristo, que vicariamente sofreu em nosso lugar. Dessa forma, Deus agora está *satisfeito* (propiciado) e nosso pecado está *coberto* (expiado) por causa da morte de Jesus. O ato duplo de Cristo de propiciar e expiar se conecta perfeitamente ao sistema sacrificial da velha aliança: primeiro o sacerdote oferecia um sacrifício animal a Deus para a propiciação da sua justiça e, em um segundo momento, os pecados do povo eram transferidos para um bode expiatório que, ao ser enviado para o deserto, comunicava simbolicamente o desaparecimento dos pecados deles. Dessa maneira, cada israelita poderia ter o acesso a Deus e a remoção de sua própria culpa. Aplicando esse raciocínio a Cristo, o autor de Hebreus diz que nosso Sumo Sacerdote já se ofereceu, de uma vez por todas, como sacrifício pelos nossos pecados (Hebreus 10:10-14) e, por isso, consagrados pelo sangue de Cristo, agora podemos ter ousadia para entrar no santuário de Deus (Hebreus 10:19-22).

Calvino explica que, agora, em Cristo, uma nova ordem é inaugurada, na qual o Sacerdote e a Oferta se tornam a mesma coisa. Isso pelas seguintes razões: (1) não há outra satisfação adequada para nossos pecados; e (2) nenhum outro homem seria digno de se oferecer a Deus em nosso lugar, senão o próprio Filho de Deus. Cristo é agora tanto o Sacerdote quanto a Oferta de sacrifício. Ele satisfaz a justiça do Pai e nos limpa com seu precioso sangue. Por isso, além de propiciados — Deus não tem mais nada contra nós —, somos convidados pelo nosso Sumo Sacerdote para sermos seus companheiros de ofício. Isto é, nós, que estávamos contaminados, agora somos purificados e convidados a entrar no santuário de Deus para oferecer a nós mesmos como sacrifícios de louvor agradáveis diante de Deus.[70] Se estamos em Cristo, o Pai

---

[70]Ibidem, II.15.6.

nos recebe como sacerdotes na sua casa e também aprecia o perfume das nossas ofertas. É por essa razão solene que o autor de Hebreus nos ordena: "Não deixemos de nos congregar" (Hebreus 10:25), pois deixar a comunhão da igreja seria como que dizer não ao convite de Cristo para oferecermos sacrifícios de louvor na casa de seu Pai — o qual está favorável a nós e tem prazer em nosso culto por causa da obra do Filho.

Outro teólogo que se apropriou da metáfora do triplo ofício de Cristo para descrever a doutrina da redenção foi Karl Barth. Ele reinterpreta o conceito de triplo ofício em estreita conexão com os estados de humilhação e exaltação de Cristo e a doutrina do pecado. Seguindo nessa direção, Barth argumenta que a doutrina de Cristo, a doutrina da salvação e a doutrina do pecado constituem uma unidade harmônica. Isso quer dizer que: (1) o ofício sacerdotal está ligado à humilhação de Cristo em resposta ao nosso orgulho; (2) o ofício real se conecta à exaltação de Cristo para vencer a nossa inércia; (3) o ofício profético se relaciona ao testemunho de Cristo para dissipar nossa ignorância e engano.

Barth resume toda a sua teologia da reconciliação afirmando que, em Cristo, Deus é *conosco* e *por nós*. Em primeiro lugar, ao utilizar a figura do "Deus conosco", Barth descreve a seguinte realidade:

> A auto-humilhação de Deus em seu Filho é verdadeira e, portanto, não há reservas quanto à sua solidariedade para conosco. Ele se tornou irmão do homem, ameaçado pelo homem, assediado e agredido com ele, com ele na corrente que desce ao abismo, apressando-se até a morte, para a cessação do ser e do nada. Com o ser humano, Jesus clama: "Meu Deus, meu Deus, por que me abandonaste?" *Deus pro nobis* [Deus conosco] significa simplesmente que Deus não abandonou o mundo e o homem na necessidade ilimitada de sua situação, mas que Ele desejou suportar essa necessidade como se fosse sua, de tal forma que ele a toma sobre si e clama junto com o homem nessa necessidade.[71]

Em segundo lugar, em que sentido Deus é por nós em Cristo? Barth sugere quatro sentidos para explicar isso: (1) Jesus Cristo, como

---

[71]Barth, *Church dogmatics* (Edinburgh: T&T Clark, 1975), IV, § 59.2, p. 215. Tradução do autor.

Juiz, tomou nosso lugar; (2) ele tomou nosso lugar como o julgado; (3) ele foi julgado em nosso lugar; e (4) ele agiu com justiça em nosso lugar. Primeiro, Deus é por nós porque Jesus tomou nosso lugar como nosso Juiz. Barth argumenta que a humanidade como um todo está em busca de sua própria justificação, e não da justificação divina. O ser humano pensa que, medindo-se de acordo com seus próprios padrões, pode se autodeclarar justo. Diante do espelho, o ser humano se enxerga inocente e condena os demais como culpados. No entanto, Barth explica, o julgamento correto não é função humana, mas departamento exclusivo de Deus. Portanto, Deus é por nós porque, ao nos reconciliar, ele nos substitui em Cristo como nosso Juiz.[72]

Segundo, Deus é por nós porque, em Cristo, ele tomou nosso lugar e foi jugado como pecador, isto é, Deus assumiu a responsabilidade pelo pecado da humanidade. Barth utiliza constantemente o termo solidariedade para explicar essa troca. É o próprio Deus — e não simplesmente a natureza humana de Jesus Cristo — que está implicado na solidariedade do Deus-homem com a humanidade. Paradoxalmente, Deus tornou o nosso pecado o seu próprio pecado, embora Deus não seja pecador. Assim, Cristo é tido como o injusto, ele é o sobrecarregado, o condenado e o rejeitado, de tal forma que deve ser arrancado da terra dos viventes.[73]

Terceiro, Deus é por nós porque, em Cristo, ele sofreu, foi crucificado e morreu. Barth comenta que, para o pecado e o mal no mundo serem erradicados, Deus precisa punir o pecado. Barth parece se opor à ideia de que a punição satisfaz a ira de Deus, mas argumenta que a punição do pecador satisfaz o amor divino — uma confusão desnecessária a meu ver. No entanto, Barth está correto ao alertar que não devemos ver a relação entre Pai e Filho como uma tensão entre um Pai irado e um Filho amoroso. Como John Stott nos esclarece, precisamos nos opor à adoção de qualquer imagem da expiação na qual o Filho é uma vítima que se levanta contra um Pai que, por sua vez, é "um ogro impiedoso cuja ira deve ser aplacada." Stott explica: "Tanto Deus como Cristo eram sujeitos, não objetos, tomando a iniciativa juntos

---

[72]Ibidem, IV, § 59.2, p. 220-32.
[73]Ibidem, IV, § 59.2, p. 215-7, 237.

para salvar os pecadores. O que quer que tenha acontecido na cruz com relação ao 'abandono de Deus' foi voluntariamente aceito por ambos no mesmo amor santo que tornou a expiação necessária". Embora as palavras "satisfação" e "substituição" nunca devam "ser abandonadas em nenhuma circunstância", afirma Stott, também devemos ser muito claros acerca de que o evangelho bíblico da expiação é "Deus satisfazendo-se e substituindo-se por nós".[74]

Portanto, a despeito de tecer suas críticas pessoais à interpretação dos reformadores, Barth os segue de perto ao alegar que o mecanismo de expiação requer que o pecado seja assumido pessoalmente pelo Deus-homem. Ao assumir nossa rebelião contra Deus, Cristo sofreu o julgamento e a punição devidos pela humanidade pecadora, isto é, na morte de Jesus, nosso pecado foi julgado e punido perfeitamente. Como resultado, a morte de Cristo é a morte do próprio pecado porque Cristo recebeu o pecado em si mesmo.[75]

Quarto, Deus é por nós porque, em Cristo, a perfeita justiça é oferecida ao Pai em nosso lugar. Barth retrata o período em que o Senhor Jesus esteve conosco como a vida de um homem perfeitamente justo. Antes dele, não havia justo, nenhum sequer. Por isso, para ser plena, a reconciliação de Deus com o pecador precisa envolver a remoção da injustiça pela existência de um homem obediente. Barth entende toda a vida de Cristo, e não apenas a sua morte, como substitutiva: ele viveu por nós, morreu por nós, foi obediente, e manifestou sua perfeita liberdade em todos os episódios da sua vida, não apenas para si mesmo, mas para criar uma nova humanidade.[76]

---

[74]Stott, *The cross of Christ*, p. 150-51, 159-60. Tradução do autor.

[75]Barth, *Church dogmatics*, IV, § 59.2, p. 253-4.

[76]Ibidem, IV, § 59.2, p. 256-8. Como vimos, Barth soa próximo à ortodoxia protestante, escrevendo sobre o Juiz julgado em nosso lugar, sofrendo a punição que merecíamos etc. Não obstante, em uma inspeção mais detalhada, existem diferenças importantes. Ele nega a ideia de uma satisfação oferecida para aplacar a ira de Deus e descreve o sacrifício substitutivo como um evento dialético no qual a velha humanidade é aniquilada em Cristo, para que, nele, todos os seres humanos, sem exceção, participem da sua justiça — declaração que tende a minimizar a apropriação da obra de Cristo pela fé.

À luz do testemunho de Calvino, Barth, Stott e tantos outros, a figura do triplo ofício de Cristo representa a versão clássica do modo pelo qual o protestantismo tem compreendido o mistério da redenção. Com essa última figura encerramos nossa jornada visitando as principais metáforas que nossos antepassados utilizaram ao proclamar a obra redentora do Senhor Jesus Cristo e, assim, concluímos que a fusão do que há de verdadeiro nas várias metáforas usadas pela tradição cristã reflete melhor o ensino das Escrituras.

De fato, devemos ser gratos ao Senhor por ter usado a vida de tantos de seus servos para que pudéssemos entender melhor do que se trata a redenção conquistada pelo nosso Salvador. Enquanto eu meditava na maravilhosa graça do Senhor Jesus Cristo expressa na redenção, veio-me a ávida vontade de orar e agradecer a Deus por tão grande salvação ofertada gratuitamente a nós, miseráveis pecadores. Parei de escrever e fui orar — e talvez você deva fazer o mesmo. Pela providência do Eterno, após concluir a minha oração, encontrei as palavras do reformador francês que registro logo abaixo. Elas me fizeram ficar em silêncio por alguns minutos. Calvino resumiu em poucas linhas aquilo que meu coração sentia frente ao amor de Deus que se revela em meio a tantas metáforas apresentadas:

> Pois Deus, que é a justiça maior, não pode amar a injustiça que vê em todos nós. Todos nós, portanto, temos em nós algo merecedor do ódio de Deus [...] desagradamos a Deus, somos culpados aos olhos dele e nascemos para a condenação do inferno. Mas, porque o Senhor não deseja perder o que é seu em nós, por sua própria bondade, ele ainda encontra algo para amar. Por mais que sejamos pecadores por nossa própria culpa, continuamos sendo criaturas dele. Por mais que tenhamos causado a morte sobre nós mesmos, ele nos criou para a vida. Assim, ele é movido por puro amor e se dá livremente por nós para nos receber em sua graça. Visto que existe uma discordância perpétua e irreconciliável entre a justiça e a injustiça, enquanto continuarmos pecadores, ele não pode nos receber completamente. Portanto, para tirar todos os motivos de inimizade e nos reconciliar totalmente consigo mesmo, ele elimina todo o mal em nós pela expiação apresentada na morte de Cristo; para que

nós, que antes éramos impuros e imundos, nos mostremos justos e santos aos seus olhos [...] Mas, até que Cristo nos socorra com sua morte, a injustiça que merece a indignação de Deus permanece em nós e é amaldiçoada e condenada diante dele [...] podemos estar plena e firmemente unidos a Deus somente quando Cristo nos unir a ele. Se, então, quisermos ter certeza de que Deus se agrada e está bondosamente disposto para conosco, devemos fixar nossos olhos e nossa mente somente em Cristo.[77]

A DOUTRINA DA REDENÇÃO: PRINCIPAIS NOÇÕES

Com essa gama de metáforas da redenção em mente, na segunda parte deste capítulo, quero levar você a pensar em nossa salvação de forma mais temporal, isto é, seguindo a ordem cronológica dos eventos da redenção. Meu objetivo é ajudá-lo a entender e comunicar o drama da redenção tendo um roteiro em mente, e não apenas um arsenal de boas imagens. Como dissemos, a ordem oferecida pelo Credo Apostólico é a seguinte: (1) encarnação; (2) morte; (3) descida à sepultura; (4) ressurreição; (5) ascensão; e (6) retorno para julgamento. Permitam-me alterar um pouco essa ordem e ajustar a nossa linguagem sobre a redenção nos moldes de Efésios 1:3-14 — já mencionado no capítulo sobre a Trindade. Aqui vai uma tentativa de definição: a doutrina da redenção diz respeito ao plano trinitário para resolver o problema da Queda e seus efeitos; plano este que consiste no envio do Filho, no poder do Espírito Santo, para nascer, viver, morrer, ressuscitar, ascender aos céus e retornar à terra para consumar a obra de salvação para sempre.

Com base na definição acima, podemos dizer que a nossa redenção em Cristo inclui sete eventos: (1) o plano trinitário; (2) a encarnação do Filho de Deus; (3) a vida de Cristo; (4) a morte de Cristo; (5) a ressurreição de Cristo; (6) a ascensão de Cristo; e (7) o retorno de Cristo. Os sete eventos podem ser condensados em quatro perguntas: (1) Do que precisamos ser salvos? (2) Por qual razão Deus quer nos salvar? (3) Quem é capaz de nos salvar? (4) O que o Redentor faz para nos

---

[77]Calvin, *Institutio Christianae religionis*, II.16.3. Tradução do autor.

salvar? A primeira pergunta nos dará ocasião para relembrarmos a necessidade humana por redenção; a segunda aponta o plano eterno de redenção envolvendo nossa eleição; a terceira envolve a necessidade da encarnação do Filho de Deus; e a quarta nos faz refletir sobre o processo pelo qual o Redentor nos salva, envolvendo sua vida, morte, ressurreição, ascensão e o retorno para julgar vivos e mortos.

1. Do que precisamos ser salvos?

À luz do que já estudamos, precisamos ser salvos dos nossos pecados e das suas consequências devastadoras: (1) da ira justa de Deus; (2) da morte física, espiritual e eterna; (3) do domínio dos poderes espirituais das trevas. Já vimos no capítulo anterior que o mal, o pecado, o sofrimento e os variados tipos de morte são frutos da quebra da consciência de dependência da criatura em relação ao Criador ocorrida no Éden com os nossos primeiros pais. A menos que entendamos o nosso problema, jamais reconheceremos nossa necessidade de um salvador.

Não sei se você já passou pela experiência de se afogar no mar — eu infelizmente já —, mas o ser humano só grita por socorro quando percebe que está à beira da morte. Não vemos necessidade de um salva-vidas enquanto nossa pele não estiver em risco. Por isso, precisamos entender bem a nossa condição de miséria para que a nossa busca pelo Salvador faça sentido. Diagnosticar os sintomas faz parte do processo, mas não para por aí. Nosso real problema não é a tristeza, o desânimo, a fome, a injustiça, o sofrimento, as doenças, as guerras, a pobreza, a depressão, as decepções etc. Todas estas coisas são um problema real para nós, mas tão somente como manifestações do Problema principal — com "P" maiúsculo, isto é, são sintomas do Problema, não a causa dele.

Deus é o Médico dos médicos e sabe muito bem que não adianta atacar os sintomas de uma doença para curá-la; ele precisa atacar a causa dela. É exatamente isso que o Pai planejou de antemão na eternidade quando decidiu nos criar e permitir que viéssemos a nos desligar dele: traçou o plano perfeito para atacar o principal câncer do coração humano, a saber, o pecado, para reverter, em um segundo momento, seus efeitos destruidores. Assim, não é suficiente reconhecer que temos nossos erros e que precisamos de ajuda; precisamos ir além: a questão é admitir que estamos perdidos e carecemos de um salvador com urgência.

2. Por que Deus quer nos salvar?

A única motivação que Deus tem para nos resgatar do pecado e de suas consequências é o seu amor cheio de compaixão e graça. Como diz o apóstolo João: "Deus amou o mundo de tal maneira que deu o seu Filho unigênito, para que todo o que nele crê não pereça, mas tenha a vida eterna" (João 3.16). A passagem esclarece que a motivação existente em Deus para que o mundo não pereça é o seu amor incompreensível. Outro texto importante se encontra em Efésios 2.5: "e estando nós mortos em nossos delitos, nos deu vida juntamente com Cristo — pela graça sois salvos" (ARA). A graça de Deus é a motivação que anda de mãos dadas com o amor de Deus — podemos até dizer que amor e graça são coisas diferentes, mas aqui funcionam como sinônimos.

O amor é a decisão livre de Deus de querer nos fazer bem. A despeito de odiar aquilo que nos tornamos por causa do pecado que habita em nós, o Pai ainda encontrou razões em si mesmo para nos amar, por isso, ele elaborou um plano salvífico para nos libertar do pecado, de sua ira e da morte. A graça funciona como um sinônimo do amor, pois ela é um favor que Deus concede a nós sem que tenhamos qualquer mérito para recebê-lo. Agir com graça é dar um presente a quem não pode pagar ou presentear com bênçãos aqueles que merecem maldição. Portanto, se quisermos descobrir por qual razão Deus escolheu nos salvar do pecado e da morte, é importante compreendermos que nada em nós é capaz de cativar o coração justo de Deus, nem a melhor do que vemos como boas obras, porque somos igualmente pecadores, e nossas obras, corrompidas, são incapazes de reparar nossas atitudes más. Pelo contrário, somente a própria graça de Deus é capaz de mover o seu coração em nossa direção. É por essa e tantas outras razões que costumamos dizer que a graça de Deus é maravilhosa!

3. Quem é capaz de nos salvar?

Como vimos, o Salvador precisa ter dois requisitos a fim de nos salvar: ser verdadeiramente Deus e verdadeiramente homem. Por um lado, o nosso Salvador precisa ser alguém perfeitamente santo, uma vez que pecadores não podem salvar outros pecadores, da mesma forma que um cego não pode devolver a vista a outros cegos. O Salvador precisa ser totalmente livre de pecado para que possa resgatar pecadores. Isso nos leva à seguinte pergunta: existe algum ser humano que não tenha cometido pecado? E a resposta é obviamente não. Uma vez que os nossos pecados foram cometidos contra um Deus infinitamente santo, nosso Salvador não pode ser ninguém menos que o próprio Deus. Somente ele comporta o caráter santíssimo que todos ofendemos, fato que somos incapazes de reparar.

Por outro lado, temos que fazer outra pergunta: como um Deus santíssimo poderia receber os pecados dos pecadores? E a resposta é que, *a priori*, ele não pode. Se o salário do pecado é a morte, como Deus poderia morrer? Parece impossível que Deus seja capaz de morrer, do contrário ele perderia o título de Autor da vida (Atos 3:15). A única forma de Deus pagar o preço justo pelos nossos pecados seria que ele fosse, além de Deus, perfeitamente humano, sendo capaz de morrer como tal. E é por essa razão que Deus decidiu se encarnar. Resumindo, o próprio Deus, que não tem pecado, decidiu assumir uma natureza corpórea, para que, com ela, pudesse morrer no lugar dos homens. O plano teria sido um fiasco se o Salvador fosse apenas Deus ou apenas homem. Se fosse apenas Deus, não poderia morrer; se fosse apenas homem, não poderia satisfazer a infinita justiça exigida. O Salvador, então, precisava ser necessariamente Deus-homem (Hebreus 2:17). Quem é essa pessoa que tem duas naturezas, uma divina e outra humana? É o nosso Senhor Jesus Cristo.

Foi exatamente pela necessidade de se tornar o Deus-homem que o Filho de Deus se encarnou. O nascimento virginal, pela obra do Espírito Santo, não é uma doutrina negociável no cristianismo — como tudo o que está no Credo Apostólico. Caso Jesus tivesse nascido da relação natural de um homem com outra mulher, qual seria o resultado? Um homem naturalmente pecador. Poderia um homem naturalmente pecador dar sua vida aos pecadores? Não, pois não seria santíssimo como a lei requer. O nascimento virginal de Cristo é testemunha, portanto, de que o Senhor Jesus é uma pessoa com duas naturezas distintas: ele é homem, porque recebeu sua humanidade de Maria, sem herdar o pecado, visto que sua concepção ocorreu por intermédio do Espírito Santo, não por meios ordinários; e ele continuou sendo da mesma substância do Deus eterno, pois é imutável.

Obviamente o nascimento virginal de Cristo é um mistério do qual não temos muitos detalhes. O que podemos dizer com certeza, com base na revelação divina, é que, em uma só pessoa, o Deus-homem possui duas naturezas, a divina e a humana. O nascimento virginal de Jesus, por obra do Espírito Santo, não é uma opção, mas uma necessidade, já que não haveria possibilidade de Jesus ser Deus e homem ao mesmo tempo sem que o fosse por intermédio de um milagre.

4. O que o Redentor faz para nos salvar?

Não tendo mais dúvidas a respeito da competência para ser o nosso Salvador, precisamos perguntar agora como o Deus-homem nos salva dos nossos pecados. Em linhas gerais, o método para nos redimir envolve, além da encarnação, sua vida obediente, sua morte substitutiva, sua ressurreição triunfante, sua ascensão gloriosa ao céu e seu retorno à terra para julgar vivos e mortos.

a) Vida obediente. Em primeiro lugar, o Deus-homem precisava passar por tudo o que os seres humanos passam, mas sem pecar. Você está lembrado da metáfora de recapitulação de Irineu? Não foi uma invenção dele, mas uma reflexão sobre as palavras do apóstolo Paulo: "Porque, como, pela desobediência de um só homem, muitos se tornaram pecadores, assim também, por meio da obediência de um só, muitos se tornarão justos" (Romanos 5.19). Com base na sua obediência e perfeição moral, Cristo é adequado para ser nosso novo Adão, para "reencabeçar" uma nova humanidade e para nos libertar da maldição herdada do primeiro homem.

b) Morte vicária. Em segundo lugar, vemos que as Escrituras apresentam a morte de Cristo como outro aspecto da sua obra de redenção. Não é que o Senhor tinha que passar por duas fases distintas no tempo e no espaço — obediência em vida e, depois, obediência na morte; antes, trata-se tão somente de dois lados da mesma moeda ou dois aspectos da mesma obra. Dentro da tradição reformada, costumamos dizer que a lei de Deus impõe exigências positivas e sanções penais, ou seja, ela demanda não só o cumprimento dos preceitos, mas também a execução da pena contra o infrator.

É essa exigência dupla da lei de Deus que é levada em consideração quando tratamos da obediência ativa e passiva de Cristo. Como nosso representante legal, o Senhor Jesus cumpriu a lei de Deus em todas as suas determinações positivas e também sofreu a maldição e a condenação por causa do nosso pecado. Em outras palavras, ele cumpriu perfeitamente as exigências da justiça e lidou com a culpa pelo pecado. Satisfez as determinações da lei divina e os requisitos penais: viveu a vida perfeita que deveríamos viver e foi castigado com a morte que deveríamos morrer. Como escreveu John Owen: "a nossa morte morreu na morte de Cristo."[78]

c) Ressurreição triunfante. Em terceiro lugar, o Senhor Jesus nos salva pela sua ressurreição dos mortos. Por um lado, pela sua morte, Cristo cancelou a necessidade da nossa morte; por outro lado, pela sua ressurreição, ele nos deu o direito e a possibilidade de vivermos uma nova vida. Paulo resume bem o conceito: "Fomos, pois, sepultados com ele na morte pelo batismo; para que, como Cristo foi ressuscitado dentre os mortos pela glória do Pai, assim também andemos nós em novidade de vida" (Romanos 6:4, ARA). Cristo morreu para cancelar a nossa morte e ressuscitou para nos dar uma nova vida. Sem a ressurreição de Cristo não existe real vitória contra a morte. Paulo escreve: "... se Cristo não ressuscitou, é vã a nossa pregação, e vã, a vossa fé [...] E, se Cristo não ressuscitou [...] ainda permaneceis nos vossos pecados. E ainda mais: os que dormiram em Cristo pereceram. Se a nossa esperança em Cristo se limita apenas a esta vida, somos os mais infelizes de todos os homens" (1Coríntios 15:14,17-19).

d) Ascensão gloriosa. Em quarto lugar, a ascensão de Cristo também deve ser vista como parte da nossa salvação. Infelizmente, a maioria dos cristãos nem sequer sabe do que se trata o termo ascensão. Grosso modo, essa doutrina nos ajuda a abordar uma questão óbvia, mas central: como devemos entender a ausência humana de Jesus na terra? Para alguns, a ausência humana poderia sugerir indiferença, deserção ou impotência do Salvador em relação a este mundo presente, ou, ainda,

---

[78]Cf. Owen, *Por quem Cristo morreu?* (São Paulo: PES, 2014).

que o milagre da encarnação teria se desfeito. Em outras palavras, a doutrina da ascensão é fundamental para entendermos o drama da redenção e sua relevância atual.

A doutrina da ascensão de Cristo é parte do corpo confessional do cristianismo ortodoxo e, portanto, um ensino inegociável da fé que todos os cristãos deveriam conhecer. De forma resumida, nós entendemos a ascensão após a ressurreição como o segundo momento do seu atual estado de exaltação. O testemunho de Lucas é claro o suficiente:

> Depois de ter dito isso, Jesus foi elevado às alturas, à vista deles, e uma nuvem o encobriu dos seus olhos. E, estando eles com os olhos fixos no céu, enquanto Jesus subia, eis que dois homens vestidos de branco se puseram ao lado deles e lhes disseram: "Homens da Galileia, por que vocês estão olhando para as alturas? Esse Jesus que foi levado do meio de vocês para o céu virá do modo como vocês o viram subir" (Atos 1:9-11).

A ascensão também é registrada em outros textos bíblicos como Lucas 24:51; João 14:2; Efésios 1:20-22; 4:8-10; e no livro de Hebreus. Segundo o testemunho apostólico, quarenta dias após ter se apresentado vivo com muitas provas incontestáveis, nosso Salvador foi elevado às alturas à vista de seus discípulos. Assim, ascensão é o fato histórico da ida do Cristo ressurreto para o céu. Mas quais são as consequências e as implicações da ascensão de Cristo?

Em primeiro lugar, o ato de ser assunto ao céu nos comunica que Jesus está, neste exato momento, reinando sobre todo o universo. Ao subir ao céu com o corpo ressuscitado, Jesus está cumprindo diversas promessas de realeza cósmica associada ao Messias do Antigo Testamento. Salmos 2 e 110, por exemplo, falam do plano de Deus para colocar todo o cosmo sob a liderança de Cristo (cf. Efésios 1:10). Deus é fiel e cumpriu essa promessa ao receber o seu Filho no céu, colocando-o no trono à sua direita. De acordo com o salmista — e seguindo a interpretação do autor de Hebreus em 4:14 e 7:25,26 —, o Messias seria um rei e sacerdote que viria a ser recebido nos céus para atuar como intercessor de seu povo.

Em segundo lugar, a ascensão do Senhor é um testemunho da sua vitória sobre todos os poderes malignos do mundo. De acordo com Salmos 2, as nações conspiram em vão contra o ungido de Deus que tem o cetro nas mãos! A ascensão é fundamental para o drama da redenção porque nos esclarece o que nosso Redentor está fazendo no presente momento da história: nosso Redentor reina! Nosso Salvador não nos abandonou na terra, mas subiu ao céu para assumir o controle do mundo. Neste exato momento, Jesus está reinando sobre todas as pessoas de todos os tempos, e não apenas sobre os judeus convertidos no primeiro século.

Por causa disso, a ascensão de Cristo tem implicações políticas seríssimas para o cristão. Devemos tomar o máximo cuidado de não subtrair a confiança no reinado do Messias ressuscitado para, então, depositá-la sobre qualquer ser humano que reivindique lealdade política dentro da igreja. Isto é, nossa lealdade política ao Senhor Jesus deve necessariamente relativizar todas as nossas alianças políticas terrenas, especialmente quando elas entram em choque com os preceitos da realeza divina. A igreja do Senhor deve resistir a qualquer tentação de se curvar a presidentes, reis e qualquer autoridade que reclame sua lealdade de forma acrítica. Somos um povo unido com apenas um partido: o reino de nosso Senhor Jesus Cristo. Na linguagem de Paulo aos irmãos de Éfeso, já estamos com Cristo assentados junto ao seu trono de glória (Efésios 2:6). Não podemos ter dois senhores; e não podemos misturar a certeza do reino de Cristo com as expectativas passageiras desta vida.

Em terceiro lugar, a ascensão significa que a obra sacerdotal de Cristo foi aceita e confirmada pelos céus. Nosso Sumo Sacerdote não apenas pagou com o seu sangue para cancelar a nossa dívida junto ao Pai e nos purificar dos pecados, ele também abriu a porta dos céus e, como rei, nos convida a desfrutar da sua presença. Não precisamos mais oferecer nenhum tipo de sacrifício a Deus, a não ser ofertas de ações de graças! Cristo ainda mantém seu ofício sacerdotal intercedendo por nós diante do Pai. A doutrina da ascensão é o que nos dá certeza de tudo isso. Como o autor de Hebreus nos ensina:

> Tendo, pois, Jesus, o Filho de Deus, como grande sumo sacerdote que *adentrou os céus*, conservemos firmes a nossa confissão. Porque

não temos sumo sacerdote que não possa se compadecer das nossas fraquezas; pelo contrário, ele foi tentado em todas as coisas, à nossa semelhança, mas sem pecado. Portanto, aproximemo-nos do trono da graça com confiança, a fim de recebermos misericórdia e encontrarmos graça para ajuda em momento oportuno (Hebreus 4:14-16).[79]

Em quarto lugar, a ascensão está relacionada aos dons com que o Senhor presenteia a igreja. De acordo com o registro apostólico, o Espírito Santo é enviado pelo Pai a pedido de Jesus, depois que este ascende ao céu. Nosso Senhor diz que é conveniente que ele vá ao céu para que o Espírito venha à terra (João 16:7). De fato, a presença do Espírito em nós é a forma mais palpável de desfrutarmos da presença de Cristo. Sem a ascensão de Cristo não existiria o evento de Pentecostes, onde somos capacitados pelo Espírito para sermos o corpo de Cristo na terra e testemunharmos do evangelho.

O apóstolo Paulo também diz que Cristo, ao subir ao céu, enviou presentes para sua igreja a fim de que ela desempenhe seu ministério terreno de forma eficaz até que o Senhor retorne (Efésios 4:7,11). Precisamos entender isso, caso contrário corremos o risco de não sabermos o nosso propósito como igreja neste mundo. A ascensão nos ajuda a discernir que somos um povo vivendo entre duas eras: o *já* e o *ainda não*. Por um lado, já recebemos a nova vida do evangelho em nós, pelo qual, no tempo que nos resta até o retorno do rei, anunciamos para a salvação das nações. Por outro lado, a promessa do rei é que, por enquanto, a manifestação do seu reino será invisível e espiritual. Nosso foco, portanto, não é transformar o mundo em um paraíso político e social, em um novo céu e nova terra, aqui e agora, pela força das nossas mãos, mas, sim, testemunhar a respeito do novo mundo que o rei está criando e que será pleno apenas em seu retorno.

Como veremos no próximo capítulo, a missão de Cristo para sua igreja (Mateus 28:18-20) não é transformar, consertar, resgatar ou renovar a cultura e as estruturas institucionais deste mundo. Muitos estão entendendo isso errado e os efeitos danosos desse erro são visíveis na igreja politizada e descompromissada com os esforços evangelísticos do nosso tempo. Por ora, à luz da ascensão de Cristo e do envio

---

[79]Ênfases do autor.

do Espírito Santo, nossa missão é proclamar com ousadia o evangelho e fazer discípulos maduros que se identifiquem principalmente com o teor espiritual do Reino de Deus. Esse era o esforço dos apóstolos no livro de Atos: eles pregavam corajosamente o Cristo crucificado e ressuscitado, plantavam igrejas e, então, fortaleciam as igrejas por meio de ensino e discipulado.

Diferentemente do que alguns possam objetar, essa abordagem não minimiza nem por um segundo nosso chamado ordinário para amar o próximo e sermos sal e luz no mundo por meio de nossas boas obras e profissões. Pelo contrário, ela nos encoraja a glorificarmos a Deus em todas as áreas da vida. A questão é que a doutrina da ascensão nos ajuda a distinguir — sem precisarmos separar as duas coisas — entre o que é último e o que é penúltimo em nossa jornada cristã. O Rei dos reis está assentado no trono e dirigindo a história para a consumação dos séculos, o fim da história, e, com base nessa perspectiva, nosso chamado último e prioritário é o discipulado. Obviamente, essa tarefa discipuladora não anula nossas vocações ordinárias, uma vez que discipular consiste em ensinar às nações a respeito do Cristo que restaura a sua Criação caída. Por isso, à medida que novos discípulos são formados e amadurecidos pela compreensão do evangelho, eles se tornam mais parecidos com Cristo e sinalizam ao mundo os valores do Reino de Deus, ainda que de forma parcial e imperfeita.[80]

---

[80]Na tradição reformada, também enfatizamos a ascensão de Cristo, especialmente a ideia de que seu corpo está localizado agora no céu, para contrapor a noção de que Cristo poderia estar presente corporal ou localmente nos elementos pão e vinho da Eucaristia. Calvino, por exemplo, argumentou que, embora a divindade de Cristo esteja unida à sua humanidade e completamente presente nela, ela não está *confinada* por essa humanidade em sua finitude, mas está, de forma ubíqua, presente exteriormente em toda parte. Em outras palavras, as naturezas de Cristo permanecem distintas, de maneira que sua natureza divina conserva sua infinitude e sua natureza humana, sua finitude. Essa doutrina foi nomeada de *extra calvinisticum*, termo cunhado pelos luteranos para descrever a posição dos reformados a respeito da absoluta transcendência de Cristo (extra), a despeito de ter assumido uma natureza humana em sua encarnação. Cf. Muller, *Dictionary of Latin and Greek theological terms* (Grand Rapids: Baker, 2006), p. 111.

e) O retorno do Rei. Por fim, o último evento que completa a nossa redenção será concretizado na volta do Senhor Jesus para a terra. Embora ele tenha se encarnado, vivido em perfeita obediência, morrido, ressuscitado, subido ao céu e esteja reinando sobre todo o mundo, sem o seu retorno para julgar vivos e mortos a obra de redenção permanece inacabada. Vamos explorar os detalhes desse tópico no capítulo 8.

IMPLICAÇÕES DA DOUTRINA DA REDENÇÃO

Estamos chegando ao fim de mais um capítulo da nossa jornada pelo conhecimento de Deus. Alguém poderia se perguntar após esse longo trajeto: como tudo isso me ajuda a ser cristão na vida prática? Colocando de outra maneira, quais são as implicações de crermos no Cristo redentor? Como a obra conquistada por ele em todo esse drama de redenção afeta, internamente, a nossa vida?

Para responder a essas perguntas de forma mais satisfatória, precisaríamos de outro capítulo tão grande como este. Ao refletirmos sobre as maneiras pelas quais a obra de Cristo é aplicada a nós, estamos falando de como o Espírito Santo comunica tudo o que foi realizado pelo Filho, do que, agora, podemos nos apropriar por sermos receptores de todas essas bênçãos. Para encurtar o nosso caminho, existem pelo menos cinco palavras, cada uma representando uma grande implicação da redenção, que podem nos ajudar a perceber os frutos da obra de Cristo em nossa vida.

1. União com Cristo

As várias tentativas da igreja para entender como a vida, a morte e a ressurreição de Cristo podem transformar a nossa vida podem ser reunidas sob a doutrina da união com Cristo. Que consolo para alma é saber que não andamos mais sozinhos, mas somos do nosso Senhor e ele é nosso! Deus tem uma aliança conosco e nós, com ele. A promessa do evangelho que ressoa em diversas partes da Escritura é que agora somos participantes da vida de Cristo. Ao se encarnar, o Filho de Deus agora é o nosso novo Adão, que nos lidera pela obediência e nos inclui em sua nova criação. Com ele, morremos para nós mesmos no batismo;

recebemos nova vida em sua ressurreição; participamos de seu corpo e sangue pelos elementos da eucaristia; somos animados pelo mesmo Espírito que o conduziu em triunfo; somos chamados de filhos amados por seu Pai; e temos acesso irrestrito a toda herança que era somente dele e, agora, é legitimamente nossa. Em suma, todos os mistérios da redenção podem ser interiorizados em nosso coração por meio desta frase: estamos unidos a Cristo!

2. Justificação

Por estarmos unidos a Cristo, recebemos o conforto de sermos declarados filhos de Deus, o que implica recebermos do Pai todo o amor que só a Cristo era devido. Por estarmos unidos ao Salvador, Deus agora olha para nós com o mesmo sorriso gracioso com o qual olhou o seu Filho na eternidade. Podemos entrar na presença de Deus sem peso ou culpa, pois nossos pecados do passado, do presente e os do futuro foram pregados no próprio Senhor Jesus e, nele, cancelados de uma vez por todas. Nada além de gratidão a Deus deve consumir o nosso coração após ouvirmos a boa notícia da nossa justificação.

3. Adoção

Nossa união com Cristo também significa que somos da mesma família que ele. Mesmo sendo pecadores, o nosso Senhor não se envergonha de nos chamar de irmãos. Por causa disso, é correto afirmar que a salvação é a entrada na vida do próprio Deus. Ele vive em nós e nós vivemos nele. Continuamos sendo humanos e Deus continua sendo Deus, mas estamos unidos pela fé ao Pai, Filho e Espírito Santo de uma forma misteriosa. Em Cristo, recebemos todos os direitos que apenas ele tinha como o unigênito do Pai. Agora podemos chamar o nosso Pai celestial de *Aba*, pois o Deus todo-poderoso não apenas o permite, mas tem prazer quando nos referimos a ele como nosso *Papai* (Gálatas 4:5,6; Romanos 8:15).

4. Santificação

Ao nos conectarmos com Cristo e participarmos da sua vida, recebemos também a bênção de sermos santificados. Antes de tudo, precisamos compreender a santificação do cristão como um presente de Deus. Ao lado da justificação e da adoção, a santificação é fruto da nossa união mística com o Senhor; ela não parte de nós, mas flui do Senhor para nós.

O Novo Testamento frequentemente nos diz que a santificação é tanto um ato único, válido para todos os tempos, quanto uma obra contínua e progressiva. O primeiro aspecto é um *status* ou posição: somos santos, pois fomos unidos a Cristo para sempre. Um dos frutos da obra de Cristo por nós é que a santidade exclusiva de Cristo foi transferida a nós. Além desse caráter posicional, a nossa santificação também é um processo que envolve nossa participação (*sinergia*). Isso significa que Deus está nos limpando, moral e espiritualmente, no corpo e na alma, ordenando nossas paixões e nossos amores na direção da vontade de Deus. Portanto, nossa santificação é tanto um consolo para a alma quanto um desafio permanente. Por um lado, temos a convicção de que o Deus que exige a nossa santidade é também o nosso santificador; por outro lado, permanece o desafio apostólico: "quem diz que permanece nele [Cristo], esse deve também andar assim como ele andou" (1João 2:6).

5. Glorificação

Finalmente, a última bênção resultante da nossa união com Cristo é a de sermos glorificados no dia final. Cremos que a redenção de Cristo não envolve apenas a nossa alma, mas o nosso ser de forma integral, e isso inclui também a redenção de nosso corpo. Por isso, a Escritura nos assegura que a obra redentora de Cristo não será completa em nós até que nosso corpo seja inteiramente liberto dos efeitos da Queda e trazido ao estado de perfeição para o qual Deus o concebeu. O evento da glorificação de nossos corpos e almas se dará no retorno de Cristo. Será o último estágio que envolve nossa redenção.

O capítulo 8 de Romanos é, talvez, o texto da Escritura que retrata essa verdade de forma mais clara. O apóstolo diz: "E aos que predestinou, também chamou; aos que chamou, também justificou; aos que justificou, também glorificou" (Romanos 8:30, NVI). Que consolo saber que nós participaremos da glória de Cristo um dia! Embora essa dádiva seja reservada para o futuro, ela tem implicações presentes importantíssimas. No mesmo capítulo, Paulo diz: "Pois nessa esperança fomos salvos" (Romanos 8:24, NVI; Cf. tb. v. 23). E em outro lugar: "Porque para mim tenho por certo que os sofrimentos do tempo presente não podem ser comparados com a glória a ser revelada em nós" (Romanos 8:18). Em outras palavras, a promessa futura muda a maneira pela qual vemos e vivemos a vida presente. Vivemos com esperança, não com desespero; podemos nos alegrar até mesmo nas tribulações, pois sabemos que elas são todas passageiras. A morte pode ser uma inimiga concreta e até nos assustar, mas, em última análise, a esperança que temos na ressurreição fecha a boca assombrosa da morte que tenta nos amedrontar. Ser cristão, portanto, é ser movido pela esperança de que a morte não é a última palavra — a vida eterna é.

Em síntese, são várias as implicações que a obra realizada de Cristo produz em nós. Quero terminar este capítulo respondendo uma pergunta que um discípulo me fez há alguns anos atrás, após investirmos algumas horas falando sobre a doutrina da redenção. Ele questionou: por que, embora salvos, continuamos pecando e morrendo? Essa pergunta me deu ocasião para relembrar àquele discípulo querido uma grande tristeza da vida cristã: não somos capazes de obedecer a Deus perfeitamente como gostaríamos. O verme do pecado responsável pela nossa corrupção permanece dentro de nós, guerreando contra o Espírito que nos deu nova vida. A melhor resposta que temos é esta: a nossa redenção foi inaugurada por Jesus, mas ainda não foi completada. Temos plena convicção de que estamos salvos, mas ainda não plenamente. Por isso, enquanto o rei não retorna para completar a sua obra em nós, vivemos presenciando a guerra entre carne e Espírito dentro de nós.

A boa notícia do evangelho em tudo isso é que essa tristeza não nos conduz ao desespero, mas nos faz correr ao nosso Pai e clamar por fortalecimento espiritual. Em meio a guerras sangrentas em nossa alma — nas vitórias e derrotas —, o Espírito Santo testemunha, em nosso interior, que somos salvos e permanecemos sendo filhos de Deus (Romanos 8:15,16). O mesmo Espírito nos relembra de que "o pecado não terá domínio sobre vocês, pois vocês não estão debaixo da lei, e sim da graça" (Romanos 6:14). Cristo já nos libertou do domínio escravizador do pecado, mas ainda não da presença remanescente dele. É por isso que ser cristão é uma jornada *exitus et reditus*: saímos da presença de Deus e agora estamos retornando para ele por meio da obra de Cristo aplicada em nós pelo Espírito Santo.

REFERÊNCIAS

AUGUSTINUS. "De civitate Dei." In: DOMBART, B.; KALB, A., org. *Corpus Christianorum Scholars Version* (Turnhout: Brepols 2014).

_____ [AGOSTINHO]. *A cidade de Deus* (Petrópolis: Vozes, 1990).

_____ [AGOSTINHO]. *Confissões* (São Paulo: Paulus, 2014).

ANSELM OF CANTERBURY. *Cur Deus homo*. In: DAVIES, Brian, org. *Anselm of Canterbury: the major works* (Oxford: Oxford University Press, 1998).

_____ [ANSELMO DA CANTUÁRIA]. *Por que Deus se fez homem* (São Paulo: Novo Século, 2003).

ATHANASIUS. *On the incarnation* (Yonkers, NY: St. Vladimir's Seminary Press, 2011).

_____ [ATANÁSIO]. "A encarnação do Verbo". In: QUINTA, Manoel, org. *Santo Atanásio*. Coleção Patrística (São Paulo: Paulus, 2002). Vol. 18.

_____. "Apologia contra arianos." In: SCHAFF, Philip. *Nicene and post-Nicene fathers* (Buffalo, NY: Christian Literature Publishing, 1892). Vol. 4.

AULÉN. Gustaf. *Christus Victor: an historical study of the three main types of the idea of the atonement* (Londres: Macmillan, 1969).

BARTH. *The Church dogmatics*. Study Edition (Edinburgh: T&T Clark, 1975). 5 vols.

BAVINCK. Herman. *Reformed dogmatics* (Grand Rapids: Baker, 2008). 4 vols.

_____. *Dogmática reformada* (São Paulo: Cultura Cristã, 2012). 4vols.

BÈZE, Théodore de. *Confession de Foi du Chretien* (Saint-Germain-en Laye: La Revue réformée, 1955).

_____[BEZA, Teodoro de]. *The Christian faith* (Glasgow, UK: James A. Dickson Books, 2016).

BLOCHER, H. A. G. "Atonement." In: DAVIE, M., et al. *New dictionary of theology: historical and systematic*. 2. ed. (Downers Grove, IL: InterVarsity Press, 2016). p. 77-80.

BRONDOS, David A. *Paul on the cross: reconstructing the apostle's story of redemption* (Minneapolis: Fortress Press, 2006).

Catecismo da Igreja Católica. Disponível em: https://www.vatican.va/archive/cathechism_po/index_new/prima-pagina-cic_po.html. Acesso em: 09 jun. 2021.

CATECISMO DE HEIDELBERG. In: *As três formas de unidade das igrejas reformadas* (Brasília, CLIRE, 2013).

CALVIN, Jean. "Institutio Christianae religionis." In: BAUM, G.; CUNITZ, E.; REUSS, E., orgs. *Ioannis Calvini Opera Quae Supersunt Omnia*. Corpus Reformatorum (Brunswick and Berlin: C. A. Schwetschke and Son [M. Bruhn], 1863-1900). Vols. 29-87.

_____ [CALVINO, João]. *Institutas da religião cristã* (São Paulo: Cultura Cristã, 2006). 4 vols.

CLEMENT OF ROME. "The letter of the Romans to the Corinthians." In: HOLMES, Michael W. *The apostolic fathers: Greek texts and English translations* (Grand Rapids: Baker, 1999).

_____ [CLEMENTE DE ROMA]. "Primeira Carta de Clemente aos Coríntios." In: QUINTA, Manoel, org. *Padres apostólicos*. Coleção Patrística (São Paulo: Paulus, 2014). Vol. 1.

Confissão de Fé de Westminster (São Paulo: Cultura Cristã, 2014).

"Confissão Belga." In: *As três formas de unidade das igrejas reformadas* (Brasília, CLIRE, 2013).

Epístola a Diogneto. Texto original em grego disponível em: https://www.ccel.org/l/lake/fathers/diognetus.htm, acesso em: 09 jun. 2021.

EUSEBIUS OF CAESERIA. *Demonstratio evangelica* (Londres: Macmillan, 1920).

GREGORY OF NYSSA. "Oratio catechetica." In: SCHAFF, Philip. *Nicene and post-Nicene fathers* (Grand Rapids: Eerdmans, 1892).

_____ [GREGÓRIO DE NISSA]. "A grande catequese." In: QUINTA, Manoel, org. *Padres apostólicos*. Coleção Patrística (São Paulo: Paulus, 2014). Vol. 29.

HORTON, Michael. *Justification* (Grand Rapids: Zondervan, 2018). 2 vols.

_____. *The Christian faith: a systematic theology for pilgrims on the way* (Grand Rapids: Zondervan, 2011).

_____. *Doutrinas da fé cristã: uma teologia sistemática para os peregrinos no caminho* (São Paulo: Cultura Cristã, 2019).

IRENAEI "Adversus haereses." In: HARVEY, W. W., org. *Sancti Irenaei episcopi Lugdunensis Libros quinque adversus haereses* (London: Gregg Press, 1965).

_____. [IRINEU DE LYON] *Contra as heresias*. Coleção Patrística (São Paulo: Paulus, 2014). Vol. 4.

KELLEY, J. N. D. *Early Christian doctrines* (San Francisco: HarperSanFrancisco, 1978).

KOOI, Cornelis van der; BRINK, Gijsbert van den. *Christian dogmatics: an introduction* (Grand Rapids: Eerdmans, 2017).

LANE, A. N. S. "Satisfaction." In: DAVIE, M., et al. *New dictionary of theology: historical and systematic*. 2. ed. (Downers Grove, IL: InterVarsity Press, 2016). p. 808-809.

LAU, Peter. "Redenção." In: BARRY, John D., et al., org. *The lexham Bible dictionary* (Bellingham, WA: Lexham Press, 2016).

LUTHER, Martin. "The distinction between the Law and Gospel." *Concordia Journal* 18 (1992): 153-63.

_____. *Luther's works* (St. Louis: Concordia Publishing House, 1962). Vol. 26: Lectures on Galatians: chapters 1—4.

_____ [LUTERO, Martinho]. *Obras selecionadas* (São Leopoldo: Sinodal, 2008). Vol. 10: Interpretação do Novo Testamento — Gálatas-Tito.

MACLEOD, Donald. "The work of Christ accomplished." In: ALLEN, Michael; SWAIN, Scott R., orgs. *Christian dogmatics: Reformed theology for the Church Catholic* (Grand Rapids: Baker Academic, 2016).

MCGRATH, Alister. "The moral theory of the atonement: an historical and theological Critique." *Scottish Journal of Theology* 38 (1985): 205-20.

MORRISON, Michael D. "Salvation." In: BARRY, John D., et al., org. *The lexham Bible dictionary* (Bellingham, WA: Lexham Press, 2016).

MULLER, Richard A. *Dictionary of Latin and Greek theological terms* (Grand Rapids: Baker, 2006).

OWEN, John. *Por quem Cristo morreu?* (São Paulo: PES, 2014).

PEDRO ABELARDO. *Commentary on the Epistle to the Romans*. In: FAIRWEA-
THER, Eugene R. *A scholastic miscellany: Anselm to Ockham*. The Library of
Christian Classics (Philadelphia: Westminster, 1956).

PELIKAN, Jaroslav. *The Christian tradition: a history of the development of doctrine*
(Chicago: University of Chicago Press, 1977). Vol. 2: The spirit of Eastern
Christendom (600-1700).

_____. *A tradição cristã: uma história do desenvolvimento da doutrina* (São
Paulo: Shedd Publicações, 2015). Vol 2: O espírito do cristianismo oriental
(600-1700).

RASHDALL, Hastings. *The idea of atonement in Christian theology* (Londres:
Macmillan, 1919).

STOTT. *The Cross of Christ* (Downers Grove: InterVarsity Press, 2006).

_____. *A cruz de Cristo* (São Paulo: Vida, 2006).

TERTULLIAN. *On flight in persecution*. In SCHAFF, Philip. *Ante-Nicene fathers*
(Grand Rapids: Eerdmans, 1954).

THOMAS AQUINAS. "Summa theologiae." In: MORTENSEN, John, et al.,
org. *Latin/English edition of the works of St. Thomas Aquinas* (Lander, WY: The
Aquinas Institute for the Study of Sacred Doctrine, 2012). Vol. 13-20.

_____[TOMÁS DE AQUINO]. *Suma teológica* (Campinas: Editora Eccle-
siae, 2018). 5 vols.

IGREJA

Creio no Espírito Santo [...] e na igreja una, santa, católica e apostólica.

— Credo Niceno-Constantinopolitano

Jesus Cristo viveu no meio de seus inimigos [...] Portanto, o cristão também não pertence à reclusão de uma vida de clausura, mas vive no meio de inimigos. Aí está sua comissão, seu trabalho [...] O povo de Deus deve morar em países distantes entre os incrédulos, sendo a semente do Reino de Deus em todo o mundo [...] O povo de Deus permanece espalhado, unido singularmente em Jesus Cristo, tendo se tornado um no fato de que, dispersos entre os incrédulos, eles se lembram dele nas terras distantes.[1]

— Dietrich Bonhoeffer

Quer gostemos ou não, no momento em que confessamos Jesus Cristo como nosso Senhor e Salvador nos tornamos [...] membros da igreja cristã. [...] Não é possível ser cristão e não ter nada que ver com a igreja, assim como não é possível ser uma pessoa e não pertencer a uma família [...] Deus nunca faz acordos secretos de salvação com as pessoas

---

[1]Bonhoeffer, *Life together* (Nova York: Harper & Row, 1954), p. 17. Tradução do autor.

> [...] *Somos uma família em Cristo. Quando nos tornamos cristãos, estamos entre irmãos e irmãs na fé. Nenhum cristão é filho único.*[2]

— Eugene Peterson

Há um consenso entre os psicólogos de que não podemos existir ilhados ou separados de outros seres humanos sem que isso nos cause sérios danos mentais, físicos, sociais, espirituais etc. Entretanto, por causa dos efeitos do pecado na raça humana, a nossa unidade se expressa regularmente de maneira fragmentada. Nossa união como seres humanos, por vezes, se limita aos nossos grupos de interesse, tribos, clãs, religiões, sociedades secretas, times de futebol e partidos políticos.

A igreja de Cristo também é uma das comunidades existentes entre as tantas sociedades ao redor do mundo, mas ela não se restringe a um fenômeno puramente histórico e visível. Meu desafio neste capítulo é ajudá-lo a perceber que a igreja é mais do que uma realidade humana, pois, de acordo com a Escritura, a igreja de Cristo é, fundamentalmente, parte de uma realidade espiritual criada pelo próprio Deus. Como bem resumem Kooi e Brink:

> O Espírito Santo é aquele que traz pessoas para a comunhão que existe entre o Filho e o Pai. O Espírito os torna participantes da salvação que Cristo proporcionou [...] O motivo trinitário indica que a igreja não se originou por iniciativa humana, mas, em última análise, está fundamentada nos próprios atos de Deus. Embora, pela obra do Espírito, a igreja tenha raízes profundas na história da humanidade, esse fator não define sua origem — ou seu destino. A igreja é a comunidade escatológica que se reúne como uma colheita diante de Deus já no presente, que é o ínterim entre o Pentecostes e a segunda vinda. É um lugar criado pelo próprio Deus triúno, onde podemos aprender a viver em aliança, isto é, nas condições renovadas que aprendemos com o Novo Testamento.[3]

---

[2]Peterson, *A long obedience in the same direction* (Downers Grove: InterVarsity Press, 2000), p. 175. Tradução do autor.
[3]Kooi; Brink, *Christian dogmatics* (Grand Rapids: Eerdmans, 2017), p. 574. Tradução do autor.

Para entendermos a origem da igreja cristã, precisamos retornar ao Antigo Testamento e investigarmos como Deus entrou em aliança com os nossos antepassados. O primeiro livro da Bíblia, Gênesis, possui cinquenta capítulos: os primeiros onze (1—11) são conhecidos como "a história primeva", pois registram os primeiros acontecimentos da história da humanidade: (1) Criação, (2) Queda, (3) Dilúvio, e (4) divisão dos povos e das línguas em Babel. Os demais capítulos de Gênesis (12—50) narram a jornada dos patriarcas Abraão, Isaque, Jacó e José do Egito. Alguns, com razão, se perguntam: qual é a relação das duas partes do livro (1—11 e 12—50)? Para respondermos a essa pergunta, é fundamental que compreendamos o significado de Gênesis 12:1-3, uma vez que essa passagem funciona como uma "dobradiça" que liga as duas partes do livro.[4]

Como dissemos, no fim do capítulo 11 de Gênesis, as nações da terra estão divididas e confusas. O leitor atento poderia se perguntar: será que o projeto divino de ter um povo habitando com ele em um jardim fracassou? A resposta vem imediatamente no capítulo 12. Como em um filme, o diretor da trama faz uma transição mudando o foco dos personagens, isto é, das nações para os indivíduos; do macro para o micro. Mas o que exatamente é utilizado pela narrativa de Gênesis para fazer essa transição? O primeiro encontro entre Deus e Abraão. Deus escolhe este homem e promete que, a partir dele, todas as nações da terra serão abençoadas, isto é, por meio de um de seus descendentes. Portanto, daqui para frente, o foco do Antigo Testamento é mostrar como Deus irá cumprir sua promessa de formar essa família abraâmica, constituir uma nação a partir dela e, da nação, alcançar e abençoar todos os povos da terra. Em outras palavras, a partir de Gênesis 12:1-3, Deus está colocando em prática o seu plano de recuperar a Criação corrompida pelo pecado.

Primeiramente, Deus escolhe Abraão e forma uma família; de sua família, agrupa doze tribos e, a partir delas, forma a nação de Israel. Esse povo experimenta a escravidão no Egito, mas Deus o liberta de forma extraordinária por meio do Êxodo. Após a libertação, já no deserto, o Senhor lhe dá um código moral, o qual é resumido nos

---

[4]Goheen, *A igreja missional na Bíblia* (São Paulo: Vida Nova, 2016).

Dez Mandamentos, e o conduz até Canaã, a terra que foi prometida a Abraão. Infelizmente, em vez de abençoar e ser luz para as nações, Israel cai nas mesmas trevas delas e o plano para restaurar todas as nações da terra parece ficar em suspenso.

A narrativa bíblica continua e nos mostra o que aconteceu com aquele povo durante a época dos juízes, período seguido pela monarquia, na qual a nação israelita se divide em dois reinos, fracassando mais uma vez em sua missão de ser bênção para todas as nações. Como manifestação de juízo divino, o povo do reino do norte (Israel) é capturado pelos assírios (722 a.C.) e o povo do reino do sul (Judá) pelos babilônios (586 a.C.). No entanto, à semelhança do Êxodo egípcio, Deus manifesta seu amor pelo povo da promessa e liberta Judá das mãos dos inimigos. Imediatamente, eles retornam para sua terra natal e tentam reconstruir o que havia sobrado da nação. Todavia, a despeito de ter experimentado a mão poderosa de Deus em sua história diversas vezes, o povo continuou dividido, pálido e fraco diante das nações vizinhas.

Em meio à infidelidade de Israel, Deus reafirma a sua promessa de enviar o Salvador do mundo, o qual nasceria da semente de Abraão, seria profeta semelhante a Moisés e rei como Davi. Foi assim que, por obra do Espírito Santo, Jesus nasceu da virgem Maria, a qual tinha por esposo José, descendente da família de Davi. Nosso Salvador cresce, escolhe doze discípulos e reúne, ao seu redor, o povo de Israel. Ele vence a tentação em que Adão caiu; passa fome no deserto como os hebreus, mas sem reclamar; sobe em um monte como Moisés e dá a sua própria lei; passa pelo Jordão como Josué; prega como profeta, alimenta os famintos como Elias; cura os cegos, expulsa espíritos maus, dá ordens às tempestades como rei, morre em uma cruz como cordeiro pascal e triunfa sobre a morte ressuscitando dos mortos; desse modo, provando ser o verdadeiro Cristo que havia de vir ao mundo.

Após sua ressurreição e antes de subir ao céu, o Senhor Jesus reúne seus discípulos e lhes dá uma missão: sair pelo mundo afora, reunindo pessoas de todas as nações, abençoando-as por meio do discipulado e da pregação das boas-novas de vitória do Salvador (Mateus 28:18-20). Percebeu o cumprimento da promessa de Deus feita a Abraão em

Gênesis 12:1-3 por meio da obra e do sacrifício de seu descendente Jesus, como registrado nos Evangelhos, e da continuidade dessa obra, por seus discípulos, como registrado na Grande Comissão? Em outras palavras, o povo de Deus no Novo Testamento é agora o novo Israel de Deus, que recebe o chamado de Cristo para abençoar todas as nações.

Lucas registra que esse novo Israel — a igreja de Cristo — recebe a bendita promessa anunciada pelos profetas Joel e Ezequiel: o Espírito Santo. Por meio da capacitação do Espírito, a igreja pode fazer o que o velho Israel nunca conseguiu, isto é, ser bênção de Deus para todas as nações da terra. O livro de Atos narra que, enquanto esses homens e mulheres saem pregando pelo mundo, milhares de pessoas começam a entregar suas vidas a Cristo, sendo transformadas como nunca antes. A jornada dos discípulos começa em Jerusalém, avança para a Judeia e Samaria, continua pela África, Europa e Ásia, alcança as Américas e, depois de séculos abençoando as nações com o evangelho, estamos aqui em terras tupiniquins para confirmar que a mensagem e o poder transformador de Cristo também chegou até nós.

À luz de tudo isso, o que é a igreja? A resposta é simples e complexa ao mesmo tempo. Por um lado, dizer o que é a igreja não é complicado, pois se trata do novo Israel de Deus, que participa da salvação em Cristo e está em missão no mundo, fazendo discípulos de todas as nações. Por outro lado, nós, cristãos, usamos a palavra *eclesiologia* para descrever a doutrina da igreja. A tentativa aqui não é a de negar a veracidade da definição anterior, mas compreender de forma mais abrangente o que as Escrituras nos dizem sobre a igreja, aliando isso às principais contribuições dos pensadores cristãos durante a história.

Esse será o roteiro da jornada. Primeiro, vamos investigar as metáforas utilizadas pelos autores bíblicos ao se referirem à igreja. Segundo, apresentaremos as marcas da igreja, que são os elementos visíveis que nos ajudam a identificar uma igreja verdadeira no mundo. Terceiro, voltaremos aos credos para descobrir quais são os atributos que constituem a natureza da igreja. Quarto, discutiremos quais são os principais modelos de igreja. Quinto, apresentaremos as três principais formas de governo eclesiástico. Finalmente, traçaremos uma linha do tempo contendo os modelos básicos da relação entre igreja e Estado.

METÁFORAS BÍBLICAS DA IGREJA

Existem várias metáforas para retratar o significado da igreja no Novo Testamento.[5] Dentre as mais recorrentes, podemos citar a imagem do corpo de Cristo (1Coríntios 12:27), que descreve o Senhor Jesus como a cabeça do corpo e os membros da igreja como suas diversas partes. A mesma noção de conexão e interdependência pode ser vista em João 15, na metáfora joanina da videira e seus ramos. Os cristãos são ligados a Cristo como os ramos estão ligados à videira, derivando sua própria vitalidade dela.

A nossa relação íntima com Cristo é representada pela linguagem da igreja como noiva (Efésios 5:23-32). Somos íntimos do Pai e do Filho porque pertencemos à família de Deus (Efésios 2:19). Frequentemente os apóstolos utilizam uma metáfora de construção civil, descrevendo a igreja como um edifício composto por pedras vivas (1Pedro 2:5), a própria casa de Deus (1Pedro 4:17), que foi construída por um Construtor que trabalha na obra de levantar o edifício e, ao mesmo tempo, é a pedra angular dele (Efésios 2:19-22). Nós não somos os responsáveis pela construção, mas a matéria-prima que Deus usa para realizar a sua obra. Somos o templo onde o Espírito Santo habita, o santuário de Deus (1Coríntios 3:16). Na linguagem paulina, nós somos "cooperadores de Deus" e "lavoura de Deus" (1Coríntios 3:9).

As metáforas da igreja nos ajudam a entender que a nossa identidade não depende de nós mesmos, mas é sempre derivada da obra de Deus em nós. Por exemplo, os candelabros de ouro, representando a igreja visível, podem ser removidos de seu lugar, e os ramos, cortados da videira (Apocalipse 1:12,13,20; João 15:2). Isso significa que a existência da igreja depende do Espírito Santo, por meio do ministério da Palavra e dos sacramentos, para continuar sendo igreja. A identidade de qualquer corpo eclesiástico como parte da igreja verdadeira é sempre um presente a ser recebido e renovado repetidamente, e não um presente garantido para sempre. A história da cristandade em relação

---

[5]O estudo mais completo sobre o assunto está em Minear, *Images of the church in the New Testament* (Philadelphia: Westminster Press, 1960). Para breves resumos do conceito, veja Kooi; Brink, *Christian dogmatics*, p. 580-3; Erickson, *Christian theology* (Michigan: Baker Academic, 1998), p. 957-63.

ao liberalismo protestante é um testemunho vívido do perigo de ser absorvido pelo espírito de época e perder a essência daquilo que nos distingue como igreja.[6]

O próprio termo grego *ekklesia*, traduzido como "igreja", é uma metáfora que diz muito a respeito da identidade da igreja. Originalmente, a palavra evoca a noção de uma assembleia que é chamada para fora do mundo. Às vezes, é utilizada pelo apóstolo Paulo e por Lucas simplesmente para se referir aos ajuntamentos do povo de Deus em diferentes localidades.[7] A vantagem do termo, na minha perspectiva, é que ele retrata os dois movimentos que representam o coração da igreja: a comunhão e a missão, isto é, um movimento de entrada e outro de saída. Como comunidade, a igreja é criada por Cristo; como povo apostólico, ela é enviada ao mundo por Cristo. Portanto, devemos evitar qualquer tentação de identificar a igreja somente com uma de suas faces; devemos nos referir à igreja como uma *comunidade em missão*. Como escrevem Kooi e Brink: "*Communio* e *missio* estão tão diretamente ligados quanto inspirar e expirar. A igreja opera e vive na articulação desses dois movimentos."[8]

AS MARCAS DA IGREJA

Como reconhecer a verdadeira igreja de Deus na terra em meio a uma gama de instituições complicadas que se autoproclamam igreja? Qual é a peculiaridade da igreja em relação às demais sociedades terrenas? Para respondermos essas perguntas, precisamos refletir sobre as marcas da igreja. Em linhas gerais, as marcas da igreja são os elementos que nos ajudam a perceber como o Espírito Santo nos une a Cristo e nos mantém firmes nessa comunhão com ele. Investimos um bom tempo refletindo sobre *o que* Cristo fez para nos redimir dos nossos pecados e seus efeitos. Agora precisamos nos perguntar precisamente *como* Cristo

---

[6]Horton, *Pilgrim theology* (Grand Rapids: Zondervan, 2011), p. 398.
[7]Para uma discussão mais detalhada do termo, veja Schmidt, "εκκλησία", in: Kittel, org., *Theological dictionary of the New Testament* (Grand Rapids: Eerdmans, 1964-1976), 3:504-13. Veja também Erickson, *Christian theology*, p. 954-7.
[8]Kooi; Brink, *Christian dogmatics*, p. 583.

pode ser entregue aos pecadores, para que deixem seu estado de rebelião contra Deus e se unam a Cristo e sejam salvos.

Palavra e sacramentos

Na tradição reformada, entendemos que o Espírito Santo nos une a Cristo e nos mantém firmes com ele por meio da pregação da Palavra e da administração dos sacramentos. Esses dois elementos são, por isso, chamados de *meios públicos da graça divina*, uma vez que: (1) a pregação não é apenas uma atividade humana, mas o meio pelo qual Deus chama os pecadores para se unirem a Cristo; e (2) os sacramentos não são apenas rituais religiosos, mas meios pelos quais o próprio Deus confirma e nutre a nossa fé em Cristo.[9] Como bem diz a Confissão de Fé de Westminster: "A graça da fé, pela qual os eleitos são habilitados a crer para a salvação das suas almas, é a obra que o Espírito de Cristo faz nos corações deles, e é ordinariamente operada pelo ministério da palavra; por esse ministério, bem como pela administração dos sacramentos e pela oração, ela é aumentada e fortalecida."[10]

A igreja de Cristo é uma *creatura verbi* (criação da Palavra), isto é, ela não nasce de si mesma, mas da Palavra de Deus.[11] Uma nova igreja nasce onde quer que a Palavra de Deus for anunciada. Portanto, a fé salvadora não pode ser fabricada artificialmente pelos seres humanos, mas é um presente divino. Em última análise, plantar uma nova igreja não depende do perfil dinâmico do plantador, de sua oratória ou de suas capacidades estratégicas, mas, sim, de o Espírito de Deus se manifestar

---

[9]A Confissão Belga adiciona a disciplina eclesiástica como terceira marca: "A igreja verdadeira é reconhecida pelas seguintes marcas: ela pratica a pura pregação do evangelho; mantém a pura administração dos sacramentos segundo Cristo os instituiu; exerce a disciplina na igreja para a correção e punição dos pecados. Em síntese, governa a si mesma segundo a pura Palavra de Deus, rejeita tudo o que lhe for contrário e tem Jesus Cristo como único cabeça. Assim se reconhece com certeza a verdadeira igreja, e ninguém tem o direito de se separar dela"; cf. Confissão Belga, art. 29.

[10]Confissão de Fé de Westminster, XIV.1.; Catecismo de Heidelberg, Q. 65.

[11]Cf. Horton, "The Church", in: Allen; Swain, orgs., *Christian dogmatics* (Grand Rapids: Baker, 2016), p. 313.

por meio da Palavra pregada e da administração do batismo e da eucaristia. Isso deveria nos alertar para o fato de que a obra primordial do Espírito Santo na terra tem que ver com a criação de um corpo visível de cristãos, e, por causa disso, ela não deve ser restrita à experiência privada de alguns indivíduos. De fato, à luz da narrativa do livro de Atos, o Espírito de Deus é, antes de qualquer coisa, um agente missionário na terra.

O nascer de uma igreja é uma obra extraordinária do Espírito Santo por meios ordinariamente humanos. A ideia dos meios de graça é um paradoxo que deveria nos maravilhar diante da sabedoria e da graça do Senhor. Como diz o apóstolo Paulo: "Visto que, na sabedoria de Deus, o mundo não o conheceu por sua própria sabedoria, Deus achou por bem salvar os que creem por meio da loucura da pregação" (1Coríntios 1:21). Deus decidiu salvar pecadores por meio da proclamação do evangelho feita por pecadores redimidos. Portanto, o que define uma igreja verdadeira na terra é o seu ministério. Como esclarece Horton,

> Por se originar no ministério da Palavra e dos sacramentos, a igreja participa do Reino de Deus, embora ela não seja o Reino em seu estágio final. Suas palavras e ações são sempre provisórias e falíveis — ministeriais, mas não magisteriais. A igreja é a serva, não o Mestre. No entanto, é por meio do ministério da igreja visível que o reino de Cristo está presente, crescendo em profundidade e largura em todos os tempos e lugares. O ministério da igreja, e não a autoridade de seus servos ou a piedade daqueles que são servidos, determina se há uma igreja.[12]

O que determina a visibilidade da verdadeira igreja na terra, portanto, não é a presença de ministros, a hierarquia ou o caráter institucional de uma igreja, tampouco o mero ajuntamento de cristãos regenerados, mas a presença de Cristo, pelo Espírito Santo, se manifestando por meio do ministério da Palavra e dos sacramentos. Como escreveu Johan Herman Bavinck:

> Missão é a atividade da igreja — em essência, nada mais é do que uma atividade de Cristo exercida pela igreja — por meio da qual a

---

[12]Horton, *Pilgrim theology*, p. 390. Tradução do autor.

igreja, em seu período intermediário no qual o fim é adiado, chama os povos da terra ao arrependimento e à fé em Cristo, para que sejam feitos discípulos dele e, por meio do batismo, sejam incorporados à comunhão dos que aguardam a vinda do reino.[13]

No catolicismo romano, a verdadeira igreja está presente no mundo somente nos lugares onde uma igreja local se identifica hierarquicamente com o papado. Assim, a verdadeira igreja não difere da própria Igreja Católica Romana. Na perspectiva anabatista — seguida por várias igrejas evangélicas —, a verdadeira igreja é encontrada onde as pessoas realmente nascem de novo e exibem sinais de conversão genuína. Essas visões me parecem inadequadas, pois destacam a presença da verdadeira igreja na terra com base nas atividades dos próprios seres humanos. Em contraposição, a tradição reformada procura definir a natureza da igreja enfatizando tanto sua origem divina quanto o resultado desta atividade extraordinária nos seres humanos, isto é, a igreja possui uma raiz divina e um fruto humano: por se originar em Deus, a igreja é um presente do céu para a terra, entretanto, pelo fato de Deus trabalhar em nós e por meio de nós, a igreja também possui um caráter histórico e terreno. Portanto, essa é a verdadeira igreja — e não instituições meramente humanas — que o Senhor prometeu preservar na terra por todas as gerações.

Em outras palavras, onde houver pregação do evangelho de Cristo e administração dos sacramentos, ali podemos reconhecer visivelmente uma igreja verdadeira. Seguindo essa linha de raciocínio, qualquer igreja em particular corre o risco de perder seu *status* de igreja fiel à medida que seu ministério abandonar a proclamação da Palavra de Deus. Sem o ministério da Palavra, a igreja não passa de um fenômeno humano e sem distintivos espirituais. Então, "a única garantia de que um corpo professante faz parte da verdadeira igreja está no céu, onde Cristo está assentado, e não na terra, onde os líderes religiosos e os centros de poder ou carisma estão localizados."[14]

---

[13]Bavinck, *An introduction to the science of missions* (Grand Rapids: Baker, 1961), p. 62.
[14]Horton, *Pilgrim theology*, p. 391.

Meios de gratidão

Deus nos chama para si por meio da proclamação do evangelho e dos sacramentos. A questão é: como a igreja responde a esses presentes graciosos? Os meios de gratidão são os atos da igreja em resposta aos meios públicos da graça divina, tais como a oração, o evangelismo, a edificação mútua, a adoração, os cânticos, o serviço e a disciplina eclesiástica. O culto público, por exemplo, quando entendido como uma resposta humana ao chamado que Deus nos faz pela Palavra, se torna um momento propício para combinarmos vários desses elementos. É por meio da Palavra que aprendemos a orar, cantar, pregar, servir e corrigir a nossa conduta. Ela é o princípio que regula não apenas o culto cristão, mas toda a vida cristã.

Disciplina eclesiástica

Vários reformadores hesitaram em considerar a disciplina como a terceira marca da verdadeira igreja, talvez porque o dever de manter a ordem moral e social da igreja estivesse demasiadamente associado aos magistrados.[15] No entanto, nenhum dos reformadores negou que a disciplina eclesiástica era um meio de graça pelo qual Deus santifica o seu povo. Afinal, não basta pregar o evangelho e administrar os sacramentos. De acordo com o testemunho bíblico, o rebanho de Cristo deve ser conduzido por intermédio do púlpito, da pia batismal e da mesa, mas também por meio de presbíteros fiéis a quem ele concedeu o pastoreio das ovelhas na doutrina e na vida (cf. Mateus 18:15-17; João 21:15-17; 1Coríntios 5; 1Pedro 5:1-4; Hebreus 13:7)

Com base na pregação apropriada do evangelho e na administração dos sacramentos, a disciplina ocupa seu devido lugar como uma marca da verdadeira igreja. A disciplina faz parte do "ministério das chaves" ensinado por Jesus:

---

[15]Dentre os teólogos que não consideravam a disciplina como a terceira marca, podemos citar Calvino, Bullinger, Zanchius, Junius, Gomarus, van Mastricht, à Marck etc. Dentre os que aceitavam a disciplina como a terceira marca, aparecem Hyperius, Vermigli, Ursinus, Guido de Brès, e também a Confissão Belga e a Confissão de Fé de Westminster.

> Se o seu irmão pecar contra você, vá e repreenda-o em particular. Se ele ouvir, você ganhou o seu irmão. Mas, se não ouvir, leve ainda com você uma ou duas pessoas, para que, pelo depoimento de duas ou três testemunhas, toda questão seja decidida. E, se ele se recusar a ouvir essas pessoas, exponha o assunto à igreja; e, se ele se recusar a ouvir também a igreja, considere-o como gentio e publicano. Em verdade lhes digo que tudo o que ligarem na terra terá sido ligado nos céus, e tudo o que desligarem na terra terá sido desligado nos céus. Em verdade também lhes digo que, se dois de vocês, sobre a terra, concordarem a respeito de qualquer coisa que vierem a pedir, isso lhes será concedido por meu Pai, que está nos céus. Porque, onde estiverem dois ou três reunidos em meu nome, ali estou no meio deles (Mateus 18:15-20).

A passagem acima está incluída em um contexto maior que abrange Mateus 18:10-14. Nessa passagem, Jesus adverte os apóstolos de que devem cuidar das ovelhas desgarradas como bons pastores do rebanho de Cristo. Em seguida, o Senhor Jesus apresenta a metodologia da disciplina, a qual consiste em pelo menos três etapas que podem ser suficientes em si mesmas ou irem se agravando caso não haja arrependimento da parte dos faltosos: (1) repreender em particular; (2) repreender com o auxílio de testemunhas; (3) repreender publicamente diante da igreja. Quando um ou mais irmãos não se arrependem de seus pecados após várias tentativas de tratamento, Jesus dá aos apóstolos a autoridade para declará-los gentios ou publicanos, que é a maneira da época para atestar que essas pessoas não fazem parte da família da fé.

O "ministério das chaves" — sinônimo de disciplina eclesiástica — foi cunhado pela tradição cristã com base no ato de Jesus de entregar as chaves do Reino de Deus para os pastores da igreja. Mas, afinal, o que isso significa? Grosso modo, o ministério das chaves significa que Cristo concedeu à igreja o poder de agir em seu nome durante a história. Duas coisas estão acontecendo aqui: (1) Cristo está reinando sobre a sua igreja e, por isso, permanece sendo sua autoridade suprema; (2) Cristo administra seu governo sobre a igreja, ordinariamente, por meio de seus oficiais, à medida que eles o fazem com base na Palavra. Alguém poderia se perguntar: será, então, que a igreja tem autoridade para perdoar pecados? A melhor resposta é a seguinte: não é que a igreja tenha poder para perdoar ou reter o perdão de pecados por si mesma, mas, sim, que, agindo disciplinarmente em nome de Cristo, ela recebeu autoridade para declarar aquilo que o próprio Cristo tem a dizer sobre os pecadores impenitentes. Em última análise, portanto, é o próprio Cristo que perdoa ou retém o perdão de pecados, os pastores e presbíteros da igreja funcionam apenas como representantes autorizados para essa tarefa.[16]

Nenhuma confissão de fé, na minha opinião, colocou a matéria da disciplina eclesiástica tão clara e biblicamente quanto os teólogos de Westminster:

> I. O Senhor Jesus, como Rei e cabeça da sua igreja, instituiu um governo nela, nas mãos de seus oficiais; um governo distinto da magistratura civil. II. A esses oficiais estão entregues as chaves do Reino do Céu. Em virtude disso, eles têm, respectivamente, o poder de reter ou de remitir pecados; fechar esse reino a impenitentes, tanto pela palavra quanto pelas censuras; abri-lo aos pecadores penitentes, pelo ministério do evangelho e pela absolvição das censuras, quando as circunstâncias o exigirem. III. As censuras eclesiásticas são necessárias para chamar e ganhar para Cristo os irmãos ofensores, a fim de impedir que outros pratiquem ofensas semelhantes; para purgar o velho fermento que poderia corromper a massa inteira; para vindicar a honra de Cristo e a santa profissão do evangelho; e para evitar a ira de Deus, a qual com justiça poderia cair sobre a igreja se ela permitisse que o pacto divino e seu regaço fossem profanados por ofensores notórios e obstinados.[17]

A disciplina eclesiástica é, portanto, a manifestação visível do amor e do cuidado de Cristo para com sua igreja. Como o Senhor disse aos laodicenses: "Eu repreendo e disciplino aqueles que amo. Portanto, seja zeloso e arrependa-se" (Apocalipse 3:19). Como um bom pastor que dá sua vida pelas ovelhas, Cristo se vale de bons pastores para socorrer

---

[16]Horton, *Pilgrim theology*, p. 408-10.
[17]Confissão de Fé de Westminster, XXX.1. Tradução do autor.

suas ovelhas desgarradas, seja por suas próprias falhas, seja em virtude das ameaças de lobos que tentam devorar o povo de Deus com suas mentiras. Portanto, uma vez que Cristo santifica e disciplina o seu povo por meio de bons pastores, devemos agradecer ao Senhor por eles e orar para que sejam fiéis na tarefa de nos conduzir em nossa jornada de fé (Hebreus 13:7,17). Fazer parte de uma igreja em que a disciplina é levada a sério deveria ser encarado por nós como um privilégio, e não como um fardo, pois, ainda que imperfeitamente, é a experiência mais próxima que temos do pastoreio do Supremo Pastor.

OS ATRIBUTOS DA IGREJA

Enquanto as marcas da igreja nos ajudam a entender a origem divina dela, os seus atributos nos ajudam a entender a sua natureza. Isto é, quais são as características da igreja verdadeira, criada pelo Espírito Santo por meio da Palavra? Os credos cristãos nos ensinam, com base nas Escrituras, que a igreja é una, santa, católica e apostólica.

Una

A primeira característica que define a natureza da igreja diz respeito a sua unidade. Como diz o apóstolo Paulo, "há um só corpo" (Efésios 4:4, NVI). A igreja de Cristo é um só povo. Porém, isso não deve ser interpretado como uniformidade, e sim como uma *unidade na diversidade*, uma só comunhão de santos produzida pelo Espírito Santo. As metáforas de unidade no Novo Testamento sempre carregam consigo a noção de diversidade. Por exemplo, a ideia de um só corpo constituído por vários membros: "assim também nós, embora sejamos muitos, somos um só corpo em Cristo e membros uns dos outros" (Romanos 12:5). A metáfora matrimonial "uma só carne" é outro exemplo de união que não anula as distinções entre ambos. Similarmente, estamos unidos a Cristo como se fôssemos um só corpo, embora ele permaneça sendo o Criador e nós as criaturas; Cristo como o Senhor e cabeça do corpo e nós como seus membros.

Existem várias implicações resultantes da natureza una da igreja. Por sermos um só corpo, cada igreja local deve enxergar a si mesma como parte do corpo de Cristo na terra, mas somente à medida que mantiver comunhão com as demais comunidades locais espalhadas pela face da terra. Isso significa que uma denominação cristã, por melhor que seja, não deve reivindicar jamais o título de única igreja verdadeira. Além disso, precisamos nos enxergar como a casa de Deus, sendo hospitaleiros uns com os outros, cuidando dos irmãos como se fossem de nossa própria família e nos amando fraternalmente (1 Pedro 3:8; 4:8).[18]

Santa

A segunda característica da igreja diz respeito a sua santidade. A igreja é santa porque foi separada deste mundo terrível, unida a Cristo e, como resultado dessa união, está sendo progressivamente santificada até alcançar à plena pureza da humanidade de Cristo. Em última análise, a santidade da igreja não é inerente, como se partisse dela mesma, mas é resultado do fato de estarmos em união com o Senhor, aquele que é perfeitamente Santo. Portanto, a igreja é chamada santa porque o seu Deus é a *fonte* de sua pureza. O fato de uma igreja possuir membros comprometidos com uma vida moral digna do evangelho é apenas um *efeito* da obra santificadora do Espírito. As implicações da santidade da igreja são várias: o amor pela lei de Deus, o encorajamento moral mútuo entre os irmãos, a vigilância constante, o zelo pela prática da disciplina eclesiástica e, principalmente, a consciência de que somos o bom perfume de Cristo na terra (2Coríntios 2:15).

Católica

A terceira característica da igreja é a sua catolicidade. O termo significa literalmente "universal" e se refere ao alcance global da igreja. Duas

---

[18]"Os santos são, pela sua profissão [de fé], obrigados a manter uma santa sociedade e comunhão no culto de Deus e na observância de outros serviços espirituais que tendam à sua mútua edificação, bem como a socorrer uns aos outros em coisas materiais, segundo as suas respectivas necessidades e meios; essa comunhão, conforme Deus oferecer ocasião, deve estender-se a todos aqueles que, em qualquer lugar, invocam o nome do Senhor Jesus" (Confissão de fé de Westminster, XXVI.2).

metáforas antigas podem nos ajudar a compreender o que está por trás da catolicidade da igreja: os conceitos de igreja visível e invisível. Por um lado, a noção de igreja invisível diz respeito à maneira pela qual Deus nos vê: a comunhão dos eleitos de Deus de todas as épocas e lugares. Ao responder à pergunta: "O que você crê sobre a 'santa igreja universal' de Cristo", o Catecismo de Heidelberg traz: "Creio que o Filho de Deus, desde o começo até o fim do mundo, reúne para si mesmo, dentre todo o gênero humano, uma *igreja eleita* para a vida eterna, a qual ele protege e preserva na unidade da verdadeira fé pelo seu Espírito e pela sua Palavra. E creio que eu sou e serei para sempre um membro vivo dela."[19] É a igreja perfeita, sem manchas, glorificada, escatológica e que jamais poderá ser destruída. Ela é invisível justamente porque é uma noção da igreja ideal, estando em Cristo, a partir do ângulo em que Deus a vê.

Por outro lado, a igreja visível é aquela que nós conseguimos enxergar a partir de uma noção histórica: um corpo misturado em que os eleitos são simultaneamente justos e pecadores. Em outras palavras, embora a igreja visível não seja diferente essencialmente da invisível — pois estamos falando do mesmo povo —, ela é uma expressão *parcialmente* visível do ideal invisível que será concretizado no futuro. A Confissão de Westminster é novamente precisa em sua definição dos dois termos:

> I. A igreja católica ou universal, que é *invisível*, consta do número total dos eleitos que já foram, dos que agora são e dos que ainda serão reunidos em um só corpo sob Cristo, seu cabeça; ela é a esposa, o corpo, a plenitude daquele que cumpre tudo em todas as coisas. II. A igreja *visível*, que também é católica ou universal sob o evangelho (não sendo restrita a uma nação, como antes sob a Lei), consta de todos aqueles que pelo mundo inteiro professam a verdadeira religião, juntamente com seus filhos; é o reino do Senhor Jesus, a casa e família de Deus, fora da qual não há possibilidade ordinária de salvação [...] IV. Essa igreja católica tem sido ora mais, ora menos visível. As igrejas particulares, que são membros dela, são

---

[19]Catecismo de Heidelberg, Q. 54. Ênfases do autor.

mais ou menos puras conforme nelas é, com mais ou menos pureza, ensinado e abraçado o evangelho, administradas as ordenanças e celebrado o culto público.[20]

Apostólica

A quarta característica da igreja é a sua apostolicidade. Ao dizermos que a igreja possui uma natureza apostólica, estamos propondo duas coisas: (1) que a igreja do Senhor remonta à longa tradição cristã iniciada pelos apóstolos; (2) que faz parte da natureza da igreja estar engajada na mesma missão confiada aos apóstolos. Em primeiro lugar, o que conecta a igreja do Senhor aos apóstolos não é a noção fantasiosa de sucessão apostólica, tampouco a reutilização do título apostólico por parte de algumas igrejas evangélicas, mas a sua ligação com o ensino apostólico. Isto é, ser apostólico é perseverar "na doutrina dos apóstolos" (Atos 2:42) e "lutar pela fé que uma vez por todas foi entregue aos santos" (Judas 3).

Em segundo lugar, ser apostólico (*apostello* = enviado) significa simplesmente ser *missional*. Qual foi a tarefa distinta que o Senhor entregou aos apóstolos? "Portanto, vão e façam discípulos de todas as nações, batizando-os em nome do Pai, do Filho e do Espírito Santo, ensinando-os a guardar todas as coisas que tenho ordenado a vocês. E eis que estou com vocês todos os dias até o fim dos tempos" (Mateus 28:19,20). Nessa passagem, temos o coração do que significa ser igreja. Está claro que a nossa missão é a de fazer discípulos. Mas como discípulos são gerados? O Senhor diz que eles nascem a partir da proclamação do evangelho,[21] são incorporados à igreja pelo batismo e nutridos espiritualmente pelo ensino e pastoreio da igreja. Em outras palavras, discípulos são formados por meio do ministério da Palavra, da administração dos sacramentos e do exercício da disciplina.

Como vimos na seção das marcas da igreja, o que faz a igreja existir não é a sua história institucional ou mesmo o livre ajuntamento dos cristãos, mas o Espírito missionário que cria um povo por meio da

---

[20]Confissão de Fé de Westminster, XXV.1-4. Ênfases do autor.

[21]"Vão por todo o mundo e preguem o evangelho a toda criatura" (Marcos 16:15).

Palavra. Se levarmos esse raciocínio até as últimas consequências, concluiremos que a igreja do Senhor não tem uma missão, mas é *resultado* da missão que lhe foi confiada. A igreja só existe porque ela *é* missionária. Removidas as marcas da proclamação fiel do evangelho, da administração dos sacramentos e da disciplina eclesiástica, a igreja não deixa apenas de ser missionária, ela deixa de existir! Se as marcas da igreja são os elementos que garantem a sua existência, logo, ser missional não é uma opção, mas uma questão de sobrevivência da igreja na terra.[22]

Ser missional é continuar o testemunho apostólico no mundo, isto é, a igreja enxergando a si mesma como um movimento de *envio* (*apostello*) para a salvação das nações. Em última análise, igreja não faz missão, ela *é* missão. Na verdade, a igreja é uma *communio in missio*, tanto um movimento de entrada quanto um movimento de saída. Por meio da Palavra, o Espírito Santo nos cria e nos torna participantes de uma nova família, os filhos de Deus. Porém, a comunidade criada pelo Espírito nunca é estática ou apenas voltada para si mesma, mas uma *comunidade em missão*. Tudo aquilo que define a identidade da igreja tem que ver com o seu envio para ser luz em meio às trevas deste mundo. A pequena igreja que se desenvolveu em torno de Cristo não se restringiu a uma porção de judeus acomodados em Jerusalém. O movimento apostólico rapidamente cruzou as fronteiras e invadiu o território dos pagãos. A dinâmica do reino também não para diante das fronteiras de gênero, raça, classe ou descendência étnica, mas sempre as transcende. O Espírito Santo quebrou os preconceitos de Pedro contra os gentios e converteu Paulo, o maior perseguidor de cristãos da época, colocando-o na linha de frente de batalha para alcançar os povos da Ásia e da Europa.

---

[22]Horton escreve: "Cada um desses atributos [una, santa, católica e apostólica] da igreja está vitalmente conectado com a missão da igreja. Mais do que isso, eles *são* a missão da igreja. A missão da igreja é incorporar estranhos à família de Deus, chamando os pecadores desta era má que está passando para a era vindoura. Esta igreja é trazida à existência, é sustentada e se expande em todos os tempos e lugares apenas como um recipiente do evangelho, no poder do Espírito, pelos meios de graça". Portanto, conclui Horton: "não há, antes de tudo, uma igreja que, então, tem uma missão; a própria igreja é o resultado da missão" (Horton, *Pilgrim theology*, p. 410).

Por ser o atributo distintivo de sua natureza, o abandono de sua apostolicidade é a maior tentação da igreja de Cristo. Ao longo da história, a igreja tem sido seduzida a deixar de ser o movimento missionário de Deus às nações em troca de permanecer confortável dentro de seus monumentos. A tentação para largar a apostolicidade é um processo sutil e muitas igrejas não se dão conta disso. Por exemplo, quando as atividades da igreja não são direcionadas para a missão apostólica, os sermões se tornam discursos moralistas; a comunhão dos irmãos se torna uma enfermidade, uma espécie de *koinonite*;[23] as liturgias se tornam rituais muito bem elaborados, mas inacessíveis aos não iniciados ou eventos de entretenimento com o rótulo *gospel*; o batismo e ceia do Senhor se transformam em cerimônias meramente religiosas que não comunicam mais a mensagem visível de regeneração e nutrição da fé por trás delas.

O nosso único consolo em meio a todas essas tentações vem do próprio Espírito Santo, o qual, além de nos reanimar e capacitar para a obra missionária, usa circunstâncias adversas e até mesmo a perseguição para que as boas-novas do evangelho saiam do conforto de Jerusalém e alcancem os confins da terra. Enfim, o que determina a existência da igreja e sua missão na terra é o fato de que o Espírito de Deus é o primeiro e verdadeiro agente missionário que atua em nós e por meio de nós.

OS MODELOS DE IGREJA

Nesta seção iremos discutir os principais modelos de igreja existentes. Meu objetivo é ajudar você a perceber como o modelo adotado por uma igreja é crucial para determinar sua relação com a tradição cristã mais ampla, sua hierarquia e seus ministérios. Vamos dividir nossa abordagem em duas partes. Primeiro, eu comento brevemente os seis modelos de igreja sugeridos pelo cardeal Avery Dulles — material que se tornou um clássico sobre o assunto.[24] Na próxima seção eu

---

[23]Jogo de palavras com o termo grego *koinonia*, que significa comunhão. *Koinonite* seria um efeito colateral resultante do excesso de comunhão que aprisiona os membros, impedindo-os de olhar para os de fora.

[24]Dulles, *Models of the church* (Nova York: Doubleday, 2002).

continuarei falando sobre modelos eclesiásticos, focando nas três formas de governo de igreja.

Seis modelos de igreja

1. Instituição

O primeiro modelo de Dulles é considerado institucional, pois essa metáfora ilustra bem a igreja como uma "sociedade perfeita", visto que sua estrutura hierárquica se assemelha bastante a de qualquer governo político. Dulles diz que o modelo é representado tipicamente pela Igreja Católica Romana, a qual herdou o nome "romana" justamente pelo fato de ter assimilado a administração hierárquica do Império Romano, cujas virtudes eram a eficiência e a responsabilidade. O modelo institucional se distancia de versões eclesiásticas mais representativas ou democráticas, pois se manifesta predominantemente em seus clérigos: papa, bispos, sacerdotes e diáconos. Neste modelo, os clérigos se veem responsáveis pelos leigos no sentido de lhes prover três coisas: (1) o ensino doutrinário correto da igreja; (2) a santificação por meio da administração dos sacramentos; e (3) o governo que se manifesta na fé e moralidade.

Na avaliação de Dulles, o modelo institucional é suscetível de vários perigos: o clericalismo, visto que os administradores são, de alguma forma, superiores àqueles a quem ministram, levando à passividade dos membros. Além disso, o modelo é passível de se tornar extremamente formal e jurídico, pois as atividades da igreja giram em torno de leis e formalidades que devem ser praticadas, e não em torno do amor fraterno entre os membros. O modelo também corre o risco de cair no triunfalismo, em virtude de sua ênfase na igreja como um exército lutando contra os poderes de Satanás. Dulles ainda comenta que o foco principal deste modelo são os de dentro, em contraposição aos que estão do lado de fora da igreja. Outros pontos fracos são: pouca evidência bíblica para a estrutura hierárquica da igreja; insuficiência em seus papéis carismático e profético; cerceamento da teologia crítica e exploratória; arrogar a si própria o monopólio eclesiástico, excluindo igrejas cristãs que não sejam católicas romanas; e o fato de estar fora de sincronia com a cultura plural dos nossos tempos.[25]

---

[25]Ibidem, p. 26-38.

2. Comunhão mística

Este modelo enfatiza as relações pessoais e interpessoais, a comunhão das pessoas com Deus e umas com as outras. Segundo Dulles, o modelo emergiu da estrutura de "igreja doméstica" das primeiras décadas do cristianismo nas quais as associações eram face a face, a organização era mais fluida, as relações eram pactuais (e menos contratuais), os números, pequenos (30 a 40) e os participantes, íntimos uns dos outros. Na visão de Dulles, o embasamento bíblico desse modelo é forte: a igreja é ilustrada como o corpo de Cristo e, como tal, sua estrutura é visceral, orgânica e crescente. Acima de tudo, a igreja é vista como o povo de Deus, e não associada a monumentos.

Dulles também enxerga vários perigos neste modelo. Esse modelo comunitário sofre a tentação de obscurecer a relação entre as dimensões espiritual e visível da igreja; corre o risco de divinizar a igreja além do que deve; sofre por sua falta de clareza quanto à identidade e à missão da igreja; e é suscetível a reduzir a igreja de Cristo a um mero impulso social. Dulles destaca que a igreja do Senhor não pode reverter a história e negar seu caráter institucional sem grandes perdas.[26]

3. Sacramento

O apego à realidade sacramental da vida cristã é o foco deste modelo. Ao usar o termo sacramental, Dulles se refere ao conceito clássico de sacramento: uma forma visível de uma graça invisível. A igreja, nesse sentido, é um sacramento de Cristo e, por isso, os sete sacramentos da igreja — das igrejas romanas e ortodoxas — são a sua ênfase norteadora. Dulles comenta que a missão da igreja é definida neste modelo como santidade, pois os membros desejam ser um sinal da graça de Deus em um mundo carente de redenção. Para ele, este modelo desafia a igreja a ser mais semelhante a Cristo no trato com todos. Sendo a eucaristia o sacramento central dos sete, a igreja sacramental assume o desafio de ser uma presença orante e litúrgica no mundo, ao mesmo tempo que chama o mundo à comunhão da mesa.

Na visão de Dulles este modelo também tem base bíblica, e, dentre as mais explícitas, está o comentário de Paulo sobre a relação entre

---

[26]Ibidem, p. 39-54.

Cristo e a igreja (Efésios 5:32) como *mysterion*, palavra grega traduzida por sacramento. Na visão de Dulles, esse modelo traz à tona a qualidade simbólica da própria vida humana: ainda não somos o que fomos chamados a ser e, ao mesmo tempo, não desanimamos de buscar o que ainda não somos. Em suma, a igreja é chamada a ser santa, ainda que não tenha chegado lá. Não obstante, segundo Dulles, os sacramentos são eficazes, pois produzem o que significam. Portanto, a igreja é santa, não por força de seus próprios méritos, mas pela graça de Deus, que santifica a igreja em Cristo.

Dulles comenta que a vantagem deste modelo é sua capacidade de aclarar as funções da igreja e nos dar uma lista concreta para avaliarmos o seu desempenho. Uma desvantagem é que, ao focar muito em suas funções internas, a descrição do trabalho pode não identificar claramente a missão externa ou apostólica da igreja.[27]

4. Arauto

O quarto modelo tem seu foco na Palavra de Deus e pode ser facilmente associado à tradição protestante. Jesus é visto como a Palavra de Deus, ao mesmo tempo em que prega a Palavra e comissiona seus discípulos a espalhar a Palavra para todas as pessoas. Neste modelo, a tarefa da igreja é clara: evangelizar e ensinar. Como no modelo anterior, a natureza intermediária deste modelo é fundamental: receber e transmitir. Para Dulles, os evangelistas permanecem fiéis à sua tarefa se eles próprios forem evangelizados. A linguagem e a comunicação são ênfases marcantes deste modelo, pois, de acordo com a maneira que falamos, comunidades são criadas, divididas, abençoadas ou arruinadas. Elas são também prolépticas, à medida que podem reivindicar para nós uma identidade que ainda não possuímos plenamente, como quando o residente se autodenomina médico mesmo ainda a caminho da apropriação do saber médico.

Na visão de Dulles, um perigo deste modelo é que as palavras podem se tornar estereotipadas, ou seja, perderem seu contexto e serem reduzidas a fórmulas mágicas ou sem sentido. Outra desvantagem deste modelo, na visão de Dulles, é a de reduzir a revelação divina

---

[27]Ibidem, p. 55-67.

à Bíblia e esquecer que a tradição, como veículo de transmissão de verdades essenciais, foi a responsável por estabelecer a Escritura como fonte da verdade revelada. Um terceiro cuidado é que este modelo pode negligenciar a ação em favor do próximo por privilegiar o anúncio e o ensino da Palavra. Dois comentários importantes sobre a avaliação de Dulles são necessários aqui. Primeiro, nós protestantes não reduzimos a revelação divina à Bíblia — como você verá na parte quatro deste livro. Pelo contrário, cremos que Deus se revela na natureza, em Cristo, na Escritura, na pregação fiel do evangelho e nos sacramentos. Em segundo lugar, diferentemente da perspectiva católica romana, nós, protestantes, de fato, não consideramos a Escritura e a tradição como fontes iguais de autoridade. Embora consideremos a tradição cristã útil em diversos pontos, o critério último para avaliarmos a verdade sobre Deus está a nossa disposição exclusivamente nas Escrituras sagradas, sendo assim a nossa *norma normans*, isto é, a norma que normatiza todas as outras normas de fé.[28]

5. Servo

O quinto modelo retrata o povo redimido que é comissionado ao mundo para promover a paz, a justiça, o amor e a reconciliação por meio de Cristo. Para Dulles, este modelo nos ajuda a corrigir a disparidade pecaminosa que existe entre palavra e ação. Enquanto os seres humanos podem mentir ou deixar de cumprir promessas, o cristão tem o compromisso de servir a todos em amor. Este modelo coloca a igreja em um papel subordinado ao mundo, assim como Jesus lavou os pés de seus discípulos e os comissionou a fazer o mesmo. Na perspectiva de Dulles, este modelo inspirou instituições de caridade patrocinadas pela igreja — como hospitais, organizações que atuam na distribuição de alimentos, abrigos, capelanias prisionais —, bem como vozes proféticas que falam contra a injustiça social no mundo.

Na análise de Dulles, este modelo sofre a tentação de pensar que sua missão ao mundo significa obediência a ele, diferindo da postura bíblica de servir ao mundo como obediência direta a Deus. Como

---

[28]Ibidem, p. 68-80.

Dulles bem salienta, este modelo tende a ser cooptado por movimentos políticos e valores mundanos materialistas. Outro perigo é o próprio secularismo, que valoriza a ação humana, mas ignora a base espiritual do serviço cristão. Dulles acrescenta que, na verdade, a base espiritual para o serviço cristão é a chave que previne o esgotamento e o desânimo resultantes quando problemas sociais intratáveis não parecem ser afetados pelos esforços da igreja.[29]

6. Escola de discipulado

Dulles adicionou este sexto modelo após a primeira edição de seu livro para incorporar o processo de aprendizagem na "descrição do trabalho" da igreja. Como ele argumenta, para que a igreja se torne um povo (1) organizado, (2) comunitário, (3) santo, (4) evangélico e (5) servo de todos, ela precisa passar por um processo de educação que seja formativo, e não apenas informativo. Dulles descreve o ministério de Jesus como o exemplo deste sexto modelo, visto que o Senhor passou boa parte de sua vida pública reunindo e educando discípulos. A vantagem deste modelo é a sua sensibilidade para discernir as condições dos discípulos — sejam crianças, sejam adultos — na própria tarefa de contextualização do evangelho pelo evangelista em ambientes transculturais. Para Dulles, o perigo do modelo é o de se acomodar em uma determinada metodologia e deixar de atentar para as condições do aprendizado.[30]

Comentários finais e a minha posição

Após analisar as forças e fraquezas de cada um dos modelos de igreja sugeridos, Dulles chega à conclusão de que "uma teologia equilibrada da igreja deve encontrar uma maneira de incorporar as grandes afirmações de cada tipo eclesiológico básico."[31] Cada um dos modelos chama a atenção para certos aspectos da igreja que são menos evidenciados pelos outros modelos. Ao selecionar o termo "modelos" em vez de "aspectos" ou "dimensões", Dulles argumenta que, como outras

---

[29]Ibidem, p. 81-94.
[30]Ibidem, p. 195-218.
[31]Ibidem, p. 2.

realidades teológicas, a igreja de Cristo é um mistério. Ele esclarece: "Mistérios são realidades das quais não podemos falar diretamente. Se quisermos falar sobre eles, devemos recorrer às analogias fornecidas por nossa experiência do mundo. Essas analogias fornecem modelos. Prestando atenção às analogias e utilizando-as como modelos, podemos indiretamente crescer em nossa compreensão da igreja."[32]

Outra contribuição marcante da sua análise é a ideia de que os modelos devem ser tratados de tal forma que suas diferenças se tornem complementares, em vez de mutuamente excludentes. Dulles reconhece acertadamente que, em alguns casos, isso será impraticável, pois, tomados isoladamente, cada um dos tipos eclesiológicos pode levar a graves desequilíbrios e distorções. No entanto, Dulles sugere que, em vez de permanecermos inertes, deveríamos nos esforçar para progredirmos em busca da unidade da igreja do Senhor e encontrar critérios que sejam aceitáveis para os adeptos de uma série de modelos diferentes.[33] Pensando nos critérios que nos ajudariam nessa jornada por unidade, Dulles elenca sete: (1) fundamento na Escritura; (2) base na tradição cristã; (3) concepção de identidade comunitária e de missão; (4) empenho na promoção de virtudes e serviço ao mundo; (5) correspondência com a experiência religiosa contemporânea; (6) teologia frutífera e não apenas especulativa; (7) capacidade para permitir que os membros da igreja se relacionem com aqueles de fora de seu próprio grupo.[34]

A despeito das diferenças que possamos ter com a abordagem do cardeal Dulles — especialmente pela sua adoção dos sete sacramentos e por sua equivalência de autoridade entre Escritura e tradição —, sua contribuição para o nosso entendimento das diversas faces da igreja é útil para percebermos os diversos modos pelos quais o Espírito Santo trabalha em nós. Fica nítida, entretanto, a preferência de Dulles pelo modelo sacramental de igreja. Ele acredita que esse modelo, apesar de não ser perfeito, preserva o valor institucional da igreja sem sufocar seu chamado para ser um sinal vivo da graça de Deus no mundo; conserva também o valor comunitário da igreja como uma comunhão de amor; salvaguarda sua

---

[32]Ibidem, p. 2.
[33]Ibidem, p. 186-8.
[34]Ibidem, p. 190-92.

dimensão proclamatória e evangélica; e mantém sua tarefa de serviço no mundo, sinalizando o amor sacrificial de Cristo aos necessitados.[35]

Na minha visão, o modelo de igreja sacramental, especialmente condensado nos sete sacramentos, tem pouquíssima evidência bíblica e não é capaz, por si mesmo, de compreender a envergadura do ministério da igreja. Embora eu concorde com Dulles que precisamos estar conscientes das variadas formas pelas quais a Escritura retrata a vida dinâmica do seu povo no mundo, a minha inclinação é a de considerar o modelo de discipulado como a *artéria aorta* da eclesiologia cristã. De acordo com a literatura médica, a aorta é a maior e mais importante artéria de todo o sistema circulatório do corpo humano. Dela derivam todas as outras artérias do organismo, com exceção da artéria pulmonar. A aorta se inicia no coração, na base do ventrículo esquerdo, e termina na altura da quarta vértebra lombar, onde se divide nas artérias ilíacas comuns.[36]

À luz dessa metáfora, eu entendo que o discipulado é a artéria aorta da igreja, pois é responsável por levar oxigênio para todas as suas partes. Tomar o modelo de discipulado como o coração da eclesiologia cristã tem as seguintes vantagens: (1) ajuda a igreja a entender sua identidade e missão distintivas até o retorno de Cristo; (2) tem sido a tônica nos grandes momentos da tradição cristã; (3) tende a substituir, por meio do ensino puro e simples do evangelho, os exageros institucionais, usos, costumes e hábitos datados que com o tempo se tornam infrutíferos; (4) busca continuamente o contato com a cultura, não como refém dela, mas como seu crítico e juiz, visando alcançar o mundo; (5) promove, por meio do processo discipulador, a virtude, a santidade e a transformação de vidas; (6) encoraja uma teologia voltada para a adoração e missão, e não dirigida por vaidade ou narcisismo acadêmico; e (7) oferece o método mais seguro de envolvimento com não cristãos, pois, diferente de qualquer outra instituição, a igreja serve os de fora por motivos espirituais, tendo em vista os benefícios eternos que seu trabalho pode gerar neles.

---

[35]Ibidem, p. 189.
[36]Cf. Lourenço, "Aorta", disponível em: https://www.kenhub.com/pt/library/anatomia/aorta-pt, acesso em: 11 jun. 2021.

TRÊS FORMAS DE GOVERNO DE IGREJA

Nesta seção, eu discuto de que modo a teologia por trás das diferentes formas de governo funciona como o princípio motor que dirige boa parte da vida e do ministério da igreja. Para entendermos a razão pela qual igrejas possuem diferentes formas de governo, podemos levantar a seguinte pergunta: a igreja começa com o indivíduo ou com a comunidade? Ao responder essa pergunta, pelo menos três formas de governo são postas à mesa, a saber, os modelos episcopal, congregacional e presbiteriano. Vamos considerar cada um deles e pesar suas forças e fraquezas na balança.[37]

Episcopal

Neste formato de governo, a igreja é estruturada com base na primazia da comunidade sobre o indivíduo. O bispo (*episkopos*, em grego) é a figura que representa os valores de autoridade e unidade na igreja. Neste modelo, o indivíduo é desafiado a derivar sua identidade da comunidade, e não de suas preferências pessoais de fé. Esta é a estrutura adotada pelas Igrejas Católica Romana, Ortodoxas, Anglicanas, Metodistas e algumas Luteranas. Embora o movimento pentecostal seja muito diversificado, podemos considerar boa parte das suas igrejas como adeptas do formato episcopal, visto que várias denominações pentecostais possuem bispos regendo seus ministérios de acordo com a região.[38]

Historicamente, o ministério triplo da igreja envolvendo bispos, presbíteros e diáconos já operava como a regra geral na maior parte das comunidades cristãs antigas.[39] Os defensores do episcopado fun-

---

[37]Cf. Kooi; Brink, *Christian dogmatics*, p. 583-92.

[38]Embora, na prática, a maioria das igrejas pentecostais tenham características muito similares ao congregacionalismo.

[39]O ministério triplo de bispo, presbítero e diácono aparece nos escritos de Inácio de Antioquia, Policarpo, Irineu e Tertuliano. Estes dois últimos fazem menção de que não houve época na história da igreja em que não havia bispos. Os estudiosos J. B. Lightfoot e E. Hatch, do final do século 19, sustentaram que o episcopado emergiu do presbiterato, tomando como base a evidência de Jerônimo a respeito da igreja em Alexandria. Clemente de Roma também utilizava os termos

damentam essa visão apontando para os papéis de Tiago, que presidia o Concílio de Jerusalém, e de Timóteo e Tito, que tinham uma autoridade como de delegados apostólicos sobre as igrejas, mais do que meramente presbiterial. Os bispos são vistos como sucessores dos apóstolos, não no sentido exclusivo de testemunhas da ressurreição, mas, sim, ao exercerem seu ministério de ensino e supervisão dos sacramentos e ao desempenharem a disciplina na comunidade, especialmente no que diz respeito a outros ministros. Outra diferença é que, enquanto os apóstolos trabalhavam de forma itinerante, os bispos são conhecidos por seu ministério local.

Até o presente momento, a Igreja Católica Romana segue defendendo que o colegiado de bispos, tendo o papa como o cabeça, é a continuação do colégio apostólico, presidido por Pedro — embora a conexão entre o apóstolo Pedro e a igreja na cidade de Roma seja uma teoria altamente improvável. O caráter monárquico ou papal do episcopalismo romano se deve, na verdade, a um processo gradual que perdurou por mais de um milênio.

O primeiro escritor ocidental a afirmar que Pedro era superior aos demais apóstolos e, sozinho, recebeu as chaves do reino dos céus foi Optatus, no quarto século. Pouco tempo depois, em meados do quinto século, Leão I tornou explícito o que há muito estava implícito, isto é, a identificação do bispo de Roma com Pedro, não só em seu ofício, mas em suas ações: ele podia falar e decidir com a autoridade apostólica de Pedro. Esse ensino foi sendo cristalizado pela igreja ocidental até que, em meados do nono século, Nicolau I afirmou que a Igreja Romana era senhora, mãe e chefe de todas as igrejas e que seu bispo maior, o papa, era o próprio substituto do apóstolo Pedro.[40]

A concentração de poder no papado foi intensificada ainda mais pela reforma gregoriana no século 11 e, anos depois, articulada por Bernardo de Claraval naquilo que ficou conhecida como doutrina da *plenitudo potestatis* (plenitude de poder), que garantia ao papa poder

---

"bispo" e "presbítero" de forma intercambiável no final do primeiro século. Cf. Avis, "Church government", in: Davie, et al., *New dictionary of theology* (Downers Grove, IL: InterVarsity Press, 2016), p. 186-9.

[40]Avis, "Church government", in: Davie, et al., *New dictionary of theology*, p. 187.

temporal (político) e autoridade espiritual sobre o mundo. No início do século 13, Inocêncio III declarou que o papa estava entre Deus e o homem, superior ao homem, mas inferior a Deus; o juiz de todos que não podia ser julgado por ninguém. Isso apoiou a noção de monarquia papal mundial, promovida justamente quando o papado estava mais vulnerável.

Sob a liderança de Bonifácio VIII (1294-1303), o papado chegou ao auge de sua força, sendo considerado "necessário à salvação de toda criatura humana estar sujeita ao romano pontífice."[41] Sob ataque ferrenho dos reformadores do século 16, a Igreja Católica Romana foi forçada a frear as críticas contra o papado e a articular de forma mais coesa a sua doutrina e administração eclesiásticas no Concílio de Trento (1545-1563). As doutrinas da jurisdição universal e da autoridade de ensino infalível do papa foram instituídas como dogma no Concílio Vaticano I (1870-1871). Houve uma tentativa no Concílio Vaticano II (1962-1965) de contrabalançar o excesso de ênfase no papado com a redescoberta do ministério dos bispos, mas sem muito sucesso. Todavia, de forma inédita, o papa João Paulo II foi um notável defensor de revisões na estrutura da igreja. Por exemplo, na sua encíclica *Ut Unum Sint* (1995), ele ofereceu seu primado para o interrogatório ecumênico e buscou o auxílio de outras tradições cristãs para elucidar o que isso poderia significar em um ambiente ecumênico.[42]

O modelo episcopal também é adotado por igrejas protestantes. A Igreja Anglicana, por exemplo, segue o padrão histórico de ministério triplo: bispos, presbíteros e diáconos, mas não o absolutiza como se a adesão ao modelo representasse um elemento essencial para fazer parte da verdadeira igreja. Os anglicanos reconhecem como irmãs as igrejas reformadas não episcopais da Europa, considerando seus presbíteros como bispos. Ainda no contexto do ministério triplo, o anglicanismo entende que um indivíduo precisa ser primeiro diácono e depois

---

[41]A frase original em latim é: "*Porro subesse Romano Pontifici omni humanae creaturae declaramus, dicimus, definimus, et pronuntiamus omnino esse de necessitate salutis.*" Retirada da bula *Unam Sanctam*, promulgada em 18 de novembro de 1302, durante a disputa com Filipe IV, o Belo, rei da França, sobre o primado papal.

[42]Cf. Kooi; Brink, *Christian dogmatics*, p. 591.

sacerdote para, finalmente, ser nomeado bispo — uma espécie de plano de carreira eclesiástico. Guardadas as suas peculiaridades, todas as igrejas episcopais, exceto a Igreja Católica Romana, possuem relativamente o mesmo sistema político (colegiado de bispos) e, em geral, incluem seus ministros e leigos nas estruturas de governo da igreja.

Como o formato episcopal influencia o ministério das igrejas? Na minha perspectiva, o modelo de igreja episcopal contribui para a vida e o ministério das comunidades de várias maneiras. Em primeiro lugar, o episcopalismo tem como ênfase a hierarquia. A despeito dos esforços para manter uma comunidade fraterna, amorosa e de serviço mútuo, as relações entre os membros de uma igreja episcopal serão fortemente marcadas por autoridade, diferenciação entre ministros e leigos e liderança mais centralizada. Os fatores positivos desse modelo são sua constância, sua estrutura consolidada e o alto nível de preparação exigido de seus ministros. Em contrapartida, a forma episcopal tende a depositar muito poder sobre uma pequena elite da igreja, enquanto as vozes dos indivíduos da comunidade são praticamente esquecidas.

Em segundo lugar, o formato episcopal favorece a manutenção de tradições, usos e costumes. Não é uma tarefa fácil mudar a estrutura de uma igreja governada por bispos. Participar de uma igreja episcopal envolve, antes de tudo, submissão à autoridade deles e manutenção dos ritos que vêm sendo transmitidos de geração em geração. Além disso, caso alguém queira alterar o sistema, precisará entrar no processo do diaconato, depois se tornar presbítero, para então ter voz de autoridade como bispo. Essa realidade é nítida na Igreja Católica Romana, por considerar a tradição um veículo da revelação divina; entretanto, pode ser diferente nas igrejas pentecostais em que os leigos são a força motriz da maioria dos ministérios de uma igreja local. Em contrapartida, alguns usos e costumes (cabelo, barba, adornos, vestuário etc.) são mais fortes e difíceis de alterar em igrejas pentecostais do que nas demais comunidades episcopais.

Em terceiro lugar, o modelo episcopal estimula a sofisticação litúrgica. Igrejas onde o aspecto comunitário exerce domínio sobre o individual geralmente tendem a manter ritos e formas de celebração mais elaborados e fixos, especialmente se estivermos pensando em igrejas com séculos de existência. Pense na missa católica romana, na riqueza artística de uma celebração ortodoxa, em um culto anglicano ou mesmo em uma celebração episcopal tradicional. Para o modelo episcopal, a liturgia, além de ser ocasião para adoração do Deus triúno, serve de motivo para trazer à tona sua história cúltica. Pelo fato de a liturgia ser prerrogativa dos bispos, ela é automaticamente marcada pela presença solene deles na liturgia, não apenas com suas vestes distintas dos demais, mas também pelo seu papel privilegiado na pregação e ministração dos sacramentos.

A ênfase na liturgia é mais marcante ainda entre os católicos romanos, pois eles entendem que Cristo preside sobre o corpo da igreja e se entrega a seu povo por meio do ofício sacerdotal e dos sacramentos. Em outras palavras, sem os sacerdotes não há participação dos leigos na vida litúrgica da igreja nem nos sacramentos — e, por implicação, sem eles não há relação dos leigos com Cristo. Assim, a liturgia assume contornos cada vez mais elaborados, pois os sacerdotes e os sacramentos representam o coração da igreja, mediando a relação entre Cristo e os membros.[43]

Congregacional

Este segundo formato de igreja vai na direção oposta do primeiro, pois retrata o surgimento da igreja com base na fé dos indivíduos. Essa é a linha seguida pela maioria dos evangélicos, especialmente batistas e pentecostais independentes.[44] A forma congregacional de governo tem suas origens no reinado da Rainha Elizabeth I (1558-1603), isto é, como uma reação à sua tentativa de uniformizar a igreja em torno do modelo episcopal. Dentre os opositores da rainha, havia aqueles que queriam uma igreja nacional reorganizada de acordo com o modelo presbiteriano e outros que repudiavam todo o conceito de uma igreja estatal e favoreciam o princípio de "igreja reunida." Estes ficaram conhecidos como "separatistas", e, posteriormente, "independentes", sendo os precursores do modelo de igreja congregacional. Os congregacionais defendiam que a igreja deveria consistir apenas daqueles que

---

[43]Veja a encíclica *Ecclesia de Eucharistia*, publicada em 2003.
[44]Para uma defesa desse modelo, veja Erickson, *Christian theology*, p. 998-1006.

haviam respondido pessoalmente ao chamado de Cristo e feito aliança com outros cristãos para viverem juntos como discípulos.[45]

Adeptos do modelo congregacional defendem que o Novo Testamento se refere à igreja como comunidades autônomas. Eles acreditam que uma congregação local é essencialmente independente de controle externo e não deve se tornar parte de uma unidade maior, embora achem prudente a criação de associações maiores para cooperação ministerial e consulta doutrinária. Diferentemente do modelo episcopal, a comunhão dos cristãos com Cristo não é mediada por nenhum sacerdote, mas flui diretamente da decisão de cada indivíduo. Assim, algumas ênfases marcantes do congregacionalismo são o sacerdócio universal de todos os cristãos, a livre escolha do indivíduo como critério para se juntar a uma igreja e o batismo, mediante profissão de fé, como o ato decisivo que marca a entrada de alguém no corpo de Cristo.

Em suma, as igrejas neste modelo são governadas pela união de todos os membros, reunidos em uma assembleia da própria comunidade. Eles reconhecem Cristo como o único cabeça da igreja e prestam contas a ele diretamente como congregação. Algumas igrejas adeptas deste modelo também são lideradas por um grupo de presbíteros, que são eleitos pela congregação para representar a sua voz. Robert Browne (1553-1633), considerado o pai do separatismo inglês, expôs os princípios congregacionais da seguinte maneira: "a igreja plantada ou reunida é uma companhia ou número de cristãos ou cristãos que, por um pacto voluntário feito com seu Deus, estão sob o governo de Deus e de Cristo e guardam suas leis em uma comunhão sagrada."[46] Essas igrejas, afirmou ele, não estão sujeitas a bispos nem magistrados. A ordenação não é atribuída aos presbíteros, mas está nas mãos de toda a igreja.

---

[45]Atualmente, a maioria dos congregacionais na Inglaterra se fundiram com os presbiterianos para formar a Igreja Reformada Unida em 1972, comprometendo assim sua forma de governo eclesiástico tradicional. Para um estudo minucioso do congregacionalismo, veja: Dale, *Manual of congregational principles* (Charleston, SC: BiblioLife, 2009); Jenkins, *Congregationalism* (Londres: Faber, 1954); Routley, *The story of congregationalism* (Londres: Independent Press, 1961).

[46]Kirby, "Congregationalism", in: Davie, et al., *New dictionary of theology*, p. 204.

Como o formato congregacional influencia o ministério das igrejas? Primeiro, o modelo congregacional fomenta a autonomia individual do cristão em todos os ministérios da igreja. Pelo fato de não estar submisso, em última análise, a bispos ou presbíteros, o ambiente congregacional favorece o desenvolvimento de uma cultura eclesiástica mais aberta a mudanças, inovações e ministérios que reflitam a experiência individual da maioria dos membros. A ideia de autogoverno é central e cada membro individualmente possui o mesmo poder de voto. A congregação é soberana em escolher o seu pastor, determinar seu salário, adquirir sua propriedade, e não está obrigada a seguir nem mesmo as diretrizes de sua própria denominação. Igrejas do modelo congregacional geralmente se associam a denominações e convenções por razões pragmáticas, isto é, para não perderem o contato com outras igrejas, associarem-se a agências missionárias, campanhas etc. No entanto, todas essas parcerias são feitas voluntariamente, sem qualquer imposição.

Em segundo lugar, o modelo congregacional promove pouco apreço pela tradição cristã. Como já mencionamos, mudanças são muito mais rápidas no modelo congregacional do que em qualquer outro modelo. O único requisito para ter influência na igreja é fazer parte da membresia, pois toda autoridade da igreja depende absolutamente da vontade dos membros, e não da preferência de pastores e presbíteros eleitos. Por causa disso, alguns dizem que o modelo congregacional sofre uma certa crise de identidade, pois, quando relegados à vontade de seus membros, embora com a Bíblia em mãos, seus ministérios tendem a ser demasiadamente pragmáticos, inovadores e pouco influenciados pela tradição da igreja. Isso é perceptível, por exemplo, na liturgia da maioria das igrejas batistas, independentes e pentecostais, em que raramente se faz menção aos credos ecumênicos da igreja, ao uso do calendário litúrgico, aos símbolos ou a qualquer coisa que incentive os membros a se conectarem à história da igreja cristã mais ampla.

Em terceiro lugar, o modelo congregacional tende a se adaptar mais à cultura vigente. Por ser um modelo menos hierárquico, mais democrático e não estar confinado a nenhuma tradição cristã, a forma de governo congregacional possui mais elasticidade para adequar sua linguagem às demandas do ser humano do presente. Isso, obviamente, tem suas vantagens e desvantagens. Por um lado, por serem mais voláteis, os ministérios independentes tendem a crescer mais rápido que os modelos mais tradicionais. A pregação geralmente é mais simples, a liturgia mais inteligível e contemporânea, a comunhão dos membros é mais direta e menos regulada por hierarquias e os ministérios tratam os problemas mais imediatos das pessoas. Por outro lado, por causa do pragmatismo, o modelo congregacional corre o risco de perder suas raízes cristãs, se secularizar mais rapidamente e adotar práticas eclesiológicas estranhas à Escritura e à tradição cristã.

Presbiteriano

Entre os dois extremos podemos listar o modelo presbiteriano ou reformado. As igrejas governadas neste formato são movidas pela noção de pacto e enxergam a origem da comunidade cristã não com base na história ou na fé dos indivíduos, mas na iniciativa divina de entrar em aliança com os seres humanos por meio de Cristo e atraí-los à igreja por meio do Espírito Santo. Por isso, o governo presbiteriano pode ser considerado uma forma intermediária entre o episcopal e o congregacional, visto que tenta equilibrar a importância da comunidade com a fé dos indivíduos.

Os presbiterianos se inspiram no fato de que as palavras *presbyteros* e *episkopos* são usadas como sinônimos no Novo Testamento, o que é confirmado por um antigo catecismo do primeiro século chamado *Didaquê*, em que os primeiros bispos da igreja são retratados como pastores de comunidades paroquiais, presidindo um conselho dos presbíteros.[47] Os primeiros defensores do presbiterianismo também diziam que esse formato de governo se espelhava na sinagoga, onde os presbíteros eram escolhidos entre o povo.[48] Além disso, o Novo Testamento dá vários indícios de que as igrejas plantadas pelo apóstolo Paulo eram

---

[47]"Didaquê", in: QUINTA, Manoel, org., *Padres apostólicos* (São Paulo: Paulus, 2014), vol. 1. A partir do início do segundo século, porém, a maior parte da igreja conferiu um significado novo para a palavra bispo, diferente do significado dado à palavra nos primórdios da igreja. Veja também González, *A era dos mártires* (São Paulo: Vida Nova, 2009), vol. 1.

[48]Avis, "Church government", in: Davie, et al., *New dictionary of theology*, p. 188.

governadas por presbíteros (Atos 14:23; 15:2-23; 16:14; 20:17,28; Tito 1:5).

Com base nisso, os presbiterianos entendem que a forma de governo mais bíblica é a que estabelece uma pluralidade de presbíteros para reger as comunidades locais. Na teoria, a paridade dos presbíteros é um axioma da política presbiteriana e todos têm igual autoridade. Na prática, porém, os ministros da palavra e dos sacramentos — conhecidos como presbíteros docentes — parecem ter mais prestígio do que os demais presbíteros — também chamados de regentes —, e, nesse sentido, os pastores acabam funcionando como bispos da igreja.

Historicamente, o modelo presbiteriano remonta ao ministério de João Calvino em Genebra. Para ele, o ministério da igreja era composto de quatro ofícios: (1) *pastores*, responsáveis pela pregação da Palavra de Deus e pela ministração dos sacramentos; (2) *presbíteros*, para exercer disciplina moral na igreja; (3) *doutores*, para interpretar a Escritura e manter pura a doutrina da igreja; e (4) *diáconos*, para cuidar dos pobres e doentes.[49] Em outros momentos, Calvino descreve o ministério da igreja se referindo a apenas dois ofícios: (1) o de presbítero, que inclui pastores, doutores e supervisores; e (2) o de diácono, envolvendo aqueles que se dedicavam às esmolas e os demais que cuidavam dos pobres e doentes.

Embora Calvino admita que os termos bispo, presbítero e pastor sejam utilizados de maneira intercambiável no Novo Testamento, ele distingue os três da seguinte forma: os presbíteros-doutores não devem administrar os sacramentos, nem exercer disciplina na igreja, mas se concentrar no ensino da Escritura; os presbíteros-pastores podem fazer essas três funções; os presbíteros-regentes devem se concentrar em sua tarefa de administrar e disciplinar os faltosos na igreja.

Podemos tirar três conclusões da proposta de Calvino. A primeira é que ele interpretou os termos bispo, presbítero, pastor, mestre e ministro de forma flexível, agrupando-os sob o mesmo ofício presbiteral. A segunda conclusão é que ele não condenou o modelo episcopal, mas apenas o papado como corrupção da visão bíblica, preservando assim

---

[49]Cf. Calvino, *Institutas da religião cristã* (São Paulo: Cultura Cristã, 2006), IV.3.4-9.

a unidade com outras igrejas. A terceira é que, apesar de ter sugerido seu modelo presbiterial triplo, a principal preocupação de Calvino era preservar a importância dos três ministérios da igreja — pregação, sacramentos e disciplina — sem entrar em grandes controvérsias quanto aos detalhes do modelo onde seriam exercidos. Apesar de enfatizar o sacerdócio universal dos cristãos, Calvino entendia que Cristo governa sua igreja por meio dos presbíteros e, portanto, o ministério deles é uma necessidade para o progresso da igreja.

A reivindicação do presbiterianismo como o único modelo autorizado por Deus só foi entrar em cena após a morte de Calvino, como legado de seu sucessor, Teodoro de Beza. A partir daí, sob diversos contornos, o sistema presbiteriano foi ganhando força e passou a ser adotado oficialmente pelos reformados nas Ilhas Britânicas (Escócia, Inglaterra e Irlanda). Insatisfeitos com a mudança, os reis ingleses e escoceses continuaram a defender o sistema episcopal, pois permitia um maior controle da igreja pelo Estado. Desde então, o sistema presbiteriano, a partir das Ilhas Britânicas, foi para os Estados Unidos e dali para muitas partes do mundo, inclusive o Brasil.[50]

Como o formato presbiteriano influencia o ministério das igrejas? Em primeiro lugar, como filho do episcopalismo e mãe do congregacionalismo, o modelo presbiteriano promove um apreço crítico pela tradição da igreja.[51] Por exemplo, equidistante tanto do sacramentalismo da liturgia episcopal quanto do impulso inovador presente no congregacionalismo, o formato presbiteriano é caracterizado pela adoção de uma liturgia simples, mas não divorciada da riqueza histórica do cristianismo a esse respeito.

Em segundo lugar, o formato presbiteriano tende a manifestar uma identidade mais ou menos fixa onde é estabelecido. Em virtude do seu caráter moderadamente hierárquico, as mudanças são possíveis, o diálogo com a cultura contemporânea acontece, mas sempre que possível de forma crítica e prudente — para alguns, lenta. À semelhança dos governos republicanos, mudanças são acatadas pela igreja como um

---

[50]Avis, "Church government", in: Davie, et al., *New dictionary of theology*, p. 188-9.
[51]Kooi; Brink, *Christian dogmatics*, p. 585.

todo após passarem por várias instâncias de poder: (1) o conselho local da igreja, constituído pelos presbíteros; (2) o presbitério, que representa uma região de igrejas; (3) o sínodo, que agrupa uma região ainda maior de presbitérios; e (4) a assembleia geral ou supremo concílio, como instância de poder nacional da igreja.

Este sistema tem como positivo o fato de dificultar a tirania ou o abuso de poder, pois o governo nunca está na mão de um bispo ou papa, mas é entregue a um colegiado de presbíteros. O aspecto negativo do governo presbiteriano é o ônus a ser suportado para evitar a corrupção do próprio sistema: a burocracia e lentidão dos processos. Para os ouvidos de um congregacionalista, isso pode soar também como falta de apreço pela autonomia dos indivíduos da igreja ou mesmo como usurpação de autoridade.

Em terceiro lugar, o sistema presbiteriano tende a concentrar os ministérios da igreja nas mãos dos oficiais, em detrimento dos liderados. Diferentemente do modelo congregacional, somente os pastores e presbíteros, e não a congregação reunida, têm autoridade para ordenar seus oficiais. Apenas pastores ministram os sacramentos, concedem a bênção apostólica, exercem disciplina com os demais presbíteros e, como regra geral, pregam a Palavra de Deus dominicalmente. Com base nisso, muitas igrejas presbiterianas têm dificuldade de incluir os leigos — que também são sacerdotes do Deus vivo! — nos ministérios da igreja. Quando o colegiado de presbíteros de uma dada igreja não se atenta para isso, a membresia se acomoda na posição de apenas receber as bênçãos que Deus tem a lhes oferecer por meio do pastor que faz tudo sozinho.

Espero que este breve resumo das três principais formas de governo eclesiástico tenha ajudado você a perceber como diferentes modelos de poder afetam os ministérios da igreja. Todos os modelos possuem forças e fraquezas e, em diferentes graus, ressonância com as Escrituras — com exceção do papado católico-romano. Sendo um pastor presbiteriano, entendo que, a despeito dos seus pontos fracos, o modelo presbiterial é o que mais se aproxima da liderança retratada pelas Escrituras e mais equilibra o fato de a igreja ser uma comunidade com milênios de história e, ao mesmo tempo, um grupo localizado de indivíduos. Ao sermos tentados a decidir ou pela comunidade ou pelo indivíduo, seremos tragados para uma disputa estéril, visto que cada um pressupõe o outro e precisa do outro. Como escrevem Kooi e Brink: "Quando vamos a Cristo, encontramos nosso irmão e nossa irmã lá presentes; 'comunidade' nunca é algo abstrato, mas consiste em um agrupamento de pessoas que me precederam e das quais eu, de fato, dependo. Um agrupamento de pessoas precisa de uma estrutura ou ordem para esclarecer relações, tarefas e responsabilidades."[52]

Apesar de minha preferência pelo modelo presbiteriano, não creio que seja correto considerá-lo o único meio de governo legítimo e autorizado por Deus. Como mencionei, ele tem suas forças e fraquezas do mesmo modo que os demais formatos e sua interação com eles acaba contribuindo para a sua própria saúde. Quanto mais eu estudo a história dos modelos eclesiásticos, mais me torno consciente de que o Senhor dirige a sua igreja por meio de nós e apesar de nós. Cristo é o Senhor da igreja e, em última análise, ele usa os meios que quiser, pelas vias ordinárias e extraordinárias, para atrair as nações a si mesmo. Portanto, precisamos nos alinhar como igreja do Senhor em torno desta verdade, sermos mais humildes, reconhecermos os erros e exageros do passado e nos unirmos no pouco tempo que ainda nos resta neste mundo — sem necessariamente negarmos nossas diferenças — para completarmos a missão de fazer discípulos de todas as nações.

A RELAÇÃO ENTRE IGREJA E ESTADO

Na última parte deste capítulo, eu pretendo lançar luzes sobre a relação adequada entre igreja e Estado. Por ser um tópico muito amplo, meus esforços aqui se restringem a oferecer uma linha do tempo contendo as principais maneiras pelas quais a igreja cristã tem articulado essa relação e um breve comentário sobre como podemos entender igreja e Estado atualmente.

Conceito bíblico de dupla cidadania

O Novo Testamento descreve a relação entre igreja e Estado a partir da metáfora de dupla cidadania. Por um lado, temos nossa lealdade

---

[52]Ibidem, p. 587.

absoluta restrita ao Reino de Deus, que já é uma realidade presente em virtude da vinda do Senhor e altera radicalmente nosso jeito de ser no mundo. Ao mesmo tempo, esse reino ainda está para ser consumado, por isso, na linguagem do autor de Hebreus, "não temos aqui cidade permanente, mas buscamos a que há de vir" (Hebreus 13:14). Por outro lado, estamos no mundo, a despeito de não pertencermos a ele, e isso traz consigo uma série de implicações. De forma geral, o ensino apostólico nos encoraja a sermos bons cidadãos nesta terra:

> Por causa do Senhor, estejam sujeitos a toda instituição humana, quer seja ao rei, como soberano, quer seja às autoridades, como enviadas por ele, tanto para castigo dos malfeitores como para louvor dos que praticam o bem. Porque assim é a vontade de Deus, que, pela prática do bem, vocês silenciem a ignorância dos insensatos. Como pessoas livres que são, não usem a liberdade como desculpa para fazer o mal; pelo contrário, vivam como servos de Deus. Tratem todos com honra, amem os irmãos na fé, temam a Deus e honrem o rei (1Pedro 2:13-17)

O apóstolo nos dá aqui o mínimo necessário para entendermos *o que* é ser um bom cidadão no mundo, *por que* e *como* sermos bons cidadãos no mundo. Como lidar com essa tensão de sermos do Reino de Deus e ao mesmo tempo participarmos de reinos temporais? Em primeiro lugar, ser um bom cidadão terreno pressupõe nossa disposição em reconhecer a autoridade que Deus colocou sobre nossos governantes e, por implicação, obedecê-los, à medida que nossa lealdade a eles não conflite com nossa submissão a Deus. A ideia geral aqui é que autoridade é algo bom. Deus estabeleceu as instituições para o funcionamento ordenado da vida humana. Assim, entendemos pelas palavras de Pedro que ser submisso às autoridades — não apenas políticas — é algo que agrada a Deus.

O apóstolo não está dizendo que devemos obedecer a todas as autoridades em tudo o que elas nos pedem para fazer. Por exemplo, há ocasiões na história bíblica que o povo de Deus desobedeceu a um governador humano e foi aprovado por isso. Pense nas parteiras no Egito: "As parteiras, porém, temeram a Deus e não fizeram o que o rei do Egito lhes havia ordenado; pelo contrário, deixaram viver os meninos" (Êxodo 1:17). Similarmente, os três amigos de Daniel foram convocados a adorar o Deus de Nabucodonosor e o desobedeceram (Daniel 3:17,18). Até mesmo Pedro desobedeceu às autoridades judaicas quando lhe ordenaram que parasse de ensinar sobre Jesus em público: "Então Pedro e os demais apóstolos afirmaram: 'É mais importante obedecer a Deus do que aos homens'" (Atos 5:29). O desafio, portanto, é o de sermos submissos às autoridades temendo apenas a Deus.

Em segundo lugar, obedecemos às autoridades civis por causa do Senhor, e não por causa delas mesmas. Não é obediência cega, mas uma submissão que contempla um propósito maior. Existe uma noção de vocação por trás de tudo isso, pois a tarefa das autoridades é a de encorajar e promover o bem e punir o mal. De acordo com Pedro, essas autoridades civis foram enviadas ou chamadas por Deus como suas servas para fazer o trabalho público. Então, na verdade, obedecendo às autoridades, estamos obedecendo ao próprio Deus.

Além disso, Deus está nos ordenando que obedeçamos a todas as autoridades porque seu objetivo final é silenciar as pessoas tolas por meio de nossas boas obras. Essa declaração aqui é perturbadora! Pedro está dizendo duas coisas. A primeira é que sempre haverá inimigos da igreja investidos dos reinos temporais. De fato, por melhores cidadãos que sejamos, não existe como eliminar a tensão entre o Reino de Deus e os reinos deste mundo até o retorno de Cristo. Ao longo da história da igreja, vários adversários políticos se levantaram para calar sua voz e impedir seu ministério. As tentativas geralmente são para promover mentiras sobre a fé cristã como se ela fosse algo perigoso e maléfico para a sociedade. A segunda coisa consiste na chave para silenciar todo esse absurdo. E aqui vai: não é necessariamente por meio de bons argumentos, mas por meio de boas obras. O que silencia uma sociedade anticristã não são nossos arrazoados, mas o quão empenhados estamos em cuidar dos nossos adversários e promovermos o bem comum. Em outras palavras, quando os não cristãos percebem que cuidamos deles melhor do que eles próprios, não há mais nada a dizer contra nós.

Em terceiro lugar, como sermos bons cidadãos no mundo? Pedro tem muito a nos dizer em poucas palavras. Quatro orientações básicas: (1) pratiquem boas obras; (2) promovam a liberdade; (3) honrem a todos; (4) amem os irmãos. Primeiro, cristãos devem contribuir ativamente para o bem comum e não apenas esperar que as autoridades o façam por nós. Infelizmente, muitos cristãos caíram na armadilha de pensar que o Estado tem que resolver todos os nossos problemas. Definitivamente, essa não é uma maneira cristã de pensar sobre a vida pública. Precisamos acordar e parar de nos enganar com a falsa promessa de que alguém resolverá os problemas do mundo a cada quatro anos.

Segundo, somos chamados a viver livremente e encorajar a liberdade em nossa sociedade. Na tradição cristã, entendemos a liberdade como a capacidade de obedecer à vontade de Deus, e não como a permissão para fazer o que quiser. É liberdade para fazer a coisa certa, isto é, liberdade para obedecermos à lei.

Terceiro, cristãos devem ser cidadãos decentes e honrarem todos igualmente, especialmente as autoridades. Em outras palavras: devem ter respeito, decência e civilidade. Precisamos aprender a discordar de maneira respeitosa. Na prática, um governante pode ser um tolo, mas você não precisa lembrá-lo disso. Vamos continuar a honrá-los — mesmo que a pressão para fazer o contrário pareça incontrolável. A conversa do Rei dos reis com Pôncio Pilatos nos serve de exemplo (cf. João 19:10,11).

Quarto, cristãos se revelam ao mundo como bons cidadãos à medida que vivem em amor mútuo. Alguém poderia se perguntar: o que o amor privado e comunitário dos cristãos tem que ver com o bem comum? Na minha visão, Pedro está dizendo que cada igreja local funciona como uma incubadora de virtudes sociais, como uma espécie de pequena *polis* dentro da conjuntura social mais ampla. Deus nos colocou no mundo para sermos sal e luz, por isso a igreja de Cristo é uma vitrine para as nações. Mais importante do que lutarmos para implementar nossa ética no Congresso Nacional ou na Suprema Corte, devemos nos preocupar, primariamente, em sermos vitrine de paz, amor e justiça entre nós mesmos. Nossa relação comunitária amorosa revela nossa cidadania celestial (cf. João 13:34,35). Em outras palavras, manifestamos o Reino de Deus neste mundo caído de várias maneiras, e uma delas é quando cuidamos uns dos outros em amor.

As duas cidades de Agostinho

Após um período de grande intolerância e de perseguições oficiais aos cristãos, o Édito de Milão, promulgado por Constantino em 13 de junho de 313, marcou o início da aproximação e identificação do Império Romano com o cristianismo, pois assegurava a tolerância e a liberdade de culto para os cristãos em todo o território imperial. Não muito tempo depois, no Édito de Tessalônica em 380, o cristianismo foi proclamado como religião oficial do Estado pelo imperador Teodósio, acabando assim com o apoio do Estado à religião romana tradicional e proibindo a adoração dos antigos deuses e os sacrifícios de sangue. Dessa maneira, quase da noite para o dia, os pastores e bispos deixaram de ser velas humanas no jardim de Nero para se sentarem ao lado de um de seus sucessores em suas funções públicas. Os cristãos foram gradativamente se acostumando com os novos privilégios imperiais, sendo elevados cada vez mais a posições de domínio, a ponto de o reino de Cristo ser confundido com o próprio Império Romano.[53]

Não obstante, isso não significou a extinção do paganismo, mas serviu para alimentar mais a revolta dos pagãos contra o cristianismo. Por exemplo, muitos romanos interpretaram o saque de Roma pelos visigodos em 410 como uma punição dos deuses contra o império por ter abandonado a religião romana tradicional pelo cristianismo. Em resposta a essas acusações, Agostinho escreveu *De civitate Dei contra paganos* (A cidade de Deus contra os pagãos), para expôr a esterilidade do paganismo frente às calamidades enfrentadas por Roma em sua história, bem como sua total ineficiência como filosofia política para promover justiça, paz e felicidade aos seus cidadãos.[54] À luz disso, mais

---

[53]Para uma introdução a teologia política cristã, veja as duas excelentes obras de Oliver O'Donovan: *The desire of the nations* (Cambridge: Cambridge University Press, 1996); *From Irenaeus to Grotius* (Grand Rapids: Eerdmans, 1999). Para um resumo dos principais modelos da relação igreja e Estado, veja Kooi; Brink, *Christian dogmatics*, p. 632-44. Para um estudo de como a fé cristã se relaciona com as ideologias políticas atuais, veja Koyzis, *Visões e ilusões políticas* (São Paulo: Vida Nova, 2013). Veja também Smith, *Aguardando o rei* (São Paulo: Vida Nova, 2020).

[54]Cf. Agostinho, *A cidade de Deus* (Petrópolis: Editora Vozes, 2016).

do que apologética teológica, a obra de Agostinho é uma apologética cultural que denuncia o paganismo e defende os valores cristãos como proposta de civilização superior e verdadeira, que tem o mais alto conceito de amor, paz, justiça e felicidade dentre as demais civilizações.

Agostinho tentou fazer justiça à tensão bíblica entre o Reino de Deus e os reinos deste mundo.[55] A sua ideia não era criar uma teoria sobre a relação entre igreja e Estado, mas sugerir que nossos compromissos políticos estão associados à nossa experiência religiosa e que isso se manifesta no atual estado do ser humano, seja decaído, seja redimido em Cristo. Para tanto, ele cunhou a teoria das duas cidades: a cidade de Deus (celestial e perfeita) e a cidade dos homens (terrena e caída). Agostinho nem sempre é claro ao explicar o conceito, mas a ideia geral é a de que as duas cidades se referem a dois povos ou a dois modelos de vida conflitantes: um que tem como orientação fundamental o amor próprio (*hybris*), enquanto o outro tem como referência maior o amor à Deus. A cidade terrestre retrata os condenados: os seres humanos que, desde a Queda, constroem suas cidades para alcançar glória própria. Em contrapartida, a cidade celestial consiste em todos os eleitos em Cristo, que estão reordenando seus amores paulatinamente, abandonando a glória própria em busca da glória divina.

Para Agostinho, no encontro entre as duas cidades, não deve ocorrer mistura com o paganismo, mas uma substituição do antigo modo de vida por um novo, como se o cristianismo destruísse um velho mundo para criar outro melhor.[56] As duas cidades são duas realidades em antítese: a cidade terrena é fruto da Queda do primeiro casal, é profundamente enraizada no amor próprio e, por isso, se expressa moral, social e politicamente em oposição aos valores divinos em todas

---

[55]A obra *A cidade de Deus* não oferece uma teoria ou filosofia política. Seu alvo não era oferecer um tratado sistematizado das formas de governo ou recomendar um modelo político ideal. O propósito da obra é teológico do início ao fim, mostrando como os governos humanos são expressões políticas de um estilo de vida marcado pela Queda.

[56]Agostinho é defensor de um modelo de império cristão. Para a definição clássica do perfil do governante cristão, veja Augustinus, *De civitate Dei*, V.24. Para uma introdução de como o cristianismo propôs uma mudança radical na vida imperial romana, veja Hurtado, *Destroyer of the gods* (Waco: Baylor University Press, 2016).

as civilizações existentes.[57] Não tivesse Adão caído em pecado, o ser humano viveria em um estado de perfeita harmonia social, e, consequentemente, os governos políticos seriam desnecessários.[58] Porém, dado que todos os seres humanos possuem agora o *libido dominandi* (desejo por dominar outros), todas as mais variadas expressões de controle político emergem e estão associadas ao pecado humano. Conversamente, a cidade celestial representa a comunidade dos eleitos e salvos em Cristo, de todos os tempos e lugares, que estão sendo libertos da escravidão do amor próprio, para amarem a Deus e viverem virtuosamente. Enquanto estes eleitos estão presentes na terra, eles formam a *civitas Dei peregrina* (cidade de Deus em peregrinação), referindo-se à comunhão dos santos ou à igreja visível.[59]

Assim, idealmente, a cidade de Deus não pode ser identificada com a cidade terrena, muito menos se fundir a ela, pois a cidade dos homens não é meramente uma realidade temporal, mas uma civilização caída em busca de sua própria glória. O desafio não é o de negociar valores pagãos com os cristãos, mas o de criticar os impulsos religiosos da civilização pagã, para então cristianizar o mundo de maneira ampla à luz da ética do amor a Deus e ao próximo.[60] Para Agostinho, portanto, uma civilização ideal é aquela regida por valores

---

[57]Augustinus, *De civitate Dei*, XIV.10-11; XV.1.

[58]Agostinho defendeu que o ser humano é um ser naturalmente sociável, embora discordasse da ideia grega (Platão e Aristóteles) de que a vida política era parte natural da vida humana. Para Agostinho, o ser humano foi criado capaz de viver em amor mútuo sem necessidade de coerção política. Na Criação, o homem foi chamado por Deus para dominar os animais, mas não recebeu ordens para governar os seus pares. A ideia é que seriam capazes de se autogovernarem. Cf. Augustinus, *De civitate Dei*, XIX.15.

[59]Agostinho costumava salientar que a cidade de Deus é, em última análise, uma comunidade invisível. Ela só se materializa no tempo presente de forma transitória, visto que membros da cidade terrena facilmente se infiltram na comunhão dos santos e até participam dos sacramentos. Cf. Augustinus, *De civitate Dei*, I.35; XVIII.49.

[60]Novamente, é bom relembrarmos que o conceito das duas cidades não é uma teoria sócio-política, mas uma ampla perspectiva teológica sobre como vemos a história humana, que, de fato, contribui para nossas escolhas e práticas sociopolíticas.

teológicos de amor, paz, justiça e felicidade. Todavia, Agostinho admite que essa antítese radical entre a cidade de Deus e a cidade terrena é uma noção idealista que será concretizada apenas no novo céu e nova terra reservados para o futuro. Enquanto isso, pelo fato de vivermos em uma realidade imperfeita, os peregrinos da cidade celestial podem se aproveitar de alguns benefícios temporais da política terrena como bons remédios para frear os impulsos pecaminosos do próprio ser humano.[61] Portanto, a teologia política de Agostinho precisa ser interpretada à luz da distinção entre o "já" e o "ainda não". O Reino de Deus já se faz presente na história, os eleitos estão entre nós, uma nova forma de organização social é possível, mas ainda não é plena, perfeita e, consequentemente, não pode se separar das realidades temporais dos governos seculares. A tensão entre os dois governos só será resolvida escatologicamente.

Em suma, mais do que uma teoria política, o pensamento agostiniano nos encoraja a abraçarmos uma teologia política, isto é, o entendimento de que todas as relações e dinâmicas políticas da sociedade são dirigidas a partir de impulsos espirituais, sejam eles pagãos ou cristãos. Por um lado, Agostinho afirmou que nenhuma sociedade pode ser verdadeiramente justa, pacífica e fraterna sem a graça de Cristo. Mesmo que imperfeitamente, lideranças políticas com valores cristãos devem ser preferidas na sociedade por possibilitarem o maior grau de justiça concebível na terra. Uma sociedade cristianizada, segundo Agostinho, promove não apenas o bem da igreja e de seu ministério missionário, mas também o próprio bem-estar dos demais. De fato, sob o governo cristão, o mundo experimentou pela primeira vez dias de paz, justiça e felicidade sem precedentes na sociedade.[62] Por outro lado, embora os cidadãos das duas cidades estejam misturados na vida terrena atual, compartilhando visões de sociedade e administração política, a igreja não deve se esquecer de sua promessa escatológica e tentar fundir o reino futuro de Cristo com experimentos temporais e imperfeitos.

---

[61] Augustinus, *De civitate Dei*, XIX.26. Agostinho se refere diretamente à paz que foi estabelecida por meio das armas pelos romanos em todo o seu território.
[62] Ibidem, II.19; IV.15.

A teoria medieval das duas espadas

No período medieval, a igreja desenvolveu a compreensão da sua dupla cidadania menos em referência à antítese entre paganismo e cristianismo e mais como uma relação cooperativa entre realidades temporais e espirituais. A distinção entre os poderes temporais e espirituais emergiu da carta do papa Gelásio I ao imperador Anastácio em 494, na qual ele descreve o governo de Deus sobre o mundo de duas formas: espiritualmente por meio do sacerdócio da igreja e secularmente por meio do poder dos reis, destacando a superioridade do espiritual sobre o secular. A despeito das intenções de Gelásio I, os reis e imperadores que surgiram no início do período medieval se consideravam substitutos de Cristo, administrando a sua realeza na terra, em uma espécie de competição política contra o papa, considerado substituto do apóstolo Pedro.[63]

Os governantes cristãos protegiam e governavam a igreja em seus territórios, mantendo um controle substancial sobre as nomeações para cargos clericais. Vários reformadores dentro da igreja se opuseram à prática, pois entendiam que os papas e os bispos estavam sendo manipulados e silenciados pela realeza. O papado tentou reverter esse descompasso sob a liderança do papa Leão IX, o qual reuniu um grupo de reformadores por toda a Europa para servir como cardeais em Roma. Por exemplo, eles rejeitaram a cerimônia de investidura, na qual reis, utilizando o cajado pastoral, impunham as mãos sobre bispos, sinalizando a autoridade política sobre a espiritual.

O movimento contra a realeza se intensificou quando Hildebrando, um dos mais jovens cardeais de Roma, se tornou papa com o nome de Gregório VII em 1073. Ele liderou a reforma papal que garantiu a independência e autonomia do papado das mãos dos governantes leigos e centralizou o controle da igreja sobre o clero e as instituições eclesiásticas. Obviamente, os governantes não ficaram contentes com a perda de seus poderes e partiram para o contra-ataque com as armas

---

[63]Para um resumo do conceito de duas espadas, veja Tuininga, *Calvin's political theology and the public engagement of the church* (Cambridge: Cambridge University Press, 2017), p. 24-32. Para um relato detalhado das crises políticas dentro do catolicismo romano, veja Tierney, *The crisis of church and state 1050-1300* (Toronto: University of Toronto Press, 1988), p. 13-44.

que possuíam. Grosso modo, o conflito foi importante para sinalizar as várias posições dentro da igreja a respeito da relação entre governo espiritual e temporal. De um lado, a afirmação papal de que todo poder espiritual e temporal pertence ao papa; de outro, o argumento cesaro-papista de que o poder supremo, mesmo sobre questões espirituais, pertence ao imperador ou aos reis. Embora sempre houvesse quem buscasse o equilíbrio, os extremos demarcaram o debate.[64]

Adeptos da monarquia papal argumentavam com base no texto das Escrituras a respeito das "duas espadas" que os discípulos ofereceram a Jesus em Lucas 22:38. As duas espadas eram interpretadas alegoricamente se referindo ao domínio de Cristo sobre os âmbitos espiritual e político. Assim, eles defendiam que Deus havia dado as espadas espiritual e temporal ao papa, porque o papa não era apenas o substituto de Pedro — o representante sacerdotal de Cristo na terra —, mas o próprio substituto de Cristo. Eles admitiram que o papa não deveria usar a espada temporal de forma regular, mas delegar seu uso aos poderes temporais. Todavia, a autoridade absoluta dos dois poderes foi mantida: o papa tinha agora a autoridade até mesmo de comandar os assuntos políticos, se necessário, para o bem da igreja. A supremacia papal foi confirmada em anos posteriores pela crença de que o sacerdócio está para a realeza como a alma está para o corpo: distinta dele, mas obviamente superior.[65]

Em virtude de inúmeros escândalos da parte do papado, a sua supremacia foi arrefecendo e, já nos séculos 14 e 15, vários argumentos contra ela vieram à tona por causa da redescoberta dos clássicos, como a visão política de Aristóteles. Marsílio de Pádua, por exemplo, chegou a desafiar a origem divina do papado e defendia a posição cesaropapista de que o poder secular possui autoridade exclusiva em questões temporais e autoridade final em questões de doutrina da igreja ou interpretação das Escrituras.

---

[64]Cf. Tierney, *Origins of papal infallibility 1150-1350* (Leiden: Brill, 1972), p. 14-57; Pennington, *Pope and bishops* (Philadelphia: University of Pennsylvania Press, 1984), p. 15-72.

[65]A supremacia do papado sobre os dois poderes foi confirmada pelo próprio Tomás de Aquino. Cf. Thomas Aquinas, *On law, morality, and politics* (Indianapolis: Hacket Publishing, 2002), p. 196.

Com esse desmantelamento do papado, várias igrejas locais passaram a se autogovernar e a procurar refúgio em autoridades políticas que lhes garantissem autonomia e proteção para continuarem seus cultos sem a interferência das autoridades oficiais da igreja. Foi nesse clima contra o papado e de busca por restabelecer o ministério da igreja que vários reformadores pediram ajuda a autoridades seculares, visto que elas já estavam afirmando sua responsabilidade sobre a igreja. Como registrou Matthew Tuininga: "muitas dessas autoridades seculares estavam mais do que dispostas a assumir a autoridade religiosa para a qual os reformadores ofereceram garantia teológica."[66] Erasmo de Roterdã, por exemplo, defendeu que os príncipes não eram responsáveis apenas por governar justamente ou exercer a espada cooperativamente com a igreja. Para ele, um príncipe cristão era responsável também pelo bem-estar espiritual de seu povo. Por isso, ele tinha a missão de estabelecer a educação, a disciplina e a estabilidade eclesiástica conducente à paz, à ordem e à virtude.

Os dois reinos de Lutero e Calvino

Lutero e Calvino foram dois personagens da Reforma protestante que tentaram refletir biblicamente sobre a relação entre os poderes espirituais e temporais de Cristo sobre a realidade. Lutero expõe sua visão em seu clássico tratado intitulado *Da autoridade secular: e até que ponto ela deve ser obedecida*.[67] Lutero começou seu argumento invocando a distinção escatológica de Agostinho entre a cidade de Deus e a cidade dos homens para descrever as duas classes de seres humanos: aqueles que foram regenerados pelo Espírito Santo e agora pertencem ao Reino de Deus e os incrédulos que permanecem seguindo os impulsos pecaminosos de seus corações puramente humanos. Assim, à semelhança de Agostinho, Lutero retrata as duas comunidades como antagônicas uma à outra.[68]

---

[66]Tuininga, *Calvin's political theology*, p. 31.

[67]Luther, "Temporal authority: to what extent it should be obeyed", in: Lull, org., *Martin Luther's basic theological writings* (Minneapolis: Fortress Press, 2005), p. 655-703.

[68]Ibidem, p. 662.

No entanto, indo além de Agostinho, Lutero argumentou que, em relação a esses dois grupos de pessoas, Deus estabeleceu dois governos: o espiritual, pelo qual o Espírito Santo produz cristãos, e o temporal, que restringe os não cristãos, impedindo-os de fazerem o que sua natureza caída ordena.[69] Cristo governa o primeiro grupo de pessoas por meios exclusivamente não coercitivos, isto é, pela Palavra e o Espírito, produzindo neles uma justiça externa consistente com sua justificação. O segundo grupo de pessoas é governado pelo único meio possível para os rebeldes: a força coercitiva. À luz de suas interpretações de Romanos 13 e 1Pedro 2—3, Lutero disse que, sem o governo temporal restringindo a maldade, o mundo seria como uma arena repleta de bestas indomáveis e estaria entregue ao caos completo.[70]

Portanto, as duas espadas ou dois reinos devem coexistir, pois nenhum dos dois é suficiente neste mundo sem o outro. Por um lado, se deixados apenas sob o governo da Palavra e do Espírito, os cristãos iriam se beneficiar profundamente, mas os ímpios teriam livre trânsito para expressarem sua natureza caída. Por outro lado, se a nossa única espada fosse a do governo temporal, o mundo seria inevitavelmente entregue à hipocrisia e à obediência coercitiva, pois nenhum coração se torna realmente justo sem a ação do Espírito Santo.[71] Com base nisso, os cristãos devem se submeter à autoridade temporal como uma expressão de amor por seu próximo incrédulo.[72] Eles também podem servir em posições de autoridade temporal e devem exercê-las de maneira distintivamente cristã. Porém, aquele que ocupa um cargo político deve saber distinguir as tarefas do governo temporal daquelas

---

[69]Ibidem, p. 664. "Ele [Deus] os sujeitou à espada, de modo que, embora queiram, eles sejam incapazes de praticar sua maldade, e, se o fizerem, não poderão fazê-lo sem medo ou com sucesso e impunidade." Tradução do autor.

[70]Ibidem, p. 665.

[71]Ibidem, p. 666.

[72]"Porque a espada é mais benéfica e necessária para o mundo inteiro a fim de preservar a paz, punir o pecado e conter os ímpios, o cristão se submete de boa vontade ao domínio da espada, paga seus impostos, honra os que têm autoridade, serve, ajuda e faz tudo o que pode para auxiliar a autoridade governante, para que continue a funcionar e a ser considerada com honra e temor." Luther, "Temporal authority", in: Lull, org., *Martin Luther's basic theological writings*, p. 668.

do governo espiritual, do contrário seu alcance invadiria o Reino de Deus indevidamente. Em outras palavras, os governantes temporais devem deixar o governo espiritual nas mãos da igreja e focalizar sua atenção nos assuntos externos da vida. Qualquer tentativa de misturar os papéis dos dois reinos, seja para permitir que papas e bispos governem os assuntos temporais, seja para que magistrados interfiram nos assuntos do evangelho, não é nada menos que uma estratégia do Diabo para perverter os dois domínios.

Apesar dessa defesa poderosa a favor da liberdade religiosa, Lutero se frustrou com a desordem e os rumos que a Reforma estava tomando em seu país. A rejeição do culto romano estava dando lugar à anarquia litúrgica e doutrinária. As riquezas da igreja estavam sendo apropriadas pelas autoridades seculares para seu próprio uso, às custas da educação, da assistência aos pobres e da provisão para pastores. O caos eclodiu na revolta dos camponeses em 1524, quando líderes camponeses justificaram sua rebelião com a linguagem da liberdade cristã, invocando a autoridade de Lutero. Horrorizado, Lutero argumentou que os camponeses não tinham o direito de usar a violência para defender suas preocupações temporais com base na liberdade cristã. Para Lutero, nem as preocupações temporais nem a violência tinham algo que ver com os assuntos do reino de Cristo: um reino de amor, perdão, paz e sofrimento. As preocupações terrenas dos camponeses diziam respeito ao âmbito temporal, e esse era um domínio em que os magistrados deviam ser obedecidos.[73]

Assim, contra esse pano de fundo de anarquia e rebelião, Lutero abriu mão de algumas convicções anteriores e procurou articular fundamentos para a intervenção dos magistrados nos assuntos eclesiásticos para garantir a paz e a ordem. Assim, por mais que tentasse, Lutero nunca foi capaz de resolver de forma consistente ou clara a relação entre o poder político e eclesiástico.[74]

---

[73]Cf. Tuininga, *Calvin's political theology*, p. 36-7.

[74]Lutero continuou a insistir que sua posição era consistente com a distinção dos dois reinos, alegando que a blasfêmia e o falso ensino eram assuntos que afetavam a ordem externa e, portanto, caíam na prerrogativa do magistrado. Lutero até concordou que os anabatistas deveriam enfrentar a pena capital. Ele enfatizou que

Outro personagem da Reforma protestante que continuou a refletir sobre igreja e Estado a partir da metáfora dos dois reinos foi Calvino. Diferente de Lutero, ele insistiu de forma mais sistemática na distinção entre os dois reinos e suas implicações para a autonomia espiritual da igreja. No modelo de Lutero e Melâncton, por exemplo, a igreja tinha autoridade para governar apenas sobre o ministério da pregação da Palavra e da administração dos sacramentos, ao passo que o governo institucional da igreja, a disciplina de membros e a ajuda aos pobres eram delegados às autoridades civis. Calvino rompeu com esse modelo, sugerindo a eleição de presbíteros para o governo institucional e a disciplina da igreja, bem como a eleição de diáconos para o cuidado dos pobres. Dessa forma, Calvino devolveu o ministério da igreja para a igreja. De fato, esse foi um passo de muita coragem, tendo em vista que Calvino estava se distanciando não apenas dos luteranos, mas também de Zwínglio, de Bullinger e da maior parte dos reformadores da época que abraçavam a tese de Erasmo, segundo a qual os magistrados tinham a tarefa de zelar pela pureza doutrinária da igreja, administrar a disciplina e cuidar dos pobres.[75]

Tuininga defende que a teoria dos dois reinos é melhor compreendida em Calvino à luz da noção temporal de "duas eras", isto é, pela distinção entre o reino eterno de Cristo e o senhorio de Cristo sobre os assuntos temporais desta vida. Para ele, essa distinção levou Calvino a conceber a política não como um meio de transformar a sociedade no Reino de Deus, mas como um esforço para garantir a ordem temporal e a justiça civil de acordo com a razão, a lei natural e as virtudes de caridade e prudência. Assim, embora a natureza *última* do reino eterno não permita nenhum acordo com o mal, o caráter *penúltimo* da política

---

todos os assuntos externos — incluindo ensino e culto público — estão dentro do reino secular e, portanto, estão sujeitos a algum tipo de controle secular. Para uma análise mais detalhada do assunto, veja Tuininga, *Calvin's political theology*, p. 36-41.

[75]Por exemplo, Zwínglio e Bullinger defendiam que o cargo de presbítero do Novo Testamento havia sido abolido quando as autoridades civis se tornaram cristãs. Para uma noção geral das nuances de cada grupo, veja Tuininga, *Calvin's political theology*, p. 23-60.

temporal exige padrões de justiça apropriados para seres humanos em um mundo caído.[76]

O experimento teocrático reformado: *corpus Christianum*

Como dissemos anteriormente, a maioria dos reformados aderiu a uma visão que unificava organicamente igreja e Estado, isto é, uma espécie de teocracia local onde ministros e magistrados trabalhavam em cooperação para promover os ideais e os valores do cristianismo em seu território. Como os demais reformadores, Zwínglio insistiu no direito de a igreja seguir os ensinamentos das Escrituras e romper com a tirania das autoridades eclesiásticas da igreja romana. Ele tentou reformar a cidade suíça de Zurique a partir dessa lógica e acabou indo até mais longe que Lutero, abolindo a missa e os demais costumes das cerimônias de adoração medievais. Zwínglio não abandonou a distinção entre temporal e espiritual, além de argumentar que os pastores são chamados a pregar a justiça divina pura e simples, apontando para o evangelho como o único meio de salvação. Porém, pastores não devem buscar a autoridade sobre questões temporais, visto que os negócios da vida externa são atribuições exclusivas dos governantes, que têm o dever de zelar pela proteção do clero e pela expansão do verdadeiro evangelho.[77]

Na visão de Zwínglio, porém, os magistrados e a igreja não são duas comunidades distintas, mas um só *corpus Christianum* (corpo cristão). Profundamente influenciado pelo comunitarismo das cidades suíças — e também pela filosofia social de Erasmo —, Zwínglio manteve seu compromisso com a unidade da cidade e da igreja em uma comunidade cristã sob a orientação de uma magistratura piedosa. Nesse sentido, não existe separação entre os magistrados, a cidade e a igreja, pois as três partes formam uma só comunidade. Por exemplo, o cargo de magistrado era considerado por Zwínglio como substituto dos

---

[76]Cf. Tuininga, *Calvin's political theology*, p. 1-22; 61-91; 355-78.

[77]Para um estudo detalhado a respeito dos contornos políticos da Reforma suíça, veja a excelente obra de Gordon, *The Swiss Reformation* (Manchester: Manchester University Press: 2002), p. 119-44. Veja também Benedict, *Christ's churches purely Reformed* (New Haven: Yale University Press, 2002), p. 19-48.

ofícios de presbítero e diácono instituídos pela igreja primitiva. Portanto, a questão não era se a igreja iria se submeter ao governo civil, mas, sim, perceber o próprio governo como um órgão autorizado dentro da igreja. Zwínglio costumava ilustrar a relação entre magistrados e pastores na igreja com a metáfora do corpo. Assim como um ser humano consiste de alma e corpo, a igreja não pode existir sem a magistratura, embora a última deva ter o cuidado de focalizar apenas nas suas atribuições temporais, e se distanciar relativamente das questões espirituais.

Diferente do modelo de dois reinos de Calvino que enfatizava a autonomia da igreja por meio do ministério dos presbíteros e diáconos, a teocracia instalada em Zurique facilitou a interferência política nos assuntos espirituais pertinentes à igreja. Na prática, não havia muita distinção entre o reino de Cristo e as autoridades civis, entre cristãos e cidadãos, entre o ministério da igreja e o ministério do Estado. Por exemplo, era o governo que exercia a disciplina eclesiástica — tinha autoridade para excomungar e para repreender os ministros — e que deveria zelar pela doutrina da igreja. Zwínglio endossou a necessidade de o magistrado suprimir aqueles que perturbavam a igreja pregando ou praticando falsas doutrinas, inclusive autorizando a pena capital para os líderes anabatistas. De fato, com sua aprovação, as autoridades de Zurique afogaram quatro anabatistas em 1526.

Na minha perspectiva, a teocracia reformada foi um fiasco sem precedentes por várias razões. Em primeiro lugar, por se tratar de uma tentativa de diminuir a tensão inevitável da nossa dupla cidadania. Em segundo lugar, por misturar os papéis do reino temporal com o reino espiritual e, na prática, sublimar as distinções tão necessárias para uma teologia política bíblica. Em terceiro lugar, pela sua crença triunfalista de que o evangelho deve ser aceito à força na sociedade. A morte de Zwínglio em campo de batalha foi um sinal de alerta para os perigos de unificar igreja e Estado. Ele usou de sua autoridade espiritual para empurrar o governo de Zurique em direção à adoção de uma política externa agressiva, que levou a cidade a uma derrota desastrosa. O preço de ter deixado a espada da Palavra de Deus foi caro: Zwínglio foi encontrado morto empunhando outra espada na Batalha de Kappel em 11 de outubro de 1531. Esse fato só aumentou o controle dos magistrados sobre a igreja, manifestando como a pretensa união entre igreja e

Estado acaba privilegiando uma das partes; nesse caso, para sobreviver, a igreja teve que pagar o preço de total subordinação ao Estado.

O separatismo radical entre igreja e Estado

Insatisfeitos com o grau de dependência que os reformadores colocavam nos magistrados, vários movimentos independentes se espalharam por toda Europa, questionando a relação entre igreja e Estado.[78] O movimento de separação total entre igreja e Estado ficou conhecido como anabatismo, por causa de sua rejeição ao batismo infantil e da prática do rebatismo de cristãos provenientes de outras tradições. Em Zurique, os anabatistas defenderam o modelo de autogoverno das igrejas sem nenhuma interferência das autoridades civis. Os membros da igreja eram responsáveis pelo governo, pela disciplina, pela excomunhão e pelo socorro material dos necessitados. Por causa dessas ideias inovadoras, os anabatistas foram expulsos da cidade em 1525 e se espalharam, estabelecendo congregações no interior da Suíça, justamente quando a revolta dos camponeses no sul da Alemanha se espalhava pela fronteira suíça.

A retórica teológica dos camponeses alemães era baseada no *sola Scriptura*, na supremacia da lei divina sobre os códigos humanos e nas ideias de liberdade cristã contidas nos escritos de Lutero. Liderados por Thomas Muntzer, esse grupo denunciava a propriedade como resultado do pecado e como parte de um injusto sistema de exploração. Muntzer justificava moralmente a rebelião violenta contra a tirania dos magistrados com base em teorias apocalípticas de juízo contra o sistema vigente, separando os eleitos dos ímpios. O fato de alguns anabatistas de Zurique terem simpatizado com a causa dos camponeses, ou mesmo por estarem eles diretamente envolvidos na revolta, associava o anabatismo à desordem e à rebelião nas mentes das elites europeias.

---

[78]A minha breve análise dos anabatistas segue de perto o relato dos seguintes autores: Estep, *The Anabaptist story* (Grand Rapids: Eerdmans, 1975); Jürgen-Goertz, *The Anabaptists* (Nova York: Routledge, 1996); Stayer, *The German peasants' war and Anabaptist community of goods* (Montreal: McGill-Queen's University Press, 1991).

Entretanto, em contraste com as posturas de Muntzer, vários líderes anabatistas começaram a articular uma visão teológica comprometida com a não violência e a separação do governo civil e do protesto popular. Particularmente proeminentes foram os Irmãos Suíços, que endossaram a Confissão de Schleitheim escrita pelo ex-monge alemão Michael Sattler. No documento, podemos perceber os principais contornos da teologia anabatista: (1) uma clara defesa da separação entre a comunidade cristã e o mundo, por causa do conflito absoluto entre o reino de Cristo e o reino das trevas; (2) batismo apenas dos cristãos que professarem sua fé; (3) direito de excomunhão; (4) eleição dos líderes da igreja; (5) rejeição de juramentos; (6) rejeição do uso da espada. O documento proibia que os cristãos servissem no governo por causa do contraste absoluto entre a carne e o espírito, entre este mundo e o céu. Portanto, os anabatistas continuaram sustentando uma versão da teologia dos dois reinos, mas, nesse caso, o reino temporal era visto como visceralmente diabólico e, consequentemente, incapaz de coexistir, ainda que imperfeitamente, com as realidades espirituais do reino de Cristo.

Para os reformadores e também para os líderes católicos em toda a Europa, a insistência anabatista na separação completa entre o reino de Cristo e as autoridades civis estabelecidas ameaçava as próprias bases da ordem social e, portanto, foi veementemente combatida.

A teoria das duas graças de Abraham Kuyper

Abraham Kuyper é um dos principais articuladores da relação entre igreja e Estado em tempos recentes. Kuyper tenta fazer justiça ao modo pelo qual a Escritura fala da nossa dupla cidadania e à maneira pela qual a tradição cristã tentou preservar a distinção entre o reino de Cristo e a ordem temporal deste mundo. Grosso modo, Kuyper desenvolveu seu raciocínio a partir de dois conceitos: a graça comum e a graça particular.[79] O primeiro deles diz respeito à ação divina de preservar a ordem temporal após ter sido devastada pela Queda. O segundo conceito se refere à ação divina com o foco na redenção do ser humano de seu

---

[79]Para entender mais a fundo a relação entre as duas graças, veja Kuyper, *Common grace* (Bellingham: Lexham Press, 2019), 2:273-89; 2:718-742; 2:759-82.

estado caído, para então ser transformado pelo Espírito Santo em uma nova criatura segundo a imagem de Cristo. Portanto, a graça comum se refere a todos os seres humanos sem exceção e seu foco principal não é salvífico, mas de manutenção da ordem criacional; a graça particular é restrita apenas àqueles que foram regenerados pelo Espírito Santo e tem como objetivo específico justificar, salvar, santificar, restaurar e glorificar os eleitos de Deus eternamente.

Com base nessa distinção, Kuyper se aproximou dos modelos de Lutero e Calvino à medida que endossou dois tipos específicos de governo divino na terra: um destinado para as questões temporais e criacionais, que é mantido por Deus por meio da sua graça comum, e o outro designado para as questões espirituais e salvíficas, que só podem ser experimentadas pela igreja, visto que os regenerados são os recipientes exclusivos da graça particular. A grande novidade em Kuyper é que ele estabeleceu essa teoria dentro de um sistema democrático-pluralista e não sob a influência de um Estado cristão, como era o caso de Lutero e Calvino. Como resultado, Kuyper desenvolveu diferentes filosofias de governo para cada uma das dimensões. Por um lado, ele elaborou um modelo de governo público e comum a todos os cidadãos com base na teoria de esferas soberanas, em que o Estado é visto como instrumento de Deus para exercer justiça pública na sociedade. Por outro lado, Kuyper articulou uma nova política eclesiástica que o levou a romper com a igreja reformada estatal de sua época, para criar uma igreja livre e autônoma da interferência do Estado holandês.

Em resumo, Deus governa o mundo de duas formas: pela sua graça comum que se manifesta nas várias esferas soberanas e pela sua graça particular que opera exclusivamente na igreja. Quais são as implicações disso? No que diz respeito à distinção, o sistema de Kuyper promoveu ainda mais a autonomia institucional da igreja em relação ao Estado e tornou as funções do Estado mais claras, impossibilitando que ele extrapolasse seu alcance sobre os domínios da igreja. No que diz respeito à unidade, a igreja, especialmente no sentido de ser um organismo vivo, contribui para a ordem temporal à medida que envia cidadãos redimidos para elevar o nível de graça comum na terra, promovendo o bem para toda a população. Em contrapartida, quando o Estado cumpre bem o seu papel, ele opera como um sinal da graça comum, preparando o terreno para a igreja se manifestar no mundo. Em outras palavras, existe uma *união hipostática* entre as duas graças. Kuyper utiliza a linguagem do Credo Calcedônio para deduzir que as duas graças, assim como as duas naturezas de Cristo, permanecem unidas, embora não devam ser confundidas. O governo da igreja permanece distinto ou possuindo uma natureza distinta do governo político, porém ambos coexistem no tecido social de modo que Deus concretiza os seus propósitos eternos por meio deles.

Por fim, espero ter deixado claro que a chave para entender a relação entre igreja e Estado na tradição cristã passa pelo discernimento da relação entre o reino de Cristo e a ordem temporal. A igreja tem se envolvido com o Estado desde o início de sua vida, às vezes sofrendo perseguição em suas mãos, às vezes excessivamente integrada a ele em seus projetos. A Declaração Teológica de Barmen de 1934 constitui um protesto evangélico fundamental contra a igreja se permitir ser cooptada pelas estruturas do Estado, como de fato aconteceu com a igreja alemã durante a política nazista. A declaração foi escrita em grande parte por Karl Barth e serve como orientação segura para nossa compreensão dos limites entre igreja e Estado. Dentre os pontos que considero mais importantes da declaração estão os seguintes:

> 2.2: Rejeitamos a falsa doutrina de que, em nossa existência, haveria áreas nas quais não pertencemos a Jesus Cristo, mas a outros senhores, áreas nas quais não necessitaríamos da justificação e da santificação por meio dele [...] 2.3: Rejeitamos a falsa doutrina de que seria permitido à igreja substituir a forma da sua mensagem e da sua organização, a seu bel-prazer ou de acordo com as respectivas convicções ideológicas e políticas reinantes [...] 2.5: Rejeitamos a falsa doutrina de que o Estado poderia ultrapassar a sua missão específica, tornando-se uma diretriz única e totalitária da existência humana, podendo também cumprir, desse modo, a missão confiada à igreja. Rejeitamos a falsa doutrina de que a igreja poderia e deveria, ultrapassando a sua missão específica, apropriar-se das características, dos deveres e das dignidades estatais, tornando-se assim, ela mesma, um órgão do Estado.[80]

---

[80] A Declaração Teológica de Barmen, art. 2.2-5, disponível em: https://www.luteranos.com.br/textos/a-declaracao-teologica-de-barmen, acesso em: 11 jun. 2021.

Que o Senhor nos ajude a compreender as distinções entre o seu reino perfeito e as dinâmicas políticas passageiras do nosso tempo presente; entre o governo espiritual da igreja e as dinâmicas de poder dos reinos deste mundo. Não esqueçamos, porém, que o Senhor Jesus Cristo permanece sendo a autoridade sobre as duas esferas e que ele retornará em breve para julgar vivos e mortos. Enquanto isso, fazemos bem ao obedecermos a instrução apostólica de orar "em favor dos reis e de todos os que exercem autoridade, para que vivamos vida mansa e tranquila, com toda piedade e respeito" (1 Timóteo 2:2).

REFERÊNCIAS

AUGUSTINUS. "De civitate Dei." In: DOMBART, B.; KALB, A., org. *Corpus Christianorum Scholars Version* (Turnhout: Brepols 2014).

_____ [AGOSTINHO]. *A cidade de Deus* (Petrópolis: Editora Vozes, 2016). 2 vols.

AVIS, P. D. L. "Church government". In: DAVIE, M., et al. *New dictionary of theology: historical and systematic.* 2. ed. (Downers Grove, IL: InterVarsity Press, 2016), p. 186-189.

BAVINCK, J. H. *An introduction to the science of missions* (Grand Rapids: Baker, 1961).

BENEDICT, Phillip. *Christ's Churches purely Reformed: a social history of Calvinism* (New Haven: Yale University Press, 2002).

BONHOEFFER, Dietrich. *Life together: a discussion of Christian fellowship* (Nova York: Harper & Row, 1954).

_____. *Vida em comunhão* (São Leopoldo: Sinodal, 2009).

CALVIN, Jean. "Institutio Christianae religionis." In: BAUM, G.; CUNITZ, E.; REUSS, E., orgs. *Ioannis Calvini Opera Quae Supersunt Omnia*. Corpus Reformatorum (Brunswick and Berlin: C. A. Schwetschke and Son [M. Bruhn], 1863-1900). Vols. 29-87.

_____ [CALVINO, João]. *Institutas da religião cristã* (São Paulo: Cultura Cristã, 2006). 4 vols.

"Catecismo de Heidelberg." In: *As três formas de unidade das igrejas reformadas* (Brasília, CLIRE, 2013).

"Confissão Belga." In: *As três formas de unidade das igrejas reformadas* (Brasília, CLIRE, 2013).

Confissão de Fé de Westminster (São Paulo: Cultura Cristã, 2014).

DALE, R. W. *Manual of congregational principles* (Charleston, SC: BiblioLife, 2009).

DENNISON Jr., James T., org. *Reformed confessions of the 16th and 17th centuries in English* translation (Grand Rapids: Reformation Heritage Books, 2008). Volume 4: 1600-1693.

"Didaquê." In: QUINTA, Manoel, org. *Padres apostólicos*. Coleção Patrística (São Paulo: Paulus, 2014). Vol. 1.

DULLES, Avery. *Models of the church* (Nova York: Doubleday, 2002).

_____. *A igreja e seus modelos* (São Paulo: Paulinas, 1978).

ERICKSON, Millard J. *Christian theology*. 2. ed. (Michigan: Baker Academic, 1998).

_____. *Teologia Sistemática* (São Paulo: Vida Nova, 2015).

ESTEP, William R. *The Anabaptist story* (Grand Rapids: Eerdmans 1975).

_____. *A história dos anabatistas: uma introdução ao anabatismo do século XVI* (São Paulo: Literatura Monte Sião, 2017).

GOHEEN, Michael. *A igreja missional na Bíblia: luz para as nações* (São Paulo: Vida Nova, 2016).

GONZÁLEZ, Justo. *Uma história ilustrada do cristianismo* (São Paulo: Vida Nova, 2009). 2 vols.

GORDON, Bruce. *The Swiss Reformation* (Manchester: Manchester University Press: 2002).

HORTON, Michael. "The church." In: ALLEN, Michael; SWAIN, Scott R., orgs. *Christian dogmatics: Reformed theology for the Church Catholic* (Grand Rapids: Baker, 2016).

_____. *Pilgrim theology: core doctrines for Christian disciples* (Grand Rapids: Zondervan, 2011).

HURTADO, Larry W. *Destroyer of the gods* (Waco: Baylor University Press, 2016).

JENKINS, Daniel. *Congregationalism: a restatement* (Londres: Faber, 1954).

JÜRGEN-GOERTZ, Hans. *The anabaptists* (Nova York: Routledge, 1996).

KIRBY, G. W. "Congregationalism." In: DAVIE, M., et al. *New dictionary of theology: historical and systematic*. 2. ed. (Downers Grove, IL: InterVarsity Press, 2016), p. 204-205.

KOOI, Cornelis van der; BRINK, Gijsbert van den. *Christian dogmatics: an introduction* (Grand Rapids: Eerdmans, 2017).

KOYZIS, David T. *Visões e ilusões políticas: uma análise e crítica cristã das ideologias contemporâneas* (São Paulo: Vida Nova, 2013).

KUYPER, Abraham. *Common grace* (Bellingham: Lexham Press, 2019). 3 vols.

LUTHER, Martin. "Temporal authority: to what extent it should be obeyed." In: LULL, Timothy F., org. *Martin Luther's basic theological writings* (Minneapolis: Fortress Press, 2005). p. 655-703.

MINEAR, Paul S. *Images of the church in the New Testament* (Philadelphia: Westminster Press, 1960).

O'DONOVAN, Oliver. *From Irenaeus to Grotius a sourcebook in Christian political thought, 100-1625* (Grand Rapids: Eerdmans, 1999).

_____. *The desire of the nations: rediscovering the roots of political theology* (Cambridge: Cambridge University Press, 1996).

PENNINGTON, Kenneth. *Pope and bishops: the papal monarchy in the twelfth and thirteenth centuries* (Philadelphia: University of Pennsylvania Press, 1984).

PETERSON, Eugene H. *A long obedience in the same direction: discipleship in an instant society* (Downers Grove: InterVarsity Press, 2000).

_____. *Uma longa obediência na mesma direção: discipulado em uma sociedade instantânea* (São Paulo: Cultura Cristã, 2019).

ROUTLEY, Eric. *The story of congregationalism* (Londres: Independent Press, 1961).

SCHMIDT, Karl L. "εκκλησία." In: KITTEL, Gerhard F., et al., org. *Theological dictionary of the New Testament* (Grand Rapids: Eerdmans, 1964-1976), 3:504-13.

_____. "εκκλησία." In: KITTEL, Gerhard F., et al., org. *Dicionário teológico do Novo Testamento* (São Paulo: Cultura Cristã, 2013). 2 volumes.

SMITH, James K. A. *Aguardando o Rei: reformando a teologia pública* (São Paulo: Vida Nova, 2020).

STAYER, James M. *The German peasants' war and Anabaptist community of goods* (Montreal: McGill-Queen's University Press, 1991).

THOMAS AQUINAS. *Law, morality, and politics* (Indianapolis: Hacket Publishing, 2002).

TIERNEY, Brian. *Origins of papal infallibility 1150-1350: a study on the concepts of infallibility, sovereignty and tradition in the Middle Ages* (Leiden: Brill, 1972).

_____. *The crisis of church and state 1050-1300* (Toronto: University of Toronto Press, 1988).

TUININGA, Matthew J. *Calvin's political theology and the public engagement of the church: Christ's two kingdoms* (Cambridge: Cambridge University Press, 2017).

CONSUMAÇÃO

Desde agora me está guardada a coroa da justiça, que o Senhor, reto juiz, me dará naquele Dia; e não somente a mim, mas também a todos os que amam a sua vinda.

— Apóstolo Paulo (2Timóteo 4:8)

Por fim, cremos, conforme a Palavra de Deus, que, ao chegar o tempo ordenado pelo Senhor — mas desconhecido por todas as criaturas — e se completar o número dos eleitos, o nosso Senhor Jesus Cristo voltará do céu de maneira visível e corporal, assim como ele ascendeu, com grande glória e majestade. Ele instalará a si mesmo como o juiz dos vivos e dos mortos e porá este antigo mundo em chamas para o purificar. E, então, todas as pessoas — homens, mulheres e crianças — que existiram no mundo, desde o seu princípio até o seu final, aparecerão pessoalmente diante desse Grande Juiz, intimados pela voz do arcanjo e pela trombeta de Deus...

Os ímpios serão condenados pelo testemunho das suas próprias consciências e tornar-se-ão imortais tão somente para serem atormentados no "fogo eterno, preparado para o Diabo e seus anjos" (Mateus 25:41), mas os fiéis e eleitos serão coroados de glória e de honra. O Filho de Deus confessará os seus nomes diante de Deus, seu Pai (Mateus 10:32), e dos anjos eleitos (Mateus 10:32). Deus "lhes enxugará dos olhos toda lágrima" (Apocalipse 21:4), e a causa deles — no presente, condenada como herética e maligna por tantos juízes e autoridades civis — será reconhecida como a causa do Filho de Deus. O Senhor, por graciosa recompensa, os fará possuir uma glória tal que é impossível de ser concebida pelo coração do homem. Por isso ansiamos com grande expectativa por aquele grande dia em que gozaremos da plenitude das promessas de Deus em Jesus Cristo nosso Senhor. Amém! Vem, Senhor Jesus! (Apocalipse 22:10).

— Confissão Belga, artigo 37

E scatologia é a doutrina do fim (*eschaton*) ou das últimas coisas (*eschata*). A escatologia cristã tem suas raízes nas expectativas judaicas do fim da era de opressão para o alvorecer de uma nova realidade onde Deus estabeleceria seu reino para sempre no mundo. Essa esperança escatológica judaica se expressa no simbolismo da literatura apocalíptica produzida no período intertestamentário.[1] O Novo Testamento indica que a encarnação do Filho de Deus é o primeiro estágio de cumprimento da promessa judaica de um governo divino na terra. Em Cristo, o Reino de Deus já chegou e se manifesta na terra de diversas formas, particularmente pelo ministério espiritual da igreja. Pelo fato de o mal ainda prevalecer no mundo e o governo divino ser restrito ao povo de Deus, o Senhor Jesus nos ensinou a orar: "Venha o teu reino", ensinando que, embora o seu reinado já tenha chegado, ele ainda não foi consumado.[2]

Por definição, o momento atual em que vivemos é um encontro de duas eras: a era do reino inaugurado e a era do reino que será finalizado. Na sua morte, Jesus venceu o pecado e, na sua ressurreição, inaugurou uma nova era de salvação e restauração de todas as coisas. O banquete

---

[1]Para uma introdução à literatura apocalíptica e sua influência na escatologia bíblica, veja meu artigo: Gomes, "Como ler o Apocalipse? Literatura apocalíptica e outras influências que forjaram o imaginário do Apocalipse de João", *Revista Teológica* (Campinas) 72, 1-2 (2020): 55-71.

[2]Para um estudo resumido dos principais tópicos da escatologia cristã, Kooi; Brink, *Christian dogmatics* (Grand Rapids: Eerdmans, 2017), p. 711-59.

do reino está pronto para ser desfrutado, mas ainda não começou. Mais pessoas devem primeiro ser reunidas à mesa do banquete para que também possam saborear o poder renovador da era vindoura. Como indicamos no capítulo anterior, esse período intermediário, após a primeira vinda de Jesus e antes de seu retorno, é um tempo missionário em que o Deus Pai, Filho e Espírito Santo reúne os seus eleitos de todas as partes do mundo por meio do ministério da igreja.

Meu objetivo neste capítulo é ajudá-lo a compreender aquilo que a Escritura nos diz a respeito do fim. Não é meu interesse aqui prever o futuro ou estimular você a se prender nos estudos escatológicos por mero entretenimento. Pelo contrário, minha oração é que este capítulo possa inspirar você a clamar em alta voz: "Vem, Senhor Jesus!" (Apocalipse 22:20). O estudo das últimas coisas é essencial para alinharmos o nosso coração àquilo que realmente importa na vida. Foi com base no que realmente importa que o Senhor contou aos discípulos parábolas sobre o futuro do reino a fim de que eles se preparassem para aquele dia. Similarmente, escrevo para ajudá-lo a se aprontar melhor para o retorno do Senhor, pois ele diz: "Certamente venho sem demora" (Apocalipse 22:20).

Apresento o mapa do caminho. Iniciaremos nossa jornada de conhecimento das últimas coisas fazendo uma busca pelo que a Escritura diz sobre a vida após a morte. Em seguida, investigaremos os sinais dos tempos, os quais indicam que este mundo está caminhando para o seu desfecho. Depois disso, vamos estudar em detalhes como será o retorno do Senhor Jesus Cristo. Finalizaremos a jornada contemplando aquilo que a Escritura chama de nosso *habitat* final: o novo céu e a nova terra. Entendendo o que nos aguarda segundo essa perspectiva, espero mostrar como a nossa esperança futura tem implicações significativas para com a maneira que vivemos a vida cristã aqui e agora.

O ESTADO DO SER HUMANO APÓS A MORTE

Vamos começar nossos estudos por aquilo que os teólogos chamam de escatologia individual, o que inclui temas como morte física, imortalidade e o estado do ser humano entre a morte e a ressurreição do corpo. Embora a Bíblia nos dê poucas informações sobre o que acontece com os seres humanos após a morte, ela nos dá algumas coordenadas que são suficientes para entendermos bem a questão.[3] À luz do ensino bíblico, podemos dizer que existem quatro etapas pelas quais os mortos passam após a morte: (1) os corpos de todos retornam ao pó; (2) as almas de todos voltam a Deus; (3) as almas dos salvos vão para o céu; (4) as almas dos perdidos são levadas para o inferno. Iremos analisar cada uma dessas afirmações em detalhe.

1. Os corpos voltam ao pó

A Escritura diz: "No suor do seu rosto você comerá o seu pão, até que volte à terra, pois dela você foi formado; porque você é pó, e ao pó voltará" (Gênesis 3:19). O tema da mortalidade humana é colocado em questão pelo narrador de Gênesis não como parte da sua finitude, mas como resultado direto de seu pecado. Ao homem é relembrado que poderia ter desfrutado uma vida de abundância no Éden, mas, por causa da desobediência, terá de trabalhar duramente para que a terra produza o grão para fazer o pão de cada dia. Isso continuará até que ele retorne ao solo de onde foi tirado, isto é, os corpos de todos os seres humanos, depois da morte, voltam ao pó e se desintegram.

Não é apenas a narrativa de Gênesis 2—3 que sugere que a morte humana entrou no mundo como uma punição divina pelos pecados de nossos ancestrais; esse ensino tem apoio na perspectiva de Paulo de forma ainda mais explícita. Por exemplo, o apóstolo diz: "Portanto, assim como por um só homem entrou o pecado no mundo, e pelo pecado veio a morte, assim também a morte passou a toda a humanidade, porque todos pecaram" (Romanos 5:12). Mais à frente, ele continua: "Porque o salário do pecado é a morte, mas o dom gratuito de Deus é a vida eterna em Cristo Jesus, nosso Senhor" (Romanos 6:23). Em um capítulo dedicado aos temas morte e ressurreição, Paulo escreve: "Visto que a morte veio por um homem, também por um homem veio a ressurreição dos mortos. Porque, assim como, em Adão, todos morrem, assim também todos serão vivificados em Cristo" (1Coríntios 15:21,22). À luz de tais evidências, está claro que a morte entrou no

---

[3] Cf. Hoekema, *A Bíblia e o futuro* (São Paulo: Cultura Cristã, 1997), p. 89-119.

mundo como resultado do pecado humano e, portanto, antes que a raça humana caísse em pecado, a morte física era condicionada à obediência a Deus.[4]

2. As almas voltam para Deus

A segunda coisa que aprendemos na Escritura sobre a morte é que as almas de todos os seres humanos não desaparecem nem dormem, mas recebem de Deus imortalidade e, por isso, retornam imediatamente para aquele que as deu. Lemos no livro de Eclesiastes: "Lembre-se do seu Criador, antes que se rompa o fio de prata, e se despedace o copo de ouro, e se quebre o cântaro junto à fonte, e se desfaça a roda junto ao poço, e o pó volte à terra, de onde veio, e o espírito volte a Deus, que o deu" (Eclesiastes 12:6,7). Com base nessa passagem, está claro que a morte é uma separação: o pó retorna à terra e o espírito/alma volta a Deus. Isso não significa que o ser humano deixe de existir após a morte, mas que ele experimenta uma *existência separada* de seu corpo físico.

Isso nos leva ao assunto da imortalidade da alma. Os teólogos de Westminster concordaram que "os corpos dos homens, depois da morte, convertem-se em pó e veem a corrupção; mas as suas almas (que não morrem nem dormem), tendo uma substância imortal, voltam imediatamente para Deus que as deu."[5] Por séculos, a tradição cristã tem aceito que — embora a expressão "imortalidade da alma" não seja utilizada nas Escrituras, mas, sim, na filosofia pagã — o conceito não está em conflito com a fé cristã. Agostinho e Calvino, por exemplo, admitiram a imortalidade da alma como uma doutrina bíblica, ainda que considerassem a imortalidade como propriedade exclusiva de Deus (1Timóteo 6:16). Para eles, embora não pertença à natureza da alma humana, a imortalidade é comunicada a nós por Deus. Portanto, não podemos afirmar que a imortalidade é uma característica intrínseca do

---

[4]Cf. Brink, *Reformed theology and evolutionary theory* (Grand Rapids: Eerdmans, 2020), p. 196-9. O primeiro casal, caso tivesse permanecido em obediência, teria a capacidade de desfrutar da imortalidade por meio da árvore da vida (cf. Gênesis 3:24; Apocalipse 2:7; 22:2,14,19).

[5]Confissão de Fé de Westminster, XXXII.1.

ser humano, mas, sim, que é uma propriedade derivada de Deus e concedida a nós.[6]

3. As almas dos salvos vão para o céu

Por continuarem a existir mesmo após a morte, as almas dos salvos são aperfeiçoadas em santidade e vão para o céu, onde verão a face de Deus em glória. O Novo Testamento, em particular, traz essa verdade em diversos momentos. O Senhor Jesus garante ao ladrão arrependido que está ao seu lado na cruz: "Em verdade lhe digo que hoje você estará comigo no paraíso" (Lucas 23:43). Sabemos que o corpo daquele homem foi sepultado e que, portanto, ele poderia desfrutar o paraíso com Cristo apenas com sua alma imortal. Essa alusão fica mais explícita ao meditarmos sobre o que aconteceu com Estêvão após ser apedrejado até à morte: "E enquanto o apedrejavam, Estêvão orava, dizendo: 'Senhor Jesus, recebe o meu espírito!'" (Atos 7:59). Aprendemos aqui que, ao morrerem, as almas dos cristãos são recebidas imediatamente no céu, na presença gloriosa de nosso Senhor Jesus Cristo!

O testemunho de Paulo aos filipenses também esclarece nosso encontro com o Senhor após a morte. O apóstolo diz: "Porque para mim o viver é Cristo, e o morrer é lucro. Entretanto, se eu continuar vivendo, poderei ainda fazer algum trabalho frutífero. Assim, não sei o que devo escolher. Estou cercado pelos dois lados, tendo o desejo de partir e estar com Cristo, o que é incomparavelmente melhor" (Filipenses 1:21-23). Em outras palavras, estar com Cristo no céu — mesmo que somente em alma — é incomparavelmente melhor do que estar vivo na terra com alma e corpo. Obviamente, o "melhor" não se deve à dignidade da alma em detrimento do corpo, mas ao fato de estarmos na presença de Cristo de maneira especial. Temos motivos para crer que, na presença de Cristo no novo céu e na nova terra, com alma e corpo, nossa experiência de vida será ainda melhor.

Portanto, embora devamos anelar pela vida no céu como algo incomparavelmente melhor do que a vida que temos aqui na terra, estar

---

[6]Agostinho, *Solilóquios* (São Paulo: Paulus, 2014), vol. 11, II.1; Calvino, *Institutas da religião cristã* (São Paulo: Cultura Cristã, 2006), I.xv.6. Veja também Hoekema, *A Bíblia e o futuro*, p. 97-102.

no céu com Cristo não é o destino final dos salvos, pois somente a nossa alma estará livre da corrupção do pecado. O céu é um lugar de alegria e gozo para a alma dos cristãos, porém, é um habitat provisório. Nós esperamos ansiosamente por algo ainda melhor: a ressurreição do corpo!

4. As almas dos perdidos vão para o inferno

Em direto contraste com o destino provisório dos salvos, a Escritura nos alerta para o trágico desfecho da vida dos incrédulos, que permanecem sem salvação, ainda em seus pecados desta vida. Na Parábola do Rico e do Mendigo, chamado Lázaro, o Senhor Jesus nos conta um pouco sobre o estado de trevas de alguém que morre sem salvação: "E aconteceu que o mendigo morreu e foi levado pelos anjos para junto de Abraão. Morreu também o rico e foi sepultado. No inferno, estando em tormentos, o rico levantou os olhos e viu ao longe Abraão, e Lázaro junto dele". O Senhor continua descrevendo o estado do rico da seguinte forma: "Então, gritando, disse: 'Pai Abraão, tenha misericórdia de mim! E mande que Lázaro molhe a ponta do dedo em água e me refresque a língua, porque estou atormentado neste fogo'" (Lucas 16:22-24).

Aprendemos muitas coisas com essa história e, dentre elas, a realidade de que as almas dos ímpios são lançadas imediatamente no inferno após a morte. Com base nos detalhes contados pelo Senhor, ir para o inferno é uma condição de muito sofrimento e tristeza. O texto original diz que Lázaro foi levado para o "seio de Abraão", um termo que descreve sua reunião com o pai da fé e é uma forma de se referir ao céu (Gênesis 15:15; 47:30; Deuteronômio 31:16). Em contrapartida, o rico foi levado para o inferno.[7] Para sermos exatos, o termo grego utilizado aqui é *hades*, que representa o conceito hebraico *sheol*, comum aos leitores do Antigo Testamento (cf. Salmos 16:10; 86:13). No entanto, no Novo Testamento, o termo *hades* possui uma força negativa adicional como um lugar onde os

---

[7]Inferno é uma palavra de origem latina (*infernum, infernus, inferus*) e significa "lugares inferiores", "profundezas" ou "mundo inferior". A maior parte das pessoas não associa o termo inferno com "lugares inferiores", mas, sim, com o lago de fogo de Apocalipse 20:10,14,15, causando certa confusão no entendimento do estado intermediário.

condenados aguardam seu julgamento. O apóstolo Pedro diz: "o Senhor sabe livrar da provação os piedosos e manter os injustos sob castigo, para o Dia do Juízo" (2Pedro 2:9; cf. Apocalipse 20:13).

Portanto, o *hades* retratado por Jesus é um lugar de tormento, especialmente porque aquele que o experimenta sente na pele que está separado de Deus. Pedir uma gota d'água para se refrescar evoca a profunda sede do rico. No Antigo Testamento, a sede é por vezes retratada como uma sede espiritual na qual os sedentos anelam pela presença de Deus (Salmos 42:1,2; Isaías 5:13). A imagem construída por Cristo sugere que o homem rico está agora separado da presença de Deus em profunda dor por estar longe do amor e da misericórdia divinos.

A comparação entre o estado do rico e o de Lázaro nos ajuda a perceber a distinção entre existência e vida eterna. Como dissemos, a alma humana possui uma substância imortal derivada do próprio Deus e, portanto, todos os seres humanos continuam existindo a despeito da morte física. No entanto, morrer salvo ou condenado são dois estados completamente opostos de experimentar a existência após a morte. Por um lado, podemos falar realmente em uma "vida eterna" no caso dos salvos, pois se trata de comunhão e relacionamento íntimos com o Pai, o Filho e o Espírito Santo (João 17:3). Por outro lado, os condenados experimentam tão somente uma existência eterna em condição de miséria e aflição. Independentemente do lugar, todo ser humano encontrará Deus, seja no céu para sua alegria, seja no inferno para sua tristeza. Paradoxalmente, estar separado de Deus, nesse sentido, significa *presenciar* Deus, mas somente a sua face de ira e justiça.

É bom lembrarmos que esse não será o final de todas as coisas. A teologia cristã denominou esse tópico de "estado intermediário" por uma razão apropriada: almas indo para o céu ou para o inferno representam um estágio intermediário entre a vida que conhecemos agora e aquela que terá início após a restauração de todas as coisas. Da mesma forma que o céu não é o destino final da alma dos salvos, o inferno não é o destino final da alma dos perdidos. Duas ressurreições ainda os esperam: uma para honra, outra para o horror eterno (Dn 12:2). Logo, o estado intermediário é tão somente uma forma parcial de bênção ou condenação. O estado final de todos nós é uma realidade que irá acontecer após o retorno de Cristo. A Confissão de Fé de Westminster nos oferece um excelente resumo de nossas explicações até o momento:

Os corpos dos homens, depois da morte, convertem-se em pó e veem a corrupção; mas as suas almas (que não morrem nem dormem), tendo uma substância imortal, voltam imediatamente para Deus que as deu. As almas dos justos, sendo então aperfeiçoadas na santidade, são recebidas no mais alto dos céus onde veem a face de Deus em luz e glória, esperando a plena redenção dos seus corpos; e as almas dos ímpios são lançadas no inferno, onde ficarão, em tormentos e em trevas espessas, reservadas para o juízo do grande dia final. Além desses dois lugares destinados às almas separadas de seus respectivos corpos, as Escrituras não reconhecem nenhum outro lugar.[8]

OS SINAIS DO FIM

Na perspectiva cristã, o retorno de Jesus Cristo à terra é o acontecimento mais esperado da história. Diferentemente da visão grega, nós entendemos que a história não é cíclica, mas teleológica, isto é, não se trata de uma série eterna de eventos que se repetem, mas de um enredo que está caminhando para o seu desfecho.

Uma das passagens fundamentais para entendermos um pouco mais sobre o fim é Mateus 24:1-14, conhecida pelos teólogos como "o sermão profético de Cristo", em que o Senhor narra aos discípulos diversos eventos que ocorrerão pouco tempo antes de seu retorno. Os primeiros versículos descrevem o maravilhamento dos discípulos diante das belas construções do templo de Jerusalém (v. 1), que é bruscamente interrompido pela palavra profética do Senhor: "Vocês estão vendo todas estas coisas? Em verdade lhes digo que não ficará aqui pedra sobre pedra que não seja derrubada" (v. 2). Jesus prediz que aquele templo suntuoso seria totalmente destruído, o que realmente aconteceu, mais especificamente no ano 70 d.C.[9]

---

[8]Confissão de Fé de Westminster, XXXII.1

[9]O cerco de Jerusalém no ano 70 d.C. foi o evento decisivo da Primeira Guerra Judaico-Romana, na qual o exército romano capturou Jerusalém, destruindo a cidade e seu templo. O exército romano, liderado pelo futuro imperador Tito, sitiou e conquistou a cidade de Jerusalém, a qual havia sido controlada por facções rebeldes da Judeia desde 66 d.C.

Inquietos, os discípulos interrogam Jesus a respeito de quando o templo seria destruído e quais sinais aconteceriam antes de seu retorno e do fim do mundo: "Diga-nos quando essas coisas vão acontecer e que sinal haverá da sua vinda e do fim dos tempos" (v. 3). Em resposta, o Senhor apresentou pelo menos dez sinais que precederão a sua volta para a terra:

> E Jesus respondeu: "Tenham cuidado para que ninguém os engane. Porque muitos virão em meu nome, dizendo: 'Eu sou o Cristo'; e enganarão a muitos. E vocês ouvirão falar de guerras e rumores de guerras. Fiquem atentos e não se assustem, porque é necessário que isso aconteça, mas ainda não é o fim. Porque nação se levantará contra nação, e reino, contra reino. Haverá fomes e terremotos em vários lugares. Porém todas essas coisas são o princípio das dores. Vocês serão entregues para serem maltratados e eles os matarão. Vocês serão odiados por todas as nações por causa do meu nome. Nesse tempo, muitos hão de se escandalizar, trair e odiar uns aos outros. Muitos falsos profetas se levantarão e enganarão a muitos. E, por se multiplicar a maldade, o amor se esfriará de quase todos. Aquele, porém, que ficar firme até o fim, esse será salvo. E será pregado este evangelho do Reino por todo o mundo, para testemunho a todas as nações. Então virá o fim" (Mateus 24:4-14).

Os sinais do retorno de Cristo são como o som de seus passos, os quais são ouvidos mais claramente à medida que ele se aproxima. Alguns sinais, portanto, dão a impressão de que ele está mais longe, enquanto outros, a noção de que está muito próximo. Os primeiros cinco sinais são os seguintes: (1) falsos cristos (v. 4,5); (2) guerras e rumores de guerras (v. 6); (3) nação se levantar contra nação (v. 7); (4) fomes (v. 7); (5) terremotos em vários lugares (v. 7). Jesus alerta: "Fiquem atentos e não se assustem, porque é necessário que isso aconteça, mas ainda não é o fim" (v. 6), e conclui a descrição dos cinco primeiros sinais dizendo: "todas essas coisas são o princípio das dores" (v. 8). Em linhas gerais, podemos dizer que Jesus se referia a esses cinco sinais como sendo *genéricos* e *locais*, pois afetam a sociedade de forma geral, não somente os cristãos, e têm ocorrido esporadicamente em lugares peculiares do mundo. É correto interpretarmos que "os sinais do princípio das dores" são também *os mais distantes* do retorno de Cristo à terra, visto que estão ocorrendo desde a primeira vinda do Senhor.

Em seguida, Jesus lida com *os sinais mais próximos* da sua vinda. São eles: (6) perseguição e ódio universal contra o povo de Deus (v. 9); (7) abandono em massa da fé e traições de toda sorte (v. 10); (8) grande quantidade de falsos profetas (v. 11); (9) amor se esfriando de quase todos (v. 12); (10) evangelho do reino sendo pregado mundialmente (v. 14). Diferentemente dos primeiros sinais, que são genéricos, locais e mais distantes do retorno do Senhor, os últimos cinco são específicos, globais e ocorrerão quando o retorno de Cristo estiver às portas. São *específicos* porque se referem ao que acontecerá contra a igreja e *globais* porque não se limitarão a uma nação sofrendo perseguição, antes, haverá ódio universal contra todo o povo de Deus espalhado pela terra. Jesus deixa bem claro que, depois desses cinco sinais decisivos, "virá o fim" (v. 14).

Algo que deve capturar nossa mente ao lermos a descrição dos sinais acima é que o Senhor está predizendo o futuro como o soberano que tem controle sobre a história. Isso deve trazer profundo consolo para nós, pois o mesmo Cristo que antevê o futuro é aquele que faz todas as coisas acontecerem por sua sábia vontade. A história humana não é um trem descarrilhado se movendo a esmo, mas viaja de acordo com o plano estabelecido pelo Senhor. O maquinista está nos contando o que vem pela frente não para nos amedrontar, mas para nos dar certeza de que, a despeito dos percalços, ele sabe para onde está nos levando. Portanto, os sinais da sua vinda são evidências de sua mão poderosa na história, de que ele está posicionando todas as peças desse quebra-cabeça no lugar que ele mesmo designou.

Isso muda radicalmente a nossa perspectiva sobre a história. Em vez de olharmos para o futuro com desespero, temos esperança de que o mundo está caminhando para o fim, o qual culminará no retorno glorioso do Senhor. Portanto, em meio a crises, pandemias, guerras, desastres naturais, surgimento de falsos profetas, abandono da fé e esfriamento do amor, podemos levantar a cabeça com a esperança de que o caos não é a palavra final; na verdade, são nesses momentos que devemos reavivar a nossa expectativa de que o Redentor nunca esteve tão perto!

Antes de prosseguirmos para a narração do retorno de Cristo, precisamos nos debruçar sobre duas coisas que o apóstolo Paulo nos ensinou a respeito dos sinais do fim. Em uma das igrejas plantadas pelo apóstolo, na cidade de Tessalônica, espalhou-se a falsa doutrina de que Cristo já havia retornado para a terra. De fato, a falsa doutrina fez com que aqueles irmãos se sentissem não apenas confusos, mas também perturbados em sua fé. Podemos imaginar o que se passava na mente deles: se Jesus já voltou, por que nós ficamos? Será que fomos deixados para trás? A Segunda Carta de Paulo aos Tessalonicenses registra como o apóstolo lidou com essa versão falsificada da segunda vinda de Cristo.

Paulo alertou os cristãos para não serem enganados pela ideia de que o Senhor já retornou, visto que duas coisas precisam acontecer antes da vinda gloriosa de Jesus: a apostasia e a aparição de um homem iníquo com influência global (2Tessalonicenses 2:1-3). Em primeiro lugar, antes de Cristo retornar à terra para o juízo final e a restauração de todas as coisas, é necessário que haja uma grande apostasia. Mas, afinal, o que é apostasia? Apostasia significa "um abandono em massa da fé." Paulo não está ensinando algo novo, mas alertando a igreja contra o engano, e isso em plena concordância com aquilo que Jesus ensinou no sermão profético em Mateus 24.

Em segundo lugar, um homem em particular tentará se passar pelo próprio Deus na terra (2Tessalonicenses 2:4). Paulo chama esse sujeito de "homem da iniquidade"; João o caracteriza como o "anticristo" (cf. 1João 2:18,19; 4.3-6), e, em Apocalipse, ele é uma das cabeças da besta que saiu do mar (Apocalipse 13:3). Essas referências indicam que o anticristo será uma figura internacional, de grande influência política, que receberá adoração das nações se passando pelo próprio Deus e enganando os não salvos (Apocalipse 13:3-8). Em síntese, a mesma mensagem apostólica continua válida para todos, irmãos e irmãs, espalhados pela terra: Cristo ainda não voltou, e, antes de seu retorno, a humanidade — exceto a verdadeira igreja — precisa passar por uma grande apostasia e se curvar ao anticristo, o qual ainda não se revelou (2Tessalonicenses 2:6).

Paulo nos assegura que o Senhor Jesus virá após esse pequeno tempo de rebelião e destruirá o inimigo com o "sopro de sua boca" (2Tessalonicenses 2:8). Em outras palavras, quem dá a última palavra na história é o próprio Cristo. Que tipo de sensação a doutrina do retorno de Cristo deve produzir em nosso coração? Paulo responde: consolo, confirmação e esperança, pois o mesmo Deus que nos chamou ao evangelho nos levará até a sua glória! Movidos por tal esperança, devemos ficar firmes, guardar e estudar a Palavra de Deus e esperar o grande dia (2Tessalonicenses 2:15). Paulo também ora a Deus para que o consolo e a confirmação estejam presentes no coração dos irmãos tessalonicenses: "Que o próprio Jesus Cristo, nosso Senhor, e Deus, o nosso Pai, que nos amou e nos deu eterna consolação e boa esperança, pela graça, console o coração de vocês e os fortaleça em toda boa obra e boa palavra" (2Tessalonicenses 2:16,17).

O RETORNO DO REI

O Novo Testamento descreve o retorno de Cristo à terra como o evento central da esperança cristã. Como será essa vinda? A Escritura nos ensina que Cristo voltará em um evento único, pessoal, visível e glorioso.[10]

Evento único

Em primeiro lugar, não há base bíblica para afirmar que o retorno de Cristo se dará em duas etapas como é ensinado pelos adeptos do dispensacionalismo pré-tribulacionista.[11] O que recebemos do Senhor é que sua vinda será um evento único, que ocorrerá após a grande tribulação e será sucedido pela ressurreição dos mortos, pelo juízo final, pela salvação dos eleitos e pela condenação dos incrédulos. Existem três palavras gregas no Novo Testamento que falam sobre o retorno do Senhor: *parousia*, *apokalypsis* e *epiphaneia*. Analisaremos as três em seu contexto brevemente.

Parousia (vinda). O apóstolo Paulo utiliza esse termo diversas vezes ao escrever sobre "a vinda do Senhor" aos tessalonicenses, tema que

---

[10]Para um resumo sobre o retorno de Cristo, veja Confissão Belga, art. 37; Confissão de Fé de Westminster, XXXII-XXXIII; Hoekema, *A Bíblia e o futuro*, p. 178-86.

[11]Para uma análise e crítica dessa perspectiva, veja Hoekema, *A Bíblia e o futuro*, p. 208-37.

parece ser central nas duas cartas que lhes escreveu (cf. 1Tessalonicenses 3:13; 4:15; 5:23; 2Tessalonicenses 2:1,8). Na primeira carta aos irmãos de Tessalônica, Paulo está confortando os cristãos daquela igreja que se preocupavam com seus entes queridos já mortos ao pensar que estes não iriam participar dos benefícios da segunda vinda de Cristo.

Nesse contexto, Paulo fala da "vinda de nosso Senhor Jesus, com todos os seus santos" (1Tessalonicenses 3:13), para dar àqueles irmãos esperança de que os mortos em Cristo estarão com o Senhor no momento de seu retorno à terra. Paulo escreve: "Pois, se cremos que Jesus morreu e ressuscitou, assim também Deus, mediante Jesus, trará, na companhia dele, os que dormem" (1Tessalonicenses 4:14). Os irmãos e as irmãs que já estão na presença de Cristo com suas almas são retratados como se estivessem dormindo, isto é, com relação aos seus corpos, que estão descansando na terra. Enquanto a alma deles está celebrando as alegrias do céu, seus corpos dormem na terra aguardando a vinda do Senhor e a ressurreição.[12]

Após consolar os irmãos enlutados, Paulo prossegue dizendo: "E, pela palavra do Senhor, ainda lhes declaramos o seguinte: nós, os vivos, os que ficarmos até a vinda do Senhor, de modo nenhum precederemos os que dormem" (1Tessalonicenses 4:15). Os cristãos que já morreram não apenas retornarão com o Senhor na sua vinda, mas serão os primeiros a participarem da ressurreição do corpo que vem logo em seguida, pois o Senhor "descerá dos céus, e os mortos em Cristo ressuscitarão primeiro" (1Tessalonicenses 4:16). Se estivermos vivos até o Senhor retornar, "seremos arrebatados juntamente com eles, entre nuvens, para o encontro do Senhor nos ares, e, assim, estaremos para sempre com o Senhor" (1Tessalonicenses 4:17). O "arrebatamento" da igreja não se refere a nenhum evento de teletransporte, mas à simples reunião dos cristãos remanescentes com o Senhor, unindo-se com os demais que acabaram de receber a ressurreição do corpo. O texto não diz que seremos transportados para o céu, mas para os ares, entre nuvens. Portanto, o arrebatamento bíblico não é um sumiço repentino para outra dimensão, mas um mero subir às alturas ou uma elevação para os ares

---

[12]Cf. Mateus 24:30,31; Marcos 13:26,27; 1Coríntios 15:21—22:51,52.

para nos encontrarmos com o Senhor e participarmos da ressurreição como os demais.[13]

Paulo utiliza o termo *parousia* novamente em 2Tessalonicenses 2:8 para se referir à vinda na qual Cristo reduzirá o anticristo a nada com o sopro da sua boca. Em todos os usos da palavra *parousia*, não há menção por parte do apóstolo a respeito da vinda do Senhor em duas etapas — sendo uma invisível e a outra visível —, mas somente a menção de um evento único. Não sabemos o dia e a hora dessa vinda, mas temos convicção de que o Senhor vem e, por causa disso, devemos permanecer sóbrios e vigilantes aguardando a sua chegada.

Apocalypsis (revelação). O apóstolo Paulo também costuma utilizar esse termo para se referir ao mesmo significado da *parousia*: o evento único do retorno de Cristo. Por exemplo, em 1Coríntios 1:7,8, o apóstolo fala da revelação do Senhor que acontecerá no fim de todas as coisas, isto é, no "dia do Senhor". Ao mencionar o "dia do Senhor", Paulo está empregando uma metáfora do Antigo Testamento muito comum na linguagem dos profetas: um dia reservado para o juízo específico de nações (cf. Isaías 13:6,9; Ezequiel 13:5; Joel 1:15; Amós 5:18; Sofonias 1:14-18). No Novo Testamento, "o dia do Senhor" representa o juízo final que englobará o mundo inteiro (Filipenses 1:6; 1Tessalonicenses 5:1-4; 2Tessalonicenses 2:2; 2Pedro 3:10,12; Apocalipse 16:14). Não resta dúvida de que a revelação do Senhor acontecerá "naquele dia", ou seja, tudo em um único evento de juízo:

> É por isso que nós mesmos nos orgulhamos de vocês nas igrejas de Deus, por causa da perseverança e da fé que vocês demonstram em todas as perseguições e tribulações que estão suportando. Isso é sinal evidente do *justo juízo de Deus*, para que vocês sejam considerados dignos do Reino de Deus, pelo qual vocês também estão sofrendo. Pois, de fato, é justo para com Deus que ele retribua com tribulação aos que causam tribulação a vocês e que dê a vocês, que estão sendo

---

[13]"Eis que vou lhes revelar um mistério: nem todos dormiremos, mas todos seremos transformados num momento, num abrir e fechar de olhos, ao ressoar da última trombeta. A trombeta soará, os mortos ressuscitarão incorruptíveis, e nós seremos transformados" (1Coríntios 15:51,52).

atribulados, alívio juntamente conosco, quando do céu se *manifestar* o Senhor Jesus com os anjos do seu poder, em chama de fogo, tomando vingança contra os que não conhecem a Deus e contra os que não obedecem ao evangelho de nosso Senhor Jesus. Estes sofrerão penalidade de eterna destruição, banidos da face do Senhor e da glória do seu poder, quando ele vier, *naquele Dia*, para ser glorificado nos seus santos e ser admirado em todos os que creram. Isto inclui vocês, que creram em nosso testemunho (2Tessalonicenses 1:4-10).[14]

Epiphaneia (manifestação). O apóstolo Paulo utiliza outro sinônimo de *apokalypsis* para ensinar a respeito do aparecimento do Senhor na sua vinda. Encorajando seu discípulo Timóteo a permanecer firme no Senhor até o fim, ele diz: "Diante de Deus, que preserva a vida de todas as coisas, e diante de Cristo Jesus, que, na presença de Pôncio Pilatos, fez a boa confissão, eu exorto você a guardar este mandato imaculado, irrepreensível, até a manifestação de nosso Senhor Jesus Cristo" (1Timóteo 6:13,14; cf. 2Tessalonicenses 2:8; Tito 2:13). O apóstolo João confirma a noção de que a aparição de Cristo é o seu retorno à terra. Ele diz: "E agora, filhinhos, permaneçam nele, para que, quando ele se manifestar, tenhamos confiança e não sejamos envergonhados, tendo de nos afastar dele no dia da sua vinda" (1João 2:28). E, mais à frente, "Amados, agora somos filhos de Deus, mas ainda não se manifestou o que haveremos de ser. Sabemos que, quando ele se manifestar, seremos semelhantes a ele, porque haveremos de vê-lo como ele é" (1João 3:2). Todas essas passagens só confirmam o que dissemos no início: a vinda do Senhor será um evento único.

Pessoal

Em segundo lugar, o texto sagrado claramente indica que o retorno de Cristo será pessoal, isto é, será o mesmo Jesus Cristo que viveu com os apóstolos há mais de dois mil anos atrás. Esse é o testemunho que nos foi dado pelos anjos e registrado por Lucas: "E, estando eles com os olhos fixos no céu, enquanto Jesus subia, eis que dois homens vestidos

---

[14]Ênfases do autor.

de branco se puseram ao lado deles e lhes disseram: 'Homens da Galileia, por que vocês estão olhando para as alturas? Esse Jesus que foi levado do meio de vocês para o céu virá do modo como vocês o viram subir'" (Atos 1:10,11). Não será uma vinda espiritual e Jesus não enviará nenhum profeta como seu representante. A Escritura diz que o mesmo Jesus Cristo, Deus encarnado, que neste exato momento está à direita do Pai no céu, voltará à terra para julgar vivos e mortos e completar a obra que começou entre nós. Pedro proclamou: "Portanto, arrependam-se e se convertam, para que sejam cancelados os seus pecados, a fim de que, da presença do Senhor, venham tempos de refrigério, e que ele envie o Cristo, que já foi designado para vocês, a saber, Jesus, ao qual é necessário que o céu receba até os tempos da restauração de todas as coisas, de que Deus falou por boca dos seus santos profetas desde a antiguidade" (Atos 3:19-21). Não resta dúvida de que teremos um encontro pessoal com o Senhor em seu retorno à terra (cf. Filipenses 3:20; Colossenses 3:4).

Visível

Em terceiro lugar, diferentemente do que algumas seitas ensinam, o Novo Testamento indica que o retorno de Cristo será visível. Escrevendo ao seu discípulo Tito, Paulo o relembra de que todos nós estamos "aguardando a bendita esperança e a manifestação da glória do nosso grande Deus e Salvador Jesus Cristo" (Tito 2:13). Estamos falando de uma *manifestação* visível. O Senhor Jesus alertou contra falsas alegações de um retorno invisível: "Portanto, se disserem a vocês: 'Eis que ele está no deserto!', não vão lá. Ou, se disserem: 'Eis que ele está no interior da casa!', não acreditem. Porque, assim como o relâmpago sai do Oriente e brilha até o Ocidente, assim será a vinda do Filho do Homem" (Mateus 24:26,27). Jesus utilizou essa metáfora para garantir aos discípulos que sua vinda será *repentina* e *óbvia* como um raio que cai do céu e que, portanto, por ser visível a todos, ninguém vai precisar apontar a sua chegada. Similarmente, João prevê esse retorno com as seguintes palavras: "Eis que ele vem com as nuvens, e todo olho o verá, até mesmo aqueles que o traspassaram. E todas as tribos da terra se lamentarão por causa dele. Certamente. Amém!" (Apocalipse 1:7).

Glorioso

Em quarto lugar, a Escritura nos dá vários exemplos do modo extraordinário e glorioso do retorno do Senhor. Diferentemente da sua primeira vinda, que foi marcada por humilhação, perseguição, sofrimento e morte, a segunda vinda será triunfante, pois "em seguida à tribulação daqueles dias, o sol escurecerá, a lua não dará a sua claridade, as estrelas cairão do firmamento e os poderes dos céus serão abalados. Então aparecerá no céu o sinal do Filho do Homem. Todos os povos da terra se lamentarão e verão o Filho do Homem vindo sobre as nuvens do céu, com poder e grande glória" (Mateus 24:29,30). A expressão "vindo sobre as nuvens do céu" é uma alusão a Daniel 7:13, passagem que se refere à realeza do Senhor, pois ele retorna à terra "cavalgando sobre as nuvens", com plena autoridade para julgar todos os povos. Na mesma toada, Paulo proclama que "o Senhor mesmo, dada a sua palavra de ordem, ouvida a voz do arcanjo e ressoada a trombeta de Deus, descerá dos céus" (1Tessalonicenses 4:16). Talvez, uma das descrições mais fantásticas do retorno glorioso de Cristo seja a de Apocalipse 19:

> Vi o céu aberto, e eis um cavalo branco. O seu cavaleiro se chama Fiel e Verdadeiro e julga e combate com justiça. Os seus olhos são como chama de fogo; na cabeça dele há muitos diademas; tem um nome escrito que ninguém conhece, a não ser ele mesmo. Está vestido com um manto encharcado de sangue, e o seu nome é "Verbo de Deus". Os exércitos do céu o seguiam, montados em cavalos brancos e vestidos de linho finíssimo, branco e puro. Da sua boca sai uma espada afiada, para com ela ferir as nações. Ele mesmo as regerá com cetro de ferro e ele mesmo é o que pisa o lagar do vinho do furor da ira do Deus Todo-Poderoso. No seu manto e na sua coxa está escrito um nome: "Rei dos reis e Senhor dos senhores" (Apocalipse 19:11-16).

A Escritura também diz que, além de ser um evento único, pessoal, visível e glorioso, o retorno de Cristo será marcado por quatro acontecimentos: (1) a ressurreição dos mortos; (2) o juízo final; (3) a condenação; e (4) a salvação (cf. Mateus 25.31-46; 1Tessalonicenses 5.1-11; 2Tessalonicenses 2.1-12). Vejamos cada acontecimento em detalhe.

1. Ressurreição dos mortos, em geral

Por definição, ressurreição significa que os mortos voltarão a vida com os seus mesmos corpos. Os ímpios serão ressuscitados para a vergonha, enquanto os corpos dos eleitos serão ressuscitados para a honra e para serem semelhantes ao próprio corpo de Jesus. Nós aguardamos a redenção do nosso corpo (Romanos 8:23). O profeta Daniel escreveu que, no último dia, ocorrerá a ressurreição de ímpios e justos: "Muitos dos que dormem no pó da terra ressuscitarão, uns para a vida eterna, e outros para vergonha e horror eterno" (Dn 12:2). O Senhor Jesus também ensinou a respeito da dupla ressurreição: "Não vos maravilheis disto, porque vem a hora em que todos os que se acham nos túmulos ouvirão a sua voz e sairão: os que tiverem feito o bem, para a ressurreição da vida; e os que tiverem praticado o mal, para a ressurreição do juízo" (João 5:28,29). Paulo ensinou que o corpo dos salvos será semelhante ao corpo de Jesus: "o qual transformará o nosso corpo de humilhação, para ser igual ao corpo da sua glória" (Filipenses 3:21).

2. Juízo final

Cristo julgará o mundo com justiça. O primeiro julgamento será o da própria igreja, como ensinou o apóstolo Pedro: "Porque chegou o tempo de começar o juízo pela casa de Deus; e, se começa por nós, qual será o fim daqueles que não obedecem ao evangelho de Deus? E, 'se é com dificuldade que o justo é salvo, que será do ímpio e do pecador?'" (1Pedro 4:17,18). Depois de ser julgada, a igreja, junto com o Senhor, irá julgar os anjos caídos, como diz Paulo: "Por acaso vocês não sabem que havemos de julgar os próprios anjos? Quanto mais as coisas desta vida!" (1Coríntios 6:3). Judas escreve: "e a anjos, os que não guardaram o seu estado original, mas abandonaram o seu próprio domicílio, ele tem guardado sob trevas, em algemas eternas, para o juízo do grande Dia" (Judas 6, ARA). Finalmente, todas as pessoas que tiverem vivido sobre a terra em rebelião contra Deus e o Senhor Jesus Cristo serão julgadas: "O mar entregou os mortos que nele estavam. A morte e o inferno entregaram os mortos que neles havia. E foram julgados, um por um, segundo as suas obras" (Apocalipse 20:13). E João continua: "se alguém não foi achado inscrito no Livro da Vida, esse foi lançado no lago de fogo" (Apocalipse 20:15).

Além de tratar da salvação dos eleitos e da condenação dos perdidos, o juízo final retribuirá a cada um de acordo com as suas obras: os salvos de acordo com o que fizeram de bom e os perdidos de acordo com suas maldades. Como interpretar isso? Será que a Escritura está ensinando a salvação pelas obras? Definitivamente não. Em um julgamento convencional, espera-se que o juiz se apresente, sejam expostos os fatos e as provas, bem como o entendimento da promotoria e da defesa. Além disso, as testemunhas são ouvidas e os acusados têm amplo direito de defesa. Ao final do processo, o juiz vem a público e determina o veredito e a possível pena, encerrando o julgamento. À luz do Novo Testamento, não é isso o que acontecerá no juízo final. Antes, o juízo final será apenas uma confirmação da condenação ou da salvação dos julgados e a determinação de suas penas ou recompensas.

O apóstolo João deixa claro que a primeira parte do juízo divino já ocorreu na primeira vinda do Senhor: "Quem nele crê não é condenado; mas o que não crê já está condenado, porque não crê no nome do unigênito Filho de Deus. A condenação é esta: a luz veio ao mundo, mas os homens amaram mais as trevas do que a luz, porque as suas obras eram más" (João 3:18,19). Portanto, o que resta a ser feito no juízo final do último dia é a determinação dos graus de punição e a recompensa dos envolvidos no grande tribunal divino.

Por exemplo, somos informados de que os cristãos que se dedicaram a Cristo na vida presente receberão muito mais na vida futura: "E todo aquele que tiver deixado casas, ou irmãos, ou irmãs, ou pai, ou mãe [ou mulher], ou filhos, ou campos, por causa do meu nome, receberá muitas vezes mais e herdará a vida eterna" (Mateus 19:29). Isso é chamado de "galardão", termo que descreve a recompensa dada aos cristãos mediante as suas obras. Isso não deve ser entendido como salvação por meio das obras, afinal, galardão nada mais significa que uma recompensa dada graciosamente. Devemos entender o galardão como um incentivo a praticar boas obras enquanto estamos aqui na terra (cf. Mateus 5:12; 6:4,6,18; 10:41; 16:27; Lucas 6:23,35; 1Coríntios 3:8; 2Coríntios 5:10; Hebreus 11:6). A Escritura deixa claro que o nosso galardão será em proporção às obras que praticarmos (Apocalipse 22:12).

Em contrapartida, os ímpios serão punidos de acordo com o grau de suas maldades, isto é, o sofrimento no lago de fogo será proporcional ao nível de maldade e pecados cometidos na terra. O Senhor ensina isso claramente: "Em verdade vos digo que menos rigor haverá para Sodoma e Gomorra, no Dia do Juízo, do que para aquela cidade" (Mateus 10:15) — referindo-se a cidades que testemunharam os milagres e a presença de Cristo e, ainda assim, se mantiveram incrédulas. Há um anúncio de juízo dobrado para "Babilônia", nome simbólico que representa todas as cidades que perseguiram os cristãos e seduziram as nações com imoralidade sexual: "Porque os pecados dela se acumularam até o céu, e Deus se lembrou das injustiças que ela praticou. Retribuam-lhe como também ela retribuiu, paguem-lhe em dobro segundo as suas obras e, no cálice em que ela misturou bebidas, misturem dobrado para ela" (Apocalipse 18:5,6).

Para os que creem no Senhor Jesus Cristo, portanto, o juízo final não é motivo de desespero ou terror, mas de alegria por verem concretizadas a sua salvação e a justiça divina sobre as perversidades perpetuadas na terra por tantos séculos. Como destaca a Confissão Belga: "pensar neste juízo é coisa terrível e apavorante para os ímpios e malfeitores, mas é grande gozo e conforto para o justo e eleito."[15]

3. Condenação

Os ímpios e os demônios serão lançados no lago de fogo para sofrimento eterno. Todos os inimigos de Cristo e da igreja serão condenados ao "lago de fogo", lugar onde os ímpios viverão corporalmente em sofrimento junto com o Diabo e os demais espíritos malignos (cf. Apocalipse 19—20). A condenação é chamada de "segunda morte" porque é o oposto da vida eterna, denotando o "fim da linha", isto é, que não há mais esperança de salvação para os condenados, um estado de morte eterna.

4. Salvação

Em contrapartida, os cristãos serão salvos para viverem com Cristo em um novo céu e uma nova terra onde habita a justiça (2Pedro 3:13). João nos mostra como acontecerá a restauração de todas as coisas e como serão a vida e o lugar em que os cristãos viverão com corpos ressuscitados

---

[15]Confissão Belga, art. 37.

na companhia de Cristo eternamente (Apocalipse 21—22). Isso é, em resumo, o que podemos falar a respeito do retorno de Cristo e dos eventos que sucederão essa vinda gloriosa.

A NOVA CRIAÇÃO: O ESTADO FINAL DOS REDIMIDOS

É difícil encontrar uma pessoa que não tenha curiosidade em saber como será o fim do mundo. Há quem acredite que uma grande catástrofe virá do espaço e eliminará a terra para sempre ou que o Universo ainda está em expansão e, um dia, nosso planeta ficará tão afastado do sol que o mundo terminará completamente congelado. Existem também algumas versões cristãs do fim, sugerindo que, depois da segunda vinda de Jesus, este mundo mau será destruído para sempre e que nossas almas estarão com Cristo no céu, com vestes brancas, plenamente santas. A partir daí, viveremos juntos como uma só família, andando nas nuvens, tocando nossas harpas com os anjos e adorando a Deus na eternidade para sempre. Mas, afinal, o que as Escrituras dizem a respeito do estado final dos redimidos e da Criação?

Nesta última parte do capítulo, tentarei oferecer algumas coordenadas sobre a vida depois do fim à luz do que a Escritura ensina sobre o novo céu e nova terra. Para tanto, seguiremos a seguinte ordem. Primeiro, faremos uma distinção teológica importante entre estado intermediário e estado final. Segundo, apresentarei algumas cenas da grande narrativa que a Escritura conta sobre habitarmos em uma terra com o Senhor. Terceiro, analisaremos as principais passagens bíblicas que tratam do novo céu e da nova terra, a saber, Isaías 65:17, 2Pedro 3:13 e Apocalipse 21:1.

Estado intermediário e estado final

Um dos equívocos mais comuns ao falarmos sobre o estado final dos redimidos é confundir céu com novo céu e nova terra, isto é, tratar o estado intermediário como um sinônimo do estado final. Por exemplo, um dos maiores pregadores do século 20, D. M. Lloyd-Jones, afirmou que "parece plenamente evidente que *nosso céu* será viver neste mundo perfeito onde Deus fez seu tabernáculo com homens e mulheres.

A Nova Jerusalém desce para a terra (Apocalipse 21:2) e ali viveremos, nessa maravilhosa cidade."[16] Embora Lloyd-Jones esteja correto em afirmar que o povo de Deus viverá neste mundo após a restauração de todas as coisas, o pregador infelizmente mistura os conceitos de *céu* e de *novo céu e nova terra* sem que sejam devidamente explicados.

N. T. Wright recentemente chamou a atenção para esse problema, esclarecendo que, embora o céu seja o lugar provisório onde os salvos irão desfrutar da presença de Deus após a morte, o céu não é o destino final deles, pois ainda não receberam a ressurreição do corpo, que só acontecerá no novo céu e nova terra.[17] Wright faz uma diferenciação importante entre os capítulos 4 e 5 de Apocalipse e os capítulos 21 e 22. Ele explica que Apocalipse 4—5 é uma descrição daquilo que está acontecendo agora no céu com os remidos e com Cristo, ao passo que Apocalipse 21—22 descreve o destino final de todos os salvos: "quando chegamos à verdadeira imagem do dia final nos capítulos 21 e 22 de Apocalipse, não encontramos as almas resgatadas, sem corpo, andando pelo céu, mas a Nova Jerusalém descendo do céu e unindo-se à terra em um abraço eterno."[18]

Héber Campos também fez essa correção ao apontar a inconsistência do livro de Randy Alcorn, o qual apesar de tratar da Nova Jerusalém, possui o título *Heaven* [Céu]. Como Campos indica, é provável que essa inconsistência se deva ao "temor de serem identificados com o ensino das Testemunhas de Jeová."[19] No prefácio da obra, Héber Campos Jr. faz uma excelente distinção teológica entre céu e nova criação:

> Graças ao Senhor Deus, eu logo fui ensinado pelo meu pai a pensar diferentemente. Uma primeira distinção teológica importante foi ter diferenciado entre o estado intermediário (céu) e o estado final (nova terra). Isto é, quando morremos, nós vamos a um lugar chamado "céu" e lá, por mais maravilhoso que seja, não é o nosso

---

[16]Lloyd-Jones, *A igreja e as últimas coisas* (São Paulo: PES, 1998), p. 299. Ênfase do autor.

[17]Wright, *Surpreendido pela esperança* (Viçosa: Ultimato, 2009), p. 34-5.

[18]Ibidem, p. 35.

[19]Campos, *O paraíso restaurado* (São Paulo: Hagnos, 2014), p. 16.

destino final, pois aguardamos a ressurreição do corpo para habitarmos no paraíso restaurado, o *habitat* que Deus sempre intentou para nós.[20]

Portanto, para uma compreensão adequada da doutrina do novo céu e nova terra, precisamos manter a distinção entre o "céu" como o lugar atual e provisório das almas dos redimidos e o "novo céu e nova terra" como o lugar definitivo dos salvos com seus corpos ressurretos e glorificados. Como diz Hoekema: "Será que deveremos passar a eternidade em algum lugar no espaço, trajando vestes brancas, tocando harpas, cantando hinos e pulando de nuvem em nuvem enquanto fazemos isso?" Ele responde: "Pelo contrário, a Bíblia nos assegura que Deus criará uma nova terra na qual viveremos para o seu louvor em corpos ressurretos e glorificados."[21]

A restauração da Criação: de Gênesis a Apocalipse

A ideia de Deus morando com o seu povo em uma terra permeia todas as partes da Escritura. De fato, a primeira ação de Deus descrita na Bíblia é a de criar o céu e a terra, e a última, em ligação direta com a primeira, no livro de Apocalipse, será a de criar um novo céu e uma nova terra. Em outras palavras, a história da humanidade com Deus é escrita dentro da moldura de céu e terra.

No relato da Criação em Gênesis 1 e 2, Deus faz o primeiro casal e o coloca em um jardim. É no lugar chamado Éden que Deus planejou viver com o ser humano, dando-lhe tarefas a cumprir, proporcionando-lhe relacionamentos e vida sem fim, desde que estivesse atento à ordem de não comer da árvore do conhecimento do bem e do mal.

Tempos depois da Queda da humanidade, Deus escolheu Abraão para caminhar ao seu lado e lhe fez duas promessas: (1) de sua semente viriam muitas nações, isto é, ele seria pai de uma geração incalculável de pessoas; e (2) esse povo habitaria em uma boa terra e Deus residiria junto com eles (cf. Gênesis 12:1-7). Pouco tempo depois,

---

[20]Ibidem, p. 6.
[21]Hoekema, *A Bíblia e o futuro*, p. 386.

Deus apareceu a Abraão mais uma vez e reafirmou a promessa de dar uma terra como herança a seus descendentes: "Naquele mesmo dia, o Senhor fez aliança com Abrão, dizendo: 'À sua descendência dei esta terra, desde o rio do Egito até o grande rio Eufrates'" (Gênesis 15:18). Deus confirma uma vez mais as promessas feitas a Abraão por meio de um sinal: a circuncisão. Para o povo dessa aliança, Deus relembra as duas promessas: (1) uma grande nação; e (2) uma nova terra: "Estabelecerei uma aliança entre mim e você e a sua descendência no decurso das suas gerações, aliança perpétua, para ser o seu Deus e o Deus da sua descendência. Darei a você e à sua descendência a terra onde agora você é estrangeiro, toda a terra de Canaã, como propriedade perpétua, e serei o Deus deles" (Gênesis 17:7,8).

A família de Abraão se estabeleceu no Egito, experimentou a realidade da escravidão e, por intermédio de Moisés, recebeu a promessa abraâmica para viver em uma nova terra cheia de fertilidade e delícias (Êxodo 3:8). Após a libertação do Egito, e agora habitando por décadas em um deserto, o povo de Deus recebeu o mesmo chamado de Abraão: ser bênção para as nações, como reino sacerdotal. Em outras palavras, o plano de Deus era colocar o seu povo em uma nova terra onde ele pudesse redescobrir o ministério dado ao primeiro casal no Éden: exercer o reinado de Deus na terra como sacerdotes na presença dele (Êxodo 19:6). No entanto, enquanto a promessa de uma nova terra não se concretizava, o Senhor deu ordens para a construção de um tabernáculo, no qual Deus se encontraria com o seu povo frequentemente. A glória do Senhor enchia o tabernáculo, funcionando como um pequeno Éden e também representando a futura terra onde o Senhor habitaria com eles perfeitamente (Êxodo 40:34).

Após a morte de Moisés, Josué tornou-se o seu sucessor e levou adiante a missão de fazer o povo cruzar o rio Jordão e possuir a Terra Prometida (Deuteronômio 12:10; Josué 3:17). Com os pés na nova terra, o povo se expandiu e se dividiu em doze tribos, mas, por causa de sua infidelidade para com a aliança feita com o Senhor, a nação israelita ficou muito longe de experimentar as promessas de descanso na nova terra.

Anos depois, na monarquia, Deus prometeu ao rei Davi que a sua descendência jamais seria extinta da terra e que o seu reino duraria para sempre na figura de um rei da sua linhagem. Aprendemos que as promessas feitas a Abraão iriam se cumprir por meio desse rei, pois ele conduziria a sua descendência ao descanso para que finalmente experimentasse o descanso de Deus em uma terra (2Samuel 7:10-14). Essa promessa estaria cumprida quando o povo de Deus estivesse vivendo na terra sob o domínio desse rei messiânico.

Essa promessa de viver em um mundo em submissão a Deus ecoa no livro dos Salmos, especialmente nos salmos reais (cf. Salmos 2; 8; 18; 20; 22; 31; 69; 110). Uma das promessas comuns no saltério é a de que "os mansos herdarão a terra" (Salmos 31:11). À qual terra o salmista se refere? Não resta dúvida de que é à terra onde o Messias reinará com o seu povo — confirmada pelo Senhor em Mateus 5:5.

As visões de Isaías a respeito da restauração da Criação permeiam todo o livro (cf. Isaías 11; 25; 52; 55; 61; 65; 66). Nelas, o profeta utiliza termos relativos ao tabernáculo para indicar que a glória do Senhor encherá a terra como as águas cobrem o mar. Novamente, a promessa de restauração de Deus inclui dois elementos: (1) a restauração do povo; e (2) a promessa do Senhor habitando com eles em uma terra. Por exemplo, isso é notório em Isaías 51:16, 65:17 e 66:22, referências que trazem literalmente a expressão "novos céus e nova terra":

> Exultem e alegrem-se para sempre no que eu crio; porque eis que crio para Jerusalém alegria e para o seu povo, exultação. Eu me alegrarei por causa de Jerusalém e exultarei no meu povo, e nunca mais se ouvirá nela nem voz de choro nem de clamor. Não haverá mais nela criança que viva somente alguns dias, nem velho que não complete os seus dias. Porque morrer aos cem anos será morrer ainda jovem, e quem pecar só aos cem anos será amaldiçoado. Eles construirão casas e nelas habitarão; plantarão vinhas e comerão o seu fruto (Isaías 65:18-21).

O profeta Ezequiel reitera a promessa feita a Abraão de que o povo escolhido receberia um coração novo, os seus pecados seriam perdoados e, então, eles habitariam na terra de seus pais e o próprio Deus viveria com eles em harmonia plena: "Vocês habitarão na terra que eu dei aos seus pais. Vocês serão o meu povo, e eu serei o seu

Deus" (Ezequiel 36:28; cf. Apocalipse 21:3). Os demais profetas também falam a respeito de uma nova era que surgiria após o "dia do Senhor", tempo este marcado por uma restauração dos descendentes de Abraão e uma vida de perfeita felicidade em uma terra fértil (cf. Joel 3; Amós 9; Sofonias 3; Miqueias 7).

O Novo Testamento é o alvorecer do cumprimento das promessas do Antigo Testamento. Referindo-se ao cumprimento das promessas feitas a Davi, o Senhor Jesus diz: "Em verdade lhes digo que, na regeneração, quando o Filho do Homem se assentar no trono da sua glória, vocês que me seguiram também se assentarão em doze tronos para julgar as doze tribos de Israel" (Mateus 19:28). O termo grego traduzido por "regeneração" é *palingenesia* e diz respeito à era messiânica, na qual o Senhor irá julgar o mundo e, posteriormente, *renovar* todas as coisas (cf. Apocalipse 21:5). O Senhor Jesus também reiterou a promessa de os mansos herdarem a terra (Mateus 5:5), indicando que a terra seria o local onde o Reino de Deus manifestaria sua glória no estágio final. Como diz Herman Ridderbos, "o Reino de Deus é a sujeição da terra ao governo perfeito de Deus."[22]

No livro de Atos, lemos que o apóstolo Pedro faz menção de uma "restauração de todas as coisas" como o ápice de um tempo de refrigério para os redimidos. Ele diz:

> Portanto, arrependam-se e se convertam, para que sejam cancelados os seus pecados, a fim de que, da presença do Senhor, venham tempos de refrigério, e que ele envie o Cristo, que já foi designado para vocês, a saber, Jesus, ao qual é necessário que o céu receba até os tempos da *restauração de todas as coisas*, de que Deus falou por boca dos seus santos profetas desde a antiguidade (Atos 3:19-21, ênfases do autor).

Pedro conclama os pecadores ao arrependimento e à conversão para que possam desfrutar desse tempo de refrigério e descanso que apenas o povo de Deus terá na presença do Senhor, uma vez restauradas todas as coisas. Portanto, o termo *restauração* aqui não é aplicado

---

[22]Ridderbos, *A vinda do reino* (São Paulo: Cultura Cristã, 2007), p. 206.

somente aos cristãos, como se referindo à ressurreição do corpo, mas ao mundo material de forma mais ampla, como faziam os profetas do Antigo Testamento.

A promessa de restauração do mundo é confirmada pelo apóstolo Paulo em várias passagens. Referindo-se à promessa de Abraão, Paulo escreve que: "A promessa de que seria *herdeiro do mundo* não veio a Abraão ou à sua descendência por meio da lei, e sim por meio da justiça da fé" (Romanos 4:13).[23] Como já dissemos, a promessa feita a Abraão dizia respeito a reunião de todas as nações da terra, por meio de um descendente de Abraão, para que então pudessem habitar com o Senhor em uma terra fértil. O que Paulo está fazendo ao destacar que Abraão seria herdeiro do mundo? O apóstolo está interpretando e ampliando a promessa abraâmica à luz de seu cumprimento em Cristo. Em primeiro lugar, os verdadeiros descendentes de Abraão não seriam aqueles que viriam da sua linhagem de sangue, mas aqueles que demonstrassem fé na justiça de Cristo, o verdadeiro descendente de Abraão. Em segundo lugar, Paulo está dizendo que nem mesmo a promessa de viverem na presença de Deus em uma terra fértil se restringia a uma região da Palestina, antes, referia-se ao mundo todo. Portanto, devemos ler a velha promessa feita a Abraão à luz de seu cumprimento em Cristo: (1) as nações da terra estão sendo trazidas à família da promessa por meio da fé no Senhor Jesus; (2) a antiga Terra Prometida aos israelitas deve ser entendida como a vida eterna que a igreja desfrutará na presença de Cristo em todo o cosmo restaurado.

Isso é confirmado pelo apóstolo capítulos depois ao afirmar que "a própria criação será libertada do cativeiro da corrupção, para a liberdade da glória dos filhos de Deus" (Romanos 8:21). Paulo está dizendo que esta terra um dia será liberta do cativeiro para hospedar exclusivamente os filhos de Deus para sempre. Utilizando a metáfora do parto, o apóstolo esclarece que a Criação de Deus se assemelha a uma grávida que está gemendo, suportando angústias e aguardando a manifestação dos filhos de Deus. Ela está esperando por sua restauração, assim como nós ansiamos pela ressurreição do corpo (Romanos 8:23). No atual momento, a Criação divina está sob maldição e em cativeiro por causa

---

[23]Ênfases do autor.

do pecado dos seres humanos. A Queda dos nossos primeiros pais de algum modo afetou o *status* original da boa Criação divina. Todavia, após os filhos de Deus receberem sua plena redenção do pecado, a Criação será também liberta da maldição que lhe foi imposta a fim de hospedar os redimidos que viverão nela na presença de Deus para sempre.

O apóstolo Paulo menciona essa promessa de redenção aos cristãos de Corinto: "Quando, porém, todas as coisas lhe estiverem sujeitas, então o próprio Filho também se sujeitará àquele que todas as coisas lhe sujeitou, para que Deus seja tudo em todos" (1Coríntios 15:28). Como rei, Cristo irá sujeitar todas as coisas ao seu domínio, pois "é necessário que ele reine até que tenha posto todos os inimigos debaixo dos seus pés" (1Coríntios 15:25). A última das coisas a ser sujeita ao seu domínio é a morte, como se fosse o último de seus inimigos (1Coríntios 15:26). No seu retorno, a morte será vencida para sempre, e os redimidos terão seus corpos glorificados à semelhança do corpo de Cristo. Paulo faz uma belíssima descrição disso:

> A trombeta soará, os mortos ressuscitarão incorruptíveis, e nós seremos transformados. Porque é necessário que este corpo corruptível se revista da incorruptibilidade, e que o corpo mortal se revista da imortalidade. E, quando este corpo corruptível se revestir de incorruptibilidade e o que é mortal se revestir de imortalidade, então se cumprirá a palavra que está escrita: "Tragada foi a morte pela vitória." "Onde está, ó morte, a sua vitória? Onde está, ó morte, o seu aguilhão?" O aguilhão da morte é o pecado, e a força do pecado é a lei. Graças a Deus, que nos dá a vitória por meio de nosso Senhor Jesus Cristo (1Coríntios 15:52-57).

Portanto, a expressão "Deus será tudo em todos" se refere ao estado de todas as coisas após terem sido sujeitas pelo Rei dos reis, sendo uma provável referência ao reinado de Cristo sobre todo o cosmo, aludindo à visão de Isaías: "Não se fará mal nem dano algum em todo o meu santo monte, porque a terra se encherá do conhecimento do Senhor, como as águas cobrem o mar" (Isaías 11:9).

A ideia de Cristo sujeitando todas as coisas e fazendo todas elas convergirem para si também apoia a noção de que esta terra será o lugar glorioso da nossa habitação eterna. Como o apóstolo escreveu aos Efésios, o plano de Deus é "de fazer convergir nele, na dispensação da plenitude dos tempos, todas as coisas, tanto as do céu como as da terra" (Efésios 1:10). Igualmente, Paulo proclama aos colossenses o Cristo que tem domínio sobre toda a Criação e que, ao morrer na cruz, está reconciliando consigo mesmo todas as coisas, "quer sobre a terra, quer nos céus" (Colossenses 1:20). A referência a extremos, céu e terra, é um hebraísmo que diz respeito ao seu domínio e à restauração sobre o universo inteiro.

Nas quatro referências à "cidade" (Hebreus 11:10,13; 12:21; 13:14), o autor de Hebreus menciona que o próprio Abraão não recebeu a promessa da terra, mas que a igreja aguarda uma cidade, a Jerusalém celestial, na qual os redimidos viverão para sempre. A palavra "celestial" não deve ser interpretada como equivalente a "imaterial", mas como algo associado à presença de Deus. Não se trata de uma cidade invisível, mas da cidade de Deus, com o Cristo ressurreto e todos os redimidos pelo seu sangue morando nela.

O apóstolo Pedro faz alusão à promessa de novos céus e nova terra do profeta Isaías, indicando que aquele lugar não se referia a um reino milenar, mas à nova criação onde Cristo reinaria para sempre em justiça (2Pedro 3:13). O fogo que atingirá o mundo é o fogo de purificação, como o fogo faz com o ouro. Os lábios do profeta Isaías são purificados por uma brasa (Isaías 6:7,8)! Zacarias diz que Deus purifica o seu povo como o fogo purifica a prata e o ouro (Zacarias 13:9). Pedro, portanto, se refere ao fogo que mata as bactérias, os cardos e os abrolhos gerados pelo pecado. Pelo fogo, Deus purifica o velho mundo. Portanto, as passagens dramáticas de 2Pedro 3:10-12, Mateus 24:35 e Marcos 13:31, todas fazem referência àquilo que Deus destruirá, à semelhança do que o ourives faz com o metal, purificando o ouro de escórias e impurezas; o metal precioso não é aniquilado e sim refinado, limpo e acrisolado, mostrando-se mais puro após ser submetido ao fogo.[24]

Finalmente, o texto mais usado para embasar a doutrina do novo céu e da nova terra encontra-se em Apocalipse 21—22. Em sintonia

---

[24]Turretini, *Compêndio de teologia apologética* (São Paulo: Cultura Cristã, 2011), p. 689.

com o que já dissemos, Kistemaker comenta que a referência a um "novo" céu e uma "nova" terra está relacionada a uma mudança de qualidade e não equivale a destruição e recriação a partir do nada. Em outras palavras, há entre esta terra e a porvir uma descontinuidade radical daquilo que é ruim, mas uma continuidade daquilo que é bom, pois "o que dará lugar ao novo não é a Criação propriamente dita, mas os defeitos da antiga ordem é que serão removidos."[25] De fato, é difícil imaginar que Deus aniquilaria totalmente sua Criação original, "causando assim a impressão de ceder ao Diabo a última palavra."[26]

Na visão de Bavinck, as passagens que são admitidas como se ensinassem a destruição da substância do mundo descrevem, em termos metafóricos, a mudança que se introduzirá após o retorno do Senhor e, portanto, não ensinam sobre a destruição do mundo. Bavinck argumenta que a perspectiva da destruição do mundo vai contra o imaginário bíblico de redenção e restauração, isto é, de que Deus redime e renova a mesma humanidade, o mesmo mundo, o mesmo céu e a

---

[25]Kistemaker, *Comentário do Novo Testamento: Apocalipse* (São Paulo: Cultura Cristã, 2004), p. 687. Embora seja um ponto pacífico entre os cristãos que Deus tem preparado um lugar físico e definitivo para morar com o seu povo eternamente, ainda permanece o debate se a nova criação será em outro mundo ou no mesmo mundo. Em outras palavras, viveremos em um novo mundo que Deus vai criar a partir do nada ou no mesmo mundo restaurado? A defesa de um novo mundo *ex nihilo* pode ser encontrada nos escritos de Orígenes, entre os luteranos, os menonitas, os socinianos e os remonstrantes, e até mesmo em vários nomes da tradição reformada como Beza, Rivetus, Junius, Wollebius e Prideaux. Para esse grupo, o presente mundo será destruído em substância e substituído por um mundo totalmente novo. No entanto, a maioria dos teólogos cristãos durante a história tem favorecido a visão de que este mundo será restaurado, tendência esta que vem ganhando cada vez mais espaço entre as variadas tradições cristãs. Atualmente, a maior parte dos teólogos reformados parece ter deixado de lado a hipótese de uma descontinuação radical entre a velha criação e a nova. Cf. Bavinck, *Dogmática reformada* (São Paulo: Cultura Cristã, 2012), vol. 4, p. 725; Berkouwer, *The return of Christ* (Grand Rapids: Eerdmans, 1972), p. 220; Berkhof, *Teologia sistemática* (São Paulo: Cultura Cristã, 2002), p. 77.

[26]Grudem, *Teologia sistemática* (São Paulo: Vida Nova, 1999), p. 989.

mesma terra que foram contaminados e corrompidos pelo pecado.[27] Bavinck ilustrou isso de forma vibrante:

> Assim como a lagarta se transforma em uma borboleta, assim como o carbono se converte em diamante, assim como o grão de trigo, depois de morrer no solo, produz outros grãos de trigo, assim como toda a natureza revive na primavera e se veste com vestes de celebração, assim como a comunidade cristã é formada a partir da raça humana caída de Adão, assim como o corpo da ressurreição é levantado a partir do corpo que está morto e sepultado na terra, assim também, por meio do poder recriador de Cristo, o novo céu e a nova terra, um dia, emergirão a partir dos elementos deste mundo purificados pelo fogo, [o qual será] radiante em glória permanente e para sempre livre do "cativeiro da corrupção."[28]

Novo céu e nova terra: uma síntese exegética

A partir de agora, faremos uma breve análise dos textos de Isaías 65:17, 2Pedro 3:13 e Apocalipse 21 e 22 para termos uma compreensão mais ampla da natureza do cosmo restaurado.

Isaías 65:17

A estrutura dos capítulos 65 e 66 de Isaías forma uma unidade temática. A passagem se situa na corte celestial onde o rei YAHWEH está pronunciando palavras formais diante de seu povo. Deus se torna o protagonista dos dois capítulos e promete um futuro em uma nova criação para os seus servos.[29] John Watts propõe a seguinte estrutura para leitura dos dois capítulos:

---

[27]Bavinck, *Dogmática reformada*, vol. 4, p. 726. Wayne Grudem acrescenta que "a destruição do mundo físico por completo seria o reconhecimento de que o pecado frustrou e venceu os propósitos de Deus." Cf. Grudem, *Teologia sistemática*, p. 991.

[28]Bavinck, *Dogmática reformada*, vol. 4, p. 729.

[29]Watts, *Commentary on Isaiah (34-66)* (Dallas: Word Books, 1987), p. 438.

Cena: O grande dia de YAHWEH (65:1— 66:24)	
Episódio 1:	YAHWEH lida com seus oponentes (65:1-16)
Episódio 2:	YAHWEH termina sua Nova Jerusalém (65:17—66:5)
Episódio 3:	YAHWEH confirma seus servos na nova cidade (66:6-24)

Essa estrutura é bastante similar com a dos capítulos 20 e 21 de Apocalipse, pois primeiro Deus julga os inimigos da igreja e depois promete a nova criação. Todo o capítulo 65 de Isaías é escrito com base no contraste entre o que passou e aquilo que será, entre a corrupção da velha babilônia e a pureza da Nova Jerusalém, e assim por diante.[30] Um novo mundo surge, pois o velho sai de cena. Note a relação entre velho e novo nos versículos 16 e 17: "Porque as angústias passadas serão esquecidas e ficarão escondidas dos meus olhos. Pois eis que eu crio novos céus e nova terra; e não haverá lembrança das coisas passadas, jamais haverá memória delas" (Isaías 65:16,17). O que percebemos aqui não é um contraste de tempo e espaço — o povo de Deus sendo teleportado para outro lugar misterioso —, mas, sim, de qualidade de vida no mesmo lugar onde antes predominava o caos.

Para a época da profecia de Isaías, a nova criação representava a libertação do cativeiro babilônico, seguida pelo retorno a boa e velha Jerusalém, que estaria radiante e nova como nunca antes. As "coisas que passaram" se referem ao trágico passado que Israel viveu nas mãos dos antigos reinos que dominaram o povo de Deus, especialmente a Babilônia (cf. Isaías 1—39). Esse passado de trevas será eliminado da memória de Israel quando o próprio Deus vier ter contra os inimigos e, assim, inaugurar uma nova era de alegria em uma nova terra. Watts comenta que a ação divina de "criar uma nova terra" não tem que ver com o fato de Israel ir para uma nova terra geograficamente, mas está ligado à renovação da fertilidade agrícola ou a uma nova realidade política e social sob o reinado persa. O cumprimento imediato dessa profecia ocorreu após o império babilônio ser derrotado militarmente pelos persas e por meio do consequente decreto de Ciro a favor da reconstrução de Jerusalém.

---

[30]Motyer, *Isaiah* (Downers Grove: InterVarsity Press, 1999), p. 449.

No entanto, a profecia não se cumpriu plenamente durante aquele período histórico, pois os inimigos continuaram ao redor, revivendo os pesadelos do passado em suas práticas pagãs e rebeliões.[31]

Embora os judeus tenham recebido vitória contra os babilônios e tenham desfrutado de relativa paz em sua Jerusalém reconstruída, o cumprimento mais pleno da nova criação é escatológico e ocorrerá quando Cristo, o verdadeiro rei, derrotar a última Babilônia e, então, fazer de todo universo uma nova criação. Portanto, a profecia de Isaías 65:17 deve ser lida tendo em mente seu cumprimento imediato, local, nacional, mas precisa ser compreendida à luz de seu espectro futuro, global, internacional e perfeito de Apocalipse 21:1, em que todo o povo de Deus desfrutará da renovação de todo o cosmo. Em outras palavras, Isaías 65:17 é uma *micro*visão da *macro*visão registrada em Apocalipse 21:1. Como G. K. Beale explica:

> No tempo consumado da restauração de Israel, haverá uma nova criação. O regresso da Babilônia foi apenas uma prefiguração de uma restauração futura para Israel, uma vez que não houve a aparição de um Messias, nenhuma nova criação e nenhum templo maior que o de Salomão, e Israel permaneceu subjugado a seus inimigos por gerações depois. Conforme visto em Apocalipse 3:14, a profecia de Isaías foi inaugurada na morte e ressurreição de Cristo de uma forma mais radical do que nunca. Também foi inaugurada durante toda a era da igreja, pois as pessoas acreditam em Cristo e se tornam uma "nova criação" (2Coríntios 5:17; cf. 2Coríntios 4:6).[32]

Essa leitura tem sua força no fato de que o próprio Isaías escreve sua profecia em categorias universais, isto é, para judeus e gentios. Ele afirma no capítulo 66:22,23 que os novos céus e a nova terra estarão abertos para adoração de todas as nações da terra. Em compensação, contrariando as tendências teologicamente universalistas, os inimigos do povo de Deus receberão juízo permanente.[33] Portanto, ao ser

---

[31]Watss, *Commentary on Isaiah (34-66)*, p. 457.
[32]Beale, *The Book of Revelation* (Grand Rapids: Eerdmans, 1999), p. 1041.
[33]Watts, *Commentary on Isaiah 34-66)*, p. 473.

utilizada por João em Apocalipse 21:1, a promessa de novos céus e nova terra de Isaías 65:16-18 apresenta uma antítese *qualitativa* entre a velha criação devastada pelas aflições do cativeiro e a nova criação: trata-se do mesmo mundo de antes, mas este será palco de alegria e exultação eternas.[34]

Quanto ao estilo literário da passagem, é importante mencionar que Isaías escreve sua profecia mesclando elementos reais da história com metáforas e hipérboles. A intenção de Isaías era contrastar o triste período de Israel no cativeiro com o futuro exuberante em uma nova criação.[35] De fato, a metaforização e hiperbolização da profecia parece ser a melhor maneira de ler um texto como este: "Não haverá mais nela criança para viver poucos dias, nem velho que não cumpra os seus; porque morrer aos cem anos é morrer ainda jovem, e quem pecar só aos cem anos será amaldiçoado" (Isaías 65:20).

O profeta utiliza a metáfora e o exagero para convencer o seu público da impossibilidade de quatro situações: (1) uma criança nascer para viver poucos dias; (2) um velho que não possua longevidade; (3) morrer aos cem anos, pois isso seria morrer ainda jovem; (4) ser amaldiçoado, pois, quem pecar, só aos cem anos o será. Invertendo a ordem, qualquer pessoa da época seria capaz de concordar que: (1) crianças vivem poucos dias; (2) velhos morrem na velhice; (3) morrer aos cem anos é morrer velho; (4) quem peca sempre recebe maldição subsequente. Em outras palavras, Isaías diz de forma figurada que, na nova criação futura, não haverá morte de crianças, de velhos ou de jovens, nem haverá maldição e pecado, pois a realidade será perfeita.

Aqueles que optam por uma interpretação literalista dessa passagem precisam reconhecer que ela os deixa em um beco sem saída. As promessas feitas pelo profeta possuem caráter perpétuo (Isaías 65:18). Assim, se o período descrito na passagem contém morte, maldição e pecado, então não há por que esperar um futuro melhor. Em outras

---

[34]Beale, *The Book of Revelation*, p. 1041. Diversos textos judaicos (apócrifos) também fazem alusão à nova criação como uma renovação da antiga criação, cf. Jubileus 1:29; 4:26; 1Enoque 45:4,5; 2Baruque 32:1-6; 57:2; 2Esdras (4Ezra) 7:75; Targum de Habacuque 3:2.

[35]Motyer, *Isaiah*, p. 451.

palavras, se o cumprimento de Isaías 65:17 se dará no milênio, os literalistas precisam admitir que esse milênio será perpétuo — o que eles obviamente negam. Pelo uso que o próprio João faz de Isaías em Apocalipse 21:1, o mais correto é interpretar a passagem à luz de seu cumprimento final na nova criação.

2Pedro 3:13

A Segunda Epístola de Pedro pode ser dividida em três partes. O primeiro capítulo é uma exortação aos cristãos para que cresçam espiritualmente; o segundo capítulo oferece instruções para que os cristãos se oponham às doutrinas e ao estilo de vida dos falsos mestres; e o terceiro capítulo elenca vários ensinamentos visando o preparo dos cristãos para o fim do mundo, o juízo final e o dia do Senhor.

É no contexto do terceiro capítulo que o apóstolo Pedro faz uma importante declaração a respeito da nova criação: "Nós, porém, segundo a sua promessa, esperamos novos céus e nova terra, nos quais habita a justiça" (2Pedro 3:13). Precisamos manter em mente que Pedro está alertando a igreja com relação ao ensino de falsos mestres. O versículo 4 deixa claro qual é o ensino pregado por esses homens: "Antes de tudo, saibam que, nos últimos dias, virão escarnecedores com as suas zombarias, andando segundo as próprias paixões e dizendo: 'Onde está a promessa da sua vinda? Porque, desde que os pais morreram, todas as coisas permanecem como desde o princípio da criação'." (2Pedro 3:3,4). Podemos dizer que a heresia dos falsos mestres era a negação da existência do juízo final.[36] De fato, os cristãos do primeiro século tinham dúvidas a respeito da hora do retorno de Cristo. Aproveitando-se dessa incerteza, vários falsos mestres desencorajavam os cristãos a pensarem no futuro; ao contrário, os encorajavam a concentrarem-se apenas no presente. Eles diziam: "todas as coisas permanecem como desde o princípio da criação" (2Pedro 3:4).

Para Pedro, esses homens se esquecem deliberadamente de dois fatos pertinentes: o antigo Dilúvio e a futura destruição do mundo, ou seja, o que Deus fez no passado é um lembrete daquilo que ainda está por vir. Pedro traça um contraste entre o Dilúvio e o juízo final.

---

[36]Kistemaker, *Comentário do Novo Testamento: Apocalipse*, p. 435.

No passado, o mundo de Noé foi destruído pela água; ao passo que o mundo presente será queimado pelo fogo (2Pedro 3:6,7). Aqui começam os problemas para alguns. Pelo fato de Pedro mencionar o derretimento da terra, alguns sugerem que este mundo será completamente destruído e que nada irá sobrar dele. Nesse sentido, o novo céu e a nova terra seria um lugar totalmente diferente, como se fosse um mundo desconhecido. Como já notamos anteriormente, essa hipótese possui vários problemas.

O principal deles é que Pedro utiliza o termo *apollymi* (destruir) no sentido de purificar, e não significando extinção completa. Por exemplo, lemos que: (1) o mundo do Dilúvio foi destruído; (2) o mundo atual será destruído; e (3) os ímpios serão destruídos (2Pedro 3:6,7). Nós sabemos que o mundo não foi extinto após o Dilúvio e já estudamos que os ímpios permanecerão existindo sob condenação após o juízo final. Logo, por que pensarmos na destruição da terra como extinção absoluta? Não faz sentido. Concluímos que as águas do Dilúvio afogaram os ímpios, mas salvaram a família do justo Noé. O Dilúvio, portanto, não aniquilou a terra, mas a transformou. Similarmente, na intervenção futura de Deus, os ímpios serão destruídos no sentido de serem removidos desta terra para o lago de fogo. A destruição deles, portanto, não os aniquila, mas purifica o mundo das suas perversidades. Finalmente, esta criação será destruída pelo fogo não para ser extinta, mas para purgá-la de suas impurezas. Desse modo, não viveremos em um mundo desconhecido, mas na mesma terra, só que totalmente transformada por meio da remoção do lixo que ainda a permeia.

Nós esperamos "novos céus e nova terra, nos quais habita a justiça" (2Pedro 3:13). A esperança cristã segundo o ensino apostólico é a de um dia de juízo seguido pela restauração de todas as coisas. Por um lado, o fogo queima e consome os ímpios e os pecadores; por outro, ele purga todas as impurezas da terra tornando-a nova, transformada e útil para ser habitação do povo de Deus em justiça eterna. Deus não desprezará a terra que ele mesmo criou; pelo contrário, ele irá resgatar as suas qualidades originais, destruindo aquilo que está podre e rejuvenescendo aquilo que já era bom.

Apocalipse 21 e 22

Os capítulos 21 e 22 de Apocalipse são o melhor retrato que temos da nova criação como o projeto final de Deus para o seu povo e para a história. Podemos estruturar as últimas visões do livro em quatro grandes cenas:

1. A nova criação (Apocalipse 21:1-8)
2. A descrição externa da cidade e da noiva (Apocalipse 21:9-21)
   a) A cidade é a noiva do Cordeiro, v. 9,10
   b) Tem a glória de Deus e o brilho de joias, v. 11
   c) Tem um muro, v. 12-14
   d) Tem medidas, v. 15-17
   e) Tem materiais de construção preciosos, v. 18-21
3. A descrição interna da cidade e da noiva (Apocalipse 21:22-27)
   a) Ausência de templo, v. 22
   b) Ausência de sol e lua, v. 23-25
   c) Ausência de impurezas, v. 26,27
4. Um novo Éden (Apocalipse 22:1-5)
   a) Tem o rio da água da vida, v. 1,2a
   b) Tem a árvore da vida, frutos e folhas curadoras, v. 2
   c) Tem moradores: Deus e seus servos, v. 3-5[37]

1. A nova criação (21:1-8). Seguindo as propostas de estruturação acima, a cena final do livro é aberta com a visão de um novo céu e uma nova terra. David Aune[38] sugere que a primeira visão da nova criação é composta por um poema em forma de quiasmo[39] (v. 1-4), seguida por sete ditos reais daquele que está assentado no trono (v. 5-8):

---

[37]Essa divisão é uma adaptação da proposta de David Aune, incrementada pela perspectiva de Donald A. Carson. Cf. Aune, *A commentary of Revelation* (Dallas: Word Books, 1998), p. 321; Carson, *O Deus presente* (São José dos Campos: Fiel, 2010), p. 312-3.

[38]*A commentary of Revelation* (Dallas: Word Books, 1998), p. 286-7.

[39]Quiasmo (do grego: χιάζω) significa "formar algo como a letra X". É uma figura de linguagem na qual os elementos de um texto ou música são dispostos de forma paralelamente cruzada. No caso acima, temos quatro paralelos que se

a. Novo céu e nova terra
   b. Primeiro céu e primeira terra passaram
      c. O mar não existe mais
         d. A cidade santa desce do céu
         d' Deus habita com seu povo
      c' A morte não existe mais
   b' Primeiras coisas passaram
a' Deus faz novas todas as coisas

A ênfase da estrutura dos quatro primeiros versos está na relação entre a cidade santa que desce do céu e o fato de Deus habitar com o seu povo nessa nova realidade. Isto é, o autor bíblico quer nos mostrar o que há de mais central nessa visão: a presença de Deus conosco de forma plena. Deus habitando conosco em uma nova criação é o clímax da sua presença ainda incipiente no tabernáculo, no templo e na igreja. Naquele dia, toda a terra se encherá do conhecimento do Senhor, assim como as águas cobrem o mar, pois Deus será tudo em todos! É também o apogeu da intimidade entre Cristo e sua igreja, uma vez que somos retratados como a noiva ataviada para o seu marido nas bodas de casamento.

Quanto às sete declarações dos versículos 5 a 8, temos o seguinte:

1. Estou fazendo novas todas as coisas
2. Escreve, pois a mensagem é verdadeira
3. Tudo está feito
4. Eu sou o Alfa e o Ômega
5. Eu darei de graça a água da vida
6. O vencedor herdará estas coisas
7. Aos covardes, incrédulos... a parte que lhes cabe será o lago de fogo.[40]

Essa estrutura de sete afirmações segue o padrão do livro, composto por sete beatitudes, sete selos, sete trombetas, sete taças etc. O

---

cruzam, indicados pelas letras a, b, c e d. A ideia do quiasmo é enfatizar aquilo que está no centro, como é o caso em d e d'.

[40]Cf. Aune, *A commentary of Revelation*, p. 287.

número sete é um recurso simbólico que destaca a perfeição ou plenitude da nova criação. Deus fará *novas* todas as coisas! William Hendriksen explica que, na língua grega, existem duas maneiras de se remeter a algo "novo". Algo que é novo na sua origem ou algo que é novo em sua qualidade. O termo *néos* é usado para algo criado a partir do nada, enquanto *kainós* indica novidade no que se refere à qualidade. João utiliza o termo *kainós* quatro vezes: (1) um novo céu; (2) uma nova terra; (3) Deus faz novas todas as coisas; e (4) a Nova Jerusalém. Isso significa que Deus não desprezará a terra que ele mesmo criou, mas irá transformá-la em algo melhor. Nas palavras de Beale, "a igreja espera por um novo mundo, não outro mundo."[41]

Na nova criação, lemos que o mar não mais existirá. Isso levanta uma pergunta intrigante: o que é o mar no livro de Apocalipse? Interpretações literalistas do Apocalipse sugerem que não haverá mais o elemento da água na nova criação.[42] Autores que seguem a linha simbólica de interpretação sugerem que o mar aqui mencionado está associado ao caos. Em virtude do fato de Israel ser uma nação árida e desacostumada ao mar, suas poesias estão cheias de conotações negativas sobre ele, geralmente associadas a perigo, caos e coisas semelhantes. Com base nisso, Carson acredita que João "está dizendo que neste novo céu e nesta nova terra não há mais caos, não há mais destruição, não há mais sujeira e lama."[43]

Similarmente, Beale elenca pelo menos cinco significados simbólicos que o mar assume no livro de Apocalipse: (1) o mar é representação do mal ou caos; (2) o mar representa o conflito entre as nações; (3) o

---

[41]Beale, *The Book of Revelation*, p. 1042.

[42]Macarthur, *Revelation 12—22* (Chicago: Moody Publishers, 2000), p. 263; Walvoord, *A revelação de Jesus Cristo* (Chicago: Moody Publishers, 1989), p. 311. Seguindo essa linha, Héber Campos diz: "João certamente não está se referindo à água como elemento de sobrevivência da raça humana, mas à imensa quantidade de água salgada que ocupa três quartos da Terra." Mais à frente, Campos reconhece que a ausência do mar na nova criação "pode ter conotações simbólicas", mas não deixa claro a que ponto isso influencia sua interpretação. Finalmente, ele conclui que a enorme quantidade de água que hoje ocupa um espaço físico imenso no planeta não mais existirá, dando assim lugar para outras coisas no habitat restaurado. Cf. Campos, *O paraíso restaurado*, p. 37-42.

[43]Carson, *O Deus presente*, p. 306.

mar é o lugar dos mortos; (4) o mar é de onde vem a primeira besta; (5) o mar é o que separa João das demais igrejas. Para Beale, isso significa que o mar representa metaforicamente toda a gama de aflições que antigamente ameaçava o povo de Deus no velho mundo. O texto de Isaías 51:10,11 faz referência a Deus ter secado o mar para que os remidos entrassem na Terra Prometida. Nesse sentido, a vitória contra o mar é o grande triunfo do Êxodo israelita. Beale relaciona essa passagem com Apocalipse 21:1, dizendo que a retirada do mar na nova criação não diz respeito à remoção do mar literal, mas a uma espécie de último êxodo para o povo de Deus.

Portanto, faz mais justiça ao texto interpretar a remoção do mar como um evento simbólico.[44] "O mar já não existe" significa que não haverá mais qualquer ameaça de turbulência de Satanás, não haverá mais conflitos entre as nações, pois todas elas se reúnem perante o Cordeiro. Também não haverá mais morte, não haverá mais reinos econômicos corruptos governando sobre a terra e nunca mais "o mar" dos exílios separará os membros das igrejas. Os salvos viverão juntos para sempre em uma nova criação onde habita a justiça.

A cidade santa descerá do céu como noiva preparada para o casamento. Afinal, João está falando de uma cidade ou da igreja, a noiva do Cordeiro? De acordo com as características da literatura apocalíptica, podemos dizer que as duas coisas não se excluem, mas se sobrepõem, permitindo aos leitores atentarem para diferentes aspectos da mesma realidade.[45] Em certo sentido, a Nova Jerusalém é tanto uma cidade literal quanto a igreja de Cristo. Por um lado, o Apocalipse é uma história de duas cidades, pois contrasta a famosa e idólatra Babilônia com a Nova Jerusalém. Por outro, sabemos que as duas cidades representam os seus moradores: Babilônia é representada por uma prostituta, enquanto Jerusalém é vista como uma noiva adornada para o casamento, isto é, há um contraste entre aqueles que amam as coisas deste mundo e os que amam o Senhor Jesus Cristo. Assim, João está vendo muito mais que uma nova terra física, ele está vendo tudo ao mesmo tempo com imagens sobrepostas: a nova criação e seus moradores.

---

[44]Beale, *The Book of Revelation*, p. 1043.
[45]Carson, *O Deus presente*, p. 306.

A nova criação é o tabernáculo de Deus com o seu povo. Essa noção de Deus habitando com o seu povo aparece repetidas vezes no Antigo Testamento. Em Levítico 25:11,12, o Senhor promete que andaria com eles e seria o seu Deus, e eles, seu povo. Séculos depois, prometendo uma nova aliança com seu povo, ele disse: "eu serei o seu Deus, e eles serão o meu povo" (Jeremias 31:33). O mundo inteiro agora é a tenda de Deus com os homens. Por causa disso, não haverá lágrimas, dores, pranto, morte ou qualquer maldição. Tudo será diferente e melhor, pois o Senhor fará novas todas as coisas.

Aquele que promete fazer todas essas coisas se revela como o "alfa e ômega" — expressão que descreve a primeira e a última letras do alfabeto grego. As duas letras juntas formam os dois polos opostos que representam o todo contido dentro delas. Em outras palavras, quem promete essa realidade de maravilhas tem domínio sobre todas as coisas, tanto as do começo quanto as do fim da história.[46]

Após descrever a condição dos redimidos na nova criação, João anuncia o juízo eterno para aqueles que continuam sem redenção: "Quanto, porém, aos covardes, aos incrédulos, aos abomináveis, aos assassinos, aos imorais, aos feiticeiros, aos idólatras e a todos os mentirosos, a parte que lhes cabe será no lago que está queimando com fogo e enxofre, a saber, a segunda morte" (Apocalipse 21:8). O livro de Apocalipse apresenta a condenação e a salvação acompanhadas uma da outra. Assim como a beleza da noiva envolve necessariamente o julgamento da prostituta, a nova criação exige o desaparecimento da velha. Na restauração de todas as coisas não há mais lugar para a Babilônia junto da Nova Jerusalém.[47]

2. A descrição externa da cidade e da noiva (21:9-21). A chave para interpretar o simbolismo da descrição da Nova Jerusalém está nos versículos 9 e 10: "Então veio um dos sete anjos [...] falou comigo, dizendo: 'Venha, vou mostrar-lhe a noiva, a esposa do Cordeiro. E ele me levou, no Espírito, a uma grande e elevada montanha e me mostrou a cidade santa, Jerusalém, que descia do céu, da parte de Deus'." Isso significa que todas as descrições simbólicas que vêm a seguir são descrições que

---

[46]Beale, *The Book of Revelation*, p. 1055.
[47]Morris, *Revelation* (Downers Grove: InterVarsity Press, 2007), p. 236

se referem tanto ao *habitat* restaurado dos redimidos quanto ao relacionamento que eles terão com Deus. No entanto, devemos ser prudentes e evitar fazer uma leitura literal desse relato, pois a intenção de João não é apresentar a arquitetura da cidade, mas mostrar, por meio de figuras, a comunhão final de Deus com o seu povo na nova criação.[48]

A descrição externa da cidade e da noiva é marcada pelo brilho de joias (v. 11), por um muro (v. 12-14), algumas medidas peculiares (v. 15-17) e materiais de construção preciosíssimos (v. 18-21). Em primeiro lugar, o brilho das joias nos ajuda a perceber o *status* sacerdotal da noiva de Cristo (cf. Apocalipse 1:6; 5:10; 20:6). A cidade é branca como pedra de jaspe, a mesma pedra mencionada em Apocalipse 4:3 para ilustrar a glória de Deus brilhando do trono. A ideia de João é clara: o povo de Deus em seu *status* final refletirá perfeitamente a glória de Deus, provavelmente fazendo alusão ao projeto original do ser humano refletir a imagem e semelhança do Criador em Gênesis 1:27. As demais joias mencionadas sugerem o valor do povo de Deus e que o Senhor não é glorificado em templos feitos por mãos humanas, mas em seu próprio povo. A glória de Deus não se manifestará mais em tabernáculos, templos ou lugares sagrados, mas somente na face da sua noiva, a igreja de Cristo.

Em segundo lugar, João diz que a cidade possui uma alta muralha. O conteúdo da visão é nitidamente simbólico: ela possui doze portas, doze anjos, os nomes inscritos das doze tribos de Israel, doze fundamentos e sobre estes os nomes dos doze apóstolos do Cordeiro. Como interpretar as repetidas aparições do número doze nessa passagem? Essa é uma maneira de João nos dizer que todo o povo da antiga aliança e todo o povo da nova aliança constituem, juntos, um só povo: uma nova humanidade em Cristo (cf. Efésios 2:15).[49] Beale sugere que a alta muralha representa a natureza inviolável da comunhão com Deus que a igreja terá na nova criação. Mais à frente, a declaração de João colabora com esse *status* indestrutível de segurança em Deus: "Nela, nunca jamais penetrará coisa alguma contaminada, nem o que pratica

---

[48]Cf. Beale, *The Book of Revelation*, p. 1061. A estrutura da Nova Jerusalém em Apocalipse 21:12—22:5 é baseada na visão de Ezequiel 40—48.

[49]Carson, *O Deus presente*, p. 311.

abominação e mentira, mas somente os inscritos no Livro da Vida do Cordeiro" (Apocalipse 21:27).[50]

Em terceiro lugar, João leva seus leitores para conhecerem as medidas da Nova Jerusalém. A cidade é quadrangular, um cubo perfeito composto de doze mil estádios, e sua muralha mede 144 côvados. Novamente, essa descrição tem um caráter eminentemente simbólico. Por exemplo, o número 12 multiplicado por 12 é igual a 144. Essa é uma maneira simbólica de dizer que a noiva do Cordeiro é composta pelo Israel das doze tribos e pela igreja dos doze apóstolos, formando assim um só povo.

Além disso, o único lugar no Antigo Testamento que tinha formato cúbico era o Santo dos Santos, no tabernáculo ou no templo. Naquele lugar, Deus manifestava sua glória de forma mais intensa. Estar no Santo dos Santos era o mais próximo que um ser humano poderia chegar da presença de Deus. Apenas o sumo sacerdote (e somente uma vez por ano) tinha esse privilégio! A boa notícia da nova criação é que o Santo dos Santos estará aberto a todos os redimidos. Em outras palavras, descrever que a cidade é construída em formato cúbico é uma maneira de dizer que nós estaremos para sempre na presença de Deus, não precisaremos mais de um sacerdote mediador e não precisaremos mais de sangue de sacrifícios.[51] Depois que o sangue de Cristo foi derramado na cruz, o véu do templo se rasgou e o caminho para o Santo dos Santos foi aberto (Mateus 27:51). Na nova criação, experimentaremos essa intimidade com o Senhor em um nível ainda mais elevado, pois nós temos as medidas iguais a daquele lugar sagrado.

Em quarto lugar, João descreve os materiais de construção da cidade: uma muralha de jaspe (v. 18a), a cidade feita de ouro puro (v. 18b), doze fundamentos (v. 19,20), doze portas de pérolas (v. 21a) e uma praça dourada muito brilhante (v. 21b). Como era de se esperar, a noiva é descrita como uma mulher pura e brilhante como a jaspe e dourada como o ouro. Essas joias faziam parte do tesouro pessoal dos reis da antiguidade e eram guardadas com muito carinho. Deus aplica o costume primitivo de dois reis a si próprio, cumprindo o que havia

---

[50]Beale, *The Book of Revelation*, p. 1068.
[51]Carson, *O Deus presente*, p. 311.

dito no passado: "Agora, pois, se ouvirem atentamente a minha voz e guardarem a minha aliança, vocês serão a minha propriedade peculiar dentre todos os povos" (Êxodo 19:5).

Além disso, cada um dos doze fundamentos é coberto de pedras preciosas: jaspe, safira, calcedônia, esmeralda, sardônio, sárdio, crisólito, berilo, topázio, crisópraso, jacinto e ametista. As doze pedras preciosas correspondem àquelas que cobriam o peitoral do Sumo Sacerdote quando entrava no Santo dos Santos (cf. Êxodo 28:17-20; 39:10-13). Em outras palavras, todos os indivíduos que compõem a totalidade do povo de Deus são sacerdotes e formam uma nação perfeitamente santa (Êxodo 19:6).[52] Na nova criação, todos nós seremos "sumos sacerdotes", pois todos atingiremos o grau máximo de acesso a Deus.

3. *A descrição interna da cidade e da noiva (21:22-27)*. Ao detalhar as características internas da Nova Jerusalém, João dá ênfase às coisas ausentes: não haverá mais templo, sol, lua, noite, impurezas nem ímpios. Não devemos interpretar isso literalmente, visto que a intenção de João é valorizar, por meio de hipérboles, a intensidade da glória de Deus no estado final dos redimidos. Em primeiro lugar, não haverá mais templos, pois a própria noiva do Cordeiro é o Santo dos Santos! (v. 22) Qual é a necessidade de retroceder a algo menor quando o maior e pleno foi alcançado? Jesus já havia ensinado à mulher samaritana que a verdadeira adoração acontece em espírito e em verdade, e não em templos. Na nova criação teremos uma noção mais perfeita do que isso significa.[53]

Em segundo lugar, não haverá sol e lua (v. 23-25). João não está tentando fazer um tratado a respeito das estruturas astronômicas da nova criação, assim como a ausência do mar não lança luz sobre questões hidrológicas. Como temos repetido várias vezes, a linguagem aqui é profundamente simbólica. No mundo antigo, em uma cultura que não contava com energia elétrica, as horas da noite eram vistas com apreensão e insegurança, especialmente nas noites sem a presença da lua. Por cautela, as cidades costumavam fechar seus portões à noite para oferecer segurança a seus habitantes. Portanto, nesse tipo de cultura, o sol e a lua não funcionavam apenas como marcadores de tempo,

---

[52]Kistemaker, *Comentário do Novo Testamento: Apocalipse*, p. 715.
[53]Beale, *The Book of Revelation*, p. 1091.

mas também como meios naturais para manter a segurança de determinados locais. Ao mencionar a ausência de sol e lua, João não está de maneira alguma negando a existência literal dos astros na nova criação, mas assegurando que o habitat futuro dos redimidos será repleto de paz e segurança social. Podemos ter certeza absoluta de que um dia a paz reinará para sempre, pois não haverá mais sofrimento, morte, pecado ou ameaças de perigo e a glória de Deus brilhará mais forte que o próprio sol, trazendo consolo para os seus habitantes.

Em terceiro lugar, na nova criação não haverá lugar para nada contaminado ou impuro que possa ameaçar a relação de Deus com a sua noiva (v. 26,27). Estaremos perfeitamente livres de nossos pecados e de qualquer tentação para desobedecer ao Senhor. Diferentemente do primeiro casal no Éden, não haverá mais a possibilidade de cair em pecado, pois esse tipo de árvore com maldição não existirá mais: "Nela não entrará nada que seja impuro, nem o que pratica abominação e mentira, mas somente os inscritos no Livro da Vida do Cordeiro" (Apocalipse 21:27). O texto não deixa margem para pensar que os salvos receberão visitas dos condenados, sugerindo algum tipo de universalismo. Ao se referir à glória e à honra das nações entrando pelas portas da cidade, João não está descrevendo um êxodo dos ímpios do lago de fogo em direção à Nova Jerusalém, pois ele mesmo afirma que os únicos moradores daquele lugar são os inscritos no Livro da Vida.[54] Portanto, a referência aos reis e nações trazendo sua glória e suas riquezas para a cidade deve ser interpretada como uma ação feita pelos seus próprios moradores.[55]

---

[54]O comentário de Wright, por exemplo, parece levar a esta conclusão bem complicada: "Quando temos em mente duas categorias distintas, os de dentro e os de fora, descobrimos que o rio da água da vida flui para fora da cidade e que, no meio dele, entre uma e outra margem, está a árvore da vida, que produz doze frutos e cujas folhas são para a cura dos povos. Há um grande mistério aqui e tudo que foi dito sobre o futuro final de Deus deve deixar espaço para ele. Isso não significa que devemos lançar dúvida sobre a realidade do juízo final para aqueles que têm resolutamente adorado e servido ídolos, que nos desumanizam e desfiguram o mundo de Deus. Significa que Deus sempre nos surpreende" (Wright, *Surpreendido pela esperança*, p. 200).

[55]Beale argumenta que eles não estão trazendo riquezas literais para a cidade, mas oferecendo eles mesmos em adoração a Deus para todo o sempre. Cf. Beale, *The Book of Revelation*, p. 1095.

4. Um novo Éden (22:1-5). A última parte da descrição da Nova Jerusalém está repleta de elementos extraídos de Gênesis 1 e 2. João vê o pequeno jardim da velha criação ampliado na nova criação. Aquilo que começou como um pequeno jardim é agora vislumbrado como parte integrante de todo o cosmo restaurado. Assim, João vê o mesmo rio da água da vida (v. 1,2a), a mesma árvore da vida com seus frutos e folhas (v. 2) e os seus novos habitantes: Deus morando lado a lado de seus súditos reais (v. 3-5).

Em primeiro lugar, podemos falar da nova criação como um novo Éden por causa do rio da água da vida que flui do trono de Deus. Como uma descrição simbólica, a água provavelmente representa a vida de Deus que estará disponível ao seu povo para sempre. É o rio que aponta para a imortalidade de todos aqueles que bebem dessa água. É a mesma água que Jesus chamou de "água viva" e ofereceu para uma mulher samaritana (João 4:10). Uma leitura atenta daquela passagem nos fará perceber que o Senhor está oferecendo o que ele mesmo é: a fonte da vida que sacia a sede dos seres humanos. Essa água representa a vida eterna, pois "aquele que beber da água que eu lhe der nunca mais terá sede. Pelo contrário, a água que eu lhe der será nele uma fonte a jorrar para a vida eterna" (João 4:14).

Mais à frente, João interpreta o que Jesus quis dizer em relação a dar de beber água viva àqueles que têm sede:

> No último dia, o grande dia da festa, levantou-se Jesus e exclamou: "Se alguém tem sede, venha a mim e beba. Quem crer em mim, como diz a Escritura, do seu interior fluirão rios de água viva." Isto ele disse com respeito ao Espírito que haviam de receber os que nele cressem; pois o Espírito até aquele momento não fora dado, porque Jesus não havia sido ainda glorificado (João 7:37-39, ARA).

Agora ficou mais claro o que Jesus tinha em mente quando prometeu oferecer água viva aos sedentos: ele falava a respeito do Espírito Santo que fluiria dele para os seus discípulos. Na Nova Jerusalém, o povo de Deus desfrutará da presença refrescante do Espírito Santo para todo sempre, pois a mesma vida que hoje habita no Salvador estará também perfeitamente nos salvos.

Em segundo lugar, se o próprio Senhor é a água da vida, quem poderá ser a árvore da vida? Interessantemente, Jesus, além de ser a fonte de água viva, é comparado a uma árvore que dá frutos (cf. João 15:1-11). No livro de Gênesis, a árvore da vida era a responsável por oferecer a imortalidade (Gênesis 3:22). Deus expulsou o casal do jardim após a Queda para que não comessem de tal árvore naquele estado de pecado e, assim, vivessem condenados para sempre. Na nova criação, porém, teremos acesso irrestrito àquela árvore. Será por meio dela que todos os salvos se alimentarão e eles serão curados pelas suas folhas.[56] João está simbolicamente se referindo à bênção da salvação eterna por meio de uma metáfora conhecida da antiga aliança (Gênesis 3.22; Ezequiel 47.12). A melhor interpretação aqui é a de que os salvos viverão para sempre porque se alimentarão e serão curados por Cristo.

João também diz que a árvore da vida produz doze frutos durante doze meses. Como já dissemos, o número doze em Apocalipse sempre está relacionado ao povo de Deus. A ideia é simples: a árvore da vida (Cristo) gera os doze frutos (povo de Deus). Há uma conexão entre a fonte e os resultados: Jesus é a árvore e os seus redimidos são os seus frutos — assim como Jesus é a videira e os discípulos, os ramos que frutificam (cf. João 15).

Em terceiro lugar, os moradores da nova criação conversam com Deus face a face, assim como o primeiro casal fazia no Éden: "Os seus servos o adorarão, contemplarão a sua face, e na sua testa terão gravado o nome dele" (Apocalipse 22:3,4). A expressão "face a face" nos remete ao relacionamento próximo que o primeiro casal tinha com Deus no jardim pela viração do dia (Gênesis 3:8) e, mais especificamente, ao tipo de relação que Moisés queria ter com Deus. Sabemos que Moisés não pôde ver Deus face a face, pois o próprio Deus havia afirmado que "nenhum homem verá a minha face e viverá" (Êxodo 33:20, ARA). No entanto, na Nova Jerusalém, os redimidos pela cruz de Cristo serão transformados de tal maneira que toda a sua pecaminosidade será curada. Não haverá mais pecado entre o ser humano e Deus e, portanto, os salvos contemplarão a face de Deus em toda a sua glória.[57]

---

[56]Cf. Kistemaker, *Comentário do Novo Testamento: Apocalipse*, p. 729.
[57]Cf. Carson, *O Deus presente*, p. 315; Morris, *Revelation*, p. 244.

O texto ainda diz que o nome de Deus estará gravado em nós. No contexto do casamento, a atribuição do nome do marido à sua noiva ilustra que ambos se tornaram uma só carne. De forma parecida, ao colocar seu nome sobre a noiva, Deus está demonstrando que nada poderá tirá-los de sua presença de amor. Além disso, o nome gravado na testa faz alusão à lâmina de ouro puro carregada pelo Sumo Sacerdote na antiga aliança. Nela estava inscrito: "Santidade ao Senhor" (Êxodo 28:36). O Senhor deu ordens para que a lâmina estivesse sempre sobre a testa de Arão para que os israelitas fossem "aceitos diante do Senhor" (Êxodo 28:38). O sumo sacerdote representava o mais alto nível de intimidade a que um ser humano poderia chegar diante de Deus; entretanto, na nova criação, todos os salvos terão esse privilégio. O trono de Deus e do Cordeiro estão localizados no centro da nova criação (22:3,4). Isso também possui um significado profundo: Deus reinará sobre toda a terra como rei soberano e todos os salvos o servirão como súditos eternamente.

A RELEVÂNCIA DO FUTURO PARA O PRESENTE

Após essa série de comentários sobre a vida após a morte, ficou claro que a palavra de ordem da Escritura a respeito dos salvos e do mundo é uma palavra de esperança. Nosso fim será conturbado, mas glorioso. Como afirmei no início do capítulo, a maneira que enxergamos o futuro precisa influenciar o modo que vivemos no presente. Para termos uma noção de como isso funciona na prática, concluiremos este capítulo com pelo menos três implicações de como o conhecimento das últimas coisas nos ajuda na jornada cristã.

A primeira implicação é que o conhecimento da escatologia deve nos encorajar a viver de maneira santa. O apóstolo Pedro diz exatamente isso aos cristãos após comentar sobre o retorno de Cristo: "Uma vez que tudo será assim desfeito, vocês devem ser pessoas que vivem de maneira santa e piedosa, esperando e apressando a vinda do Dia de Deus. Por causa desse dia, os céus, incendiados, serão desfeitos, e os elementos se derreterão pelo calor" (2Pedro 3:11,12). O apóstolo João dá o mesmo conselho para aqueles que anseiam pelo retorno do Rei: "E todo o que tem essa esperança nele purifica a si mesmo, assim como ele é puro" (1João 3:3). Em outras palavras, quem realmente entendeu o que está para acontecer com este mundo não vive de qualquer jeito, mas se prepara para receber o seu Senhor.

A segunda implicação é que conhecer sobre as últimas coisas nos consola diante das dificuldades. Após assegurar os cristãos de Tessalônica a respeito da ressurreição do corpo, o apóstolo Paulo diz: "consolem uns aos outros com estas palavras" (1Tessalonicenses 4:18). A doutrina da ressurreição do corpo nos liberta do medo da morte e nos ajuda a enfrentar melhor a dor que sentimos quando um irmão na fé falece. Para nós, morrer é partir para o encontro com Cristo no céu, onde desfrutaremos da sua gloriosa presença até sermos ressuscitados e unidos aos irmãos novamente. É com base nessa firme esperança que Paulo nos encoraja a lidar com os sofrimentos da vida: "Porque para mim tenho por certo que os sofrimentos do tempo presente não podem ser comparados com a glória a ser revelada em nós" (Romanos 8:18). É por causa dessa maravilhosa esperança que não devemos desanimar da fé por mais desfavoráveis que sejam as circunstâncias. Paulo escreve: "Por isso não desanimamos. Pelo contrário, mesmo que o nosso ser exterior se desgaste, o nosso ser interior se renova dia a dia." E o apóstolo continua: "Porque a nossa leve e momentânea tribulação produz para nós um eterno peso de glória, acima de toda comparação, na medida em que não olhamos para as coisas que se veem, mas para as que não se veem. Porque as coisas que se veem são temporais, mas as que não se veem são eternas" (2Coríntios 4:16-18).

Finalmente, a terceira implicação é que estudar sobre a glória do porvir deve nos tornar mais dedicados à obra do Senhor na terra. Após defender a doutrina da ressurreição dos mortos, Paulo disse aos coríntios: "Portanto, meus amados irmãos, sejam firmes, inabaláveis e sempre abundantes na obra do Senhor, sabendo que, no Senhor, o trabalho de vocês não é vão" (1Coríntios 15:58). A doutrina da ressurreição do corpo possui um poder extraordinário na vida dos cristãos: ela nos torna mais firmes na fé e nos move ao serviço a Deus de forma mais intensa. Em suma, a doutrina da vida eterna nos faz perceber que nosso maior tesouro não está aqui na terra, mas na presença de Deus. Quanto mais alimentamos a alma com essa convicção, menos apego teremos com as coisas deste mundo, ou seja, mais preparados estaremos para deixar tudo para trás e servirmos a Deus com todo nosso vigor. Como disse o missionário Jim Elliot: "Não é tolo aquele que abre mão do que não pode reter para ganhar o que não pode perder." De fato, a única coisa que não podemos perder nesta vida é a salvação que recebemos do Senhor Jesus Cristo, de todo o resto podemos abrir mão para que o mundo conheça o seu nome. O maior de todos os missionários compreendeu essa verdade muito bem:

> Quanto a mim, já estou sendo oferecido por libação, e o tempo da minha partida chegou. Combati o bom combate, completei a carreira, guardei a fé. Desde agora me está guardada a coroa da justiça, que o Senhor, reto juiz, me dará naquele Dia; e não somente a mim, mas também a todos os que amam a sua vinda [...] o Senhor esteve ao meu lado e me revestiu de forças, para que, através de mim, a pregação fosse plenamente cumprida, e todos os gentios a ouvissem. E fui libertado da boca do leão. O Senhor me livrará também de toda obra maligna e me levará salvo para o seu Reino celestial. A ele, glória para todo o sempre. Amém! (2Timóteo 4:6-8,17,18).

REFERÊNCIAS

AGOSTINHO. *Solilóquios*. Coleção Patrística (São Paulo: Paulus, 2014). Vol. 11.

AUNE, David. *A commentary of Revelation*. World Biblical Commentary (Dallas: Word Books, 1998). Vol. 52a-c.

BAVINCK, Herman. *Reformed dogmatics* (Grand Rapids: Baker, 2008). 4 vols.

_____. *Dogmática reformada* (São Paulo: Cultura Cristã, 2012). 4vols.

BEALE, G. K. *The Book of Revelation: a commentary on the Greek text* (Grand Rapids: Eerdmans, 1999).

BERKHOF, Louis. *Systematic theology: new combined edition* (Grand Rapids: Eerdmans, 1996).

_____. *Teologia sistemática* (São Paulo: Cultura Cristã, 2002).

BERKOUWER, Gerrit C. *The return of Christ*. Studies in Dogmatics (Grand Rapids: Eerdmans, 1972).

BRINK, Gijsbert van den. *Reformed theology and evolutionary theory* (Grand Rapids: Eerdmans, 2020).

CALVIN, Jean. "Institutio Christianae religionis." In: BAUM, G.; CUNITZ, E.; REUSS, E., orgs. *Ioannis Calvini Opera Quae Supersunt Omnia*. Corpus Reformatorum (Brunswick and Berlin: C. A. Schwetschke and Son [M. Bruhn], 1863-1900). Vols. 29-87.

_____ [CALVINO, João]. *Institutas da religião cristã* (São Paulo: Cultura Cristã, 2006). 4 vols.

CAMPOS, Héber Carlos de. *O paraíso restaurado* (São Paulo: Hagnos, 2014).

CARSON, D. A. *O Deus presente* (São José dos Campos: Fiel, 2010).

"Confissão Belga." In: *As três formas de unidade das igrejas reformadas* (Brasília, CLIRE, 2013).

Confissão de Fé de Westminster (São Paulo: Cultura Cristã, 2014).

DENNISON Jr., James T., org. *Reformed confessions of the 16th and 17th centuries in English translation* (Grand Rapids: Reformation Heritage Books, 2008). Volume 4: 1600-1693.

GOMES, Jean Francesco A. L. "Como ler o Apocalipse? Literatura apocalíptica e outras influências que forjaram o imaginário do Apocalipse de João." *Revista Teológica* (Campinas) 72, 1-2 (2020): 55-71.

GRUDEM, Wayne. *Teologia Sistemática* (São Paulo: Vida Nova, 1999).

HOEKEMA, Anthony. *A Bíblia e o futuro* (São Paulo: Cultura Cristã, 1997).

KISTEMAKER, Simon. *Comentário do Novo Testamento: Apocalipse* (São Paulo: Cultura Cristã, 2004).

KOOI, Cornelis van der; BRINK, Gijsbert van den. *Christian dogmatics: an introduction* (Grand Rapids: Eerdmans, 2017).

LLOYD-JONES, D. M. *A igreja e as últimas coisas* (São Paulo: PES, 1998).

MACARTHUR, John. *Revelation 12—22* (Chicago: Moody Publishers, 2000).

MORRIS, Leon. *Revelation: an introduction and commentary* (Downers Grove: InterVarsity Press, 2007).

MOTYER, J. Alec. *Isaiah: an introduction and commentary* (Downers Grove: InterVarsity Press, 1999).

_____. *O comentário de Isaías* (São Paulo: Shedd Publicações, 2016).

RIDDERBOS, Herman. *A vinda do Reino* (São Paulo: Cultura Cristã, 2007).

TURRETINI, François. *Compêndio de teologia apologética* (São Paulo: Cultura Cristã, 2011).

WALVOORD, John F. *The revelation of Jesus Christ* (Chicago: Moody Publishers, 1989).

WATTS, John. *Commentary on Isaiah (34-66)*. Word Biblical Commentary (Dallas: Word Books, 1987). Vol. 25.

WRIGHT, Nicholas T. *Surpreendido pela esperança* (Viçosa: Ultimato, 2009).

SEGUNDA PARTE: OBEDIÊNCIA

COMO DEUS ESPERA QUE OBEDEÇAMOS À SUA VONTADE?

ORAÇÃO DE ABERTURA

Pai amado,

Que alegria participar dessa maravilhosa história de redenção! Como nosso Criador e Redentor, tu nos criaste para tua glória e para refletirmos a beleza do teu caráter por onde quer que andarmos. Ó Senhor, quão longe estamos de nosso propósito original, pois, em vez de expressarmos as tuas maravilhas, nós envergonhamos o teu nome com os nossos pecados. Porém, aquilo que era para se tornar nosso desespero foi transformado em triunfo pela obra de nosso Senhor Jesus Cristo. A despeito da nossa falha em manifestar a tua glória, tu enviaste teu Filho para revelá-la ao mundo inteiro. Louvamos-te por isso, ó Pai. Nosso Senhor Jesus é a imagem do Deus invisível, o resplendor de todas as tuas belezas!

Ó Pai, é por causa de teu Filho que agora a tua vontade está manifesta de forma mais clara aos nossos olhos. Em teu Filho temos o perfeito exemplo de obediência, pois nele a lei do amor é plenamente cumprida. Ao teu Filho imitamos na esperança de, pelo poder do Espírito Santo, sermos levados a glorificar o teu nome no mundo. É uma glória que vem de ti e retorna para ti, visto que nós fomos alcançados por tua graça e, por meio dela, te rendemos louvores e obediência. Ó Senhor, que o teu poder em nós faça transbordar a justiça, a paz, o amor e a santidade que pertencem a ti e foram semeados em nossos corações pelo teu Espírito.

Ó Deus Pai, Filho e Espírito Santo, que possamos manifestar, por meio das nossas boas obras, a novidade de vida que recebemos de ti. Que o nosso fazer seja o fluir de nosso novo ser; que o nosso amor seja o transbordamento do teu perfeito amor derramado em nós. Ó Pai, que a nossa obediência ainda falível seja aceitável diante de teus olhos não por ser perfeita em si mesma, mas por estarmos unidos e justificados pelo teu Filho. Sim, Senhor, receba nossas atitudes como se fossem ofertas de teu próprio Filho em nosso lugar!

Santo Pai, ensina-nos a tua vontade! Aqui estamos, queremos aprender de ti. Que "as palavras dos meus lábios e o meditar do meu coração sejam agradáveis na tua presença, Senhor, Rocha minha e Redentor meu!"

INTRODUÇÃO À ÉTICA CRISTÃ

Alguém diz: "Irei estudar a Bíblia e crer na doutrina correta e não tenho dúvidas de que, por crer na doutrina correta, serei salvo." Certamente você não será! [...] "Pronto", diz outro, "gosto disso; crerei em Cristo e viverei como quiser." Certamente você não viverá! Pois se você crer em Cristo, ele não permitirá que você viva como a sua carne gosta; por seu Espírito, ele o constrangerá a mortificar suas afeições e suas imoralidades. Se ele lhe der a graça de fazer você acreditar, ele lhe dará igualmente a graça de viver uma vida santa. Se ele lhe dá fé, ele lhe dá também boas obras.[1]

— Charles H. Spurgeon

O Novo Testamento nos convida a agir; não nos diz que alguém realizará a obra de santificação por nós [...] Estamos no "bom combate da fé" e temos que lutar. Mas, graças a Deus, somos capacitados para isso; no momento em que cremos, somos justificados pela fé e nascemos de novo pelo Espírito de Deus, tendo agora a habilidade para agir. Portanto, o

---

[1]Spurgeon, "Justification by grace", disponível em: https://www.spurgeon.org/resource-library/sermons/justification-by-grace/#flipbook/, acesso em: 15 jun. 2021. Tradução do autor.

método de santificação do Novo Testamento é para nos lembrar disso; e tendo nos lembrado disso, diz: "Agora, vá e faça."[2]

— D. Martyn Lloyd-Jones

omo Deus espera que *obedeçamos* a sua vontade? Essa é a segunda pergunta crucial para termos uma visão integral da fé cristã.[3] Não seremos discípulos de Jesus a menos que aprendamos a obedecer a sua vontade. Mais do que conhecedores de boa doutrina, o discipulado autêntico requer de nós a obediência devida ao Rei dos reis! O Senhor Jesus deixou claro que: "Aquele que tem os meus mandamentos e os guarda, esse é o que me ama; e aquele que me ama será amado por meu Pai, e eu também o amarei e me manifestarei a ele" (João 14:21). Em outras palavras, o nosso amor para com Cristo é medido pela intensidade da nossa obediência aos seus mandamentos. Qualquer outra tentativa de manifestar nosso amor a Cristo que não esteja sintonizada diretamente com a obediência não é verdadeiro discipulado cristão, muito menos amor verdadeiro ao Salvador!

Embora seja verdade que não devemos identificar o que somos com aquilo que fazemos, as nossas ações são evidências do que somos. Como o Senhor nos ensinou: "Porque cada árvore é conhecida pelos frutos que produz. Porque não se colhem figos de ervas daninhas, nem se apanham uvas dos espinheiros" (Lucas 6:44). A chave da produtividade começa pela formação de uma boa árvore, a partir das raízes, isto é, precisamos primeiro ser, para então produzirmos alguma coisa. Pela metáfora empregada pelo Senhor, aprendemos que figos não se colhem de ervas daninhas, mas de figueiras, assim como uvas não se colhem de espinheiros, mas de vinhas. O princípio é claro: aquilo que não pode produzir frutos, não produz frutos! Por isso, *ser* precede o *fazer* e o *fazer* é evidência do *ser*. Assim como a boa árvore se manifesta pelos seus bons frutos, o cristão genuíno se expressa no mundo pelas suas boas obras.

Estudamos nos capítulos anteriores a respeito da natureza do Deus Pai, Filho e Espírito Santo, seus atributos e suas perfeições, como o

---

[2]Lloyd-Jones, *Romans* (Edinburgh: Banner of Truth, 1972), p. 178. Tradução do autor.

[3]Relembre a primeira pergunta crucial na Introdução desta obra. (N. do R.)

Senhor nos criou de forma originalmente boa, como o pecado devastou quem somos, como o Deus triúno nos redimiu do pecado e nos reconciliou consigo em Cristo, além de nossa nova natureza como povo de Deus e o futuro glorioso que o Senhor tem preparado para aqueles que o amam. Mas, afinal, será que essas crenças interferem de algum modo em nossa vida? Na perspectiva cristã, o que cremos sobre Deus e a respeito de nós mesmos é o que transforma tudo o que somos e fazemos. A nossa fé é a semente que faz nascer a árvore e a prepara para frutificar. Como articulou Herman Bavinck: "nossa ética procede de Deus, por meio de Deus e para Deus."[4] Diferente das éticas deste mundo — na sua maioria, centradas na autodeterminação humana —, a ética cristã é teológica na sua origem, em seus processos e em seus alvos, pois o Senhor é o criador da boa árvore, aquele que a sustenta e a torna frutífera. Como o Senhor ensinou pela metáfora da videira: "Eu sou a videira, vocês são os ramos. Quem permanece em mim, e eu, nele, esse dá muito fruto; porque sem mim vocês não podem fazer nada" (João 15:5).

Para a nossa jornada pela ética cristã, percorreremos o seguinte roteiro. Neste capítulo em particular, faremos uma varredura das principais ideias que têm influenciado a ética cristã, com a ajuda de pensadores como Aristóteles, Tomás de Aquino, João Calvino, Stanley Hauerwas e Oliver O'Donovan. A escolha desses autores não é arbitrária; antes, procura contemplar um clássico da ética universal, o maior dos pensadores medievais, um teólogo da Reforma protestante e dois eticistas cristãos contemporâneos. No próximo capítulo, traçaremos os limites morais da vida cristã a partir dos Dez Mandamentos e do Sermão da Montanha e, ao final, falaremos um pouco sobre a noção de sabedoria cristã para assuntos mais específicos da jornada cristã.

ARISTÓTELES

Nunca houve um tempo em que os teólogos cristãos não fossem influenciados positiva ou negativamente pela filosofia grega. Em linhas gerais, as ideias do platonismo foram muito mais influentes do que as

---

[4]Bavinck, *Reformed ethics* (Grand Rapids: Baker, 2019), vol. 1, p. 2.

do aristotelismo, especialmente na igreja primitiva e dentre os cristãos apologistas. Pensava-se que Platão, ao falar mais prontamente da natureza transcendente do Bem e das Formas, era mais promissor para a teologia cristã do que os ensinos supostamente mais materialistas de Aristóteles. No entanto, em relação à ética, ninguém do universo pagão influenciou mais o pensamento moral cristão que o aristotelismo. Apesar de o pensamento de Aristóteles ter sido apropriado desde cedo por filósofos cristãos proeminentes como Boécio, a influência do aristotelismo começou a se consolidar como referência para a ética cristã no início do nono século e atingiu o auge de sua influência pela contribuição de Alberto Magno e Tomás de Aquino no século 13.

De fato, após a redescoberta dos escritos de Aristóteles em meados do século 12 e 13 por diversos autores medievais, o filósofo permanece sendo até o presente a pedra fundamental da ética universal.[5] Dentre as diversas contribuições do aristotelismo para a ética cristã, podemos mencionar o seu conceito de lei natural. Seguindo a longa tradição de Sócrates, Aristóteles defendeu que o conhecimento da realidade está intimamente ligado com a vida virtuosa. Isso significa que conhecer a natureza e o propósito das coisas nos leva naturalmente a fazer a coisa certa. No entanto, Aristóteles se distanciou de seus antecessores ao sugerir que não bastava saber o que era certo para ter uma vida virtuosa, mas também criar o hábito de fazer o bem. Para ele, a virtude é passada para outros não apenas por meio de ensino abstrato, mas pelo treinamento contínuo que envolve a formação do caráter. Portanto, essa nuance colocava a ética aristotélica em um plano mais prático, em vez do paradigma teórico adotado por Sócrates e Platão.

A visão aristotélica de lei natural também pode ser discernida em sua análise sobre o conceito de justiça.[6] Aristóteles entendia que a justiça é uma virtude por meio da qual o ser humano atinge o bem supremo da vida: a felicidade. Ser feliz é ser alguém virtuoso e justo e, por implicação, quanto mais o ser humano cresce no hábito de exercitar as virtudes, maior será o nível de sua felicidade. Portanto, a ética aristotélica

---

[5]Para um resumo da influência aristotélica na tradição cristã, cf. Bavinck, *Reformed ethics*, vol. 1, p. 1-16.
[6]Aristóteles, *Ética a Nicômaco* (São Paulo: Edipro, 2018), VI.7.

é teleológica (do grego, *teleios* = finalidade), isto é, agimos moralmente *para* atingir algum alvo bem definido.

Visto que todo ser humano está em busca da felicidade, a moralidade é vista como um empreendimento universal. Como uma busca comum, a ética também possui uma dimensão política. Precisamos discernir como viver bem na cidade (*polis*). No contexto da cidade, a busca do bem pelo indivíduo para si é certamente desejável, mas almejar o bem maior, o bem nacional, é mais nobre e mais divino ainda. Portanto, o que determina a boa vida em comunidade ou a justiça pública é a nossa preocupação fundamental de buscar o bem comum.

É no contexto da justiça no sentido político que Aristóteles faz uma distinção entre justiça natural e justiça legal. A primeira diz respeito ao que existe a partir da ordem natural e necessária da vida, isto é, o que não depende da interferência humana. A despeito do breve relato que Aristóteles faz sobre o assunto, podemos inferir que a sua visão de lei natural inclui pelo menos três noções: (1) a lei natural é universal: ela é válida em todos os lugares e para todas as pessoas; (2) a lei natural é imutável: a lei para um é a mesma lei para todos; e (3) a lei natural é necessária: ela é intrínseca à natureza, portanto, precede a criação de leis, ou seja, não precisa de uma lei promulgada para ser assimilada e obedecida.

Em contrapartida, a justiça legal é convencional por natureza e, como tal, nasce da interferência e dos acordos humanos em assuntos específicos, por isso são leis que podem ser alteradas e não são necessariamente aplicáveis de modo universal a todos os tempos e lugares, mas, sim, de acordo com as particularidades das culturas.

Como os seres humanos podem discernir a lei natural? Para Aristóteles, as virtudes são intelectuais e morais, significando que precisamos de ensino e hábito para vivermos justamente. Em outras palavras, a felicidade e o bem-estar do ser humano são alvos que podem ser alcançados pelo conhecimento e pela prática da vida virtuosa. Aristóteles até mesmo chega a indagar se a felicidade seria um dom divino, mas, em última análise, ele foca em afirmar que o supremo bem da vida passa a ser realidade à medida que o aprendizado e o exercício das virtudes são adquiridos.

Por ser uma virtude adquirida pela aprendizagem e pelo hábito, Aristóteles argumenta que a chave para a vida moral está no intelecto.

Para ele, a diferença principal entre os animais e os seres humanos está na capacidade de raciocínio. Visto que os poderes da alma e da mente são os elementos mais humanos e divinos que temos, desenvolvê-los bem é a chave para alcançarmos níveis maiores de felicidade. Assim, ele conclui que a vida contemplativa é superior à vida ativa, pois é a verdadeira forma de vida divina e atinge o mais alto grau possível de felicidade e autossuficiência. O lema de vida "buscar o prazer e evitar a dor" é um princípio válido para os animais, mas limitante para humanos, em virtude da grandiosidade do ser humano. A felicidade suprema é um alvo capaz de ser atingido à medida que o ser humano se dispõe a buscar a vida contemplativa dos deuses, os quais não sentem falta de nada, são autossuficientes, sempre felizes e se deleitam naquilo que é mais característico deles: a vida do intelecto.[7]

As implicações do conceito aristotélico de justiça são diversas. Entre elas, podemos citar o papel do legislador como aquele que compreende a ordem e o funcionamento da natureza pelo uso da razão e que busca o bem comum da cidade. Isso naturalmente favorece a noção de uma hierarquia social aristocrática. Na base dessa cidade, estão os escravos que realizam os trabalhos manuais, visto que, por uma suposta ordem natural, suas capacidades de pensamento racional e deliberação são subdesenvolvidas. Em um grau superior, temos os políticos, os quais, por serem de um intelecto superior, são responsáveis por desenvolver leis para o bem comum da cidade. Finalmente, no topo da hierarquia social, temos os filósofos, pois, além de serem intelectualmente superiores aos demais, somente eles se dedicam exclusivamente à vida contemplativa e atingem o maior grau de felicidade e autossuficiência. Nesse estado de coisas, o trabalho corporal para garantir as necessidades básicas é realizado pela maioria para que uma minoria possa se envolver no exercício da mente.

TOMÁS DE AQUINO

Depois da influência de Aristóteles, ninguém mais escreveu com tanta profundidade sobre ética como um dos mais importantes pensadores

---

[7]Ibidem, X.6-8; Aristóteles, *Política* (São Paulo: Edipro, 2019), I.v.8.

cristãos de todos os tempos: Tomás de Aquino. Existem várias similaridades entre o conceito de lei natural em Aristóteles e Tomás. Ambos acreditam que a marca distintiva dos seres humanos é o intelecto. Como seres racionais, os seres humanos são capazes de seguir seus instintos naturais e viver uma boa vida. Tomás também defendeu, como Aristóteles, que a vida virtuosa pode ser obtida por meio do hábito, isto é, por um contínuo cultivo das virtudes. Em suma, ambos concordam que o ser humano está apto a discernir a realidade moral pelo uso da razão e defendem que o raciocínio moral é uma busca teleológica, isto é, uma orientação para aquilo que é bom por natureza.

A diferença mais marcante no pensamento de ambos é o conceito de Deus. Para Tomás, a lei natural é fruto da *imago Dei* colocada no ser humano, ao passo que, para Aristóteles, a moralidade parece ser uma propriedade intrínseca ao gênero humano. Além disso, o propósito da moralidade para ambos é a busca pelo bem e pela felicidade, porém, Aristóteles diz que a plena felicidade está na autossuficiência advinda da contemplação filosófica, ao passo que, para Tomás, a realização do ser humano está na *visio Dei*: a contemplação de Deus na eternidade, onde teremos um encontro face a face com aquele que é o Bem Supremo, Belo e Justo. Assim, a despeito das várias semelhanças entre eles, podemos dizer que a busca por viver uma boa vida para Aristóteles é nitidamente um empreendimento antropológico, enquanto que, para Tomás, viver uma boa vida é uma busca eminentemente teológica.[8]

Na visão de Tomás, buscar o bem é agir conforme os propósitos da natureza e fazer o mal é agir contra as leis da natureza. Assim como o fogo existe para queimar, os seres humanos possuem uma inclinação natural para buscar o bem e evitar o mal, aprendendo-a pelo uso da razão. Portanto, a lei natural está ligada às *boas* inclinações naturais do ser humano.

Para Tomás, o conceito de lei natural está organizado em várias camadas, da maior para a menor. Em primeiro lugar, há no ser humano uma inclinação comum a todas as demais substâncias da natureza: a preservação do próprio ser. Por causa disso, o ser humano tem a inclinação de buscar todos os meios possíveis para preservar a sua vida e se

---

[8]Tomás de Aquino, *Summa theologiae*, I-II.q.94.a.1-6.

afastar dos obstáculos a sua integridade. Em segundo lugar, existe no ser humano uma inclinação mais particular, a qual ele partilha com os animais, que é o desejo de procriar e criar filhos. Em terceiro lugar, o ser humano possui uma inclinação natural para buscar a verdade sobre Deus e para viver em sociedade. Isso significa que o ser humano tem anseios naturais pela religião e procura evitar os conflitos com seus pares, isto é, ofendê-los na convivência diária. Tudo o que for bom nesses cenários corresponde às inclinações naturais do ser humano, ao passo que, em relação às inclinações do ser humano que não são governadas pela razão, podemos dizer que são vícios, os quais foram herdados de uma natureza corrompida.

Isso nos leva a fazer duas perguntas: (1) É a lei natural conhecida por todos da mesma forma? (2) Pode a lei natural ser apagada do coração humano pelo pecado? Em resposta à primeira questão, Tomás argumenta que, em relação aos princípios gerais, a lei natural é conhecida por todos de igual forma, contudo, em relação às conclusões que tiramos dos princípios gerais, ela não é conhecida igualmente por todos. Essa lógica está baseada na distinção de Tomás sobre as razões especulativa e prática. Por um lado, a razão especulativa diz respeito às verdades *necessárias*, aquelas que não podem ser diferentes do que são. Estamos falando aqui de noções comuns universais autoevidentes, como, por exemplo, a soma dos ângulos internos de um triângulo equivale à soma de dois ângulos retos; a mesma coisa não pode ser afirmada e negada ao mesmo tempo; o todo é maior que suas partes etc. Todavia, embora essas verdades sejam universais, nem todos a conhecem do mesmo modo e algumas delas são discernidas apenas pelos sábios.[9]

A razão prática, por outro lado, está vinculada às ações dos seres humanos, que são *contingentes* por natureza. Em matéria de ação, estamos falando de verdades que não são iguais para todos, especialmente no que diz respeito aos detalhes, embora permaneçam verdadeiras universais quanto aos princípios gerais. Por exemplo, segue-se da razão a conclusão de que os bens confiados a outros devem ser devolvidos ao seu dono. Tomás diz que esse princípio será verdadeiro na maioria dos casos, mas pode ser discutido à medida que mais detalhes ou condições

---

[9]Ibidem, I-II.q.94.a.4.

adversas sejam adicionados à situação. Pense no indivíduo que pegou emprestado o carro de alguém e, na iminência de devolver o automóvel ao dono, descobre que este pretende utilizar o carro para um sequestro. Nesse caso em especial, não seria razoável devolver o carro, visto que fazê-lo causaria inúmeros malefícios.

Em resumo, os preceitos gerais da lei natural são justos e conhecidos por todos, mas não com relação às conclusões tiradas dos princípios gerais, uma vez que, em relação aos detalhes de uma determinada situação, fazer o bem e evitar o mal pode significar ir na contramão da conclusão moral tirada do preceito natural. Portanto, as conclusões morais se aplicam aos seres humanos somente na maioria dos casos e, em poucas circunstâncias, podem falhar, visto que, em algumas delas, a razão é pervertida por desejos desordenados, vícios e inclinações da natureza caída. Tomás se refere, por exemplo, ao roubo que, embora expressamente contrário à lei natural, não era considerado errado entre os bárbaros germânicos.[10]

Em resposta à segunda pergunta, se a lei natural pode ser apagada do coração humano, Tomás argumenta que os princípios gerais e universais da lei natural não podem ser apagados do coração humano, mas somente os princípios secundários que resultam dos princípios gerais. Ele explica que a razão humana pode ser impedida de aplicar o princípio geral a uma situação moral particular, seja por más convicções, seja por desejos desordenados, seja por hábitos corruptos, conforme mencionado pelo apóstolo Paulo em Romanos 1.[11]

O que podemos dizer sobre a relação entre lei natural e revelação especial? Na perspectiva de Tomás, tudo o que pertence à lei natural está totalmente contido no evangelho, embora nem tudo o que faça parte do evangelho esteja contido na lei natural, visto que o evangelho é uma revelação superior e adicional à lei natural. Para apreciarmos melhor a visão de Tomás sobre a relação entre lei natural e revelação especial, é preciso explicarmos a sua noção quádrupla de lei: *eterna, natural, humana* e *divina.*

---

[10]Ibidem, I-II.q.94.a.4.
[11]Ibidem, I-II.q.94.a.6.

Tomás se refere à lei eterna como a manifestação da razão e sabedoria divinas no governo do universo. Pelo fato de Deus dirigir todas as coisas para o seu devido fim, podemos dizer que a providência divina é um tipo de lei arquitetônica pela qual Deus mantém tudo sob o seu controle. Tomás explica que todas as demais leis são derivadas da lei eterna, pois todas as formas de governo inferiores resultam do plano superior do governo de Deus. Todas as leis que são úteis para a dimensão temporal da vida fluem da sabedoria eterna de Deus. Por exemplo, pelo fato de ser uma dádiva de Deus a nós, a lei natural impressa no coração humano é uma forma de participação na lei eterna de Deus. Como escreve Tomás: "todas as leis, à medida que participam da razão correta, derivam da lei eterna."[12]

Tomás entende as leis humanas como leis temporais, criadas com base na razão, a partir dos preceitos da lei natural. A lei humana é dividida em duas partes: a lei das nações e a lei civil, as quais são necessárias para a tranquilidade do Estado e a preservação da vida virtuosa em geral.[13] Todas as leis humanas que entrem em conflito em qualquer ponto com a lei natural deixa imediatamente de ser lei, tornando-se uma perversão da lei.[14]

Finalmente, Tomás entra no assunto da lei divina, que é a revelação de Deus necessária para nos dirigir ao nosso fim último na vida. Ele oferece quatro razões pelas quais o ser humano precisa da lei divina. Em primeiro lugar, porque o ser humano foi criado para a felicidade eterna, um fim sobrenatural que foge ao alcance de suas faculdades naturais. Portanto, era necessário que, além da lei natural e humana, o ser humano fosse dirigido para a felicidade eterna por uma lei dada pelo próprio Deus. Em segundo lugar, porque os juízos humanos são corrompidos, especialmente nas questões particulares e contingentes, gerando leis confusas e até mesmo contraditórias. Para que o ser humano tivesse certeza do que deve fazer e do que deve evitar, era necessária uma orientação específica, por uma lei que não pode falhar, dada por Deus. Em terceiro lugar, porque as leis humanas não podem refrear e

---

[12]Ibidem, I-II.q.93.a.3. Tradução do autor.
[13]Ibidem, I-II.q.98.a.1; q.99.a.3.
[14]Ibidem, I-II.q.95.a.2.

direcionar suficientemente os atos interiores do ser humano; por esse motivo, era necessário que ele fosse ensinado por uma lei divina que o aperfeiçoasse em sua busca pela virtude interior, e não apenas exterior. Em quarto lugar, porque a lei humana não pode proibir e punir todas as más ações; por essa razão, era necessário que o ser humano recebesse uma lei divina para que nenhum pecado permanecesse sem sua correta proibição e punição.[15]

A lei divina pode ser compreendida com base nas duas formas pelas quais Deus se revelou no Antigo e Novo Testamentos. Na visão de Tomás, devemos falar da antiga lei e da nova lei de Deus, enfatizando sua unidade e distinção. Por um lado, ele afirma que a nova lei não é distinta da antiga, pois ambas têm o mesmo *fim*, a saber, a sujeição do homem a Deus. Além disso, há somente um Deus revelado nas duas partes da Escritura, portanto, as duas leis provêm da mesma fonte santa. Como diz o apóstolo Paulo, referindo-se às duas alianças: "Deus é um só, o qual justificará o circunciso a partir da fé e o incircunciso por meio da fé" (Romanos 3:30). Por outro lado, as duas leis precisam ser distinguidas pelo fato de uma delas estar mais intimamente conectada com o fim e, a outra, mais remotamente. Nesse sentido, a antiga lei serviu como um pedagogo, oferecendo as instruções mais elementares da nossa obediência a Deus (Gálatas 3:24), enquanto a nova é a lei da perfeição, pois é a lei do amor, articulada pelo ensino apostólico como "o vínculo da perfeição" (Colossenses 3:14). Em outras palavras, embora as duas leis tenham a mesma finalidade e se originem no próprio Deus, a nova lei é ordenada aos homens de idade madura, os quais podem realizar o que diz respeito ao bem comum, ao passo que a antiga lei regulamentou a educação de crianças, as quais precisariam ser ensinadas em níveis superiores mais tarde.[16]

Na minha visão, o conceito refinado de lei natural e a noção neotestamentária de virtude interior são as duas principais contribuições de Tomás para a ética cristã. Várias implicações seguem desses dois princípios. Quanto à lei natural, Tomás nos ajuda a afirmar a existência de uma ordem natural, ainda que genericamente acessível a todas as

---

[15]Ibidem, I-II.q.91.a.4.
[16]Ibidem, I-II.q.107.a.1-4.

pessoas. Isso pavimenta o caminho para a noção bíblica de que todas as pessoas irão prestar contas de seus atos a Deus no julgamento final. Afinal, se Deus responsabiliza todas as pessoas perante o seu julgamento, então todas elas também devem saber o que sua justiça exige. O bom senso dita que, onde nenhuma lei é promulgada, ninguém pode ser culpado de infringi-la. A tradição cristã de lei natural entendeu bem esse ponto à luz do ensino de Paulo: "Assim, todos os que pecaram sem lei também sem lei perecerão; e todos os que pecaram sob a lei serão julgados pela lei". Paulo conclui: "Estes mostram a obra da lei gravada no seu coração, o que é confirmado pela consciência deles e pelos seus pensamentos conflitantes, que às vezes os acusam e às vezes os defendem" (Romanos 2:12,15).

Quanto à ética da virtude, Tomás nos ajuda a perceber com mais clareza as distinções da abordagem ética da antiga lei e da nova lei. Como já dissemos, todas as diferenças atribuídas às duas leis dizem respeito a sua relativa perfeição ou imperfeição. Tomás explica que, de forma geral, a antiga lei foi dada a homens que eram imperfeitos, que ainda não haviam recebido a graça espiritual e, portanto, ela funcionava como a "lei do medo", pois induzia os homens a observarem os mandamentos divinos sob ameaça de penalidades e com base em promessas temporais — como os pais ordinariamente fazem com seus filhos pequenos! Em contrapartida, a nova lei foi gravada no coração daqueles que participam da graça do evangelho e, portanto, é uma "lei do amor" e está voltada para pessoas mais maduras, já que os membros da nova aliança são inclinados a praticar atos virtuosos por amor à virtude, e não por causa de alguma punição ou recompensa exterior e temporal — apesar de a lei do amor descrita no evangelho ser marcada por promessas espirituais e eternas![17]

---

[17]Tomás é bem cuidadoso ao afirmar que alguns personagens no Antigo Testamento olhavam principalmente para as promessas espirituais e eternas —, pois eles já participavam de algum modo no amor e na graça do Espírito Santo (cf. Hebreus 11:26). Isto posto, ele afirma que, em algum sentido, a nova lei já estava contida na antiga. Da mesma forma, no Novo Testamento, há alguns homens carnais que ainda não atingiram a perfeição da nova lei. Tomás explica que isso era necessário, mesmo sob o Novo Testamento, para levar à ação virtuosa pelo medo

JOÃO CALVINO

Na tradição reformada, um dos personagens que mais contribuiu para o avanço das discussões da ética político-universal e da ética cristã foi João Calvino. Apesar de não ter escrito um tratado específico nem ter sistematizado sobre a lei natural, o tema aparece em várias obras de Calvino e, em todas elas, nunca como um tema polêmico, mas, sim, como uma verdade básica da ortodoxia cristã a ser levada adiante. É verdade que Calvino pôs à prova uma série de compromissos de alguns pensadores escolásticos medievais, mas o conceito de lei natural não era um deles. Para Calvino, a ideia de que a ordem natural pode ser conhecida mesmo após a Queda, e, portanto, possui certa estabilidade, é crucial para sua teologia política.[18]

Calvino seguiu a tradição cristã clássica ao afirmar, com base em Romanos 2:14,15, que Deus implantou e esculpiu a sua lei nos corações humanos. Calvino explica que existe na mente humana, por instinto natural, as noções mais básicas da divindade, como se fossem sementes ou marcas afixadas em nossos corações.[19] Nesse sentido, o ser humano partilha de uma racionalidade universal e inteligência que o possibilita a tomar decisões morais. Essa lei natural consiste basicamente nos Dez Mandamentos — a lei moral divina que está inscrita em todos. Como Calvino escreve: "a lei moral é o testemunho da lei natural e da consciência, a qual Deus esculpiu sobre as mentes dos

---

da punição e por promessas temporais. No geral, ele afirma que, embora a lei antiga contivesse preceitos de amor, ela não conferia o Espírito Santo na mesma medida que a nova lei, pois "o amor de Deus é derramado em nosso coração pelo Espírito Santo, que nos foi dado" (Romanos 5:5). Cf. Tomás de Aquino, *Summa theologiae*, I-II.q.107.a.1.ad.2.

[18]Para uma noção geral da relação entre Tomás e Calvino e também acerca da herança medieval no pensamento do reformador francês, veja: Tuininga, *Calvin's political theology and the public engagement of the church* (Cambridge: Cambridge University Press, 2017), p. 99-112; Vandrunen, "Medieval natural law and the Reformation: a comparison of Aquinas and Calvin", *American Catholic Philosophical Quarterly* 80, 1 (2006): 77-98; Helm, "Calvin and natural law", *Scottish Bulletin of Evangelical Theology* 2 (1984): 5-22; Backus, "Calvin's concept of natural and roman law", *Calvin Theological Journal* 38 (2003): 7-26.

[19]Calvino, *Comentário aos Romanos* (São José dos Campos: Fiel, 2018), 2:14-5.

homens."[20] Nesse sentido, o ser humano tem a capacidade de discernir essa lei natural que lhe foi implantada no coração sem a necessidade de guias ou professores e, para Calvino, os níveis refinados de organização social e jurídica dos pagãos antes do cristianismo é uma prova disso.[21]

Essa similaridade também evidencia que Calvino não herdou a perspectiva medieval sem imprimir nela as suas próprias nuances. Por exemplo, enquanto Tomás definiu a lei natural como a participação da criatura racional na lei eterna de Deus por meio do uso da razão, Calvino rejeitou o que, na sua visão, seria um excesso de confiança dos escolásticos nas capacidades racionais, entendendo a lei natural principalmente em referência ao testemunho da consciência. Para Calvino, os princípios básicos da moralidade não são essencialmente conclusões tiradas da investigação racional, mas inclinações e compromissos profundamente enraizados na consciência humana. É essa convicção que permitiu a Calvino manter um conceito relevante de lei natural e, ao mesmo tempo, insistir em que os seres humanos estão predispostos a suprimir a verdade de Deus expressa na natureza.

À semelhança de Tomás, Calvino compartilhava da ideia de que o pecado causou efeitos sérios em nosso conhecimento da lei natural. Embora Calvino tivesse uma visão mais acentuada que Tomás sobre os efeitos do pecado na mente, ambos assinalaram que o nosso raciocínio moral foi profundamente impactado pela condição corrompida de nosso ser.[22] Isso levou Calvino a se opor veementemente à teologia natural enquanto meio de salvação defendida por outros teólogos medievais, como se o ser humano tivesse recursos suficientes em si mesmo para conhecer a Deus salvificamente. No entanto, Calvino não acreditava que os seres humanos fossem absolutamente corrompidos pelo pecado — como uma causa perdida —, nem pensava que a criação fosse irrecuperavelmente entregue ao caos. Por crer na providência divina, Calvino também destacou que a graça de Deus restringe os efeitos

---

[20]Calvino, *Institutas da religião cristã* (São Paulo: Cultura Cristã, 2006), I.iii.1; I.iii.3; II.ii.14; II.ii.22; II.viii.1; IV.xx.16.

[21]Ibidem, II.ii.13.

[22]Ibidem, I.iv.1-4; I.v.11-5.

do pecado por meio de seu cuidado com a criação material e de sua preservação de um mínimo da moralidade humana e da sociedade.[23]

Calvino explica essa tensão entre a depravação humana e a providência divina apelando para a distinção agostiniana entre dons sobrenaturais, que foram totalmente perdidos para a humanidade pecadora, e os dons naturais, que são corrompidos, mas não perdidos. Por um lado, após a Queda, o ser humano perdeu qualquer bênção salvífica que o conectasse ao Criador mais intimamente, como a fé, o amor a Deus, o zelo pelo próximo e pela santidade. Esses benefícios retornam ao ser humano apenas por meio da conversão a Cristo. Por outro lado, embora os dons naturais possuídos pelos seres humanos sejam corrompidos, algumas centelhas deles ainda brilham. Essas faíscas incluem uma medida de discernimento moral, a capacidade de distinguir entre o bem e o mal. Os seres humanos também mantêm alguma liberdade de vontade, embora essa vontade esteja agora ligada a desejos desordenados. O desejo pela verdade também permanece, embora agora trabalhe em vão, obcecado por coisas triviais e vazias, em vez daquelas que realmente importam.[24]

Calvino entendeu a lei natural como uma expressão vital dessa preservação providencial e graciosa de Deus da ordem no mundo. Por causa da lei natural, a restrição de seres humanos pecaminosos não precisa ser puramente externa e coercitiva. O reformador presumiu que a vida ordenada e civilizada em sociedade poderia florescer por causa dos instintos naturais e das percepções e habilidades restantes presentes na alma do ser humano. Assim, a capacidade humana de reconhecer as verdades da lei natural era um meio pelo qual as pessoas ainda podem participar da formação do governo civil e de uma vida social estável.

Como a lei natural se relaciona com a revelação especial? O conceito escatológico de Calvino sobre o Reino de Deus é crucial para estabelecer essa conexão. Para ele, as "coisas celestiais" são aquelas que pertencem às realidades últimas da era porvir, isto é, aquilo que é espiritual, verdadeiro, puro e está relacionado à nossa participação na glória celestial. Em contraste, ele destaca as "coisas terrenas", que pertencem

---

[23]Ibidem, II.ii.12.
[24]Ibidem, II.ii.12-3.

tão somente à experiência humana da era presente. Para sermos exatos, Calvino não se refere às coisas terrenas à luz da sua materialidade, mas enfatizando sua temporalidade. Portanto, as coisas terrenas são "seculares" no sentido clássico do termo, a saber: estão limitadas à época presente, confinadas numa ordem transitória que não terá lugar no Reino de Deus consumado. Essa distinção entre o temporal e o espiritual reflete o paradigma dos dois reinos de Calvino, no qual o governo, a vida familiar, os trabalhos mecânicos e as artes liberais estavam dentro dos limites de um reino temporal, enquanto as coisas celestiais, representadas especialmente pelo ministério da igreja, pertenciam aos limites salvíficos do reino espiritual e eterno.[25]

À luz dessa distinção, a lei natural para Calvino é um dos presentes que Deus dá ao ser humano como instrumento para manter a ordem temporal, estabelecendo um padrão para a lei civil e testificando de sua própria justiça em um mundo caído. No entanto, em linha com o que já dissemos sobre Tomás, Calvino também apontou para a necessidade de uma lei sobrenatural que pudesse ajudar o ser humano a atingir seus objetivos últimos de vida, os quais vão muito além de mero conhecimento natural de Deus. Calvino escreve que a sagrada Escritura é como um remédio necessário para a nossa falta de juízo moral e nossa insubordinação à sua lei. Por meio das afirmações claras da lei escrita, Deus remove as obscuridades da lei natural e imprime em nossa mente um modelo mais concreto e vívido de como Deus espera que o obedeçamos.[26]

É fato que Deus colocou na mente dos homens algum conhecimento da sua justiça e retidão, entretanto, em consequência da corrupção de nossa natureza, a verdadeira luz da verdade não deve ser encontrada entre os homens onde a revelação especial não é desfrutada, ainda que possam ser encontrados certos princípios mutilados que estão embrulhados ou envolvidos em muita obscuridade e dúvida.[27] Calvino acreditava que a incapacidade humana é particularmente óbvia em referência a questões pertencentes à primeira tábua da lei, a qual diz

---

[25]Cf. Tuininga, *Calvin's political theology*, p. 101-103.
[26]Calvino, *Institutas da religião cristã*, II.viii.1.
[27]Calvino, *Comentário de Salmos*, 19:7.

respeito à piedade e à adoração, e, por isso, alguns estudiosos sugeriram que Calvino concebia o papel positivo da lei natural simplesmente em referência à segunda tábua da lei, a qual diz respeito apenas às relações sociais entre os seres humanos.[28]

Para Tuininga, no entanto, a chave para dar sentido às várias afirmações positivas e negativas de Calvino em relação ao uso da lei natural não é interpretá-las em referência às duas tábuas em si mesmas, mas com respeito à diferença entre o propósito temporal da lei e seu propósito espiritual, entre as coisas terrenas e as celestiais. Por um lado, o mundo incrédulo entende que Deus deve ser adorado, mas as pessoas falham em entender o que é a verdadeira piedade. É como se adorassem a um "Deus desconhecido." Elas reconhecem que é errado cometer adultério ou assassinato, mas falham em reconhecer a gravidade da luxúria ou da malícia. É por isso que Calvino distingue a virtude civil da verdadeira justiça espiritual, a justiça do homem da justiça de Deus. A justiça de Deus é aquela que é aprovada perante o seu tribunal, em contraste com a justiça dos homens, que é considerada pelos homens como justiça, embora seja apenas vapor. A primeira é interior, ao passo que a última é meramente exterior. Calvino assinala corretamente que Deus não está preocupado com meras aparências exteriores nem fica satisfeito com obras externas, mas somente com aquelas que procedem de um coração sincero e verdadeiro. Nesse sentido, Calvino reconhece que as boas obras dos ímpios, na sua maioria, são motivadas por amor próprio ou outros motivos escusos.[29]

Por outro lado, os cristãos devem abraçar essas bênçãos naturais e políticas pelo que são: uma graça divina penúltima, dada por Deus para preservar a ordem criada; e, ao mesmo tempo, devem olhar para o seu propósito espiritual superior, esclarecido apenas no evangelho de nosso Senhor Jesus Cristo, como retratado no Novo Testamento. A lei natural é apenas um terreno comum entre cristãos e incrédulos, e nós precisamos ir além dela, pois é impossível, com base no mero conhecimento

---

[28]Haas, "Calvin's ethics", in: McKim, org., *The Cambridge companion to John Calvin* (Cambridge: Cambridge University Press, 2004), p. 94; *The concept of equity in Calvin's ethics* (Waterloo: Wilfrid Laurier University Press, 1997), p. 68, 72.
[29]Calvino, *Institutas da religião cristã*, III.xiv.3.

humano natural, experimentar uma verdadeira restauração da ordem ou alcançar o reino espiritual de Cristo.

Em suma, Calvino seguiu a tradição cristã clássica ao afirmar a utilidade da lei natural como a maneira de Deus preservar a ordem temporal do caos e da desordem total. Talvez, a sua contribuição mais marcante seja a maneira clara e sistematizada pela qual ele compreendeu o conceito de lei natural à luz da distinção dos dois reinos, colocando a lei natural como regra geral para todas as nações sob a ordem temporal, enquanto identificava a lei escrita de Deus como regra particular para aqueles que participam do reino espiritual de Cristo, isto é, a igreja e os assuntos do reino escatológico de Deus.[30]

STANLEY HAUERWAS

Dentre os teólogos atuais que mais têm contribuído para uma ética cristã robusta, não podemos deixar de mencionar a influência de Stanley Hauerwas. De forma geral, sua perspectiva ética está em nítido contraste com Aristóteles, Tomás de Aquino e Calvino. Por exemplo, Hauerwas tem sérios problemas com o conceito de lei natural e qualquer noção de ética universal, preferindo uma abordagem distintamente cristã para a ética. Para ele, em vez de estudar as realidades ao nosso redor, devemos aprender sobre o que é certo e virtuoso à luz da proclamação que Deus faz de si mesmo na pessoa de Jesus Cristo.[31]

Para Hauerwas, a ética cristã deve ser baseada na singularidade da pessoa e da mensagem de Jesus, conforme reveladas no Novo Testamento. Em dívida com o trabalho de John H. Yoder — e, de alguma forma, também com o pensamento de Karl Barth —, Hauerwas defende um pacifismo cristão baseado na ética de não violência manifestada por Jesus no Novo Testamento. Nesse sentido, ele rejeita a ideia de uma

---

[30]Ibidem, II.ii.3-13.

[31]Para uma visão geral da sua ética, veja: Hauerwas, *The peaceable kingdom* (Notre Dame, in: University of Notre Dame Press, 1991); *A community of character* (Notre Dame, in: University of Notre Dame Press, 1991); *Character and the Christian life* (Notre Dame, in: University of Notre Dame Press, 1994).

ética universal em diálogo com o mundo pagão, sugerindo que a pessoa e a obra do Senhor Jesus são o único critério moral da igreja.[32]

Hauerwas apresenta várias críticas contra o conceito de lei natural defendido pela tradição cristã. Na sua visão, a lei natural: (1) não fornece um relato adequado de como nossas convicções teológicas cristãs formam uma comunidade moral; (2) confunde a ética cristã com visões não cristãs de mundo, tornando incerto de que modo o cristão pode — ou mesmo se deve — aplicar sua visão moral aos de fora da comunidade cristã; (3) falha em reconhecer que não existe uma moralidade universal real; (4) falha em fornecer uma perspectiva crítica para a igreja desafiar a violência inerente ao mundo; (5) ignora o caráter narrativo das convicções cristãs; (6) tenta os cristãos a se posicionarem publicamente coagindo os não cristãos a aderirem às suas visões religiosas de mundo como se fossem verdades universais.[33]

Em contrapartida, Hauerwas sugere que a ética cristã deve ser formada pela compreensão narrativa das verdades cristãs. Para ele, são essas histórias e convicções específicas do cristianismo que determinam o surgimento de uma comunidade genuinamente cristã que produzirá agentes morais no mundo. A ética, nesse sentido, não é meramente princípios e regras, mas como alguém pode ser transformado para ver o mundo à luz das verdades reveladas no evangelho. Essa transformação pessoal está relacionada ao reconhecimento de que somos pecadores que precisam de redenção, razão pela qual os cristãos devem insistir em uma ética exclusiva e não abrir concessões para um mundo sem convicção de sua pecaminosidade. O que Hauerwas está tentando dizer é que a ética cristã cresce dentro de uma comunidade local, a igreja, onde a narrativa não violenta do evangelho é proclamada e celebrada semanalmente. A igreja é uma espécie de lugar estratégico onde as virtudes específicas do cristianismo são celebradas, forjadas e passadas adiante na sociedade.[34]

Ser um povo pacífico está no centro da ética cristã, segundo pontua Hauerwas. Este pacifismo completo não se deduz de uma lei natural

---

[32]Hauerwas, *The peaceable kingdom*, p. 51-4, 59-60, 99, 101, 120.
[33]Ibidem, p. 62-4.
[34]Ibidem, p. 50-62.

universal, mas só pode ser descoberto por meio da narrativa não violenta do evangelho. Para Hauerwas, a noção de lei natural se opõe ao espírito da mensagem cristã, uma vez que a inclinação para a autopreservação serve como princípio moral fundamental universal e, como resultado, celebra a legitimação da violência, das guerras e de toda sorte de justiças que não se harmonizam bem com o comportamento de Cristo.[35] Hauerwas é contundente ao afirmar que a ética cristã deve ser uma ética da virtude e da resistência baseada pura e simplesmente na fidelidade a Cristo, e não na busca por ser uma moralidade pragmática, que procura ser relevante no mundo às custas de seus princípios, diluindo suas convicções centrais ao tentar buscar o que funciona para todos.[36]

Na visão de Hauerwas, a igreja mostra sua importância para o mundo à medida que permanece sendo igreja cristã, isto é, sendo fiel ao seu chamado de imitar o Cristo. Ela contribui para o mundo ao celebrar os sacramentos, pregar a Palavra de Deus e encorajar uns aos outros a viverem fielmente no mundo de acordo com o exemplo de Cristo, o que para Hauerwas implica uma agenda pacifista radical. A sua ética pode ser descrita em algumas afirmações elementares: (1) a paz é o fim da vida cristã; (2) para sermos pacíficos, devemos reconhecer nossa pecaminosidade e a verdade do evangelho; (3) para conhecermos a ética singular do cristianismo, é necessário discernirmos a narrativa bíblica e participarmos de uma comunidade onde tais narrativas são proclamadas. Em suma, cristãos que tentam construir uma teoria ética baseada na lei natural estão negando o fato de que a ética cristã é, por natureza, contracultural, exclusiva e eclesiástica.[37]

Na minha perspectiva, Hauerwas captura bem vários dos problemas éticos e ambições da sociedade moderna, particularmente a tentação legalista de alguns — fora e dentro da igreja — em pensar que a sociedade será um lugar melhor e mais virtuoso se tão somente mais direitos e novas leis forem aprovados publicamente. Embora Hauerwas não rejeite totalmente o valor dos direitos, das instituições e da promoção do bem comum, ele sugere que a principal tarefa da igreja deve ser

---

[35]Ibidem, p. 104, 114-5, 130-40.
[36]Ibidem, p. 72-5, 96-115.
[37]Ibidem, p. 87-90, 135-52.

um esforço comunitário de formar discípulos com convicções pacíficas, parecidos com Cristo em suas virtudes, para a vida do mundo. Nesse sentido, o que Hauerwas propõe é uma ética da virtude que só pode ser formada e cultivada de modo cristológico e eclesiástico, e não pela observância de regras e princípios universais. Para ele, enquanto esse não for o tom da ética cristã, os cristãos continuarão tendo sérias dificuldades em convencer a sociedade como um todo a viver de acordo com seus padrões morais.

De forma geral, eu simpatizo com várias das críticas que Hauerwas faz à ética cristã tradicional. É indiscutível que a moralidade cristã não é aprendida por meras abstrações racionais sobre a realidade. Afinal, somos pecadores, vemos o mundo de maneira distorcida e, desse modo, precisamos da direção particular das Escrituras para sabermos o que é o certo. Além disso, Hauerwas relembra que a igreja cristã deveria se preocupar menos em tentar transformar o mundo, concentrando seus esforços em ser fiel ao chamado de testemunhar a nova realidade do Reino de Deus neste mundo caído. Consequentemente, a presença fiel da igreja neste mundo tem menos a ver com a defesa de agendas específicas nas cortes de justiça ou nas casas legislativas e está muito mais relacionada ao modo pelo qual as comunidades cristãs funcionam como incubadoras de virtudes em todas as áreas da vida.

No entanto, contrariando partes fundamentais do argumento de Hauerwas, eu creio que, na integridade da ética cristã, está embutida a noção de dupla cidadania e, por essa razão, o reconhecimento mínimo de uma lei natural que é parte do drama da criação, a qual é garantida pela providência de Deus e restaurada e reafirmada no ministério de Cristo. Assim, apesar de entender as razões de Hauerwas para desconfiar do conceito de lei natural, a noção de uma ordem moral universal foi estabelecida na criação, permanece — ainda que mutilada — nos corações humanos por meio da providência divina e é reafirmada no evangelho de Cristo como restauração da criação.

OLIVER O'DONOVAN

Oliver O'Donovan é outro teólogo com uma vasta contribuição para a ética cristã. Embora não advogue plenamente o conceito de lei natural como Aristóteles, Tomás de Aquino e Calvino, O'Donovan vê, diferentemente de Hauerwas, pontos de concordância entre a ética clássica e a ética cristã. Ele admite que a ética cristã tem um ponto de concordância com a ética clássica de Platão, de Aristóteles e dos estoicos, especialmente porque os gregos tratavam a ética como um correlato próximo da metafísica, isto é, o modo como o universo é determina o modo como o ser humano deve se comportar. Os cristãos não deveriam ficar impressionados com o fato de que sociedades intocadas pela influência cristã possuem princípios morais verdadeiros. A razão é simples: todas as culturas ainda estão dentro de uma ordem moral enraizada na boa criação divina.[38]

De acordo com O'Donovan, o conhecimento moral faz parte da função natural da existência humana. Existir implica sabermos algo de nossa realidade e a partir dela. Pelo fato de a natureza ser teleológica — marcada por propósitos intrínsecos —, é impossível existir no mundo e não identificar certas normas de procedimento. Conhecer a realidade implica sabermos de que modo devemos participar dela. Portanto, a realidade é teleológica: ela tem fins e nos orienta para eles. Quanto mais conhecemos a realidade que nos cerca, mais entendemos as funções de suas partes, dando-nos conhecimento moral para viver neste mundo. Em sua visão da lei natural, O'Donovan afirma que existem dois polos no raciocínio moral: o reflexivo e o deliberativo, ambos preocupados, respectivamente, com o bom e o correto. O pensamento moral envolve saber que certas coisas são boas, porém, vai além disso, por ser uma jornada na qual partimos do que sabemos para chegar a uma conclusão sobre o que é certo fazermos. Ao olhar para os objetos, inferimos naturalmente seus fins.[39]

No entanto, O'Donovan vê a doutrina da Queda como a chave para criticar um excesso de confiança na lei natural. Ele volta à doutrina do pecado original de Agostinho e à tradição mais antiga do pensamento moral cristão para afirmar que a substância da ética cristã vem predominantemente da leitura da Bíblia e, de modo secundário, de outras

---

[38]O'Donovan, *Resurrection and moral order* (Grand Rapids: Eerdmans, 2001), p. 17-21.
[39]Ibidem, p. 31-52.

fontes. Por causa da Queda dos seres humanos, nós não apenas rejeitamos a ordem criada, mas também falhamos em discerni-la. Portanto, dada a nossa natureza decaída, não podemos seguir a receita estoica para uma vida direcionada em pleno acordo com a natureza sem uma dose de cautela epistemológica. Por causa dos efeitos da Queda na mente humana, não é tão fácil afirmar se algo é natural ou convencional.[40]

É verdade que continuamos seres humanos criados à *imago Dei*, mas estamos radicalmente corrompidos. Por implicação, nosso conhecimento da realidade é, na melhor das hipóteses, parcial e fragmentado. Somos capazes de conhecer a realidade e, portanto, o conhecimento moral ainda é possível — o mundo não é um caos completo! No entanto, o mundo ficou tenebroso, confuso e distorcido. Debaixo da Queda, os seres humanos têm apenas uma visão fragmentada e distorcida da realidade moral. Apenas em virtude da providência divina, o universo continua sendo uma boa criação de Deus e os humanos ainda são capazes de perceber noções gerais de propósito presentes na criação.[41]

Como dissemos, para O'Donovan, a ética cristã depende substancialmente da revelação especial de Deus. A criação não pode ser verdadeiramente vista como tal, a menos que acreditemos primeiro no Criador. Sem o conhecimento do Criador, é impossível chamar a ordem natural de ordem criada. Se não possuímos uma visão clara do todo da realidade, o máximo que o conhecimento natural do ser humano pode alcançar são partes bagunçadas do quebra-cabeça da existência. Essa compreensão natural da realidade é tão fragmentada que nos leva a construir idolatrias e ideologias que separam partes da realidade de seu espectro mais amplo. Portanto, nossos conceitos caídos da lei natural não são uma plataforma que possa servir de base para o fundamento mais perfeito do conhecimento de Cristo. Em vez disso, as lentes do evangelho nos dão a capacidade de denunciar a realidade fragmentada por não ser aquilo que foi originalmente programada para ser. Consequentemente, nossas certezas sobre a ordem criada dependem da própria revelação de Deus e de suas obras. Dizemos que a rebelião humana

---

[40]Ibidem, p. 85-90.
[41]Ibidem, p. 88-9.

não conseguiu destruir a ordem natural, contudo, mesmo isso sabemos por causa da revelação especial de Deus nas Escrituras.[42]

A abordagem ética de O'Donovan é notável e repleta de implicações. Para ele, a moralidade cristã deve manter as noções de redenção e criação unidas, evitando assim a polarização de uma perspectiva marcada por redenção sem criação ou criação sem redenção. Em vez disso, a ética cristã é baseada na restauração e na reafirmação da ordem criada. O'Donovan rejeita a polarização entre uma ética que é revelada historicamente em Cristo, mas não possui fundamento ontológico (e.g. Yoder, Hauerwas, Barth) e uma ética que é baseada na criação e, portanto, naturalmente conhecida por todos (e.g. lei natural). Em vez disso, ele favorece a noção de que a revelação em Cristo nos dá uma reafirmação da ordem criada. Somente por meio da revelação especial podemos ver a ordem natural como ela realmente é, como um quebra-cabeça com todas as peças e, por causa disso, podemos superar os obstáculos que nos impedem de participar eticamente do mundo. Esse novo conhecimento revelado sobre toda a realidade não exclui diretamente as noções naturais que podem ser apreendidas pela razão humana caída nem lhes opõe diretamente, visto que elas fazem parte da providência divina que mantém a ordem criada em pé. No entanto, somente em Cristo percebemos melhor como cada um dos fragmentos que descobrimos pela razão fazem sentido à luz do todo.

De acordo com a visão de O'Donovan, o conhecimento da realidade recebido do evangelho deve nos distanciar de duas posturas. Em primeiro lugar, de negar aspectos da verdade em ambientes não cristãos. Em segundo lugar, de assimilar as narrativas éticas da cultura ou afirmar acriticamente um fragmento da realidade como se fosse toda a verdade acerca da realidade. A autoridade do evangelho deve informar nossos juízos sobre os bens e os males da cultura da qual participamos, para que não neguemos os desenvolvimentos de uma cultura particular, nem assimilemos apressadamente um fragmento dela, mas vivamos nas culturas que conhecemos, denunciemos seus ídolos e ideologias e apresentemos uma melhor forma de viver a partir da narrativa do evangelho.[43]

---

[42]Ibidem, p. 87-90.
[43]Ibidem, p. 89-91.

Espero que essa breve introdução à ética cristã possa nos ajudar como um ponto de partida para respondermos à pergunta: como Deus espera que obedeçamos à sua vontade? Em síntese, há uma lei natural gravada em nossos corações que nos permite participar da realidade criada sendo guiados por inclinações que o próprio Deus colocou em nós. Mesmo após a Queda e seus efeitos devastadores em nossa percepção moral da realidade, a providência divina continua conservando fragmentos dessa lei natural em nossas consciências, o que nos permite nutrir um diálogo frutífero com outras éticas deste mundo a respeito de noções básicas de certo e errado, direitos humanos, justiça pública e de que modo podemos cooperar como uma só humanidade para o mínimo de bem comum.

No entanto, não podemos falar de uma obediência distintamente cristã a menos que tenhamos em mente a vontade revelada de Deus nas Escrituras, particularmente na pessoa e na prática de nosso Senhor Jesus Cristo. É para ele que nossas inclinações morais naturais, as leis do Antigo Testamento e todas as nossas aspirações éticas devem convergir. Diferentemente da lei natural, a ética cristã pertence exclusivamente aos salvos, pois somente a eles foi concedido o Espírito Santo que os capacita a viver moralmente de maneira sobrenatural no mundo, assim como Cristo viveu. Em outras palavras, estamos sujeitos a uma lei superior, a lei de Cristo, pela qual interpretamos e avaliamos todas as afirmações e teorias éticas deste mundo. Como o Senhor Jesus mesmo disse: "Porque eu afirmo que, se a justiça de vocês não exceder em muito a dos escribas e fariseus, jamais entrarão no Reino dos Céus" (Mateus 5:20). No próximo capítulo, vamos estudar mais a fundo a respeito da lei de Cristo.

REFERÊNCIAS

ARISTÓTELES. *Ética a Nicômaco* (São Paulo: Edipro, 2018).

_____. *Política* (São Paulo: Edipro, 2019).

BACKUS, Irena. "Calvin's concept of natural and roman law". *Calvin Theological Journal* 38 (2003): 7-26.

BAVINCK, Herman. *Reformed ethics* (Grand Rapids: Baker, 2019). Vol. 1: Created, fallen, and converted humanity.

BONHOEFFER, Dietrich. *Ethics* (Minneapolis: Fortress Press, 2005).

_____. *Ética* (São Leopoldo: Sinodal/EST, 2011).

CALVIN, Jean. "Institutio Christianae religionis." In: BAUM, G.; CUNITZ, E.; REUSS, E., orgs. *Ioannis Calvini Opera Quae Supersunt Omnia*. Corpus Reformatorum (Brunswick and Berlin: C. A. Schwetschke and Son [M. Bruhn], 1863-1900). Vols. 29-87.

_____ [CALVINO, João]. *Institutas da religião cristã* (São Paulo: Cultura Cristã, 2006). 4 vols.

_____ [CALVINO, João]. *Comentário aos Romanos* (São José dos Campos: Fiel, 2018).

_____ [CALVINO, João]. *Comentário de Salmos* (São José dos Campos: Fiel, 2013). 4vols.

HAAS, Guenther. "Calvin's ethics". In: McKim, Donald K., org. *The Cambridge companion to John Calvin* (Cambridge: Cambridge University Press, 2004).

_____. *The concept of equity in Calvin's ethics* (Waterloo: Wilfrid Laurier University Press, 1997).

HAUERWAS, Stanley. *A community of character*: toward a constructive Christian social ethic (Notre Dame, IN: University of Notre Dame Press, 1991).

_____. *Character and the Christian life*: a study in theological ethics (Notre Dame, IN: University of Notre Dame Press, 1994).

_____. *The peaceable kingdom*: a primer in Christian ethics (Notre Dame, IN: University of Notre Dame Press, 1991).

HELM, Paul. "Calvin and natural law". *Scottish Bulletin of Evangelical Theology* 2 (1984): 5-22.

LLOYD-JONES, D. Martyn. *Romans: exposition of chapter 6: the new man* (Edinburgh: Banner of Truth, 1972).

_____. *Romanos: exposição do capítulo 6* (São Paulo: PES, 2011). Vol. 5: O novo homem.

LUTHER, Martin. "'Temporal authority: to what extent it should be obeyed". In: LULL, Timothy F., org. *Martin Luther's basic theological writings*. Minneapolis: Fortress Press, 2005, p. 655-703.

O'DONOVAN, Oliver. *Resurrection and moral order: an outline for evangelical ethics*. 2. ed. (Grand Rapids: Eerdmans, 2001).

SPURGEON, Charles H. "Justification by grace". Disponível em: https://www.spurgeon.org/resource-library/sermons/justification-by-grace/#flipbook/. Acesso em: 15 jun. 2021.

THOMAS AQUINAS. "Summa theologiae." In: MORTENSEN, John, et al., org. *Latin/English edition of the works of St. Thomas Aquinas* (Lander, WY: The Aquinas Institute for the Study of Sacred Doctrine, 2012). Vol. 13-20.

_____. [TOMÁS DE AQUINO] *Suma teológica* (Campinas: Editora Ecclesiae, 2018). 5 vols.

TUININGA, Matthew J. *Calvin's political theology and the public engagement of the church: Christ's two kingdoms* (Cambridge: Cambridge University Press, 2017).

VANDRUNEN, David. "Medieval natural law and the Reformation: a comparison of Aquinas and Calvin". *American Catholic Philosophical Quarterly* 80, 1 (2006): 77-98.

A LEI DE CRISTO

Aqueles que procuram focar no problema de uma ética cristã se deparam com uma questão ultrajante desde o início: eles devem renunciar, por serem inadequadas a este tema, às mesmas duas questões que os levaram a lidar com o problema ético: "Como posso ser bom?" e "Como posso fazer algo bom?" Em vez disso, eles devem fazer outra pergunta completamente diferente: "Qual é a vontade de Deus?"[1]

— Dietrich Bonhoeffer

Por que precisamos de mandamentos? Alguns poderiam dizer: "Não seria a vida muito melhor se pudéssemos fazer somente aquilo que nós realmente queremos?" Esse tipo de pensamento tem várias falhas. A princípio, o problema com essa frase é que ela é, por si só, uma regra! Ao tentar nos libertar das regras, quem reproduz esse tipo de filosofia não percebe que está vivendo a vida à luz de um código: devemos fazer aquilo que queremos. Não há como escaparmos de regras e mandamentos, eles simplesmente fazem parte da vida. Até mesmo quando estamos em busca de entretenimento, nós criamos regras para manter um certo grau de ordem e justiça. Por exemplo, num jogo de cartas, no futebol, no basquete ou em qualquer outro passatempo, as regras existem não para tornar o jogo entediante, mas justamente para garantir o entretenimento de todos de forma justa.

---

[1]Bonhoeffer, *Ethics* (Minneapolis: Fortress Press, 2005), p. 47. Tradução do autor.

De uma perspectiva cristã, tentar viver sem mandamentos é uma péssima opção também por causa da nossa natureza pecaminosa. A Escritura revela que somos pecadores e temos uma natureza inclinada mais para o mal do que para o bem. Para sermos exatos, não haveria problema nenhum em seguirmos somente as nossas vontades, desde que elas fossem bem ordenadas assim como eram no princípio, com o primeiro casal, e como serão de forma ainda mais plena na nova criação. No presente estado humano, porém, precisamos aprender a orientar os nossos amores, mortificar a nossa carne e buscar a glória de Deus em tudo o que fazemos. Precisamos de limites na vida porque contraímos um câncer moral dentro da nossa alma. Negar que há uma ferida mortal que nos inclina para o mal produz o mesmo efeito de alguém que lida com um câncer imaginando que ele não existe: morte. Pelo contrário, precisamos de tratamento, como quimioterapia e remédios, para conter o avanço dessa enfermidade tão crítica.

Uma das maneiras pelas quais o Senhor freia as más inclinações da nossa vontade é por meio da sua lei. Como vimos no capítulo anterior, a lei divina está presente de forma inata em todos os seres humanos, mas de forma especial e exclusiva nos discípulos de Cristo, que receberam um novo coração pelo Espírito. Com base nessa distinção, os reformadores chegaram à conclusão de que existem diferentes usos da lei divina para o ser humano. Em primeiro lugar, temos o *uso civil ou político da lei*. A lei moral é útil para todos os homens, pois serve para limitar todas as paixões desenfreadas das pessoas com as rédeas de um controle externo, como se fosse um freio que doma e restringe o animal furioso dentro das pessoas.[2] Certamente, os seres humanos naturais não podem mais obedecer à lei moral divina em um sentido espiritual, isto é, por puro amor a Deus e ao próximo, sem segundas intenções; antes, eles podem apenas apresentar uma conformidade externa de suas ações com respeito à lei. De acordo com Lutero, os não regenerados só podem ser governados por meio da força coercitiva da lei. À luz de suas interpretações de Romanos 13 e 1Pedro 2—3, Lutero concluiu que, sem uma regra temporal restringindo a maldade,

---

[2] Cf. Bavinck, *Reformed ethics* (Grand Rapids: Baker, 2019), vol. 1, p. 226-7.

o mundo seria, como uma arena cheia de feras indomáveis, deixado no caos completo.[3]

Em segundo lugar, temos o *uso pedagógico da lei*. Nesse caso, a lei funciona como um professor ou pedagogo que nos ensina duas coisas: perceber mais claramente o nosso pecado e a nossa punição. É por meio da lei moral que tomamos consciência do ideal que Deus deseja a respeito do que devemos ser. Em outras palavras, a lei afirma implacavelmente: é assim que você deve ser; se não o for, então você é culpado; e o castigo o aguarda (cf. Romanos 3:19,20; 4:15; 5:20; 7:7-20; 2Coríntios 3:7; Hebreus 12:29). Portanto, a primeira coisa que a lei nos ensina é que somos pecadores vivendo diante de um Deus santo, o qual é nosso Juiz justíssimo. A segunda coisa que a lei nos ensina é que devemos temer e tremer diante da ira justa do divino Juiz. De fato, os reformadores diziam que o conhecimento da lei moral deve nos levar ao desespero, visto que somos incapazes de cumpri-la e que, pela nossa experiência, somos tão depravados a ponto de nos alegrarmos na própria desobediência. Como registra o Catecismo Maior de Westminster: "A lei moral é de utilidade aos homens não regenerados para despertar as suas consciências a fim de fugirem da ira vindoura e forçá-los a recorrer a Cristo; ou para deixá-los inescusáveis e sob a maldição do pecado se continuarem nesse estado e caminho."[4] Assim, ao nos amedrontar, a lei moral nos dirige a Cristo, não como um veículo de salvação, mas funcionando da mesma maneira que uma doença nos leva ao médico, isto é, pelo medo de morrer e pelo anseio de preservar a própria vida.

Em terceiro lugar, temos o *uso espiritual da lei*. Diferente dos incrédulos, que são domados pela coerção da lei, aqueles que nasceram do alto são governados pelo próprio Cristo por meios não violentos, isto é, pela Palavra e pelo Espírito Santo, que produzem em nós a justiça moral consistente com a nossa justificação. Para nós, cristãos, a lei não deve nos amedrontar, como se fosse um carrasco à procura de nossas cabeças, pois não estamos mais sob a maldição da lei e sim sob da graça do Senhor Jesus Cristo. O nosso Salvador foi o único que cumpriu a lei

---

[3]Luther, "Temporal authority: to what extent it should be obeyed", in: Lull, org., *Martin Luther's basic theological writings* (Minneapolis: Fortress Press, 2005), p. 665.
[4]Catecismo Maior de Westminster, pergunta 96.

e sofreu a sua maldição em nosso lugar. Todo aquele que continua sem Cristo, no entanto, continua debaixo da maldição de obedecer a lei e de receber sua pena capital — não obstante, "já não existe nenhuma condenação para os que estão em Cristo Jesus" (Romanos 8:1). Portanto, vemos na lei uma oportunidade de manifestar nossa gratidão a Deus por ter nos libertado do pecado e de seus efeitos devastadores. A lei continua sendo a nossa regra de conduta, mas como o meio pelo qual manifestamos o nosso amor pelo Senhor (João 14:21). Como escreve o apóstolo João: "No amor não existe medo; pelo contrário, o perfeito amor lança fora o medo. Porque o medo envolve castigo, e quem teme não é aperfeiçoado no amor" (1João 4:18).

Neste capítulo, nós faremos uma jornada explorando o significado e as implicações morais dos Dez Mandamentos, particularmente à luz do terceiro uso da lei, isto é, seu uso espiritual pelos cristãos. Como já dissemos, o evangelho nos libertou apenas da maldição anexada à lei, e não da necessidade de sermos guiados pela lei. Afinal, a lei é como um espelho por meio do qual vemos a santidade de Deus e, consequentemente, a nossa própria miséria. A lei nos leva ao desespero de clamar por cura não porque ela seja ruim, mas porque nós temos uma vontade enferma incapaz de cumprir seus preceitos santíssimos. Em outras palavras, a lei de Deus é boa e um excelente guia para a nossa santificação se já estamos em Cristo, unidos com ele na nova aliança de seu sangue. Para quem está fora dessa nova aliança, a lei permanece uma maldição como caminho de "salvação pelas obras." Para nós, unidos a Cristo em uma aliança de pura graça, a lei de Deus serve como um guia para uma vida justa. A lei é a maneira pela qual Deus dirige o cristão após a conversão, no poder do Espírito Santo, para a prática das boas obras e a vida virtuosa. Portanto, para nós, a lei deixa de ser um mero espelho da nossa miséria e passa a ser um guia para glorificar a Deus com o nosso entendimento, nossas palavras e ações e nossos afetos. Como esclarece o Catecismo de Heidelberg:

> P: Se fomos libertados da nossa miséria somente pela graça por meio de Cristo, sem nenhum mérito nosso, por que então devemos praticar boas obras? R: Por que Cristo, tendo nos remido pelo seu sangue, também nos renova por seu Espírito Santo à sua imagem

para que, com toda a nossa vida, mostremo-nos gratos a Deus por seus benefícios e para que ele seja louvado por nós. Além disso, para que tenhamos a certeza da nossa fé por causa dos seus frutos e para que, pelo novo viver piedoso, possamos ganhar os nosso próximo para Cristo.[5]

A definição acima é muito precisa e deve nos despertar para compreendermos o significado mais amplo de vivermos em obediência à vontade divina. Devemos viver uma vida virtuosa, obedecendo a lei de Deus e praticando boas obras, por pelo menos quatro razões: (1) porque é um sinal de que o Espírito Santo está nos renovando por dentro e por fora; (2) porque é uma maneira de expressar nossa gratidão a Deus por termos sido redimidos por seu grande amor; (3) porque é um modo pelo qual Deus confirma que somos seus filhos, isto é, por darmos muitos frutos; (4) porque a nossa vida é uma estratégia missionária que o Senhor usa para atrair os incrédulos ao nosso redor a fim de que eles também experimentem o poder do evangelho de Cristo. Tudo aquilo de que precisamos para viver de modo digno do evangelho está descrito e resumido no Decálogo, a lei moral de Deus que nos dirige perfeitamente na maneira pela qual devemos amar a Deus e ao próximo.

COMO INTERPRETAR OS DEZ MANDAMENTOS?

Antes de tratarmos detalhadamente de cada mandamento e suas implicações para a inteireza da nossa obediência a Deus, precisamos estabelecer quais são os princípios corretos para interpretarmos os mandamentos. Os princípios a seguir não surgiram arbitrariamente da minha mente; antes, eles emergem da própria Escritura, especialmente da interpretação que o próprio Senhor Jesus faz da lei (Mateus 5—7), explorando seu significado mais amplo e comunicando o espírito da lei à luz do evangelho.[6]

---

[5]Catecismo de Heidelberg, pergunta 86.
[6]Para uma lista contendo várias regras para interpretar os Dez Mandamentos, veja: Catecismo Maior de Westminster, pergunta 99; Frame, *A doutrina da vida cristã* (São Paulo: Cultura Cristã, 2013), p. 379-91.

Em primeiro lugar, a lei moral contida nos Dez Mandamentos deve ser encarada não como um fardo pesado, mas como a lei que traz liberdade e felicidade para todos os que a praticam (Tiago 1:25). Como veremos mais à frente, a disposição interna que deve levar os cristãos à obediência da lei divina não é o medo da punição, nem o desejo de se salvar por meio da lei, alcançando justiça própria. Pelo contrário, a única motivação que temos para obedecer ao Senhor de toda a nossa alma é a gratidão que flui de nosso interior pelo fato de termos sido salvos pela graça de Deus. Como ironiza o apóstolo: "Que diremos, então? Continuaremos no pecado, para que a graça aumente ainda mais? De modo nenhum! Como viveremos ainda no pecado, nós, que já morremos para ele?" (Romanos 6:1,2). Em seguida, Paulo complementa: "Mas graças a Deus que, tendo sido escravos do pecado, vocês vieram a *obedecer de coração* à forma de doutrina a que foram entregues" (Romanos 6:17).[7] Portanto, nossa obediência à lei de Deus funciona para nós como uma maneira de expressarmos nossa gratidão a Deus por termos sido libertos do domínio do pecado e da maldita morte que nos assombrava quando ainda estávamos sem Cristo.

Em segundo lugar, todos os mandamentos estão interligados, de modo que constituem uma lei integral de Deus para o ser humano em todas as áreas da vida, como afirma Tiago: "quem guarda toda a lei, mas tropeça em um só ponto, se torna culpado de todos" (Tiago 2:10). Isso significa que nossa obediência a Deus não pode ser parcial. Com efeito, deve envolver tudo o que somos, pois, "se a justiça de vocês não exceder em muito a dos escribas e fariseus, jamais entrarão no Reino dos Céus" (Mateus 5:20).

Em terceiro lugar, ela é uma lei espiritual que engloba o entendimento, a vontade, os afetos e todos os nossos pensamentos e ações (Romanos 7:14). Ela é chamada de "lei espiritual" porque o seu conteúdo não é nada mais que uma expressão de nosso amor a Deus, como ensinou Moisés e foi reafirmado pelo Senhor Jesus: "ame o Senhor, seu Deus, de todo o seu coração, de toda a sua alma e com toda a sua força" (Deuteronômio 6:5; cf. Mateus 22:37-39).

---

[7] Ênfases do autor.

Em quarto lugar, por estarem organicamente interligados, um mandamento pode exigir ou proibir a mesma coisa que outros mandamentos. Por exemplo, Paulo diz que "o amor ao dinheiro é a raiz de todos os males; e alguns, nessa cobiça, se desviaram da fé e atormentaram a si mesmos com muitas dores" (1 Timóteo 6:10). Além de quebrar claramente o décimo mandamento — não cobiçarás —, o amor ao dinheiro também é uma forma de idolatria (Colossenses 3:5), pois adultera nosso amor para com Deus, acabando por desordenar a nossa obediência a Deus e o nosso amor ao próximo em vários níveis. Por exemplo, o amor ao dinheiro em geral impede que amemos ao nosso próximo como pessoas dignas de nosso respeito e admiração, pois transferimos nosso apreço às coisas mais que às pessoas. Quando chegamos ao ponto de cobiçarmos os pertences dos outros, falamos mal do próximo e lhe causamos dano físico. Ao ouvirmos relatos de assassinatos, por exemplo, geralmente a morte de um inocente envolve mentiras, cobiça, furto, ganância e uma série de outros pecados condenados na lei divina.

Em quinto lugar, a lei moral deve ser interpretada no sentido de que, "onde um dever é prescrito, o pecado contrário é proibido; e, onde um pecado é proibido, o dever contrário é prescrito; assim como, onde uma promessa está anexa, a ameaça contrária está inclusa; e, onde uma ameaça está anexa, a promessa contrária está inclusa."[8] Por exemplo, quando Deus ordena: "não matarás", ele obviamente está nos ordenando positivamente a protegermos a vida humana. Similarmente, ao prometer longevidade aos que honram as autoridades, o Senhor está ameaçando com maldição aqueles que fazem o contrário. João Calvino escreveu que, para obedecer à lei de Deus apropriadamente, é necessário ampliar o significado dos mandamentos, internalizá-los e, em seguida, torná-los positivos. Em relação ao mandamento "não matarás", Calvino pergunta: "É suficiente se tão somente não odiarmos ninguém?" E então vem a resposta: "De jeito nenhum, visto que o Senhor, ao condenar o ódio e ao nos restringir acerca de qualquer dano com que possamos prejudicar nosso próximo, mostra ao mesmo tempo que

---

[8]Catecismo Maior de Westminster, pergunta 99.

requer que amemos todos os homens de todo o coração e estudemos os melhores meios para defendê-los e preservá-los."[9]

Em sexto lugar, a lei também exige que, "sob um pecado ou sob um dever, todos os da mesma classe são [respectivamente] proibidos ou mandados, juntamente com todas as coisas, os meios, as ocasiões, as aparências e as provocações em relação a eles."[10] Isso significa que os mandamentos são mais amplos do que aparentam ser. Por exemplo, o sétimo mandamento, "não adulterarás", não se restringe apenas a uma forma de sexualidade desvirtuada — uma relação extraconjugal —, mas diz respeito a qualquer relação sexual que perverta o padrão divino estabelecido na criação, tais como pornografia, fornicação, orgias, adultério, zoofilia, homossexualidade e até mesmo excessos dentro de uma relação heterossexual.

Em sétimo lugar, visto que a lei moral nos foi dada à luz de uma relação pactual com Deus, precisamos obedecer a cada mandamento não apenas como indivíduos, mas também nos esforçarmos para que a lei de Deus seja apreciada e obedecida por todos ao nosso redor, especialmente os irmãos na fé. Por exemplo, os pais devem ensinar a lei de Deus aos seus filhos tanto verbalmente quanto pelo exemplo: "Você as inculcará a seus filhos, e delas falará quando estiver sentado em sua casa, andando pelo caminho, ao deitar-se e ao levantar-se" (Deuteronômio 6:7). No entanto, o nosso apego à justiça não deve se restringir às quatro paredes da nossa casa e às da nossa igreja; em vez disso, deve se estender por onde quer que andarmos: "Também deve amarrá-las como sinal na sua mão, e elas lhe serão por frontal entre os olhos. E você as escreverá nos umbrais de sua casa e nas suas portas" (Deuteronômio 6:8,9). Por isso, a lei divina deve ser interpretada não apenas como um código de ética privado, mas como uma forma pela qual o Senhor atrai as nações a sua verdade, sua justiça e seu amor:

> Portanto, guardem e cumpram essas leis, porque isto será a sabedoria e o entendimento de vocês aos olhos dos povos que, ouvindo todos esses estatutos, dirão: "De fato, este grande povo é gente

---

[9]Calvin, "Catechism of the Church of Geneva", question 199.
[10]Catecismo Maior de Westminster, pergunta 99.

sábia e inteligente." Pois que grande nação há que tenha deuses tão chegados a si como o SENHOR, nosso Deus, todas as vezes que o invocamos? E que grande nação há que tenha estatutos e juízos tão justos como toda esta lei que hoje eu lhes proponho? (Deuteronômio 4:6-8).

Existem outras regras que poderiam ter entrado nessa lista para nos ajudar a interpretar a lei de Cristo. No entanto, creio que os sete princípios mencionados são suficientes para termos uma boa compreensão da lei à luz do Novo Testamento e de como podemos expressar nossa gratidão a Deus à medida que obedecemos aos mandamentos do Senhor. Na próxima seção, exploraremos o significado de cada um dos Dez Mandamentos.

O CONTEÚDO DOS DEZ MANDAMENTOS

O texto de Êxodo 20:1-17 é a primeira apresentação oficial dos Dez Mandamentos:

Então Deus falou todas estas palavras:
— Eu sou o Senhor, seu Deus, que o tirei da terra do Egito, da casa da servidão.
— Não tenha outros deuses diante de mim.
— Não faça para você imagem de escultura, nem semelhança alguma do que há em cima no céu, nem embaixo na terra, nem nas águas debaixo da terra.
Não adore essas coisas, nem preste culto a elas, porque eu, o Senhor, seu Deus, sou Deus zeloso, que visito a iniquidade dos pais nos filhos até a terceira e quarta geração daqueles que me odeiam,
mas faço misericórdia até mil gerações daqueles que me amam e guardam os meus mandamentos.
— Não tome o nome do Senhor, seu Deus, em vão, porque o Senhor não terá por inocente o que tomar o seu nome em vão.
— Lembre-se do dia de sábado, para o santificar.
Seis dias você trabalhará e fará toda a sua obra,
mas o sétimo dia é o sábado dedicado ao Senhor, seu Deus. Não faça

nenhum trabalho nesse dia, nem você, nem o seu filho, nem a sua filha, nem o seu servo, nem a sua serva, nem o seu animal, nem o estrangeiro das suas portas para dentro.

Porque em seis dias o Senhor fez os céus e a terra, o mar e tudo o que neles há e, ao sétimo dia, descansou; por isso o Senhor abençoou o dia de sábado e o santificou.

— Honre o seu pai e a sua mãe, para que você tenha uma longa vida na terra que o Senhor, seu Deus, lhe dá.

— Não mate.

— Não cometa adultério.

— Não furte.

— Não dê falso testemunho contra o seu próximo.

— Não cobice a casa do seu próximo. Não cobice a mulher do seu próximo, nem o seu servo, nem a sua serva, nem o seu boi, nem o seu jumento, nem coisa alguma que pertença ao seu próximo (Êxodo 20:1-17).

Com base nas regras discutidas anteriormente, devemos interpretar os Dez Mandamentos à luz do Novo Testamento seguindo, particularmente, o próprio exemplo do Senhor Jesus no Sermão da Montanha (Mateus 5—7). Para apresentar o conteúdo de cada mandamento em uma ordem didática, exploraremos os mandamentos de modo breve, atentos a três aspectos: (1) o significado; (2) as proibições; e (3) os deveres exigidos por cada um deles.

Existem diferentes maneiras de enumerar os Dez Mandamentos. Em linhas gerais, podemos falar em quatro divisões principais. A primeira, representada pelo Talmud judaico torna o versículo 2 a primeira palavra (mandamento) ou o primeiro assunto do Decálogo e combina a proibição de adorar outras divindades (v.3) com a proibição da idolatria (v.4). A segunda divisão, a estrutura desenhada por João Calvino e seguida pelos cristãos reformados, pauta-se pela Septuaginta (LXX), a qual entende o versículo 2 como um prefácio e separa a proibição de adorar outros deuses (v. 3) e a da idolatria (v. 4) como dois mandamentos distintos. Adere a essa enumeração também grande parte dos cristãos ortodoxos, e esta é a ordem oficial registrada no Livro de Oração Comum da Igreja Anglicana. A terceira posição é a dos luteranos, que seguem a sugestão de Lutero em seu catecismo, que por sua vez está baseada na proposta de Agostinho. Nessa perspectiva, a proibição de fazer imagens (v. 4) está subordinada à proibição de adorar outros deuses (v. 3) e a ordem das palavras de Êxodo 20:17, em vez de Deuteronômio 5:21, determina o nono e décimo mandamentos: cobiçar a casa do próximo seria o nono (Êx 20:17a) enquanto a esposa e os bens (v. 17b) comporiam o décimo. Em quarto lugar, e praticamente idêntica à visão luterana, a Igreja Católica Romana segue Agostinho mais estritamente. Em vez de utilizarem a linguagem de subordinação luterana – que basicamente une duas proibições em um só mandamento –, os católicos romanos combinam a linguagem que proíbe fazer imagens de Deus com a ordem de não ter outros deuses como sendo o primeiro mandamento. Em outras palavras, há apenas uma proibição no mandamento. Além disso, a guarda do sábado é substituída pelo "dia do Senhor." Na parte final dos mandamentos, os católicos também dividem Êxodo 20:17, versículo que proíbe a cobiça, em dois mandamentos.[11]

Neste estudo, seguiremos de perto a enumeração registrada na Septuaginta (LXX) e as adaptações feitas pelos reformadores, visto que fazem mais justiça ao texto bíblico. Em linhas gerais, o texto traz um "prólogo" ou "prefácio" aos mandamentos, sugerindo que a lei é uma maneira de expressarmos nosso amor ao Deus que nos libertou da escravidão do pecado. Após o prefácio explicativo, os Dez Mandamentos se organizam em duas grandes partes: os quatro primeiros mandamentos contêm os nossos deveres para com Deus e os outros seis, os nossos deveres para com o próximo, o que faz coro com a interpretação de Jesus a respeito dos dois grandes mandamentos:

> Mestre, qual é o grande mandamento na Lei? Jesus respondeu: "Ame o Senhor, seu Deus, de todo o seu coração, de toda a sua alma e de todo o seu entendimento." Este é o grande e primeiro mandamento.

---

[11]Para boas introduções aos Dez Mandamentos, veja: Harrelson, *The Ten Commandments and human rights* (Philadelphia: Fortress Press, 1980), p. 19-50; Reifler, *A ética dos Dez Mandamentos* (São Paulo: Vida Nova, 2009); DeYoung, *Os Dez Mandamentos* (São Paulo: Vida Nova, 2020). Para uma das melhores análises do Decálogo em português, veja Frame, *A doutrina da vida cristã*, p. 373-810.

E o segundo, semelhante a este, é: "Ame o seu próximo como você ama a si mesmo." Destes dois mandamentos dependem toda a Lei e os Profetas (Mateus 22:36-40).

À luz da interpretação de Jesus, é correto assinalarmos uma escala de prioridades na ordem dos mandamentos. Por exemplo, Deus aparece primeiro, antes do ser humano, no primeiro, segundo e terceiro mandamentos. O quarto mandamento funciona como uma transição entre as duas tábuas, pois diz respeito ao senhorio de Deus sobre o tempo, à separação de um dia para o culto a Deus e também ao bem-estar de toda a sociedade. Em seguida, o Senhor estabelece leis para organizar a vida social humana: o quinto mandamento preserva as noções de autoridade e integridade familiar; o sexto mandamento estipula a proteção à vida; o sétimo mandamento assegura a sexualidade sadia e a integridade do casamento; o oitavo mandamento legisla sobre a proteção à propriedade; o nono mandamento é sobre a defesa da verdade; e o décimo mandamento ordena o domínio próprio contra as tentações da nossa cobiça. Vejamos o prefácio e os mandamentos em detalhe.

Prefácio

O Decálogo se inicia com um prefácio trazendo vários elementos que devem ser levados em consideração antes de olharmos para os mandamentos. O texto diz: "Eu sou o SENHOR, seu Deus, que o tirei da terra do Egito, da casa da servidão" (Êxodo 20:2; Deuteronômio 5:6). Uma reflexão cuidadosa sobre esse prefácio deve nos fazer pensar em pelo menos três coisas que envolvem a nossa obediência a Deus. Em primeiro lugar, a lei é dada por um Deus pessoal: YAHWEH. Como já salientamos em capítulos anteriores, ao se dirigir a nós com um nome próprio, Deus está se aproximando de nós, como quem está interessado em uma relação íntima. O Deus que nos dá leis é, portanto, um Deus que primeiro entra em aliança conosco. Isso significa que devemos obedecer à lei divina não apenas porque seus princípios são verdadeiros, mas também por causa daquele que os ordenou; ou seja, amamos a lei de Deus porque amamos o próprio Deus com quem desfrutamos de uma relação pessoal.[12]

---

[12]Cf. Frame, *A doutrina da vida cristã*, p. 390.

A noção de que a lei moral bíblica é dada por um Deus pessoal distingue a fé judaico-cristã de praticamente todas as visões morais abstratas. As leis que devem reger a vida não foram dadas por uma "força superior", por energias cósmicas ou simplesmente pelo "universo", antes, elas nos foram entregues por um Deus que se aproxima de nós como Pai celestial. Portanto, estamos falando de uma lei paterna e familiar; são as regras da casa! É a lei que contempla o desejo de um Pai amoroso em ver seus filhos progredirem na vida e em suas relações mais diversas. Isso muda completamente a maneira de lermos os Dez Mandamentos e nos dá motivos ainda mais convincentes para obedecê-los de todo o coração.

Em segundo lugar, a lei é dada para que Deus glorifique o seu nome por meio de seu povo. Note que o prefácio diz: "Eu sou o Senhor, *seu Deus*."[13] Ao utilizar o pronome possesivo "seu", o Senhor está estreitando ainda mais a sua relação conosco, pois dá a entender que mesmo nós, miseráveis pecadores, temos alguma participação na glorificação de seu nome. De fato, o apóstolo Paulo confirma isso, dizendo que as nossas boas obras fazem com que o nome de nosso Senhor Jesus seja glorificado (2Tessalonicenses 1:12). Que privilégio imerecido! Sem dúvida, isso deveria nos levar a uma obediência não apenas sincera, mas também estratégica e missional, pois as nossas obras de obediência a Deus fazem com que a glória dele seja melhor percebida no mundo, seja vista com mais nitidez. Essa relação íntima entre nós e Deus também enfatiza a nossa união com o Senhor. A lei flui de Deus para nós, portanto, flui como uma "comunicação amorosa entre o Senhor e o povo que ele escolheu para si."[14]

Em terceiro lugar, a lei é dada por um Deus que reina e age salvificamente na história. Isso significa que o livramento misericordioso de Deus precede as exigências da lei e forma a base para a nossa obediência a ela.[15] O nosso Pai celestial é o soberano sobre todas as coisas, que nos tirou "da terra do Egito, da casa da servidão." Somos, agora, um povo livre porque Deus decidiu agir em nosso favor em Cristo Jesus

---

[13]Ênfases do autor.
[14]Frame, *A doutrina da vida cristã*, p. 390.
[15]Ibidem, p. 390.

e, consequentemente, quaisquer que sejam as demandas morais que o Senhor nos exija, devemos encarará-las como uma forma de expressar nossa gratidão a ele pelo grande amor com que nos libertou.

Em outras palavras, não obedecemos para sermos salvos — fomos salvos e, por isso, obedecemos. A graça vem antes da lei e a graça motiva a obediência a lei. O Senhor nos salva primeiro, depois requer de nós uma vida digna do evangelho que nos salvou. Somente a maravilhosa graça de Deus pode ser o combustível para obedecermos a lei. Os mandamentos são ordenanças de um Pai amoroso e também de um Salvador que deu a sua vida por nós; a nossa obediência a essas ordenanças é a pronta resposta de nossa parte e uma manifestação visível de que permanecemos em aliança com o Senhor (cf. Efésios 2:8-10).

Não podemos nos esquecer de que há também um sentido em que a bênção segue a obediência, isto é, Deus recompensa o nosso esforço em nos mantermos fiéis à aliança que ele fez conosco. O Senhor Jesus deixou isso claro para os discípulos: "Aquele que tem os meus mandamentos e os guarda, esse é o que me ama; e aquele que me ama será amado por meu Pai, e eu também o amarei e me manifestarei a ele" (João 14:21). Isso não significa que seremos salvos ou amados por meio da obediência, pois, em última análise, nós "amamos porque ele nos amou primeiro" (1João 4:19). O que o Senhor está dizendo é que ele nos abençoará com ainda mais bênçãos, mais amor e mais intimidade — depois de termos sido salvos — se nos mantivermos firmes em cumprir o que ele nos manda.

1. Exclusividade de Deus: "Não tenha outros deuses além de mim."

Significado

O mandamento que abre o Decálogo é este: "Não tenha outros deuses diante de mim" (Êxodo 20:3; Deuteronômio 5:7). O mandamento pressupõe que a comunidade israelita estava rodeada por povos que adoravam diversas divindades e adverte que os membros da aliança deveriam descreditar esses deuses, não atribuindo a eles qualquer poder próprio ou influência em suas vidas. Israel estava acostumado com o sistema religioso internacional da época, que permeava todas as camadas da vida humana. Havia deuses que protegiam os marinheiros, deuses que traziam chuva para as plantações, deuses guerreiros que ajudavam os militares, deusas que promoviam a fertilidade da mulher, deuses que iluminavam o dia e a noite e outras divindades que requeriam sacrifícios de seus adoradores em troca de bênçãos particulares. Na contramão disso, YAHWEH estava estabelecendo o monoteísmo como o caminho para a verdadeira adoração. Assim como foi para com Israel, o mandamento nos proíbe de adorar outros deuses e nos obriga a amar e a reverenciar somente o Deus Pai, Filho e Espírito Santo como nosso exclusivo Criador, Senhor e Salvador.

Proibições do primeiro mandamento

Aplicando os princípios hermenêuticos discutidos na seção anterior, podemos dizer que existem diversas coisas que o Deus triúno está proibindo ao ordenar que não tenhamos outros deuses. O Senhor está proibindo: (1) o ateísmo: que é a negação da existência divina; (2) a idolatria, que é a prática de adorar qualquer ser ou coisa que não seja o único Deus verdadeiro, seja dinheiro, sejam pessoas, sejam coisas ou até mesmo bênçãos da parte de Deus; (3) todas as formas de superstição religiosa, feitiçarias, doutrinas falsas e heresias, que não se alinham com as Escrituras; (4) a incredulidade, ou seja, o espírito cético de duvidar daquilo que Deus afirma ser real e confiável; (5) a nossa omissão, apatia e falta de fervor pelas coisas sagradas; (6) o fanatismo, a hipocrisia e os excessos em nossa maneira de conduzir a espiritualidade, tal como expresso na prática dos fariseus e denominado por Jesus como sendo falso zelo (Mateus 23:13-39); (7) o culto e qualquer tipo de reverência indevida a anjos, santos, imagens e demais criaturas de Deus; (8) a admiração pelo Diabo ou por suas obras, poderes e sugestões malignas, dentre tantas outras proibições, anexas ao mandamento, registradas na Escritura. Em outras palavras, Deus está estabelecendo adoração exclusiva ao seu nome e condenando todas as formas e expressões possíveis de idolatria. Como diz o Catecismo de Heidelberg: "Idolatria é ter ou inventar algo em que colocar a nossa confiança em lugar ou ao lado do único e verdadeiro Deus, que se revelou em sua Palavra."[16]

---

[16]Catecismo de Heidelberg, pergunta 95.

Deveres exigidos no primeiro mandamento

O mandamento que nos obriga a adorar a Deus com exclusividade possui uma série de implicações positivas para nossa jornada espiritual. O Catecismo Maior de Westminster faz uma boa síntese:

> ... conhecer e reconhecer Deus como único verdadeiro Deus e nosso Deus, e adorá-lo e glorificá-lo como tal; pensar e meditar nele, lembrar-nos dele, altamente apreciá-lo, honrá-lo, adorá-lo, escolhê-lo, amá-lo, desejá-lo e temê-lo; crer nele, confiando, esperando, deleitando-nos e regozijando-nos nele; ter zelo por ele; invocá-lo, dando-lhe todo louvor e agradecimentos, prestando-lhe toda a obediência e submissão do homem todo; ter cuidado de o agradar em tudo, e tristeza quando ele é ofendido em qualquer coisa; e andar humildemente com ele.[17]

Isso significa que, por amor a Deus e pela salvação que ele gratuitamente nos deu em Jesus Cristo, devemos fugir de toda idolatria, confiar somente nele, nos submeter a ele com humildade, sermos pacientes e aguardar o seu agir, esperarmos somente das mãos dele todas as formas de bem, temer o seu nome, honrá-lo com nossas palavras, pensamentos, afetos e ações e amá-lo incondicionalmente com todas as nossas forças. É nesse espírito de devoção a Deus que o apóstolo Paulo escreveu esta belíssima passagem: "Na verdade, considero tudo como perda, por causa da sublimidade do conhecimento de Cristo Jesus, meu Senhor". Ele continua: "Por causa dele perdi todas as coisas e as considero como lixo, para ganhar a Cristo e ser achado nele, não tendo justiça própria, que procede de lei, mas aquela que é mediante a fé em Cristo, a justiça que procede de Deus, baseada na fé" (Filipenses 3:8,9). Obedecer ao primeiro mandamento, portanto, é seguir o fervor apostólico e entesourarmos o Deus triúno acima de todas as coisas que julgamos valiosas na vida.

---

[17]Catecismo Maior de Westminster, pergunta 104.

2. Incomparabilidade de Deus: "Não faça imagens para adorar a Deus."

Significado

Enquanto o primeiro mandamento prepara o caminho para todos os demais, visto se tratar de nossa devoção exclusiva a Deus, o segundo mandamento é um dos mais específicos do Decálogo, pois lida com um problema peculiar em nossa maneira de expressar nossa devoção a Deus: a produção de representações de Deus. O segundo mandamento declara: "Não faça para você imagem de escultura, nem semelhança alguma do que há em cima no céu, nem embaixo na terra, nem nas águas debaixo da terra". E adiciona: "Não adore essas coisas, nem preste culto a elas, porque eu, o SENHOR, seu Deus, sou Deus zeloso, que visito a iniquidade dos pais nos filhos até a terceira e quarta geração daqueles que me odeiam, mas faço misericórdia até mil gerações daqueles que me amam e guardam os meus mandamentos" (Êxodo 20:4-6). O mandamento insiste que Deus não deve nem pode ser comparado a nada que faça parte do mundo criado, pois nada que existe nos céus e na terra é suficiente para encapsular a grandeza de Deus.

Proibições do segundo mandamento

À luz da Escritura, existe uma série de elementos que se enquadram nas proibições desse mandamento. O coração da questão me parece ser que não devemos fazer imagens para representar a Deus com o objetivo de nos prostrarmos diante delas e as servirmos como se fossem o próprio Deus.[18] Isso fica claro pelo fato de o mandamento proibir "imagens de escultura", que se referem a uma imagem esculpida em madeira ou pedra com o propósito específico de culto. As estátuas de madeira e pedra eram muito comuns entre as nações vizinhas de Israel e eram chamadas simplesmente de "ídolos." Estátuas ou ídolos eram utilizados em templos pagãos para cerimônias religiosas, colocados sobre as montanhas de uma cidade como altares sagrados para dar proteção aos seus habitantes e também aproveitados para devoção privada nos lares das famílias (cf. Gênesis 31:19; 2Reis 23:7; 2Crônicas 14:3; 19:3; 24:18;

---

[18]Cf. Frame, *A doutrina da vida cristã*, p. 435.

Jeremias 17:2; Miqueias 5:14). De fato, a nação de Israel quebrou o segundo mandamento diversas vezes em sua história, recorrendo aos deuses dos pagãos para alcançar bênçãos e até mesmo expressar louvor e gratidão (cf. Êxodo 32:1—33:4).

Alguém poderia perguntar: afinal, a idolatria não havia sido combatida já no primeiro mandamento? Essa é uma pergunta legítima, pois nos faz refletir que a idolatria possui duas faces: (1) adorar um falso deus; e (2) adorar o Deus verdadeiro por meio de uma imagem ou um ídolo. O primeiro mandamento trata primariamente da primeira forma de idolatria, enquanto o segundo mandamento trata da segunda. No caso de Israel, eles foram culpados pelos dois tipos de idolatria: em alguns casos, o povo israelita rejeitou ao Senhor procurando por Baal, Moloque ou Astarote; em outras situações, eles tentaram louvar ao Deus verdadeiro por meio de imagens, como fica explícito no episódio do bezerro de ouro (Êxodo 32). No entanto, em última análise, as duas formas de idolatria se interpenetram, pois, para o Senhor, adorar uma imagem é a mesma coisa que adorar um deus falso. Assim, ao estabelecer um segundo mandamento contra a idolatria, Deus tinha como objetivo eliminar toda espécie de ídolo da nação de Israel.

Não me parece que o mandamento esteja proibindo o uso de arte no culto. Do contrário, o Senhor não teria estabelecido o tabernáculo e o templo com inúmeros símbolos da presença de Deus com o seu povo: querubins dourados (Êxodo 25:18-20; 36:8), candelabro de seis hastes, cálices em formato de amêndoas (Êxodo 25:33,34), orlas sacerdotais decoradas com pedras preciosas, sinos e romãs (Êxodo 28:33,34), palmeiras, flores e cedro lavrado (1Reis 6:18-35) etc. Essas imagens eram utilizadas no culto judaico como uma representação do Éden, o jardim de onde os seres humanos foram expulsos após a Queda. Agora, trazido de volta à comunhão pela graça de Deus, Israel pode entrar no tabernáculo e no templo, o que representa um retorno para o estado original de felicidade, é como se estivessem visitando o céu mesmo ainda residindo na terra.

Portanto, o que Deus proíbe não é a arte em si, ou mesmo a arte em um local de adoração, mas a arte como objeto de adoração.[19] Em

---

[19]Ibidem, p. 436.

outras palavras, o mandamento proíbe todas as formas de idolatria, seja pública, seja privada, em pensamento e ação; em geral, proíbe o uso de imagens como objetos de adoração e, em particular, tal uso relacionado às três pessoas da Trindade. Não devemos adorar deuses falsos, muito menos adorar o Deus verdadeiro por meio de imagens.

Deveres exigidos pelo segundo mandamento

A principal exigência de Deus no segundo mandamento é que ele seja adorado conforme as regras que ele mesmo estabeleceu. Como ensina o Catecismo de Heidelberg: "não devemos querer ser mais sábios do que o próprio Deus. Ele quer que o seu povo seja ensinado não por meio de ídolos mudos, mas pela pregação viva da sua Palavra."[20] O culto que agrada a Deus não é o criativo e inovador, mas o que segue fielmente aquilo que está ordenado pelo próprio Deus. De acordo com a revelação do Novo Testamento, o culto que agrada a Deus envolve: oração, cânticos de louvor, leitura das Escrituras, proclamação do evangelho, recolhimento de ofertas e administração dos sacramentos (Atos 2:42; 5:42; 13:2; 15:35; 20:7; 21:26). Portanto, o culto que agrada a Deus é aquele em que nós o adoramos utilizando fielmente os elementos que o Senhor estabeleceu na sua Palavra.

Não devemos tentar impressionar a Deus com o nosso culto, muito menos adorá-lo com elementos estranhos à sua Palavra. Como uma forma de intensificar o nosso zelo pela adoração verdadeira, o Senhor anexou ao segundo mandamento as seguintes palavras: "porque eu, o Senhor, seu Deus, sou Deus zeloso, que visito a iniquidade dos pais nos filhos até a terceira e quarta geração daqueles que me odeiam, mas faço misericórdia até mil gerações daqueles que me amam e guardam os meus mandamentos" (Deuteronômio 5:9,10). Isto é, bênçãos seguirão os verdadeiros adoradores por mil gerações, enquanto maldições cairão sobre aqueles que pervertem o culto a Deus.

A história de Israel registra que os dois filhos do sumo sacerdote Arão morreram por terem oferecido "fogo estranho" ao Senhor: "Nadabe e Abiú, filhos de Arão, tomaram cada um o seu incensário, puseram fogo dentro deles, e sobre o fogo colocaram incenso; e trouxeram fogo

---

[20]Catecismo de Heidelberg, pergunta 98.

estranho diante da face do Senhor, algo que ele não lhes havia ordena-do" (Levítico 10:1). Ambos morreram "quando levaram fogo estranho diante do Senhor" (Números 26:61). O que é fogo estranho? É qual-quer tentativa de adorar a Deus por meios que ele não ordenou nem autorizou. No caso de Nadabe e Abiú, existe muita discussão entre os especialistas sobre o que eles fizeram de errado. A infração pode ter envolvido qualquer um dos seguintes itens ou uma combinação deles: (1) ter utilizado carvão não autorizado para as ofertas queimadas; (2) ter utilizado um tipo errado de incenso; (3) ter realizado uma ofer-ta de incenso em um momento não prescrito; e/ou (4) ter entrado no Santo dos Santos em um momento impróprio.[21] De qualquer modo, os dois irmãos foram condenados por Deus por terem oferecido "algo que ele não lhes havia ordenado" (Levítico 10:1).

A tradição reformada derivou do segundo mandamento e de outras passagens da Escritura uma visão distintiva de como Deus espera ser adorado. Essa doutrina é chamada de "princípio regulador do culto." Em síntese, esse princípio afirma que o culto deve ser oferecido a Deus de acordo com a prescrição divina. Isto é, devemos cultuar a Deus ape-nas com os elementos que o próprio Deus exige de nós.[22]

3. Santidade de Deus: "Não tome o nome do Senhor em vão."

Significado

O terceiro mandamento é o seguinte: "Não tome o nome do Senhor, seu Deus, em vão, porque o Senhor não terá por inocente o que tomar o seu nome em vão" (Êxodo 20:7; Deuteronômio 5:11). Nele, o Senhor descreve como deseja ser tratado por nós na maneira pela qual nos dirigimos a ele: sempre com reverência e respeito, jamais uti-lizando o seu nome para propósitos vãos e inúteis. No contexto de Israel, o mandamento servia como uma forma de separar o povo da aliança dos costumes religiosos das nações vizinhas, os quais incluíam

---

[21]Para um resumo da discussão, veja: Hartley, *Leviticus* (Dallas: Word Books, 1992), p. 132-3.

[22]Para uma análise sobre o princípio regulador do culto, cf. Frame, *A doutrina da vida cristã*, p. 446-62.

juramentos falsos, mantras, encantamentos, feitiços e falatórios inúteis com os deuses. Na contramão disso, o povo de Deus deveria se lembrar da santidade de Deus e proferir o seu nome tão somente em ocasiões apropriadas. Desse modo, o terceiro mandamento continua a ênfase na adoração que temos visto nos primeiros mandamentos.

Proibições do terceiro mandamento

Ao ordenar que o seu nome não seja utilizado em vão, o nosso Deus está freando uma série de pecados muito comuns na época de Israel e também na nossa cultura. Em geral, o mandamento proíbe brincadeiras e usos irreverentes do nome de Deus. Qualquer menção ao nome santo do nosso Salvador que não esteja associada a uma causa justa ou situação apropriada de adoração deve ser evitada. O nosso Pai celestial espera que domemos a nossa língua e que não associemos o seu santo nome, as suas obras e os seus atributos com coisas ignorantes, inúteis, irreverentes, profanas, imorais, supersticiosas e fraudulentas. Isso se aplica também a qualquer tipo de conversa religiosa ou ritual onde o nome de Deus é utilizado por mera curiosidade sem proveito algum, em tom de brincadeira ou zombaria, movidos por hipocrisia, sem qualquer respeito e amor pela verdade e pelo caráter divino.

Quebramos o terceiro mandamento quando utilizamos o nome de Deus para obtermos vantagem sobre os outros, ao contarmos mentiras ou utilizarmos a religião para benefício próprio, distorcendo assim o real propósito da espiritualidade, que é conhecer a Deus e fazê-lo conhecido. Além disso, o nome de Deus é desonrado quando nos envergonhamos do seu nome, recusando-nos a declarar a nossa fé publicamente por medo da perseguição e da hostilidade do mundo, e também por nossa conduta cristã tímida — no que diz respeito às boas obras —, a qual deixa de promover a glória de Deus na face da terra.

Deveres exigidos pelo terceiro mandamento

O Senhor ordena que devemos usar o seu santo nome somente com temor e reverência, para que possamos confessá-lo, invocá-lo e glorificá-lo com todos os nossos pensamentos, palavras e ações. Além disso, o fato de sermos povo *de Deus* implica termos o privilégio e a responsabilidade de sermos portadores do nome de Deus em todas as dimensões da vida. Em sentido negativo, Paulo escreve que o "nome de Deus é blasfemado entre os gentios por causa de vocês" (Romanos 2:24). Em outro lugar, de forma positiva, o Senhor declara a Ananias que o apóstolo Paulo seria um portador do nome de Deus como pregador do evangelho: "Vá, porque este é para mim um instrumento escolhido para levar o meu nome diante dos gentios e reis, bem como diante dos filhos de Israel" (Atos 9:15). Frame esclarece bem esse ponto: "Nossa identidade é ser o povo de Deus. Levamos essa identidade conosco aonde quer que formos. Sempre que transgredimos sua aliança, geramos desonra ao nome de Deus que portamos. Manchamos a reputação de Deus, o seu bom nome. Nesse caso, portanto, qualquer pecado é uma violação do terceiro mandamento."[23]

É sabido que os judeus hesitavam em usar o nome pessoal "Yahweh" em juramentos e até mesmo em ocasiões de adoração, temendo que a ira de Deus se manifestasse entre eles caso deixassem de cumprir seus votos ou mesmo adorassem ao Senhor de forma incorreta. Para remediar o problema, eles utilizavam outros nomes como "Senhor", "Todo-Poderoso", "Deus", esperando assim que as consequências de uma possível falha não fossem tão graves. Eles eram muito cuidadosos contra qualquer tipo de blasfêmia, pois a lei estabelecia a pena capital para quem cometesse o crime de ultrajar, desprezar ou amaldiçoar o nome de Deus (cf. Levítico 24:15,16; Salmos 74:10-18; Isaías 52:5,6; Apocalipse 16:9-21). Não é de se admirar que os judeus tenham acusado Jesus de blasfêmia por ter se autodeclarado o Filho de Deus (Mateus 26:65). Embora saibamos da religiosidade envolvida nas tradições judaicas quanto aos usos do nome de Deus, precisamos levar a sério o terceiro mandamento, visto que o próprio Cristo condenou a blasfêmia contra o Espírito Santo como um pecado sem perdão (Mateus 12:31; Marcos 3:28,29).[24] Os teólogos de Westminster resumiram a questão da seguinte forma:

---

[23]Frame, *A doutrina da vida cristã*, p. 473.
[24]Para um estudo desmistificando o significado da blasfêmia contra o Espírito Santo, veja meu artigo: https://voltemosaoevangelho.com/blog/2020/05/afinal-o-que-e-a-blasfemia-contra-o-espirito-santo/, acesso em: 15 jun. 2021.

No terceiro mandamento, exige-se que o nome de Deus, seus títulos, seus atributos, suas ordenanças, a Palavra, os sacramentos, a oração, os juramentos, os votos, as sortes, suas obras e tudo o mais por meio de que Deus se faz conhecido sejam santa e reverentemente usados em nossos pensamentos, meditações, palavras e escritos, por uma afirmação santa de fé e um comportamento conveniente, para a glória de Deus e para o nosso próprio bem e o de nosso próximo.[25]

4. Senhorio de Deus sobre o tempo: "Guarde o dia de sábado."

Significado

A palavra traduzida por sábado está claramente conectada ao verbo hebraico *shavat* ou *sabbath*, que significa "cessar" ou "descansar." No contexto israelita, não era incomum que as religiões pagãs observassem dias sagrados para realizarem seus cultos e praticarem toda sorte de magia. Estudiosos apontam que algumas religiões da época determinavam a guarda de um dia da semana para a realização de sacrifícios aos deuses.[26] Em meio a essa atmosfera religiosa, o Senhor ordena ao povo da aliança:

> Lembre-se do dia de sábado, para o santificar. Seis dias você trabalhará e fará toda a sua obra, mas o sétimo dia é o sábado dedicado ao Senhor, seu Deus. Não faça nenhum trabalho nesse dia, nem você, nem o seu filho, nem a sua filha, nem o seu servo, nem a sua serva, nem o seu animal, nem o estrangeiro das suas portas para dentro. Porque em seis dias o Senhor fez os céus e a terra, o mar e tudo o que neles há e, ao sétimo dia, descansou; por isso o Senhor abençoou o dia de sábado e o santificou (Êx 20:8-11; cf. Dt 5:12-15).

---

[25]Catecismo Maior de Westminster, pergunta 112.

[26]Cf. Wolff, "The day of rest in the Old Testament", *Lexington Theological Quarterly* 7 (1972): 65-76; Robinson, "The idea of rest in the OT and the search for the basic character of sabbath", *Zeitschrift für die alttestamentliche Wissenschaft* 92 (1980): 32-42; Tsevat, "The basic meaning of the biblical sabbath", *Zeitschrift für die alttestamentliche Wissenschaft* 84 (1972): 447-59.

O que salta aos olhos à primeira vista é que Deus está ensinando o seu povo a discernir o espiritual do comum, o sagrado do secular ou as coisas últimas das penúltimas. Durante seis dias, os israelitas teriam a oportunidade de trabalhar e se dedicar às atividades ordinárias da vida para a glória de Deus. Entretanto, no sétimo dia, eles teriam um encontro com algo mais sublime e elevado: a imitação do descanso divino e o culto ao Criador e Redentor deles. O quarto mandamento, portanto, diz respeito ao senhorio de Deus sobre o ordinário e o espiritual, isto é, sobre a vida como um todo. Nesse dia, não apenas os seres humanos cessam suas atividades ordinárias e se concentram na adoração a Deus, mas até mesmo os animais e a terra! Em outras palavras, o mandamento sinaliza que, no sétimo dia, a Criação inteira pausa para cultuar a Deus, como se estivéssemos retornando ao jardim do Éden, desfrutando da presença de Deus e descansando nele.

O quarto mandamento não deve ser interpretado apenas como um dia de folga ou simplesmente como um dia de lazer, mas como um dia planejado por Deus para nos dedicarmos a outro tipo de trabalho: a adoração. Paradoxalmente, o nosso serviço no culto é justamente aquilo que nos traz descanso para a alma. Portanto, Deus instituiu o quarto mandamento para que aprendêssemos como administrar bem a nossa vida: glorificando o nome dele em nossas atividades ordinárias e nos preparando para um dia especial de descanso na sua presença.

O Novo Testamento, especialmente nos relatos em que Cristo discute com os fariseus a respeito do sábado, nos mostra que o quarto mandamento possuía elementos prefigurativos que foram cumpridos em Cristo. Aquele descanso que para os israelitas deveria ser experimentado uma vez por semana pode agora ser desfrutado diariamente na pessoa de Jesus Cristo, pois ele é o nosso verdadeiro *sabbath*. Nesse sentido, a guarda de um dia da semana para descansarmos em Deus funcionou como uma *sombra* do *corpo real* que agora está diante de nossos olhos: o descanso em carne e osso! Jesus Cristo, o Deus encarnado, é o nosso descanso verdadeiro. Uma vez que recebemos a imagem real, não precisamos mais da sombra, visto que a função de um tipo é simplesmente apontar para a chegada de seu antítipo. O Novo Testamento também afirma que o descanso que já recebemos em Cristo ainda não nos foi entregue plenamente, pois ainda "resta um repouso sabático para o povo de Deus" (Hebreus 4:9). Como vimos em capítulos anteriores, teremos acesso a esse descanso perfeito apenas na restauração de todas as coisas, tempo no qual Deus irá consumar a sua obra de salvação.

Enquanto vivemos na transição entre essas duas eras — do reino inaugurado e do reino consumado —, precisamos refletir se o quarto mandamento ainda tem aplicação e relevância para a nossa vida cristã. Historicamente, o quarto mandamento tem sido alvo de muitas disputas no cristianismo. Dentre os cristãos reformados, por exemplo, há quem defenda que, mesmo após a vinda de Cristo, Deus continua exigindo a guarda de um dia específico pelo seu povo, o domingo, uma vez que se trata de um mandamento criacional, moral e perpétuo. A Assembleia de Westminster, especialmente os teólogos Daniel Cawdrey e Herbert Palmer, defendera que, nos Dez Mandamentos, não há nada cerimonial, nada tipológico e nada para ser abolido. Por isso, os teólogos de Westminster viram a instituição do domingo como a atualização do sábado para os cristãos:[27]

> No quarto mandamento, exige-se que todos os homens santifiquem ou guardem santos para Deus todos os tempos estabelecidos que Deus designou em sua Palavra, expressamente um dia inteiro em cada sete. Esse dia era o sétimo desde o princípio do mundo até à ressurreição de Cristo, e é o primeiro dia da semana desde então, e há de assim continuar até o fim do mundo. Este é o sábado cristão, que no Novo Testamento se chama dia do Senhor.[28]

Outros mais moderados — da tradição reformada continental — chamam a atenção para o aspecto prefigurativo do *sabbath*, como mencionei há pouco, o qual fora cumprido em Cristo, mas ainda o será de forma mais plena no descanso eterno.[29] Por exemplo, seguindo a inter-

---

[27]Confissão de Fé de Westminster, XXI.7

[28]Catecismo Maior de Westminster, pergunta 116.

[29]Essa posição foi defendida pelos principais reformadores do século 16, tais como Lutero, Zwínglio, Calvino, Bucer, Vermigli e Bullinger. Nenhum deles sustentava que o quarto mandamento exigia dos cristãos a guarda do domingo, mas todos relativamente concordavam em duas coisas: (1) que um dia semanal para descanso era necessário, seja ele qual for; e (2) que o domingo era o melhor dia para

pretação de Agostinho, Calvino escreveu que o aspecto cerimonial da lei dizia respeito tanto à escolha específica de um dia na semana quanto à maneira de observá-lo. No entanto, com a vinda de Cristo, tais sombras se cumpriram nele, não sendo mais obrigações para os cristãos.[30] Nessa linha de raciocínio, os cristãos não devem atribuir mais santidade para um dia do que para outro e não devem ser julgados pela observância de dias, visto que essas coisas são meras sombras da realidade futura (cf. Colossenses 2:16,17).

Calvino não obrigou a igreja cristã à servidão do domingo tampouco condenou as igrejas que tinham outros dias solenes para suas reuniões. Para ele, o domingo não deveria ser celebrado como uma cerimônia religiosamente estrita, compulsória e obrigatória como no Decálogo, mas como um remédio necessário para manter a ordem na igreja.[31] De forma geral, os reformados continentais continuaram aceitando o dia do Senhor como o dia mais apropriado para o culto público, mas não tanto por motivos bíblico-teológicos e sim por causa do costume da igreja que havia sido adotado desde a era apostólica e para a manutenção da ordem nas atividades eclesiásticas.[32]

Proibições do quarto mandamento

À luz da interpretação cristológica que fazemos desse mandamento, precisamos ser cuidadosos em discernir quais são as proibições que ainda permanecem anexas a ele. O Senhor Jesus afirma que "O sábado

---

estabelecer o culto semanal por uma questão de ordem e convenção da igreja. Cf. Bauckham, "Sabbath in protestant tradition", in: Carson, org. *From sabbath to Lord's day* (Grand Rapids: Zondervan, 1982), p. 318.

[30]Cf. Calvino, *Institutas da religião cristã* (São Paulo: Cultura Cristã, 2006), II. viii.32-34; Horton, *A lei da perfeita liberdade* (São Paulo: Cultura Cristã, 2000), p. 106.

[31]Calvino, *Institutas da religião cristã*, II.viii.34.

[32]Calvino aceita que a igreja primitiva continuou por algum tempo se reunindo no sábado, mas entende que os cristãos escolheram outro dia para o culto a fim de que houvesse contraste entre sua adoração e as tendências judaizantes presentes da época. O dia da ressurreição de Cristo foi escolhido porque é exatamente na ressurreição que as sombras da lei mosaica encontram a realidade perfeita que prefiguravam. Cf. Calvino, *Institutas da religião cristã*, II.viii.32-34.

foi estabelecido por causa do homem, e não o homem por causa do sábado. Assim, o Filho do Homem é senhor também do sábado" (Marcos 2:27,28). Isso significa, em primeiro lugar, que o quarto mandamento proíbe qualquer interpretação legalista ou farisaica do *sabbath*, pois foi criado por Deus para nos dar alívio, e não para nos sobrecarregar com fardos religiosos (Mateus 11:28-30). Em segundo lugar, o mandamento serve como um freio para inibir o trabalho em excesso, mas também se aplica à ociosidade, isto é, peca quem trabalha mais que seis dias na semana ou menos que seis! Em terceiro lugar, o mandamento proíbe que deixemos de congregar com os irmãos pelo menos uma vez por semana para adorar a Deus (cf. Hebreus 10:25).

Deveres exigidos pelo quarto mandamento

Em termos positivos, somos ordenados pelo mandamento a sermos diligentes com as coisas do Senhor: nos reunirmos frequentemente com o povo de Deus, amar a pregação do evangelho, participar dos sacramentos, praticar a caridade cristã para com os necessitados e, principalmente, buscar com todas as nossas forças o descanso espiritual em nosso Senhor Jesus Cristo. Quando entendemos o dia do Senhor nessa perspectiva, adorar a Deus no domingo se torna um antegosto daquilo que há de ser experimentado por nós no descanso eterno. Além de nos oferecer diretrizes quanto às coisas espirituais, o mandamento também exige que sejamos diligentes em nossas ocupações seculares, fazendo tudo para a glória de Deus (1Coríntios 10:31), sem cairmos na tentação de trabalhar de mais ou de menos.

5. Honra as autoridades: "Honre o seu pai e sua mãe."

Significado

O quinto mandamento declara: "Honre o seu pai e a sua mãe, como o Senhor, seu Deus, lhe ordenou, para que você tenha uma longa vida e para que tudo vá bem com você na terra que o Senhor, seu Deus, lhe dá" (Deuteronômio 5:16; Êxodo 20:12). A partir do quinto mandamento, o Decálogo tem como objetivo oferecer as coordenadas de como devemos amar ao próximo como a nós mesmos. Por meio do quinto mandamento, o Senhor está preservando as relações de autoridade e também a integridade da família na sociedade. O mandamento não se limita aos deveres dos filhos para com seus pais, mas tem um alcance mais geral, como parte dos "deveres que mutuamente temos uns para com os outros em nossas diversas relações como inferiores, superiores ou iguais."[33]

Proibições do quinto mandamento

Devemos encarar esse mandamento como uma maneira de Deus impedir que sejamos negligentes para com as diversas relações de autoridade que o Senhor estabeleceu em nossa vida (cf. Efésios 5:21; 1Pedro 2:17; Romanos 12:10). O mandamento, portanto, proíbe a insubmissão ou rebeldia às autoridades que Deus instituiu, seja no casamento, entre pais e filhos, na igreja, na nação, no trabalho e em qualquer esfera em que a autoridade deve ser exercida. Em contrapartida, o mandamento também serve de freio para as autoridades não abusarem de seu poder. Sobre os pecados de nossos superiores, os teólogos de Westminster escreveram:

> Os pecados dos superiores, além da negligência dos deveres que lhe são exigidos, são a ambição incontrolável, a busca desordenada da própria glória e de repouso, proveito ou prazer; a exigência de coisas ilícitas ou fora do alcance de [realização pelos] inferiores; [ora] aconselhando, encorajando ou favorecendo-os naquilo que é mau; [ora] dissuadindo, desanimando ou reprovando-os naquilo que é bom; corrigindo-os indevidamente; expondo-os descuidosamente ao dano, à tentação e ao perigo; provocando-os à ira; ou, de alguma forma, desonrando-se a si mesmos, ou diminuindo a sua autoridade por um comportamento injusto, indiscreto, rigoroso ou negligente.[34]

Deveres exigidos pelo quinto mandamento

O Catecismo de Heidelberg resume bem o que o mandamento exige de nós: "Que eu demonstre toda honra, amor e fidelidade ao meu pai e à minha mãe, e a todos os meus superiores; que eu me submeta devidamente às suas boas instruções e disciplina e que também seja paciente

---

[33]Catecismo Maior de Westminster, pergunta 126.
[34]Ibidem, pergunta 130.

com as suas fraquezas e defeitos, pois é a vontade de Deus nos governar pelas mãos deles."[35] Isso significa que, em primeiro lugar, nós devemos considerar a autoridade uma coisa boa, dada pelo próprio Deus, evitando o equívoco de considerar todas as relações de autoridade como sendo opressoras em si mesmas.

Em segundo lugar, o mandamento nos desafia a não apenas reconhecer a autoridade de nossos superiores, mas fomentá-la por meio da nossa obediência e honra. Por exemplo, sobre a liderança na igreja, o autor de Hebreus declara: "Obedeçam aos seus líderes e sejam submissos a eles, pois zelam pela alma de vocês, como quem deve prestar contas. Que eles possam fazer isto com alegria e não gemendo; do contrário, isso não trará proveito nenhum para vocês" (Hebreus 13:17). Quanto aos magistrados, Paulo recomenda: "Orem em favor dos reis e de todos os que exercem autoridade, para que vivamos vida mansa e tranquila, com toda piedade e respeito" (1Timóteo 2:2). Com respeito a autoridade no lar, Paulo escreveu: "Filhos, obedeçam a seus pais no Senhor, pois isto é justo" (Efésios 6:1). Sobre a autoridade no ambiente de trabalho, recebemos a seguinte exortação: "Quanto a vocês, servos, obedeçam a seus senhores aqui na terra com temor e tremor, com sinceridade de coração, como a Cristo, não servindo apenas quando estão sendo vigiados, somente para agradar pessoas, mas como servos de Cristo, fazendo de coração a vontade de Deus" (Efésios 6:5,6).

Algo que salta aos olhos nessas passagens é que a recomendação apostólica é obedecermos às autoridades "no Senhor." O que isso significa? Em linhas gerais, os apóstolos estão nos ensinando que, ao obedecermos às autoridades — políticas, do lar, da igreja, do trabalho —, estamos, na verdade, obedecendo ao próprio Cristo que reina sobre tudo e todos. Ou seja, obedecemos às autoridades por uma razão maior, espiritual. Não é uma obediência cega, mas um compromisso cristão de respeitar as autoridades à luz da noção bíblica de vocação, isto é, entendemos que as autoridades civis são ministros que Deus utiliza para a manutenção da ordem criada (cf. 1Pedro 2:13-17; Romanos 13:1-6). Portanto, ao obedecermos às autoridades, estamos reconhecendo a mão de Deus por trás de tudo isso.

---

[35]Catecismo de Heidelberg, pergunta 104.

Obviamente, obedecer às autoridades "no Senhor" implica sermos leais a elas, à exceção, evidentemente, dos casos em que nos ordenarem algo que vá contra a vontade de Deus (cf. Êxodo 1:17; Daniel 3:12). Em casos onde a autoridade dos homens entra em conflito com a autoridade suprema de Deus, devemos seguir o ensino apostólico: "É mais importante obedecer a Deus do que aos homens" (Atos 5:29). No geral, nossa tarefa como bons cidadãos cristãos em um mundo não cristão é a de reconhecer a autoridade que Deus colocou sobre nossos governantes e obedecê-los, isto é, à medida que nossa lealdade a eles não esteja em conflito com nossa lealdade a Deus.

Em terceiro lugar, o mandamento exige que as autoridades entendam as limitações de seu ofício e não tentem usurpar a autoridade máxima que só a Deus pertence. Por exemplo, o apóstolo Paulo ordena aos pais que: "não provoquem os seus filhos à ira, mas tratem de criá-los na disciplina e na admoestação do Senhor" (Efésios 6:4). Quanto aos patrões: "E vocês, senhores, façam o mesmo com os servos, deixando as ameaças, sabendo que o Senhor, tanto deles como de vocês, está nos céus, e que ele não trata as pessoas com parcialidade" (Efésios 6:9). Similarmente, o apóstolo Pedro ordena aos pastores e presbíteros das igrejas que "pastoreiem o rebanho de Deus que há entre vocês, não por obrigação, mas espontaneamente, como Deus quer; não por ganância, mas de boa vontade; não como dominadores dos que lhes foram confiados, mas sendo exemplos para o rebanho" (1Pedro 5:2,3). Na esfera política, Pôncio Pilatos foi lembrado de que a sua autoridade não era própria, mas vinha do trono celestial (João 19:11). Os teólogos de Westminster resumiram esse ensino de forma excelente:

> Exige-se dos superiores, conforme o poder que recebem de Deus e [segundo] a relação em que se acham colocados, que amem os seus inferiores, que orem por eles e os abençoem; que os instruam, aconselhem e admoestem, aprovando, animando e recompensando os que fazem o bem, e reprovando, repreendendo e castigando os que fazem o mal; protegendo-os e provendo-lhes tudo o que é necessário para a alma e o corpo; e que, por um procedimento sério, prudente, santo e exemplar, glorifiquem a Deus, honrem-se a si mesmos e, assim, preservem a autoridade com que Deus os revestiu.[36]

---

[36]Catecismo Maior de Westminster, pergunta 129.

Para todos aqueles que apreciam as relações de autoridade em suas diversas esferas como algo vindo das mãos de Deus, o mandamento traz consigo uma recompensa: "para que você tenha uma longa vida e para que tudo vá bem com você na terra que o SENHOR, seu Deus, lhe dá" (Deuteronômio 5:16). Essa é uma promessa de longevidade e prosperidade que deve nos servir de inspiração para guardarmos o quinto mandamento, reconhecendo que a manutenção das relações de autoridade na sociedade promove a glória de Deus no mundo.

6. Proteção à vida: "Não mate."

Significado

Ao estabelecer: "não mate" (Êxodo 20:13; Deuteronômio 5:17), o sexto mandamento nos encoraja a apreciar a vida humana com a máxima dignidade. O verbo hebraico *ratsakh* (matar) se refere ao ato premeditado ou acidental de tirar a vida de outro ser humano. Isso inclui qualquer homicídio arbitrário ou ilegal, mas exclui o direito de punir — até mesmo com pena capital — daqueles indivíduos investidos de autoridade para defender a população. No geral, o mandamento relembra que cada ser humano é um portador da *imago Dei*, o que confere a cada indivíduo o direito à vida e o dever de tratar todos os demais à luz da mesma dignidade.[37]

Proibições do sexto mandamento

Com base na interpretação que Jesus fez da lei mosaica, precisamos ampliar a nossa percepção a respeito das proibições incluídas no mandamento de não matar. O Senhor disse: "Vocês ouviram o que foi dito aos antigos: 'Não mate.' E ainda: 'Quem matar estará sujeito a julgamento.' Eu, porém, lhes digo que todo aquele que se irar contra o seu irmão estará sujeito a julgamento; e quem insultar o seu irmão estará sujeito a julgamento do tribunal; e quem o chamar de tolo estará sujeito ao inferno de fogo" (Mateus 5:21,22). O que, exatamente, o Senhor está propondo aqui? Parece claro que ele está buscando o espírito da lei, isto é, não apenas condenando o homicídio, mas as motivações e os

---

[37]Cf. Phillips, "Another look at murder", *Journal of Jewish Studies* 28 (1977): 105-26.

desejos de um coração desordenado que levam alguém a tal barbárie. Assim, o Senhor nos ajuda a entender que o sexto mandamento proíbe toda a ira, todo o insulto e todo o sentimento de ódio contra o próximo. O apóstolo João confirma essa interpretação ao dizer que "todo aquele que odeia o seu irmão é assassino" (1João 3:15). Essas nuances foram capturadas corretamente pelos teólogos de Westminster:

> Os pecados proibidos no sexto mandamento são: o tirar a nossa vida ou a de outrem, exceto no caso de justiça pública, guerra legítima, ou defesa necessária; [são proibidos também] a negligência ou a retirada dos meios lícitos ou necessários para a preservação da vida; a ira pecaminosa, o ódio, a inveja, o desejo de vingança; todas as paixões excessivas e os cuidados demasiados; o uso imoderado de comida e bebida, [bem como] trabalho e recreios [imoderados]; as palavras provocadoras; a opressão, a contenda, os espancamentos, os ferimentos e tudo o que tende à destruição da vida de alguém.[38]

O Catecismo de Heidelberg também esclarece que: "Ao nos proibir de matar, Deus nos ensina que detesta a raiz do homicídio, a saber: a inveja, o ódio, a ira e o desejo de vingança, e que ele considera tudo isso como homicídio."[39] Em outras palavras, Deus quer frear todos os pensamentos, os desejos e as vontades que causem dano à integridade e à santidade da vida humana, seja com respeito ao próprio indivíduo, seja com os demais.

Deveres exigidos pelo sexto mandamento

Em termos positivos, o mandamento nos convoca a reconhecermos, amarmos e lutarmos pela preservação da vida humana. Para tanto, em primeiro lugar, devemos nos empenhar em resistir aos nossos próprios pensamentos homicidas e em fazer morrer todo o nosso desejo de vingança, subjugando nossas paixões e evitando todas as ocasiões, tentações e práticas que tendem a tirar injustamente a vida de alguém.[40] Em outras palavras, o sexto mandamento exige que coloquemos os nossos

---

[38]Catecismo Maior de Westminster, pergunta 136.
[39]Catecismo de Heidelberg, pergunta 106.
[40]Catecismo Maior de Westminster, pergunta 135.

amores em ordem, fazendo uma faxina e varredura daqueles sentimentos que envenenam a alma.

Em segundo lugar, devemos aprender a cuidar de nós mesmos, individualmente. Por exemplo, o apóstolo Paulo diz: "Porque vocês foram comprados por preço. Agora, pois, glorifiquem a Deus no corpo de vocês" (1Coríntios 6:20). Isso significa que obedecemos ao sexto mandamento quando dormimos bem, vivemos alegremente, fazemos uso sóbrio da comida e bebida, evitamos nos expor a perigos de morte, aproveitamos com sabedoria nosso tempo de lazer e de trabalho, zelamos pela nossa saúde mental, perdoando a quem nos fez mal, nutrindo pensamentos de amor, compaixão e bondade pelo próximo, vencendo o mal com o bem e buscando viver em paz com todos, com toda a paciência, gentileza e brandura.

Em terceiro lugar, obedecemos ao sexto mandamento quando lutamos pela sobrevivência e pelo bem-estar do próximo. Isso envolve o nosso esforço por preservar o direito à vida desde a concepção, o cuidado com as crianças em estado de risco, o socorro aos enfermos, aos idosos e às viúvas desamparadas, a luta pela proteção de inocentes que não têm voz para se defender e o apreço, o respeito e a admiração por aqueles que foram investidos de autoridade para empunhar a espada e "castigar quem pratica o mal" (Romanos 13:4).

7. Sexualidade sadia: "Não cometa adultério."

Significado

Ao declarar: "Não cometa adultério" (Êxodo 20:14; Deuteronômio 5:18), a lei divina está nos ensinando que toda a impureza sexual desagrada a Deus. De forma mais estrita, o mandamento nos foi dado para preservar a integridade da família e a sexualidade sadia no casamento. De forma mais ampla, o mandamento cobre toda perversidade de natureza sexual e nos obriga a sermos puros sexualmente, seja qual for o nosso estado civil, tanto dentro quanto fora do matrimônio.

Proibições do sétimo mandamento

A lista de perversidades sexuais é grande e seria impossível tratar delas aqui uma a uma. Na minha perspectiva, o melhor caminho para discernirmos as falsas expressões da sexualidade humana é o encontro com a sexualidade sadia. De acordo com a sabedoria bíblica, a relação sexual que glorifica a Deus é aquela entre um homem e uma mulher, dentro da aliança do casamento, praticada com toda pureza, respeito e amor. Qualquer proposta sexual que distorça ou adultere qualquer elemento desse padrão deve ser vista como uma maneira de quebrar o sétimo mandamento. O Catecismo Maior de Westminster traz uma lista bem abrangente sobre essas perversões:

> Os pecados proibidos no sétimo mandamento, além da negligência dos deveres exigidos, são: adultério, fornicação, rapto, incesto, sodomia e todas as concupiscências desnaturais; todas as imaginações, os pensamentos, os propósitos e os afetos impuros; todas as comunicações corruptas ou torpes, ou o ouvir as mesmas; os olhares lascivos, o comportamento impudente ou leviano; o vestuário imoderado; a proibição de casamentos lícitos e a permissão de casamentos ilícitos; o permitir, tolerar ou ter bordéis e a frequentação deles; os votos embaraçadores de celibato; a demora indevida de casamento; o ter mais que uma mulher ou mais que um marido ao mesmo tempo; o divórcio ou o abandono injusto; a ociosidade, a glutonaria, a bebedice, a sociedade impura; cânticos, livros, gravuras, danças, espetáculos lascivos e todas as demais provocações à impureza, ou atos de impureza, quer em nós mesmos, quer nos outros.[41]

Em nenhum lugar da lista acima encontramos que permanecer solteiro seja uma forma de quebrar o sétimo mandamento. Pois não é! A questão que a Escritura coloca para todos nós, independentemente de nosso estado civil, é que saibamos discernir qual é a nossa vocação. Por exemplo, após exortar os seus discípulos a respeito da indissolubilidade do casamento — e perceber a reação desgostosa deles —, o Senhor Jesus disse que: "Nem todos são aptos para aceitar este ensinamento, mas apenas aqueles a quem isso é dado. Porque há eunucos de nascença; há outros a quem os homens fizeram tais; e há outros que se fizeram eunucos, por causa do Reino dos Céus. Quem é apto para aceitar isto,

---

[41]Ibidem, pergunta 139.

que aceite" (Mateus 19:10-12). À luz dessas palavras, existem pessoas que (1) são chamadas e aptas ao casamento; outras que (2) nascem para o celibato; ainda outra que (3) são obrigadas ao celibato; e, por fim, as que (4) abrem mão do casamento para servirem ao Senhor mais integralmente, sem as preocupações inerentes ao matrimônio e à criação de filhos. Com base nisso, precisamos mencionar que permanecer solteiro é uma forma legítima de lidar com o corpo que Deus nos deu, e isso precisa ser feito com toda a pureza e castidade.

Deveres exigidos pelo sétimo mandamento

Levando em conta toda a revelação bíblica, o sétimo mandamento inclui tudo aquilo que o Senhor ordena para vivermos uma sexualidade sadia. Podemos dizer que a moldura desse mandamento é a frase apostólica: "glorifiquem a Deus no corpo de vocês" (1Coríntios 6:20). Seguindo essa lógica, em primeiro lugar, devemos buscar a "castidade no corpo, na mente, nas afeições, nas palavras e no comportamento."[42] Essas são atitudes individuais e internas que o mandamento enfoca. Além delas, precisamos vigiar os nossos olhos e nossos sentidos, evitando todas as ocasiões que levam à impureza. Como diz o apóstolo, precisamos nos abster de toda aparência do mal (1Tessalonicenses 5:22) e fugir da imoralidade sexual (1Coríntios 6:18).

Em segundo lugar, o sétimo mandamento também nos obriga a promovermos a pureza em nós mesmos e nos outros. Esse esforço para preservar a castidade na sociedade envolve o nosso compromisso com a modéstia no vestuário, o encorajamento do casamento para aqueles que não têm o dom do celibato, o discernimento para que cada um descubra sua vocação, o fomento do amor conjugal e da sexualidade sadia, a luta estratégica contra a pornografia, a aprovação de leis mais severas contra todos os tipos de abuso sexual, o acompanhamento espiritual e profissional de crianças e adolescentes que foram precocemente iniciados sexualmente, a promoção da virgindade entre adolescentes e jovens e o apelo intencional e constante para que toda a igreja cresça em santidade.

42Ibidem, pergunta 138.

8. Proteção à propriedade: "Não furte."

Significado

O oitavo mandamento apresenta a obrigação moral para com o próximo no tocante ao dinheiro e à propriedade.[43] Em linhas gerais, o mandamento proíbe a apropriação de bens alheios e exige a preservação dos bens e da propriedade do nosso próximo. Não furtar não se restringe a apenas não tomar os bens do próximo, mas significa positivamente que as nossas posses devem ser conquistadas somente por meios lícitos e honestos. O Catecismo de Heidelberg traz a seguinte definição do oitavo mandamento:

> Deus não somente proíbe o furto e o roubo que as autoridades castigam, mas também classifica como roubo todos os maus propósitos e as práticas maliciosas, pelos quais tentamos nos apropriar dos bens do próximo, seja por força, seja por aparência de direito, a saber: falsificação de peso, de medida, de mercadoria e de moeda, seja por juros exorbitantes, seja por qualquer outro meio proibido por Deus. Também proíbe toda avareza, bem como todo abuso e desperdício de suas dádivas.[44]

Proibições do oitavo mandamento

Quais são as práticas pecaminosas proibidas no oitavo mandamento? Aplicando os princípios hermenêuticos para compreendermos o Decálogo, podemos destacar pelo menos quatro formas de transgredir o mandamento. Em primeiro lugar, na prática de furto ou roubo. De acordo com o *Código Penal Brasileiro*, Art. 155, define-se furto como: "subtrair, para si ou para outrem, coisa alheia móvel." Deus condena qualquer tipo de dano ao patrimônio do próximo, da apropriação sorrateira de algum objeto privado, subtração de produtos num mercado, obtenção fraudulenta do sinal de internet do vizinho, download de um software, filme, música ou livro sem a permissão dos proprietários até um assalto a uma joalheria durante a madrugada.

---

[43]Cf. Reifler, *A ética dos Dez Mandamentos*, p.181.
[44]Catecismo de Heidelberg, pergunta 110.

Na época de Moisés, o sujeito que furtava um boi, um jumento (animal para carga e locomoção) ou uma ovelha de outros habitantes próximos se enquadrava no mandamento (cf. Êxodo 22:1). O roubo deve ser entendido de forma semelhante ao furto, adicionando ao ato uma grave ameaça ou violência à pessoa, impossibilitando a reação da vítima. No Antigo Testamento, isso acontecia quando havia a tentativa de arrombar uma casa durante o repouso noturno e também durante saques de mercadorias e vestes (cf. Êxodo 22:1-15). De forma análoga, sabemos que diversas autoridades políticas brasileiras possuem o histórico de desviar verbas públicas (concussão e peculato), criando impostos abusivos e comprando sentenças judiciais (suborno).

Em segundo lugar, o oitavo mandamento também é quebrado na ocorrência de sequestro e tráfico de seres humanos. O sequestro acontecia em Israel e no Novo Testamento particularmente quando indivíduos raptavam alguma pessoa notável para vendê-la por um bom preço (cf. Êxodo 21:16; 1Timóteo 1:10). O tráfico de pessoas é uma das atividades ilegais que mais se expandiu no século 21. A prática chama atenção mundial por desrespeitar diretamente os direitos humanos e por ser extremamente rentável para os criminosos. De acordo com o oitavo mandamento, qualquer relação fraudulenta com o próximo no tocante ao dinheiro e à propriedade é condenável.

Em terceiro lugar, o oitavo mandamento proíbe negócios desonestos e injustiça contra o pobre. Em Amós 8:4-6, o profeta faz uma denúncia séria contra aqueles que negociam por meios fraudulentos, explorando os pobres, acumulando produtos consigo para encarecer os preços, praticando balança enganosa (p. ex.: vender 3 kg de trigo como se fossem 5 kg), juros abusivos e uma série de negócios abomináveis. Amós diz que o Senhor vê a injustiça e virá como um leão para julgar os negócios desonestos do seu povo. No Pentateuco, também temos denúncias contra o patrão que atrasa intencionalmente o pagamento a seu trabalhador (Levítico 19:13). Para Calvino, até mesmo os pastores que não se esmeram em pregar a Palavra de Deus, privando suas congregações de seu alimento espiritual, estão, de certa forma, "roubando o próximo."[45]

---

[45]Cf. Biéler, *Calvino e sua influência no mundo ocidental* (São Paulo: Cultura Cristã, 1990), p. 442.

Em quarto lugar, o oitavo mandamento é quebrado pela má administração de recursos, seja pelo acúmulo, seja pelo desperdício. De acordo com a sabedoria bíblica, a avareza é uma maneira desordenada de lidar com o dinheiro, pois, ao praticá-la, o sujeito alimenta a paixão pura e simples pelo acúmulo de capital e deposita sua esperança de vida em seus bens (cf. Lucas 12:15). Em contrapartida, o mandamento também proíbe o desperdício imprudente dos recursos que Deus nos dá. Como está registrado em Provérbios: "Tesouro desejável e azeite há na casa do sábio, mas o homem insensato os desperdiça" (21:20, ARA). Similarmente, o cerco injusto de propriedades e sua desapropriação também são proibidos pelo oitavo mandamento. O profeta Isaías anuncia: "Ai dos que ajuntam casa a casa, reúnem campo a campo, até que não haja mais lugar, e ficam como únicos moradores no meio da terra!" (Isaías 5:8). De acordo com o INCRA, 1% da população brasileira retém 46% de todo o nosso território, sem falar nos mais de 100 milhões de hectares de terras ociosas e cerca de 4,8 milhões de famílias sem-terra no Brasil.[46] A Escritura, portanto, condena qualquer tipo de ganho obtido que venha a prejudicar o próximo e também condena o preguiçoso que se recusa a trabalhar (cf. Provérbios 6:6; 28:19).

Deveres exigidos pelo oitavo mandamento

Ao tratar do que o mandamento ordena, o Catecismo de Heidelberg declara: "devo promover, tanto quanto possível, o bem do meu próximo e tratá-lo como quero que os outros me tratem. Além disso, devo fazer fielmente meu trabalho para que possa ajudar o necessitado."[47] Isso significa, em primeiro lugar, que devemos sempre confiar na providência de Deus. A terra e tudo o que nela há têm um só proprietário (Salmos 24:1). Ao desafiar o povo a oferecer os recursos para a edificação do templo, Davi disse ao Senhor: "tudo vem de ti, e das *tuas* mãos to damos" (1Crônicas 29:14).[48] Ou seja, Davi se considerava um

---

[46]Disponível em: http://www.social.org.br/relatorios/relatorio002.htm, acesso em: 15 jun. 2021.
[47]Catecismo de Heidelberg, pergunta 111.
[48]Ênfase do autor.

simples mordomo e administrador dos recursos que Deus lhe havia dado. O oitavo mandamento nos estimula a confiar no Senhor — e não em nossos próprios recursos — como a suficiente garantia para a nossa sobrevivência e bem-estar.

Em segundo lugar, o oitavo mandamento exige que nos esforcemos para proteger a propriedade do próximo. Sobre o direito à propriedade, Hans Reifler observou:

> Em síntese, podemos ver que, no Antigo Testamento, a propriedade nunca era absoluta, mas sempre temporária, e que o proprietário era visto como um mordomo (Salmos 39:12; 119:19). A propriedade sempre tinha um fim social (Provérbios 28:27; 31:20) e era devidamente protegida por Deus, por meio do oitavo e do décimo mandamentos, do ano da remissão (Êxodo 21:2; Deuteronômio 15:2,4,12; Jeremias 34:8) e do ano de jubileu (Levítico 25:8-34). [...] O Novo Testamento não condena as propriedades, mas apela para um estilo de vida simples, honesto e digno diante de Deus e dos homens. O cristão se considera administrador justo e responsável, e não dono absoluto de seus bens. Ele abre as mãos ao necessitado e, se for preciso, está pronto para vender suas posses para o benefício da obra do Senhor.[49]

Em terceiro lugar, o oitavo mandamento exige que sejamos trabalhadores diligentes para termos como socorrer os necessitados. Paulo menciona que o trabalho digno é a ação oposta ao furto: "Aquele que furtava, não furte mais; antes trabalhe, fazendo com as próprias mãos o que é bom, para que tenha com que acudir o necessitado" (Efésios 4:28). Em outras palavras, para o apóstolo, o contrário do ladrão é o trabalhador que alcança o seu próprio sustento e ainda socorre materialmente aos necessitados (cf. Atos 2:42-47; 4:32-37). Os deveres exigidos no oitavo mandamento também incluem a verdade e a fidelidade nos contratos e no comércio, dando a cada um o que lhe é devido. Como diz o salmista: "Do trabalho de tuas mãos comerás, feliz serás, e tudo te irá bem" (Salmos 128:2, ARA). Em relação aos patrões, o

---

[49]Reifler, *A ética dos Dez Mandamentos*, p. 187-8.

Senhor ordena que sejam justos e que não atrasem o pagamento de seus funcionários (Deuteronômio 24:15). Em compensação, os funcionários devem ser zelosos no seu trabalho (2Tessalonicenses 3:10).

Em quarto lugar, o oitavo mandamento nos encoraja a vivermos com moderação, simplicidade e frugalidade. Paulo escreveu a Timóteo: "Tendo sustento e com que nos vestir, estejamos contentes. Mas os que querem ficar ricos caem em tentação, em armadilhas e em muitos desejos insensatos e nocivos, que levam as pessoas a se afundar na ruína e na perdição" (1Timóteo 6:8,9). Provavelmente, Paulo está endereçando essa recomendação aos irmãos ricos da igreja da Éfeso, pastoreada por Timóteo, alertando-os de que a ambição pela riqueza vem sempre acompanhada por tentação e ciladas e, constantemente, leva os homens à ruína e à perdição. Devemos entender que todos os nossos recursos vêm de Deus e, portanto, não devemos agir com apego aos bens desta vida. O Senhor Jesus nos ensinou: "ao que tirar a tua capa, deixa-o levar também a túnica; dá a todo o que te pede; e, se alguém levar o que é teu, não entres em demanda" (Lucas 6:29,30, ARA). Após a sua conversão, Zaqueu resolveu espontaneamente dar a metade de seus bens aos pobres e restituir quatro vezes aqueles que foram defraudados por ele (Lucas 19:8). O seguidor de Jesus Cristo deve ser conhecido por viver contente com o que possui, andando em simplicidade.

9. Proteção à verdade: "Não dê falso testemunho contra o próximo."

Significado

Alguém já disse que nós conhecemos os metais pelo som que produzem e os homens por aquilo que falam! Semelhantemente, o Senhor Jesus nos ensinou que "a boca fala do que está cheio o coração" (Mateus 12:34). As palavras que saem da boca de uma pessoa são expressão de quem ela é. Deus se preocupa muito com as palavras que saem da nossa boca, por isso nos deu o nono mandamento: "não dê falso testemunho contra o seu próximo" (Êxodo 20:16; Deuteronômio 5:20). O nono mandamento é mais uma maneira de amar o nosso próximo, particularmente quando nós preservamos a sua honra, bem como a verdade, por meio das palavras. Em linhas gerais, o mandamento nos ensina que ninguém deve causar dano ao próximo com a língua; antes, deve fazer uso dela para trazer à tona o melhor a respeito de todos.

Proibições do nono mandamento

Não dizer falso testemunho contra o próximo envolve uma série de proibições para o bom convívio social dos seres humanos. Em primeiro lugar, é um freio contra a mentira. Satanás é chamado de o pai da mentira (João 8:44), pois, no Éden, ele proferiu a primeira falsidade registrada na história humana: "É certo que não morrereis" (Gênesis 3:4, ARA). Os nossos primeiros pais caíram em pecado justamente por não acreditarem nas palavras de Deus e sim nas mentiras do Diabo. Paulo diz aos colossenses: "Não mintais uns aos outros, uma vez que vos despistes do velho homem com os seus feitos" (Colossenses 3:9, ARA). Deus deseja que a verdade flua de nossas bocas, e não o engano.

Isso se aplica também a toda sorte de falsidade, de hipocrisia e até à falsa profecia. O salmista diz: "falam com falsidade uns aos outros, falam com lábios bajuladores e coração fingido" (Salmos 12:2,3). O Senhor explicitamente condenou a hipocrisia religiosa: "O fariseu, posto em pé, orava de si para si mesmo, desta forma: 'Ó Deus, graças te dou porque não sou como os demais homens, roubadores, injustos e adúlteros, nem ainda como este publicano'" (Lucas 18:11). Sobre os falsos profetas, Jeremias profetizou:

> Ah! Senhor Deus, eis que os profetas lhes dizem: "Vocês não verão a guerra, nem passarão fome. Porque eu lhes darei verdadeira paz neste lugar." E o Senhor respondeu: "Esses profetas profetizam mentiras em meu nome. Nunca os enviei, nem lhes dei ordem, nem lhes falei. Eles estão profetizando para vocês visões falsas, adivinhações inúteis e engano que procede do seu íntimo." (Jeremias 14:13,14)

Em segundo lugar, o nono mandamento reprime juízos falsos e calúnias. Não devemos prejudicar a boa reputação do nosso próximo com juízos falsos, especialmente em público. Em Levítico 19:15, lemos: "Não farás injustiça no juízo: nem favorecendo o pobre, nem comprazendo ao grande: com justiça julgarás o teu próximo." O mandamento nos alerta para a cautela com a qual devemos abrir a nossa boca para nos referir ao nosso próximo. Devemos ter cuidado redobrado ao denunciar alguma pessoa, pois não podemos ajudar a condenar alguém levianamente sem tê-la ouvido primeiro. Deus não deixará impunes os caluniadores. Davi afirma que o verdadeiro homem de Deus "não difama com sua língua, não faz mal ao próximo, nem lança injúria contra o seu vizinho" (Salmos 15:3). Salomão reiterou o princípio aprendido com o pai: "A falsa testemunha não fica impune, e o que profere mentiras não escapa" (Provérbios 19:5, ARA). Em linguagem poética, Salomão também diz que a alma de Deus abomina a "testemunha falsa que profere mentiras e o que semeia contendas entre irmãos" (Provérbios 6:19). Isso também se aplica às mentiras contadas nos tribunais. Somos proibidos de subornar testemunhas, pleitear cientemente a favor de uma causa má e dar uma sentença injusta. O mandamento também adverte contra quem se silencia diante de uma causa justa ou se mantém tranquilo diante de uma evidente injustiça.

Em terceiro lugar, o nono mandamento proíbe boatos falsos, fofoca e tagarelice em geral. Isso significa que todo tipo de boatos sem fundamento, fofocas e conversas infrutíferas sobre alguém — atitudes que visam prejudicar a reputação do próximo — é uma forma de quebrar o nono mandamento. Tiago nos dá o alerta: "Irmãos, não faleis mal uns dos outros" (Tiago 4:11, ARA). Paulo vai na mesma direção: "não difamem a ninguém, nem sejam altercadores, mas cordatos, dando provas de toda cortesia, para com todos os homens" (Tito 3:2, ARA). Salomão disse que "o homem perverso espalha contendas, e o difamador separa os maiores amigos" (Provérbios 16:28, ARA). Sobre a fofoca, lemos: "não andarás como mexeriqueiro entre o teu povo; não atentarás contra a vida do teu próximo" (Levítico 19:16, ARA). Paulo diz: "Não vos enganeis: as más conversações corrompem os bons costumes" (1Coríntios 15:33, ARA). Quanto mais a nossa boca se abre para atacar o próximo, mais destruímos a eles e a nós mesmos.

Em quarto lugar, o nono mandamento é um cabresto contra insultos, xingamentos e toda espécie de maledicências. Uma das formas de destruir a imagem do próximo diante das pessoas é por meio do insulto. Note as palavras de Jesus no Sermão da Montanha: "todo aquele que sem motivo se irar contra seu irmão estará sujeito a julgamento; e quem proferir um insulto a seu irmão estará sujeito a julgamento do tribunal; e quem lhe chamar: 'Tolo', estará sujeito ao inferno de fogo" (Mateus

5:22, ARA). O nosso Salvador proíbe com rigor o insulto, pois é uma forma verbal de assassinar reputações. O Senhor utilizou um insulto comum naquela época, o qual foi traduzido em português por "tolo." A palavra original é *raca*, que traduz todo o espírito do insulto, pois significa dizer que o outro é um "nada." Grosso modo, todos os palavrões se baseiam nessa mesma intenção: dizer que o outro não vale nada.

Deveres exigidos pelo nono mandamento

Após refletirmos sobre a amplitude de proibições em relação ao nono mandamento, vejamos o que Deus exige de nós por meio dele. O Catecismo Maior de Westminster traz uma bela definição:

> ... conservar e promover a verdade entre os homens e a boa reputação do nosso próximo, assim como a nossa; evidenciar e manter a verdade; e, de coração, sincera, livre, clara e plenamente falar a verdade, somente a verdade, em questões de julgamento e justiça e em todas as coisas mais, quaisquer que sejam; considerar caridosamente os nossos semelhantes; amar, desejar e ter regozijo pela sua boa reputação; entristecer-nos pelas suas fraquezas e encobri-las, e mostrar franco reconhecimento dos seus dons e graças; defender sua inocência; receber prontamente boas informações a seu respeito e rejeitar as que são maldizentes, lisonjeadoras e caluniadoras; prezar e cuidar de nossa boa reputação e defendê-la quando for necessário; cumprir as promessas lícitas; empenhar-se por tudo o que é verdadeiro, honesto, amável e de boa fama e praticar isso.[50]

Em primeiro lugar, devemos amar a verdade e encher nossos corações dela. O apóstolo Paulo disse que o amor não se alegra com a injustiça, mas "se alegra com a verdade" (1Coríntios 13:6). O apóstolo também nos ordenou que falássemos a verdade porque somos membros uns dos outros, como um corpo interdependente. Isto é, mentir ao próximo é como mentir para nós mesmos: "deixando a mentira, fale cada um a verdade com o seu próximo, porque somos membros uns dos outros" (Efésios 4:25, ARA). Precisamos escolher muito bem as nossas

---

[50]Catecismo Maior de Westminster, pergunta 144.

palavras. Nenhuma sujeira deve preencher a nossa língua, mas somente aquilo que promove a verdade e a graça de Deus para as pessoas: "Não saia da boca de vocês nenhuma palavra suja, mas unicamente a que for boa para edificação, conforme a necessidade, e, assim, transmita graça aos que ouvem" (Efésios 4:29). Falar a verdade, portanto, é um sinal de que realmente Jesus Cristo nos salvou de nossos pecados e o seu Espírito habita em nós. Afinal, Deus é a verdade.

Em segundo lugar, o nono mandamento nos obriga a zelar pela boa reputação do próximo. Na prática, isso acontece quando: amamos nosso próximo, desejamos para ele boa fama e nos alegramos com ela; nos entristecemos por suas fraquezas e procuramos encobri-las; reconhecemos seus dons e talentos; e defendemos a sua inocência. Por exemplo, Paulo se alegrou com os tessalonicenses porque eles se tornaram o modelo de fé para as igrejas da Macedônia e da Acaia: "por toda parte se divulgou a vossa fé para com Deus" (1 Tessalonicenses 1:8, ARA). Precisamos aprender a proclamar as virtudes uns dos outros. Similarmente, assim como somos chamados para defender a verdade de Deus, somos desafiados a defender o próximo e não nos calar diante das mentiras que proferirem contra eles, especialmente contra a igreja de Cristo.

Em terceiro lugar, o nono mandamento nos encoraja a dominarmos a língua. Tiago mostra a dificuldade que o homem tem de dominar a sua língua: "a língua, porém, nenhum dos homens é capaz de domar; é mal incontido, carregado de veneno mortífero" (Tiago 3:8, ARA). Tiago diz que uma figueira não produz azeitonas, que videiras não produzem figos e que, de uma fonte de água doce, não pode jorrar água salgada (Tiago 3:12). Por meio dessas figuras, ele está nos ensinando que o tipo da árvore determina o fruto, isto é, pessoas verdadeiramente regeneradas pelo Espírito Santo recebem capacitação especial de Deus para domarem suas línguas e transbordarem palavras abençoadoras. Devemos estranhar quando uma mesma boca abençoa e amaldiçoa ao mesmo tempo. Com base nisso, talvez a grande implicação do nono mandamento seja usarmos a nossa boca para alcançarmos as nações por meio do evangelho: "Como, porém, invocarão aquele em quem não creram? E como crerão naquele de quem nada ouviram? E como ouvirão, se não há quem pregue?" (Romanos 10:14).

10. Domínio próprio: "Não cobice coisa alguma do próximo."

Significado

O décimo mandamento declara o seguinte: "Não cobice a casa do seu próximo. Não cobice a mulher do seu próximo, nem o seu servo, nem a sua serva, nem o seu boi, nem o seu jumento, nem coisa alguma que pertença ao seu próximo" (Êxodo 20:17; Deuteronômio 5:21). Esse mandamento focaliza uma questão central para o discipulado cristão: o domínio dos nossos amores. O verbo *khamad* (cobiçar) diz respeito a uma atividade interna do coração que esclarece as motivações mais profundas das nossas atitudes externas.

A palavra pode ser usada em um sentido muito bom. Por exemplo, o salmista declara o seu desejo pela lei do Senhor como se fosse mais desejável ou cobiçável que o ouro. No entanto, a cobiça também possui uma conotação ruim, a exemplo de contextos em que o objeto desejado está fora dos limites. Para nos ajudar a educar esse tipo de amor desordenado em nossos corações, o décimo mandamento funciona como um freio para conter o desejo ganancioso por algo pertencente ao próximo. Estudar sobre a cobiça é de suma importância para nós, cristãos; afinal, toda a história da primeira desobediência no jardim do Éden começou quanto o primeiro casal amou mais a "árvore do conhecimento do bem e do mal" que o dono dela.

Proibições do décimo mandamento

Esse mandamento proíbe todos os desejos alojados na raiz do descontentamento humano, que privam o ser humano de encontrar alegria plena em Deus. Em primeiro lugar, podemos falar dos desejos gananciosos, que nos levam a buscar a autoexaltação: fama, orgulho, sede por poder e visibilidade, autossuficiência, egoísmo, entre outros. A cobiça se instala em um coração quando este procura ser o centro do universo. Levado pelas ondas do autoengano, aquele que deseja ter seus interesses, suas necessidades e suas vontades à frente de tudo e de todos não percebe que está alimentando a sua própria ruína. Como está escrito em Provérbios: "Antes da ruína vem a soberba, e o espírito orgulhoso precede a queda" (16:18). Quando alguém cobiça a mulher, a casa ou qualquer coisa que pertença ao próximo, isso é um sinal de descontentamento com sua própria vida, o qual, por sua vez, denuncia um coração vazio em busca de autoafirmação. Nesse sentido, o décimo mandamento funciona como um espelho que reflete a nossa própria miséria e infelicidade, levando-nos, ao mesmo tempo, a encontrar o nosso único consolo na vida e na morte em nosso Senhor Jesus Cristo.

Em segundo lugar, o décimo mandamento é um freio contra todos os desejos desordenados que nutrimos em relação ao nosso próximo. Por exemplo, o mandamento denuncia a inveja, a tristeza pelo sucesso e pelas alegrias do próximo, o sentimento de superioridade em relação aos demais que leva o cobiçoso a pensar: "Ele não merece o que tem..." — dando a entender que o cobiçoso é merecedor.

O Senhor Jesus nos ensinou que o ser humano é contaminado moralmente não por fatores externos — comer sem lavar as mãos —, mas pelos desejos sujos estocados no coração. Ele disse: "Não compreendem que tudo o que entra pela boca desce para o estômago e depois é eliminado? Mas o que sai da boca vem do coração, e é isso que contamina a pessoa. Porque do coração procedem maus pensamentos, homicídios, adultérios, imoralidade sexual, furtos, falsos testemunhos, blasfêmias" (Mateus 15:17-19). O que Jesus está dizendo é que os Dez Mandamentos são quebrados por causa da nossa cobiça. É por meio dela que surgem os falsos deuses, a idolatria, as blasfêmias contra o nome divino, o culto de si mesmo, a desonra às autoridades, os homicídios, os adultérios, os furtos e toda sorte de maledicências contra o próximo. Tudo isso começa a partir de um coração desordenado e transborda em pensamentos, palavras e ações destruidoras.

Deveres exigidos pelo décimo mandamento

Em termos positivos, o mandamento ordena que busquemos "um pleno contentamento com a nossa condição e uma disposição caridosa da alma para com o nosso próximo, de modo que todos os nossos desejos e afetos relativos a ele se inclinem para todo o seu bem e promovam o mesmo."[51] O único jeito de vencermos os desejos desordenados por aquilo que pertence ao próximo é por meio do contentamento em Jesus

---

[51]Ibidem, pergunta 147.

Cristo. O apóstolo nos aconselhou: "Alegrem-se sempre no Senhor; outra vez digo: alegrem-se!" (Filipenses 4:4). Paulo repete a ordem de buscar a nossa satisfação em Deus porque somos tentados a desviar o nosso coração dele para canalizar nossa busca por realização pessoal em coisas e pessoas.

Sem dúvida, o décimo mandamento é o mais difícil de todos para ser obedecido, pois nos faz refletir acerca dos desejos e anseios mais nebulosos de nossa alma. Como diz o apóstolo João: "Porque tudo o que há no mundo — os desejos da carne, os desejos dos olhos e a soberba da vida — não procede do Pai, mas procede do mundo" (1João 2:16). Quem poderá dizer: "nunca desejei nem cobicei o que a lei proíbe"? Certamente, nenhum de nós. O décimo mandamento é o grande escândalo do Decálogo, pois nos força a olhar para nós mesmos com sinceridade a fim de concluirmos que não somos capazes de guardar os mandamentos. Se a desobediência a Deus começa pelos meus amores mais profundos da alma, não há nada em mim que me possa livrar da condenação eterna! O Catecismo de Heidelberg traz a pergunta: "Mas os que se converteram a Deus são capazes de guardar esses mandamentos perfeitamente?" Esta é a resposta: "Não. Pois até mesmo os mais santos nessa vida só têm um leve começo dessa obediência."[52]

O mesmo catecismo então questiona: "Se nessa vida ninguém consegue obedecer perfeitamente aos Dez Mandamentos, por que Deus manda que sejam pregados com tanto rigor?" Aqui está a resposta:

> Primeiro, para que ao longo das nossas vidas possamos cada vez mais estar conscientes da nossa natureza pecaminosa e, assim, busquemos com mais fervor o perdão dos pecados e a justiça de Cristo. Segundo, para que, ao orarmos a Deus pela graça do Espírito Santo, jamais deixemos de batalhar para sermos cada vez mais renovados à imagem de Deus, até que, após esta vida, alcancemos o alvo da perfeição.[53]

A resposta do catecismo é cirúrgica, pois nos ajuda a entender que o décimo mandamento nos humilha a tal ponto que não temos a quem

---

[52]Catecismo de Heidelberg, pergunta 114.
[53]Ibidem, pergunta 115.

pedir socorro, senão ao nosso Salvador Jesus Cristo, nem para onde correr, senão para o evangelho da graça de Deus que traz paz ao nosso coração machucado. Nenhum ser humano é capaz de guardar perfeitamente os mandamentos de Deus, pois nós os violamos diariamente por pensamentos, palavras e ações.

Eu imagino que o Senhor tenha deixado esse mandamento por último justamente para olharmos para a nossa condição miserável e gritarmos por ajuda. Portanto, para aqueles que ainda estão distantes do evangelho, a lei é um beco sem saída: um caminho de morte sem volta. Porém, para os que já receberam a justiça de Cristo, os Dez Mandamentos são uma oportunidade de manifestar a nossa gratidão ao Senhor por tamanha libertação e amor inexplicável. A nossa cobiça deve ser canalizada para Deus, para a glória dele e para nosso pleno contentamento em comunhão com ele. Até o dia da consumação de todas as coisas, devemos cobiçar o mesmo sentimento paulino:

> O que eu quero é conhecer Cristo e o poder da sua ressurreição, tomar parte nos seus sofrimentos e me tornar como ele na sua morte, para, de algum modo, alcançar a ressurreição dentre os mortos. Não que eu já tenha recebido isso ou já tenha obtido a perfeição, mas prossigo para conquistar aquilo para o que também fui conquistado por Cristo Jesus [...] não julgo havê-lo alcançado, mas uma coisa faço: esquecendo-me das coisas que ficam para trás e avançando para as que estão diante de mim, prossigo para o alvo, para o prêmio da soberana vocação de Deus em Cristo Jesus (Filipenses 3:10-14).

Espero que este breve estudo sobre os Dez Mandamentos tenha ajudado você a vislumbrar a larga envergadura da ética cristã. Tentei deixar claro que a nossa responsabilidade moral para com Deus e para com o próximo não se limita aos mandamentos nem se esgota neles, mas envolve toda a nossa disposição em perseguir uma vida virtuosa para a glória de Deus e para o bem comum. O grande benefício da nossa abordagem, isto é, de interpretarmos os Dez Mandamentos à luz da revelação canônica, é termos uma visão panorâmica de como Deus espera que sua vontade seja obedecida.

Em última análise, é por meio da nossa obediência à lei divina que alcançaremos uma vida virtuosa, nos tornaremos imitadores de Cristo e promoveremos o bem-estar da sociedade como um todo. Entretanto, o fato de ter memorizado os mandamentos não fará você, necessariamente, um discípulo parecido com o nosso Mestre. Saber os mandamentos é um bom começo, mas precisamos ir além. O segredo para obedecermos a Deus é a vida no Espírito. Como disse o apóstolo: "vivam no Espírito e vocês jamais satisfarão os desejos da carne" (Gálatas 5:16). Precisamos viver em constante oração e pedir ao Senhor para que ordene os nossos amores, os nossos pensamentos e as nossas vontades. Eu creio que o hábito da oração é o único caminho eficaz para educarmos as inclinações da nossa alma, isto é, curvá-la em submissão na direção do Deus triúno, que é a fonte de tudo o que é bom, belo, justo e verdadeiro! No próximo capítulo, faremos uma nova jornada, justamente para entender melhor o que é a oração e como ela pode nos ajudar a viver em união com o Deus Pai, Filho e Espírito Santo.

REFERÊNCIAS

BAUCKHAM, Richard. "Sabbath in protestant tradition". In: CARSON, D. A., org. *From sabbath to Lord's day* (Grand Rapids: Zondervan, 1982).

_____. "O shabbath e o dimingo na tradição protestante." In: CARSON, D. A., org. *Do shabbath para o dia do Senhor* (São Paulo: Cultura Cristã, 2006).

BAVINCK, Herman. *Reformed ethics* (Grand Rapids: Baker, 2019). Vol. 1: Created, fallen, and converted humanity.

BIÉLER, André. *Calvino e sua influência no mundo ocidental* (São Paulo: Cultura Cristã, 1990).

BONHOEFFER, Dietrich. *Ethics* (Minneapolis: Fortress Press, 2005).

_____. Ética (São Leopoldo: Sinodal/EST, 2011).

CALVIN, Jean. "Institutio Christianae religionis." In: BAUM, G.; CUNITZ, E.; REUSS, E., orgs. *Ioannis Calvini Opera Quae Supersunt Omnia*. Corpus Reformatorum (Brunswick and Berlin: C. A. Schwetschke and Son [M. Bruhn], 1863-1900). Vols. 29-87.

_____ [CALVINO, João]. *Institutas da religião cristã* (São Paulo: Cultura Cristã, 2006). 4vols.

_____ [CALVIN, John]. "Catechism of the Church of Geneva". In: CALVIN, John. *Tracts and treatises* (Grand Rapids: Eerdmans, 1958, p. 88-139). Vol. 2.

"Catecismo de Heidelberg." In: *As três formas de unidade das igrejas reformadas* (Brasília, CLIRE, 2013).

Catecismo Maior de Westminster (São Paulo: Cultura Cristã, 2013).

DEYOUNG, Kevin. *Os Dez Mandamentos* (São Paulo: Vida Nova, 2020).

FRAME, John M. *A doutrina da vida cristã* (São Paulo: Cultura Cristã, 2013).

HARRELSON, Walter J. *The Ten Commandments and human rights* (Philadelphia: Fortress Press, 1980).

_____. *Os Dez Mandamentos e os direitos humanos* (São Paulo: Paulinas, 1987).

HARTLEY, John E. *Leviticus.* World Biblical Commentary (Dallas: Word Books, 1992). Vol. 4.

HORTON, Michael. *A lei da perfeita liberdade* (São Paulo: Cultura Cristã, 2000).

LUTHER, Martin. "'Temporal authority: to what extent it should be obeyed". In: LULL, Timothy F., org. *Martin Luther's basic theological writings* (Minneapolis: Fortress Press, 2005). p. 655-703.

PHILLIPS, A. "Another look at murder." *Journal of Jewish Studies* 28 (1977): 105-26.

REIFLER, Hans U. *A ética dos Dez Mandamentos* (São Paulo: Edições Vida Nova, 2009).

ROBINSON, G. "The idea of rest in the OT and the search for the basic character of sabbath." *Zeitschrift für die alttestamentliche Wissenschaft* 92 (1980): 32-42.

TSEVAT, M. "The basic meaning of the biblical sabbath." *Zeitschrift für die alttestamentliche Wissenschaft* 84 (1972): 447-59.

WOLFF, Hans W. "The day of rest in the Old Testament." *Lexington Theological Quarterly* 7 (1972): 65-76.

TERCEIRA PARTE: ORAÇÃO

COMO DEUS ESPERA QUE CONVERSEMOS COM ELE?

ORAÇÃO DE ABERTURA

Pai amado,

Nós te damos graças porque a tua lei é maravilhosa; ela resplandece a tua glória e promove o nosso bem. Aprendemos com o Senhor que o nosso amor por ti é medido segundo a nossa obediência aos teus mandamentos. Por isso pedimos: ajuda-nos a te amar e a te obedecer. Não queremos ter uma fé sem obediência, nem uma obediência sem fé, ajuda-nos a obedecer-te por causa da nossa fé em ti.

Senhor, é pela nossa incapacidade de te amar com todo o nosso coração que nos achegamos a ti em oração. Queremos ser maduros na fé, ó Pai, mas sem ti não temos forças para prosseguir. O teu servo Paulo nos ensinou a viver no Espírito para não satisfazer as vontades da nossa carne. Precisamos de ti, Senhor, do contrário, a nossa carne falará mais alto em nossa alma. Toma o nosso coração por completo, preencha-nos, faz crescer em nós o fruto do Espírito: amor, alegria, paz, longanimidade, benignidade, bondade, fidelidade, mansidão, domínio próprio. Ó Santo Espírito, permita que o teu amor e a tua graça transbordem de nós e retornem para ti em ações de graças!

Faz crescer essa árvore de virtudes em nosso interior, Senhor! O teu Filho nos ensinou que nada podemos fazer e nenhum fruto podemos dar se estivermos desconectados dele. Ó Videira frutífera, concede que estejamos unidos a ti mais que nunca. Queremos permanecer em ti e abrigar as tuas palavras como o tesouro de nossa alma. Não permita que esses pobres ramos sequem, ó Deus, mas que possamos dar muito fruto, glorificar a ti, ó Pai, e mostrar ao mundo que somos teus discípulos.

Como os teus discípulos te pediram, nós também clamamos: ensina-nos a orar! Por mais que falemos contigo todos os dias, ainda sentimos no íntimo que não sabemos usar nossas palavras na tua presença. Somos como aqueles aos quais Tiago exortou: cobiçamos e nada temos; matamos, sentimos inveja e nada obtemos; vivemos a lutar e a fazer guerras; nada temos por que não pedimos e quando pedimos não recebemos, pois pedimos mal. Livra-nos de tal situação, ó Pai. Ensina-nos a orar, estamos aqui prontos para aprender. Em teu nome, ó Filho de Deus, oramos. Amém!

APRENDENDO A ORAR

Na verdade, a oração é altamente necessária para nós, pois, por meio da oração, nós conseguimos todas as coisas e somos capazes de manter o que temos contra os inimigos, o Diabo e o mundo. Tudo o que podemos obter, devemos buscar em oração. Portanto, a oração é conforto, força e salvação para nós, nossa proteção contra todos os inimigos e nossa vitória sobre eles.[1]

— Martinho Lutero

A oração é a comunhão dos homens com Deus pela qual, tendo entrado no santuário celestial, apelam a ele pessoalmente a respeito de suas promessas, a fim de experimentarem que aquilo em que creram não foi em vão.[2]

— João Calvino

omo Deus espera que conversemos com ele? Após dois capítulos buscando compreender como obedecer à vontade de Deus, o mais natural é que corramos para os braços do Senhor, implorando a sua misericórdia para que não nos consuma em nossa rebelião e,

---

[1] Plass, *What Luther says* (St. Louis: Concordia Publishing House, 1959), p. 1094.
[2] Calvino, *Institutas da religião cristã* (São Paulo: Cultura Cristã, 2006), III.xx.5.

ao mesmo tempo, clamando para que nos capacite a viver diante da sua presença dignamente. Oração e obediência são duas atitudes inseparáveis na vida do discípulo de Cristo. Quanto mais procuramos ver a face de Deus em nossas orações, mais nos levantamos de nossos joelhos para viver uma vida agradável moralmente ao Senhor. Similarmente, quanto mais lutamos contra a nossa natureza corrompida, mais carecemos do poder do Espírito que pode nos modelar à semelhança do homem perfeito: Jesus Cristo. Em outras palavras, oração é o combustível que nos move à obediência e obediência é o nosso esforço para viver em acordo com a lei do Senhor, esforço que não pode ser eficaz a não ser que encontremos descanso e força em Deus por meio da oração.

O roteiro da nossa jornada pela oração será dividido em quatro partes. Em primeiro lugar, buscaremos definir o que é a oração de acordo com as Escrituras e o melhor da tradição cristã. Em segundo lugar, exploraremos a necessidade e os motivos que devem levar os discípulos de Cristo a buscarem a face de Deus em oração. Em terceiro lugar, faremos um breve estudo sobre a oração que o Senhor Jesus nos ensinou, o Pai Nosso, destacando quais são os elementos que compõem a oração. Ao final da jornada, ofereceremos algumas coordenadas práticas de como o cristão pode conversar com o Deus triúno nas diversas circunstâncias da vida. Caso esteja vivendo um período de deserto espiritual, espero que este capítulo ajude você a redescobrir o prazer de conversar com Deus por meio da oração. Para aqueles que têm mantido seus corações aquecidos na comunhão com o Deus triúno, a minha oração é que o Senhor os preserve e os faça crescer mais e mais.

O QUE É ORAÇÃO?

De forma bem simples, orar é conversar com Deus. Não há nada mais simples e, ao mesmo tempo, mais misterioso que isso na vida humana. Lutero certa vez disse que "orar é falar com Deus. É realmente uma grande glória que a alta majestade do céu se rebaixe a nós, pobres vermes, e nos permita abrir nossas bocas para ele."[3] Por mais simples que

---

[3]Carr, "The meaning of prayer in the life of Martin Luther", *Concordia Theological Monthly* 42 (1971): 622.

possa parecer "abrir a boca e falar com Deus", não há nada mais sublime do que ter os ouvidos do Autor da vida prestando atenção às nossas palavras! Calvino escreveu que a oração "é uma comunicação entre Deus e nós em que expomos a ele os nossos desejos, as nossas alegrias, as nossas expectativas, isto é, todos os pensamentos do nosso coração."[4] Sem dúvida, orar é a coisa mais extraordinária do mundo. Por um lado, é desfrutar o privilégio de ter audiências particulares, em qualquer hora do dia, com o dono do universo. Por outro lado, embora estejamos em uma audiência com o Rei do universo, temos a certeza de estarmos deitados no colo de alguém que chamamos carinhosamente de Pai.

Podemos dizer que orar é a essência da vida cristã, o que nos mantém de pé, um dom precioso vindo do céu para a terra. De fato, a questão não é *o que* estamos falando, mas *com quem* estamos falando. Ao orarmos, portanto, estamos exercendo a nossa comunhão com o Deus triúno.[5] A maior parte das pessoas está habituada a falar *sobre* Deus, não *com* ele. Isso não é suficiente para o discipulado cristão, pois, em certo sentido, só sabe o que é oração quem ora. Como cristãos, precisamos ir além do mero falar sobre Deus para termos comunhão diretamente com o Deus Pai, Filho e Espírito Santo. Pelo fato de estarmos unidos a Cristo, nós podemos falar com Deus como membros da família celestial. Orar é assumir nossa posição de filho e, em santa reverência, comunicar ao nosso Pai tudo aquilo que se passa em nossa vida. É comunicação e comunhão ao mesmo tempo, pois, à medida que conversamos com ele, abrimos a nossa intimidade com o Deus triúno a respeito das dores, das ansiedades, dos desejos mais profundos, dos medos e das angústias que sentimos. Não é meramente falar palavras bonitas diante de um soberano rei, mas rasgar a alma e chorar no colo de nosso próprio Pai. Nos braços dele, abrimos o coração sobre aquilo que nos atormenta, seja por causa de nossos pecados, seja pelas circunstâncias adversas. Nos dias turbulentos, não existe coisa mais urgente a se fazer do que parar todos os afazeres e correr para os braços do Pai; nos dias

---

[4]Calvin, *Instruction in faith* (Philadelphia: Westminster, 1949), p. 57. Para um estudo sobre oração na perspectiva dos reformadores, veja: Beeke; Najapfour, *Taking hold of God* (Grand Rapids: Reformation Heritage Books, 2011).
[5]Packer, *Teologia concisa* (São Paulo: Cultura Cristã, 2004), p. 163.

alegres, nada melhor do que celebrar a vida ao lado daquele que nos deu gratuitamente todas as coisas!

Infelizmente, com o passar do tempo, alguns religiosos distorceram o significado da oração. Na minha opinião, três distorções básicas se destacam atualmente: a barganha, o mantra e a reza. Em primeiro lugar, para muitos, a oração se tornou uma espécie de barganha com Deus: "Eu orei, pedi, logo, ele tem que me dar." Nesse sentido, Deus é visto como uma espécie de garçom, e nós, como consumidores-clientes. Essa mentalidade de consumo tem produzido uma série de problemas para o discipulado cristão, especialmente o de colocar o homem no centro da espiritualidade. Na contramão disso, Eugene Peterson diz que "orar é deixar o mundo de ansiedades para adentrar em um mundo de maravilhas. Decidimos sair de um mundo centrado no ego para entrar em outro centrado em Deus."[6] Precisamos romper radicalmente com a linguagem de consumo e entender que oração é a linguagem que utilizamos no relacionamento pessoal com o Pai. Nossos sentimentos, ansiedades, silêncios, suspiros e clamores desesperados fazem parte disso. A oração está na contramão de qualquer barganha, pois se trata da relação entre um filho em busca de colo e seu Pai; é relacionamento, encontro, comunhão, e não troca de favores.

Em segundo lugar, para muitos cristãos, a oração se transformou em um mantra a ser repetido antes do almoço e antes de dormir. Isso pode acontecer conosco e, infelizmente, já aconteceu comigo. Nossas orações são feitas da boca para fora, de maneira mecânica, superficial e, no caso dos pastores (em que me incluo), até mesmo profissional. Precisamos tomar muito cuidado para não nos acostumar com o sagrado e deixar nosso melhor método de comunhão com o Deus triúno ser reduzido a mornidão e vãs repetições. Temos de resistir a todo custo para que nossa oração não se converta naquilo que alguns chamariam de "conversa de elevador": "Pai, obrigado pelo dia", "Pai, obrigado pelo almoço", "Pai, nos dê uma boa noite, em nome de Jesus, amém." Esse tipo de oração sinaliza o estado espiritual de nosso coração e indica que estamos longe do Pai, vendo-o apenas como um conhecido com o qual não nutrimos intimidade.

---

[6]Peterson, *A oração que Deus ouve* (São Paulo: Cultura Cristã, 2005), p. 40.

Em terceiro lugar, alguns veem a oração simplesmente como uma reza. Você já se perguntou qual é a diferença entre reza e oração? Grosso modo, a reza é um discurso pronto, enquanto a oração é uma conversa inédita. Quem reza utiliza palavras de outras pessoas, enquanto quem ora fala com as suas próprias palavras. A reza é como uma conversa gravada, ao passo que a oração é uma conversa ao vivo. Isso não significa que não podemos recitar a oração do Pai Nosso ou mesmo nos apropriarmos de orações escritas por cristãos do passado. O meu ponto é que, se não tomarmos cuidado, o mero recitar de uma fórmula ou de orações prontas podem lentamente dar lugar a uma tarefa fria, desprovida de sentimento, fervor e propósito. Diferentemente de rituais vazios, o que Deus espera de nós é comunhão e comunicação entre Pai e filho, uma experiência constante de abrir e derramar o coração para Deus.

POR QUE ORAR?

Calvino diz que a necessidade e a utilidade da oração não podem ser explicadas satisfatoriamente com palavras.[7] O que ele quis dizer com isso é que orar vale a pena não somente por causa das razões para o ato, mas pela grandiosidade da experiência de falar com Deus. Portanto, em primeiro lugar e em um sentido mais relacional, a oração é o meio pelo qual nosso ser se conecta com Deus, a fonte da vida. A nossa grande motivação em orar não deve ser ganhar coisas de Deus, mas ganhar mais do próprio Deus. Por meio da oração, nós encontramos o "sim" de Deus, seu acolhimento e sua hospitalidade, recebemos suas bênçãos, aprendemos a meditar mais atentamente em sua bondade e desfrutamos do prazer de sua presença mais intensamente. Orar é uma demonstração do quanto nós amamos estar na presença dele. Em oração, nosso coração descansa no fato de que ele nunca dorme, de que sempre cuida de nós.

Em segundo lugar, em um sentido mais formal, além de ser comunicação e comunhão com Deus, orar é um dever do discípulo, visto que o Senhor nos convoca para essa prática por meio de mandamento. Aprendemos no capítulo anterior que não tomar o nome de Deus em

---

[7]Calvino, *Institutas da religião cristã*, III.ix.2.

vão possui um aspecto positivo, isto é, o dever de clamar pelo nome do Senhor em todas as nossas necessidades. Assim, o inverso de tomar o nome de Deus em vão é zelar pelo nome divino. Devemos amá-lo com todas as nossas forças e mantê-lo com santa reverência em nossos pensamentos, palavras e escritos, para que, assim, Deus seja glorificado, nossa alma seja edificada e nosso próximo possa conhecer e apreciar o Deus verdadeiro. Isso significa que deixar de orar é um pecado. Ninguém colocou isso de forma mais marcante que Lutero:

> Devemos olhar atentamente para esse mandamento e refletir sobre a oração não como um ato opcional e muito menos agir como se não fosse pecado abandonar a oração. Devemos saber que orar é um chamado sincero da parte de Deus, o qual, se for negligenciado, está sob a ameaça de seu desagrado e sua punição. Assim como a ordem de não possuirmos outros deuses, não blasfemar nem abusar do nome de Deus, a oração foi prescrita como mandamento para confessá-lo, pregá-lo, enaltecê-lo e louvá-lo [...] Aquele que se recusa a orar deve reconhecer que não é cristão e que não pertence ao Reino de Deus.[8]

Em terceiro lugar, Deus não instituiu a oração por sua própria causa, mas tendo em vista as nossas necessidades.[9] Algumas pessoas se perguntam: se Deus já sabe de todas as coisas, para que orar, então? A resposta é que a oração nos foi dada como um meio para nos apropriarmos das riquezas disponíveis em Deus. Isso significa que Deus não precisa das nossas orações, mas nós precisamos desesperadamente da oração para nos conectarmos com Deus e desfrutarmos do consolo que flui da sua presença. A oração não muda a Deus, mas muda a nós mesmos, pois orar nos torna mais dependentes da vontade e do cuidado dele. Quanto mais oramos, mais Deus muda quem nós somos, ainda que sem percebermos. A oração é o meio pelo qual a terna misericórdia e o cuidado do Pai são comunicados a nós, visto que somos relembrados de que Deus sabe todas as coisas, de que a vontade dele sempre é boa,

---

[8]Plass, *What Luther says*, p. 1075.
[9]Calvino, *Institutas da religião cristã*, III.ix.3.

de que seus planos não se frustram, de que o seu poder sobrepuja todos os poderes do mal e de que a sua paz excede todo o entendimento.

Quando oramos, Deus trata pessoalmente de nossas ansiedades e preocupações. Quanto mais oramos, menos nos sentimos preocupados com a vida, não no sentido de sermos inconsequentes, mas, sim, de podermos fazer tudo aquilo que está ao nosso alcance e, ao mesmo tempo, descansarmos em Deus. A oração forja a nossa dependência de Deus e nos torna gradualmente pessoas mais seguras e menos ansiosas. Quanto mais nossa dependência de Deus aumenta, mais a nossa angústia pelas coisas da vida diminui.

Em quarto lugar, a oração é um meio que Deus utiliza para realizar seus planos na história. Na sua sabedoria misteriosa, Deus determina os fins e os meios pelos quais as coisas acontecem no mundo. Por exemplo, ele determinou que pessoas seriam salvas pela obra maravilhosa de nosso Senhor Jesus Cristo e, além disso, determinou que o meio pelo qual pessoas teriam acesso a tão grande salvação seria a proclamação do evangelho. Entretanto, o fato de Deus já ter determinado o número dos salvos no Livro da Vida não exclui o esforço missionário da igreja, mas nos encoraja a pregar com muito mais veemência. Afinal, quanto mais proclamarmos o evangelho da graça, mais os eleitos de Deus serão confirmados na terra (cf. Romanos 10:17). Os fins são realizados não em separação dos meios, mas por intermédio deles. Similarmente, Deus determinou que os nossos pecados seriam perdoados e também nos deu o meio pelo qual podemos nos apropriar individualmente da paz que flui da reconciliação: a oração. É por isso que os apóstolos enfatizaram tanto o poder da oração; eles sabiam que orar é o meio designado pelo próprio Deus para nos apropriarmos de todos os benefícios que o Deus amoroso nos reservou.

Quando o Senhor determinou os meios e os fins de todas as coisas, ele também estabeleceu sábia e soberanamente que o seu povo só conseguiria algumas coisas por meio da oração. Como já dissemos, a oração não muda os planos de Deus, ela é um meio para cumpri-los. Por exemplo, da mesma forma que a salvação dos eleitos de Deus se manifesta quando um pecador se arrepende e crê na proclamação do evangelho, o perdão divino só é recebido no coração do cristão por meio da oração de confissão. Os fins que Deus estabeleceu são concretizados na história pelos meios apropriados. Arthur Pink escreve: "Quando Deus determina conceder uma bênção qualquer, também outorga o espírito de súplica, de antemão, que lhe solicita a mesma bênção." Pink continua: "Longe de serem vãs, as orações são instrumentos, entre outros, por meio dos quais Deus cumpre seus decretos."[10] Em outras palavras, o fim determinado por Deus é a linha de chegada, enquanto os meios funcionam como processos que ele mesmo estabeleceu para que cheguemos ao lugar determinado.

Nesse sentido, podemos afirmar que, por meio da oração, Deus muda muitas coisas ao nosso redor, não porque não estavam presentes no seu plano eterno, mas, sim, porque é a maneira de manifestá-los na história de nossas vidas. Isso nos leva a evitar dois extremos que infelizmente têm se popularizado quando se fala em oração: a manipulação divina e a indiferença dos cristãos para com a oração. Por um lado, alguns pregadores afirmam que "a oração é a *alavanca* da mão de Deus." Por implicação, a oração é como que um artefato capaz de manipular e controlar as ações de Deus. Essa imagem da oração como "alavanca" nos faz pensar isto: quanto mais oramos, mais conseguimos tudo o que queremos. Apesar de motivar os cristãos a buscarem a Deus, o grande perigo dessa visão é que ela retrata um Deus paralisado e que, de certa forma, depende de nós para agir. Em algumas igrejas, é comum pensar que, quando alguém começa a orar, a mão de Deus começa a se mexer para dar uma vaga de emprego aqui, buscar o marido que tem uma amante acolá, curar enfermidades ali etc. É como se Deus estivesse inerte e não pudesse fazer nada sem os nossos comandos.

Esse tipo de raciocínio é estranho às Escrituras. Do início ao fim, a narrativa bíblica nos informa que a oração não é um recurso que convence Deus a fazer o que nós queremos — afinal, Deus só faz aquilo que ele mesmo quer! —, pois temos um Deus que sempre esteve, está e estará agindo no mundo, movendo todas as circunstâncias com maestria, de acordo com um plano eterno e muito antes de termos bocas para falarmos qualquer palavra. Portanto, precisamos resistir à ideia absurda de que a nossa oração faz Deus se mexer. Foi o Senhor Jesus

---

[10]Pink, *Deus é soberano* (São José dos Campos: Editora Fiel, 1990), p. 124, 129.

quem disse: "o seu Pai sabe do que vocês precisam, antes mesmo de o pedirem" (Mateus 6:8, NVI).

Outro extremo a ser evitado é a inércia espiritual de alguns cristãos que, por crerem na soberania de Deus de forma equivocada, vivem indiferentes à prática de oração. Podemos resumir essa linha de raciocínio da seguinte forma: "Deus é soberano, logo, se eu orar ou não, tudo vai continuar a mesma coisa e nada mudará em minhas circunstâncias." A conclusão mais lógica é que a oração não tem poder nenhum sobre o que acontece ao nosso redor, e, portanto, as expectativas a respeito do que Deus pode fazer por meio das nossas orações são praticamente inexistentes. Na minha visão, precisamos evitar esse erro como sendo tão perigoso quanto o primeiro.

À luz da narrativa bíblica, a oração é o meio pelo qual Deus confirma seus planos na história. Por exemplo, as palavras de Tiago são esclarecedoras: "Vocês cobiçam e nada têm; matam e sentem inveja, mas nada podem obter; vivem a lutar e a fazer guerras. *Nada têm, porque não pedem*; pedem e não recebem, porque pedem mal, para esbanjarem em seus prazeres" (Tiago 4:2,3).[11] Qual é o significado da frase "nada têm, porque não pedem"? De forma simples, parece que Tiago está nos ensinando isto: coisas acontecem quando oramos e deixam de acontecer quando não as pedimos. De fato, há algo muito complexo nisso tudo. Nós cremos que Deus determinou na sua soberania que só daria ou faria *algumas coisas* em favor de seu povo por meio da oração. De fato, existem algumas coisas na vida cristã que jamais alcançaremos a não ser por meio de muita oração. Além da santidade e da intimidade com Deus que já mencionamos, os Evangelhos testemunham que a autoridade espiritual para expulsar demônios é alcançada somente por meio de oração e jejum (Mateus 17:21). Em outras palavras, orar faz toda a diferença para mudar as nossas circunstâncias — embora isso nunca deva ser compreendido como alteração do plano de Deus.

O rei Davi afirmou que Deus já escreveu todo o roteiro da história humana em um livro (Salmos 139:16). Apesar de a imagem de roteirista ser uma linguagem metafórica, ela não anula o fato de que, na presença de Deus, não existem mistérios quanto ao futuro. O futuro

---

[11]Ênfases do autor.

já está determinado. Deus sabe toda a história, pois já a escreveu por inteiro na eternidade. Quais as implicações disso para a nossa prática de oração? Dentre as muitíssimas lições que podemos aprender disso, cabe nos lembrar que a onisciência divina nos ajuda a entender o desenrolar da história. Como dissemos, Deus determinou os fins e os meios, isto é, ele já decidiu tudo o que irá acontecer e como tudo irá acontecer. Nesse sentido, a oração é o meio que Deus escolheu para executar os seus propósitos na história.

Por exemplo, milagres podem acontecer por meio de orações e deixarem de acontecer na ausência delas, visto que Deus determinou que os *fins* (milagres) irão acontecer por intermédio dos *meios* (oração). Obviamente não estamos falando de um cálculo exato de causa e efeito, pois nem todas as nossas orações são respondidas afirmativamente e, em última análise, o que move Deus a fazer todas as coisa é a sua própria vontade livre e soberana. Não devemos concluir, portanto, que os *meios* mudam os propósitos de Deus ou a vontade de Deus, na verdade, eles sempre os *cumprem*. Se a oração é um meio de Deus mudar certas coisas, é porque foi do agrado dele que mudassem. A Escritura está repleta de exemplos sobre isso. Deus concedeu quinze anos a mais para Ezequias porque ele orou (2Reis 20:1-6), deu o poder de Elias em dobro para Eliseu porque ele pediu (2Reis 2:9), deu sabedoria sem precedentes para Salomão porque ele pediu (2Crônicas 1:8-10), revelou sua intimidade a Moisés porque ele orou incessantemente (Êxodo 33:18). A Escritura nos diz que o profeta Elias pediu para não chover, e não choveu (Tiago 5:17). Ana, que era estéril, pediu um filho para Deus, e sua petição foi concedida (1Samuel 1:9-17).

Em todos esses casos, o que percebemos em comum? A partir de uma leitura superficial, pode parecer que esses acontecimentos miraculosos não estavam nos planos de Deus. No entanto, quando lemos os textos de forma mais cuidadosa, percebemos que os quinze anos a mais concedidos a Ezequias e o nascimento de Samuel de uma mulher estéril já faziam parte do plano eterno de Deus. Isto é, todas essas coisas já estavam determinadas para acontecer, mas teriam que se cumprir por meio de orações. Como dissemos, a oração não muda os planos de Deus, mas os confirma, tornando-os visíveis na história.

Existem também casos na Bíblia em que o Senhor manifestou o seu poder sem que a fé ou mesmo a oração das pessoas estivesse presente. Por exemplo, no tanque de Betesda, Jesus curou um paralítico que não tinha mais expectativas de ser curado (João 5:7,8). O Senhor também acalmou tempestades a despeito da incredulidade de seus discípulos (Marcos 4:40). Nosso mestre curou um homem que vivia acorrentado por grilhões e atormentado por uma legião de demônios apesar da total indiferença e falta de solidariedade dos habitantes daquela cidade (Marcos 5:15). Por isso, devemos sempre lembrar, como regra geral, que Deus cura *quem* ele quiser, *do que* quiser, *do jeito* que quiser, *onde* quiser e *quando* quiser. No entanto, afirmamos a soberania absoluta do Senhor sem negarmos o poder da oração. Em síntese, não é a oração que faz as coisas acontecerem; antes, Deus, sempre em ação, *por meio* das nossas orações, é que faz algumas coisas acontecerem, não contra os seus planos, e sim de acordo com a sua perfeita vontade (1João 5:13,14). Deus já escreveu o roteiro da história e o melhor jeito de entendermos a oração não é como uma mudança no roteiro eterno de Deus, mas como o meio pelo qual esse roteiro se cumpre na história. A oração não muda os planos de Deus, ela é um meio para que o plano dele se realize. Por todas essas razões, concluímos, juntamente com Calvino, que "negar o valor da oração é loucura."[12]

O PAI NOSSO

Existe uma regra dada por Deus para dirigir a nossa prática de oração? O Catecismo Maior de Westminster responde: "Toda a Palavra de Deus é útil para nos dirigir na prática da oração; mas a regra especial é aquela forma de oração que nosso Salvador Jesus Cristo ensinou aos seus discípulos, geralmente chamada 'Oração do Senhor'."[13] De fato, não existe um guia mais completo para conversarmos com Deus do que aquele dado pelo próprio Senhor. Em Mateus 6:9-13, lemos:

> Pai nosso, que estás nos céus,
> santificado seja o teu nome;

---

[12]Calvino, *Institutas da religião cristã*, III.ix.6.
[13]Catecismo Maior de Westminster, pergunta 186.

venha o teu Reino;
seja feita a tua vontade, assim na terra como no céu;
o pão nosso de cada dia nos dá hoje;
e perdoa-nos as nossas dívidas, assim como nós também perdoamos
aos nossos devedores;
e não nos deixes cair em tentação; mas livra-nos do mal,
pois teu é o Reino, o poder e a glória para sempre.
Amém!

Além de ser um modelo que orienta nossa prática de oração, a oração do Pai Nosso também tem sido utilizada pela igreja cristã através dos séculos como uma oração recitada durante a adoração pública. Não devemos ver isso como um problema, desde que nossa conversa com o Senhor mediada por essa oração seja feita com uma disposição verdadeira no coração, com a apropriação de seu conteúdo pela fé e com o mesmo espírito de devoção. No entanto, o meu alvo ao trazer à tona o Pai Nosso neste capítulo é o de pura e simplesmente explorá-lo como um excelente guia para nossa conversa com o Senhor.[14] No que diz respeito à estrutura, o Pai Nosso consiste de três partes: prefácio, petições e conclusão. Vamos explorar o que cada uma das afirmações dessa oração significa.

1. Prefácio

Ao orarmos o prefácio, "Pai nosso que estás nos céus", estamos reconhecendo vários elementos que devem nortear nossas palavras diante do Eterno. Explicitamente, o prefácio exibe a bondade paterna de Deus ("Pai"), o caráter comunitário da oração ("nosso") e a devida reverência que devemos a ele por seu poder sobrenatural ("que estás nos céus"). Logo no início da nossa oração, Cristo quer despertar em nós quem

---

[14]Um excelente resumo das principais partes do Pai Nosso pode ser encontrado nos catecismos reformados, tais como o Catecismo de Heidelberg, Catecismo Maior de Westminster, Catecismo da Igreja de Genebra, entre outros. Boa parte da minha reflexão aqui é fruto de anos consultando a sabedoria desses documentos a respeito da oração. Para uma reflexão sobre os temas teológicos contidos no Pai Nosso, veja: Costa, *O Pai Nosso* (São Paulo: Cultura Cristã, 2001).

somos e a quem estamos nos dirigindo: somos filhos amados do Pai. Estamos falando com alguém que só quer o nosso bem e que tem uma disposição favorável para conosco. Com essa certeza em mente, nós começamos nossa conversa com Deus. Por isso, orar nada mais é que recontar o evangelho para nós mesmos, pois Deus, por meio de Cristo, tornou-se o nosso Pai! Assim, se os nossos pais não nos negam as coisas terrenas, muito menos nos negará Deus aquilo que em fé lhe pedirmos.

Além disso, o Pai é "nosso" porque, na fé cristã, não há lugar para espiritualidade privada. Com isso não me refiro aos momentos de solitude com Deus, mas à fé privatizada de muitas pessoas que, atualmente, acreditam ser possível chamar Deus de "Pai" e recusam-se a chamar outros de "irmãos." O contexto da oração é a comunhão dos santos, pois orar é um ato familiar de unirmos as nossas vozes na direção de nosso Pai. Recitar o Pai Nosso nos relembra que não existe verdadeira espiritualidade sem a presença da igreja, o corpo de Cristo. Deus não tem *vários* "filhos únicos", mas *uma* grande família. É uma contradição dizer que "ama o Pai" e desobrigar-se de amar aquilo que o Pai mais ama: os seus filhos! Nenhuma oração ou espiritualidade pode ser verdadeira em sua plenitude se estiver eivada de sentimentos antieclesiásticos.

O Senhor Jesus também fez questão de acrescentar "que estás nos céus" para despertar em nós reverência diante de um Deus que não pode ser domesticado. É verdade que Deus é nosso Pai, mas ele não é só isso, muito menos em um sentido puramente terreno. As palavras "que estás nos céus" nos levam a pensar na majestade divina, isto é, que o nosso Deus transcende as coisas da terra em poder e glória e, portanto, é capaz de suprir não apenas nossas necessidades materiais, mas principalmente as da alma.

Em suma, podemos dizer que o prefácio do Pai Nosso é um convite à adoração e à gratidão. Orar é adorar a Deus, visto que é no decurso desse ato que dizemos quem Deus é e o louvamos pelo que ele é e faz. A oração é o jeito mais poderoso de Deus quebrantar corações arrogantes e orgulhosos, pois, ao falarmos com "o Pai nosso que está nos céus", toda a confiança em nós mesmos é posta de lado, reconhecemos, humildemente, que toda a glória vem de Deus e deve retornar para ele. Orar também é manifestação de nossa gratidão a Deus, porque é nossa resposta ao seu agir gracioso em nosso favor. Ao dizermos "Pai nosso", estamos reconhecendo que, por sermos pecadores, éramos rebeldes e estávamos distantes da sua casa, mas que agora fomos atraídos de volta e adotados oficialmente na família do Pai pela maravilhosa obra do Senhor Jesus Cristo. Deus nos adotou como seus filhos não porque viu algo especial em nós, mas por causa de sua livre graça e de seu amor. Em gratidão por tão valioso presente, nós nos apresentamos como membros dessa família para termos comunhão com o nosso Pai.

O fato de orarmos ao Pai não significa que estamos causando uma ruptura na Trindade, afinal, à luz do Novo Testamento, a oração é endereçada ao Pai, em nome do Filho, com a direção e ajuda do Espírito Santo. Mas será que isso significa que a oração não pode ser dirigida a Jesus ou ao Espírito? Lutero respondeu a essa questão de forma primorosa:

> Quando você invoca Jesus Cristo e diz: "Ó meu querido Senhor, Deus, meu Criador e Pai, Jesus Cristo, Deus eterno", você não precisa se preocupar se o Pai e o Espírito Santo ficarão irados por causa disso. Eles sabem que, não importa qual pessoa você invoque, você invoca todas as três pessoas e o único Deus ao mesmo tempo. Pois você não pode invocar uma pessoa da Trindade sem invocar as outras, porque a única essência divina indivisível existe em todas e em cada pessoa. Inversamente, você não pode negar qualquer pessoa em particular sem negar todas as três e o único Deus em sua totalidade, assim como 1João 2:23 diz: "Todo aquele que nega o Filho, esse não tem o Pai."[15]

2. Petições

Após nos ensinar como abordar a Deus em nossa maneira de falar com ele, o Senhor Jesus nos ensina quais são os principais pedidos que convêm a nós trazer à tona na presença do Pai. Oração é uma oportunidade de pedir, e a primeira petição é: "santificado seja o teu nome." Qual é o significado disso? Por que pedir a Deus que o seu nome seja santificado?

---

[15]Plass, *What Luther says,* p. 1082.

Provavelmente, o Senhor incluiu essa primeira petição por causa da nossa incapacidade de reconhecer quem Deus realmente é ou por causa da inclinação humana para distorcer a identidade de Deus segundo a nossa própria imaginação. Ao nos achegarmos a Deus em oração, devemos lembrar que são devidos ao Senhor toda honra, toda reverência e todo temor. O fato de Deus ser nosso Pai não significa que ele é igual a nós ou deva ser tratado com negligência. Ele é santo, santo, santo! Portanto, a primeira petição diz respeito a um desejo sincero do cristão de que o Senhor nos capacite a conhecê-lo, confessá-lo, amá-lo e ter em alta consideração todos os seus atributos e as suas obras, os quais revelam sua grandeza. Como registra o Catecismo Maior de Westminster, este é um pedido para que o Senhor graciosamente nos ensine "a glorificá-lo em pensamentos, palavras e obras; que ele impeça e remova o ateísmo, a ignorância, a idolatria, a profanação e tudo quanto o desonre; que pela sua soberana providência dirija e disponha tudo para a sua própria glória."[16]

Além disso, a primeira petição é um clamor do povo de Deus para que o Senhor manifeste na terra a sua santidade e poder, por meio de seus atos surpreendentes, de maneira que o mundo o conheça verdadeiramente. Sobre a santificação do nome de Deus, o profeta Ezequiel registrou: "Revelarei a santidade do meu grande nome, que foi profanado entre as nações, o qual vocês profanaram no meio delas. As nações saberão que eu sou o SENHOR, diz o SENHOR Deus, quando eu manifestar a minha santidade diante delas por meio de vocês" (Ezequiel 36:23). O nosso Senhor também orou de forma semelhante em seu momento de angústia: "Pai, glorifica o teu nome. Então veio uma voz do céu: 'Eu já o glorifiquei e ainda o glorificarei'" (João 12:28). Glorificar o nome do Pai significa simplesmente glorificar o Pai, pois, naquela cultura, o nome representa a pessoa. Em outras palavras, pedir a santificação do nome divino nada mais é que pedir a manifestação extraordinária do próprio Deus. Não resta dúvida de que o ápice da glorificação do Pai na terra se deu pelo envio do Filho, nosso Senhor Jesus Cristo, pois, pela manifestação visível do Filho, a graça de Deus se tornou disponível ao mundo todo com muito mais clareza. Por meio da encarnação, da

---

[16]Catecismo Maior de Westminster, pergunta 190.

vida, dos ensinos, dos milagres, da morte, da ressurreição e de todas as demais obras do Filho, o Pai foi glorificado (cf. João 7:18; 11:4,40; 17:4). A glória de Deus é seu caráter e ele é glorificado quando seu caráter é revelado (cf. Êxodo 34:5-8).

A segunda petição é: "venha o teu reino." Por meio dela, reconhecemos que a humanidade toda, após a Queda, está sob a influência do pecado e de Satanás e, portanto, em estado de rebelião contra a vontade de Deus. Ao clamarmos pela vinda do reino, estamos pedindo que o Senhor governe sobre todo o cosmo. Mais especificamente, estamos orando para que o Senhor proteja a sua igreja e a faça crescer em toda a terra. Também estamos pedindo que as obras do Diabo sejam destruídas, que o mundo criado seja mantido em ordem a fim de que tenhamos dias de paz e tranquilidade e que o ministério espiritual da igreja — proclamação da Palavra, administração dos sacramentos e disciplina — permaneça livre de corrupção e distrações, e isso "para a conversão daqueles que estão ainda nos seus pecados e para a confirmação, o conforto e a edificação dos que estão já convertidos."[17] "Venha o teu reino" é o clamor da igreja de Cristo para que o reino já inaugurado pelo Filho na terra chegue até sua plenitude e Deus seja tudo em todos. Oramos para que Cristo reine no coração de seu povo agora e, também, para que apresse o tempo de seu retorno, quando então reinaremos com ele para sempre.[18]

A terceira petição é: "seja feita a tua vontade, assim na terra como no céu." O Senhor Jesus nos ensina a ansiarmos em oração pela vontade de Deus porque, em virtude da nossa natureza corrompida, somos mais atraídos a desejar somente a nossa própria vontade. Precisamos reconhecer que estamos "propensos a nos rebelar contra sua palavra, a nos desanimarmos e a murmurar contra sua providência, [bem como] inteiramente inclinados a fazer a vontade da carne e do Diabo."[19] A fim de sermos libertos da cegueira, da fraqueza e das inclinações para fazermos a nossa própria vontade, clamamos que o Senhor graciosamente "nos faça capazes e prontos para conhecer e fazer a sua vontade em tudo

---

[17]Ibidem, pergunta 191.
[18]Cf. Catecismo de Heidelberg, pergunta 123.
[19]Catecismo Maior de Westminster, pergunta 192.

e nos submetermos a ela, com humildade, alegria, fidelidade, diligência, zelo, sinceridade e constância, como os anjos fazem no céu."[20] Ao pedirmos que somente a vontade de Deus seja feita, estamos clamando que o Pai nos ajude, por sua graça, a obedecer somente a sua vontade, a qual é boa, perfeita e agradável. Além disso, estamos pedindo que o Senhor trabalhe nos seres humanos em geral, para que sejamos capazes de viver a nossa vida em conformidade com a lei e a sabedoria de Deus.

A quarta petição é: "o pão nosso de cada dia nos dá hoje." Existem várias razões que devem nos levar a orar ao Senhor pelo pão de cada dia. Em primeiro lugar, a petição nos ajuda a admitir que, por causa de nossa maldade, não somos merecedores de nada que venha das mãos do Pai, nem sequer das bênçãos externas da vida terrena. Em segundo lugar, pedir pão ao nosso Pai celestial nos relembra de que conseguimos o que temos não por nosso esforço, mas pela graça do Senhor que nos concede a força, os meios e a própria saúde física para trabalhar. Assim, a quarta petição nos ajuda a reconhecer que tudo vem de Deus e deve retornar para ele em forma de ações de graças. Em terceiro lugar, pedimos pelo "pão nosso de cada dia" para mantermos em perspectiva que as bênçãos do Pai devem ser compartilhadas entre seus filhos generosamente. Orar assim, portanto, é um ataque direto contra o individualismo que nos é característico e também uma disciplina espiritual para entendermos que o pão vindo do Pai é meu e dos meus irmãos, é um "pão nosso". Em quarto lugar, é um pão nosso "de cada dia", para que não tenhamos ansiedade quanto ao futuro, mas estejamos contentes e satisfeitos com aquilo que o Senhor nos dá hoje. Isso significa que o nosso coração não está no dinheiro ou nos recursos que temos, mas no Senhor que, por livre graça, nos concede sempre mais do que necessitamos. Orar assim nos ajuda a disciplinar o coração para não nos deixarmos seduzir pelos confortos desta vida, os quais são meramente temporais e podem nos distrair do verdadeiro bem que temos e não pode ser perdido. Como diz o salmista: "Quem tenho eu no céu além de ti? E quem poderia eu querer na terra além de ti?" (Salmos 73:25). Deus é a única fonte de todo o bem e, portanto, nosso coração precisa

---

[20]Ibidem, pergunta 192.

discernir que somente ele é digno de nossa confiança, e não nossa carreira, nem nossos bens, nem qualquer outra criatura.

A quinta petição é: "e perdoa-nos as nossas dívidas, assim como nós também perdoamos aos nossos devedores." Ao orarmos pedindo perdão, estamos exercitando aquilo que aprendemos do cerne do evangelho, isto é, estamos pedindo ao Pai que nos trate com base no sangue derramado por nosso Senhor Jesus Cristo, e não com base em qualquer mérito ou atitude da nossa parte. Pedimos que os pecados não sejam colocados em nossa conta, mas no único que foi capaz de suportar o peso deles, nosso Senhor Jesus! Nesse sentido, orar por perdão é uma maneira de relembrar toda a história da salvação: relembrar a nossa total incapacidade de fazermos algo para mudar nosso estado de miséria e, também, a graça maravilhosa do Deus Pai, Filho e Espírito Santo que nos regenerou para uma nova vida. Mas essa relação conciliatória não deve se limitar ao cristão e a Deus, ela deve transbordar em nossas relações uns com os outros. A mesma graça perdoadora que recebemos do Deus triúno deve ser evidenciada na maneira pela qual lidamos com os pecados dos irmãos. Em outras palavras, uma das grandes evidências de que fomos perdoados por Deus é que estamos "plenamente determinados de todo o coração a perdoar nosso próximo."[21] Ao orarmos confessando nossos pecados, estamos também pedindo ao Pai que nos "encha de paz e alegria, dando-nos diariamente mais e mais certeza de perdão; que tenhamos mais coragem de pedir e sejamos mais animados a esperar, uma vez que já temos este testemunho em nós, que, de coração, já perdoamos aos outros as suas ofensas."[22]

A sexta petição é: "e não nos deixes cair em tentação; mas livra-nos do mal." Ao nos achegarmos à presença do Pai, somos desafiados a reconhecer as nossas fraquezas e o fato de estarmos indefesos diante de nossos inimigos a não ser que o Senhor seja o nosso escudo. Ao mencionar as tentações na oração, o Senhor Jesus quer lembrar que a vida do cristão está repleta de circunstâncias que nos frustram, surpreendem e intimidam. Assim como o Espírito Santo conduziu Jesus ao deserto para ser tentado quarenta dias pelo Diabo, não devemos supor que o

---

[21]Catecismo de Heidelberg, pergunta 126.
[22]Catecismo Maior de Westminster, pergunta 194.

mesmo será diferente para conosco. Não estamos somente "sujeitos a ser tentados e dispostos a nos expor às tentações, mas também, de nós mesmos, [somos] incapazes [de] lhes resistir, [de] sair ou tirar proveito delas, [bem como estamos] indispostos para isso."[23] De fato, somos tão fracos em nós mesmos que não podemos permanecer firmes por um momento sequer sem a ajuda do Senhor, e Satanás, o mundo e a carne estão prontos e são poderosos para nos desviar e enlaçar. Por causa disso, oramos: "livra-nos do mal", pois reconhecemos que a nossa vitória vem das forças celestiais, e não de nós mesmos. Pedimos que o Senhor nos sustente em nossas fraquezas, nos socorra em meios às tentações e nos fortaleça para podermos sempre resistir aos ataques de nosso inimigo até que alcancemos finalmente a vitória total. Os teólogos de Westminster resumiram a substância da sexta petição de forma excelente:

> Pedimos que Deus de tal forma reja o mundo e tudo o que nele há, subjugue a carne, restrinja a Satanás, disponha tudo, conceda e abençoe todos os meios de graça e nos desperte à vigilância no seu uso; que nós e todo o seu povo sejamos guardados, pela sua providência, de sermos tentados ao pecado; ou que, quando tentados, sejamos poderosamente sustentados pelo Espírito e habilitados a ficar firmes na hora da tentação; ou, quando, fracassados, sejamos levantados novamente, recuperados da queda, e que façamos dela uso e proveito santos; que a nossa santificação e salvação sejam aperfeiçoadas, Satanás calcado aos nossos pés e nós inteiramente libertados do pecado, da tentação e de todo o mal, para sempre.[24]

Algo muito fascinante no Pai Nosso é que, do início ao fim, a oração é escrita na primeira pessoa do plural: "nós." Isso significa que é uma oração comunitária, pois o Pai é nosso, o pão é nosso, o perdão é nosso e a libertação dos males também é nossa. Portanto, orar implica lembrarmo-nos uns dos outros, especialmente dos irmãos em Cristo. Interceder é falar com Deus a respeito dos nossos irmãos ou de quaisquer outras pessoas. Eugene Peterson diz que é possível sermos egoístas

---

[23]Ibidem, pergunta 195.
[24]Ibidem, pergunta 195.

e orgulhosos em nossa vida de oração. Isso acontece quando tornamos a oração em privado a única avenida da nossa jornada espiritual. Contudo, aprendemos com o Senhor que a oração não deve ser uma prática puramente solitária; pelo contrário, ela parte de um contexto familiar em que o Pai nos desafia a encontrá-lo como seus filhos amados.[25]

3. Conclusão

A oração que o Senhor nos ensinou termina com as palavras: "pois teu é o Reino, o poder e a glória para sempre. Amém!" Essa doxologia não aparece em diversos manuscritos antigos do Novo Testamento e, dado o seu estilo, não parece ter sido parte original da oração do Senhor, mas, sim, uma adição posterior feita pelos cristãos primitivos, provavelmente em contextos litúrgicos.[26] O motivo parece ser muito claro: reforçar que todos esses pedidos não dependem de nós e das nossas forças para serem realizados, mas do próprio Deus, do início ao fim. O Senhor é o único que pode receber essas petições, pois somente ele reina sobre todas as coisas, é capaz de conceder tudo o que há de bom para nós e é o único digno de receber toda a glória para sempre. Tudo o que é bom vem de Deus e, por meio da nossa gratidão, retorna para ele em glória. Somente a Deus oramos, pois ele é o único capaz de atender os nossos pedidos e nos socorrer. A reafirmação do caráter divino na conclusão do Pai Nosso deve nos motivar a orar mais e a confiar deliberadamente em sua bondade, suas promessas e seu poder. Como diz o salmista: "Se o Senhor não edificar a casa, em vão trabalham os que a edificam. Se o Senhor não guardar a cidade, em vão vigia a sentinela. Será inútil levantar de madrugada, dormir tarde, comer o pão que conseguiram com tanto esforço; aos seus amados ele o dá enquanto dormem" (Salmos 127:1,2).

O termo "amém", que significa "verdadeiro e certo" ou "que assim seja", é colocado ao final da oração não apenas como uma maneira de

---

[25]Peterson, *A oração que Deus ouve*, p. 34.
[26]É provável que essa doxologia tenha sido utilizada nas liturgias antigas pela igreja durante os primeiros séculos, tomando como base as palavras de Davi nos Salmos e, particularmente, sua oração em 1Crônicas 29:10-13.

reforçar tudo o que foi dito, mas também para que descansemos no fato de que o Senhor ouve a nossa oração e a responderá da melhor maneira, aquela que promove a sua glória e o nosso bem.

A PRÁTICA DE ORAÇÃO

É verdade que muito se fala de oração, mas diversas pessoas ainda se sentem um tanto perdidas na hora de colocá-la em prática. Na parte final deste capítulo, eu sugiro alguns princípios para nortear nossa maneira de falar com o Senhor.

Oração deve ser espontânea

Embora não seja errado orarmos os salmos, recitarmos o Pai Nosso e fazermos uso das orações escritas por outras pessoas do passado, precisamos tomar o cuidado de não apenas utilizá-las mecanicamente, mas sempre colocarmos o nosso coração em tudo o que fizermos para o Senhor. A oração dos salvos é confessada com a boca e crida no coração (Romanos 10:9). Como disse Lutero: "a essência e a natureza da verdadeira oração não é nada mais que oferecermos o nosso coração a Deus; qualquer coisa que não fluir de uma entrega do coração não é oração."[27] Embora devamos reverenciar a Deus e escolher bem as nossas palavras na presença do Todo-Poderoso, devemos lembrar que a essência de nossa conversa com Deus é marcada não por fórmulas prontas ou frases feitas, mas pelo derramar do nosso ser diante do Pai.

Oração deve ser individual e comunitária

Existem orações que devem ser feitas a sós com Deus, à semelhança das conversas que só o marido e mulher devem ter, um com o outro, em secreto. Como o Senhor Jesus ensinou: "ao orar, entre no seu quarto e, fechada a porta, ore ao seu Pai, que está em secreto. E o seu Pai, que vê em secreto, lhe dará a recompensa" (Mateus 6:6). Devemos evitar qualquer tipo de hipocrisia e ostentação pública da nossa espiritualidade.

---

[27]Plass, *What Luther says*, p. 1085.

Como o Senhor alertou: "não sejam como os hipócritas, que gostam de orar em pé nas sinagogas e nos cantos das praças, para serem vistos pelos outros. Em verdade lhes digo que eles já receberam a sua recompensa" (Mateus 6:5). É saudável cultivar momentos de solitude com o Senhor em oração. Ana, a mãe do profeta Samuel, se sentia amargurada, ansiosa e aflita, por isso orou ao Senhor derramando a sua alma (1Samuel 1:9-18). Como ela, podemos orar em lugares secretos, sozinhos e rasgarmos a nossa alma diante do nosso Pai. Similarmente, o Senhor Jesus tinha o hábito de se retirar para lugares solitários para orar (Lucas 5:16). Ele se ausentava das multidões, indo para os desertos e ali passava momentos preciosos em conversa com seu Pai.

Em contrapartida, é também maravilhoso ter amigos de oração intercedendo por nós ou mesmo poder orar com várias pessoas ao mesmo tempo. Como Tiago diz: "Portanto, confessem os seus pecados uns aos outros e orem uns pelos outros, para que vocês sejam curados. Muito pode, por sua eficácia, a súplica do justo" (Tiago 5:16). É bom mantermos a oração secreta e individual em equilíbrio com as orações públicas e comunitárias, para que assim não corramos o risco de individualizarmos a nossa experiência com Deus nem de torná-la excessivamente pública. Em nossos momentos de intercessão, oramos juntos nas alegrias e nas tristezas, celebrando nossa saúde e nossas bênçãos, mas também suplicando o favor divino em relação a nossas doenças e nossas adversidades. De fato, nós, cristãos deveríamos ser conhecidos por nossas reuniões de oração, pois, segundo registra o profeta Isaías, o povo de Deus deve ser conhecido na terra como a casa de oração para todos os povos (Isaías 56:7).

Uma rápida leitura do livro de Atos nos fará enxergar que a igreja primitiva vivia em constante oração. Antes da descida do Espírito Santo, a pequena comunidade cristã estava orando fervorosamente no cenáculo (Atos 1:14). Isso me faz lembrar das palavras do Senhor nos Evangelhos: "Ora, se vocês, que são maus, sabem dar coisas boas aos seus filhos, quanto mais o Pai celeste dará o Espírito Santo aos que lhe pedirem!" (Lucas 11:13). O Espírito Santo é dado àqueles que pedem. Aqueles primeiros cristãos tinham o hábito de orar juntos em casas (Atos 2:42) e no templo (Atos 3:1). Os próprios apóstolos diziam: "Quanto a nós, nos consagraremos à oração e ao ministério da palavra" (Atos 6:4).

A igreja estava em oração celebrando a libertação de Pedro e João da prisão (Atos 4:24-30). Lucas nos conta que, ao terminarem de orar, "tremeu o lugar onde estavam reunidos. Todos ficaram cheios do Espírito Santo e, com ousadia, anunciavam a palavra de Deus" (Atos 4:31). Os irmãos intercederam por Pedro quando este foi preso uma vez mais (Atos 12:5), e eles também oravam antes de escolher seus presbíteros (Atos 14:23). A oração estava sempre no centro do ministério da igreja primitiva, especialmente na sua tarefa missionária. Por exemplo, o apóstolo Paulo iniciou pontos de pregação que se tornaram igrejas por meio de reuniões de oração (Atos 16:13). Em outras palavras, a oração foi o combustível que levou aquela igreja a se espalhar até os confins da terra e continua sendo a chave para o sucesso da igreja contemporânea.

Oração deve ser uma prática constante

O apóstolo Paulo exortou aos tessalonicenses: "Orem sem cessar" (1Tessalonicenses 5:17). Como é possível orar sem parar? O apóstolo não está nos encorajando a ficarmos de joelhos 24 horas por dia, mas, sim, a nos mantermos em espírito de oração e em comunhão constantes com o Senhor. Como isso é possível? Sobre isso, o missionário David Brainerd escreveu: "Quando você parar de trabalhar, preencha seu tempo em leitura, meditação e oração; e, enquanto suas mãos estiverem trabalhando, deixe seu coração estar ocupado, tanto quanto possível, com pensamentos divinos."[28] A ideia é que nossos pensamentos estejam sempre focados nas coisas do alto, apesar de estarmos envolvidos com as coisas desta terra (Colossenses 3:2). É uma maneira de vivermos sempre sintonizados com Deus, como em uma conexão "Wi-Fi" com a rede divina, e jamais deixarmos a nossa alma em "modo avião."

Podemos orar com a voz ou em pensamentos. Diante de certas circunstâncias, nossa vontade pode ser gritar em desespero ou nos aquietarmos e falarmos com Deus apenas espiritualmente. Por exemplo, diante da sua angústia, "Ana só falava em seu coração. Os seus lábios se moviam, porém não se ouvia voz nenhuma" (1Samuel 1:13). Nos

---

[28]Edwards, *Life of the rev. David Brainerd* (Edinburgh: William Baynes, 1824), p. 302.

salmos, em contrapartida, vemos Davi exclamando em alta voz: "Ao Senhor ergo a minha voz e clamo; com a minha voz suplico ao Senhor. Derramo diante dele a minha queixa, à sua presença exponho a minha angústia" (Salmos 142:1,2).

Podemos orar de olhos abertos ou fechados. Criou-se na igreja cristã uma certa "regra" de que a oração deve ser feita de olhos fechados. Não há nenhum problema em orar de olhos fechados, mas não é a única possibilidade de conversar com Deus. Por exemplo, o salmista diz: "Elevo os meus olhos para os montes: de onde me virá o socorro? O meu socorro vem do Senhor, que fez o céu e a terra" (Salmos 121:1,2). Você acha que o salmista estava orando de olhos abertos ou fechados? Pense na oração de Davi: "Os céus proclamam a glória de Deus, e o firmamento anuncia as obras das suas mãos" (Salmos 19:1). Vemos nesses dois casos exemplos de orações sendo feitas enquanto o salmista contempla a boa criação divina, a qual aponta para a glória de seu Criador.

Existe muita liberdade nas Escrituras em relação à forma pela qual conversamos com Deus. Podemos orar parados, de joelhos, assentados no banco da igreja ou em movimento. C.S. Lewis, por exemplo, tinha o costume de orar caminhando pelos jardins de Londres. Jonathan Edwards conversava com Deus andando a cavalo na maioria das vezes. Alguns gostam de conversar com Deus fazendo uma caminhada, enquanto viajam de um lugar para o outro, dentro do ônibus etc. Orar é algo tão extraordinário que não precisamos necessariamente ter um local ou uma circunstância específicos para fazê-lo.

Podemos orar falando com o Senhor ou escrevendo. Houve um tempo na minha vida em que tinha dificuldade de falar com Deus, especialmente pelo fato de não ter muito tempo a sós em minha própria casa. Naquela época, comecei a escrever as minhas orações em um caderno, depois, no próprio celular e no computador. Foi um tempo maravilhoso em minha vida. Experimente maneiras diferentes de conversar com Deus. Podemos orar a partir de uma agenda fixa ou de forma livre. Eu creio ser importante termos um tempo específico de oração com Deus todos os dias, como uma disciplina diária. Isso nos ajuda a termos o hábito de falar com Deus. Obviamente, isso não deve ser encarado como um compromisso puramente ritualístico, mas, sim, como o encontro diário marcado com seu melhor amigo. Em contrapartida, não devemos limitar nossa conversa com o Pai a um período fixo, mas compreender que o nosso Pai celestial está disponível para nós o tempo todo. Como está escrito em Provérbios: "O Senhor detesta o sacrifício dos ímpios, mas a oração dos retos é o seu prazer" (15:8). Em outras palavras, busque ao Senhor sempre que puder.

Oração deve ser um aprendizado contínuo

Conversar com Deus não é algo a respeito do que recebemos um diploma de mestre ou doutor, pois estamos sempre aprendendo a agradar ao Pai na maneira pela qual nos dirigimos a ele. Lucas narra que "Jesus estava orando em certo lugar e, quando terminou, um dos seus discípulos lhe pediu: 'Senhor, ensine-nos a orar como também João ensinou os discípulos dele'" (Lucas 11:1). Entre as melhores escolas para aprendermos mais sobre oração, as Escrituras nos apontam o livro de Salmos e o Pai Nosso. Visto que já dedicamos uma seção explorando o significado da oração que o Senhor nos ensinou, cabe a nós falarmos brevemente a respeito dos salmos como nossa escola de oração.[29] Talvez, o conselho mais valioso que eu possa oferecer a você, leitor, seja o de orar os 150 salmos do saltério. Como diz Peterson: "abramos nossas Bíblias no livro de Salmos e os oremos, sequencial, regular e fielmente ao longo do tempo."[30] Ele explica que orar os salmos da Bíblia tem sido, por séculos, a maior ferramenta de amadurecimento dos cristãos na oração. Peterson continua: "Nada extravagante. Apenas faça isso. A oração em si deve ser deliberada e vagarosa, permitindo que as emoções do coração entrem em harmonia com os movimentos dos lábios."[31]

Os salmos também são as orações inspiradas pelo Espírito Santo que nos conduzem a verdadeira comunhão com Deus. Ao orarmos os salmos, percebemos que eles contêm uma anatomia de todas as partes da alma, pois eles nos ajudam a lidar, pela fé, com os sentimentos de toda sorte: as tristezas, os medos, as dúvidas, as perplexidades, as alegrias e todas as emoções que perpassam a mente humana. Portanto,

---

[29]Para um material sobre a relevância de orar os Salmos como parte do discipulado cristão, veja: Wright, *Salmos: a importância do livro para a vida da igreja* (Rio de Janeiro: Thomas Nelson Brasil, 2020).

[30]Peterson, *A oração que Deus ouve*, p. 19.

[31]Ibidem, p. 19.

os salmos devem ser lidos como um espelho da alma humana, isto é, ao orá-los, estamos nos apropriando das palavras dos salmistas para expressar o que sentimos na presença do Eterno, desde as emoções mais nobres até as mais sombrias. O nosso Senhor Jesus orou os salmos em vários momentos de seu ministério, assim como grandes homens e mulheres de Deus do passado também o fizeram. Se desejamos crescer na vida de fé, amadurecer e glorificar a Deus com todo o nosso coração, precisamos nos matricular na escola de oração dos salmos, pois estes são presentes de Deus para nos treinar na oração, as melhores ferramentas disponíveis para exercitar a fé e as nossas orações modelo.[32]

Espero que este capítulo tenha ajudado você a compreender um pouco mais a respeito da oração, levando-o a desejar a comunhão com o Deus Pai, Filho e Espírito Santo, a qual nos está disponível por meio da conversa com o Senhor. Não está escrito nos livros sobre oração aquilo que somente podemos desfrutar na prática, em nossas conversas com o Pai. Orar se aprende orando, como um exercício diário. Que o Senhor nos dê a graça de desejá-lo assim como o salmista:

> Ó Deus, tu és o meu Deus; eu te busco ansiosamente.
> A minha alma tem sede de ti;
> meu corpo te almeja,
> como terra árida, exausta e sem água.
> Assim, quero ver-te no santuário,
> para contemplar a tua força e a tua glória.
> Porque a tua graça é melhor do que a vida;
> os meus lábios te louvam.
> Assim, eu te bendirei enquanto viver;
> em teu nome, levanto as mãos.
> Como de saborosa comida se farta a minha alma;
> e, com júbilo nos lábios, a minha boca te louva (Salmos 63:1-5).

---

[32]Ibidem, p. 13. Veja Peterson, *Uma longa obediência na mesma direção* (São Paulo: Cultura Cristã, 2005). Nesse excelente livro, Peterson traz quinze sermões sobre os Salmos 120—134, cobrindo os principais temas que envolvem a vida do discípulo de Cristo. Veja também Bonhoeffer, *Orando com os Salmos* (Curitiba: Editora Esperança, 2017).

REFERÊNCIAS

BEEKE Joel R.; NAJAPFOUR, Brian G. *Taking hold of God: Reformed and puritan perspectives on prayer* (Grand Rapids: Reformation Heritage Books, 2011).

BONHOEFFER, Dietrich, *Orando com os Salmos* (Curitiba: Editora Esperança, 2017).

CALVIN, Jean. "Institutio Christianae religionis." In: BAUM, G.; CUNITZ, E.; REUSS, E., orgs. *Ioannis Calvini Opera Quae Supersunt Omnia*. Corpus Reformatorum (Brunswick and Berlin: C. A. Schwetschke and Son [M. Bruhn], 1863-1900). Vols. 29-87.

_____ [CALVINO, João]. *Institutas da religião cristã* (São Paulo: Cultura Cristã, 2006). 4 vols.

_____ [CALVIN, John]. *Instruction in faith* (Philadelphia: Westminster, 1949).

CARR, Deanna Marie. "A consideration of the meaning of prayer in the life of Martin Luther". *Concordia Theological Monthly* 42 (1971): 620-9.

"Catecismo de Heidelberg." In: *As três formas de unidade das igrejas reformadas* (Brasília, CLIRE, 2013).

Catecismo Maior de Westminster (São Paulo: Cultura Cristã, 2013).

COSTA, Hermisten M. P. da. *O Pai Nosso* (São Paulo: Cultura Cristã, 2001).

EDWARDS, Jonathan. *Life of the rev. David Brainerd, missionary to the Indians* (Edinburgh: William Baynes, 1824).

_____. *A vida de David Brainerd entre os índios* (São José dos Campos: Fiel, 1993).

PACKER, J. I. *Teologia concisa* (São Paulo: Cultura Cristã, 2004).

PETERSON, Eugene. *Uma longa obediência na mesma direção: discipulado em uma sociedade instantânea* (São Paulo: Cultura Crista, 2005).

_____. *A oração que Deus ouve* (Brasília: Editora Palavra, 2007).

PINK, Arthur. *Deus é soberano* (São José dos Campos: Editora Fiel, 1990).

PLASS, Ewald M. org. *What Luther says: a practical in-home anthology for the active Christian* (St. Louis: Concordia Publishing House, 1959).

WRIGHT, N. T. *Salmos: a importância do livro para a vida da igreja* (Rio de Janeiro: Thomas Nelson Brasil, 2020).

QUARTA PARTE: ENCONTRO

COMO DEUS ESPERA QUE O ENCONTREMOS NOS
MEIOS PELOS QUAIS ELE SE REVELA?

INTERLÚDIO

Aba Pai,

Oração é aquilo que podemos dizer a ti, mas o que é isso perto daquilo que tens a dizer para nós? Embora haja momentos de frieza espiritual nos quais calamos a voz diante da tua presença, o Senhor permanece nos buscando. O Senhor é o Deus que se revela. O Deus que fala. O Deus que não se cansa de nos ensinar e encorajar na jornada da vida. Temos visto essa graça transbordando ao nosso redor o tempo todo.

O Senhor se revela no teatro da Criação: os céus proclamam a tua bondade e teu amor sem cessar. O Senhor se revela em forma humana na face gloriosa de teu Filho Jesus Cristo. O Senhor se revela textualmente nas palavras que o Santo Espírito soprou aos profetas e apóstolos. O Senhor se revela verbalmente ao ouvirmos o evangelho domingo a domingo. O Senhor se revela visivelmente ao partirmos o pão e compartilharmos do vinho, dois elementos que nutrem a nossa alma com a boa notícia da morte e da ressurreição do nosso Salvador.

Ó Senhor, mas tuas bênçãos não param por aí. O Senhor nos prometeu revelar a tua face de glória diante das nossas faces tão miseráveis. Tu nos prometes que nem olhos viram, nem ouvidos ouviram, nem jamais penetrou o coração humano, o que tens preparado para aqueles que te amam. Ansiamos por esse dia! Desejamos ver a tua face, pois foi para isso que nos criaste. Senhor, apressa os dias deste mundo tão atordoado e vem completar a obra que começaste!

Por ora, Senhor, abre os nossos olhos. Queremos te ver com a maior nitidez possível. Perdoa a nossa miopia espiritual e trata a nossa cegueira. Somos como formigas tentando enxergar um gigante, uma gota d'água tentando atravessar um oceano. Somos pequenos demais, mas mesmo assim o Senhor nos revelou coisas que até os anjos desconhecem e anelam contemplar. Grande é o teu amor e doce, a tua graça. Pinga teu colírio em nossos olhos para não perdermos nem um detalhe daquilo que ainda tens por revelar a nós, em nós e por meio de nós.

Amém.

REVELAÇÃO DIVINA

... pelo conhecimento do evangelho, somos feitos filhos de Deus, irmãos e irmãs de Jesus Cristo, concidadãos com os santos, cidadãos do Reino dos céus, herdeiros de Deus com Jesus Cristo, por quem os pobres são enriquecidos, os fracos, fortalecidos, os tolos, tornados sábios, os pecadores, justificados, os desolados, consolados, os duvidosos, seguros, e os escravos, livres [...] Em suma, a misericórdia engoliu toda a miséria e a bondade, toda a desgraça [...] Isto é o que devemos, em suma, buscar em toda a Escritura: conhecer verdadeiramente a Jesus Cristo e as infinitas riquezas que nele estão contidas e que ele nos oferece da parte de Deus Pai.[1]

— João Calvino

omo prometido, esta quarta e última parte do livro é dedicada às diferentes formas pelas quais Deus se revela a nós, tornando possível o encontro do Deus vivo conosco. Vamos dividir esta jornada em cinco etapas. Na primeira, buscaremos pelos rastros universais que Deus deixou de si próprio na Criação. A partir da segunda etapa em diante, exploraremos os modos mais específicos pelos quais Deus nos encontra: na encarnação do Filho, na Palavra de Deus escrita, na pregação fiel do evangelho e de forma visível nos sacramentos.

---

[1]Calvin, "Preface to Pierre Olivetan's 1534 Translation of the New Testament", in: *Commentaries* (Philadelphia: Westminster, 1958), p. 66-70.

Espero ter deixado claro que oração é o que nós falamos para Deus. É nossa conversa íntima com ele. No entanto, quando falamos de revelação, do que exatamente estamos falando? O jeito mais simples de compreender o conceito é este: revelação é o que Deus fala para nós. Uma vez perguntaram para o pastor e escritor norte-americano A. W. Tozer (1897-1963) o que era mais importante: orar ou ler a Bíblia? Ele respondeu: "O que é mais importante para um pássaro, a asa direita ou a asa esquerda?" Considero essa uma boa resposta! Metaforicamente falando, nós, cristãos somos como "aves": se as nossas duas asas não estiverem funcionando bem, jamais voaremos alto em nossa relação com Deus.

A única ressalva que eu faço a essa resposta é que a Bíblia não é por si só a asa esquerda ou direita, da mesma forma que a oração individual não é a única forma de nos conectarmos a Deus. A figura das duas asas é útil, sim, para entendermos que a nossa relação com a Trindade é baseada na iniciativa divina em falar conosco e na nossa consequente resposta. Em outras palavras, Deus fala por meio da revelação e nós respondemos em oração, louvor, amor, obediência etc.

Meu objetivo neste capítulo é ajudar você a entender melhor o conteúdo da revelação, e, então, nos aventurarmos a definir o conceito de revelação. Faremos uma parada também naquilo que alguns teólogos contemporâneos têm dito sobre o tema e, ao final, colheremos algumas conclusões sobre as formas pelas quais Deus se dá a conhecer a nós.

O CONTEÚDO DA REVELAÇÃO

A primeira distinção importante a ser feita ao falarmos sobre a revelação divina é a seguinte: o conteúdo da revelação é mais importante que o conceito que temos dela. Isso significa que é possível conhecer a Deus mesmo que não saibamos explicar como isso acontece.[2] O que determina o nosso conhecimento de Deus não é necessariamente a nossa epistemologia — teoria do conhecimento —, mas o fato de que Deus se revela. O Deus vivo se torna conhecido para quem ele quer, onde ele

---

[2]Estou seguindo de perto o excelente capítulo sobre revelação em Kooi; Brink, *Christian dogmatics* (Grand Rapids: Eerdmans, 2017), esp., p.160-94.

desejar, como ele preferir e nas circunstâncias que ele escolher. Isto precisa ficar claro antes de tudo: Deus se faz conhecido, é ele quem toma a iniciativa de se revelar diante de nossos olhos. Não depende do quanto estamos preparados para isso ou do quanto sabemos sobre religião, mas de Deus, em sua liberdade e amor, nos encontrar em algum momento da nossa história pessoal.

Pensando nisso, talvez seja apropriado investirmos certo tempo contando uma história de encontro com Deus para depois refletirmos acerca das características envolvidas no processo. Peço permissão para compartilhar a história pessoal de como fui encontrado por Deus ainda na adolescência. Não encare a minha narrativa como um padrão restrito da maneira pela qual a revelação acontece, mas como um exemplo da maneira pela qual os sinais deste conhecimento revelatório estão presentes de forma orgânica nas variadas experiências que pessoas em diferentes lugares e culturas têm tido.

Eu nasci em uma família que muitos brasileiros poderiam chamar de "normal", o que não esconde o fato de ser uma realidade triste. Minha mãe me teve aos trinta anos de idade e meu pai biológico, até hoje não sei quem é. No Brasil, hoje, existem mais de 22 milhões de mães solteiras. São famílias constituídas apenas por mãe e filhos, uma vez que muitos homens simplesmente abandonam suas parceiras após a notícia da gravidez. Eu fui só mais um nas estatísticas.

Apesar disso, minha mãe me criou com muito zelo, amor e dedicação. Sozinha, trabalhava em dois, e, às vezes, três, empregos para dar conta das necessidades do lar. Por causa disso, passei boa parte da minha infância sozinho, trancafiado dentro de casa, sem irmãos, sem muitos amigos e sem um pai. Apenas ia à escola, voltava para casa e a rotina se repetia semanalmente. Talvez por causa da grande intensidade do trabalho, minha mãe estava sempre muito estressada, por isso brigávamos muito. Eu não era um dos filhos mais prestativos e bem-comportados e isso me fez apanhar bastante na infância.

As coisas mudaram quando minha mãe se casou. Aos nove anos de idade, conheci meu novo pai, e esse era um pai de verdade, pois não apenas ajudou a me criar, mas também me amava e passava pelo menos os finais de semana ao meu lado. Eu amava os domingos à tarde no parque em que brincava no carrinho de bate-bate, comia doces e empinava pipas. Em contrapartida, meu pai também era um homem difícil. Infelizmente, mais uma vez, éramos uma família brasileira "normal", visto que meu pai tinha problemas seríssimos com alcoolismo. Era, sem dúvida, um homem muito trabalhador que acordava às 5h da manhã e chegava em casa após às 23h, mas lembro que, na maioria das vezes, chegava embriagado e de humor alterado.

Assim, o intrincado relacionamento com a minha mãe, as brigas, o vício intenso do meu pai e o meu próprio gênio forte fizeram com que me tornasse um menino rebelde. A desobediência, os palavrões, a violência na escola, com os amigos e dentro de casa, me tornavam um rapaz perigoso. Durante essa rebelião e loucura da adolescência, encontrei alguns escapes que me ajudaram a entender a mim mesmo e a descarregar toda aquela ira. A primeira coisa foi a guitarra; a segunda, o *heavy-metal*; a terceira, o basquete. Muitos shows, muitas bandas, muitos amigos, muito barulho, muitas competições e muito suor derramado em quadra.

Graças a Deus, nunca me senti atraído pelas drogas. Nunca gostei de beber, muito menos de ficar bêbado — diferente da maioria das pessoas com quem eu andava. A única coisa que experimentei por algum tempo, ainda com quatorze anos, foi o cigarro, e escondido da minha mãe, mas nada que me deixasse tão feliz assim.

Foi nessa época, por incrível que possa parecer, que fiz minha Primeira Comunhão na Igreja Católica do nosso bairro, obviamente a contragosto. Até aquele momento, assuntos religiosos nunca haviam me impressionado ou emocionado, mesmo assim decidi, como bom filho, obedecer à minha mãe e participar da eucaristia, ainda que apenas uma única vez.

O término de minha breve afinidade religiosa se deu no dia anterior à Primeira Comunhão, durante a confissão. Lembro que o padre de nossa paróquia me perguntou quais eram os meus pecados e eu, honestamente, listei-os um a um. Ao final, de um jeito não muito entusiasmado, ele disse as seguintes palavras: "Treze 'Ave Marias' e dezessete 'Pai Nossos'." Ajoelhei-me diante do altar e, quando estava na décima Ave Maria, fingi que havia terminado e pus um sorriso amarelo no rosto. Depois daquele dia, havia me declarado oficialmente ateu, claro que não para o padre, mas diante de meu próprio espelho e, depois, abertamente com os amigos. Eu tinha chegado à conclusão de que aquele tipo de experiência religiosa mecânica não fazia sentido para mim.

As coisas pioraram bastante quando minha mãe virou crente. Era como se meu maior pesadelo tivesse se tornado realidade: o "rádio gospel" ligado no último volume todos os dias tocando músicas evangélicas, com pastores gritando mais alto do que os cantores de metal que eu curtia, línguas estranhas e dinheiro sendo pedido o tempo todo. Eu pirei. As brigas entre minha mãe e eu aumentaram consideravelmente. Minha mãe até tentou levar meu pai e eu à igreja, mas sem sucesso.

Com muita confusão na cabeça e profunda infelicidade no coração, passei a confrontar minha mãe mais diretamente e, em algumas vezes, usei de violência para com ela. Por causa da repetição dos embates, ficava chorando trancafiado dentro do meu quarto. Foi então que comecei a pensar no suicídio como uma boa escolha para resolver o problema. Sonhava com a minha morte quase que diariamente, mas não tive coragem de acabar com a minha vida.

Para agravar as coisas, meu pai saiu de casa com a suspeita de ter cometido um crime. Sem entender direito as coisas, fui tentando viver a vida e esquecer tudo isso. A saudade começou a apertar, e o mais triste foi perceber os dias passando, meu aniversário chegar e não receber nenhuma ligação de "feliz aniversário" dele. Foi então que ficamos sabendo de algo trágico: meu pai havia morrido. Diante do tribunal, foi considerado culpado e morreu de infarto após o juiz bater o martelo. Imagina como o menino que tinha acabado de completar catorze anos ficou? Eu não sabia fazer outra coisa senão chorar.

No entanto, em meio ao caos, comecei a perceber que Deus era real. Lembro-me de ter chegado de um show de rock durante a madrugada, deitado na cama, mas sem conseguir dormir. Levantei, assaltei a geladeira e comi um iogurte enquanto admirava as estrelas pela janela. Ao voltar para o meu quarto, ouvi um barulho estranho: "Sziff, Sziff". Logo pensei: "Tem ratos aqui em casa." Voltei para a cozinha, peguei uma vassoura e fui atrás deles. Para minha surpresa, o barulho vinha do quarto da minha mãe. Abri a porta bem devagar, esperando pegar o animal, mas o que vi foi uma mulher de joelhos chorando e balbuciando a seguinte frase: "Jesus, Jesus, salva meu filho."

Voltei imediatamente para a cama, coloquei a cabeça no travesseiro e, pela primeira vez, falei com Deus: "Se é verdade que *você* existe, amanhã, no mesmo horário, irei ver se minha mãe continua orando pela minha salvação." Dias depois, e sem me recordar da breve oração que havia feito, a insônia voltou. Levantei mais uma vez, fui até a geladeira e saquei mais um iogurte. Ao retornar, o mesmo barulho estranho ressoava mais uma vez. O resto você já sabe. Era novamente minha mãe ajoelhada de madrugada pedindo a Jesus repetidamente para que salvasse a minha vida. Dormi com aquele barulho na mente. Chorei amargamente. Por um lado, quebrantado pelo amor da minha mãe, por outro, pelo questionamento se Deus realmente existia.

Uma semana depois, ainda angustiado e triste pela morte do meu pai, recebi um convite de um amigo, o qual, àquela altura, tinha se tornado um dos meus melhores amigos e fonte de ânimo para a minha vida. Ele disse: "Domingo de manhã, tem culto na minha igreja. Você não quer ir comigo?" Eu pensei, pensei e não sabia o que responder. Ele continuou: "Tem um jovem lá que toca guitarra como você. Fica tranquilo que meu avô passa na sua casa e leva a gente até lá." Sem pensar duas vezes, aceitei o convite.

Aos 14 anos de idade, pela primeira vez, pisei em uma igreja evangélica, a Igreja Presbiteriana da Penha, na cidade de São Paulo — a qual dedico o livro. Sentei nos fundos, prestei atenção em tudo: nas músicas, na pregação, na aula da escola bíblica. Foi uma experiência bem diferente se comparada aos shows de Deep Purple, Iron Maiden, Korn e System of a Down, mas, sem dúvida, aquilo alimentou a minha alma de alguma forma.

Continuei indo aos cultos, ouvindo os louvores, prestando muita atenção às pregações — às vezes, eu não entendia absolutamente nada —, até que certo dia eu fui "pego pela jugular." Não lembro direito quem ou quando, nem mesmo a data, mas uma voz passou a ecoar na minha mente incansavelmente: "Venha até mim." Porém, eu ainda estava muito confuso para tomar qualquer decisão.

As coisas mudaram em um domingo, após um dos cultos. Cheguei a nossa casa e fui esquentar algo para comer. Durante o tempo em que esquentava as panelas, ligava o micro-ondas e fritava um ovo, duas vozes falaram comigo claramente. A primeira disse: "Jean, você é um rapaz jovem, é livre e tem a vida inteira pela frente. Que tal curtir a sua vida, as mulheres e a música e deixar Deus de lado por um instante? Depois, aos quarenta anos ou mais, você volta para a igreja e vive uma vida certinha." A segunda voz, em contrapartida, falou mais forte: "Filho, eu te fiz para mim mesmo. Você nunca encontrará paz em lugar nenhum, a não ser comigo. Deixe tudo para trás e comece uma nova vida agora. Eu irei te mostrar o que é viver de verdade." Não sei se foram exatamente essas palavras, mas com certeza elas traduzem a ideia: "Entregue-se a mim, e eu te ensino como viver."

A confusão tomou conta de mim por algumas horas, até que me deitei no sofá e peguei no sono. Em sonho, passei a perceber que as duas vozes que falaram comigo representavam as vozes da minha consciência. De repente, acordei e, com o coração queimando por dentro, ajoelhei-me ao pé do sofá, entreguei minha vida a Jesus e tornei-me cristão. Esta foi minha segunda oração na vida: "Senhor Jesus, a ti entrego a minha vida, cancela o meu passado, refaz a minha história e me leve para onde o Senhor quiser."

Aquilo foi só o início da minha entrada na fé cristã. Tempos depois, comecei a participar mais ativamente na vida litúrgica da igreja, fui batizado e estive muito envolvido com o trabalho dos jovens. Aos 17 anos, percebi que o Senhor estava me chamando para o ministério pastoral — outra longa história! Estudei, fui ordenado e, hoje, enquanto escrevo este livro, integro a equipe pastoral da mesma igreja que me apresentou o Senhor Jesus.

OS SETE ASPECTOS DA REVELAÇÃO

À luz desse relato e de tantos outros que lemos na Escritura e nas histórias de conversão ao nosso redor, como podemos definir revelação? Seguindo de perto a tipologia sugerida por Kooi e Brink, é possível falarmos de pelo menos sete aspectos de um encontro revelador com Deus.[3] Primeiro, revelação é um evento em que o próprio Deus se revela diante de nós, algo que ocorre de cima para baixo — de Deus para

---

[3]Kooi; Brink, *Christian dogmatics*, p. 160.

nós —, e não de baixo para cima — de nós para Deus. Deus pode ser conhecido apenas caso ele se dê a conhecer. Pessoas que buscam o conhecimento de Deus em si mesmas ou em seu próprio ambiente geralmente terminam enredadas em idolatria ou fabricando Deus à sua própria imagem e semelhança. A minha história mostra que, apesar do meu desinteresse pelas coisas espirituais, Deus se interessava por mim e tomou a iniciativa para me buscar.

Segundo, revelação ocorre não apenas por meio da leitura das Escrituras, mas também por meio de sonhos, visões, experiências de adoração, hinos, amigos, conversas etc. A própria Bíblia testifica isso ao dizer: "Antigamente, Deus falou, muitas vezes e de muitas maneiras, aos pais, pelos profetas, mas, nestes últimos dias, nos falou pelo Filho" (Hebreus 1:1,2). No meu caso, Deus usou o testemunho da minha mãe, as circunstâncias familiares, a minha insônia, o convite de meu amigo e, mais decisivamente, a pregação fiel do evangelho para me conduzir à salvação em Cristo.

Terceiro, embora a revelação não se restrinja à Escritura, esta é o critério último e autoritativo (*regula fidei*) pelo qual discernimos entre o que é e o que não é revelação divina. Muito antes da igreja primitiva ter acesso irrestrito ao cânon bíblico — que só veio a acontecer por volta do terceiro e quarto séculos —, Deus já visitava o seu povo e atraía os seus eleitos a si de forma soberana e livre. A Escritura é a régua que demarca aquilo que vem de Deus e aquilo que é apenas ilusão, invenção e imaginação humanas. Assim, após ser atraído ao Pai e ao Filho pela obra do Espírito, foi a leitura das Escrituras e a pregação fiel da Palavra que me deram segurança e direção a respeito da jornada que eu acabara de iniciar.

Quarto, revelação geralmente é um processo disruptivo, pois não nos deixa no mesmo estado de antes, mas desestabiliza nossas visões de mundo radicalmente. Experiências revelatórias são sempre transformadoras e o meu caso não foi diferente. Em pouquíssimo tempo, o evangelista da descrença se tornou um missionário do Senhor entre os amigos. O Senhor foi até o mais profundo do meu coração e, a partir dele, tem transformado os meus pensamentos, os meus sentimentos e as minhas vontades.

Quinto, revelação é primordialmente uma categoria soteriológica, e não apenas uma questão de expansão de conhecimento. Mais para frente, iremos abordar em detalhes os meios principais de revelação divina e chegaremos à conclusão de que Deus pode ser conhecido de duas formas: *de modo salvífico*, em Cristo e em sua revelação escrita; e *de modo epistêmico*, ao apreendermos verdades divinas que estão disponíveis na Criação. Por ora, é suficiente dizer que experiências de natureza soteriológica não são irracionais, mas transcendem o intelecto e perfazem toda a experiência humana — sentimentos, vontade e consciência. A finalidade última do encontro de Deus conosco é salvífico. Retornando à minha história, posso dizer que esse encontro revelador que Deus teve comigo não só me transmitiu informações sobre Deus, mas me libertou do império das trevas e me conduziu ao Reino de Deus. As pessoas na Bíblia não perguntam por uma base teórica satisfatória para crer, mas, sim, o que devem fazer para serem salvas (Atos 2:37-40; 16:30-32).

Sexto, revelação nunca acontece no vácuo, mas em meio a um emaranhado de eventos, intuições e desejos anteriores. No meu caso, um profundo sentimento de tristeza, angústia e vazio tomava conta do meu coração. Simultaneamente a percepção de que meus maiores amores na vida tinham se dissolvido no ar: as paixões da adolescência, a música, o esporte etc. Nessas circunstâncias, o Senhor foi trabalhando em minha alma e me preparando para olhar para cima e encontrar socorro apenas no Criador dos céus e da terra.

Sétimo, um encontro revelador com Deus também nos leva para uma nova realidade. Ao nos encontrar onde estamos, Deus nos leva aonde nunca pisamos. É como entrar em território desconhecido e, a partir dele, descobrir novas ideias, pessoas, situações e experiências. A minha entrada na igreja foi um exemplo das diversas novidades que acompanham um encontro revelador. Eu chorava porque tinha acabado de perder um pai, sem saber que estava prestes a saltar de alegria em conhecer meu verdadeiro Pai, o qual não apenas preencheu o vazio deixado pelo pai terreno, mas também transbordou seus rios de vida em todos os demais — e continua até hoje!

MODELOS DE REVELAÇÃO NA TEOLOGIA CONTEMPORÂNEA

Antes de investigarmos os principais meios de revelação divina — natural, encarnada, escrita, pregada, sacramental —, vamos descobrir um pouco daquilo que os teólogos têm dito sobre revelação. Podemos resumir o estado da questão em sete modelos principais, os quais não devem ser vistos necessariamente como autoexcludentes, mas, sim, como complementares.[4]

1) O primeiro modelo sugere que a revelação divina é primariamente proposicional e autoritativa por essência. Os dois termos se referem à ideia de que revelação nos foi dada por Deus em forma de proposições incontestáveis. Por exemplo, a Igreja Católica Romana admite oficialmente que tais verdades divinas (*veritates*) estão situadas na Escritura e também na tradição apostólica. Essas proposições formam o que é conhecido como *depositum fidei*, isto é, um depósito de crenças inegociáveis da igreja. Os protestantes geralmente afirmam que a revelação divina também é proposicional, mas reconhecem que tais verdades se situam exclusivamente nas Escrituras, e não na tradição.

É crucial afirmarmos o caráter proposicional da revelação divina, pois conhecer alguém implica passarmos a conhecer certas coisas sobre aquela pessoa, tais como seu caráter, seu passado, suas preferências pessoais etc. De forma similar, ao longo da jornada pelo conhecimento de Deus, nós descobrirmos uma série de verdades sobre ele, a saber, que "Deus é amor", que "Deus é santo", que "Deus criou todas as coisas", que "Jesus Cristo morreu na cruz e ressuscitou ao terceiro dia", entre tantas outras. Um bom lugar para refletir sobre o conteúdo proposicional da revelação divina é o Credo Apostólico, o qual contém doze afirmações que refletem resumidamente as boas-novas do evangelho.

Não obstante, ao afirmarmos o caráter proposicional da revelação divina, precisamos fazer algumas ressalvas. A mais importante delas, talvez, é a de lutarmos contra a tentação de confinar a Escritura e a

---

[4]Ibidem, p. 171. Um dos estudos mais interessantes sobre esse tema foi desenvolvido por Avery Dulles, o qual reconhece a revelação divina sendo permeada pelos modelos 1-2 e 4-6, cf. Dulles, *Models of Revelation* (Maryknoll: Orbis Books, 1985). Alister McGrath admite os modelos 1 e 3-5, cf. McGrath, *Christian theology* (Oxford: Blackwell, 1994).

doutrina cristã exclusivamente a proposições verdadeiras.[5] Kooi e Brink capturam bem o ponto:

> A teologia contemporânea costuma ser negativa quanto à ideia de que a revelação de Deus é proposicional por natureza, a saber, de que consiste em doutrinas separadas que devem ser consideradas verdadeiras. Na verdade, a ideia de que a igreja é a guardiã de uma série de doutrinas transmitidas oralmente — que nunca foram escritas! — é, para dizer o mínimo, bastante problemática, como os próprios teólogos católicos romanos concordam hoje em dia. O mesmo se aplica ao pensamento de que a Bíblia é uma espécie de recipiente de uma série de fatos distintos, organizados ordenadamente pelo teólogo sistemático protestante. Pois a Bíblia é muito mais do que isso — é apelo, promessa, estudo, história, admoestação e muitas outras coisas — e deixamos de lhe fazer justiça se reduzirmos sua mensagem a uma série de declarações doutrinárias.[6]

2) O segundo modelo é chamado de comunicação verbal e sugere que a revelação divina não deve ser limitada a proposições, mas entendida a partir da noção de que Deus fala. Karl Barth é tido como um dos grandes defensores desta ideia, pois ele defende que a Palavra de Deus possui três formas: (1) Jesus Cristo, o meio pelo qual Deus se revela a nós de forma perfeita; (2) a Escritura, o veículo mais seguro para encontrarmos o Senhor; e (3) a pregação, que é o evento em que Deus fala conosco conforme a Bíblia é explicada e aplicada a nós.[7]

Barth vê uma hierarquia entre as três formas de revelação, uma vez que a pregação está subordinada à Escritura e esta, à revelação suprema

---

[5]Kevin Vanhoozer diz que a revelação é *nada menos do que proposicional*. Ele comenta que, se vamos falar da revelação bíblica como "pós-proposicional", isso deveria significar que "pós" em "pós-proposicional" não significa "contra", mas "além." Esta também é nossa linha de raciocínio aqui, pois afirmamos que a revelação divina é proposicional, mas não se esgota neste aspecto. Cf. Vanhoozer, *The drama of doctrine* (Louisville: John knox Press, 2005), p. 276.

[6]Kooi; Brink, *Christian dogmatics*, p. 172.

[7]Barth, *Church dogmatics* (Edinburgh: T&T Clark, 1975), I/1, §4, p. 85-122. Para uma boa introdução ao pensamento de Karl Barth, veja Nimmo, *Barth* (Nova York: Bloomsbury T&T Clark, 2017).

de Jesus Cristo. Barth ficou conhecido por afirmar que a Escritura não é por si só idêntica à revelação, visto que a forma mais magnífica de revelação é o evento divino da Palavra de Deus sendo falada no tempo, isto é, quando o próprio Deus fala e a pessoa de Jesus Cristo e sua reconciliação se tornam presentes. Para ele, a Bíblia e a proclamação do evangelho podem se tornar *meios* pelos quais Deus fala, contudo, a menos que Deus se manifeste por meio delas no presente, não são *intrinsecamente* Palavra de Deus.

Outra tentativa de entender a revelação como o discurso divino mediado pela Bíblia foi desenvolvida nos escritos do filósofo Nicholas Wolterstorff. Grosso modo, Wolterstorff entende que Deus fala conosco por meio de palavras escritas por seres humanos.[8] Nesta visão, são dois os modos pelos quais isso ocorre: delegação e apropriação.[9] A delegação ocorre quando uma pessoa é, em certas circunstâncias específicas, autorizada a falar em nome de outra. Diz-se que os profetas, como os oráculos antigos, falam em nome de Deus. Quando Moisés entregou o Decálogo aos israelitas, era Deus quem estava dando ordens. A apropriação ocorre quando um concorda com o discurso do outro. Apoiar uma moção parlamentar, por exemplo, é um caso de apropriação do discurso. Aquele que apoia ou endossa uma moção não precisa concordar com tudo proposto na resolução nem aprovar o texto exato dela; alterações amigáveis são possíveis. Conforme argumenta Wolterstorff, isso é tudo o que é necessário para mantermos a autoridade das Escrituras, pois, em essência, Deus se apropria delas.[10] Wolterstorff demonstra uma certa preferência pelo modelo de apropriação do discurso divino em detrimento da proposta de delegação , embora não a rejeite inteiramente.

A força deste modelo está no fato de continuar enfatizando a Bíblia como critério autoritativo para o nosso discurso sobre o conhecimento de Deus. Dentre os pontos mais problemáticos, eu destaco o pressuposto barthiano de que a Bíblia não é, em si mesma, a Palavra

---

[8]Wolterstorff, *Divine discourse* (Cambridge: Cambridge University Press, 1995), p. 38.
[9]Ibidem, p. 41, 52.
[10]Ibidem, p. 54.

de Deus — contrariando o testemunho interno da Escritura —, mas apenas um veículo seguro que *pode se tornar* a Palavra de Deus ao nos conduzir a Cristo.

Além disso, há uma implicação hermenêutica perigosa na teoria de Wolterstorff, visto que ele admite que, em cada passagem das Escrituras, existe uma certa mistura entre a "essência divina no texto" e as visões limitantes dos autores humanos que permanecem no texto. Por causa disso, Wolterstorff conclui que a tarefa do intérprete das Escrituras é a de escavar o máximo possível a intenção do autor original para discernir o discurso divino — e rejeitar aquilo que for puramente humano — em cada frase das Escrituras.[11] Não vejo como, levando essa perspectiva até as últimas consequências, não cedermos à tentação de criar um "cânon dentro do cânon", visto que, na tentativa de descrever a Escritura como sendo falível e ao mesmo tempo normativa, Wolterstorff acaba deixando ao encargo do intérprete — e de suas visões preconcebidas do que seria a verdade sobre Deus — a determinação de julgar o que é válido e o que é inapropriado na Bíblia.

3) O terceiro modelo descreve revelação como um encontro entre duas pessoas. Os representantes mais populares deste modelo são, sem dúvida, Karl Barth e Emil Brunner. Para eles, Deus, ao revelar a si mesmo a nós, nos oferece primariamente sua presença, e não tanto ideias verdadeiras ou informação. Com base nisso, ambos entendem revelação como um evento relacional. Em seu livro *Wahrheit als Begegnung* [Verdade como encontro], Brunner desenvolve essa teoria dizendo que revelação nunca é meramente transferência de conhecimento, mas a criação de uma comunhão renovadora de vida.[12]

Não resta dúvida de que a revelação divina é também um encontro relacional — minha experiência pessoal de conversão é um sinal disso —, a questão em jogo nessa perspectiva é que ela torna nossa relação com Deus uma experiência muito subjetiva. Além disso, nem todos os cristãos têm uma experiência relacional com o Senhor nos moldes da minha, marcada por fortes emoções, reviravoltas, sonhos etc. Por causa disso, o modelo de revelação relacional não é capaz de abarcar, sozinho,

---

[11]Ibidem, p. 200-27.
[12]Brunner, *Wahrheit als Begegnung* (Zürich: Theologischer Verlag, 1984).

os variados tipos de experiência espiritual que outros cristãos, irmãos e irmãs, têm desfrutado com o Senhor.

4) O quarto modelo sugere que Deus se revela primariamente em seus atos na história. O principal proponente desta visão é Wolfhart Pannenberg, o qual argumenta que devemos buscar a fonte principal da revelação divina não em palavras — que sempre dependem da nossa interpretação —, mas em fatos concretos, a saber, nos eventos que podem ser vistos como atos divinos.[13] Pannenberg se refere à história de Israel e, mais especificamente, à maneira pela qual a história de vida, morte e ressurreição de Jesus de Nazaré se conecta à história daquele povo. A revelação divina é a manifestação do poder salvador de Deus por meio de seus grandes feitos na história.

A obra de Pannenberg é uma crítica à teologia existencial de Rudolf Bultmann e à teologia transcendental de Karl Barth. Como já afirmamos, Pannenberg faz isso por meio de uma ênfase renovada na importância da história — ênfase que ele julga negligenciada por esses dois teólogos. Assim, ele entende que a história é o horizonte mais importante da teologia cristã, pois, tendo por base os grandes feitos de Deus nela, a revelação divina ultrapassa os limites das palavras registradas na Escritura e das próprias experiências dos cristãos para ser uma realidade aberta a todos e de caráter universal. Por exemplo, Pannenberg acredita que Deus se manifestou de modo empírico, universal e suficiente no evento histórico da ressurreição de Jesus. Por implicação, qualquer pessoa que não tenha preconceitos e que faça bom uso das ferramentas historiográficas poderá chegar à conclusão de que Deus estava agindo naquele evento.

A força desta abordagem é que ela enfatiza o drama divino na história e considera a Escritura sagrada como um fiel registro desses atos. Dentre as fraquezas nítidas, destaco a ideia de que o conhecimento acerca de Deus não depende de fé ou de um encontro com Deus, mas simplesmente de fazermos uso das nossas capacidades naturais. Nesse sentido, há pouco espaço para uma distinção entre fé e razão, visto que a última ocupa o lugar da primeira. Embora Pannenberg reconheça que a prova absoluta da revelação divina aguarda a consumação, ele se dá

---

[13]Pannenberg, *Systematic theology* (Grand Rapids: Eerdmans, 1991), 1:189-247.

por satisfeito ao dizer que o testemunho das Escrituras, a proclamação do evangelho, a liturgia da igreja e uma boa teologia dos feitos de Deus na história são evidências suficientes para que qualquer ser humano perceba Deus se revelando universalmente no mundo.[14]

5) O quinto modelo situa a revelação divina em nossas experiências religiosas. Em contraste direto com a perspectiva de Pannenberg, esta visão entende que a revelação não acontece fora dos seres humanos — em uma espécie de realidade objetiva —, mas dentro de cada um deles. O movimento pietista ou místico se encaixa bem neste modelo. Embora o movimento não negue necessariamente a realidade das ações de Deus na história, ele estabelece que, a menos que isso seja confirmado por uma experiência pessoal de fé, tanto os eventos extraordinários de Deus na história quanto as suas palavras na Escritura terão sido em vão. A revelação de Deus, portanto, acontece dentro do coração ou da alma.[15]

A força dessa perspectiva é que ela valoriza a experiência de fé, porém sua fraqueza está justamente no fato de reduzir a revelação divina a experiências individualistas, deixando pouco espaço para o aspecto proposicional da verdade sobre Deus ou para qualquer outra coisa que transcenda os nossos sentimentos.

6) O sexto modelo é uma variação aprimorada do quinto e uma negação do quarto, visto que situa a revelação divina primariamente na consciência humana. Esta abordagem foi popular entre os teólogos liberais do século 19 e permanece viva até hoje. Grosso modo, esta visão se distancia do individualismo do modelo anterior e também se desprende da noção sobrenaturalista que retrata Deus intervindo na história humana. Pelo contrário, considera-se a revelação divina atuando nas consciências dos seres humanos como um evento natural que provoca o sentimento de plena dependência de Deus.

O pai dessa noção de revelação é, sem dúvida, o teólogo Friedrich Schleiermacher, o qual admitia que fazer teologia é *descrever as afeições religiosas* da comunidade cristã por meio de proposições cientificamente

---

[14]Ibidem, 1:249-54. Veja também do mesmo autor "Dogmatic theses on the concept of revelation", in: *Revelation as history* (Nova York: Macmillan, 1968), p. 123-58.
[15]Cf. Kooi; Brink, *Christian dogmatics*, p. 177-8.

qualificadas. Ele cria que todo ser humano já nasce com uma inclinação na direção de Deus e pode alcançar o conhecimento acerca de Deus por meio da sua consciência. Isso significa que a revelação divina acontece na consciência humana, em nossas "afeições religiosas" e, portanto, qualquer formulação doutrinária da igreja deve refletir aquilo que Deus já revelou na totalidade desses afetos religiosos.[16]

Para Schleiermacher, o sentimento de dependência de Deus é uma condição universal e essencial da vida humana que supera todas as provas possíveis da existência de Deus. Sendo assim, o objetivo do teólogo não é especular sobre o sobrenatural ou sobre dogmas, que podem não ser acessíveis à experiência, mas reunir de forma ordenada os elementos da consciência religiosa da comunidade cristã e fixá-los em conceitos e proposições, a fim de capacitar a igreja a prestar contas de si mesma tanto para o seu próprio povo quanto para o mundo. Na perspectiva de Schleiermacher, portanto, a doutrina da Trindade, os atributos divinos, a Criação, a providência, entre outros ensinos que envolvem qualquer tipo de transcendência, devem ser considerados assuntos secundários da fé cristã, visto que não emergem diretamente da experiência cristã e, em vez disso, fomentam especulações infrutíferas para a piedade.[17]

A força desta abordagem está no seu reconhecimento de que Deus realmente toma a iniciativa e se faz conhecido para as consciências humanas. O apóstolo Paulo parece ter deixado isso claro ao afirmar, em seu discurso aos atenienses, que nós fomos criados para buscar a Deus e que o Senhor "não está longe de cada um de nós" (Atos 17:27). Em contrapartida, o grande problema com a perspectiva de Schleiermacher — e as destilações recentes de suas ideias[18] — está no fato de não permitir que Deus seja Deus do lado de fora das nossas consciências. Por um lado, o conhecimento acerca de Deus vai muito além das

---

[16]Schleiermacher, *The Christian faith* (Londres: Bloomsbury T&T Clark, 2016), p. 52-93.

[17]Ibidem, p. 131-256.

[18]Veja algumas dessas noções de Schleiermacher sendo apropriadas por Tillich, *Systematic theology* (Chicago: University of Chicago Press, 1951), vol. 1. Na teologia católica, veja: Rahner, "Anonymous Christians", in: *Theological investigations* (Limerick, Ireland: Mary Immaculate College, 2004), 6:390-98.

percepções que temos dele impressas em nossa consciência; por outro, dado que o nosso coração é uma fábrica de ídolos, precisamos da Escritura para orientar e confrontar nossa consciência a todo instante.

7) O sétimo modelo retrata o desenrolar histórico da tradição cristã como parte da revelação divina. Nesta abordagem, Deus está se revelando durante a história humana, consertando nossas perspectivas religiosas que, de alguma forma, estavam atreladas a culturas do passado, e está sempre buscando revelar sua verdade de forma cada vez mais clara. Um dos mais proeminentes articuladores desta visão é o teólogo anglicano David Brown.[19] Em geral, os defensores desta perspectiva admitem que a Escritura contém erros, evidenciados, particularmente, na forma pela qual retrata a figura da mulher, em sua perspectiva sobre homossexualidade, na legitimação do uso da violência etc. Porém, à medida que a história vai se desdobrando, o Senhor vai esclarecendo para nós a sua real vontade, usando não apenas o testemunho bíblico, mas também elementos da cultura contemporânea oriundos da sociologia, da biologia e da antropologia.

Esta visão tem seu ponto forte no fato de reconhecer que o Senhor está sempre ensinando coisas novas para o seu povo. No entanto, ela é problemática à medida que equipara o processo contínuo de aperfeiçoamento da igreja à revelação divina. Não podemos confundir os dois conceitos. A revelação divina é um presente de Deus para nós, e não algo falho que pode ser trabalhado ao longo da história, do contrário seria parcialmente humana e deixaria de ser revelação divina. Kooi e Brink pontuam dois problemas sérios com esta perspectiva. Primeiro, ela tem um olhar deveras otimista da história universal, o qual é altamente questionável pela própria história. Segundo, ela mistura opinião humana com revelação divina normativa, e o faz à medida que seus proponentes tentam, por exemplo, sugerir "novas revelações do Espírito" que legitimam a prática homossexual. Kooi e Brink perguntam:

> ... como podemos determinar se um determinado *insight* novo foi realmente dado (ou seja, revelado) por Deus ou se é puramente

---

[19]Brown, *Tradition and imagination* (Oxford: Oxford University Press, 1999); *Discipleship and imagination* (Oxford: Oxford University Press, 2000).

uma opinião humana (para a qual, subsequentemente, muitas vezes a autoridade divina é reivindicada)? Nossa resposta seria que tais critérios podem ser encontrados apenas no testemunho autorizado das Escrituras sobre a maneira pela qual o Deus triúno se revelou como nosso Criador, Redentor e Restaurador. Deus não volta atrás em relação àquilo que era anterior à sua revelação definitiva em Jesus Cristo (Hebreus 1:1). Apenas com base nas expectativas e nas memórias que se relacionam com Cristo e que foram aceitas no cânon podemos — guiados pelo Espírito — determinar quais novas percepções podem ou não contribuir para uma melhor compreensão do caráter e das intenções de Deus.[20]

Para concluir nossa jornada neste capítulo, vou deixar sobre a mesa as minhas cartas a respeito da doutrina da revelação. Na minha perspectiva, a melhor definição de revelação continua sendo a distinção clássica entre revelação geral e revelação especial, amplamente propagada nos credos da Reforma protestante. A distinção sugere que o conhecimento de Deus é duplo, pois está disponível universalmente na Criação e, também, de forma específica, na encarnação de Cristo e no texto bíblico inspirado pelo Espírito. Obviamente, há uma hierarquia entre esses dois tipos de revelação. Por um lado, a primeira delas recebe os nomes *geral, natural* e *universal,* justamente por ser uma revelação suficiente apenas para nos dar um conhecimento *básico* sobre Deus e, por sua vez, nos deixar indesculpáveis diante do Senhor. Contudo, a revelação natural é insuficiente para conduzir o ser humano, no seu atual estado de Queda, à salvação (cf. Romanos 1:20).

Por outro lado, justamente por causa disso, Deus se revelou a nós também de forma especial. Como afirma o apóstolo Paulo: "Visto que, na sabedoria de Deus, o mundo não o conheceu por meio da sabedoria humana, agradou a Deus salvar aqueles que creem [em Cristo] por meio da loucura da pregação" (1Coríntios 1:21). O ápice desse evento revelador se deu na encarnação, vida, morte, ressurreição e ascensão de Cristo, pois ele é "a imagem do Deus invisível" e "a expressão exata do seu ser" (Colossenses 1:15; Hebreus 1:3). Além da encarnação, e para

---

[20]Kooi; Brink, *Christian dogmatics,* p. 180-81.

preservar a autoridade da revelação de nosso Senhor Jesus Cristo, o Espírito Santo guiou os profetas da velha aliança e os apóstolos da nova aliança para nos transmitir a verdade de Deus, a qual está registrada, livre de erros, na Escritura sagrada. Portanto, embora a beleza da Criação seja suficiente para nos maravilhar e extasiar com a beleza e o poder do ser divino, apenas Jesus Cristo, conforme apresentado na Escritura inspirada pelo Espírito, revela de forma superior, suficiente e definitiva o caminho para a salvação eterna.

Veremos nos capítulos subsequentes como a revelação divina se estende — a partir de Cristo e da Escritura — *verbalmente* na pregação do evangelho e *visivelmente* nos sacramentos do batismo e da eucaristia.

Porém, vamos com calma! No próximo capítulo, falaremos um pouco mais sobre a revelação natural, por meio da qual Deus revela a si mesmo na Criação e na história humana.

REFERÊNCIAS

BARTH, Karl. *The church dogmatics*. Study Edition (Edinburgh: T&T Clark, 1975). 5 vols.

BROWN, David. *Discipleship and imagination: Christian tradition and truth* (Oxford: Oxford University Press, 2000).

_____. *Tradition and imagination: revelation and change* (Oxford: Oxford University Press, 1999).

BRUNNER, Emil. *Wahrheit als Begegnung* (Zürich: Theologischer Verlag, 1984).

CALVIN, John. "Preface to Pierre Olivetan's 1534 Translation of the New Testament". In: *Commentaries*. Library of Christian Classics 23 (Philadelphia: Westminster, 1958).

DULLES, Avery. *Models of revelation*. 2. ed. (Maryknoll: Orbis Books, 1985).

KOOI, Cornelis van der; BRINK, Gijsbert van den. *Christian dogmatics: an introduction* (Grand Rapids: Eerdmans, 2017).

MCGRATH, Alister. *Christian theology: an introduction* (Oxford: Blackwell, 1994).

_____. *Teologia sistemática, histórica e filosófica: uma introdução à teologia cristã* (São Paulo: Shedd Publicações, 2995).

NIMMO, Paul T. *Barth: a guide for the perplexed* (Nova York: Bloomsbury T&T Clark, 2017).

PANNENBERG, Wolfhart. *Systematic theology* (Grand Rapids: Eerdmans, 1991). 3 vols.

_____. *Teologia sistemática* (São Paulo: Academia Cristã/Paulus, 2009). 3 vols.

_____. "Dogmatic theses on the concept of revelation". In: PANNENBERG, Wolfhart, org. *Revelation as history: a proposal for a more open, less authoritarian view of an important theological concept* (Nova York: Macmillan, 1968).

RAHNER, Karl. "Anonymous Christians". In: RAHNER, Karl. *Theological investigations* (Limerick, Ireland: Mary Immaculate College, 2004).

SCHLEIERMACHER, Friedrich. *The Christian faith* (Londres: Bloomsbury T&T Clark, 2016).

TILLICH, Paul. *Systematic theology* (Chicago: University of Chicago Press, 1951). 2 vols.

_____. *Teologia sistemática*. 5. ed. (São Leopoldo: Sinodal/EST, 2005). Volume único.

VANHOOZER, Kevin. *The drama of doctrine* (Louisville: John knox Press, 2005).

_____. *O drama da doutrina: uma abordagem conônico-linguística da teologia cristã* (São Paulo: Vida Nova, 2016).

WOLTERSTORFF, Nicholas. *Divine discourse: philosophical reflections on the claim that God speaks* (Cambridge: Cambridge University Press, 1995).

REVELAÇÃO NATURAL

Porque os atributos invisíveis de Deus, isto é, o seu eterno poder e a sua divindade, claramente se reconhecem, desde a criação do mundo, sendo percebidos por meio das coisas que Deus fez. Por isso, os seres humanos são indesculpáveis.

— Romanos 1:20

Como Deus se faz conhecido? Nós o conhecemos por dois meios. Primeiro: pela Criação, pela preservação e pelo governo do universo, exposto aos nossos olhos como o mais magnífico dos livros, no qual todas as criaturas grandes e pequenas são como as muitas letras que nos levam a reconhecer claramente "os atributos invisíveis de Deus, assim o seu eterno poder, como também a sua própria divindade", como nos diz o apóstolo Paulo em Romanos 1:20. Todas essas coisas são suficientes para convencer os homens e torná-los indesculpáveis. Segundo, ele se faz conhecer mais clara e plenamente por meio da sua santa e divina Palavra — tanto quanto para nós é necessário nesta vida — para a sua glória e nossa salvação.[1]

— Confissão Belga, artigo 2

---

[1]Confissão Belga, art.2.

> *Se cremos que o Espírito de Deus é a única fonte de verdade, não rejeitamos, nem depreciamos essa verdade onde quer que ela se manifeste [...] Diremos que os filósofos eram cegos em sua penetrante reflexão e na descrição científica que nos fazem da natureza? Poderemos dizer que eles, que pela arte da lógica nos ensinaram a falar de um modo consistente com a razão, estavam mesmos destituídos de entendimento? Acusaremos de loucura todos que afanados no estudo da medicina obtiveram vantagens e benefícios para toda a humanidade? O que diremos dos matemáticos? Consideraremos as suas conclusões como devaneios de pessoas dementes? Certamente que não. Pelo contrário, leremos com grande admiração os escritos dos antigos sobre esses temas; os elogiaremos, porquanto não poderemos descobrir o caráter verdadeiramente excelente deles. E não admitiremos que tudo o que é louvável e excelente procede de Deus?*[2]

— João Calvino

Espero que o capítulo anterior tenha ajudado você a compreender melhor do que se trata a revelação divina. Lembre-se de que o nosso objetivo geral nesta quarta parte do livro é descobrir com mais propriedade as maneiras pelas quais Deus se encontra conosco, seja pela via natural, seja por meios sobrenaturais. Neste capítulo em especial, vamos traçar o mínimo inegociável que é necessário para entendermos a revelação natural de Deus, isto é, a autocomunicação diária de Deus com o mundo por meio das coisas que ele mesmo criou. O mapa da estrada será o seguinte. Primeiro, iremos definir o que é revelação natural e sua fundamentação bíblico-teológica. Em seguida, colheremos as implicações — boas e ruins — que a crença na revelação natural pode oferecer para o discipulado cristão.

O QUE É REVELAÇÃO NATURAL?

Antes de apresentar uma definição de revelação natural, precisamos relembrar algo de suma importância sobre nossos estudos a respeito

---

[2]Calvino, *Institutas da religião cristã* (São Paulo: Cultura Cristã, 2006), II.ii.15.

da revelação, a saber, que nosso conhecimento de Deus depende de o próprio Senhor descobrir a sua face gloriosa diante de nossos olhos. Estamos partindo do pressuposto de que a revelação é uma obra da graça de Deus — ele se descortina para nós motivado por sua própria liberdade e amor —, e não uma obra iniciada por nós, muito menos levada a cabo pelo nosso esforço intelectual. Portanto, seja de modo natural, seja de modo sobrenatural, a revelação divina é sempre resultado da ação graciosa em nosso favor.

É importante fazermos essa ressalva logo de início, pois, ao dizermos que o conhecimento de Deus está disponível na natureza, estamos automaticamente concluindo que a dimensão natural é palco da ação divina, e não uma estrutura intocada pela graça, neutra, autônoma ou seja lá como se queira definir. É possível conhecer algo da majestade de Deus por meio da Criação, pois Deus se dá a conhecer nas coisas que foram criadas. De forma similar, o ser humano é capaz de conhecer estas verdades sobre Deus descortinadas na Criação não porque ele possui uma "razão autônoma", mas porque a própria graça divina que deu origem à Criação dotou o ser humano, criado à imagem e semelhança divina, com a capacidade de perceber Deus nela.

A definição mais básica de revelação natural é a seguinte: o conhecimento que Deus entrega de si mesmo para todos os seres humanos — salvos ou não — antes e até mesmo depois da Queda, em todos os lugares, por meio daquilo que foi criado. Por se referir às coisas criadas, podemos perfeitamente deduzir dessa definição que, além de céus e terra, a história e a própria consciência humana também são palcos em que Deus se revela de forma mais geral. Assim, qualquer ser humano, ao observar os fenômenos da natureza, da história humana e da constituição humana, pode discernir alguns rastros do ser, do caráter e das obras do Deus Todo-Poderoso.

Aspectos da revelação natural

1. Natureza

Uma das experiências mais felizes que tenho como pastor de uma igreja local é presenciar novas conversões, isto é, Deus trazendo pecadores da morte espiritual para uma nova vida em Cristo. E, ao longo de dez anos nesta jornada pastoral, a minha percepção é que o Senhor tem usado diversos métodos e circunstâncias inusitadas para atrair o coração dos pecadores para si. Para citar um exemplo, vamos falar de uma jovem de quinze anos que certa vez entrou em uma de nossas programações voltada para os adolescentes. É sempre bom receber visitantes, e, como de costume, após o término do encontro, fui conversar com ela e conhecer um pouco da sua história.

Ela não era cristã e aquela visita era a sua primeira a uma igreja cristã. Dentre outras informações, queria saber o que havia motivado essa menina a entrar em nossa igreja. Para minha surpresa, ela disse que a decisão tinha partido de uma experiência que tivera com Deus durante as férias em família. Antes da tal experiência, ela se julgava ateia e não demonstrava interesse pelas fé.

Em um dos dias nos quais estava na praia com a família, ela decidiu acordar cedo, pisar os pés na areia e contemplar o mar e as ondas que quebravam à beira-mar. Com lágrimas nos olhos, ela me disse: "Pela primeira vez, ao avistar o nascer do sol, olhar aquele céu azul e o movimento das ondas, passei a me perguntar: de onde veio tudo isso? Será que não foi Deus?" Essas e outras perguntas a inquietaram durante toda a viagem. De repente, aquela jovem menina de quinze anos — que antes se declarava ateia para os amigos — não conseguia parar de pensar na possibilidade de Deus existir e ter criado toda aquela beleza natural que encantara os seus olhos. Sem pestanejar, então, ela decidiu entrar na internet e pesquisar, no Google, quais eram as igrejas mais próximas do seu bairro, e, para nossa alegria, a nossa foi a primeira que apareceu naquela busca — quem diria que o Google seria tão útil para o Reino de Deus!

Após ouvir aquele relato tão impressionante, logo concluí que aquela menina havia sido trazida para o nosso encontro de adolescentes pelas mãos de Deus. Não vou me alongar muito com essa história, mas as boas notícias são que ela frequentou nossas reuniões por vários meses, recebeu o Senhor Jesus como Senhor e Salvador de sua vida e foi batizada. E, para retornarmos ao nosso tópico — revelação natural —, qual foi o gatilho que iniciou toda a busca dela por Deus? Isso mesmo, o encontro revelador que o Senhor teve com ela por meio das belezas naturais da Criação. Como diz Millard Erickson: "A pessoa que vê a beleza de um pôr-do-sol e o estudante de biologia que disseca um organismo complexo estão sendo ambos expostos a indicativos da grandeza divina."[3]

2. História

Deus é retratado na Escritura como o responsável por dirigir a história humana. O salmista diz: "Ele, em seu poder, governa eternamente; os seus olhos vigiam as nações. Não se exaltem os rebeldes!" (Salmos 66:7). O Senhor é aquele que controla o destino das nações. O profeta Isaías registra, por exemplo, como o Senhor usaria os assírios contra o seu próprio povo: "Ai da Assíria, cetro da minha ira! A vara em sua mão é o instrumento do meu furor. Eu a envio contra uma nação ímpia, e contra o povo da minha indignação lhe dou ordens, para que dele roube a presa e lhe tome o despojo, e o ponha para ser pisado aos pés, como a lama das ruas" (Isaías 10:5,6). Erickson, mais uma vez, captura bem o significado e as limitações de falarmos sobre história como revelação geral:

> Se Deus está trabalhando no mundo e se movendo em direção a certos objetivos, deve ser possível detectar a trajetória de sua obra em eventos que ocorrem como parte da história. A evidência aqui é menos impressionante do que a da natureza. [...] a história é menos acessível do que a natureza. Deve-se consultar o registro histórico. Ou dependemos de materiais de segunda mão, dos registros e relatórios de outros, ou temos que trabalhar a partir de nossa experiência histórica, talvez um segmento muito limitado para permitir a detecção do padrão ou da tendência geral.[4]

Um exemplo mais claro da ação revelatória de Deus na história é a sua provisão do curso natural das estações do ano. Paulo parece se referir a isso em sua pregação na cidade de Listra: "Nas gerações passadas, Deus permitiu que todos os povos andassem nos seus próprios caminhos. Contudo, não deixou de dar testemunho de si mesmo, fazendo

---

[3]Erickson, *Christian theology* (Grand Rapids: Baker Academic, 2013), p. 123.
[4]Ibidem, p. 123.

o bem, dando a vocês chuvas do céu e estações frutíferas, enchendo o coração de vocês de fartura e de alegria" (Atos 14:16,17). Seguindo o raciocínio paulino de perto, "Deus dá testemunho de si mesmo" pelas coisas que ele faz na história, ou seja, as colheitas, as chuvas, fixando as estações do ano, trazendo fartura etc.

3. Ser humano

Deus também se revela no ser humano, uma vez que nós somos o ponto mais alto da obra criativa divina. Existem várias maneiras de percebermos essa revelação natural em nós, por exemplo, na genialidade da nossa constituição corporal e mental, nas nossas capacidades morais e talvez, principalmente, nas nossas inclinações religiosas. Calvino chama esta inclinação para a religião de *sensus divinitatis* — senso do divino ou semente religiosa —, já que ele observa que o ser humano, em todos os tempos, culturas e lugares, manifesta a crença em uma entidade suprema e mais poderosa que ele mesmo. Calvino escreve:

> Que existe na mente humana, e, de fato, por instinto natural, algum senso de divindade [*sensus divinitatis*], consideramos indiscutível, uma vez que o próprio Deus, para impedir qualquer homem de fingir ignorância, dotou todos os homens com alguma ideia da divindade dele [...] não existe, como diz o eminente pagão [Cícero], nenhuma nação tão bárbara, nenhum povo tão selvagem, que não tenha uma convicção profunda de que existe um Deus [...] Portanto, uma vez que desde o início do mundo não houve nenhuma região, nenhuma cidade e nenhuma família que pudessem viver sem religião, reside aqui uma confissão tácita de um sentimento de divindade inscrito no coração de todos [...] Essa não é uma doutrina que primeiro se aprende na escola, mas uma doutrina segundo a qual todo homem é, desde o ventre, seu próprio mestre; de modo que a própria natureza não permite que nenhum indivíduo esqueça.[5]

Calvino aprendeu o conceito de conhecimento inato de Deus com o apóstolo Paulo, especialmente a partir dos primeiros dois capítulos

---

[5]Calvin, *Institutio Christianae religionis*, I.iii.1-3. Tradução do autor.

de Romanos. No entanto, ele não se furta de afirmar que o pecado, tendo corrompido a mente humana, distorceu o *sensus divinitatis* e que homens e mulheres, agora, suprimem a verdade de Deus, substituindo-o por ídolos criados por sua mente. Portanto, ainda que essa semente religiosa permaneça no ser humano após a Queda, ela não é capaz de orientá-lo na direção do Deus verdadeiro; na verdade, ocorre justamente o contrário: a mente humana se torna uma fábrica de ídolos.[6]

Essa verdade da revelação natural não é atestada apenas por uma passagem ou outra das Escrituras; antes, permeia todo o corpo das Escrituras. É descrita no livro de Salmos de forma poética, nos oráculos dos profetas e é confirmada pelo Senhor Jesus e pelos apóstolos. Além disso, a defesa desse conhecimento parcial, mas universal de Deus sempre fez parte da teologia cristã, com raríssimas exceções.[7] Vejamos três exemplos bíblicos que atestam a veracidade da revelação natural.

Fundamentos bíblicos da revelação natural

1. Salmos

O Salmo 8 declara que o nome de Deus é conhecido em toda a terra, pois os céus, a lua e as estrelas revelam a majestade divina. É dito que o cuidado dos seres humanos para com a criação aponta para a preservação e o cuidado divino sobre o mundo criado.[8] Na mesma linha, o Salmo 19 diz que a voz de Deus é ouvida por toda a terra: "Não há linguagem, nem há palavras, e deles não se ouve nenhum som. No entanto, por toda a terra se faz ouvir a sua voz, e as suas palavras chegam até os confins do mundo" (Salmos 19:3,4). Outros salmos dizem que Deus revela seu governo sobre o mundo ao controlar os processos naturais, tais como trovões e relâmpagos (18:9-15; 77:16-18), ventos e mares (93:3,4; 95:5; 114:3,5), plantio e colheita (107:23-37). Em outras palavras, somos desafiados pelas poesias bíblicas a descobrir, na natureza e na história humana, a glória de Deus, o seu caráter extraordinário e o seu governo constante sobre o mundo.

---

[6]Ibidem, I.xi.8.
[7]Karl Barth é uma delas, veja: *Church dogmatics* (Edinburgh: T&T Clark, 1975), I/2, p. 3-178.
[8]Cf. Salmos 102:25.

2. Jesus

Nosso Senhor ensinou que Deus revela o seu cuidado por nós na Criação. Ele encoraja os discípulos a observarem como Deus lida com os animais: "Observem os corvos, que não semeiam, não colhem, não têm despensa nem celeiros; contudo, Deus os sustenta. Vocês valem muito mais do que as aves!" (Lucas 12:24). Em seguida, o Senhor os desafia a contemplar a relação de Deus com as plantas: "Observem como crescem os lírios: eles não trabalham, nem fiam. Eu, porém, afirmo a vocês que nem Salomão, em toda a sua glória, se vestiu como qualquer deles" (12:27). Jesus então apropria o cuidado de Deus sobre os reinos animal e vegetal a fim de exortar os seus discípulos: "Ora, se Deus veste assim a erva que hoje está no campo e amanhã é lançada no forno, muito mais fará por vocês, homens de pequena fé!" (12:28). Em suma, embora o foco de Jesus nessa passagem não seja o de ensinar sobre revelação natural, mas, sim, de confrontar seus seguidores com o novo modelo de vida exigido pelo Reino de Deus, ele deixa claro como a nossa observação dos eventos naturais são benéficas para nossa apreciação do caráter e da providência de Deus.

3. Apóstolos

Na perspectiva paulina, "os atributos invisíveis de Deus, isto é, o seu eterno poder e a sua divindade, claramente se reconhecem, desde a criação do mundo, sendo percebidos por meio das coisas que Deus fez" (Romanos 1:20). Todos os seres humanos estão cientes da existência de Deus e até mesmo de sua vontade moral (2:14,15). Com base nisso, nem os judeus, os quais têm a lei escrita, nem os não judeus, os quais têm a lei escrita em sua consciência, podem alegar ignorância. Pelo contrário, é exatamente esse fato que condena a todos nós (1:18—3:19).

O argumento de Paulo pode ser dividido em quatro partes: (1) Deus fez a si mesmo conhecido de forma universal em suas obras; (2) os não judeus derivam dessa revelação uma noção rudimentar de Deus; (3) todos são inescusáveis por suprimirem esse senso do divino em seus corações; (4) portanto, os não judeus precisam de Cristo assim como os judeus.[9] É por causa da revelação natural que Paulo pode citar

---

[9] Cf. Kooi; Brink, *Christian dogmatics* (Grand Rapids: Eerdmans, 2017), p. 183-4; Horton, *The Christian faith* (Grand Rapids: Zondervan, 2011), p. 139-40.

os escritos de poetas e filósofos gregos como verdadeiros em seu discurso em Atenas (Atos 17:28). Portanto, embora a autorrevelação de Deus na natureza por si só não seja capaz de produzir o conhecimento de Deus para a salvação — a qual só acontece por meio de Jesus Cristo —, não resta dúvida de que se trata de um ensino apostólico.

Implicações da revelação natural

A maioria absoluta dos teólogos cristãos considera a revelação de Deus na natureza um ponto doutrinário incontestável. Deus dá testemunho de si mesmo na natureza, na história e no próprio coração dos seres humanos. A pergunta final deste capítulo é: quais são as implicações disso para a vida dos cristãos? Em outras palavras: como a crença na revelação natural pode nos ajudar em nossa jornada pelo conhecimento de Deus? Nos próximos parágrafos, eu lido com quatro dessas implicações.

1. Estudo da natureza

Em primeiro lugar, eu creio que o estudo da natureza pode nos aproximar em alguma medida do conhecimento do Senhor. É sabido que os puritanos ingleses tiveram um papel importante no desenvolvimento da ciência e da tecnologia no século 17.[10] A razão para tal interesse pela ciência é simples: os puritanos enxergavam a investigação da natureza como um método de conhecer e glorificar a Deus. Por exemplo, eles amavam a matemática, incentivavam o estudo de várias línguas — pois facilitava adquirir mais conhecimento sobre variados assuntos — e diziam que a física era sua disciplina científica favorita — pois representava o estudo de Deus por meio de suas obras.[11] Por esses motivos, "a religião [puritana] aprovou a ciência e elevou a estima social daqueles que visavam a investigação científica por meio da intensificação e da disseminação de interesses associados a essas atividades.".[12]

---

[10]Merton, *Science, technology and society in seventeenth-century England* (Chicago: University of Chicago Press, 1938), p. 418.
[11]Ibidem, p. 428-30.
[12]Ibidem, p. 431.

Os puritanos também santificaram a ciência em virtude da sua utilidade para o bem comum. Diferentemente de alguns pensadores medievais, os puritanos redefiniram os conceitos de razão e conhecimento. Enquanto os escolásticos geralmente definiam a razão como lógica, os puritanos entendiam a razão como lógica subordinada à observação dos fatos.[13] Além disso, em vez de a ciência ser um meio de contemplação, os puritanos sustentavam que o verdadeiro conhecimento devia ser avaliado de acordo com a sua utilidade.[14]

Merton defende que essa nova visão da razão, associada a uma abordagem utilitária da ciência, caracteriza tanto o puritanismo quanto a ciência moderna. Assim, as novas descobertas na ciência e na tecnologia, vistas como maneiras de glorificar a Deus e melhorar a vida humana, ganharam prestígio por causa dos puritanos. O puritano Richard Baxter ilustra essa abordagem, comentando como novas descobertas aumentam a felicidade humana: "Que felizes foram os inventores da carta náutica e [das leis] da atração magnética, e da impressão e das armas, em suas invenções! Que feliz foi Galileu com seus telescópios, descobrindo as desigualdades e as partes sombrias da lua, os planetas mediceanos, os 62 satélites de Saturno, as mudanças de Vênus, as estrelas da Via Láctea."[15]

Os astrônomos Kepler e Copérnico eram tão motivados por sua fé em um Deus criador e inteligente que se intitulavam "sacerdotes de Deus" examinando o livro da natureza. Eles acreditavam firmemente que ser um cientista era buscar compreender a mente de Deus, suas leis e sua sabedoria, não para atiçar suas próprias curiosidades, mas para melhor glorificarem a Deus.[16] Kepler e Copérnico trabalharam incansavelmente, porque foram treinados a ver os traços da sabedoria do seu Criador no universo criado e, por causa disso, movidos a descobrir seus mistérios. A ciência, na sua origem, nada mais era que a busca pelo conhecimento daquilo que o próprio Deus deixou no universo.[17]

---

[13]Ibidem, p. 430.

[14]Baxter, "A Christian directory", in: Merton, *Science, technology and society*, p. 431.

[15]Ibidem, in: Merton, *Science, technology and society*, p. 435.

[16]Hooykaas, *A religião e o desenvolvimento da ciência moderna* (Brasília: UnB, 1988), p. 196.

[17]Veith, *De todo o teu entendimento* (São Paulo: Cultura Cristã, 2006), p. 23.

Stephen Hales (1677-1761) fez a primeira medição quantitativa da pressão sanguínea. Também foi o primeiro a provar que as plantas absorviam ar pelas suas folhas, convertendo-o em substâncias sólidas. Ele também descobriu que as folhas processavam a luz para uso da planta.[18] Na abertura de um trabalho científico, Hales afirmou: "Quanto mais pesquisas fazemos nesse admirável cenário, mais beleza e harmonia vemos nas coisas; e mais forte e nítida são as convicções que elas nos dão do ser, do poder e da sabedoria do Arquiteto divino."[19]

Um de meus professores de biologia do ensino médio, que se assumia ateu, costumava fazer relações entre o mundo criado e a inteligência divina. Lembro que, em uma das aulas de anatomia, o professor ficou extasiado ao descrever a perfeição do corpo humano. Se a minha memória não falha, ele disse mais ou menos o seguinte: "A anatomia humana possui estrutura, lógica e perfeição incríveis. Cada membro do corpo está exatamente onde deveria estar, funciona programado por uma inteligência central, obedece criteriosamente aos comandos do cérebro. Até parece que foi Deus quem criou!" É exatamente nisto que cremos: a natureza humana aponta para uma inteligência suprema, que não pode ter vindo da própria humanidade. Portanto, quanto mais estudamos a natureza e o corpo humano, mais convictos ficamos de que há um Criador por detrás das cortinas que é o verdadeiro responsável por tudo isso.

2. Bom uso da razão

Em relação à revelação que Deus faz de si mesmo em nossa constituição humana, a nossa racionalidade pode ser outro ponto de contato com o mundo ao nosso redor. Um dos grandes pensadores cristãos a fazer essa conexão foi Tomás de Aquino. Para ele, era possível relacionar a filosofia e a teologia, porque a razão humana dizia respeito à capacidade intrínseca de todo ser humano para se envolver com qualquer área do pensamento. Para Tomás, a razão não tinha que ver com princípios neutros não afetados pela Queda ou pela finitude humana, mas com o bom uso da racionalidade (*recta ratio*, em latim).

---

[18]Heeren, *Mostre-me Deus* (São Paulo: Clio Editora, 2009), p. 393.
[19]Hales, *Vegetable staticks* (Londres: impress por W. and J. Innys e T. Woodward, 1727), p. xxxi.

Tomás fez distinção entre aquilo que pode ser conhecido por meio da razão humana e as verdades que excedem a capacidade da razão, as quais devem ser compreendidas apenas pela Escritura. Tomás estava afirmando o que deveria ser óbvio: aprendemos pela natureza algumas coisas que não podemos aprender pela Bíblia — pense na penicilina, no cálculo integral etc. — e que descobrimos algumas coisas pela Bíblia que não podemos aprender diretamente pela natureza, como a encarnação de Cristo, as suas naturezas divina e humana, a doutrina da justificação pela fé e as profecias a respeito do fim dos tempos.

Tomás também é herdeiro da tradição agostiniana que descreve o ser humano como resultado da imagem e da semelhança divina. Ele interpretava que os dois termos descreviam o ser humano como um ser inteligente e que carrega os traços divinos em si.[20] Assim, por definição, o ser humano é um ser religioso. Ao referir-se ao ser humano como "inteligente e racional", Tomás não estava reduzindo o ser humano a uma mente pensante, mas afirmando ser ele capaz de conhecer e entender a realidade. Portanto, Tomás de Aquino jamais se referiu ao ser humano como sendo autônomo em relação à graça divina, capaz por si mesmo de atingir a felicidade e, muito menos, como sendo autônomo para conhecer a Deus, da forma que alguns insistem.[21] O ser humano não é completo em nenhuma parte da sua vida sem a ajuda de Deus.

No que diz respeito à Criação e à Queda, Tomás afirma que o primeiro casal tinha um conhecimento de Deus muito mais elevado do que o nosso, embora não perfeito como aquele que nos espera no fim (*visio Dei*). Assim, em estado de Queda, os seres humanos continuam capazes de raciocinar e de entender a realidade, mas com a presença do engano e da desordem que afetam todo o nosso ser.[22] O ser humano, independente do estado, precisa da graça divina. Embora o ser humano caído precise do auxílio divino por mais razões, especialmente em virtude das consequências da Queda na constituição humana, Tomás de Aquino afirma que a graça é necessária antes e depois da Queda

---

[20]Tomás de Aquino, *Summa theologiae*, 1a.q.93.a.1-2.
[21]Ibidem, 1a.q.12.a1.
[22]Ibidem, 1a.q.94.a1.

como elemento organizador de toda a natureza humana: razão, alma, carne, paixões.[23]

Portanto, na visão de Tomás, embora o ser humano preserve sua constituição inicial como *imago Dei*, ele foi significativamente corrompido nas suas inclinações e perdeu completamente sua justiça original recebida no Éden (*donum Dei*). O ser humano continua, por um lado, "com inteligência e capacidades", mas, por outro, está impotente e ferido. Acusar Tomás de não levar em conta os efeitos noéticos do pecado é uma acusação sem fundamento.[24] Podemos dizer que, para Tomás de Aquino, o ser humano está privado e adoecido sob diversos aspectos. Existem pelo menos quatro tipos de feridas — cada uma relacionada a uma parte da alma em que a virtude deve ser encontrada, como ele mesmo escreve:

> À medida que a razão está privada de sua direção à verdade, nós temos a ferida da ignorância; à medida que a vontade está privada de sua direção para o bem, nós temos a ferida da malícia; à medida que o apetite iracundo está privado de sua habilidade de enfrentar dificuldades, nós temos a ferida da fraqueza; à medida que o apetite concupiscente está privado da habilidade para temperar os prazeres, nós temos a ferida da concupiscência.[25]

Com base no que foi dito, nós, cristãos entendemos que a racionalidade humana foi preservada após a Queda, embora gravemente ferida. Isso não é motivo para deixarmos de usar a razão, mas, pelo contrário, para sermos mais responsáveis em nossa forma de pensar. O livro de Atos, por exemplo, apresenta os apóstolos se envolvendo em debates com não cristãos e argumentando sobre a verdade do evangelho (Atos 17:2-4; 19:8-10), e não é exagero dizer que a maioria dos documentos do Novo Testamento foram escritos por razões apologéticas específicas,

---

[23]Ibidem, 1a.q.95.a.1; cf. 1a2ae.q.109.a.2.
[24]A expressão "efeitos noéticos do pecado" se refere às consequências do pecado em nossa maneira de pensar. O termo *noético* vem da palavra grega *nous* que significa "mente".
[25]Tomás de Aquino, *Summa theologiae*, 1a2ae.q.85.a.3.

isto é, para comunicar a fé a um ou outro grupo e para esclarecer questões que surgiram sobre o evangelho.

Atividades apologéticas foram vigorosamente realizadas durante o período da igreja primitiva e, de fato, durante a maior parte da história da igreja. No início, em face das tendências heréticas, foi necessário definir o que a igreja acreditava, bem como oferecer uma explicação racional para questionadores e críticos de diferentes tipos. Visto que muitos apologistas antigos se converteram do paganismo — Justino, Clemente e Agostinho —, eles sabiam o que era necessário para comunicar a fé aos incrédulos.

A palavra "apologética" deriva do termo grego *apologia*, o qual era usado para se referir à defesa que uma pessoa poderia fazer de suas opiniões e ações. O apóstolo Pedro, por exemplo, diz a todo cristão para estar pronto para dar a razão da esperança que está nele (1Pedro 3:15). Ele escreve essa ordem sabendo que os leitores da sua carta enfrentavam ameaças e hostilidades da cultura local. O desafio do apóstolo era que não temessem o inimigo, mas fossem fiéis até à morte ao Senhor Jesus Cristo.

De modo similar, devemos estar prontos para apresentar as razões de nossa esperança a todos que nos questionarem. Em outras palavras, esse é o nosso papel profético no mundo, pois está relacionado a vivermos com os incrédulos de forma aberta e estarmos preparados para explicar as razões de nossa esperança em Jesus Cristo. Por isso, a apologética, no sentido apostólico, é um encontro missionário com a cultura: ouvimos as perguntas dos incrédulos e lhes oferecemos respostas de acordo com o evangelho que recebemos do Senhor. A apologética, então, é um esforço para apresentar a mensagem e a coerência intelectual do evangelho ao mundo. Um apologista é aquele que está preparado para defender uma mensagem contra críticas e distorções e para dar evidências de sua credibilidade.

3. A lei natural

O apóstolo Paulo diz que, embora os gentios não possuíssem a lei de Moisés, eles mostravam a obra da lei *gravada em seus corações*, a qual é "confirmada pela consciência deles e pelos seus pensamentos conflitantes, que às vezes os acusam e às vezes os defendem" (Romanos 2:14,15). À luz desse raciocínio, todos os seres humanos possuem uma lei moral natural gravada em seus corações e são, por causa disso, responsáveis por seus atos morais diante de Deus.

Nesse mesmo argumento paulino, também aprendemos que os gentios, ao suprimirem a verdade que receberam de Deus naturalmente, deixam de adorar o Deus verdadeiro e passam a adorar as coisas criadas (Romanos 1:21-24). Como resultado dessa devoção distorcida, surgem comportamentos não naturais que pervertem a sexualidade humana, geram egocentrismo, ganância, inveja e conflitos de toda sorte (Romanos 1:26-32). Paulo faz a ressalva de que, ao fazerem o que a lei de Deus exige — sem a possuírem formalmente —, os gentios mostram que a lei moral está escrita em seus corações. É fato que o conceito de lei natural não surgiu com o apóstolo Paulo, mas já havia sido desenvolvido pelos estoicos, os quais acreditavam que a harmonia social e pessoal deveria ser modelada com base na natureza e governada por leis do mundo físico. Paulo conhecia bem a filosofia estoica, visto que sua cidade natal, Tarso, era uma importante sede dessa escola.

Com base nisso, podemos afirmar que a teoria da lei natural é apreciada tanto pela tradição greco-romana quanto pela tradição cristã. Na primeira, os seres humanos são vistos como seres racionais que podem ajustar seu comportamento e suas atitudes conformando-se à ordem natural das coisas. Vivendo em um mundo governado por leis, devemos obedecer às leis naturais que governam nossas vidas, aceitando nosso destino, em vez de sermos impelidos pelo desejo irracional de resistir à natureza.

Esse modelo de lei natural emergiu entre os estoicos, foi apropriado pelo direito romano e permanece relevante até hoje em virtude das contribuições de Hugo Grotius (1583-1645), John Locke (1632-1704) e Thomas Jefferson (1743-1826), os quais desenvolveram o conceito de lei natural e definiram o estado natural humano com base nos direitos individuais à vida, à liberdade e à propriedade, enxergando a sociedade civil como a base para edificar e ampliar esses direitos. Nessa concepção, o Estado não é uma criação artificial alheia à natureza, mas uma instituição natural baseada no consentimento dos governados.[26]

---

[26]Cf. Holmes, "Natural law", in: Atkinson, et al., *New dictionary of Christian ethics and pastoral theology* (Downers Grove: InterVarsity Press, 1995), p. 700.

Outra tradição de lei natural foi articulada por Tomás de Aquino (1225-1274). Para Tomás, os preceitos da lei natural são universalmente normativos e conhecíveis. Ele distingue quatro tipos de lei: (1) a *lei eterna* como vontade e sabedoria de Deus, conforme revelada na (2) *lei divina* dada nas Escrituras, mas também manifesta na (3) *lei natural*, da qual (4) a *lei humana* deve ser derivada. Para Tomás, a lei natural é inerente à essência das coisas criadas e deve ser buscada para atingirmos os fins bons que são naturais a todos nós. Seguindo o imperativo da lei natural, devemos fazer o bem e evitar o mal. Uma das principais normas naturais é a preservação da vida, visto que, de acordo com Tomás, todo esforço de preservar a existência humana e afastar os obstáculos a ela está de acordo com a lei natural.[27]

Alguém poderia levantar a questão de que os impulsos sexuais naturais seriam um problema para os defensores da lei natural. Tomás responde dizendo que, como outros animais, temos um impulso sexual natural e queremos criar nossa prole. No entanto, ele argumenta que o nosso potencial racional é o elemento que nos distingue enquanto seres humanos dos demais animais e, por isso, devemos seguir nossa inclinação natural para conhecer a Deus e desejar uma sociedade racionalmente ordenada.[28]

A teoria da lei natural continua a informar o pensamento ético cristão até o presente, embora enfrente uma série de objeções. Por exemplo, alguns questionam se não é muito otimismo supor que podemos derivar logicamente regras morais específicas de forma inequívoca de generalizações sobre a natureza humana. Na minha perspectiva, isso depende da nossa epistemologia moral. O que me parece um bom argumento é observar que a natureza humana como criação de Deus, de fato, fornece indícios de seus bons propósitos para nós, sinais que ignoramos por nossa conta e risco.

A segunda objeção à aplicação da lei natural se deve ao fato de que o pecado mudou radicalmente o que deveríamos ser, de modo a confundir o reconhecimento de nosso bem natural. Outros insistem que a natureza humana é produto da evolução e ainda está em processo de

---

[27]Tomás de Aquino, *Summa theologiae*, 1a2ae.q.94.a.2.
[28]Ibidem, 1a2ae.q.94.a.2.

mudança. Seja como for, a questão é: até que ponto a depravação distorce a natureza humana? Apesar de concordar que o pecado infectou as nossas capacidades de reconhecer o bem natural, a Escritura parece deixar claro que ainda somos imagem de Deus, que os seres humanos ainda são seres racionais e que, consequentemente, alguma medida de lei moral natural ainda faz sentido.

A terceira objeção diz respeito à tensão entre lei e graça. Alguns são levados a pensar que o fato de não estarmos mais sob a lei e sim sob a graça implicaria em uma descontinuidade radical entre o velho conceito de lei natural e a nova vida em Cristo. De fato, em certo sentido, é correto falarmos que a graça está em contraste com a lei, contudo, não em seu sentido moral. A lei está em contraste com a graça como método de justificação/salvação. Por exemplo, se tomarmos a lei de Moisés como nosso guia seguro para salvação seremos condenados eternamente, pois ela não nos dará outra coisa senão julgamento e morte. Nesse sentido, o evangelho realmente se opõe à lei, pois a lei pronuncia maldição sobre nós, ao passo que o evangelho é anúncio de graça e bênção.

Portanto, ao falarmos de lei natural, não no sentido salvífico, mas como "regras de conduta", vemos continuidade na Escritura em vez de descontinuidade. Os reformadores, por exemplo, falavam de três usos da lei: (1) a lei como espelho que revela o caráter santo de Deus e a nossa miséria; (2) a lei como freio e disciplina para a sociedade transgressora; e (3) a lei como guia de conduta para os cristãos. A lei, neste sentido, não foi revogada, uma vez que os cristãos aprendem a cada dia qual é a vontade de Deus para suas vidas e como eles podem agradá-lo. A lei configura, portanto, um instrumento que o Espírito Santo usa na santificação do povo de Deus.[29]

A quarta objeção à lei natural é a seguinte: em uma sociedade pluralista sem reconhecimento universal da lei natural, como podemos esperar que ela seja a base para as leis humanas? De fato, a visão jurídica dominante na sociedade atual assume a noção historicista de que o direito é moldado por processos históricos, em vez de derivado de alguma norma imutável. Contudo, ao longo dos anos, temos visto a fragilidade e a incapacidade do modelo historicista no que diz respeito

---

[29]Calvino, *Institutas da religião cristã*, II.vii.6-12

a prover uma base ética sólida para a sociedade. Portanto, na minha visão, a teoria da lei natural continua sendo útil para informar o nosso pensamento moral cristão e para prover uma sustentação ética mais robusta para as democracias constitucionais do nosso tempo.

4. A graça comum

A doutrina da graça comum se refere à maneira pela qual Deus cuida da sua Criação depois do advento da Queda. De forma mais específica, a teoria da graça comum é um conceito teológico que lida com um problema real na tradição reformada, o qual foi deixado em aberto pelo próprio João Calvino. O dilema é estabelecido na seguinte pergunta: por que e como os incrédulos que habitam em nosso meio muitas vezes superam muitos filhos de Deus em seus deveres? Na visão de Abraham Kuyper, talvez a maior referência no assunto, a graça comum nos ajuda a reconhecer as virtudes dos não regenerados como frutos da graça soberana de Deus. Kuyper chama essa operação divina de "graça", porque é o favor imerecido de Deus derramado sobre todas as pessoas, independentemente de seu destino espiritual.

Para apreciarmos melhor a noção de graça comum de Kuyper, é de suma importância contrastá-la com o conceito de graça particular. Kuyper esclarece que, em meio ao pecado, ao sofrimento e à maldade, a graça comum de Deus tem sustentado a Criação, permitindo que as pessoas vivam juntas e desenvolvam cultura. Já a graça especial salva os eleitos do justo julgamento de Deus, regenera-os para uma nova vida e consciência e permite-lhes adorá-lo e obedecê-lo conscientemente. Ambos os tipos de graça trabalham juntas para que os propósitos históricos e eternos de Deus se revelem exatamente como ele havia ordenado na eternidade.

Kuyper estava ciente de um chamado comum de toda a raça humana para desenvolver a Criação e a cultura para a glória de Deus. Segundo ele, há uma só humanidade e todas as pessoas, de todas as nações, foram criadas para glorificar a Deus.[30] Por isso, Deus tem o direito de exigir a obediência de todas as pessoas. Embora os não eleitos sejam incapazes de adorar a Deus conscientemente, eles ainda são capazes,

---

[30]Kuyper, *Stone lectures* (Grand Rapids: Eerdmans, 1994), p. 81.

por meio da graça comum, de descobrir muito da sabedoria de Deus e de obedecê-lo, no que tange ao direito civil, às artes, à ciência, ao comércio e à família.[31]

Dentro da esfera da graça comum, portanto, aqueles que não têm fé em Cristo podem obedecê-lo sem saber; eles podem ser bons pais, juízes honestos, artistas criativos e pesquisadores significativos. A linha entre os eleitos e os incrédulos não é, portanto, de puro antagonismo, inimizade ou separação. Dentro da dimensão da graça comum, o "trigo e o joio" formam uma humanidade chamada a cumprir cooperativamente os propósitos de Deus na história até o retorno de Cristo para julgamento de vivos e mortos.

Podemos ilustrar a influência da doutrina da graça comum na vida de Kuyper por meio de sua carreira como político. Um de seus biógrafos, James Bratt, explica que Kuyper desdobrou o conceito de graça comum (*Gemeene Gratie*, em holandês, é o nome de sua obra publicada de 1902 a 1905 em três volumes) em sua coluna de teologia no jornal *De Heraut* ao longo de um período de seis anos — de setembro de 1895, logo após ter reingressado no parlamento, até julho de 1901, quando estava formando seu gabinete. Bratt destaca que a produção do livro durante o seu retorno à política não é mera coincidência, pois essa vivência lançou luz sobre como seus compromissos teológicos influenciaram suas ações políticas. Por exemplo, Bratt comenta que "a política baseada na fé requer algum terreno comum com pessoas de convicções fundamentalmente diferentes — no mínimo, para estabelecer inteligibilidade mútua e respeito pelas regras do jogo e, no máximo, para construir coalizões sobre questões de interesse comum."[32]

O princípio da graça comum também foi de fundamental importância para Kuyper delinear seu projeto para a educação pública. A tarefa era entender, por meio da sabedoria disponível através da graça comum, qual deveria ser a relação entre Estado e educação. Para Kuyper, o Estado era uma instituição "mecânica" da graça comum ordenada por Deus após o Dilúvio para a contenção do pecado e a manutenção da ordem social.

---

[31]Ibidem, p. 53-4.
[32]Bratt, *Abraham Kuyper* (Grand Rapids: Eerdmans, 2014), p. 197-8.

Já em relação à educação, Kuyper entendia que Deus havia concedido à humanidade uma curiosidade natural sobre a vida, bem como a capacidade de observar, questionar, experimentar e descobrir novos aspectos da maneira pela qual este mundo funciona. No entanto, para que as crianças desenvolvam seus instintos de aprendizagem por meio da graça comum, elas precisam estar em escolas que promovam e estendam as crenças básicas que experimentam em casa. Consequentemente, Kuyper defendeu intensamente que reformas educacionais eram necessárias para quebrar o monopólio educacional secular de sua época e para criar espaço para que aqueles com uma visão de mundo diferente ocupassem seus lugares na sociedade.

Kuyper lutou por uma reestruturação radical do sistema escolar holandês com base no princípio da liberdade religiosa. Suas ações na educação incluem seu esforço para reconhecer o *status* legal do ensino superior privado, do ensino superior técnico e do ensino superior preparatório privado (Lei do Ensino Superior de 1905); e um outro projeto de lei mais significativo, aprovado em 1920, quee estabeleceu três tipos de escolas com financiamento público, a saber, a católica, a calvinista e a não religiosa.

Em resumo, Deus dá testemunho de si mesmo na Criação que ele mesmo fez. É uma revelação que se manifesta na natureza, na história e no ser humano. Suas implicações são importantíssimas, pois ela nos ajuda a reconhecer os ecos divinos que ressoam em nosso estudo da natureza, em nossa própria racionalidade, na existência de uma lei natural universal e na graça comum que mantém a ordem criacional e impede, pelo menos por enquanto, que o desgoverno seja a palavra final da civilização.

Embora a revelação natural divina seja útil para nós em todos esses aspectos, ela não é uma revelação completa, não é uma revelação suficiente para alguém ter um encontro com o Senhor Jesus Cristo e, portanto, não é uma revelação capaz de nos guiar especificamente no discipulado de Cristo. Precisamos de muito mais que a manifestação de Deus na Criação; precisamos que o próprio Deus desça até nós e fale conosco em carne e osso. No próximo capítulo, continuaremos nossa jornada sobre a revelação divina explorando o mistério da encarnação do Filho de Deus.

REFERÊNCIAS

ATKINSON, David J. et al. *New dictionary of Christian ethics and pastoral theology* (Downers Grove: InterVarsity Press, 1995).

BARTH, Karl. *The Church dogmatics* (London: T&T Clark, 2009). Vol. I/2: The doctrine of the word of God.

BAXTER, "A Christian directory". In: MERTON, Robert K. *Science, technology and society in seventeenth-century England* (Chicago: University of Chicago Press, 1938).

BRATT, James D. *Abraham Kuyper: modern Calvinist, Christian democrat* (Grand Rapids: Eerdmans, 2014).

CALVIN, Jean. "Institutio Christianae religionis." In: BAUM, G.; CUNITZ, E.; REUSS, E., orgs. *Ioannis Calvini Opera Quae Supersunt Omnia*. Corpus Reformatorum (Brunswick and Berlin: C. A. Schwetschke and Son [M. Bruhn], 1863-1900). Vols. 29-87.

_____ [CALVINO, João]. *Institutas da religião cristã* (São Paulo: Cultura Cristã, 2006). 4 vols.

"Confissão Belga." In: *As três formas de unidade* (Brasília: CLIRE, 2013).

ERICKSON, Millard. *Christian theology*. 3. ed. (Grand Rapids: Baker Academic, 2013).

_____. *Teologia Sistemática* (São Paulo: Vida Nova, 2015).

HALES, Stephen. *Vegetable staticks* (Londres: Printed for W. and J. Innys and T. Woodward, 1727).

HEEREN, Fred. *Mostre-me Deus* (São Paulo: Clio Editora, 2009).

HOLMES, A. F. "Natural law." In: ATKINSON, David J., et al. *New dictionary of Christian ethics and pastoral theology* (Downers Grove: InterVarsity Press, 1995), p. 700-702.

HOOYKAAS, R. *A religião e o desenvolvimento da ciência moderna* (Brasília: UnB, 1988).

HORTON, Michael. *The Christian faith: a systematic theology for pilgrims on the way* (Grand Rapids: Zondervan, 2011).

_____. *Doutrinas da fé cristã: uma teologia sistemática para os peregrinos no caminho* (São Paulo: Cultura Cristã, 2019).

KOOI, Cornelis van der; BRINK, Gijsbert van den. *Christian dogmatics: an introduction* (Grand Rapids: Eerdmans, 2017).

KUYPER, Abraham. *Lectures on Calvinism* (Grand Rapids: Eerdmans, 1994).

_____. *Calvinismo*. 2. ed. (São Paulo: Cultura Cristã, 2019).

MERTON, Robert K. *Science, technology and society in seventeenth-century England* (Chicago: University of Chicago Press, 1938).

TOMÁS DE AQUINO. "Summa theologiae." In: MORTENSEN, John, et al., org. *Latin/English edition of the works of St. Thomas Aquinas* (Lander, WY: The Aquinas Institute for the Study of Sacred Doctrine, 2012). Vol. 13-20.

_____. *Suma teológica* (Campinas: Editora Ecclesiae, 2018). 5 vols.

VANDRUNEN, David. *Divine covenants and moral order: a biblical theology of natural law* (Grand Rapids: Eerdmands, 2014).

_____. *Natural law and the two kingdoms: a study in the development of Reformed social thought* (Grand Rapids: Eerdmans, 2010).

VEITH, G. E., Jr. *De todo o teu entendimento* (São Paulo: Cultura Cristã, 2006).

REVELAÇÃO ENCARNADA

Esse remédio para os homens é tão grande que o pensamento não pode alcançá-lo. Pois que orgulho pode ser curado se não for curado pela humilhação e rebaixamento do Filho de Deus? Que cobiça pode ser curada se não pela pobreza do Filho de Deus? Que ira pode ser curada se não for pela longanimidade do Filho de Deus? Que impiedade pode ser curada se não for pelo amor do Filho de Deus? Finalmente, que medo pode ser curado se não for pela ressurreição do corpo de Cristo, o Senhor? Que a raça humana eleve sua esperança e aprenda a conhecer sua própria natureza. Que vejam quão grande é o lugar que o ser humano tem nas obras de Deus. Não desprezem a vocês mesmos, ó homens; o Filho de Deus assumiu a natureza de um homem. Não desprezem a vocês mesmas, ó mulheres; o Filho de Deus nasceu de uma mulher.[1]

— Agostinho de Hipona

O Filho de Deus, a segunda pessoa da Trindade, sendo verdadeiro e eterno Deus, da mesma substância do Pai e igual a ele, quando chegou o cumprimento do tempo, tomou sobre si a natureza humana com todas as suas propriedades essenciais e enfermidades comuns, contudo, sem pecado, sendo concebido pelo poder do Espírito Santo no ventre

---

[1]Augustine, "On the Christian combat", in: Ulanov, *The prayers of St. Augustine* (Minneapolis: The Seabury Press, 1983), p. 35. Tradução do autor.

da virgem Maria e da substância dela. As duas naturezas, inteiras, perfeitas e distintas — a Divindade e a humanidade — foram inseparavelmente unidas em uma só pessoa, sem conversão, composição ou confusão. Essa pessoa é verdadeiro Deus e verdadeiro homem, porém, um só Cristo, o único Mediador entre Deus e o homem.

— Confissão de Fé de Westminster, VIII.2.

Estudamos em capítulos anteriores que o nosso conhecimento de Deus está condicionado ao fato de ele se revelar a nós. Isto é, o Senhor pode ser conhecido porque ele se tornou conhecível por vários modos diferentes, dentre os quais já mencionamos a sua revelação natural. Neste capítulo, continuaremos a investigar de que maneira Deus se revela a nós, e o faremos particularmente a respeito do ponto mais alto da sua revelação ao mundo: a encarnação do Filho de Deus. Sim, nós, cristãos, cremos que Deus assumiu uma natureza humana e andou entre nós há dois mil anos atrás. Não há revelação divina que seja mais plena e perfeita do que a que se deu em forma humana, pois o Deus encarnado "é o resplendor da glória de Deus e a expressão exata do seu ser" (Hebreus 1:3).[2]

Jesus Cristo é a pessoa mais famosa em toda a história da humanidade. Para ele, foram cantadas mais canções, e, sobre ele, foram criadas mais pinturas e escritos mais livros do que para qualquer outra pessoa que já viveu neste mundo. Jesus se destaca tanto que até mesmo o tempo é medido em função do seu nascimento, pois o nosso calendário é dividido entre os anos antes e depois de Cristo. Jesus aparece em várias camisetas de famosos, tais como Ashton Kutcher, Ben Affleck, Brad Pitt e Madona, em que se lê: "Jesus é meu camarada." Jesus está na televisão, na internet, nas rádios, nas tatuagens, nas palavras de crianças, adultos e velhos. Jesus está no cinema, aparecendo em centenas de filmes. Jesus também está presente no universo musical, desde o rap dos Racionais MC's ou as músicas de Roberto Carlos até o rock das

---

[2]Para um dos estudos mais importantes sobre a encarnação do Filho de Deus, veja Athanasius, *On the incarnation* (Yonkers, NY: St. Vladimir's Seminary Press, 2011).

bandas The Killers, Green Day, Bad Religion, U2, entre outras. Você pode encontrar Jesus também nas melhores livrarias de qualquer cidade e ler muita coisa a seu respeito. Nos livros de autoajuda, ele é retratado como o melhor filósofo, psicólogo, empresário, vendedor, guru, líder — qualquer outra coisa que você possa imaginar — "que já existiu."

Jesus também está presente no mundo esportivo. Antes de entrar em jogo, milhares de jogadores fazem o sinal da cruz e muitos deles agradecem ao Senhor com as mãos levantadas após terem feito um gol, uma cesta de basquete, uma tacada de beisebol etc. Jesus parece ser um dos símbolos mais importantes do esporte mundial sem nunca o ter praticado.

Na política, Jesus é citado por homens como Fidel Castro, o qual se assenhoreou dele e afirmou não haver nenhuma contradição entre as suas ideias e as da figura histórica e extraordinária de Cristo. Mikhail Gorbachev tornou conhecido o ditado segundo o qual Jesus teria sido o primeiro socialista da história, visto que ele foi o primeiro a buscar uma vida melhor para a humanidade. Em sua militância, Malcom X também se apropriou da figura de Cristo, afirmando que ele não era branco. De modo geral, apropriam-se de Jesus, politicamente, os conservadores, os liberais, os democratas, os libertários e até os ditadores.

No contexto religioso, as Testemunhas de Jeová negam que Jesus seja o Deus-homem, afirmando que é o arcanjo Miguel, isto é, um ser criado que se tornou homem. Os gurus da Nova Era veem Jesus como um estado de consciência a que todos devemos aspirar. Alguns espíritas, como Edgar Cayce, acreditam que Jesus só se tornou o Cristo que nós conhecemos em sua décima terceira encarnação, depois de ter se livrado de seu carma ruim. O budismo prega que Jesus era apenas um homem iluminado, como Buda. O islamismo ensina que Jesus era um profeta inferior a Maomé. Dalai Lama disse que Jesus foi um ser completamente iluminado, um ser que auxiliava outros no caminho para a iluminação de realização espiritual. Gandhi disse que Jesus não era exclusivamente divino, mas tão divino quanto Krishna, Rama, Maomé ou Zoroastro.[3]

---

[3]Para uma introdução a respeito de Jesus segundo a perspectiva das religiões mundiais, veja: Gaarder, et al., *O livro das religiões* (São Paulo: Companhia das Letras, 2016).

À luz de tantos relatos sobre a sua pessoa, precisamos perguntar: quem é Jesus? Seria a verdadeira identidade de Cristo compatível com as descrições da cultura popular contemporânea? Essa é a pergunta que pretendo ajudar você a responder neste capítulo. Para tanto, seguiremos o seguinte roteiro. Em primeiro lugar, para compreendermos a real identidade de Jesus, precisamos investigar a sua origem messiânica à luz da história de Israel. Em segundo lugar, faremos uma breve análise sobre o seu ministério, o qual lança muitas luzes sobre a sua identidade. Finalmente, discutiremos como os cristãos primitivos entendiam o ser do Senhor com base no fato de que ele tem duas naturezas unidas em uma só pessoa.

JESUS CRISTO: O MESSIAS DE ISRAEL

Jesus nasceu há cerca de dois mil anos em uma cidadezinha pobre e rural chamada Belém. Sua mãe, Maria, era uma adolescente simples que estava prometida em casamento. Ela fora ridicularizada por dizer que tinha ficado grávida por meio do Espírito Santo. Se tivesse nascido em nossa época, é provável que as pessoas pensassem que Maria era uma garota qualquer que teve intimidade com o namorado. O Novo Testamento conta que Jesus tinha como pai um simples carpinteiro chamado José e que passara os primeiros trinta anos de sua vida no anonimato, martelando pregos na madeira com seu pai (cf. Mateus 13:55; Marcos 6:3).

Aos trinta anos de idade, Jesus iniciou seu trabalho público, que incluía pregar o evangelho do Reino de Deus, curar os doentes, alimentar os famintos e proporcionar uma nova vida aos marginalizados, tais como prostitutas, ladrões e pessoas perturbadas por demônios. O ministério terreno de Jesus durou somente três anos, pois ele foi condenado à morte por se declarar o Filho de Deus (Mateus 26:65; Marcos 14:64). Ele morreu ignominiosamente pregado numa cruz, como milhares de pessoas antes e depois dele.

À primeira vista, o currículo de Jesus parece bem simples. Ele nunca viajou mais que algumas dezenas de quilômetros da sua casa. Nunca ocupou um cargo político, nunca escreveu um livro, nunca se casou, nunca teve relações sexuais, nunca estudou formalmente em uma escola, nem mesmo visitou as principais cidades da época, como Roma. O que há de tão interessante na vida de Jesus para que nós o reconheçamos como o Cristo, o Salvador do mundo? (João 4:42). Não podemos compreender o significado da história de Jesus até que comecemos a vê-la, de fato, como o episódio culminante da grande história da Bíblia — o drama de como Deus salva pecadores (Gálatas 4:4; Efésios 1:10).

De acordo com o Novo Testamento, Jesus é o cumprimento das promessas de Deus a Israel (cf. Lucas 24:21-27). Vimos em capítulos anteriores que, quando a boa criação divina foi contaminada pela rebelião humana, Deus imediatamente partiu em uma missão de resgate (Gênesis 3:15). Mais especificamente, o drama do resgate do ser humano por Deus passa por aquilo que Deus começou a fazer com o povo de Israel. Nos encontros de Deus com Abraão, por exemplo, ele estava colocando em prática o plano de recuperar para si a Criação caída no pecado (Gênesis 12:7; 13:15; 17:7; 24:7). O plano divino consistia em fazer aliança com Abraão e, por meio dele, abençoar todas as nações da terra. Estritamente falando, o plano dizia respeito a escolher uma pessoa; formar uma família a partir dela; desta família, formar uma nação; e, a partir desta nação, alcançar todos os povos da terra.[4]

Deus repetiu as promessas desse pacto aos descendentes de Abraão: Isaque e Jacó (Gênesis 26:3; 28:13), formou um povo e fez aliança com ele. Quando esse povo foi escravizado pelos egípcios, Deus teve misericórdia dele e o libertou por meio de uma manifestação miraculosa. Após o Êxodo, o Senhor deu para Israel a sua lei e uma tarefa: viver de maneira santa dentre todas as nações da terra. No entanto, em vez de ser luz para as nações, Israel preferiu imitar os povos vizinhos incorrendo nos mesmos pecados deles e até mesmo chegou ao ponto de rejeitar o reinado de Deus sobre eles, pedindo um rei. Após várias décadas de tumulto e desgastes com a monarquia, o povo de Israel se dividiu e, séculos depois, foi capturado por nações inimigas e teve que enfrentar amargos exílios.

---

[4]Para um estudo detalhado sobre o modo pelo qual Deus formou Israel como um povo missionário, veja: Goheen, *A igreja missional na Bíblia* (São Paulo: Vida Nova, 2014), p. 41-69.

A despeito da infidelidade de seu povo, Deus se manteve fiel a sua promessa de formar uma nação e, a partir dela, abençoar todas as nações da terra. Ao libertar Israel mais uma vez da tirania dos inimigos, o Senhor prometeu restaurar aquele povo com a manifestação de um descendente de Abraão, o qual seria também profeta como Moisés e rei eterno procedente da linhagem de Davi (Deuteronômio 18:15; 2Samuel 7:12-16). O profeta Isaías também viu a chegada deste homem como um Servo Sofredor que levaria os pecados do mundo em seus próprios ombros, curando o mundo de suas enfermidades e transgressões ao tomá-las todas sobre si mesmo (Isaías 53:3-11; Atos 8:27-35).

É nesse contexto de grande expectativa por um Salvador que a história de Israel se encerra no Antigo Testamento. Qual não é a nossa surpresa e alegria ao lermos o primeiro versículo do primeiro livro do Novo Testamento: "Livro da genealogia de Jesus Cristo, filho de Davi, filho de Abraão" (Mateus 1:1). A pessoa esperada para restaurar o povo de Deus e abençoar definitivamente as nações chegou! De fato, as narrativas do Novo Testamento formam uma perfeita recapitulação dos principais eventos da história bíblica, especialmente de Adão e da nação israelita: Jesus venceu a tentação em que Adão caiu; passou fome como os israelitas no deserto, mas sem reclamar; atravessou o Jordão do mesmo modo que o povo o fez sob a liderança de Josué; subiu em um monte como Moisés e deu a sua lei perfeita; pregou com autoridade superior à dos profetas, alimentou os famintos, curou os cegos, fez milagres, dominou espíritos maus e tempestades pelo poder da sua palavra; morreu na cruz como cordeiro pascal, oferecendo a si mesmo como oferta pelos pecados do mundo, e ressuscitou ao terceiro dia, provando ser o verdadeiro Filho de Deus, o Salvador do mundo e o Senhor da história.

Após ter ressuscitado dos mortos, Jesus congrega seus discípulos e lhes dá uma missão: ir pelo mundo e fazer discípulos, pregando o evangelho do Reino de Deus, batizando todos os arrependidos em nome do Pai, do Filho e do Espírito Santo, até que todas as nações da terra sejam reunidas na presença de Cristo (Mateus 28:18-20; Atos 1:8). O livro de Atos nos conta que, de fato, os primeiros discípulos obedeceram a ordem do Senhor, receberam o poder do Espírito Santo e saíram a pregar pelo mundo. Enquanto pregavam e faziam discípulos, o poder do

Senhor atraía as multidões para o Reino de Deus, milhares de pessoas começaram a entregar suas vidas a Cristo. De acordo com o relatório de Lucas no livro de Atos, a missão da igreja começou em Jerusalém, depois avançou para Judeia e chegou em Samaria; o livro termina com o apóstolo Paulo em Roma, desejoso de visitar a Espanha.[5] Veja nas próprias palavras de Lucas: "Durante dois anos, Paulo permaneceu na sua própria casa, que tinha alugado, onde recebia todos os que o procuravam. Pregava o Reino de Deus, e, com toda a ousadia, ensinava as coisas referentes ao Senhor Jesus Cristo, sem impedimento algum" (Atos 28:30,31). Essa história continuou e o evangelho cruzou ainda mais fronteiras: África, Europa, Ásia, Oceania, Américas, até chegar a mim e a você. E pensar que tudo começou quando Deus chamou Abraão da sua terra para uma missão sem destino fixo!

Michael Horton está correto ao dizer que os "gentios sempre terão que entrar na história de Israel para encontrar sua própria redenção."[6] Jesus precisa ser compreendido como o cumprimento de todas as promessas feitas ao povo de Israel. Como diz o apóstolo Paulo: "Ora, as promessas foram feitas a Abraão e ao seu descendente. Não diz: 'e aos descendentes', como falando de muitos, porém como falando de um só: 'e ao seu descendente', que é Cristo" (Gálatas 3:16). Jesus é o descendente de Abraão, o rei eterno que foi prometido a Davi, o profeta que fala com autoridade superior a Moisés e o nosso sumo sacerdote, o qual é, ao mesmo tempo, a oferta de sangue oferecida para a nossa purificação, o pão vivo que desceu do céu e alimentou os israelitas no deserto e a água viva que saiu da rocha e saciou a sede deles, pois "bebiam de uma pedra espiritual que os seguia; e a pedra era Cristo" (1Coríntios 10:4). Como o Senhor falou aos discípulos no caminho de Emaús: "era necessário que se cumprisse tudo o que está escrito a respeito de mim na Lei de Moisés, nos Profetas e nos Salmos" (Lucas 24:44). Jesus é o Messias de Israel, o Salvador do mundo!

Como Deus se revela ao mundo? Deus desvenda a sua face perfeitamente no rosto de nosso Senhor Jesus Cristo. Todos os detalhes

---

[5] Para uma exposição detalhada sobre a missão da igreja no livro de Atos, veja Goheen, *A igreja missional na Bíblia*, p. 151-87.
[6] Horton, *Pilgrim theology* (Grand Rapids: Zondervan, 2011), p. 159.

da história de Israel apontavam para um cumprimento futuro, que foi plenamente realizado na vida e na obra do Senhor Jesus. Como diz o autor de Hebreus: "Antigamente, Deus falou, muitas vezes e de muitas maneiras, aos pais, pelos profetas, mas, nestes últimos dias, nos falou pelo Filho, a quem constituiu herdeiro de todas as coisas e pelo qual também fez o universo" (Hebreus 1:1,2). Jesus é a pessoa em quem encontramos Deus face a face. Como narra Mateus, Jesus é o "Deus conosco" (Mateus 1:23). Em outras palavras, não podemos mais falar sobre o Deus de Israel desconectado de Jesus. A identidade divina está definitiva e irreversivelmente definida em Jesus Cristo, por isso não é de admirar que Jesus seja adorado como o próprio Deus em vários momentos do Novo Testamento (cf. Mateus 2:11; 14:33; 21:9, 28:9; Marcos 16:1; Lucas 24:10; João 12:13; 20:28).

Ao ser questionado a respeito de sua identidade, Jesus respondeu aos discípulos, dizendo: "Eu sou o caminho, a verdade e a vida; ninguém vem ao Pai senão por mim. Se vocês me conheceram, conhecerão também o meu Pai. E desde agora vocês o conhecem e têm visto." Naquele momento, "Filipe disse a Jesus: 'Senhor, mostre-nos o Pai, e isso nos basta.' Jesus respondeu: 'Há tanto tempo estou com vocês, Filipe, e você ainda não me conhece? Quem vê a mim vê o Pai'" (João 14:6-9). Em Cristo, nós recebemos a plenitude de Deus, o maior derramar possível da sua graça. Cristo é a revelação desse mistério: "Ninguém jamais viu Deus; o Deus unigênito, que está junto do Pai, é quem o revelou" (João 1:18). Se quisermos ver Deus e a sua glória, precisamos olhar atentamente para Jesus.

JESUS CRISTO E SEU MINISTÉRIO

Em segundo lugar, precisamos formar nossa compreensão da identidade de Jesus a partir de seu ministério terreno. Como ele disse a Filipe: "Creiam que eu estou no Pai e que o Pai está em mim; creiam ao menos por causa das mesmas obras" (João 14:11). As obras de Jesus testificam que ele é Deus em nosso meio. À luz do Novo Testamento, é impossível separarmos a pessoa e a obra de Jesus. Quando Jesus questionou os discípulos a respeito da sua identidade, eles responderam: "Uns dizem que é João Batista; outros dizem que é Elias; e ainda outros dizem que um dos antigos profetas ressuscitou. Então Jesus perguntou: 'E vocês, quem dizem que eu sou?' Respondendo, Pedro disse: 'O Cristo de Deus'" (Lucas 9:19,20; cf. Marcos 8:27-29). Nas palavras do apóstolo Pedro: "O senhor é o Cristo, o Filho do Deus vivo" (Mateus 16:16). Na narrativa de João 1:40,41, lemos: "André, o irmão de Simão Pedro, era um dos dois que tinham ouvido o testemunho de João e seguido Jesus. Ele encontrou primeiro o seu próprio irmão, Simão, a quem disse: 'Achamos o Messias!' ('Messias' quer dizer 'Cristo')."

A resposta dos discípulos inclui palavras e títulos que tentam expressar de forma breve a identidade de Jesus: "Senhor" (*kyrios*), "Salvador" (*soter*) e "Cristo" (*christos*), que é a tradução grega da palavra hebraica "Messias." A palavra "Filho" também é de extrema importância nas narrativas dos Evangelhos, pois demonstra a íntima relação entre Jesus e o Deus Pai. Todos esses títulos nos mostram um ângulo diferente a respeito de quem Jesus é. Em síntese, ao falarmos sobre a identidade de Jesus, estamos nos referindo à intervenção salvífica de Deus. Quem Jesus é não pode ser separado de sua obra, pois "sabemos que este é verdadeiramente o Salvador do mundo" (João 4:42). Como resumem Kooi e Brink: "Em Jesus Cristo, Deus fala e age por nossa salvação. Em Jesus como Filho, ele oferece a sua presença vivificante e o seu amor perdoador de forma definitiva e irreversível."[7] Portanto, na teologia cristã, nós podemos falar apenas em *distinções* entre a pessoa e a obra de nosso Senhor Jesus Cristo, mas nunca *separarmos* o ser do Filho de Deus de sua obra, do contrário dividiremos quem ele realmente é: o Salvador do mundo.

Mas, afinal, quais são as obras de Jesus que testificam a respeito de sua identidade como Salvador e Cristo? À luz dos Evangelhos, as obras de Cristo entre nós foram *sinais inaugurais* da vinda do Reino de Deus, isto é, manifestações dramáticas que apontam para uma nova realidade que chegou para a terra: Deus está começando a reinar entre nós. Jesus repetidas vezes disse que seu propósito da terra era divulgar as "boas novas do reino" (Lucas 4:43, NVI). É surpreendente que, dois mil anos após a vinda de Cristo, muitos cristãos que sinceramente desejam seguir a Jesus saibam tão pouco sobre o "reino" que estava no centro de seu ministério.

---

[7]Kooi; Brink, *Christian dogmatics* (Grand Rapids: Eerdmans, 2017), p. 382.

Jesus nunca parou para definir exatamente o significado do Reino de Deus. Em linhas gerais, ele falava do Reino de Deus por meio de parábolas e de maneira indireta, mas sempre dando a entender que se tratava do agir de Deus para renovar a Criação e trazer todo o universo debaixo de seu domínio. O Reino de Deus não é um movimento que vai ao encontro das tendências políticas de uma determinada época, mas é o irromper de Deus governando a história. É um reino escatológico, pois diz respeito ao estágio final da história humana. Ao proclamar a vinda do reino, portanto, Jesus está dizendo que o mundo como o conhecemos está com os dias contados.[8]

O Reino de Deus é o anúncio de que algo novo está acontecendo, uma nova realidade está emergindo na história: uma nova era de paz, justiça e amor. Jesus trouxe essa nova era escatológica para o presente na sua primeira vinda e irá terminá-la em seu retorno. Enquanto isso, o Reino de Deus continua crescendo por toda a terra. Como o Senhor ilustrou por meio de diversas parábolas: "O Reino dos Céus é semelhante a um grão de mostarda, que um homem pegou e plantou no seu campo. Esse grão é, na verdade, a menor de todas as sementes, mas, quando cresce, é maior do que as hortaliças, e chega a ser uma árvore, de modo que as aves do céu vêm se aninhar nos seus ramos" (Mateus 13:31,32). A interpretação que o Senhor faz de suas próprias parábolas sugere que: (1) o grão de mostarda é a proclamação do evangelho; (2) o campo é o mundo, onde esse evangelho é semeado; (3) o crescimento da árvore é a expansão do Reino de Deus que acontece por meio das conversões onde o evangelho é pregado; e (4) as aves do céu procurando abrigo na árvore representam os gentios vindo procurar descanso no evangelho, como uma promessa de salvação para todos os povos.

Por isso, a despeito da linguagem política do Reino de Deus, devemos enxergar o ministério de Jesus como um movimento na contramão das aspirações políticas da época. Na época de Jesus, havia quatro movimentos sociais de grande destaque: (1) os zelotes, que adotavam a revolução; (2) os saduceus, que costumeiramente faziam concessões às

---

[8]Para uma análise detalhada sobre Jesus e o irromper do Reino de Deus como parte central de seu ministério, veja: Bartholomew; Goheen, *O drama das Escrituras* (São Paulo: Vida Nova, 2017), p. 129-70.

autoridades romanas; (3) os fariseus, que ensinavam separação cultural e religiosa estrita; e (4) os essênios, que defendiam uma retirada completa da sociedade. Como é perceptível nos relatos neotestamentários, Jesus se recusou a trilhar qualquer um desses caminhos. Seu caminho é surpreendentemente diferente: é o caminho do amor e do sofrimento. É um reino de cabeça para baixo: encoraja-se o amor aos inimigos, em vez de sua destruição; perdão incondicional, em vez de retaliação; prontidão para sofrer, em vez de usar a força.[9] Isso significa que o reino de Cristo é *espiritual* em sua natureza, isto é, um poder sobrenatural que muda vidas de cima para baixo. Como disse Paulo aos coríntios: "o Reino de Deus consiste não em palavra, mas em poder" (1Coríntios 4:20). E aos romanos: "o Reino de Deus não é comida nem bebida, mas justiça, paz e alegria no Espírito Santo" (Romanos 14:17).

A tentação de Jesus no deserto é um claro sinal de que o seu reino é diferente de todos os poderes temporais deste mundo. Satanás teria mostrado a Jesus três caminhos diferentes que ele poderia seguir como o Messias: (1) o caminho do líder populista; (2) o caminho do fazedor de milagres; e (3) o caminho do revolucionário violento. Percorrendo o primeiro caminho, ao transformar pedras em pão, Jesus poderia usar seu poder para se tornar um Messias populista. Ele poderia satisfazer as necessidades do povo, dar comida aos pobres e, assim, apresentar-se como o líder de uma revolução popular. O povo certamente exigiria que tal provedor fosse seu rei. Percorrendo o segundo caminho, Jesus poderia se tornar um fazedor de maravilhas, atirando-se da parede do templo e forçando Deus a agir de maneira espetacular para salvá-lo. As pessoas ficariam completamente deslumbradas e seguiriam Jesus em tudo o que ele fizesse ou dissesse depois disso, impelidas por pura admiração. Já no terceiro caminho, Jesus poderia se tornar um Messias político nos moldes dos zelotes, usando violência e coerção em um atalho militarista para o trono. Mas fazer isso seria concordar com Satanás, adotar seu próprio programa de dominação e, assim, curvar-se diante do inimigo.[10]

Jesus se recusa a distorcer sua própria missão para se conformar às expectativas populares sobre o que um Messias de Deus deveria ou não

---

[9]Bartholomew; Goheen, *O drama das Escrituras*, p. 131-2.
[10]Ibidem, p. 133-4.

ser. Pelo contrário, ele escolhe o difícil caminho para o reino: o caminho do serviço humilde, do amor abnegado e do sofrimento sacrificial. O caminho de Jesus é o caminho da cruz. À princípio, essa linguagem pode não parecer digna de um rei, mas o poder de Deus se manifesta justamente na fraqueza humana. As armas do Reino de Deus são espirituais, e não terrenas. Como diz o apóstolo Paulo: "Porque as armas da nossa luta não são carnais, mas poderosas em Deus, para destruir fortalezas" (2Coríntios 10:4). A verdadeira luta de Cristo — e também a nossa — não é contra partidos políticos, sistemas econômicos, conjunturas sociais, "mas contra os principados e as potestades, contra os dominadores deste mundo tenebroso, contra as forças espirituais do mal, nas regiões celestiais" (Efésios 6:12). Dizer que a natureza do Reino de Deus é espiritual não é o mesmo que afirmar a sua desconexão da realidade social, política e econômica do mundo. Os negócios do reino são espirituais porque o seu poder transformador opera nos filhos de Deus por meio do Espírito Santo, porém, à medida que esse poder sobrenatural do reino se manifesta, ele obviamente toca as realidades mais profundas da vida humana em todas as suas dimensões.

As armas do Reino de Cristo são diferentes de tudo o que este mundo conhece, pois é um reino em que o amor, a paz e a justiça dão sempre a última palavra. É por isso que a cruz e a ressurreição são o clímax do ministério de Jesus, pois nesses dois eventos vemos que o amor triunfa sobre o ódio; o bem, sobre o mal; a verdade, sobre a mentira; a justiça, sobre a injustiça; o Reino de Deus, sobre o reino das trevas. Alguém poderia ter pensado: ele seguiu o caminho da cruz e foi vencido. No entanto, ao ressurgir dos mortos, o nosso Senhor dá provas de que o caminho da cruz e do amor são os únicos meios de enfrentar os poderes deste mundo. No Reino de Deus, o maior é o que serve, o que vence é o que perde e aquele que deixa tudo para trás por amor a Cristo é o que encontra os maiores tesouros da vida! Atribui-se a seguinte frase a Napoleão Bonaparte, famoso líder e estadista francês: "Alexandre, César, Carlos Magno e eu mesmo fundamos impérios, mas à base de que firmamos as criações do nosso gênio? À base da força. Só Jesus Cristo fundou seu reino à base do amor e até hoje milhões de homens morreriam por ele."

Os quatro Evangelhos contam a mesma história de Jesus como sendo o Cristo e anunciam o mesmo Reino de Deus, mas cada um com as suas próprias ênfases. Marcos inicia seu Evangelho com o ministério de João Batista para nos lembrar das profecias do Antigo Testamento sobre o precursor que devia preparar o caminho para a vinda do Messias. Mateus faz um retorno ainda mais distante, situando o ministério de Jesus na história de Israel iniciada em Abraão. Como já explicamos, na narrativa de Mateus, Jesus entra na história como o cumprimento das promessas ao povo de Israel. Em outras palavras, em Jesus, todas as peças do quebra-cabeça do povo de Israel se unem em exata harmonia. Lucas volta ainda mais, até o nosso pai Adão, para mostrar que as boas-novas sobre Jesus têm significado para toda a humanidade. Finalmente, João escreve uma espécie de novo Gênesis, nos levando de volta ao princípio de tudo, explicando que: "No princípio era o Verbo, e o Verbo estava com Deus, e o Verbo era Deus. Ele estava no princípio com Deus. Todas as coisas foram feitas por ele, e, sem ele, nada do que foi feito se fez" (João 1:1-3). Afinal, quem é esse Verbo? João responde: "E o Verbo se fez carne e habitou entre nós, cheio de graça e de verdade, e vimos a sua glória" (João 1:14). Jesus é o Verbo eterno, não criado, presente com Deus desde o início.

Em síntese, o ministério de Jesus retrata não que um homem importante deixou um belo legado na história humana, mas, sim, que o próprio Deus fez uma visita à terra e começou a colocá-la em ordem. Ao devolver vista aos cegos utilizando barro, Jesus sinalizou que é o Criador do ser humano; ao dar ordens às tempestades, o Senhor deu provas de que ele reina sobre todos os fenômenos da natureza; ao expulsar demônios, Jesus mostrou que o Reino de Deus triunfa sobre as trevas por meio do amor; ao multiplicar pães e peixes, o nosso Salvador ilustrou que ele é o alimento essencial para a alma humana; ao decifrar os segredos da mulher samaritana, Jesus testificou que ele é o único que sabe o que precisamos para sermos felizes; ao curar em dias de sábado, o Senhor manifestou o real sentido do quarto mandamento, que é o nosso descanso nele; ao tocar na pele dos leprosos para devolver-lhes saúde perfeita, o nosso Cristo proclamou que todas as nossas enfermidades foram colocadas sobre ele e que, pelas suas chagas na cruz, fomos plenamente curados. Esse é o Jesus Cristo dos Evangelhos.

JESUS CRISTO: O DEUS-HOMEM

Após termos discutido sobre a identidade de Jesus com base em seu papel como Messias de Israel e também à luz de seu ministério de trazer o Reino de Deus para a terra, dedicaremos a última parte deste capítulo para discorrermos sobre a natureza "teantrópica" de Jesus, isto é, o fato de que o nosso Senhor possui duas naturezas — a divina e a humana — unidas em uma só pessoa. O termo "teantrópico" consiste na combinação de duas palavras gregas: *teos* (Deus) + *anthropos* (homem), isso significa que, ao cunhar esse termo, a igreja cristã sistematizou o conhecimento que tinha a respeito da identidade de Cristo como o Deus-homem.[11]

Como um guia para nossos estudos sobre a dupla natureza de Cristo, vale a pena recordarmos as palavras do Credo de Calcedônia (451):

> Fiéis aos santos pais, todos nós, perfeitamente unânimes, ensinamos que se deve confessar um só e mesmo Filho, nosso Senhor Jesus Cristo, perfeito quanto à divindade, perfeito quanto à humanidade, verdadeiro Deus e verdadeiro homem, constando de alma racional e de corpo; consubstancial, segundo a divindade, e consubstancial a nós, segundo a humanidade; em todas as coisas semelhante a nós, excetuando o pecado, gerado segundo a divindade antes dos séculos pelo Pai e, segundo a humanidade, por nós e para nossa salvação, gerado da virgem Maria, mãe de Deus; um só e mesmo Cristo, Filho, Senhor, Unigênito, que se deve confessar, em duas naturezas, inconfundíveis e imutáveis, inseparáveis e indivisíveis; a distinção das naturezas de modo algum é anulada pela união, mas, pelo contrário, as propriedades de cada natureza permanecem intactas, concorrendo para formar uma só pessoa e subsistência; não dividido ou separado em duas pessoas. Mas um só e mesmo Filho Unigênito, Deus Verbo, Jesus Cristo Senhor; conforme os profetas outrora a

---

[11]Para uma introdução à doutrina da natureza teantrópica de Jesus Cristo, veja: Kooi; Brink, *Christian dogmatics*, p. 381-431; Treier, "Incarnation", in: Allen; Swain, orgs., *Christian dogmatics* (Grand Rapids: Baker, 2016), p. 216-42; Erickson, *Christian theology* (Michigan: Baker Academic, 1998), p. 603-94.

seu respeito testemunharam, e o mesmo Jesus Cristo nos ensinou e o Credo dos pais nos transmitiu.[12]

Ao confessarmos como igreja essa declaração belíssima e tão precisa a respeito das naturezas de Cristo, precisamos entender que ela foi fruto de muitos anos de reflexão, oração e meditação nas Escrituras. Como dissemos anteriormente, a doutrina cristã emerge da nossa participação no drama da salvação narrado nas Escrituras. À medida que os primeiros cristãos começaram a cultuar a Cristo publicamente com cânticos e hinos, a batizar os novos na fé em nome do Pai, do Filho e do Espírito Santo, a celebrar a ceia do Senhor como memorial e banquete da presença de Cristo em nosso meio e a proclamar o evangelho do Reino de Deus às nações, pouco a pouco, a formulação sobre a dupla natureza de Cristo foi sendo amadurecida e refinada. Em outras palavras, o discipulado e o desenvolvimento de uma vida para a glória de Deus levaram os primeiros cristãos a criarem fórmulas doutrinárias para guardar a verdade sobre Jesus em um bom depósito.

Portanto, confessar o Credo de Calcedônia não é meramente um teste de ortodoxia, mas também um teste de discipulado. É um sinal de que reconhecemos, amamos e celebramos a vinda de Deus em carne por nós e para nossa salvação. É um sinal de que o poder do Espírito Santo habita em nós e tem nos persuadido de toda a verdade sobre Jesus (João 14:26). Como diz o apóstolo João: "Nisto vocês reconhecem o Espírito de Deus: todo espírito que confessa que Jesus Cristo veio em carne é de Deus" (1João 4:2). E continua: "Aquele que confessar que Jesus é o Filho de Deus, Deus permanece nele, e ele permanece em Deus" (1João 4:15).

Como fruto de uma vida vivida para a glória de Deus no poder do Espírito, nós confessamos que Jesus Cristo é Deus *e* homem. Ele não é um híbrido, como um homem divinizado ou um deus humanizado; Jesus Cristo é uma pessoa que é verdadeiro Deus e verdadeiro homem. Nós cremos, cantamos e confessamos que o Filho eterno que estava com o Pai no princípio de tudo assumiu a nossa natureza

---

[12]Cf. Schaff, *Creeds of Christendom* (Grand Rapids: Baker, 1984), 2:62-3. Tradução do autor.

humana perfeitamente, mas sem pecado. O fato de Jesus Cristo ter nascido sem pecado não o torna menos humano que nós, visto que a pecaminosidade da raça humana é acidental, e não essencial ao gênero humano. Isto é, nós fomos criados bons e com uma santa inclinação para a justiça, ao passo que a depravação do ser humano ocorreu de maneira intrusiva na boa criação divina. Cristo é plenamente humano, do contrário não poderia ser Salvador dos homens. Como diz o autor de Hebreus: "era necessário que, em todas as coisas, ele se tornasse semelhante aos irmãos, para ser misericordioso e fiel sumo sacerdote nas coisas referentes a Deus e para fazer propiciação pelos pecados do povo" (Hebreus 2:17).[13]

Nós confessamos que Cristo é perfeitamente humano como nós e que nos apropriamos dos benefícios disso. Ele foi tentado severamente (Mateus 4:1-11; Lucas 4:1-13). Para nós, discípulos, as tentações de Cristo não são meros fatos históricos, mas servem de consolo para nossa vida, pois "naquilo que ele mesmo sofreu, quando foi tentado, é poderoso para socorrer os que são tentados" (Hebreus 2:18). Jesus é o nosso socorro em meio às tentações. Confessamos também que ele foi um bebê, usou fraldas, chorou, cresceu em estatura, tornou-se forte, trabalhou numa carpintaria e foi pouco a pouco se enchendo de sabedoria; e o favor de Deus estava sobre ele. Lucas nos conta que, aos doze anos, Jesus foi achado "no templo, assentado no meio dos doutores, ouvindo-os e fazendo-lhes perguntas. E todos os que ouviam o menino se admiravam muito da sua inteligência e das suas respostas" (Lucas 2:46,47). O mesmo Senhor nos prometeu, por meio dos apóstolos, que nos daria sabedoria semelhante à sua se a pedíssemos em oração (Efésios 1:17; Tiago 1:5).

Horton nos relembra que o crescimento físico, psicológico, social e religioso de Jesus seguiu o curso normal de seus pares. De fato, quando Jesus começou seu ministério, seus próprios vizinhos de infância expressaram espanto com suas palavras e ações: "De onde lhe vêm esta sabedoria e estes poderes miraculosos? Não é este o filho do carpinteiro? A sua mãe não se chama Maria, e seus irmãos não são Tiago, José, Simão e Judas? Todas as suas irmãs não vivem entre nós? Então, de

---

[13]Cf. Horton, *Pilgrim theology*, p. 176.

onde lhe vem tudo isto?" (Mateus 13:54-56). Ele deu provas de sua humanidade ao agonizar diante da crucificação, expressando que sua alma estava triste até a morte (Mateus 26:38). "Por volta de três horas da tarde, Jesus clamou em alta voz, dizendo: 'Eli, Eli, lemá sabactani?' Isso quer dizer: 'Deus meu, Deus meu, por que me desamparaste?'" (Mateus 27:46). Como homem, Jesus entregou sua alma ao Pai (Lucas 23:46). O autor de Hebreus certifica que o sangue de Cristo era perfeitamente humano (Hebreus 9:11—10:18).[14] De fato, aquele "que não conheceu pecado, Deus o fez pecado por nós, para que, nele, fôssemos feitos justiça de Deus" (2Coríntios 5:21).

Ao longo do tempo, os cristãos ortodoxos também foram refinando sua compreensão da natureza teantrópica de Cristo por causa das diversas heresias cristológicas que foram se espalhando pelo mundo afora. Dentre as principais, podemos mencionar ebionismo, adocionismo, docetismo, gnosticismo, subordinacionismo, arianismo, apolinarismo, monotelismo, monofisismo e nestorianismo.[15] Faremos uma breve descrição de cada uma delas abaixo.

1. Ebionismo

A heresia ebionita considerava Jesus apenas como um profeta elevado e mestre da moral que nos guia para a salvação por meio de nossa própria obediência à lei. O termo grego *ebionaioi* significa "pobres" e se refere a diversos movimentos de cristãos de origem judaica que surgiram a partir do segundo século. Por exemplo, eles insistiam na necessidade de seguir os ritos e as leis judaicas para obter a salvação.[16]

2. Adocionismo

De modo semelhante ao ebionismo, a heresia adocionista afirmava que Jesus, embora fosse exclusivamente humano, foi adotado como Filho de

---

[14]Ibidem, p. 176.

[15]Para um estudo completo a respeito das heresias sobre a natureza de Cristo, veja: Kelly, *Early Christian doctrines* (Nova York: HarperCollins, 1978), p. 223-51; 280-343.

[16]Cf. Kelly, *Early Christian doctrines*, p. 139.

Deus em seu batismo ou em algum outro momento de sua vida. Essas duas heresias são uma tentativa de promover a salvação pelas obras, e, portanto, não é de se admirar que, em tal cenário, Jesus só precisa ter o título de professor, guia ou exemplo moral para que as pessoas salvem a si mesmas.[17]

3. Docetismo

A terceira heresia dizia que os evangelhos descrevem Jesus apenas parecendo (*dokeo* = parecer, em grego) ter um corpo humano. Nesse sentido, os docetistas acreditavam que o corpo de Jesus Cristo era uma ilusão e que sua crucificação teria sido apenas aparente. Na visão do apóstolo João, essa noção apenas aparente da humanidade de Cristo faz parte do espírito do anticristo no meio da igreja (1João 4:2,3). A cristologia ortodoxa sempre afirmou que Jesus foi gerado da virgem Maria, recebendo sua humanidade a partir dela. Nesse sentido, ela é corretamente descrita como a mãe de Deus.[18]

4. Gnosticismo

A tendência docética foi paulatinamente evoluindo para um movimento mais formal conhecido como gnosticismo, o qual gerou várias seitas, cada uma com seu próprio grupo de textos sagrados, sacramentos, igrejas e hierarquias. Esse movimento propunha uma nova *gnosis* (conhecimento, em grego) sobre toda a narrativa bíblica. Eles pregavam que o mundo havia sido criado por uma divindade imperfeita, que, por isso, a vida na terra era apenas uma forma maléfica usada para aprisionar o espírito humano e que o bem só seria alcançável em um nível espiritual. Não há espaço para a doutrina teantrópica de Cristo no sistema teológico gnóstico.[19]

Irineu de Lyon, por exemplo, escreveu seu famoso livro *Adversus Haereses* [Contra as heresias] em resposta aos gnósticos de seu tempo,

---

[17]Ibidem, p. 115-9.
[18]Ibidem, p. 141-7.
[19]Ibidem, p. 22-8.

os quais questionavam a bondade da criação e as noções de um Deus criador do Antigo Testamento, sugerindo perspectivas esotéricas sobre Deus e a salvação.[20] A tentativa de Irineu foi a de restaurar a teologia cristã e distingui-la da heresia, do judaísmo e da sociedade greco-romana. Particularmente em resposta ao gnosticismo, Irineu enfatizou que a obra de salvação não é esotérica, como se fosse uma experiência etérea desconectada da Criação, mas que envolve tanto a afirmação quanto a restauração da ordem criada. Horton observa apropriadamente que "o gnosticismo era uma paródia do cristianismo, uma religião completamente diferente. Ele tomou emprestado termos, temas e figuras cristãs, mas os reinterpretou dentro de um esquema muito diferente."[21]

5. Subordinacionismo

Muitas outras heresias cristológicas surgiram nos primeiros séculos da vida da igreja, e, no geral, elas refletiam dois extremos: (1) negar a plena divindade de Cristo; ou (2) negar a plena humanidade de Cristo. Na tentativa de negar a plena divindade de Cristo, o subordinacionismo emergiu como a crença de que Jesus Cristo era subordinado a Deus, o Pai, em essência e economia. Ou seja, embora Jesus fosse considerado parte da comunidade trinitária, ele era inferior ao Pai em essência e sempre subordinado a ele em suas obras. A ortodoxia cristã rejeitou a noção de subordinação eterna entre as pessoas da Trindade, afirmando a plena igualdade entre Pai, Filho e Espírito Santo, embora aparentemente os pais da igreja não vissem problemas na afirmação de uma subordinação econômica, isto é, durante as obras de Deus na história da redenção.[22] O Primeiro Concílio de Niceia (325) lidou com

---

[20]Cf. Irineu de Lyon, *Adversus haereses*, I.xvi.2.

[21]Horton, *Pilgrim theology*, p. 177.

[22]Há um debate sobre se realmente alguns teólogos pré-nicenos eram subordinacionistas. Alguns interpretam que Justino Mártir, Tertuliano, Orígenes e até mesmo Irineu advogaram algum tipo de subordinacionismo ontológico entre as três pessoas da Trindade. A minha posição vai na contramão dessa linha, pois me parece que há uma clara distinção entre subordinação ontológica e subordinação econômica na visão dos referidos teólogos pré-nicenos. Argumentar que Justino, Tertuliano, Orígenes, entre outros, eram subordinacionistas sem a

a questão da subordinação de Cristo ao Pai e rejeitou-a totalmente, afirmando a ideia da igualdade entre o Pai e o Filho.[23]

6. Arianismo

Como um influente presbítero da cidade de Alexandria, Ário deu um passo além do subordinacionismo, negando a própria unidade essencial do Filho com o Pai. De forma simples, ele ensinava que o Filho de Deus não existe desde a eternidade, mas havia sido criado na história. Foi principalmente contra essa heresia que os primeiros credos se insurgiram ao declarar que o Filho é consubstancial (partilha da mesma essência) ao Pai e ao Espírito quanto à divindade. Diferente disso, os arianos foram contundentes na defesa de que o Filho de Deus é a primeira criação divina, por meio de quem o mundo foi criado. Existia também o semiarianismo, que propunha um meio-termo entre o arianismo e a ortodoxia. O movimento pregava que, embora o Filho não seja da mesma essência (*homoousios*) do Pai, ele seria de uma essência semelhante (*homoiousios*). Podemos dizer, à luz disso, que a ortodoxia cristã e a heresia se distinguiam apenas por causa de uma vogal![24]

7. Apolinarismo

Dentre aqueles que minimizavam a verdadeira humanidade de Cristo, destacaram-se Apolinário e seus seguidores. Como bispo de Laodicéia, Apolinário ensinava que Jesus possuía um corpo verdadeiramente humano, contudo, em uma moldura neoplatônica. Apolinário defendia que o *logos* divino substituiu a alma humana de Jesus e, dessa forma, ele entendeu que a humanidade de Jesus se estendia somente ao seu corpo, como se fosse uma vestimenta de seu verdadeiro eu: o Verbo eterno divino.[25] A teologia ortodoxa rejeitou o apolinarismo porque o

---

devida gradação é uma generalização que não faz justiça ao pensamento deles. Para um estudo sobre essas questões, veja: Baddeley, "The Trinity and Subordinationism", *Reformed Theological Review* 63, 1 (2004): 29-42.

[23]Cf. Kelly, *Early Christian doctrines*, p. 247-51.

[24]Ibidem, p. 226-30, 281-3.

[25]Ibidem, p. 289-94.

movimento era infiel ao relato bíblico de que Cristo é verdadeiramente homem: corpo e alma. Um dos ferrenhos opositores do apolinarismo foi Gregório de Nazianzo, o qual afirmou que, se Jesus não assumiu nossa humanidade plena, então ele não nos redimiu na totalidade de nossa natureza humana.[26] Na contramão dessa heresia, a ortodoxia manteve que Cristo possui um corpo humano e uma alma racional. O Concílio de Constantinopla (381) condenou corretamente o apolinarismo como uma negação da verdadeira humanidade de nosso Senhor Jesus Cristo. A Confissão Belga esclarece que:

> ... essas duas naturezas estão tão intimamente unidas em uma única pessoa que não foram separadas nem mesmo por sua morte. Ao morrer, portanto, ele rendeu nas mãos do Pai um espírito humano verdadeiro que se apartou do seu corpo. Entretanto a sua divindade permaneceu sempre unida à sua natureza humana, até mesmo quando ele jazia na sepultura. A natureza divina sempre esteve presente nele, exatamente como quando era uma criancinha, embora por algum tempo [ela] não tivesse se manifestado.[27]

8. Monotelismo

Ainda no espectro daqueles que negavam a plena humanidade de Cristo, encontra-se a heresia monotelista (*mono* + *telos* = uma vontade) condenada no III Concílio de Constantinopla (680-681). O grupo monotelista não chegava a negar a natureza humana de Cristo, mas se recusava a crer que em Cristo houvesse uma vontade humana. Para esse grupo, portanto, Jesus tinha apenas a vontade divina em sua pessoa.[28] A ortodoxia condenou o monotelismo, visto que a Escritura apresenta a plena humanidade de Cristo, o que implica possuir não apenas uma vontade divina, mas também humana. Talvez, um dos textos mais importantes sobre a questão seja o seguinte: "E, adiantando-se um pouco, prostrou-se sobre o seu rosto, orando e dizendo: 'Meu Pai, se é possível,

---

[26]Gregory of Nazianzus, "Epistle 101", in: Schaff, org., *Nicene and post-Nicene fathers: second series* (Grand Rapids: Eerdmans, 1996), vol. 5, p. 438.

[27]Confissão Belga, art. 19.

[28]Kelly, *Early Christian doctrines*, p. 343.

que passe de mim este cálice! Contudo, não seja como eu quero, e sim como tu queres'" (Mateus 26:39). Em outras palavras, não há nada de humano que o Filho eterno não tenha assumido em sua encarnação. Se Jesus Cristo é o Deus-homem, ele necessariamente possui uma vontade divina e outra, humana.

9. Monofisismo

De modo semelhante à heresia anterior, os proponentes do monofisismo (*mono* + *physis* = uma natureza) argumentavam que a divindade de Cristo engoliu ou absorveu a sua humanidade. O movimento ficou conhecido também como eutiquianismo por causa da influência de Êutiques de Constantinopla (380-456).[29] Em suma, os monofisistas acreditavam que, depois da união entre o divino e o humano na encarnação, Jesus Cristo teria apenas uma natureza divina, e não uma síntese ou uma natureza teantrópica. Para Êutiques, a divindade de Cristo engoliu a sua humanidade como um oceano absorve uma gota de vinagre.[30] Ciente desse problema, a Confissão Belga declara:

> Cada uma delas [as naturezas] mantém as suas características distintas: a sua natureza divina permaneceu sempre não criada, sem começo de dias nem fim de vida (Hebreus 7:3), preenchendo céu e terra. A sua natureza humana não perdeu as suas características: tem começo de dias e continua criada; é finita e conserva todos os atributos de um corpo verdadeiro. No entanto, pela sua ressurreição, concedeu ele imortalidade à sua natureza humana, não havendo modificado a realidade dela, pois a nossa salvação e ressurreição dependem também da realidade do seu corpo.[31]

10. Nestorianismo

Em reação ao pensamento monofisista, que *confundia* e *misturava* as duas naturezas de Cristo, Nestório propôs o exato oposto: uma *desunião*

---

[29]Ibidem, p. 331, 341-4.
[30]Ibidem, p. 330-34.
[31]Confissão Belga, art. 19.

entre as duas naturezas do Senhor.[32] Por exemplo, a heresia nestoriana sugeria que o título *theotókos* (mãe de Deus ou progenitora de Deus, em grego), na tentativa de unir duas naturezas distintas, negava a plena humanidade de Cristo. Para os nestorianos, Maria era apenas *christotókos* (mãe de Cristo), rompendo em parte com a noção clássica de que o Deus encarnado é uma pessoa que possui duas naturezas inconfundíveis e imutáveis, inseparáveis e indivisíveis. A declaração ortodoxa de que Maria é a "mãe de Deus" não surgiu como uma forma de inflar a pessoa de Maria, mas como uma maneira de confirmar que aquele que ela carregava no ventre era verdadeiramente o Deus encarnado, e não apenas a parte humana dele. Portanto, identificar Maria apenas como mãe de Cristo tem como consequência a separação e divisão errônea das duas naturezas do Senhor Jesus e também insinua que Jesus e Deus são duas pessoas diferentes.[33]

Os ensinamentos de Nestório e boa parte das heresias acima foram condenadas no Concílio de Calcedônia em 451. Prevaleceu a visão bíblica de que, na encarnação de Cristo, o Verbo eterno, o Filho de Deus, assumiu a nossa natureza humana, pelo poder do Espírito Santo, a partir da virgem Maria. Como diz o apóstolo Paulo aos filipenses: "mesmo existindo na forma de Deus, não considerou o ser igual a Deus algo que deveria ser retido a qualquer custo. Pelo contrário, ele se esvaziou, assumindo a forma de servo, tornando-se semelhante aos seres humanos. E, reconhecido em figura humana, ele se humilhou, tornando-se obediente até a morte, e morte de cruz" (Filipenses 2:6-8).

---

[32]Cf. Kelly, *Early Christian doctrines*, p. 310-16.

[33]João Calvino seguiu a ortodoxia cristã e se opôs a Menno Simons, um dos grandes nomes do anabatismo de sua época, por ter abraçado uma espécie de gnosticismo ao afirmar que Maria era apenas um "canal" pelo qual Cristo nasceu, como se o Filho de Deus tivesse assumido um corpo celestial por meio dela, em vez de ter recebido a substância humana de Maria. Os reformados unanimemente enfatizaram que Cristo nasceu *ex Maria virgine*, isto é, "da virgem Maria." Isso significa que Jesus Cristo nasceu da substância da sua mãe (*ex substantia matris suae*), e não apenas "por meio dela" [como se fosse] simplesmente [uma] hospedeira do Salvador. Cf. Calvino, *Institutas da religião cristã* (São Paulo: Cultura Cristã, 2006), II.xiii.3. Veja também Confissão Belga, art. 18; Hodge, *Systematic theology* (Grand Rapids: Eerdmans, 1946), vol. 2, p. 400.

Isso significa que o Filho de Deus se esvaziou de seus gloriosos privilégios, os quais desfrutava à direita do Pai, mas não de sua divindade. Como foi acertadamente declarado em Calcedônia: "as propriedades de cada natureza permanecem intactas, concorrendo para formar uma só pessoa e subsistência; não dividido ou separado em duas pessoas."

A verdade bíblica, portanto, é que Cristo não poderia redimir aquilo que ele não assumiu para si — caso não tivesse assumido a nossa natureza humana —, assim como ele não poderia nos redimir se tivesse alterado ou diminuído alguma coisa de sua natureza divina. Nós confessamos que, na extraordinária encarnação do Filho, as duas naturezas, divina e humana, permaneceram perfeitamente unidas, intactas, inconfundíveis e inseparáveis para sempre na pessoa única de nosso Senhor e Salvador. E caso qualquer uma dessas afirmações seja questionada, quer pela negação de sua plena divindade, quer pela negação de sua plena humanidade, não poderemos mais dizer que Cristo é "Deus conosco." A Confissão Belga faz um excelente resumo da doutrina:

> Confessamos, portanto, que Deus cumpriu a promessa que fizera aos patriarcas pela boca de seus santos profetas quando, no tempo determinado por ele, enviou seu próprio Filho unigênito e eterno ao mundo, que assumiu a forma de servo e nasceu à semelhança de homem (Filipenses 2:7). Ele verdadeiramente assumiu a natureza humana verdadeira com todas as suas fraquezas, [mas] sem pecado. Foi concebido no ventre da bendita virgem Maria pelo poder do Espírito Santo, e não pela ação do homem. Para que fosse verdadeiramente homem, ele não apenas assumiu a natureza humana quanto ao corpo, mas também uma alma humana verdadeira. Pois, assim como o corpo e a alma estavam perdidos, foi necessário que assumisse os dois para que ambos fossem salvos [...] Assim ele é verdadeiramente o nosso Emanuel, isso é, Deus conosco (Mateus 1:23).[34]

Espero que essa breve jornada pela doutrina da encarnação do Filho de Deus tenha ajudado você a perceber que Cristo é o perfeito mediador entre Deus e os seres humanos. Como Deus espera ser

---

[34]Confissão Belga, art. 18.

reconhecido por nós? Na pessoa gloriosa de nosso Senhor Jesus Cristo! Nele habita toda a plenitude, a graça e a verdade. Somente Cristo possui a santidade necessária para se colocar em nosso lugar e satisfazer toda a justiça divina que era contra nós. O Deus-homem é o único capaz de ser nosso Salvador, pois somente o Senhor é verdadeiro Deus e verdadeiro homem: "verdadeiro Deus a fim de vencer a morte pelo seu poder; e verdadeiro homem a fim de morrer por nós segundo as fraquezas da sua carne."[35] Na plenitude dos tempos, o Filho de Deus veio até nós e assumiu a nossa própria natureza para que assim pudesse se tornar nosso perfeito mediador. A não ser que o Filho se tornasse verdadeiro homem, estaríamos em desespero e condenados para sempre. A doutrina da encarnação, portanto, deve sempre ser fonte maravilhosa de consolo para a nossa alma:

> Este ofício o Senhor Jesus empreendeu mui voluntariamente. Para que pudesse exercê-lo, foi feito sujeito à lei, que ele cumpriu perfeitamente; padeceu imediatamente em sua alma os mais cruéis tormentos e em seu corpo os mais penosos sofrimentos; foi crucificado e morreu; foi sepultado e ficou sob o poder da morte, mas não viu a corrupção; ao terceiro dia ressuscitou dos mortos com o mesmo corpo com que tinha padecido; com esse corpo subiu ao céu, onde está sentado à destra do Pai, fazendo intercessão; de lá voltará no fim do mundo para julgar os homens e os anjos.[36]

REFERÊNCIAS

ATHANASIUS. *On the incarnation* (Yonkers, NY: St. Vladimir's Seminary Press, 2011).

_____. [ATANÁSIO] "A encarnação do Verbo". In: QUINTA, Manoel, org. *Santo Atanásio*. Coleção Patrística (São Paulo: Paulus, 2002). Vol. 18.

AUGUSTINE. "On the Christian combat." In: ULANOV, Barry. *The prayers of St. Augustine* (Minneapolis: The Seabury Press, 1983). p. xii.

---

[35]Confissão Belga, art. 19.
[36]Confissão de Fé de Westminster, VIII.4

BADDELEY, Mark. "The Trinity and subordinationism." *Reformed Theological Review* 63, 1 (2004): 29-42.

BARTHOLOMEW, Craig G.; GOHEEN, Michael W. *The drama of Scripture: finding our place in the biblical story* (Grand Rapids: Baker, 2004).

_____; _____. *O drama das Escrituras: encontrando o nosso lugar na narrativa bíblica* (São Paulo: Vida Nova, 2017).

CALVIN, Jean. "Institutio Christianae religionis." In: BAUM, G.; CUNITZ, E.; REUSS, E., orgs. *Ioannis Calvini Opera Quae Supersunt Omnia*. Corpus Reformatorum (Brunswick and Berlin: C. A. Schwetschke and Son [M. Bruhn], 1863-1900). Vols. 29-87.

_____ [CALVINO, João]. *Institutas da religião cristã* (São Paulo: Cultura Cristã, 2006). 4 vols.

"Catecismo de Heidelberg." In: *As três formas de unidade das igrejas reformadas* (Brasília, CLIRE, 2013).

"Confissão Belga." In: *As três formas de unidade das igrejas reformadas* (Brasília, CLIRE, 2013).

Confissão de Fé de Westminster (São Paulo: Cultura Cristã, 2014).

ERICKSON, Millard J. *Christian theology*. 2. ed. (Michigan: Baker Academic, 1998).

_____. *Teologia Sistemática* (São Paulo: Vida Nova, 2015).

GAARDER, et al. *O livro das religiões* (São Paulo: Companhia das Letras, 2016).

GOHEEN, Michael W. *A igreja missional na Bíblia: luz para as nações* (São Paulo: Vida Nova, 2014).

GREGORY OF NAZIANZUS. "Select letters of Saint Gregory of Nazianzen." In: SCHAFF, Philip, org. *Nicene and post-Nicene fathers: second series* (Grand Rapids: Eerdmans, 1996). Vol. 5.

HODGE, Charles. *Systematic theology* (Grand Rapids: Eerdmans, 1946). 2 vols.

_____. *Teologia sistemática* (São Paulo: Hagnos, 2003).

HORTON, Michael. *Pilgrim theology: core doctrines for Christian disciples* (Grand Rapids: Zondervan, 2011).

IRENAEI. "Adversus haereses." In: HARVEY, W. W., org. *Sancti Irenaei episcopi Lugdunensis Libros quinque adversus haereses* (London: Gregg Press, 1965).

_____. [IRINEU DE LYON] *Contra as heresias*. Coleção Patrística (São Paulo: Paulus, 2014). Vol. 4.

KELLY, J. N. D. *Early Christian doctrines* (Nova York: HarperCollins, 1978).

KOOI, Cornelis van der; BRINK, Gijsbert van den. *Christian dogmatics: an introduction* (Grand Rapids: Eerdmans, 2017).

SCHAFF, Philip. *Creeds of Christendom* (Grand Rapids: Baker, 1984). 3 vols.

TREIER, Daniel J. "Incarnation." In: ALLEN, Michael; SWAIN, Scott R., orgs. *Christian dogmatics: Reformed theology for the Church Catholic* (Grand Rapids: Baker, 2016).

REVELAÇÃO ESCRITA

Ainda que a luz da natureza e as obras da Criação e da providência de tal modo manifestem a bondade, a sabedoria e o poder de Deus que os homens ficam inescusáveis, contudo, não são suficientes para dar aquele conhecimento de Deus e da sua vontade necessário para a salvação; por isso aprouve ao Senhor, em diversos tempos e de diferentes modos, revelar-se e declarar à sua igreja aquela sua vontade; e, depois, para melhor preservação e propagação da verdade, para o mais seguro estabelecimento e conforto da igreja contra a corrupção da carne e a malícia de Satanás e do mundo, entregá-la totalmente por escrito. Isto torna indispensável a Escritura sagrada, tendo cessado aqueles antigos modos de revelar Deus a sua vontade ao seu povo.

Confissão de Fé de Westminster, I.1.

A sagrada Escritura não é dogmática. Ela contém todo o conhecimento de Deus de que precisamos, mas não na forma de formulações dogmáticas. A verdade foi depositada na Escritura como fruto da revelação e da inspiração, em uma linguagem que é a expressão imediata da vida e, portanto, sempre se mantém viçosa e original. Mas ela ainda não tinha se tornado objeto de reflexão e ainda não tinha atingido a consciência pensante do crente. Aqui e ali, por exemplo, na carta aos Romanos, pode haver um começo de desenvolvimento dogmático, mas não mais que um começo. O período da revelação tinha de ser encerrado antes que a reprodução dogmática pudesse começar. A Escritura é uma mina de ouro: é a igreja que extrai o ouro, põe sua estampa sobre ele e o converte em dinheiro circulante.[1]

— Herman Bavinck

Os cristãos se alimentam das Escrituras. A sagrada Escritura nutre a santa comunidade como o alimento nutre o corpo humano. Os cristãos não simplesmente aprendem, estudam ou usam as Escrituras; nós assimilamos, a levamos em nossas vidas de tal forma que seja metabolizada em atos de amor, copos de água fria, missões por todo o mundo, cura, evangelismo, justiça em nome de Jesus, mãos levantadas em adoração ao Pai, pés lavados na companhia do Filho.[2]

— Eugene Peterson

Revelação é a maneira pela qual Deus nos encontra por intermédio de meios humanos. Já estudamos de que modo o Senhor nos encontra pelas vias naturais e de que modo ele se deu a conhecer a nós de forma perfeita na encarnação do Filho de Deus, nosso Senhor Jesus Cristo. A primeira revelação é dita *natural* porque contempla o conhecimento de Deus disponível a todos os seres humanos por meio das coisas que ele criou. A revelação *encarnada* é muito superior à primeira e a qualquer outra, visto que diz respeito ao Filho de Deus assumindo uma natureza humana e nos mostrando a excelência do caráter divino de forma sem precedentes: Cristo é a própria imagem do Deus invisível. Neste capítulo, apresentarei outra maneira pela qual Deus fala conosco, aquela em que Deus nos encontra por meio das Escrituras, isto é, a revelação divina em formato de livro, uma revelação *escrita*.[3]

Não perca de vista que a Escritura sagrada é o meio mais palpável e seguro pelo qual Deus nos encontra. Quando estava estudando teologia

---

[1]Bavinck, *Dogmática reformada* (São Paulo: Cultura Cristã, 2012), vol. 1, p. 116.
[2]Peterson, *Eat this book* (Londres: Hodder & Stoughton, 2006), p. 18.
[3]Para uma excelente introdução à Bíblia, eu recomendo Won, *E Deus falou na língua dos homens* (Rio de Janeiro: Thomas Nelson, 2020).

no seminário, comecei a duvidar da autenticidade das Escrituras pela primeira vez após minha conversão. Não por causa da teologia em si, mas, particularmente, por causa do estudo aprofundado de uma disciplina chamada crítica textual, que é a arte que nos aproxima tanto quanto possível da forma original de um texto. Lembro-me de ter estudado vários autores que têm pouco apreço pela autoridade e pela inspiração das Escrituras e de, até certo ponto, ser convencido pelo argumento de que a Bíblia era um livro meramente humano, repleto de diversas tradições textuais em contraste, dificuldades históricas intransponíveis e com uma série de erros e imprecisões arqueológicas, entre outras coisas. Moral da história: passei a duvidar de que a Bíblia era a Palavra de Deus escrita e de que realmente Deus fala por meio desse livro.

Graças a Deus, esse estado de dúvida e desconfiança para com o texto bíblico não durou muito tempo — talvez uns três meses no máximo. A situação passou a reverter quando retornei a ler a Bíblia sem pretensões científicas e acadêmicas, mas simplesmente para ouvir o que o texto tinha a me dizer. Nós, pastores, às vezes, nos tornamos demasiadamente profissionais em explicar a Palavra de Deus para a igreja, ou, como professores de teologia, somos tentados a abordar o texto sagrado tão somente de forma técnica. Isso é um erro a ser evitado. Como veremos mais à frente, a Bíblia não é um livro puramente humano; antes, tem Deus como seu autor último e, portanto, deve ser interpretada levando-se em conta tanto os recursos humanos quanto os divinos.

O que aconteceu comigo foi o seguinte: levei a minha Bíblia para a biblioteca do seminário, tranquei-me em uma de suas salas, abri o texto sagrado e, sem nenhum tipo de ferramenta hermenêutica, pus-me a ouvir o texto de coração aberto. A passagem era Salmos 23, a qual apresenta Deus como o nosso Pastor, aquele que cuida de nós em todas as nossas necessidades. Após alguns minutos lendo o texto em voz alta, senti Deus falando comigo de forma clara, quebrando todas as minhas objeções quanto ao poder da revelação que Deus faz de si mesmo no texto bíblico. Logo pus-me de joelhos chorando e agradecendo ao Senhor por ter confirmado em minha alma a necessidade de ser pastoreado pela Palavra. Foi uma experiência indescritível e maravilhosa e, de uma hora para a outra, minha fé estava fortalecida, as dúvidas haviam sido dissolvidas e, mesmo sem saber ainda como refutar os promotores da incredulidade da alta crítica textual — que vim a conhecer depois —, meu coração descansava tranquilo e seguro na verdade de que Deus se revela no texto bíblico.[4] De fato, para quem tem fé na veracidade da Palavra de Deus, nenhum argumento "provando" sua autoridade é necessário, mas, para quem não tem fé, nenhum argumento humano jamais será suficiente.

À luz disso, meu desejo neste capítulo é confirmar você na verdade de que Deus nos encontra de forma especial no texto bíblico. Isso não significa que você terá experiências idênticas às minhas ou às de qualquer outra pessoa, mas que o Senhor fala conosco por meio da sua revelação escrita de forma livre e soberana. Para termos uma visão mais ampla da revelação escrita, seguiremos o seguinte roteiro. Antes de tudo, traçarei um breve panorama da Bíblia, explicando sua origem, sua formação e sua integridade textual. Em segundo lugar, vamos estudar mais a fundo, teologicamente, que tipo de livro é esse que você tem em mãos tão comumente e que é chamado de Palavra de Deus. Finalmente, traçaremos alguns marcos hermenêuticos que podem nos ajudar a interpretar a Escritura de forma coerente com o seu próprio testemunho.

UM BREVE PANORAMA DA BÍBLIA

O termo "Bíblia" vem do latim e significa, literalmente, *livros*. Por isso, muito mais do que um livro, ela é, na verdade, uma pequena biblioteca contendo 66 livros que tratam de diversos assuntos de forma riquíssima. A Bíblia é um acervo literário tão genial que, até hoje, é o livro mais vendido, lido e estudado em todo o mundo. Lendo-a, você encontrará histórias, poesias, canções, orações, leis, cartas, biografias, provérbios, parábolas, novelas, genealogias e muito mais. Esse livro sagrado já foi traduzido para mais de 2.400 línguas e continua sendo o texto mais importante de toda a história humana.

---

[4] Para entender mais sobre crítica textual, seus perigos e como responder a ela, veja: Erickson, *Christian theology* (Michigan: Baker Academic, 1998), p. 90-117; Kooi; Brink, *Christian dogmatics* (Grand Rapids: Eerdmans, 2017), p. 539-47; Webster, *Holy Scripture* (Cambridge: Cambridge University Press, 2003).

Uma grande história em vários livros

No entanto, apesar de ser uma biblioteca e de retratar vários assuntos diferentes, a Bíblia é *uma* grande história unificada, do início ao fim, pela pessoa de Jesus. É justamente isso que torna a Bíblia diferente de qualquer outra biblioteca! Ao lermos as páginas da Escritura, somos convidados a enxergar o passado, o presente e o futuro do plano amoroso de Deus em Cristo para redimir pecadores e recriar o cosmo. Diante de tais atos extraordinários, os autores bíblicos nos desafiam a responder à ação de Deus em fé, arrependimento, confiança, esperança, amor, adoração, serviço, ação de graças, fidelidade etc.

Essa grande história unificada pela pessoa de Jesus é contada por meio de dois grandes blocos que compõem a Bíblia: o Antigo Testamento e o Novo Testamento.[5] O Antigo Testamento é composto por cinco divisões: (1) Pentateuco; (2) Livros históricos; (3) Livros poéticos; (4) Profetas maiores; e (5) Doze profetas menores.[6] Via de regra, o Antigo Testamento não está disposto em ordem cronológica, mas de forma teológica ou temática e, portanto, não deve ser lido como uma sequência de eventos. O Novo Testamento é composto de cinco subdivisões: (1) Evangelhos; (2) História da igreja; (3) Cartas paulinas; 4) Cartas gerais; 5) Apocalipse de João. Em paralelo com o Antigo Testamento, o Novo Testamento também não deve ser interpretado cronologicamente, visto que contém quatro Evangelhos narrando a mesma história, uma breve história da igreja primitiva e cartas endereçadas a igrejas em diferentes períodos de tempo. Apenas o Apocalipse de João pode ser datado cronologicamente como o último livro do Novo Testamento, ainda que não tenhamos certeza absoluta disso.

---

[5]Para uma obra excelente que trata a Bíblia como uma grande narrativa unificada pela pessoa e obra do Senhor Jesus, veja Bartholomew; Goheen, *O drama das Escrituras* (São Paulo: Vida Nova, 2017).

[6]O protestantismo tem um apreço especial à Bíblia hebraica, conhecida também como *Tanak* (Tnk). As três iniciais da palavra representam as três divisões do Antigo Testamento dos judeus: Torá, Profetas (*Nevi'im*) e Escritos (*Ketuvim*) (cf. Lucas 24:44). Em relação à Bíblia hebraica, o Antigo Testamento dos protestantes é diferente apenas na ordem dos livros, mas igual em conteúdo.

O processo de escrita da Bíblia levou mais de mil anos, com a contribuição de aproximadamente quarenta autores de várias épocas, lugares, culturas e com diferentes línguas. As línguas originais da Bíblia são o hebraico e o aramaico para o Antigo Testamento e o grego para o Novo Testamento, idiomas que atualmente são considerados "mortos", já que não são mais falados como eram nos tempos bíblicos.

A noção de cânon

A palavra *cânon* é o termo utilizado para identificar se um livro é parte autêntica da Palavra de Deus ou não. O termo significa literalmente "régua", "vara de medir", "padrão" e foi utilizado pelos cristãos primitivos, à princípio, em referência aos livros canônicos que são a própria regra divina para dirigir nossa crença e nossa conduta. Posteriormente, o termo também foi utilizado para medir a qualidade dos livros cristãos que emergiram no primeiro século. Um famoso líder cristão do passado, Atanásio de Alexandria (296-373), definiu que existem pelo menos três categorias de livros: (1) canônicos e inspirados por Deus; (2) não canônicos, mas edificantes; e (3) apócrifos, que deveriam ser evitados. Por qual razão Atanásio e outros fizeram essas diferenciações? Nos primeiros séculos do cristianismo, havia centenas de escritos sobre Jesus circulando por todos os lados. Por isso, essa diferenciação foi uma forma de a igreja cristã lidar com os erros e mentiras de falsos mestres da época, especialmente do movimento gnóstico e das heresias do teólogo Marcião de Sinope.[7]

A igreja cristã sempre soube, com certo grau de clareza, que o cânon bíblico não foi criado por um decreto eclesiástico, mas recebido como dádiva de Deus. No caso do Novo Testamento, os critérios utilizados pelos cristãos primitivos para reconhecer os livros de procedência divina eram basicamente três: (1) apostolicidade: todos os livros deviam possuir uma fonte ou influência apostólica, ainda que não fossem escritos pelos apóstolos; (2) catolicidade: todos os livros deviam ser aceitos

---

[7]Mais informações sobre os desafios doutrinários do cristianismo primitivo, cf. González, *História ilustrada do cristianismo* (São Paulo: Vida Nova, 2011), vol. 1, p. 65-85.

pela igreja universalmente — a igreja cristã em sua maioria esmagadora sempre reconheceu a procedência divina dos vinte e sete livros do Novo Testamento; e (3) coerência teológica: todos os livros deviam estar de acordo com a mensagem do evangelho, e não contradizer nenhuma das doutrinas da fé.[8]

Os livros do Antigo Testamento foram reconhecidos e recebidos pelo Senhor Jesus e pelos apóstolos como documentos inspirados pelo Espírito Santo.[9] No final do primeiro século, a maior parte do Novo Testamento já havia sido coletada e era amplamente utilizada nas igrejas. Os quatro Evangelhos e o livro de Atos eram considerados em paralelo com os livros históricos do Antigo Testamento, as cartas dos apóstolos eram vistas de forma similar aos sermões dos profetas e escritores da sabedoria e o livro do Apocalipse, com sua linguagem simbólica das coisas por vir, era comumente associado com as visões de Daniel e de outros profetas. As duas coleções têm sido regularmente chamadas de Antigo Testamento e Novo Testamento desde o quarto século. Antes disso, os cristãos primitivos se referiam ao Antigo Testamento como "as Escrituras" e ao Novo Testamento como o "evangelho" ou como o "ensino dos apóstolos."[10]

Quanto à extensão do cânon, não há unanimidade perfeita entre as tradições cristãs, especialmente em relação ao Antigo Testamento.[11] Os protestantes defendem a canonicidade da lista de trinta e nove livros da Bíblia hebraica encontrada na *Carta Pascal* de Atanásio de 367 e na *Vulgata* de Jerônimo, considerando os demais documentos como

---

[8]Os livros Hebreus e Apocalipse foram os mais debatidos pela igreja. Ambos foram recebidos como canônicos, pois em nada diferem das doutrinas essenciais cristãs, mas as confirmam. Cf. Carson; Moo; Morris, *Introdução ao Novo Testamento* (São Paulo: Vida Nova, 1997), cap. 24.

[9]O Senhor Jesus e os apóstolos afirmam unanimemente que o Antigo Testamento é um texto escrito por homens que estavam sendo movidos durante o processo da escrita pelo próprio Deus, cf. Lucas 24:25-27,44-48; 2Timóteo 3:16; 2Pedro 1:20,21.

[10]Packer, "Scripture", in: Davie, et al., *New dictionary of theology* (Downers Grove, IL: InterVarsity Press, 2016), p. 821-5.

[11]Para um resumo dos principais contornos na formação do cânon veterotestamentário, veja Won, *E Deus falou na língua dos homens*, p. 51-70.

apócrifos. Os católicos romanos seguem de perto o cânon sugerido por Agostinho e vários outros personagens da igreja primitiva — lista oficialmente estabelecida pelo catolicismo romano somente no Concílio de Trento (1545-1563). A grande controvérsia entre as tradições se dá a respeito do que é canônico, edificante ou apócrifo. Para Jerônimo, apenas os livros da Bíblia Hebraica devem ser utilizados como fonte de doutrina, isto é, canônicos, ao passo que os livros produzidos no período intertestamentário,[12] também chamados de deuterocanônicos, devem servir somente para a edificação da igreja.[13] Os ortodoxos gregos adotam, além da Bíblia hebraica e dos deuterocanônicos, mais alguns acréscimos.

As primeiras Bíblias protestantes continham os livros apócrifos. Lutero posicionou os apócrifos em sua tradução da Bíblia para o alemão como uma espécie de apêndice ao Antigo Testamento, não estando eles na ordem original. Ele continuou crendo que, a despeito de não serem canônicos, esses livros eram úteis como literatura e até serviam para a edificação. Posteriormente, o rigor pela pureza doutrinária forçou os reformadores a deixarem de anexar os apócrifos aos livros canônicos em um só livro, a fim de que fossem publicados e analisados como uma obra à parte.

Embora os apócrifos sejam bons livros e nos ajudem a interpretar os livros canônicos, não devemos considerá-los mais do que realmente são: meros escritos humanos sem autoridade divina. Podemos lê-los sem medo algum, como bem fizeram Lutero e Calvino, escrevendo até comentários sobre eles, mas não devemos pensar que sejam Palavra de Deus escrita para guiar nossa fé e nossa prática de vida.

---

[12]O termo intertestamentário significa "entre os testamentos." É o período de quatrocentos anos entre o último livro escrito do Antigo Testamento e o período do Novo Testamento.

[13]Bruce, *Merece confiança o Novo Testamento?* (São Paulo: Vida Nova, 1990), p. 95. Os livros deuterocanônicos foram incluídos no cânon em um segundo momento. São eles: Tobias, Judite, Baruque, Sabedoria, Eclesiástico, 1 e 2Macabeus, seis capítulos a mais em Ester (11-16) e outros acréscimos em Daniel (capítulos 3, 13 e 14).

Documentos confiáveis?

Podemos confiar no conteúdo da Bíblia? Por que devemos tratar as Escrituras com mais seriedade que outros livros? Na perspectiva cristã, a Escritura é um livro confiável por vários motivos. Em primeiro lugar, é um livro que dá testemunho de si mesmo a respeito da sua procedência divina. O apóstolo Paulo afirma: "Toda a Escritura é inspirada por Deus e útil para o ensino, para a repreensão, para a correção, para a educação na justiça" (2Timóteo 3:16). Similarmente, o apóstolo Pedro diz: "... saibam que nenhuma profecia da Escritura provém de interpretação pessoal; porque nunca jamais qualquer profecia foi dada por vontade humana; entretanto, homens falaram da parte de Deus, movidos pelo Espírito Santo" (2Pedro 1:20,21). O Senhor Jesus deu sinais suficientes da procedência divina do Antigo Testamento ao mencionar a divisão tripartite da Bíblia hebraica: "São estas as palavras que eu lhes falei, estando ainda com vocês: era necessário que se cumprisse tudo o que está escrito a respeito de mim na Lei de Moisés, nos Profetas e nos Salmos" (Lucas 24:44). Em outras palavras, a integridade das Escrituras é estabelecida por sua *lógica interna* como um texto que se autoproclama Palavra de Deus para nós.

Em segundo lugar, nós acolhemos a Escritura como Palavra de Deus pela fé, mediante a atuação do Espírito Santo, testemunhando sobre a integridade da Escritura em nossos corações. Por ser uma revelação divina, os seres humanos são incapazes de concordar ou mesmo entender a Escritura a menos que o próprio Deus nos ajude. Como diz o apóstolo Paulo: "a pessoa natural não aceita as coisas do Espírito de Deus, porque lhe são loucura. E ela não pode entendê-las, porque elas se discernem espiritualmente" (1Coríntios 2:14).

Essa ajuda divina que nos capacita a confiarmos na integridade das Escrituras é conhecida na tradição reformada como *testimonium Spiritus Sancti internum*, isto é, um testemunho interno do Espírito Santo em nossa alma. A Bíblia é a Palavra de Deus escrita, quer confiemos nela, quer não, porém, para sermos convencidos de sua integridade, precisamos que o próprio Senhor implante em nós a semente da fé. Uma vez confirmados internamente pela fé, não necessitamos de nenhum argumento racional e científico para aumentar nossa confiança na verdade da Palavra, pois, para quem tem fé, nenhuma explicação é necessária.

Não estamos dizendo que a revelação divina seja irracional ou anticientífica, mas que é transcendente, não sendo possível percebermos sua verdade pelo puro e simples uso das nossas capacidades racionais.[14]

Em terceiro lugar, a integridade e a confiabilidade das Escrituras também se manifestam na qualidade e na preservação de seus manuscritos. Embora não possamos provar cabalmente a autenticidade das Escrituras, temos bons indícios para aceitá-la como um documento sério e historicamente verificável. Podemos mencionar, por exemplo, o método rigoroso de copiar utilizado pelos escribas, os achados arqueológicos e a extensa quantidade de cópias preservadas da Bíblia.

Pelo fato de que os manuscritos antigos não resistiam por mais de um século e de que, dependendo das condições climáticas, deterioravam-se bem antes que isso, o judaísmo instituiu, por meio dos escribas, uma rígida cultura de conservação de documentos, a qual se tornou modelo para outros povos. Não é exagero dizer que os escribas foram os copiadores mais cuidadosos da história. A despeito de suas várias atribuições acadêmicas, sociais e políticas, os escribas se destacaram pelo extremo esmero com o qual copiavam manuscritos antigos. Seu método era tão cauteloso que, após completarem uma cópia, contavam as palavras e as letras do texto original e da cópia, a fim de aferirem a exatidão do documento reproduzido.

Os escribas cometiam erros como qualquer ser humano, mas de forma rara. Por exemplo, recentemente alguns estudiosos compararam as cópias de manuscritos bíblicos datadas do século 10 com manuscritos achados em Qumran datados do segundo século a. C. O resultado da pesquisa foi surpreendente: havia pouquíssimas diferenças, as quais não comprometiam em nada a mensagem do texto bíblico. Da perspectiva humana, podemos dizer que isso é um milagre.[15] A Bíblia que lemos atualmente, por exemplo, está baseada em *cópias de cópias* de manuscritos. Todos os originais se deterioraram com o passar dos

---

[14]Para dois autores da tradição cristã que refletem as ideias acima, veja Tomás de Aquino, *Summa theologiae*, I. q.1, a.1-10; Calvino, *Institutas da religião cristã* (São Paulo: Cultura Cristã, 2006), I. I.22.

[15]Cf. Connolly, *The indestructible book* (Grand Rapids, MI: Baker Books, 1996), p. 17-8.

anos. Porém, isso não deve colocar em risco a confiabilidade histórica das Escrituras, pois as cópias que temos preservadas dos livros bíblicos estão além de qualquer dúvida razoável.

Além do trabalho genial dos copistas, os diversos achados arqueológicos têm atestado a veracidade dos acontecimentos da Bíblia. Existem várias descobertas que mostram que as informações bíblicas são verdadeiras. Algumas delas são: vilas desconhecidas e outros lugares mencionados nas narrativas bíblicas encontrados; descobertas de inscrições com os mesmos nomes históricos mencionados na Bíblia; vasos com desenhos, estátuas de deuses, utensílios de povos antigos e uma gama de escritos que narram episódios similares aos da Bíblia ou corroboram essas narrativas.[16]

Finalmente, a extensa quantidade de cópias dos originais preservadas do Antigo e do Novo Testamentos se soma aos dois critérios anteriores e atesta a confiabilidade bíblica. Existem hoje mais de 6 mil cópias bem preservadas do Novo Testamento e mais de 24 mil cópias ou fragmentos preservados de toda a Bíblia. Isso não pode ser desmerecido pelos críticos. Geralmente, estudiosos das ciências humanas não duvidam da confiabilidade das obras de Platão, Aristóteles, Sófocles, Homero, entre outros, ao passo que a Bíblia tem um número esmagador de cópias a mais se comparada a eles.[17] De acordo com vários manuscritologistas, a Bíblia possui de 95% a 98% de coerência entre suas cópias, algo muito superior se comparado a outros textos do passado. Em síntese, a Bíblia é um livro humanamente confiável. Embora ninguém deva ser obrigado a crer na Bíblia com base nas evidências acima, negar sua confiabilidade histórica e documental deixou há muito tempo de ser um problema de fé para ser tão somente uma questão de ignorância.

---

[16]Um clássico da arqueologia bíblica é Keller, *E a Bíblia tinha razão* (São Paulo: Melhoramentos, 2012). Veja também Price; House, *Manual de arqueologia bíblica* (Rio de Janeiro: Thomas Nelson, 2020).

[17]Livros clássicos da cultura e filosofia grega, por exemplo, possuem pouquíssimas cópias de originais: Platão: 7 cópias; Heródoto: 8 cópias; Tácito: 20 cópias; Aristóteles: 49 cópias; Homero: 643 cópias; Bíblia: mais de 24 mil cópias. Cf. Geisler; Nix, *A general introduction to the Bible* (Chicago: Moody Press, 1996), p. 408.

QUE TIPO DE LIVRO É A BÍBLIA?

Após esse breve panorama da Bíblia, precisamos agora investigar a natureza teológica do livro que chamamos de Palavra de Deus. O texto bíblico mais claro sobre as propriedades das Escrituras é a famosa exortação de Paulo à Timóteo:

> Quanto a você [Timóteo], permaneça naquilo que aprendeu e em que acredita firmemente, sabendo de quem você o aprendeu e que, desde a infância, você conhece as *sagradas letras*, que podem torná-lo sábio para a salvação pela fé em Cristo Jesus. Toda a Escritura é *inspirada por Deus* e útil para o ensino, para a repreensão, para a correção, para a educação na justiça, a fim de que o servo de Deus seja perfeito e perfeitamente habilitado para toda boa obra (2Timóteo 3:14-17).[18]

Na passagem acima, o apóstolo Paulo está orientando seu discípulo Timóteo a respeito dos "últimos dias", a fase final da história humana marcada pelo surgimento de falsos profetas que se espalham rapidamente e pervertem a fé dos cristãos que receberam o ensino dos apóstolos. Para se manter firme como discípulo de Cristo e como ministro fiel do evangelho, Timóteo devia se lembrar das *sagradas letras*, as quais fornecem o conhecimento para a salvação e são úteis para todas as facetas do ministério cristão.

Esses quatro versos nos oferecem várias referências para articularmos uma teologia da Escritura. Em primeiro lugar, ao utilizar a expressão "sagradas letras", o apóstolo está claramente apontando para o caráter divino e *autoritativo* da Escritura. Por mais humano que os textos da Bíblia possam parecer, eles são sagrados porque carregam intrinsecamente a autoridade divina. Nas palavras do apóstolo Pedro: "homens falaram da parte de Deus, movidos pelo Espírito Santo" (2Pedro 1:21).

Em segundo lugar, ao explicar que toda a Escritura é inspirada por Deus, Paulo também está nos ensinando a respeito da *infalibilidade* de todo o cânon da Bíblia, isto é, o conteúdo da Escritura não deve ser tratado como o de qualquer livro, mas ser reverenciado acima de todo

---

[18]Ênfases do autor.

conhecimento humano, uma vez que se trata da própria revelação divina escrita em linguagem humana.

Em terceiro lugar, ao mencionar a palavra "salvação", Paulo está chamando a nossa atenção para o conteúdo especificamente *redentivo* da Escritura. Não devemos enxergar a Bíblia sagrada como uma enciclopédia de conhecimentos gerais — apesar de ela conter informações preciosas sobre todas as áreas do conhecimento —, mas, sim como o drama que retrata como Deus salva pecadores. Portanto, a Escritura é infalível, suficiente e necessária no que diz respeito à salvação, e não em relação aos demais domínios do conhecimento humano.

Em quarto lugar, ao utilizar a sentença "útil para o ensino, para a repreensão, para a correção, para a educação na justiça", o apóstolo está lançando luz sobre a função *pastoral* ou *eclesiástica* da Escritura. A Bíblia é primordialmente um livro *da* igreja que deve ser utilizado *para* o benefício de seus membros.

Em síntese, a Bíblia é como qualquer outro livro humano porque foi escrito por seres humanos. Contudo, ela é diferente de qualquer outro livro por ao menos quatro razões: (1) *autoridade*: a Escritura tem Deus como seu autor último; (2) *infalibilidade*: o conteúdo da Escritura é livre de erros, pois é um texto divinamente inspirado; (3) *caráter redentivo*: o conteúdo específico da Escritura é o drama da salvação; e (4) *caráter eclesiástico*: a Escritura deve ser interpretada no contexto da igreja para o benefício do povo de Deus.[19] Esses são, assim creio, os conceitos-chave envolvidos em uma definição teológica da Escritura sagrada. A partir de agora, iremos comentar brevemente o significado de cada um desses elementos.

1. A autoridade das Escrituras

A doutrina cristã é aquilo em que "a igreja de Jesus Cristo crê, [aquilo que ela] ensina e confessa com base na Palavra de Deus", disse Jaroslav Pelikan.[20] É correto afirmar que praticamente todos os cristãos

---

[19]Para uma abordagem semelhante, veja Vanhoozer, "Holy Scripture", in: Allen; Swain, *Christian dogmatics* (Grand Rapids: Baker, 2016), p. 31.
[20]Pelikan, *The Christian tradition* (Chicago: University of Chicago Press, 1971), vol. 1: The emergence of the catholic tradition (100-600), p. 1.

primitivos reconheciam a autoridade das Escrituras. Orígenes disse que as palavras de Cristo incluíam não apenas o que o Senhor falou enquanto estava presente localmente com os apóstolos, mas também o que ele disse como Palavra de Deus por meio dos profetas no Antigo Testamento.[21] Agostinho pregou que a fé católica não é um amontoado de opiniões e preconceitos, mas um resumo fiel dos testemunhos bíblicos.[22] O Credo Niceno faz coro ao ensino apostólico, confessando que o Senhor Jesus ressuscitou ao terceiro dia segundo as Escrituras, e professa que o Espírito Santo "falou pelos profetas."

Tomás de Aquino, talvez o maior sistematizador da fé cristã de todos os tempos, escreveu que a teologia cristã é uma *sacra doctrina* — doutrina santa — pelo fato de ser dependente da revelação escrita em todos os seus artigos de fé, como um presente vindo do céu para a terra. A autoridade da Escritura, portanto, tem como fundamento a procedência divina do texto bíblico. Para Tomás, a Escritura é sempre a última palavra em qualquer matéria de fé e conduta. Por conter revelação divina, as Escrituras transmitem a verdade última sobre o conhecimento de Deus e sobre qualquer outro conhecimento da realidade à luz de sua relação com Deus — as coisas criadas, o ser humano, a vida como um todo. Logo, o conhecimento de outras ciências é inferior em substância em comparação com a ciência teológica por causa de sua fonte certa e superior. Neste sentido, a teologia é uma *regina scientiarum*, a rainha das ciências! Igualmente, a autoridade da Escritura deve ser colocada acima de todos os doutores da igreja, uma vez que a Bíblia é constituída de verdades *incontestáveis* e *infalíveis*, ao passo que os ensinos dos doutores, como outras fontes humanas, são, na melhor das hipóteses, *prováveis* por natureza.[23]

---

[21] Origen, *On first principles* (Oxford, UK: Oxford University Press, 2017), Preface 1.

[22] Augustine, *Sermon* 52.2, in: *Sermons 51-94*, organização de John E. Rotelle (New Rochelle, NY: New City Press, 1992), vol. III/3.

[23] Tomás de Aquino, *Summa theologiae*, I. q.1. a.1-9. Isso não significa, entretanto, que o trabalho teológico não possa ser auxiliado por outras ciências, como a filosofia. Para Tomás, as demais ciências são servas da teologia, mas jamais mestras dela. A filosofia, por exemplo, é particularmente útil quando oferece ferramentas aos teólogos para que as doutrinas possam ser mais claras e coerentes — não porque a revelação divina seja deficiente, mas por causa da fraqueza de nossa inteligência. A tradição cristã também é útil, segundo Tomás, como depósito das verdades da igreja.

Foi exatamente para recuperar essa ênfase patrística e até mesmo medieval na autoridade intrínseca das Escrituras que os reformadores se opuseram ao ensino católico romano de sua época. Podemos resumir o conflito entre os reformadores do século 16 e a Igreja Católica Romana em uma pergunta: "Quem tem a autoridade final?"[24] Para os reformadores, a Escritura é o fundamento cognitivo (*principium cognoscendi*) de toda a teologia cristã, visto que possui a prioridade lógica sobre todos os outros meios de conhecimento religioso na igreja, seja a tradição, seja as doutrinas oficiais, seja as visões individuais.

Na perspectiva católica romana, a autoridade da igreja pode ser concebida pelo tripé: Escritura, tradição e magistério. Uma perna é a Escritura, que é a inspirada Palavra de Deus na forma escrita. Outra perna é a tradição, que consiste nos ensinamentos comunicados oralmente por Jesus aos apóstolos, os quais, por sua vez, os comunicaram oralmente a seus sucessores, os bispos. Finalmente, a terceira perna é o magistério, consistindo no papa e nos bispos com ele. O papel deles é fornecer a interpretação autorizada das Escrituras, proclamar a tradição e interpretá-la, exercendo autoridade como líderes sobre toda a igreja e como o sacerdócio que administra a graça por meio de seus sete sacramentos.

Por causa das dificuldades com o conceito de autoridade do catolicismo romano, os reformadores passaram a estruturar seus documentos confessionais tendo, de forma *explícita*, a doutrina da Escritura como o artigo primeiro.[25] Essa ordem é seguida pela maioria dos documentos confessionais da Reforma protestante. Por exemplo, a Confissão de Fé de Westminster afirma: "A autoridade da Escritura sagrada, razão pela qual deve ser crida e obedecida, não depende do testemunho de qualquer homem ou igreja, mas depende somente de Deus, que é o seu autor; tem, portanto, de ser recebida, porque é a palavra de Deus."[26]

---

[24]Para uma introdução ao assunto, veja Muller, *Post-Reformation Reformed dogmatics* (Grand Rapids: Baker, 2003), vol. 2: Holy Scripture, p. 150-54.
[25]Até o período medieval, a igreja cristã havia produzido seus tratados teológicos tendo a autoridade da Escritura como um princípio *implícito*. Para uma discussão sobre o significado e as implicações do conceito reformado de teologia primeira, veja Vanhoozer, *First theology* (Downers Grove: InterVarsity Press, 2002), p. 15-41.
[26]Confissão de Fé de Westminster, art 1.4.

Contrariando o ministério do magistério católico romano, os puritanos ingleses destacaram na mesma confissão que:

> O Juiz supremo, pelo qual todas as controvérsias religiosas têm de ser determinadas e por quem serão examinados todos os decretos de concílios, todas as opiniões dos antigos escritores, todas as doutrinas de homens e opiniões particulares, o Juiz supremo em cuja sentença nos devemos firmar não pode ser outro senão o Espírito Santo falando na Escritura.[27]

Na minha perspectiva, a visão católica romana atual deve ser rejeitada, pois equipara erroneamente a autoridade divina contida na revelação escrita com uma fantasiosa noção de tradição oral da igreja, a qual não tem apoio histórico e em nenhum lugar é mencionada na Escritura como fonte de autoridade para o conhecimento de Deus.

2. A infalibilidade das Escrituras

Como notamos anteriormente, a marca da infalibilidade da Bíblia deriva de ela ser um escrito humano inspirado por Deus. Na minha visão, a palavra "inspiração" é um termo problemático com o qual temos de lidar ao tentar sistematizar a doutrina da Escritura. O apóstolo Paulo, na verdade, utilizou o termo grego *theopneustos* (soprado por Deus), isto é, a Escritura foi expirada, e não inspirada pelo Senhor. Além disso, a palavra "inspiração" possui um uso majoritário em nossa cultura que vai na contramão do sentido original pretendido pelo apóstolo. Quando dizemos: "Fulano está inspirado", fazemos alusão à genialidade ou ao brilhantismo de uma pessoa, ao passo que a inspiração das Escrituras não tem nada que ver com a iluminação pessoal dos autores, mas com o fato de terem sido guiados no processo de escrita pelo Espírito Santo. Em contrapartida, se em vez de "inspirado" utilizarmos o termo "expirado" ou "soprado", podemos incorrer em outro erro: o de pensar que a Bíblia foi mecanicamente ditada por Deus aos ouvidos dos autores bíblicos. Na minha visão, o que Paulo quis dizer ao usar *theopneustos* é que as

---

[27]Ibidem, art 1.10.

palavras humanas da Escritura exalam a voz de Deus para nós. Portanto, embora o termo inspiração seja a palavra convencional adotada pela tradição cristã, ela deve ser utilizada com as devidas qualificações.

Outra pergunta importante a ser feita é: como se deu a inspiração dos autores bíblicos? Existem pelo menos três visões convencionais. A primeira perspectiva é a inspiração mecânica da Escritura. Nesse modelo, os autores bíblicos são vistos como amanuenses ou meros secretários que copiaram a revelação que é ditada por Deus do céu para a terra. Os defensores dessa opção defendem que Deus teria impedido qualquer agência humana ou traços da personalidade dos autores no momento do registro bíblico. Em outras palavras, o texto bíblico é um ditado divino que foi apenas copiado pelos seres humanos, sendo estes meros instrumentos passivos, sem nenhuma contribuição da parte deles para o resultado final da Escritura. Essa visão deve ser rejeitada porque a Escritura claramente indica que os autores bíblicos tinham estilos de escrita, linguagens e formações culturais distintas. Como escreve Louis Berkhof:

> Está claro a partir da própria Escritura que os escritores não eram meros instrumentos passivos na produção de seus livros, mas eram autores reais. Em alguns casos, eles evidentemente revelam os frutos de investigações históricas, pois se referem a essas investigações diretamente (Lucas 1:1-4) e às vezes até mencionam suas fontes, como nos livros de Samuel, Reis e Crônicas. Em outros casos, eles registram suas próprias experiências pessoais, como em Salmos e frequentemente também nos livros proféticos, em Atos e nas epístolas. Além disso, cada um escreve em seu estilo individual. O estilo de Isaías não é como o de Ezequiel, nem o estilo de Paulo é como o de João.[28]

A segunda visão é a inspiração dinâmica. Em oposição ao primeiro modelo, os defensores da teoria dinâmica advogam que a inspiração divina não tem relação com uma operação específica do Espírito Santo sobre os autores bíblicos, mas se refere a um traço de brilhantismo e iluminação característico dos próprios autores. Os autores bíblicos são,

---

[28]Berkhof, *Manual of Reformed doctrine* (Grand Rapids: Eerdmans, 1933), p. 40-41. Tradução do autor.

portanto, pessoas inspiradas no sentido de serem sensíveis e com uma alta percepção das realidades espirituais. Teólogos como Friedrich Schleiermacher pressupunham esse conceito de inspiração quando confessavam a inspiração das Escrituras.[29] Essa visão tende a admitir que a inspiração pessoal dos autores perpassa a maior parte da Bíblia, mas em níveis diferentes. Os livros históricos do Antigo Testamento, por exemplo, são vistos como menos sensíveis às realidades espirituais — ou em um estágio inferior de desenvolvimento religioso —, são passíveis de equívocos e de narrarem histórias irrelevantes para a nossa jornada espiritual. Essa perspectiva também não faz justiça ao testemunho apostólico a respeito do caráter sobrenatural das Escrituras, reduzindo o seu conteúdo a uma teologia natural e eliminando a infalibilidade bíblica.

A terceira visão é conhecida como inspiração orgânica. O termo "orgânica" expressa o fato de que Deus não utilizou os autores bíblicos mecanicamente como meros amanuenses, mas agiu neles e por meio deles de forma a não anular suas personalidades. Isso significa que Deus trabalhou nos autores bíblicos a partir de suas próprias características particulares, tais como o temperamento, os dons e talentos, a educação, a cultura e o vocabulário. Podemos dizer que Deus iluminou as mentes dos autores bíblicos, moveu-os à escrita, impediu que a influência de qualquer traço pecaminoso neles se manifestasse no registro e guiou cada um dos autores na escolha das palavras e na articulação de seus pensamentos. Não se trata de um ditado mecânico nem de inspiração natural, mas de uma inspiração em que o próprio Deus se utiliza dos autores bíblicos em harmonia com as características de cada um. Como explica o autor de Hebreus: "Antigamente, Deus falou, muitas vezes e de muitas maneiras, aos pais, pelos profetas" (Hebreus 1:1).[30] Horton coloca a questão de forma excelente, comparando a inspiração da Escritura com a encarnação de nosso Senhor Jesus Cristo:

> Longe de suprimir o envolvimento humano, Deus embrulhou seu evangelho nos panos da fala humana. Embora a inspiração da Escritura

---

[29]Schleiermacher, *The Christian faith* (Louisville: Westminster John Knox Press, 2016), p. 11-40.
[30]Ênfases do autor.

seja qualitativamente diferente da encarnação da Palavra Viva, esta última mostra que Deus entra totalmente em nosso mundo, sem perder nada de sua transcendência ou veracidade. Se o Filho eterno pode se tornar totalmente humano sem pecado (Hebreus 4:15), então certamente Deus pode comunicar sua verdade por meio de embaixadores totalmente humanos, preservando seus escritos de erro.[31]

Em resumo, ao nos referirmos à inspiração e à infalibilidade bíblica, estamos simplesmente dizendo que a Escritura é *verdadeira* em tudo aquilo que proclama sobre o conhecimento de Deus necessário para nossa salvação. Esse conceito de infalibilidade ou inerrância *não* quer dizer que: (1) as cópias e traduções que temos são inspiradas e livres de erros, mas apenas os autógrafos originais; (2) os autores bíblicos eram perfeitos e infalíveis, mas, sim, que apenas a *revelação escrita* registrada por eles é livre de erros. Os autores bíblicos, por exemplo, pressupunham uma visão cosmológica diferente da contemporânea e pertenciam a uma cultura repleta de visões distintas da nossa. Em outras palavras, não é porque algo está na Bíblia que é automaticamente verdadeiro. Satanás contou mentiras ao primeiro casal (Gênesis 3), os amigos de Jó lhe deram uma série de conselhos distorcidos, o apóstolo Paulo fez distinção entre aquilo que era um conselho pessoal aos coríntios e a norma infalível que ele recebeu do Senhor para corrigir a igreja (1Coríntios 7:25). A crença na infalibilidade e na inerrância das Escrituras também não significa que (3) os autores humanos são exaustiva e cientificamente exatos. Devemos evitar o erro de impor padrões modernos de exatidão sobre os textos e as narrativas da Bíblia, pois Deus falou por meio dos autores em tempos diferentes, em um contexto próprio e de acordo com as capacidades de cada autor. Feitas essas qualificações, afirmamos como igreja universal que a verdade de Deus é revelada na Escritura de forma infalível, não apenas na forma de proposições doutrinárias, mas também como narração fiel da história do mundo.[32]

---

[31]Horton, *Pilgrim theology* (Grand Rapids: Zondervan, 2011), p. 55. Tradução do autor.

[32]Para uma discussão aprofundada sobre o conceito de infalibilidade e inerrância, veja Horton, *The Christian faith* (Grand Rapids: Zondervan), p. 151-218.

3. O escopo redentivo das Escrituras

Outro assunto pertinente sobre a natureza da revelação escrita é o escopo de seu conteúdo. De acordo com o apóstolo Paulo, a Escritura contém verdades que podem nos tornar "sábios para salvação" (2Timóteo 3:15). Em linha com o que dissemos no tópico anterior, não podemos pressupor que a Bíblia é uma enciclopédia de conhecimentos gerais ou que possua exatidão acadêmica e científica. Qualquer um que tentar levantar esse tipo de argumento estará sendo injusto com o conteúdo peculiar da Palavra de Deus e ignorando os avanços da própria ciência. Portanto, a autoridade, a infalibilidade, a inerrância, a necessidade e a suficiência das Escrituras precisam estar ligadas ao seu conteúdo peculiar, que é o drama da redenção. Como afirmaram os teólogos de Westminster:

> Todo o conselho de Deus concernente a todas as coisas necessárias para a glória dele e para a salvação, a fé e a vida do homem é expressamente declarado na Escritura ou pode ser lógica e claramente deduzido dela. À Escritura nada se acrescentará em tempo algum, nem por novas revelações do Espírito, nem por tradições dos homens; reconhecemos, entretanto, ser necessária a íntima iluminação do Espírito de Deus para a salvadora compreensão das coisas reveladas na palavra.[33]

Isso significa que a Bíblia não é necessariamente autoritativa, inerrante e suficiente naquilo que não é a sua especialidade. É neste sentido particular que os protestantes professam *sola Scriptura*![34] Por exemplo, a Escritura não é inerrante sobre botânica, matemática, ciências naturais, física quântica, música etc.; por isso, não deve ser utilizada como livro-texto dessas ciências. Jesus não estava ensinando botânica profissional quando disse que o grão de mostarda era a menor das sementes

---

[33]Confissão de Fé de Westminster, I.6.

[34]Termo cunhado por Lutero que significa "somente a Escritura", referindo-se à suficiência da Escritura — não da tradição e do magistério católico-romano — como fonte de autoridade nas questões referentes ao conhecimento de Deus, à vida cristã e à salvação eterna. Cf. Luther, *Luther's works* (Saint Louis, Concordia Publishing House, 1955-1986), vol. 7, p. 98.

(Mateus 13:32). Similarmente, Moisés não era um astrônomo e o Pentateuco não é um livro-texto de ciências naturais.[35] Se buscarmos a sabedoria bíblica para respondermos a questões que vão além do seu escopo e intuito redentivo, iremos distorcer o seu conteúdo facilmente e nos distrair com teorias conspiratórias que fogem totalmente ao propósito das Escrituras.

Existem várias maneiras de narrar o drama bíblico da redenção. Podemos utilizar as doze sentenças do Credo Apostólico como um guia para entender o desenrolar da história da salvação, a qual começa em Deus, o Criador de todas as coisas, passa pela encarnação, vida e obra de Cristo, depois, pelo ministério do Espírito e o nascimento da igreja, até a consumação de todos os séculos na ressurreição do corpo e na vida eterna.

Um dos primeiros teólogos cristãos a desenvolver um modelo claro e sistematizado da história da salvação foi Irineu de Lyon. Em *Contra as heresias* dos gnósticos, Irineu unificou a narrativa bíblica para mostrar que o plano de Deus para salvar o mundo consiste na recapitulação de todas as coisas em Cristo, isto é, envolve tudo aquilo que se passa entre Gênesis e Apocalipse. Irineu utilizou a linguagem pactual para resumir o drama da salvação: (1) no primeiro pacto, a humanidade estava sob Adão; (2) o segundo pacto foi feito com Noé; (3) o terceiro, com Moisés; e (4) o novo pacto ou a nova aliança foi realizada em Cristo, que redireciona os seres humanos para seu real propósito na presença de Deus.[36]

Agostinho também sugeriu um padrão que resume bem o drama da redenção em quatro etapas: Criação, Queda, Redenção e Consumação.[37] No esquema agostiniano, é importante salientar: (1) a bondade original da Criação e do Criador; (2) o pecado como intruso na história humana, corrompendo o coração dos seres humanos e arruinando

---

[35]Cf. Calvin, *Commentary on the Book of Genesis* (Grand Rapids: Baker, 1996), p. 84-6.

[36]Irineu de Lyon, *Adversus haereses*, I.10.3. Para uma visão geral, veja IV-V.

[37]Augustine, "De Civitate Dei", in: Dombart; Kalb, org., *Corpus Christianorum scholars version* (Turnhout: Brepols 2014), XIV.11-20, 21-26 (Criação, Queda e redenção); XXII.30 (consumação).

seu destino eterno; (3) o plano eterno de Deus para regatar pecadores sendo revelado historicamente na encarnação, na vida e na obra de nosso Senhor Jesus Cristo; e (4) a consumação da obra de redenção no novo céu e na nova terra, onde viveremos em felicidade eterna na presença de Deus.[38]

Craig Bartholomew e Michael Goheen têm sugerido uma ampliação do modelo agostiniano, descrevendo o drama das Escrituras em seis atos: (1) Deus estabelece o seu reino na Criação de todas as coisas; (2) a rebelião é instaurada pelos seres humanos na Queda; (3) o processo de redenção é iniciado na história de Israel; (4) a vinda do Rei e a redenção realizada pelo Senhor Jesus Cristo; (5) as implicações da obra de Cristo na igreja e a consequente obra missionária entre as nações; (6) o reino do Rei e a consumação da sua obra redentora.[39] Eu creio que esse modelo é uma excelente porta de entrada para interpretarmos a Escritura à luz de seu escopo e seus propósitos salvíficos. Talvez sua maior vantagem seja a de deixar a Escritura falar por si mesma, ditando as perguntas cruciais da vida que todos nós deveríamos nos fazer e, ao mesmo tempo, oferecendo respostas que jamais encontraremos em qualquer outro lugar, senão na própria revelação escrita.

Quando nós abordamos a Escritura com base no seu escopo redentivo, naturalmente passamos a interpretá-la melhor. Isso nos leva a outra importante característica da Escritura, a saber, sua *clareza*. Os reformadores utilizavam a palavra latina *perspecuitas* (perspecuidade) para indicar que a Escritura é suficientemente clara em todo o seu ensino a respeito da salvação em Cristo. Mesmo nas passagens mais obscuras dela, os cristãos não precisam depender do magistério da Igreja de Roma, mas, sim, do fato de que "a Escritura interpreta a si mesma", fórmula incorporada por todas as igrejas oriundas da Reforma. Os teólogos de Westminster resumiram a noção da perspicuidade das Escrituras da seguinte forma:

---

[38]Para versões do esquema agostiniano na perspectiva reformada, veja Wolters, *Criação restaurada* (São Paulo: Cultura Cristã, 2019); Walsh; Middleton, *A visão transformadora* (São Paulo: Cultura Cristã, 2010). Para uma teologia do Antigo Testamento nessa perspectiva, cf. Groningen, *Criação e consumação* (São Paulo: Cultura Cristã, 2008), 3 vols.

[39]Bartholomew; Goheen, *O drama das Escrituras*, Prólogo.

Na Escritura, não são todas as coisas igualmente claras em si, nem do mesmo modo evidentes a todos; contudo, as coisas que precisam ser obedecidas, cridas e observadas para a salvação, em um ou outro passo da Escritura são tão claramente expostas e explicadas que não só os doutos, mas ainda os indoutos, no devido uso dos meios ordinários, podem alcançar uma suficiente compreensão delas [...] A regra infalível de interpretação da Escritura é a mesma Escritura; portanto, quando houver questão sobre o verdadeiro e pleno sentido de qualquer texto da Escritura, esse texto pode ser estudado e compreendido por outros textos que falem mais claramente.[40]

4. O caráter eclesiástico das Escrituras

Apesar de a Escritura ser suficientemente clara na sua mensagem central de salvação, a tarefa de interpretar o texto bíblico não pode ser considerada fácil. Uma das perguntas mais importantes que um intérprete da Bíblia precisa se fazer, a qual comumente é negligenciada nos manuais bíblicos de hermenêutica, é a seguinte: quem pode interpretar a Bíblia? À primeira vista, a resposta pode parecer fácil: qualquer um que souber utilizar recursos hermenêuticos apropriados. Porém, na minha visão, essa é uma resposta problemática. E a razão é simples: o ser humano é incapaz de discernir o real sentido da revelação escrita sem fé e sem ajuda do Espírito Santo. Pressupor o contrário seria afirmar que a razão humana, por si mesma, seria capaz de adentrar o caráter especial do conhecimento divino. Em outras palavras, a hermenêutica bíblica é uma tarefa a ser realizada no contexto da comunhão dos santos, por aqueles que já iniciaram a jornada pelo conhecimento de Deus.

Com base no caráter eclesiástico da Escritura, podemos afirmar três princípios hermenêuticos: (1) a igreja de Cristo é a audiência da Palavra de Deus; (2) a igreja de Cristo é a comunidade autorizada para interpretar a Palavra de Deus; e (3) a fé salvadora é o primeiro e mais fundamental princípio hermenêutico para interpretar a Escritura.[41]

---

[40]Confissão de Fé de Westminster, art 1.7, 9.
[41]Para um estudo detalhado sobre a função eclesiástica da teologia e da interpretação bíblicas, veja: Tomás de Aquino, *Summa theologiae*, I. q.1. a.1-8; Calvino,

O primeiro princípio pressupõe que, apenas pela fé, alguém pode ser capaz de aceitar o conteúdo narrado nas Escrituras, isto é, apenas a igreja de Cristo pode receber e interpretar fielmente a Palavra de Deus. Para sermos justos, um intérprete incrédulo da Bíblia pode até contribuir com informações relevantes sobre contexto histórico, cultura, aspectos da linguagem e retórica dos textos bíblicos, porém, por melhor capacitado que um teólogo profissional incrédulo seja, ele jamais fará justiça ao conteúdo revelado na Escritura apenas empregando ferramentas técnicas de interpretação de texto. Do início ao fim, a Bíblia é um livro sobre os atos sobrenaturais de Deus na história, e, portanto, sem fé é impossível agradar a Deus e entender qualquer passagem no seu sentido pleno. Além disso, o conteúdo da Escritura não foi revelado por Deus para ser meramente assimilado, mas, sim, para ser crido a fim de produzir redenção. Novamente, por mais que um hábil hermeneuta incrédulo consiga penetrar o sentido de uma passagem, sem fé, ele não poderá participar daquele conteúdo e ser nutrido em sua jornada espiritual.

O segundo princípio deriva do primeiro: se a fé é um requisito necessário para interpretar o texto bíblico e participar dos efeitos que a revelação especial gera em nós, o melhor intérprete da Escritura nunca será um indivíduo isolado, mas alguém integrado na comunhão dos santos. A tarefa de interpretar a Bíblia possui uma agenda comunitária na sua raiz. Não estamos falando de qualquer comunidade, mas de uma em especial: a igreja una, santa, católica e apostólica. Preste atenção, não me refiro a um grupo de cristãos localizados em uma igreja local, mas *à* igreja cristã em todos os tempos e todos os lugares. Por isso, a hermenêutica bíblica é uma disciplina praticada no contexto da tradição da igreja, isto é, em diálogo contínuo com o que foi falado por apóstolos, pais da igreja, teólogos medievais, reformadores e teólogos cristãos contemporâneos. Por exemplo, os reformadores nunca foram favoráveis à livre interpretação da Bíblia, mas, sim, ao livre exame das Escrituras. Não podemos confundir as duas coisas. O livre exame diz respeito ao *acesso individual* que todos, cristãos ou não, devem ter a

---

Institutas da religião cristã, I.1-7; Kuyper, *Encyclopedia of sacred theology* (Nova York: Charles Scribner's Sons, 1898), p. 211-340; Barth, *Church dogmatics* (Edinburgh : T. & T. Clark, 1975), I/1, xi-xvii, 3-87, 248-92.

Escritura sagrada em sua própria língua; a livre interpretação se refere ao *esforço comunitário* da igreja de Cristo para descrever normativamente os seus artigos de fé.

À luz dos dois princípios anteriores, chegamos ao terceiro: a fé salvadora não é meramente um pressuposto, mas um princípio a ser utilizado na interpretação de todos os textos da Escritura. Deixe-me explicar. Pelo fato de ser um texto divino e humano, a Bíblia contempla os abismos e ruídos entre os homens e Deus. Os manuais de hermenêutica bíblica geralmente declaram que precisamos de hermenêutica porque a Bíblia é um livro humano e a nossa linguagem está repleta de ruídos. Isso está correto. O que a maioria deles esquece é que, pelo fato de a Bíblia *exalar* a verdade divina, nós também precisamos de princípios hermenêuticos espirituais para guiar nossa interpretação bíblica. Estou falando, principalmente, da postura do intérprete na abordagem do texto sagrado. Se estamos, de fato, diante da Palavra de Deus escrita, precisamos nos preparar espiritualmente para: (1) *ouvir o próprio Deus falando conosco*; (2) *meditar* em cada passagem repetidas vezes para descobrir as riquezas de seu conteúdo; e (3) *orar* para que o Espírito de Deus nos ilumine no entendimento de uma passagem e nutra a nossa alma com as promessas, os mandamentos e as exortações que Deus manifesta a nós por meio do texto sagrado.

Em suma, para interpretarmos fielmente a Bíblia, precisamos pertencer genuinamente à igreja de Cristo, estudarmos o texto sagrado em meio a comunhão dos santos e dependermos da iluminaççao do Espírito Santo, que é o autor último de todo o conteúdo da revelação escrita. Em contrapartida, enquanto livro humano, seremos grandemente ajudados por princípios hermenêuticos que encurtem a distância entre o texto original e nós, leitores contemporâneos. Na próxima seção, iremos destacar alguns desses princípios que nos ajudam a interpretar a Bíblia como literatura humana — sem perdermos de vista a sua natureza divina.

COMO LER A BÍBLIA?

Não é raro ouvir de pessoas da igreja a seguinte queixa: "Eu leio, leio, leio, mas não consigo entender a Bíblia." Uma irmã da nossa igreja certa vez me perguntou: "Por que interpretar a Bíblia é uma tarefa tão difícil?" A Bíblia não deve ser encarada como um livro difícil de entender, mas como um livro de riqueza inestimável. Pense em um baú repleto de diamantes brutos que, para poderem brilhar, precisam ser lapidados cuidadosamente. De fato, interpretar a Bíblia é uma tarefa trabalhosa, mas, à medida que vemos os diamantes brilhando diante de nossa face, vale todo o esforço. Portanto, prefiro dizer que interpretar a Bíblia é uma tarefa trabalhosa, e não necessariamente difícil — pelo menos até chegarmos ao Apocalipse de João![42]

Além disso, ao encontrarmos dificuldades em nossa leitura bíblica, precisamos manter em perspectiva que o problema não está na Escritura, como se ela sofresse alguma deficiência, mas em nós, seres humanos, que, depois da Queda, possuímos sérias deficiências cognitivas. Em outras palavras, as possíveis dificuldades da Bíblia existem por causa da deficiência de seus intérpretes.[43] De fato, a igreja cristã ocidental experimenta um surto de analfabetismo bíblico. Isso tem gerado um forte "contágio de esquisitices" e muita confusão desnecessária em muitas igrejas locais de várias denominações protestantes. Por causa disso, precisamos redescobrir como interpretar a Bíblia da forma adequada. Quais ferramentas podemos utilizar para cumprirmos bem essa tarefa?

Abismos hermenêuticos

Antes de tudo, precisamos reconhecer a existência de alguns abismos hermenêuticos em nosso contato com as Escrituras, isto é, há uma distância significativa que impede o leitor contemporâneo de extrair o melhor da literatura bíblica. Podemos mencionar quatro deles. O primeiro é o abismo hermenêutico das línguas bíblicas. Nós falamos a língua portuguesa, mas as línguas originais das Escrituras — hebraico, aramaico e grego — são praticamente desconhecidas pelo povo de

---

[42]Se você tem interesse em estudar o livro de Apocalipse, veja meu artigo: Gomes, "Como ler o Apocalipse? Literatura apocalíptica e outras influências que forjaram o imaginário do Apocalipse de João", *Revista Teológica* 73, 1-2, 2020, p. 55-71.
[43]Cf. Tomás de Aquino, *Summa theologiae*, I. q.1. a.5.

Deus. Isso significa que a distância gramatical e linguística entre o texto sagrado e nós é um ponto relevante que não pode ser esquecido em nossa leitura da Bíblia.

O segundo abismo é o temporal. Não podemos retornar aos autores bíblicos e perguntar a eles o significado específico de uma passagem, visto que todos eles já desfrutam das alegrias celestiais, além disso a comunicação com os mortos foi terminantemente proibida pelo Senhor (Levítico 19:31; Deuteronômio 18). Isso significa que os costumes, a cultura e o contexto histórico dos autores bíblicos são estranhos à cultura contemporânea.

O terceiro abismo é o literário. A forma pela qual os autores bíblicos escreviam leis, cartas, biografias, narrativas, poesias, profecias, apocalipses, entre outros gêneros, também deixou de ser utilizada na literatura atual.

O quarto abismo pode ser chamado de espiritual ou *místico*.[44] Como expliquei anteriormente, a mensagem das Escrituras é eminentemente espiritual e redentiva em seu escopo e, portanto, precisamos de fé para interpretá-la fielmente. A menos que entendamos esse traço específico de sua abordagem, correremos o risco de interpretar a Bíblia como mero recurso de autoajuda.

Transpondo os abismos

O que faremos para transpor esses quatro abismos? Para interpretarmos a Bíblia à luz da intenção autoral original, precisamos desenvolver uma metodologia hermenêutica robusta que nos ajude a transpor simultaneamente, ainda que de modo limitado, os distanciamentos linguísticos, histórico-culturais, literários e espirituais da leitura que fazemos desse texto antigo.

1. Leitura gramatical da Bíblia

Devemos nos empenhar, em primeiro lugar, para conhecer as características mais marcantes das línguas hebraica e grega, então, seremos capazes de identificar expressões idiomáticas utilizadas no texto bíblico,

---

[44]Palavra derivada do termo grego *pistis*, que significa fé. (N. do R.)

bem como palavras-chave, repetições de frases e outros padrões linguísticos que aparecerem pelo caminho.[45]

Deixe-me ilustrar isso. Uma das técnicas mais importantes para interpretar qualquer texto bíblico é prestar atenção nas repetições de palavras. Paulo diz aos filipenses: "Não façam nada por interesse pessoal ou vaidade, mas por humildade, cada um *considerando* os outros superiores a si mesmo" (Filipenses 2:3). Quando lido em seu contexto mais amplo, o termo "considerar" — *hegeomai*, no grego — se torna uma chave-hermenêutica para entender boa parte da carta, visto que é utilizado pelo apóstolo várias vezes depois dessa passagem específica.

Em 2:3, Paulo utiliza o termo como uma exortação à igreja; em 2:6, ele estabelece o fundamento cristológico desta exortação: "que, mesmo existindo na forma de Deus, não *considerou* o ser igual a Deus algo que deveria ser retido a qualquer custo." Paulo continua: "Pelo contrário, ele se esvaziou, assumindo a forma de servo, tornando-se semelhante aos seres humanos. E, reconhecido em figura humana, ele se humilhou, tornando-se obediente até a morte, e morte de cruz" (Filipenses 2:6-8). Isto é, o mandamento de considerar os outros superiores a nós mesmos não é por si mesmo uma conquista humana, mas é baseado no exemplo de autossacrifício evidente no próprio Senhor Jesus.

A mesma palavra é utilizada três vezes pelo apóstolo em Filipenses 3:7,8: "Mas o que para mim era lucro, isto *considerei* perda por causa de Cristo. Na verdade, *considero* tudo como perda, por causa da sublimidade do conhecimento de Cristo Jesus, meu Senhor. Por causa dele perdi todas as coisas e as *considero* como lixo, para ganhar a Cristo." O que temos aqui é um testemunho pessoal de Paulo. Assim como o Senhor Jesus, o Filho de Deus, se esvaziou, o apóstolo, seguindo os

---

[45]Existem diversos recursos úteis que podem nos ajudar a transpor o abismo linguístico das Escrituras, particularmente as gramáticas e os dicionários recentes do hebraico e do grego bíblicos. Minhas sugestões para o hebraico são: Ross, *Gramática do hebraico bíblico* (São Paulo: Vida, 2009); Mendes, *Noções de hebraico bíblico* (São Paulo: Vida Nova, 2011); Lambdin, *Gramática do hebraico bíblico* (São Paulo: Paulus, 2003). Para estudar o grego, recomendo: Rega; Bergmann, *Noções do grego bíblico* (São Paulo: Vida Nova, 2014); Wallace, *Gramática grega* (São Paulo: Editora Batista Regular, 2009); Mounce, *Fundamentos do grego bíblico* (São Paulo: Vida, 2009).

passos do Mestre, não buscava reconhecimento pessoal, mas considerava qualquer conquista individual como esterco. Portanto, Filipenses 2:6-8 e 3:7,8 são a base para a exortação de considerar, com humildade, os outros superiores a nós mesmos em 2:3. Isso significa que temos os exemplos poderosos de Jesus e de Paulo para nos equipar nessa empreitada. Se isolássemos 2:3 do resto da carta, jamais teríamos uma compreensão mais ampla do seu significado. Por isso, precisamos ficar atentos às palavras e ao contexto em que elas são utilizadas.[46]

Caso você não tenha acesso ao estudo das línguas originais ou tenha muita dificuldade para aprendê-las, busque uma tradução bíblica que esteja de acordo com o seu conhecimento da língua portuguesa. Em muitos casos, pessoas em nossas igrejas não interpretam bem a Escritura porque escolhem traduções incompatíveis com o seu vocabulário. A Sociedade Bíblica do Brasil diz que a tradução Almeida Revista e Atualizada (ARA) tem o vocabulário de 8.380 palavras, enquanto a Nova Tradução na Linguagem de Hoje (NTLH), apenas 4.390 palavras. Levando em conta que o brasileiro com escolaridade média fala apenas 3 mil palavras, não é de se espantar que a maioria das pessoas tenha dificuldades para interpretar a Bíblia. Seja realista: se você sofre para compreender os conceitos bíblicos, experimente começar sua leitura pelas versões mais simples e dinâmicas da Escritura, como a NTLH, a Nova Versão Transformadora (NVT) ou a Nova Versão Internacional (NVI), e, depois, avance para as mais literais, como a Nova Almeida Atualizada (NAA).

2. Leitura histórico-cultural da Bíblia

Em segundo lugar, devemos nos esforçar para estudar a cultura, a história e os costumes de vida que vigoravam nos tempos antigos, desse modo, seremos capazes de interpretar o texto bíblico dentro de seu próprio mundo, e não imporemos os nossos padrões culturais sobre o texto, distorcendo o seu sentido.[47] A maioria dos eventos da Bíblia

---

[46]Cf. Deppe, *All roads lead to the text* (Grand Rapids: Eerdmans, 2011), p. 133-4.
[47]Para um excelente material, veja: Walton, *Comentário histórico-cultural da Bíblia*: Antigo Testamento (São Paulo: Vida Nova, 2018); Keener, *Comentário histórico--cultural da Bíblia*: Novo Testamento (São Paulo: Vida Nova, 2017).

ocorreu há mais de dois mil anos nas culturas do Antigo Oriente Próximo. No caso do Novo Testamento, seremos beneficiados se tivermos um conhecimento básico da história e da cultura greco-romana.

Deixe-me ilustrar isso. Os autores bíblicos contam histórias utilizando padrões comuns dos povos do Antigo Oriente Próximo. Por exemplo, quando alguém contava uma história em três etapas, isso significava que a terceira seria o desfecho da trama.[48] Na Parábola do Bom Samaritano em Lucas 10:25-37, vemos isso claramente. O Senhor Jesus narra que o sacerdote aparece primeiro na cena, representando a liderança espiritual oficial. Infelizmente, ele negligencia a pessoa necessitada à beira da estrada. Então, surge um levita que, como um profissional religioso subordinado, poderia ter mais tempo para uma situação de emergência, mas novamente abandona seu dever de compaixão. Aqueles que ouviam atentamente o drama da parábola esperavam que o terceiro participante se tornasse o herói da história. Naquela época, havia um sentimento de rejeição aos altos escalões religiosos e, portanto, o público antecipava que o campeão espiritual da história seria um líder espiritual leigo. No primeiro século, essa pessoa seria o fariseu. Porém, Jesus apresenta um herói samaritano e contraria todas as expectativas da audiência.

Os judeus tinham um preconceito racial forte para com os samaritanos, em virtude da história de divisão dos reinos (2Reis 17). Eram também taxados de impuros, idólatras e, por isso, pagãos. Na época de Jesus, o conflito estava tão intenso que os samaritanos foram, pela primeira vez na história, excluídos da celebração da Páscoa. O Sinédrio judaico havia também estabelecido que se fizessem orações amaldiçoando publicamente os samaritanos nas sinagogas, rogando a Deus que eles não participassem da vida eterna. Essa informação é muito importante para a parábola de Jesus, visto que ela é uma resposta à pergunta: "Mestre, que farei para herdar a vida eterna?" (Lucas 10:25). Ironicamente, para herdar a vida eterna, o intérprete da lei precisa amar o próximo como aquele samaritano! Assim, diferente da noção judaica da época

---

[48]Um livro repleto de exemplos de como o contexto histórico-cultural do Antigo Oriente Próximo nos ajudar a interpretar as passagens bíblicas é: Deppe, *All roads lead to the text*, esp., p. 158-227.

segundo a qual amar o próximo se limitava aos conterrâneos judeus, o conceito de amor do Senhor inclui até mesmo aqueles que odiamos.[49]

3. Leitura literária da Bíblia

Em terceiro lugar, é necessário conhecermos um pouco dos gêneros literários da Bíblia para nos acostumarmos com as formas textuais mais utilizadas pelos seus autores. Além dos gêneros literários, é essencial lermos qualquer passagem da Bíblia à luz do contexto imediato do livro e também dos demais livros canônicos. Se o próprio Deus, para registrar sua mensagem, decidiu utilizar autores humanos com características, linguagem, forma e estilo literário peculiares, seria uma grande negligência da nossa parte não prestarmos atenção à dimensão humana da Escritura. Com base nisso, precisamos ler as narrativas com os ouvidos, os poemas, com a imaginação, as leis, com a razão, as cartas, sempre do início ao fim, as parábolas, de forma figurada e assim por diante.

Vamos dar um exemplo de como formas literárias antigas nos ajudam a interpretar os Evangelhos. Em Marcos 11:22,23, lemos: "Ao que Jesus lhes disse: 'Tenham fé em Deus. Porque em verdade lhes digo que, se alguém disser a este monte: 'Levante-se e jogue-se no mar', e não duvidar no seu coração, mas crer que se fará o que diz, assim será com ele'." A princípio, parece que Jesus está apenas nos ensinando a ter uma fé abundante capaz de mover qualquer obstáculo, até mesmo uma montanha! No entanto, uma análise mais detalhada do contexto nos ajuda a perceber que a maneira pela qual Marcos estruturou o capítulo 11 lança luz sobre a nossa interpretação a respeito da "montanha jogada no mar":

A) 11:12-14 — A maldição de Jesus sobre a figueira
B) 11:15-19 — Ação de Jesus no templo
A) 11: 20,21 — A figueira amaldiçoada está seca
C) 11:22-25 — Fé, oração e perdão

O que temos aqui é um claro exemplo de interpolação, popularizada pelos exegetas como "sanduíche de Marcos." É uma interpolação

---

[49]Deppe, *All roads lead to the text*, p. 160-62.

porque 11:12-14 e 11:20,21 envolvem — como duas fatias de páo — o conteúdo de 11:15-19 — o recheio do sanduíche. Isso nos ajuda a entender várias coisas aparentemente obscuras no texto. Por exemplo, a íntima relação entre a figueira e sua infertilidade, de um lado, e a liderança israelita responsável pelo templo, de outro. Por ser uma árvore frondosa e com ótima sombra, a figueira era considerada uma metáfora de Israel e de sua missão de acolher as nações à sua sombra. A infertilidade da religião israelita é confirmada, em analogia direta com aquilo que aconteceu com a figueira, pelo fato de o templo ser utilizado para comércio, e não para cumprir sua função de casa de oração e abrigo para as nações. Jesus não está apenas falando do destino de uma figueira, em particular, por estar murcha e amaldiçoada, mas pronunciando a ruína do povo israelita.[50]

Mas como isso nos ajuda a interpretar melhor 11:22-25? O ensino sobre "a montanha jogada no mar" vem logo em seguida ao episódio da maldição da figueira e da destruição do templo israelita. Um leitor atento relacionaria as imagens *figueira*, *templo* e *monte* sem muita dificuldade. O templo de Israel era localizado em uma grande montanha, o Monte Sião. Ao organizar todos esses eventos em sequência, Marcos está nos dizendo que o sistema religioso de Israel está naufragando, como se o templo e seus rituais estivessem sendo jogados no mar. Assim, para aqueles que tem fé, "a montanha" será destruída, assim como aconteceu com a figueira e o templo. Em outras palavras, a fé no sacrifício de Jesus Cristo, a oração e o perdão são os elementos que substituem a religiosidade do templo e seu sistema sacrificial. Isso é confirmado no capítulo seguinte quando o Senhor Jesus afirma que a prática do amor toma o lugar dos rituais de sacrifício (Marcos 12:33). Portanto, um estudo cuidadoso dos elementos literários dessa passagem nos ajuda a perceber que o ensino de Jesus não diz respeito apenas a

---

[50]Jesus não está utilizando uma metáfora desconhecida do povo israelita, mas repetindo um padrão muito comum no Antigo Testamento. Os profetas, por exemplo, costumavam se referir a uma figueira murcha em seus oráculos de juízo contra Israel (Isaías 28:4; Oseias 2:12; 9:10; Joel 1:7; Miqueias 7:1) e Judá (Jeremias 5:17; 8:13; 24:1-10; 29:17; Habacuque 3:17).

exercitar uma fé extraordinária, mas a um novo modelo de espiritualidade que substitui os rituais antigos da religião judaica.[51]

A Bíblia é um livro sagrado, mas não é um livro *mágico*. Devemos evitar métodos supersticiosos de leitura bíblica, tal como abrir a Escritura, colocar o dedo e "onde parar é o que Deus quer falar para você". Também é ruim ler versículos fora de contexto e até mesmo adotar planos ou calendários para ler a Bíblia toda em um ano, pois tornam a literatura bíblica uma verdadeira colcha de retalhos. Na minha experiência, o que mais nos ajuda a crescer em conhecimento da Palavra de Deus é a leitura pausada e consistente de um livro bíblico inteiro de cada vez, como geralmente fazemos quando estamos lendo qualquer outro livro humano.

Leia um texto do começo ao fim: narrativas bíblicas como histórias, cartas como cartas, leis como leis, parábolas como parábolas, poemas como poemas. É contraproducente ler um capítulo de João, depois pular para um salmo e, em seguida, ler o trecho de uma carta. Isso pode até lhe dar a sensação de "missão cumprida" por ter lido a Bíblia inteira, mas não o fará mais sábio nem um profundo conhecedor da Palavra. O método que eu tenho usado por anos é bem simples: (1) escolho um livro; (2) leio-o inteiro várias vezes; (3) presto atenção à sua estrutura, à sua gramática, ao seu contexto histórico e às principais formas literárias; (4) agrupo as ideias principais da passagem; (5) relaciono de que modo esse conteúdo se conecta com os demais livros da Escritura, especialmente de que modo me ajuda a entender melhor a obra de salvação do Senhor Jesus Cristo.

4. Leitura teológica da Bíblia

Em quarto lugar, a tarefa do intérprete cristão é ler a Bíblia como um livro inspirado pelo Espírito Santo, um texto que tem como objetivo nos levar à fé em Jesus Cristo, à edificação do coração, à salvação e à vida eterna. Essa é a mensagem central das Escrituras de Gênesis a

---

[51]Cf. Deppe, *All roads lead to the text*, p. 137-8. Dois livros altamente recomendados para estudos posteriores em hermenêutica bíblica são: Silva; Kaiser, *Introdução à hermenêutica bíblica* (São Paulo: Cultura Cristã, 2014); Fee; Stuart, *Entendes o que lês?* (São Paulo: Editora Vida Nova, 2006).

Apocalipse. Portanto, precisamos ler as Escrituras como uma história *unificada*, *orgânica* e *progressiva* que nos leva até Jesus, o Cristo.

Por "unificada" me refiro ao fato de que, embora a Escritura contenha 66 livros, ela possui uma narrativa única que permeia todos os seus livros. Que história é essa? De capa a capa, Deus proclama que, apesar de termos nos rebelado contra ele, em Cristo Jesus, ele está trazendo a humanidade de volta para si. Todos os livros da Bíblia estão inseridos, de uma forma ou de outra, nessa grande narrativa de salvação, por isso devem ser lidos dessa perspectiva. Jesus é o centro da história e todos os acontecimentos do Antigo Testamento antecipam os atos de redenção que Jesus realizou na cruz e na ressurreição. Todas as diversas histórias — de Abraão, Moisés, Davi, Neemias, Daniel até a da igreja do primeiro século — apontam para uma história única de salvação divina, e essa história tem o clímax em Jesus Cristo.[52] Portanto, em vez de ler a Escritura como um livro de autoajuda ou como um manual de regras para alcançar sucesso pessoal, precisamos urgentemente redescobrir que a Bíblia é a grande história de como Deus, por meio de Jesus Cristo, redime o mundo da escravidão do pecado para uma realidade eterna de salvação, paz, vida e justiça.

Ao mencionar o termo "orgânica", refiro-me à Bíblia como uma narrativa interdependente, como um tapete bem tecido em que todos os fios, juntos, formam uma imagem clara. Talvez, o pior erro hermenêutico de todos seja o de interpretar uma passagem isolada de seu contexto imediato, do livro onde está inserida, do cânon e, em última análise, até do próprio Senhor Jesus Cristo.[53] Longe de ser uma história desconexa ou uma colcha de retalhos, a Bíblia é como um ecossistema: um sistema formado por um conjunto de organismos vivos que se relacionam entre si de forma interdependente.[54] Leia a Escritura de forma atenta e você perceberá que tudo nela está conectado de forma bela, coerente e proposital. Não existe história sem sentido, livro sem

---

[52]Cf. Longman III, *Lendo a Bíblia com o coração e a mente* (São Paulo: Cultura Cristã, 2003), p. 119.

[53]Um livro que aborda essa questão de forma bem específica é Carson, *Os perigos da interpretação bíblica* (São Paulo: Vida Nova, 2001).

[54]Horton, *The Christian faith*, p. 29.

propósito, ideia sem pé nem cabeça. A Palavra de Deus é um organismo vivo no qual todas as coisas estão conectadas e servem a um propósito: glorificar a Deus e levar o ser humano a um relacionamento com ele.

A Bíblia também deve ser lida como uma história "progressiva", isto é, um livro que foi desenvolvido ao longo do tempo, como um quebra-cabeça que é montado peça a peça. Muitas ideias equivocadas são evitadas quando entendemos o princípio da progressividade da autorrevelação de Deus na Escritura. Por exemplo, o apego de alguns cristãos a templos ou lugares sagrados, restrições dietéticas, guarda do sábado e até mesmo a sacrifícios e rituais judaicos que não fazem o menor sentido à luz da revelação de Cristo, o qual é o cumprimento de todas essas sombras. Em outras palavras, todo intérprete da Escritura precisa aprender a correlacionar as promessas do Antigo Testamento com seu cumprimento em Cristo no Novo Testamento.[55]

Ao longo da história da igreja, a relação entre os dois testamentos tem sido articulada com base nas noções de promessa e cumprimento. Esse tipo de visão também é chamado de perspectiva *tipológica*, pois descreve os grandes acontecimentos, cerimônias, personagens e ensinos do Antigo Testamento como "tipos", ou "modelos imperfeitos", da realidade perfeita, ou "antítipo", que haveria de ser manifesta no Novo Testamento.

Para dar um exemplo, o apóstolo Paulo descreve como a obra de Cristo é superior a todos os rituais judaicos: "Portanto, que ninguém julgue vocês por causa de comida e bebida, ou dia de festa, ou lua nova, ou sábados, porque tudo isso tem sido *sombra* das coisas que haviam de vir; porém o *corpo* é de Cristo" (Colossenses 2:16,17).[56] O argumento do apóstolo é que *sombra* é uma imagem obscura que aponta para uma realidade nítida e palpável. Você pode ter sua sombra projetada na parede ou no chão e mesmo assim ninguém o reconhecer apenas pela imagem de sua sombra. Nesse sentido, seu papel é "dar o primeiro

---

[55]Na minha opinião, ninguém tem se esforçado mais para esclarecer a relação entre promessa e cumprimento entre os dois testamentos do que Gregory K. Beale. Recomendo fortemente que você estude o livro, de sua autoria, *Comentário do uso do Antigo Testamento no Novo Testamento* (São Paulo: Vida Nova, 2014).
[56]Ênfase do autor.

passo", apontar para algo além de si mesma, pois ela existe para nos revelar algo superior.

De acordo com o apóstolo, todas as regras envolvendo comida e bebida, observância de dias e sábados, festividades, cerimônias e sacrifícios terminaram em Cristo, pois elas são "sombras" do "corpo" de Cristo manifesto há dois mil anos. Todas essas sombras deixaram de ser necessárias após a vinda daquele que cumpre perfeitamente tudo aquilo para o que elas apenas apontavam imperfeitamente. A velha circuncisão era uma sombra da nova "circuncisão" realizada por Cristo, que é o despojar não apenas de partes do nosso corpo, mas a "remoção do corpo da carne" (Colossenses 2:11), isto é, a mortificação da nossa velha natureza. O velho sábado era uma sombra do descanso perfeito que temos em Cristo (Mateus 12:8). As dietas alimentares eram sombras do alimento perfeito que é Cristo (João 6:51). Os velhos sacrifícios eram sombras do último e perfeito sacrifício de Jesus Cristo na cruz (Hebreus 10:12-36). Portanto, por vivermos agora em uma nova realidade em Cristo, não somos mais obrigados a passar pela circuncisão, somos livres para comer qualquer tipo de comida, não estamos subordinados à guarda do sábado e não oferecemos a Deus sacrifícios de animais, mas apenas a nossa vida como sacrifício de louvor e gratidão ao Senhor.

Terminamos, aqui, a nossa jornada pela revelação escrita. Obviamente, nós só arranhamos a superfície das profundezas da Palavra de Deus. Espero que você tenha aproveitado a viagem e descoberto um pouco mais a respeito da natureza e do propósito da Escritura sagrada. Enquanto o Senhor Jesus não retornar para julgar vivos e mortos, enquanto não se encontrar fisicamente conosco a fim de que desfrutarmos da sua presença por toda a eternidade, a Escritura sagrada permanece sendo o meio mais palpável e seguro pelo qual Deus nos encontra aqui e agora em nossa jornada de fé.

REFERÊNCIAS

AUGUSTINUS. "De civitate Dei." In: DOMBART, B.; KALB, A., org. *Corpus Christianorum Scholars Version* (Turnhout: Brepols 2014).

_____ [AGOSTINHO]. *A cidade de Deus* (Petrópolis: Vozes, 1990).

_____ [AUGUSTINE OF HIPPO]. *Sermons 51-94* (Vol. III/3). Organização de John E. Rotelle (New Rochelle, NY: New City Press, 1992).

BARTH, *Church dogmatics* (Edinburgh : T. & T. Clark, 1975). I/1: The doctrine of the word of God prolegomena to church dogmatics.

BARTHOLOMEW, Craig G.; GOHEEN, Michael W. *The drama of Scripture: finding our place in the biblical story* (Grand Rapids: Baker, 2004).

_____; _____. *O drama das Escrituras: encontrando o nosso lugar na narrativa bíblica* (São Paulo: Vida Nova, 2017).

BAVINCK, Herman. *Reformed dogmatics* (Grand Rapids: Baker, 2008). 4 vols.

_____. *Dogmática reformada* (São Paulo: Cultura Cristã, 2012). 4vols.

BEALE, Gregory K. *Comentário do uso do Antigo Testamento no Novo Testamento* (São Paulo: Vida Nova, 2014).

BERKHOF, Louis. *Manual of Reformed doctrine* (Grand Rapids: Eerdmans, 1933).

BRUCE, F.F. *Merece confiança o Novo Testamento?* (São Paulo: Vida Nova, 1990).

CALVIN, Jean. "Institutio Christianae religionis." In: BAUM, G.; CUNITZ, E.; REUSS, E., orgs. *Ioannis Calvini Opera Quae Supersunt Omnia*. Corpus Reformatorum (Brunswick and Berlin: C. A. Schwetschke and Son [M. Bruhn], 1863-1900). Vols. 29-87.

_____ [CALVINO, João]. *Institutas da religião cristã* (São Paulo: Cultura Cristã, 2006). 4vols.

_____ [CALVINO, John]. *Commentary on the Book of Genesis* (Grand Rapids: Baker, 1996).

_____ [CALVINO, João]. Gênesis. Série Comentários Bíblicos (Os Puritanos, 2020). 2. Vols.

CARSON, D. A. *Os perigos da interpretação bíblica* (São Paulo: Vida Nova, 2001).

CARSON, D. A; MOO, D.; MORRIS. L. *Introdução ao Novo Testamento* (São Paulo: Vida Nova, 1997).

Confissão de Fé de Westminster (São Paulo: Cultura Cristã, 2014).

CONNOLLY, W. Kenneth. *The indestructible book* (Grand Rapids, MI: Baker Books, 1996).

DEPPE, Dean B. *All roads lead to the text: eight methods of inquiry into the Bible* (Grand Rapids: Eerdmans, 2011).

ERICKSON, Millard J. *Christian theology*. 2. ed. (Michigan: Baker Academic, 1998).

_____. *Teologia Sistemática* (São Paulo: Vida Nova, 2015).

FEE Gordon; STUART, Douglas. *Entendes o que lês?* (São Paulo: Editora Vida Nova, 2006).

GEISLER, Norman; NIX, William. *A general introduction to the Bible* (Chicago: Moody Press, 1996).

_____; _____. *Introdução bíblica: como a Bíblia chegou até nós* (São Paulo: Vida, 2018).

GOMES, Jean Francesco A. L. "Como ler o Apocalipse? Literatura apocalíptica e outras influências que forjaram o imaginário do Apocalipse de João." *Revista Teológica* (Campinas) 73, 1-2 (2020): 55-71.

GONZÁLEZ, J. L. *História ilustrada do cristianismo* (São Paulo: Vida Nova, 2011). Vol. 1.

GRONINGEN, Gerhard van. *Criação e consumação: o reino, a aliança e o mediador* (São Paulo: Cultura Cristã, 2008). 3 vols.

HORTON, Michael. *The Christian faith: a systematic theology for pilgrims on the way* (Grand Rapids: Zondervan).

_____. *Doutrinas da fé cristã: uma teologia sistemática para os peregrinos no caminho* (São Paulo: Cultura Cristã, 2019).

_____. *Pilgrim theology: core doctrines for Christian disciples* (Grand Rapids: Zondervan, 2011).

IRENAEI. "Adversus Haereses." In: HARVEY, W. W., org. *Sancti Irenaei episcopi Lugdunensis Libros quinque adversus haereses* (London: Gregg Press, 1965).

_____. [IRINEU DE LYON] *Contra as heresias*. Coleção Patrística (São Paulo: Paulus, 2014). Vol. 4.

KEENER, Craig S. *Comentário histórico-cultural da Bíblia*: Novo Testamento (São Paulo: Vida Nova, 2017).

KELLER, Werner. *E a Bíblia tinha razão* (São Paulo: Melhoramentos, 2012).

KOOI, Cornelis van der; BRINK, Gijsbert van den. *Christian dogmatics: an introduction* (Grand Rapids: Eerdmans, 2017).

KUYPER, Abraham. *Encyclopedia of sacred theology* (New York: Charles Scribner's Sons, 1898).

LAMBDIN, Thomas O. *Gramática do hebraico bíblico* (São Paulo: Paulus, 2003).

LONGMAN III, Tremper. *Lendo a Bíblia com o coração e a mente* (São Paulo: Cultura Cristã, 2003).

LUTHER, Martin. *Luther's works* (Saint Louis, Concordia Publishing House, 1955-1986).

MENDES, Wilson B. *Noções de hebraico bíblico* (São Paulo: Vida Nova, 2011).

MOUNCE, William D. *Fundamentos do grego bíblico* (São Paulo: Vida, 2009).

MULLER, Richard. *Post-Reformation Reformed dogmatics* (Grand Rapids: Baker, 2003). Vol. 2: Holy Scripture: the cognitive foundation of theology.

ORIGEN. *On first principles* (Oxford, UK: Oxford University Press, 2017).

_____ [ORÍGENES]. "Tratado sobre os princípios." In: QUINTA, Manoel, org. *Orígenes*. Coleção Patrística (São Paulo: Paulus, 2002). Vol. 30.

PACKER, J. I. "Scripture". In: DAVIE, M., et. al. *New dictionary of theology: historical and systematic*. 2. ed. (Downers Grove, IL: InterVarsity Press, 2016). p. 821-5.

PELIKAN, Jaroslav. *The Christian tradition: a history of the development of doctrine* (Chicago: University of Chicago Press, 1971). Vol.1: The emergence of the catholic tradition (100-600).

_____. *A tradição cristã: uma história do desenvolvimento da doutrina* (São Paulo: Shedd Publicações, 2015). Vol. 1: O surgimento da tradição católica (100-600).

PETERSON, Eugene H. *Eat this book: the art of spiritual reading* (London: Hodder & Stoughton, 2006).

_____. *Como este livro: as sagradas Escrituras como referência para uma sociedade em crise* (S.L.: Textus, 2004).

PRICE, Randall; HOUSE, Wayne. *Manual de arqueologia bíblica* (Rio de Janeiro: Thomas Nelson, 2020).

REGA, Lourenço S.; BERGMANN, Johannes. *Noções do grego bíblico* (São Paulo: Vida Nova, 2014).

ROSS, Allen P. *Gramática do hebraico bíblico* (São Paulo: Vida, 2009).

SCHLEIERMACHER, Friedrich. *The Christian faith: a new translation and critical edition* (Louisville: Westminster John Knox Press, 2016).

SILVA, M.; KAISER, W. *Introdução à hermenêutica bíblica* (São Paulo: Cultura Cristã, 2014).

TOMÁS DE AQUINO. "Summa theologiae." In: MORTENSEN, John, et al., org. *Latin/English edition of the works of St. Thomas Aquinas* (Lander, WY: The Aquinas Institute for the Study of Sacred Doctrine, 2012). Vol. 13-20.

_____. *Suma Teológica* (Campinas: Editora Ecclesiae, 2018). 5 vols.

VANHOOZER, Kevin. "Holy Scripture". In: ALLEN, Michael; SWAIN, Scott R., orgs. *Christian dogmatics: Reformed theology for the Church Catholic* (Grand Rapids: Baker, 2016).

_____. *First Theology: God, Scripture, and hermeneutics* (Downers Grove: InterVarsity Press, 2002).

_____. *Teologia primeira: Deus, Escritura e hermenêutica* (São Paulo: Shedd Publicações, 2016).

WALLACE, Daniel B. *Gramática grega: uma sintaxe exegética do Novo Testamento* (São Paulo: Editora Batista Regular, 2009).

WALSH, Brian; MIDDLETON, Richard. *A visão transformadora: moldando uma cosmovisão cristã* (São Paulo: Cultura Cristã, 2010).

WALTON, John H. *Comentário histórico-cultural da Bíblia*: Antigo Testamento (São Paulo: Vida Nova, 2018).

WEBSTER, John. *Holy Scripture: a dogmatic sketch* (Cambridge: Cambridge University Press, 2003).

"Westminster Confession of Faith." In: DENNISON Jr., James T., org. *Reformed confessions of the 16th and 17th centuries in English translation* (Grand Rapids: Reformation Heritage Books, 2008). Volume 4: 1600-1693.

WOLTERS, Albert. *Criação restaurada* (São Paulo: Cultura Cristã, 2019).

WON, Paulo. *E Deus falou na língua dos homens: uma introdução à Bíblia* (Rio de Janeiro: Thomas Nelson, 2020).

PALAVRA E SACRAMENTOS

P: Visto que somente a fé é o que nos torna participantes de Cristo e de todos os seus benefícios, de onde vem essa fé? R: Vem do Espírito Santo, que a opera em nossos corações pela pregação do evangelho e a fortalece pelo uso dos sacramentos.[1]

— Catecismo de Heidelberg

... o Espírito nos dá a fé para abraçar a Cristo por meios visíveis em uma instituição histórica, e o resultado da obra do Espírito é um corpo visível, não apenas a experiência privada de indivíduos.[2]

— Michael Horton

Esse pão, esse vinho, o que eles significam? Meus amigos, eles representam tristeza — tristeza até a morte. O pão, à parte o vinho, representa o corpo de Cristo separado de seu sangue e, portanto, eles representam a morte. O pão partido representa a carne de Cristo machucada, debilitada, sofrendo, cheia de angústia. O vinho representa o sangue de Cristo derramado na cruz, em meio à agonia com a qual ele experimentou a

---

[1]Catecismo de Heidelberg, pergunta 65.
[2]Horton, *Pilgrim theology* (Grand Rapids: Zondervan, 2011), p. 346.

morte. No entanto, esses emblemas de tristeza e sofrimento nos fornecem nossa grande festa de amor. Na verdade, essa é a alegria que surge da tristeza! O próprio festival é o memorial ordenado da maior dor que já foi suportada na terra. Ao se reunir em torno da mesa do Senhor, você pode ver nesses emblemas externos que a tristeza se transformou em alegria.[3]

— Charles H. Spurgeon

E m meu exame de ordenação para o ministério pastoral, lembro que um colega me fez a seguinte pergunta: "Candidato, o que você faria com as sobras de pão e vinho da ceia do Senhor? Você deixaria as crianças comerem depois de terminar o culto? Você jogaria no lixo? Você enterraria em algum lugar secreto?" Para ser sincero, essa era uma pergunta que eu não estava esperando no exame. Naquela ocasião, ocorreu-me dizer que, pelo fato de os sacramentos terem um uso especial apenas durante o momento da sua administração no culto, não faria muita diferença o que faríamos com os elementos após o seu término. Por trás da pergunta, obviamente, o examinador queria discernir qual era a minha visão sobre os sacramentos, particularmente se eu os via como elementos mágicos que carregam algum tipo de poder sagrado mesmo após o fim do culto e que, portanto, deveriam ser mantidos longe do alcance de crianças e enterrados em algum lugar secreto. Àquela altura da minha vida, eu já tinha a noção de que os sacramentos não são elementos com um poder próprio, mas meios de graça visíveis pelos quais Deus nos abençoa espiritualmente. A água do batismo permanece sendo água, e os elementos do pão e do vinho continuam os mesmos antes, durante e depois da ministração dos sacramentos. Assim, o que muda é o nosso uso desses elementos, de uma utilização regular de consumo cotidiano para empregá-los num banquete em que, analogicamente, nos nutrimos de Jesus Cristo e suas bênçãos salvíficas.

Neste último capítulo, continuaremos a proposta da quarta parte deste livro oferecendo mais uma resposta à pergunta: como Deus espera

---

[3]Spurgeon, *The fullness of joy* (New Kensington, PA: Whitaker House, 1997), p. 109-10. Tradução do autor.

ser reconhecido por nós? Já estudamos que o Senhor se revela naturalmente nas coisas criadas, de forma física pela encarnação do Filho e de maneira escrita pelas sagradas Escrituras. Em que mais podemos perceber a revelação divina vindo ao nosso encontro? Meu objetivo aqui é ajudar você a entender de que modo Deus também se revela de forma *audível* na proclamação da sua Palavra e de modo *visível* na administração dos sacramentos.

O roteiro da nossa jornada será o seguinte. Em primeiro lugar, discutiremos o que é a pregação do evangelho e em quais sentidos podemos chamá-la de meio de graça. Em seguida, faremos uma investigação a respeito do que a Escritura nos ensina sobre o batismo, sua importância para o discipulado e sua relação com a pregação da Palavra. Finalmente, exploraremos o significado da instituição da eucaristia, seu lugar na experiência cristã e sua relação com o evangelho de forma mais ampla. A minha oração é que, ao final deste capítulo, você possa crer que Deus vem ao nosso encontro por meio da pregação do evangelho e dos sacramentos e, consequentemente, sinta-se mais disposto a receber a pregação do evangelho como a própria Palavra de Deus e a participar dos sacramentos como um meio de intensificar sua comunhão com o Deus Pai, Filho e Espírito Santo.

PREGAÇÃO COMO MEIO DE GRAÇA

A minha primeira tarefa é esclarecer o que é pregação e como ela é essencial para o discipulado cristão. Antes de prosseguirmos rumo a uma definição, é necessário pontuar os principais equívocos sobre a pregação. Em primeiro lugar, muitas pessoas entendem que pregar é ensinar boas lições de vida. O pregador é visto como uma espécie de guru que destila sabedoria dominicalmente para sua congregação a respeito de como viver. Em segundo lugar, alguns imaginam que pregar é promover autoajuda para sua comunidade. O pregador é visto como um terapeuta que está lidando com as dores de seu povo e encorajando-o a não desistir diante das adversidades. Em terceiro lugar, muitos pregadores transformam o púlpito num palco para fomentar moralismo. O pregador é visto como um legislador ou moralista que descreve o que é certo e o que é errado e alerta a sua igreja a respeito dos "podes e não podes" na vida cristã. Em quarto lugar, muitas pessoas simplesmente creem que pregar é lecionar a Bíblia de capa a capa. O pregador é visto como um professor que dá aulas dominicalmente a respeito do conhecimento bíblico.

Qual é o problema com as quatro visões sobre pregação acima? De forma bem direta, nenhuma delas tem fundamento bíblico. Embora seja verdade que o pregador deva ser uma pessoa sábia para aconselhar, lidar com os dilemas da vida humana, instruir os cristãos na moralidade cristã e ensinar o conteúdo bíblico, nenhuma dessas atribuições está no coração da tarefa do pregador, a saber, proclamar o evangelho de nosso Senhor Jesus Cristo. O pregador é visto não como um eloquente orador cheio de ideias interessantes para compartilhar, mas como um embaixador do Reino de Deus proclamando a verdade desse reino em nome do próprio Rei.[4] À luz das diversas referências que o Novo Testamento faz à tarefa da pregação, quatro expressões se destacam: (1) pregar o Reino de Deus; (2) pregar o evangelho; (3) pregar Jesus Cristo; e (4) pregar a Palavra.[5] Talvez, o texto mais claro a respeito do que é pregação seja 2Coríntios 5:20,21: "Portanto, somos embaixadores em nome de Cristo, como se Deus exortasse por meio de nós. Em nome de Cristo, pois, pedimos que vocês se reconciliem com Deus. Aquele que não conheceu pecado, Deus o fez pecado por nós, para que, nele, fôssemos feitos justiça de Deus." Vamos analisar esse texto em detalhe abaixo.

Somos embaixadores em nome de Cristo

Em primeiro lugar, o pregador é visto pelo apóstolo não como alguém que tem sua própria mensagem para anunciar, mas como aquele que

---

[4]Para uma breve introdução sobre as metáforas utilizadas para retratar o pregador no Novo Testamento, veja Stott, *O perfil do pregador* (São Paulo: Vida Nova, 2001). Nesse livro, o famoso pregador britânico descreve o pregador utilizando cinco metáforas: (1) despenseiro; (2) arauto; (3) testemunha; (4) pai; e (5) servo. Ao utilizar a metáfora do embaixador, meu objetivo neste capítulo não é restringir a tarefa da pregação a uma dessas imagens (e.g. arauto), mas mostrar como ela nos ajuda a entender a pregação como um meio de graça.

[5]Referências sobre pregação no Novo Testamento: Mateus 4:17; 4:23; 9:35; 10:7; 24:14; Lucas 9:2; 16:16; 24:27,32,44-49; Atos 4:29; 5:28,42; 8:12; 10:42; 16:6; 19:8; 20:25; 28:23,31; Romanos 10:13-17; 15:20; 16:25; 1Coríntios 1:17—2:5; Efésios 3:8; 1Timóteo 4:1-4; Apocalipse 14:6 etc.

anuncia a mensagem de seu superior. O cargo de embaixador era bem conhecido de Paulo, dos coríntios e em todo Império Romano. Um embaixador era contratado para falar em nome de um monarca, transmitindo sua mensagem para outros reinos ao falar com a mesma autoridade do rei que o comissionou. Ao utilizar essa metáfora, Paulo está nos ensinando que pregar é anunciar a mensagem que recebemos de nosso Senhor Jesus Cristo como se o próprio Cristo estivesse falando por meio das nossas palavras.

Embaixadores não são enviados por conta própria, mas são enviados pelo rei para anunciar a sua mensagem. Quando falamos sobre Cristo e em nome de Cristo, é a voz de Cristo que é ouvida. A nossa tarefa como pregadores não é entreter pessoas ou fazê-las gostarem de nós e da nossa mensagem, mas sermos fiéis àquilo que o Senhor nos ordenou para proclamar. A autoridade da pregação não deve ser colocada no carisma do pregador ou em seu poder de persuasão; antes, ela permanece em seu cargo, o qual é um instrumento que faz a voz de seu Senhor chegar ao maior número de pessoas. A vitória de um embaixador de Cristo é ser um fiel representante de seu Senhor, transmitindo toda a verdade do Reino de Deus. Portanto, a autoridade do pregador está no fato de ele falar em nome de Cristo, e não de si mesmo.

Deus exorta por nosso meio

Em segundo lugar, um dos grandes mistérios da pregação é que ela é um meio de graça. Afinal, do que estamos falando? Os meios de graça são instrumentos pelos quais o Espírito Santo comunica a graça de nosso Senhor Jesus Cristo e todos os seus benefícios a nós. São sinais visíveis utilizados para transmitir bênçãos invisíveis de Deus. A pregação do evangelho, por exemplo, é o meio de graça central pelo qual Deus atrai pecadores para si mesmo, pois, de acordo com o apóstolo, a pregação do evangelho é "como se Deus exortasse por meio de nós." Ao proclamarmos fielmente a mensagem de reconciliação, o próprio Cristo fala por nosso intermédio e chama pecadores a si mesmo. Em outras palavras, o desafio do pregador é sair de cena para que o verdadeiro Pregador e Salvador fale utilizando suas palavras. Portanto, saber que é o próprio Cristo quem está pregando por meio de nós deveria mudar completamente a maneira pela qual entendemos o ministério da Palavra. Deus fala por meio de seu Filho, por meio da Escritura e também por meio de seus embaixadores. Como diz a Segunda Confissão Helvética:

> A pregação da Palavra de Deus é a Palavra de Deus. Portanto, quando a Palavra de Deus é proclamada na igreja por pregadores legitimamente chamados, cremos que a própria Palavra de Deus é anunciada e [assim] recebida pelos fiéis; e que nenhuma outra Palavra de Deus pode ser inventada, ou esperada do céu: e que a própria Palavra proclamada é que deve ser levada em conta, e não o ministro que a anuncia, pois, mesmo que este seja mau e pecador, contudo, a Palavra de Deus permanece boa e verdadeira.[6]

Paulo estava ciente de que, enquanto falava a verdade do evangelho, Deus pessoalmente falava aos pecadores. O mesmo vale para nós: enquanto nós chamamos pecadores para crerem em Cristo, é como se o próprio Deus pregasse em nosso lugar; enquanto nós exortamos, Deus está exortando; enquanto nós encorajamos os cristãos, Deus os encoraja; enquanto nós repreendemos o seu povo, é o próprio Deus repreendendo por meio das nossas palavras.

Consciente da sublimidade envolvida no ato de pregar, Paulo escreve que "não pregamos a nós mesmos, mas a Jesus Cristo como Senhor", e, em seguida, complementa: "Temos, porém, este tesouro em vasos de barro, para que se veja que a excelência do poder provém de Deus, não de nós" (2Coríntios 4:5,7). Quais são as implicações disso? Longe de colocar os holofotes sobre o pregador, ver a pregação como meio de graça muda a ênfase na pregação, que é vista como atividade de Cristo, pelo seu Espírito. É a sua Palavra, a sua sabedoria e o seu poder — e nada que pertence ao pregador — que trazem vida. O poder da Palavra está no ministério do Espírito, e não nos próprios ministros. Como Horton conclui: "Não precisamos de grandes pregadores, mas de uma pregação fiel da Palavra."[7] O poder do evangelho não está no pregador

---

[6]Second Helvetic Confession, art.1. Tradução do autor.
[7]Horton, *Pilgrim theology*, p. 351.

ou em seu carisma, mas na verdade proclamada; não em metodologias homiléticas, técnicas ou recursos tecnológicos, mas no poder do Espírito Santo, o qual une a sua Palavra com as nossas palavras à medida que trabalhamos como fiéis mordomos da Escritura.

A mensagem da reconciliação

Em terceiro lugar, a mensagem central de toda pregação é a reconciliação de pecadores com o Deus triúno. Embora devamos ensinar a Escritura, nosso papel como embaixadores do Reino de Deus transcende o mero lecionar das verdades bíblicas; a pregação faz parte do ministério da reconciliação. O apóstolo diz que Deus "nos reconciliou consigo mesmo por meio de Cristo e nos deu o ministério da reconciliação, a saber, que Deus estava em Cristo reconciliando consigo o mundo, não levando em conta os pecados dos seres humanos e nos confiando a palavra da reconciliação" (2Coríntios 5:18,19). Com base nisso, podemos dizer que o clímax de toda a pregação, independentemente de qual passagem esteja sendo pregada, deve ser o anúncio de reconciliação de nosso Senhor Jesus Cristo. Não há outra maneira pela qual pecadores podem entrar no Reino de Deus a não ser pelo novo nascimento (João 3:3-5). E "Deus achou por bem salvar os que creem por meio da loucura da pregação" (1Coríntios 1:21). Como o apóstolo questiona: "Como, porém, invocarão aquele em quem não creram? E como crerão naquele de quem nada ouviram? E como ouvirão, se não há quem pregue?" (Romanos 10:14).

Pregações de autoajuda, moralismo e boas lições de vida podem até ser úteis em alguma medida — por conterem alguma nuance de verdade —, mas tais mensagens são incapazes de produzir salvação. Somente a proclamação fiel do evangelho pode unir pecadores a Cristo, pois apenas a mensagem da cruz é legitimamente um recurso audível do qual o próprio Deus triúno se apropria para que pecadores se reconciliem com ele. Como diz Michael Horton: "A pregação do evangelho não é meramente uma instrução sobre Cristo e uma exortação para crer, mas o meio pelo qual o Espírito cria fé em nossos corações para abraçarmos a Cristo e todos os seus benefícios."[8] Portanto, pode-

---

[8]Ibidem, p. 347.

mos definir que pregação é o próprio ato de Deus falar conosco, à medida que seus embaixadores fazem um anúncio de Jesus Cristo, no poder do Espírito, por meio de um texto bíblico que, ao ser explicado aos ouvintes e aplicado à sua realidade, comunica a mensagem de reconciliação de forma fiel, contextualizada e inteligível. Não existe nada mais importante a ser resgatado no cenário atual dos púlpitos brasileiros do que a noção de pregação como meio de graça.

Tendo definido a pregação como meio de graça, precisamos agora distinguir as quatro formas da Palavra de Deus: encarnada, escrita, audível e visível. Em primeiro lugar, como já vimos em capítulos anteriores, o Filho de Deus é o Verbo por meio do qual Deus falou e todas as coisas foram criadas. Ao se encarnar, o Filho de Deus é a Palavra de Deus por excelência, pois: "Antigamente, Deus falou, muitas vezes e de muitas maneiras, aos pais, pelos profetas, mas, nestes últimos dias, nos falou pelo Filho, a quem constituiu herdeiro de todas as coisas e pelo qual também fez o universo" (Hebreus 1:1,2). Portanto, Jesus Cristo é a voz de Deus em sua essência, a boca do Deus vivo, o próprio Deus conosco em palavra e ação e a forma mais elevada de revelação divina.

Em segundo lugar, a Escritura é a revelação escrita de Deus. Embora ela seja de certa forma inferior à revelação encarnada de Cristo, a Bíblia é a Palavra canônica, inspirada e autoritativa que regulamenta a nossa fé e a nossa prática de vida e, em última análise, é nosso testemunho mais seguro a respeito da revelação do próprio Cristo. A Escritura é o veículo inspirado pelo qual o Senhor Jesus é entregue aos nossos olhos e aos nossos ouvidos a fim de fazer morada no recôndito mais íntimo de nosso coração. Podemos dizer que a Escritura é a segunda forma de revelação mais sublime que Deus faz de si mesmo e da sua vontade para nós.

Em terceiro lugar, a pregação do evangelho é a Palavra de Deus audível, um meio de graça pelo qual o próprio Deus anuncia a mensagem de reconciliação para os pecadores, por meio de seus embaixadores. Porém, é preciso estabelecermos com cuidado a relação entre Cristo, Escritura e pregação. Em linhas gerais, é correto afirmar que a pregação do evangelho está subordinada tanto a Cristo quanto ao texto canônico das Escrituras. A pregação depende de Cristo porque ele é o conteúdo central e o Pregador por excelência, ou seja, aquele que fala ao mundo por nosso intermédio. A pregação depende também da revelação escrita, pois toda pregação fiel do evangelho deriva sua autoridade do conteúdo infalível da Escritura. Horton coloca essa matéria de forma bem precisa:

> A Escritura é diretamente *inspirada* pelo Espírito Santo, preservada de erros e serve como a constituição escrita para a comunidade da aliança. A pregação, em contrapartida, é *iluminada* pelo Espírito, não é preservada de erros e é a Palavra de Deus apenas quando extrai sua substância do cânon bíblico. No entanto, quando a pregação está sob essa autoridade — não apenas formalmente, mas em substância —, ela é a Palavra de Deus exatamente no mesmo sentido das Escrituras. Embora seja inspirada e inerrante, a própria Escritura é mediada pelos pregadores de Deus: os profetas e os apóstolos. Jesus Cristo é a Palavra de Deus em *essência*, ao passo que as Escrituras e a pregação são a Palavra de Deus em suas *energias*. Seja por meio das Escrituras infalíveis ou da pregação falível, o mesmo Espírito entrega o mesmo dom — Cristo e todos os seus benefícios.[9]

Em quarto lugar, os sacramentos — o batismo e a eucaristia — também são formas de Deus se comunicar conosco, particularmente de modo visível. Como descreve o Catecismo de Heidelberg: "Os sacramentos são sinais e selos santos e visíveis. Foram instituídos por Deus para que, pelo uso deles, ele pudesse, o mais claramente possível, declarar a promessa do evangelho para nós e selá-la em nós. E esta é a promessa: que Deus nos concede, graciosamente, o perdão dos pecados e a vida eterna por causa do sacrifício de Cristo ofertado na cruz."[10] Por si só, os sacramentos nenhuma graça comunicam aos participantes, se não vierem acompanhados da promessa do evangelho. Por exemplo, contra o ritualismo da Igreja Romana de seus dias, os reformadores se referiam aos sacramentos como *verbum visibile* — palavra visível —, pois entendiam que, por meio do batismo e da eucaristia, o Espírito

---

[9]Ibidem, p. 348. Tradução do autor.
[10]Catecismo de Heidelberg, pergunta 66.

Santo está sinalizando e selando a promessa de reconciliação feita aos pecadores em Cristo.[11] Portanto, assim como a autoridade da pregação deriva da Escritura, os sacramentos dependem da pregação do evangelho para serem eficazes como revelação visível e tangível da maravilhosa obra de Jesus Cristo.

É o mesmo Cristo que está sendo oferecido por meio das Escrituras, da pregação e dos sacramentos. Seja por meio escrito, audível ou visível, é o Salvador que se dirige a nós por seu Espírito, se entrega a nós e nos abençoa com todas as graças que a nossa alma anseia. Em outras palavras, ao se revelar em carne, no texto, na proclamação e nos símbolos sacramentais, o Deus triúno está nos dando o conhecimento mais pleno possível da sua realidade e beleza: ele tira as escamas de nossos olhos, desobstrui os nossos ouvidos e prepara nossas mãos e todo o nosso corpo para que ele seja recebido por nós!

No entanto, quando a Escritura é lida desfocada de Cristo, a pregação, feita sem o amparo das Escrituras e os sacramentos, ofertados sem a promessa audível do evangelho, é certo afirmarmos que os meios de graça foram desvestidos de seu poder. Como o Senhor alertou aos fariseus de seu tempo: "Vocês examinam as Escrituras, porque julgam ter nelas a vida eterna, e são elas mesmas que testificam de mim. Contudo, vocês não querem vir a mim para ter vida" (João 5:39,40). Isto é, ter uma Bíblia nas mãos não significa que alguém está automaticamente em comunhão com Cristo. Do mesmo modo, o fato de alguém ouvir uma pregação não garante que essa pessoa será convencida da verdade, assim como pura e simplesmente participar dos sacramentos não assegura que alguém está em intimidade com o Senhor.

Em síntese, precisamos aprender a distinguir e a conectar as diversas maneiras pelas quais Deus se revela a nós. Isso nos ajudará a entender que as revelações encarnada, escrita, audível e visível são diferentes maneiras pelas quais o Deus triúno nos une e presenteia com as bênçãos do mesmo Cristo. Na próxima seção, falaremos um pouco mais sobre os dois sacramentos que confirmam visivelmente a entrada e a permanência dos discípulos de Cristo em seu reino glorioso.

---

[11]Cf. Kooi; Brink, *Christian dogmatics* (Grand Rapids: Eerdmans, 2017), p. 602.

BATISMO: ENTRADA NA FÉ

Assim como a pregação do evangelho, os sacramentos são meios de graça, isto é, meios pelos quais o Espírito Santo nos une a Cristo e fortalece nossa comunhão com ele. Já vimos que o meio de graça central pelo qual o Deus triúno produz a fé salvadora em nós e nos une a Cristo é a pregação do evangelho. Não há descrição mais precisa dessa verdade que esta: "A graça da fé, pela qual os eleitos são habilitados a crer para a salvação das suas almas, é a obra que o Espírito de Cristo faz nos corações deles, e é ordinariamente operada pelo ministério da palavra; por esse ministério, bem como pela administração dos sacramentos e pela oração, ela é aumentada e fortalecida."[12] A fé não é algo que possamos fabricar por nós mesmos, mas é um dom do Espírito, que o Senhor nos dá por meios comuns e terrenos: a fala de outro pecador em nome de Cristo, a água, o pão e o vinho. O que poderia ser mais comum? E, ainda assim, consagrados por Deus, tais elementos se tornam meios pelos quais Deus nos une a Cristo e amadurece a nossa relação com ele. Meu objetivo nesta seção é ajudar você a entender melhor o que é o batismo e como ele pode aumentar e fortalecer o presente da fé que lhe foi concedido por meio da pregação do evangelho.

A palavra "sacramento" foi introduzida na teologia por Tertuliano e é uma tradução da palavra grega *mysterion* para o latim (*sacramentum*). O termo "mistério" é utilizado no Novo Testamento em referência à vinda de nosso Senhor Jesus para a terra trazendo salvação aos pecadores, ou seja, trata-se do desvendar do plano de Deus para a história humana. Por exemplo, Paulo diz que Cristo é "o mistério que esteve escondido durante séculos e gerações, mas que agora foi manifestado aos seus santos" (Colossenses 1:26). Paulo também utiliza o termo "mistério" combinando-o com outras palavras: o mistério da fé (1Timóteo 3:9); o mistério entre Cristo e igreja (Efésios 5:32); o mistério da vontade de Deus (Efésios 1:9); os mistérios de Deus (1Coríntios 4:1); o mistério do evangelho (Efésios 6:19) etc. Ao estudar esse tipo de linguagem bíblica, Tertuliano compreendeu que os sacramentos são

---

[12]Confissão de Fé de Westminster, XIV.1

o modo pelo qual Deus nos *inicia* e nos *conserva* no mistério do conhecimento de Cristo e do evangelho.

Embora os sacramentos sejam um sinal da graça de Deus vindo ao nosso encontro, precisamos distingui-los dos sinais criacionais. Por exemplo, o arco-íris foi instituído como um sinal da aliança de Deus com toda a terra, garantindo a todos os seres humanos a preservação da ordem existente. Diferentemente deste tipo de sinal, os sacramentos da igreja são sinais não da atuação comum de Deus no mundo, mas das formas pelas quais participamos de sua graça salvadora. Participar do batismo e da eucaristia testifica a obra salvífica de Deus no mundo, bem como a aplicação dessa obra em nossos corações. Desse modo, os sacramentos são sinais da graça salvadora e devem ser ministrados exclusivamente para os discípulos que ouviram e creram na proclamação do evangelho, pertencendo agora ao povo de Deus.[13]

O batismo foi claramente instituído por Jesus Cristo como uma cerimônia de entrada no discipulado: "Portanto, vão e façam discípulos de todas as nações, batizando-os em nome do Pai, do Filho e do Espírito Santo" (Mateus 28:19). À medida que os discípulos de Cristo vão pelo mundo anunciando as boas-novas de reconciliação do Reino de Deus e as pessoas passam a crer nessa nova realidade de salvação, elas devem receber o batismo como sinalização daquilo que Deus começou a fazer em suas vidas. O Catecismo de Heidelberg explica: "Cristo instituiu esse lavar exterior e deu com ele a promessa de que, tão certo quanto a água remove a sujeira do corpo, assim também o seu sangue e o seu Espírito removem a impureza da minha alma, isto é, todos os meus pecados."[14]

O batismo também foi ordenado pelos apóstolos. No Pentecostes, Pedro aconselhou aqueles que foram tocados pela mensagem do evangelho da seguinte maneira: "Arrependam-se, e cada um de vocês seja batizado em nome de Jesus Cristo para remissão dos seus pecados, e vocês receberão o dom do Espírito Santo" (Atos 2:38).[15] Paulo recebeu

---

[13]Cf. Clowney, *The church* (Downers Grove: InterVarsity Press, 1995), p. 271.
[14]Catecismo de Heidelberg, pergunta 69.
[15]É importante lembrar que Pedro não está alterando a fórmula batismal segundo a qual os novos na fé são incorporados na família da fé em nome do Pai, do Filho

instrução semelhante de Ananias após ser chamado pelo evangelho: "E agora, o que está esperando? Levante-se, receba o batismo e lave os seus pecados, invocando o nome dele" (Atos 22:16). O apóstolo Paulo também ensinou que, por meio do batismo, somos sepultados e ressuscitados com Cristo (Romanos 6:1-11) e recebemos um banho do Espírito Santo que nos purifica os pecados (1Coríntios 6:11; Tito 3:5). O ensino apostólico é claro ao nos informar que o batismo deve ser ministrado apenas uma vez (Efésios 4:5) e que não há nada extraordinário na água do batismo em si, a qual apenas representa a lavagem que o próprio Espírito Santo efetua no salvo por meio da palavra (Efésios 5:25).

O apóstolo Pedro comenta que o episódio de libertação de Noé e sua família pelas águas do Dilúvio deve ser interpretado tipologicamente, isto é, como símbolo de uma libertação maior: "O batismo, que corresponde a isso, agora também salva vocês, não sendo a remoção das impurezas do corpo, mas o apelo por uma boa consciência para com Deus, por meio da ressurreição de Jesus Cristo" (1Pedro 3:21). O batismo é o sinal visível da nossa salvação e da nossa nova consciência como filhos de Deus. Essa nova consciência que nós temos para com o Senhor é testificada no batismo, pois o que é visível — a água e a purificação — dá uma amostra do poder invisível de Deus operando em nós. A água cerimonial é um símbolo da presença da água viva fluindo em nós. O batismo representa o que o Espírito Santo está fazendo em nós pelo poder da ressurreição de Cristo: nos lavando de dentro para fora, nos salvando, nos dando uma nova consciência, novas

---

e do Espírito Santo. A melhor explicação para o uso da frase "batizados em nome de Jesus Cristo" pelo apóstolo Pedro é que ele estava distinguindo o batismo de João Batista do batismo cristão. Em outras palavras, Pedro estava esclarecendo aos presentes que haviam recebido o evangelho por meio da sua pregação que o batismo cristão é ministrado sob a autoridade de Cristo, em seu nome. Portanto, isso em nada contradiz ou altera a fórmula batismal ordenada pelo próprio Cristo em Mateus 28:19, mas apenas ressalta que o novo batismo ministrado pelos apóstolos não é o mesmo oferecido por João Batista. Esse contraste fica ainda mais explícito nas viagens do apóstolo Paulo ao encontrar pessoas que já invocavam o nome de Jesus, mas conheciam apenas o batismo de João Batista. Para essas pessoas, Paulo também ministrou o batismo "em nome de Jesus", a fim de deixar clara a diferenciação entre os dois batismos (cf. Atos 18:25; 19:3).

capacidades, desejos únicos e nos habilitando para a missão de fazer discípulos de todas as nações. O batismo é um sinal visível da força invisível que Deus torna acessível a todos os que morrem com Cristo e ressuscitam com ele pela fé.

Assim como o Senhor Jesus iniciou o seu ministério pelo batismo (Mateus 3:13; Lucas 3:21), para nós o batismo é uma espécie de cerimônia de ordenação por meio da qual Deus nos autoriza oficialmente a iniciarmos a nossa jornada como seguidores de Cristo. Como em qualquer cerimônia de ordenação, nosso batismo representa o ato de consagração de nossas vidas a Deus, a nossa separação deste mundo e o nosso comissionamento para realizar os mesmos ofícios que Cristo desempenhou: profeta, sacerdote e rei. Todo cristão é, nesse sentido, um ministro ordenado por Deus para proclamar a Palavra (profeta), representar o Reino de Deus por meio de seu serviço e conduta humilde (rei) e atrair pessoas a Cristo por meio de orações, cuidado pelas pessoas e sofrimento (sacerdote). Portanto, se você foi batizado em nome do Pai, do Filho e do Espírito Santo, seu coração já foi separado para o ministério profético, real e sacerdotal no mundo.

Como um meio de graça, o batismo envolve ações humanas e divinas. Por um lado, é uma ação divina, pois a pessoa alcançada pela graça do evangelho recebe externamente a água que simboliza a operação regeneradora de Deus em seu interior. Todo sacramento é, portanto, um sinal visível de uma realidade invisível que Deus opera na vida do salvo. Assim, ser batizado em nome do Pai, do Filho e do Espírito é uma maneira de retratar que o Deus triúno recebeu aquela pessoa em seu reino, tendo nascido dele. O batismo é um meio de graça no sentido de confirmar no mais profundo de nosso ser que Deus é por nós, que está em nós e que nós estamos unidos inseparavelmente com ele. É como se Deus colocasse um carimbo ou selo em nós, atestando que somos propriedade exclusiva dele.

Por outro lado, o batismo também possui uma dimensão humana, pois, ao passar pelas águas, o novo discípulo está confessando publicamente sua relação de aliança com o Senhor Jesus Cristo. Como dissemos anteriormente, os sacramentos derivam seu poder da proclamação do evangelho. Nesse sentido, o batismo é um sinal de que nós entramos nesse mistério, que participamos do corpo de Cristo, isto é, morremos para o mundo, para o reino de Satanás, para nós mesmos, para o pecado — fomos "sepultados juntamente com ele [Cristo] no batismo" (Colossenses 2:12). Por estarmos agora unidos a Cristo pelo batismo, participamos com ele também da ressurreição. Como Paulo continua a escrever aos colossenses, nós fomos "ressuscitados por meio da fé no poder de Deus que [...] ressuscitou [Jesus] dentre os mortos" (Colossenses 2:12). Em outras palavras, a cerimônia do batismo é uma apresentação visível e tangível do evangelho, à medida que compreendemos o rito como uma encenação da morte e da ressurreição de Cristo e seus efeitos em nós, seus discípulos.

Além disso, o batismo é também um ritual humano porque é administrado pela igreja, ordinariamente por um ministro ordenado.[16] Em geral, os sacramentos lembram que somos parte de um só corpo e, portanto, temos comunhão uns com os outros. Além da presença do ministro que realiza o batismo em nome da Trindade, a presença da igreja do Senhor em um ambiente de adoração comunitária se encaixa bem no propósito do batismo, isto é, a celebração oficial da entrada de mais um discípulo em nossa família da fé. Como uma pública manifestação de sua "matrícula" na escola da fé, o batismo é realizado na presença da comunhão dos santos, os quais não apenas assistem ao novo membro entrando para a família, mas também se comprometem a cuidar dele como um bebê espiritual na casa de Deus. Um novo membro sendo batizado nos relembra de que somos membros uns dos outros e, portanto, temos a tarefa de zelarmos pela saúde espiritual uns dos outros. De fato, o batismo deve ser celebrado pela igreja como uma festa na terra, à semelhança do que os anjos fazem no céu quando um

---

[16]Nas tradições católicas, ortodoxas e protestantes, as cerimônias de batismo e ceia do Senhor são realizadas por um ministro ordenado, seja padre, seja pastor, seja bispo. A Escritura não é clara a respeito de quem tem autoridade para administrar os sacramentos e, até certo ponto, parece transparecer que alguns discípulos fiéis que não pertenciam ao colégio apostólico tinham legitimidade para isso, como no caso de Ananias batizando a Paulo (Atos 9:17,18) e Filipe batizando o eunuco (Atos 8:38). No entanto, o fato de que presbíteros e bispos foram eleitos para as funções de ensino, pregação, disciplina e governo das igrejas parece ter favorecido a convenção de que faria mais sentido se a administração dos sacramentos fosse atribuída também a eles.

pecador se arrepende (Lucas 15:7-10). Sobre a cerimônia pública do batismo, Calvino escreveu:

> ... sempre que alguém for batizado, ofereçam-no a Deus, apresentando-o à assembleia dos cristãos, com toda a igreja, como testemunha, orando por ele, recitando a confissão de fé [Credo Apostólico] com a qual o catecúmeno deve ser instruído, para relembrar as promessas a serem feitas no batismo e batizar o catecúmeno em nome do Pai, do Filho e do Espírito Santo. Por último, deve-se despedi-lo com orações e ações de graças. Se isso fosse feito, nada de essencial seria omitido.[17]

A despeito da necessidade da igreja e de alguém investido de autoridade para batizar os novos na fé, não é a espiritualidade do ministro, a saúde da igreja ou qualquer circunstância humana que determina a eficácia de um batismo, mas tão somente em nome de quem o sacramento é ministrado. Como afirmaram os teólogos de Westminster: "A graça significada nos sacramentos [...] não é conferida por qualquer poder neles existentes; nem a eficácia deles depende da piedade ou intenção de quem os administra, mas da obra do Espírito e da palavra da instituição [do batismo], a qual, juntamente com o preceito que autoriza o uso dela, contém uma promessa de benefício aos que dignamente o recebem."[18] Portanto, determinamos se um batismo é válido ou inválido não com base em qual ministro ou qual igreja o celebra, mas se é realizado em nome do Pai, do Filho e do Espírito Santo.[19]

Devemos igualmente rejeitar que a validade ou invalidade de um batismo depende do modo como a água foi administrada na cerimônia. As igrejas que se identificam como imersionistas de forma mais estrita, por exemplo, não aceitam em sua membresia quem foi batizado por aspersão, a menos que seja batizado novamente por imersão, ou seja, "verdadeiramente batizado", uma vez que o batismo por aspersão não é reconhecido como correta administração do sacramento. Essa

---

[17]Calvin, *Institutio Christianae religionis*, IV.xv.19. Tradução do autor.
[18]Confissão de Fé de Westminster, XXVII.3
[19]Cf. Calvino, *Institutas da religião cristã*, IV.xv.16.

me parece uma atitude sectária sem qualquer respaldo bíblico. À luz das Escrituras, o elemento que não pode faltar no batismo em hipótese alguma é a água — seja um litro, seja mil litros. Para Calvino, por exemplo, "quer a pessoa que esteja sendo batizada seja totalmente imersa, uma ou três vezes, quer seja ela apenas aspergida com água, isso é de bem pouca importância."[20] Para ele, o importante é que as igrejas tenham a liberdade de adotar um modo ou outro, em conformidade com as condições particulares de cada lugar.

Essa ressalva a respeito da quantidade de água é importante para nos mantermos livres de outras superstições quanto ao batismo. Por exemplo, devemos rejeitar qualquer noção mágica de que a água do batismo por si mesma tenha poder de realizar algum bem a nós. Ao descrever o batismo como o "lavar regenerador do Espírito", Paulo não quis dizer que nossa limpeza e nossa salvação são realizadas pela água ou que a água contém em si mesma o poder de limpar, regenerar e renovar; muito menos que a água do batismo produza o efeito da salvação, mas apenas que, neste sacramento, são recebidos o conhecimento e a certeza da salvação que já recebemos. Portanto, a água batismal é corretamente entendida como um sinal da verdadeira aspersão que recebemos exclusivamente pelo sangue de Cristo. Utilizamos a água justamente para representar visivelmente a limpeza e a lavagem que ocorrem espiritualmente em nós. Não devemos ficar obcecados com formas de batismo, quantidade de água ou a respeito de um poder inerente à água; pelo contrário, o batismo deve fixar nossas mentes em nosso Senhor Jesus Cristo e no poder que o seu sangue puríssimo tem para nos limpar de todo pecado.

A distinção sobre o sinal da água e a realidade que ela significa não deve nos confundir, mas ser motivo de grande confirmação da nossa fé. O batismo nos foi dado para despertar, nutrir e consolidar a nossa fé, e, portanto, devemos recebê-lo como vindo das mãos do próprio Deus. Em última análise, enquanto meio de graça, quem batiza é o próprio Deus Pai, Filho e Espírito Santo; a água e os ministros são meros instrumentos daquilo que o próprio Deus está fazendo. Devemos olhar para a água batismal e vermos nela analogicamente o que acontece de fato

---

[20]Calvin, *Institutio Christianae religionis*, IV.xv.19. Tradução do autor.

e de verdade em nossa purificação interior, a saber, a pureza de Deus nos tocando e envolvendo por completo. Calvino esclarece esse ponto magistralmente:

> Devemos ter certeza e provar que é ele quem nos fala por meio do sinal; que é ele quem purifica, lava os pecados e apaga a lembrança deles; que é ele quem nos torna participantes em sua morte, que priva Satanás de seu governo, que enfraquece o poder de nossa luxúria [...] que é ele quem toma a iniciativa e se une a nós para que, tendo-nos revestido de Cristo, possamos ser reconhecidos como filhos de Deus. Ele realiza isso em favor de nossa alma tão verdadeira e seguramente quanto vemos nosso corpo exteriormente limpo, submerso e rodeado de água. Esta analogia é a regra mais segura dos sacramentos: que devemos ver as coisas espirituais à luz do físico, como se estivessem diante de nossos próprios olhos. Pois o Senhor teve o prazer de representá-las por tais figuras — não porque essas graças estejam presas e encerradas no sacramento de modo a serem conferidas a nós por seu poder, mas apenas porque o Senhor, por esse sinal, atesta sua vontade para conosco, a saber, que ele tem o prazer de derramar todas essas coisas sobre nós. Ele não alimenta nossos olhos com uma mera aparência, mas nos conduz à realidade presente e, efetivamente, realiza o que ela simboliza.[21]

Para sermos exatos, precisamos reconhecer que a Igreja Católica Romana nunca endossou uma visão mágica dos sacramentos. A fórmula latina *ex opere operato* (em virtude do trabalho realizado) utilizada no Concílio de Trento nunca afirmou que os sacramentos funcionavam por si próprios, separados da ação divina. A questão que Roma tentou levantar era que os sacramentos operavam os benefícios embutidos neles sem a necessidade de fé da parte dos destinatários. Para eles, *ex opere operato* significa que os sacramentos derivam sua eficácia não do ministro ou do recipiente, mas do trabalho realizado pelo sacramento, independentemente dos méritos do ministro ou do recipiente. É por isso que os teólogos romanistas pensam nos sacramentos como

---

[21]Ibidem, IV.xv.14. Tradução do autor.

infundindo graça nos recipientes, isto é, qualquer efeito positivo deles não vem do valor ou da fé dos recipientes, mas do próprio sacramento como um instrumento de Deus.

Os teólogos católicos geralmente criticam os protestantes por perderem de vista a realidade dos sacramentos em sua transmissão imediata e objetiva da graça divina aos recipientes. Para eles, a ênfase dos reformadores na fé se revela excessiva e acaba tornando a realidade e a graça do sacramento meramente uma questão subjetiva e dependente de quem o recebe. Nesse sentido, os católicos romanos procuram assegurar a soberania de Deus nos sacramentos, de modo que infalivelmente transmitam a graça divina pela ministração deles. No entanto, isso não significa que os católicos romanos neguem a importância da fé para a participação nos sacramentos. Embora eles continuem afirmando que os sacramentos *contêm* a graça que significam, eles admitem que essa graça é conferida a todos os que não colocam obstáculos no caminho. Em outras palavras, isso significa que o participante deve ter uma certa disposição para receber o sacramento. A objetividade do sacramento deve, então, ser combinada com uma recepção que não seja totalmente descuidada. A despeito de tais qualificações, eles permanecem afirmando que a fé não torna o recipiente merecedor da graça infusa nem torna o sacramento efetivo.

Numa perspectiva reformada, a fé não é de forma alguma uma fabricação humana, mas um dom de Deus e, por isso, nunca é meritória. Fé é o meio pelo qual nos apropriamos de Cristo e nos apegamos concretamente a ele — de mãos vazias recebendo gratuitamente o transbordar da graça de Deus. Nesse sentido, não existe essa tal "subjetivação" do sacramento, pois a objetividade dele está na obra de Deus em nos abençoar como prometeu; a fé é simplesmente a maneira pela qual abraçamos essa promessa. Não devemos separar a fé e a eficácia dos sacramentos, do contrário seremos levados a crer, em um extremo, na objetividade deles, como se operassem por si mesmos, ou, no outro extremo, na subjetividade deles, como se o sinal não tivesse nenhum significado fora de nossa experiência. Ao mantermos fé e sacramentos juntos, estamos dizendo que a participação nos sacramentos envolve objetividade e subjetividade: a dádiva feita pelo Deus triúno e o modo como desfrutamos dela. Em outras palavras, a fé é o meio pelo qual abraçamos a graça de Cristo sinalizada nos sacramentos.[22]

À luz de tudo o que falamos até agora, não existem razões sadias para um cristão genuíno recusar o batismo. Seria como rejeitar um presente divino, uma confirmação tangível da obra de salvação de Cristo, e perder a oportunidade de ver em sua própria pele os sinais do amor e da graça divinos. Além disso, de uma perspectiva moral, recusar o batismo se enquadra em pecado porque é desobedecer ao mandamento do Senhor de sermos oficialmente incluídos em seu corpo por meio das águas.[23]

CEIA DO SENHOR: NUTRIÇÃO E CRESCIMENTO NA FÉ

O segundo sacramento claramente ordenado pelo Senhor Jesus Cristo nas Escrituras é a eucaristia ou a ceia do Senhor. Nosso Salvador instituiu esse sacramento na noite em que foi traído, devendo ser observado pela igreja até ao fim do mundo (cf. Mateus 26:26-29; Marcos 14:22-25; Lucas 22:18-20; 1Coríntios 11:23-26). As palavras da instituição da ceia são descritas pelo apóstolo Paulo aos Coríntios:

> Porque eu recebi do Senhor o que também lhes entreguei: que o Senhor Jesus, na noite em que foi traído, pegou um pão e, tendo dado graças, o partiu e disse: "Isto é o meu corpo, que é dado por vocês; façam isto em memória de mim." Do mesmo modo, depois da ceia, pegou também o cálice, dizendo: "Este cálice é a nova aliança no meu sangue; façam isto, todas as vezes que o beberem, em memória de mim." Porque, todas as vezes que comerem este pão e beberem o cálice, vocês anunciam a morte do Senhor, até que ele venha (1Coríntios 11:23-26).

Existem várias coisas importantes a serem destacadas à luz das palavras acima. Dentre elas, é claramente descrito pelo apóstolo que o

---

[22]Cf. Clowney, *The church*, p. 275-6.

[23]Nesta obra, eu não trato sobre o batismo infantil, pois creio que o assunto mereceria um capítulo inteiro para ser corretamente compreendido. Para uma análise fascinante e detalhada sobre o tema, veja: Calvino, *Institutas da religião cristã*, IV.xvi.1-32.

sacramento da eucaristia é uma *proclamação* da morte do Senhor, isto é, o evangelho de Jesus Cristo em forma visível em uma refeição com pão e vinho. É uma proclamação de morte porque, nessa refeição, o pão que representa o corpo do Senhor está separado do vinho, simulando o seu sangue. Corpo separado de sangue é morte, por isso o sacramento é uma proclamação visível e tangível do evangelho de Cristo, de seu amor por nós e da oferta de sua vida para a nossa salvação.

Precisamente como uma proclamação teatralizada do evangelho, a ceia do Senhor é um anúncio de toda a história da salvação. Paulo diz: "todas as vezes que comerem este pão e beberem o cálice, vocês anunciam a morte do Senhor, até que ele venha" (1Coríntios 11:26). Aqui temos claramente uma verdade a respeito do que aconteceu no passado: Cristo se ofereceu como um sacrifício feito de uma vez por todas; a respeito do que é uma realidade no presente: o fato de termos recebido o perdão dos pecados; e a respeito de um acontecimento futuro: o retorno de Cristo para completar a obra que começou. A mesma relação tríplice da morte do Senhor é feita pelo autor de Hebreus:

> ... agora, porém, ao chegar o fim dos tempos, ele se manifestou uma vez por todas, para aniquilar o pecado por meio do sacrifício de si mesmo. E, assim como aos homens está ordenado morrerem uma só vez, vindo, depois disso, o juízo, assim também Cristo, tendo-se oferecido uma vez por todas para tirar os pecados de muitos, aparecerá segunda vez, não para tirar pecados, mas para salvar aqueles que esperam por ele (Hebreus 9:26-28).

Uma das maneiras de Deus vivificar a esperança da igreja pela vida eterna é por meio da celebração da ceia do Senhor, pois nessa refeição nós temos intimidade com o Senhor como uma espécie de antecipação da sua vinda em glória![24] O Senhor Jesus faz essa conexão entre o presente e o futuro ao instituir a ceia na presença dos discípulos:

> Chegada a hora, Jesus se pôs à mesa, e os apóstolos estavam com ele. Então Jesus lhes disse: "Tenho desejado ansiosamente comer esta

---

[24]Cf. Moltmann, *O caminho de Jesus Cristo* (Santo André: Academia Cristã, 2009), p. 447.

Páscoa com vocês, antes do meu sofrimento. Pois eu lhes digo que nunca mais a comerei, até que ela se cumpra no Reino de Deus." E, pegando um cálice, depois de ter dado graças, disse: "Peguem e repartam entre vocês. Pois eu digo a vocês que, de agora em diante, não mais beberei do fruto da videira, até que venha o Reino de Deus" (Lucas 22:14-18).

Em outras palavras, ao participarmos da eucaristia aqui e agora, estamos antecipando ou experimentando um antegosto do verdadeiro banquete que teremos com o Senhor quando o seu reino for consumado. Será uma refeição maravilhosa! Todos os remidos pelo sangue de Cristo estarão presentes para essa grande ceia! Nós cremos que haverá um dia em que todos os cristãos de todas as etnias se reunirão em torno de Jesus e cearão juntos. Como vimos em capítulos anteriores, essa grande festa acontecerá no novo céu e na nova terra, o destino final dos salvos. Portanto, a eucaristia possui um caráter escatológico, pois é uma maneira pela qual o Senhor nutre a nossa fé pela esperança da restauração de todas as coisas que ocorrerá no momento de seu retorno para julgar vivos e mortos. Como escreve Herman Ridderbos: "O que acontece nessa refeição será realizado no Reino de Deus. Mas, reciprocamente, o que será a plenitude da alegria no Reino de Deus tem seu começo e antegozo nessa ceia. A relação entre a eucaristia e comer e beber no Reino vindouro de Deus não é apenas entre símbolo e realidade, mas entre inauguração e cumprimento."[25]

Além de proclamação, a ceia do Senhor também marca que os discípulos de Cristo fazem parte de uma nova aliança. A Última Ceia, na qual Jesus instituiu a ceia do Senhor, é apresentada pelos Evangelhos Sinóticos como uma refeição pascal. Jesus disse aos discípulos: "Tenho desejado ansiosamente comer esta Páscoa com vocês, antes do meu sofrimento" (Lucas 22:15). A morte de Cristo, então, é o cumprimento tipológico do sacrifício do cordeiro pascal israelita, pois traz à tona um novo êxodo. Páscoa e ceia do Senhor são refeições nas quais a comunidade da aliança se reúne para celebrar sua libertação por meio de uma intervenção milagrosa de Deus em seu favor.

---

[25]Ridderbos, *A vinda do Reino* (São Paulo: Cultura Cristã, 2007), p. 295

No caso de Israel, a Páscoa era uma celebração do Êxodo, a libertação de todo sistema escravista do Egito, sinalizada pelo sangue do cordeiro pascal nos umbrais das portas. Já para a igreja, a ceia do Senhor é uma celebração de um novo êxodo muito mais sério e delicado que o israelita: o êxodo da escravidão espiritual causada pelo pecado para uma nova vida eterna assegurada pelo sangue de Cristo na cruz. Tanto a Páscoa quanto a ceia do Senhor envolvem sangue, contudo, o que Jesus proclama agora é uma nova aliança — como havia sido prometido em Jeremias 31:31-34 — com base no sangue do definitivo Cordeiro de Deus que tira o pecado do mundo (João 1:29). Portanto, a ceia do Senhor é a comunhão exclusiva daqueles que fazem parte dessa nova aliança com Deus em Cristo.

Mas, afinal, por quais razões o Senhor instituiu esse sacramento? A eucaristia é um meio de graça pelo qual o Senhor nos garante que temos parte no sacrifício que ele ofereceu na cruz de uma vez por todas em nosso favor. Assim como no batismo, a ceia do Senhor é um *sinal* e um *selo*: por meio dos elementos pão e vinho, Cristo nos *relembra* da sua morte sacrificial, a qual nos salva do pecado e de seus efeitos, e também *sela* em nossos corações que somos dele, bem como que todos os benefícios espirituais dessa morte são nossos. Além disso, ao instituir o sacramento da ceia, o Senhor está nos convidando à mesa para termos comunhão íntima com ele e com os demais membros da família da fé, os quais são membros do corpo de Cristo.

Por que devemos utilizar pão e vinho? Cristo nos ordenou que comêssemos pão e bebêssemos vinho à mesa com ele para que experimentássemos, pelos elementos visíveis, as bênçãos invisíveis e espirituais significadas por eles. Como o catecismo explica: "... tão certo como vejo com os meus olhos o pão do Senhor partido por mim e o seu cálice dado a mim, assim também foi o seu corpo ofertado por mim e o seu sangue derramado por mim na cruz."[26] Além disso, "... tão certamente quanto recebo das mãos do ministro e provo com a minha boca o pão e o cálice do Senhor como sinais seguros do corpo e do sangue de Cristo, assim também ele mesmo, com o seu corpo crucificado e o seu sangue derramado, alimenta e nutre a minha alma

---

[26]Catecismo de Heidelberg, pergunta 75.

para a vida eterna."[27] Em outras palavras, os elementos visíveis do pão e do vinho servem como sinais para refrescar a nossa memória a respeito do conteúdo central do evangelho e também servem como selos espirituais que confirmam a nossa nutrição na fé, à medida que os elementos físicos nutrem o nosso corpo.

À luz do que dissemos, podemos afirmar que a ceia não é apenas um memorial em que relembramos as bênçãos recebidas do evangelho, mas também a participação nessas graças. Por exemplo, veja o que o apóstolo Paulo pergunta, de modo retórico, esperando "sim" como resposta: "Não é fato que o cálice da bênção que abençoamos é a comunhão do sangue de Cristo? E não é fato que o pão que partimos é a comunhão do corpo de Cristo?" (1Coríntios 10:16). E, mais à frente, ele continua: "Não é verdade que aqueles que se alimentam dos sacrifícios são participantes do altar?" (1Coríntios 10:18). O apóstolo escreve essas coisas alertando aos coríntios para que não participem mais de rituais pagãos que envolvem comida e bebida. Então, ele prossegue: "... Digo que as coisas que eles [os pagãos] sacrificam são sacrificadas a demônios e não a Deus; e eu não quero que vocês estejam em comunhão com os demônios. Vocês não podem beber o cálice do Senhor e o cálice dos demônios; não podem ser participantes da mesa do Senhor e da mesa dos demônios" (1Coríntios 10:20,21). Ou seja, a participação em sacrifícios pagãos une as pessoas aos demônios, ao passo que a participação na ceia do Senhor nos identifica com Jesus Cristo. Portanto, devido ao fato de a eucaristia estar conectada à realidade que ela significa e sela, devemos nos aproximar da mesa do Senhor dignamente (1Coríntios 11:27).

O que isso significa na prática? Com qual disposição de coração devemos comer e beber os elementos da ceia do Senhor? Em primeiro lugar, devemos participar da comunhão eucarística crendo de todo o coração no sofrimento e na morte de Cristo, com a certeza de que ele perdoou todos os nossos pecados e nos deu a vida eterna. Em segundo lugar, movidos pela graça perdoadora de Cristo, devemos partir o pão com os irmãos em santa paz e amor, como um testemunho vivo de que Cristo vive em nós por meio do Espírito Santo. De fato, o apóstolo

---

[27]Ibidem, pergunta 75.

recomenda que, antes de participarem da ceia, cada um se autoexamine primeiro: "Que cada um examine a si mesmo e, assim, coma do pão e beba do cálice. Pois quem come e bebe sem discernir o corpo, come e bebe juízo para si" (1Coríntios 11:28,29).

Embora seja impossível negar que Paulo ordena o autoexame aos coríntios, não está claro em que consiste esse autoexame. Parece que a chave para descobrirmos o significado desse exame está no versículo seguinte: "Pois quem come e bebe sem discernir o corpo, come e bebe juízo para si" (1Coríntios 11:29). Assim, a questão crucial do texto gira em torno do significado de "discernir o corpo", para evitar que os cristãos participem da ceia do Senhor de maneira a receber juízo. Muitos intérpretes assumem que a palavra "corpo" nessa frase se refere ao corpo de Cristo crucificado na cruz e agora relembrado no sacramento. Assim, "discernir o corpo" significaria empenhar-se em um autoexame que é primeiramente de dimensão vertical — um exame da relação de alguém com Jesus Cristo —, em vez de horizontal — examinar o relacionamento de alguém com os irmãos cristãos. Dessa forma, quando os cristãos confessam que Jesus é seu Senhor e que a morte de Cristo pagou por seus pecados, eles estão "discernindo o corpo" de uma maneira que lhes permite participar do sacramento dignamente.

No entanto, embora seja importante avaliarmos nosso relacionamento pessoal com o Senhor antes de participarmos do pão e do vinho, um olhar mais atento ao contexto da passagem em questão parece sugerir que "discernir o corpo" tem maior relação com a dimensão horizontal. A maior parte dos estudiosos reconhece que a ceia do Senhor era celebrada nas comunidades do segundo século como um jantar, uma espécie de banquete ou festa de fraternidade (cf. Judas 12; 2Pedro 2:13). A maioria deles também concorda que durante as celebrações de Corinto, em vez de fraternidade, havia se instalado uma verdadeira celebração de rivalidades, pois alguma forma de divisão estava em curso na igreja (1Coríntios 11:18).[28] Jeffrey Weima argumenta, por exemplo, que a divisão instalada se dava entre os cristãos ricos e os pobres. Na tentativa de reconstruir a cena, ele sugere que a festa ou o culto começava, mas os pobres e os escravos teriam dificuldades de chegar

---

[28]Cf. Morris, *1 Corinthians* (Downers Grove, IL: InterVarsity Press, 1985), p. 156.

pontualmente para a adoração. Daí, então, o problema: os ricos não esperavam pelos pobres. Eles simplesmente comiam e bebiam em seus grupos, cada um comendo sua "própria ceia." Uns ficavam com fome, outros ficavam bêbados. Há um contraste evidente entre os pobres famintos e os ricos embriagados. Não havia eucaristia, portanto, não havia uma refeição de comunhão.[29]

Weima também sugere que os ricos eram os grandes culpados do problema, pois, além de terem "casas para comer e beber" (1Coríntios 11:22), desprezavam a igreja de Deus e humilhavam aqueles que nada tinham. A trágica cena que o apóstolo quer corrigir é a de pobres voltando do culto com fome e de ricos voltando para casa cambaleando de bêbados (1Coríntios 11:21). Weima assinala que, embora não se saiba com certeza o que levou às divisões sobre a ceia em Corinto, está claro que o problema envolveu a discriminação social: os cristãos ricos celebravam a ceia do Senhor de uma forma que "desprezava e humilhava" os cristãos mais pobres. Portanto, a expressão "discernir o corpo" parece se referir ao corpo de cristãos — à igreja —, e não diretamente ao corpo físico de Cristo representado no pão e no vinho. Em outras palavras, o que o apóstolo estava tentando resolver em Corinto era um problema de ordem eclesiológica, não soteriológica. Paulo quer ensinar a igreja a participar dignamente do sacramento e fomentar unidade no seio da igreja.[30]

Participar da eucaristia é um sinal de que fazemos parte do corpo místico de Cristo. Por um lado, o batismo é o sacramento de iniciação, por outro, a ceia do Senhor é o sacramento de maturação e nutrição da fé. O primeiro sacramento deve ser administrado uma só vez a mesma pessoa, enquanto o segundo deve ser administrado periodicamente.

---

[29]Weima, "Children at the Lord's Supper and the key text of 1 Corinthians 11:17-34", *CTS Spring Forum* (2007): 7.

[30]Ibidem, p. 7-8. A interpretação eclesiológica de "discernir o corpo" é utilizada pelos adeptos da pedocomunhão, visão que aprova a admissão dos filhos dos cristãos à ceia do Senhor. Para uma análise teológica dos principais argumentos favoráveis e desfavoráveis à pedocomunhão, veja meu artigo: Gomes, "Pedocomunhão: os filhos dos crentes devem participar da Eucaristia?" *Revista Teológica* (Campinas) 71, 1 (2018): 79-116.

Se no batismo o Espírito Santo sela e confirma a nossa entrada para a família da fé, na ceia do Senhor o mesmo Espírito nutre e dá continuidade àquela fé implantada em nosso coração. Na tradição cristã, utilizamos o termo "união mística" para nos referirmos à relação de união sagrada que temos com o Senhor Jesus. Como o Catecismo de Heidelberg afirma: "... embora Cristo esteja no céu e nós estejamos na terra, somos, não obstante, 'carne da sua carne e osso dos seus ossos' e vivemos e somos governados eternamente por um único Espírito, assim como os membros de um mesmo corpo o são por uma única alma."[31]

Em relação à natureza dos elementos do pão e do vinho, a Escritura não atribui nenhum tipo de mudança de substância ocorrendo nos elementos, como se durante a administração do sacramento eles perdessem a sua composição original para adquirirem outra, seja um elemento espiritual, seja o próprio corpo e sangue do Senhor Jesus. O que a Escritura, a razão e a própria realidade nos ensinam é que os elementos apenas sinalizam algo da realidade, mas não que contenham em si mesmos a existência dessa realidade, a saber, o corpo físico de nosso Senhor. De forma paralela à água do batismo, que não se transforma no sangue de Cristo nem purifica os nossos pecados, mas é puramente um sinal e um selo dessa bênção espiritual, assim também o pão, na ceia do Senhor, não muda de substância tornando-se o próprio corpo de Cristo, mas apenas é utilizado como sinal e selo que nos relembra da morte do Senhor e nos aproxima dele pela fé. Horton explica muito bem que nós não devemos separar o sinal (sacramento) da realidade (Cristo), mas apenas fazermos a correta distinção entre as duas coisas:

> Distinguimos sem separar o sinal da realidade [...] Alguns os confundem, como se a água, o pão e o vinho se transformassem no corpo e no sangue de Cristo. Outros os separam, como se os sinais apenas apontassem, mas não transmitissem Cristo e seus benefícios [...] A Escritura nos diz que recebemos o batismo para o perdão dos

---

[31]Catecismo de Heidelberg, pergunta 76. Para um resumo doutrinário sobre os sacramentos da perspectiva da união com o Deus triúno, veja: Billings, "Sacraments", in: Allen; Swain, orgs., *Christian dogmatics* (Grand Rapids: Baker, 2016), p. 339-62.

pecados e o dom do Espírito; e que na ceia do Senhor recebemos o corpo e o sangue de Cristo para a vida eterna. Ao mesmo tempo, a Escritura ensina com igual clareza que a salvação vem somente por meio da fé em Cristo. Como reconciliamos esses fatos? Essa questão se resume à relação entre a realidade (Cristo e todos os seus benefícios) e o sinal que é realizado.[32]

Ao falar do sacramento como se fosse o "seu corpo" e "seu sangue", o Senhor Jesus está nos ensinando pela eucaristia que, do mesmo modo que o pão e o vinho nos sustentam para a vida temporal, assim também o seu corpo crucificado e o seu sangue derramado são o verdadeiro alimento e a verdadeira bebida das nossas almas para a vida eterna. Como ele disse aos discípulos: "Pois a minha carne é verdadeira comida, e o meu sangue é verdadeira bebida. Quem come a minha carne e bebe o meu sangue permanece em mim, e eu permaneço nele" (João 6:55,56). Portanto, por meio da eucaristia, o Senhor nos ensina concretamente que precisamos nos nutrir dele diariamente, visto que é o nosso alimento mais essencial. Ao participarmos do pão e do vinho, nós também nos apropriamos visceralmente da obra de Cristo em nosso favor, pois "todo o seu sofrimento e obediência são tão certamente nossos como se nós mesmos tivéssemos sofrido e pago pelos nossos pecados."[33]

Por ser a celebração da morte do Senhor e também de nossa intimidade à mesa com ele, a ceia do Senhor não deveria ser administrada como uma reunião fúnebre, mas como uma festa sagrada na qual encontramos descanso, refrigério e alegria, em que estamos nos divertindo como em um banquete familiar.[34] Os elementos desse banquete, o pão e o vinho, representando o corpo do Senhor separado de seu sangue, são dois emblemas de tristeza e sofrimento, pois retratam a morte; contudo, eles nos oferecem, paradoxalmente, motivos para celebrar o amor. Como escreveu Spurgeon: "Na verdade, essa é a alegria que surge da tristeza! O próprio festival é o memorial ordenado da maior dor que já foi suportada na terra. Ao se reunir em torno da mesa do Senhor,

[32]Horton, *Pilgrim theology*, p. 353.
[33]Catecismo de Heidelberg, pergunta 79.
[34]Spurgeon, *The fullness of joy*, p. 109.

você pode ver nesses emblemas externos que a tristeza se transformou em alegria."[35]

Quem deve se achegar à mesa do Senhor e participar desse banquete espiritual? Como dissemos, a eucaristia é uma refeição pactual daqueles que agora vivem debaixo da nova aliança no sangue de Cristo. O requisito para poder participar da Páscoa israelita era fazer parte do povo (Êxodo 12:43-49). De forma mais específica, todos os membros *circuncidados* de Israel eram convocados por Deus para comer e celebrar a Páscoa. Estrangeiros e escravos assalariados não poderiam comer dela, a não ser que houvessem recebido a circuncisão. Como o texto diz: "mas nenhum incircunciso comerá dela" (Êxodo 12:48). O texto é claro ao estabelecer que o requisito para comer a Páscoa era ser um membro da aliança, e isso incluía escravos, estrangeiros e crianças circuncidadas. Similarmente, o sacramento da ceia do Senhor é uma mesa restrita àqueles que já fazem parte da nova aliança em Cristo, a qual é oficialmente celebrada no batismo.

Portanto, todos os membros da igreja de nosso Senhor Jesus Cristo que já receberam o batismo são convidados para terem comunhão com ele na eucaristia. Os membros da nova aliança devem se achegar perante esse banquete espiritual confiando que seus pecados "foram perdoados e que o mal que ainda resta neles está coberto pelo sofrimento e pela morte de Cristo, [são estes] que também desejam fortalecer a sua fé e corrigir as suas vidas cada vez mais."[36] O que nos leva a assentar ao redor da mesa do Senhor não é algum mérito pessoal nem qualquer conquista de santidade, mas é pura e simplesmente a graça de Cristo que nos dá o direito de comermos com ele. Portanto, o espírito adequado para celebrarmos a ceia do Senhor é o de humildade, quebrantamento e gratidão.

Fora os membros da aliança, qualquer pessoa que comer do pão e beber do vinho indignamente não faz nada além de alimentar juízo para si mesmo. Assim, aqueles que ainda estão na incredulidade não têm parte na mesa com Cristo. Além disso, o apóstolo Paulo diz que, se os próprios membros da aliança estiverem vivendo hipocritamente,

---

[35]Ibidem, p. 109.
[36]Catecismo de Heidelberg, pergunta 81.

como se fossem ímpios e incrédulos na prática, eles devem se afastar da mesa do Senhor, caso contrário estariam desonrando-a ao participarem dos elementos:

> Quando, pois, se reúnem no mesmo lugar, não é a ceia do Senhor que vocês comem. Porque, quando comem, cada um toma antecipadamente a sua própria ceia, e enquanto um fica com fome outro fica embriagado. Será que vocês não têm casas onde podem comer e beber? Ou menosprezam a igreja de Deus e envergonham os que nada têm? Que posso dizer a vocês? Devo elogiá-los? Nisto certamente não posso elogiá-los. [...] Por isso, aquele que comer o pão ou beber o cálice do Senhor indignamente será réu do corpo e do sangue do Senhor. Que cada um examine a si mesmo e, assim, coma do pão e beba do cálice. Pois quem come e bebe sem discernir o corpo, come e bebe juízo para si. É por isso que há entre vocês muitos fracos e doentes e não poucos que dormem. Porque, se julgássemos a nós mesmos, não seríamos julgados. Mas, quando julgados, somos disciplinados pelo Senhor, para não sermos condenados com o mundo (1Coríntios 11:20-22,27-32).

À luz dessas palavras, qualquer pessoa que faça parte do corpo de Cristo, mas esteja vivendo como um incrédulo, deve examinar-se primeiro, depois, arrepender-se profundamente, para então retomar à comunhão. Isso não significa que uma pessoa deva estar "sem pecados" como um requisito para participar da ceia do Senhor — visto que isso é impossível nesta vida. Há uma diferença grande entre viver deliberadamente na prática do pecado e ser um cristão verdadeiro que ainda luta com seus pecados: o primeiro grupo não sente mais tristeza pelos seus atos, enquanto o segundo vive em constante luta para agradar a Deus, mortificando a carne e vivendo no Espírito. Nesse sentido, o Senhor espera que nos acheguemos à mesa não com uma "ficha limpa" ou em "santidade perfeita", mas com uma atitude de descontentamento para com os nossos pecados, quebrantamento, humildade e reconhecimento absoluto de que os únicos que são dignos de partilharem dos elementos são aqueles que foram lavados pelo sangue de Cristo.

No caso de Corinto, a eucaristia acontecia em um verdadeiro banquete no qual pessoas se fartavam de comida. Para aqueles que viam no sacramento tão somente uma oportunidade para matar a fome, Paulo escreveu: "Se alguém tem fome, que coma em casa, a fim de que vocês não se reúnam para juízo" (1Coríntios 11:34). Em outras palavras, a não ser que nossa motivação para participar da ceia do Senhor seja a nutrição espiritual da fé, devemos nos abster de comer e beber, caso contrário, estaremos atraindo juízo divino sobre nós mesmos. Como explicam os teólogos de Westminster:

> Ainda que os ignorantes e os ímpios recebam os elementos visíveis desse sacramento, não recebem a coisa por eles significada, mas, pela sua indigna participação, tornam-se réus do corpo e do sangue do Senhor para a sua própria condenação; portanto, um vez que são indignos de gozar comunhão com o Senhor, são também indignos da sua mesa, e não podem, sem grande pecado contra Cristo, participar desses santos mistérios nem a eles ser admitidos, enquanto permanecerem nesse estado.[37]

Já que é a proclamação visível do evangelho, os sacramentos são ministrados à vista de todos os presentes, embora recebidos apenas pelos membros da nova aliança. Aqueles que visitam nossas igrejas pela primeira vez, por exemplo, embora não partilhem dos elementos do pão e do vinho, devem ser capazes de perceber o evangelho sendo proclamado diante de seus olhos, pois a eucaristia é um evento missionário.[38] É o próprio Cristo que fala por meio deles. Isso significa que, no momento em que os membros da aliança comungam uns com os outros, os de fora não estão simplesmente sendo excluídos da cerimônia, ao contrário, eles são convidados pelo próprio Cristo a se arrependerem e crerem no evangelho para desfrutarem da mesma comunhão íntima com o Deus triúno. Portanto, precisamos entender a ceia do Senhor como uma bênção para os que participam e um evento missionário para os

---

[37]Confissão de Fé de Westminster, XXIX, 8.
[38]Horton, "The church", in: Allen; Swain, orgs., *Christian dogmatics* (Grand Rapids: Baker, 2016), p. 338.

que ainda observam sem provar do pão e do vinho. Devemos orar para que os sacramentos produzam nos incrédulos a vontade de passar pela água e causem em seus corações fome e sede pelo verdadeiro alimento que dá vida eterna: Jesus Cristo, nosso Senhor!

Espero que este capítulo tenha ajudado você a perceber como a proclamação do evangelho e os sacramentos são meios de graça pelos quais o Senhor se comunica audível e visivelmente conosco. Todas as vezes que a Palavra de Deus é fielmente pregada e os sacramentos são ministrados, Deus está nos dando uma oportunidade de nos encontrar com ele. Isso deveria redefinir a forma pela qual prestamos culto a Deus e o modo que enxergamos a nossa rotina dominical de adoração. Ouvir a Palavra sendo pregada não é mero ritual eclesiástico, mas uma oportunidade de ouvir o próprio Deus falando conosco por meio de seus servos. Participar dos sacramentos não é apenas estar em dia com a membresia de sua igreja local, mas o privilégio de ver o drama da salvação ser encenado uma vez mais e deixar os nossos corações serem arrebatados por essa mensagem tão real e maravilhosa.

Somos discípulos de Jesus Cristo. Quanto mais perto do Senhor estamos, mais parecidos nos tornamos com ele. Se quisermos crescer em nossa jornada de discipulado, precisamos redescobrir o papel da Palavra e dos sacramentos em nossas vidas e pararmos de imaginar que discipulado tem que ver apenas com experiências individuais com Deus. Em última análise, enquanto o Salvador não retorna para a terra, ele espera ser reconhecido por nós conforme sua voz é ressoada por meio de fiéis pregadores, seu perdão é sinalizado na água do batismo e sua maravilhosa graça e amor são vistos e desfrutados ao redor da mesa eucarística.

REFERÊNCIAS

BILLINGS, Todd. "Sacraments." In: ALLEN, Michael; SWAIN, Scott R., orgs. *Christian dogmatics: Reformed theology for the Church Catholic* (Grand Rapids: Baker, 2016).

CALVIN, Jean. "Institutio Christianae religionis." In: BAUM, G.; CUNITZ, E.; REUSS, E., orgs. *Ioannis Calvini Opera Quae Supersunt Omnia*. Corpus

Reformatorum (Brunswick and Berlin: C. A. Schwetschke and Son [M. Bruhn], 1863-1900). Vols. 29-87.

_____ [CALVINO, João]. *Institutas da religião cristã* (São Paulo: Cultura Cristã, 2006). 4 vols.

"Catecismo de Heidelberg." In: *As três formas de unidade das igrejas reformadas* (Brasília, CLIRE, 2013).

CLOWNEY, Edmund P. *The church* (Downers Grove: InterVarsity Press, 1995).

_____. *A igreja*. Série Teologia Cristã (São Paulo: Cultura Cristã, 2007).

Confissão de Fé de Westminster (São Paulo: Cultura Cristã, 2014).

GOMES, Jean Francesco A. L., "Pedocomunhão: os filhos dos crentes devem participar da eucaristia?" *Revista Teológica* (Campinas) 71, 1 (2018): 79-116.

HORTON, Michael. *Pilgrim theology: core doctrines for Christian disciples* (Grand Rapids: Zondervan, 2011).

_____. "The church". In: ALLEN, Michael; SWAIN, Scott R., orgs. *Christian dogmatics: Reformed theology for the Church Catholic* (Grand Rapids: Baker, 2016).

KOOI, Cornelis van der; BRINK, Gijsbert van den. *Christian dogmatics: an introduction* (Grand Rapids: Eerdmans, 2017).

MOLTMANN, Jürgen. *O caminho de Jesus Cristo* (Santo André: Academia Cristã, 2009).

MORRIS, Leon. *1 Corinthians: an introduction and commentary* (Downers Grove, IL: InterVarsity Press, 1985).

_____. *1 Coríntios: introdução e comentário*. Série Cultura Bíblica (São Paulo: Vida Nova, 2006).

RIDDERBOS, Herman. *A vinda do Reino* (São Paulo: Cultura Cristã, 2007).

"Segunda Confissão Helvética." In: BEEKE, Joel R.; FERGUSON, Sinclair B., orgs. *Harmonia das confissões reformadas* (São Paulo: Cultura Cristã, 2006).

SPURGEON, Charles H. *The fullness of joy* (New Kensington, PA: Whitaker House, 1997).

STOTT, John. *O perfil do pregador* (São Paulo: Vida Nova, 2001).

WEIMA, Jeffrey, "Children at the Lord's Supper and the key text of 1 Corinthians 11:17-34", *CTS Spring Forum* (2007).

PALAVRAS FINAIS

hegamos ao final da nossa jornada. Meu objetivo neste livro foi sugerir que o retorno a um projeto de discipulado integral — que sempre fez parte, em maior ou menor grau, da tradição cristã em diversos momentos da história — é o melhor — remédio para o estado atual de grave insuficiência em nossa formação espiritual. "O que Deus espera de nós?" Essa foi a pergunta que tentamos responder neste livro. A chave para o discipulado transformador não está em nós, mas em nos voltarmos para Deus, pensando nele e em quais são as suas expectativas a nosso respeito.

Nessa longa jornada, sugeri que a formação do caráter cristão é melhor compreendida como a união de quatro partes harmônicas, sendo elas: fé, obediência, oração e encontro. Isto é, Deus espera quatro coisas de nós: (1) que creiamos nele; (2) que obedeçamos à sua vontade; (3) que corramos para ele em oração; e (4) que estejamos atentos aos meios pelos quais ele se revela a nós. Eu creio firmemente que esse é o caminho para a maturidade cristã.

Obviamente, isso não é uma fórmula mágica, até porque não existe força em nós mesmos para alcançar a maturidade cristã ideal que tanto almejamos. Nós precisamos de uma reforma espiritual em nosso interior que só pode ser realizada, em última análise, pelo poder do Espírito Santo. É o próprio Deus triúno que nos dá a fé, nos capacita a obedecê-lo, move o nosso interior para buscá-lo em oração e se revela de vários modos distintos para que possamos encontrá-lo. A nossa oração deve ser: "Senhor, ensina-nos a crer em ti, a obedecer-te, a falar contigo do jeito que te agrada e a encontrar-te nos meios em que tu te revelas!" Em outras palavras, reformar o nosso discipulado não é outra coisa senão reaprender a ver Deus no centro de toda a nossa vida e estender as nossas mãos vazias na direção dele a fim de nos apropriarmos das graças que ele tornou acessíveis a nós.

Como disse na introdução deste livro, por mais estranho que possa parecer, ensinar o cristianismo para os cristãos é a coisa mais urgente que cada igreja deveria se esforçar para realizar. E isso é muito mais que ensinar doutrina, hábitos, história da igreja ou técnicas espirituais. Precisamos ver a nossa fé como dádiva: nós viemos de Deus e estamos retornando para ele — *exitus et reditus.* Ser cristão é fazer parte de um drama cujo enredo começa, se desenvolve e termina em Deus. Como ensinou o apóstolo: "Porque dele, e por meio dele, e para ele são todas as coisas. A ele seja a glória para sempre. Amém!" (Romanos 11:36). Nós começamos a entender o nosso lugar no mundo somente à luz dessa grande moldura narrada pelas Escrituras, as quais retratam a nossa origem pelas mãos do Deus criador, nosso afastamento dele por causa do pecado e nosso retorno a Deus por meio da maravilhosa obra de Jesus Cristo e do Espírito Santo. Fazer parte dessa belíssima história da salvação e conhecer as maravilhas de Deus é uma glória, e até os "anjos desejam contemplar" essas coisas (1Pedro 1:12).

Embora a nossa nação esteja vivenciando um despertar quanto ao conhecimento de Deus, a maior parte das pessoas ainda não sabe por onde começar a jornada. Nosso cristianismo ainda está muito aquém daquilo que o nosso Senhor espera de nós. Espero que este livro tenha contribuído de algum modo para renovar a sua fé e tenha oferecido ferramentas para que você possa apresentá-la de maneira clara, organizada e robusta aos recém-chegados no evangelho.

Que o Deus Pai, Filho e Espírito Santo tenha misericórdia de nós e nos ensine a crer, a obedecer, a clamar e a encontrá-lo! E que as palavras do profeta sejam as nossas: "Aviva a tua obra, ó Senhor, no decorrer dos anos, e, no decurso dos anos, faze-a conhecida" (Habacuque 3:2). Que a graça do Senhor Jesus Cristo esteja com todos vocês! "E ao Deus que é poderoso para evitar que vocês tropecem e que pode apresentá-los irrepreensíveis diante da sua glória, com grande alegria, a este que é o único Deus, nosso Salvador, mediante Jesus Cristo, Senhor nosso, sejam a glória, a majestade, o poder e a autoridade, antes de todas as eras, agora, e por toda a eternidade. Amém!" (Judas 24,25).

Este livro foi impresso pela Eskenazi, em 2022,
para a Thomas Nelson Brasil. O papel do miolo é
pólen soft 70 g/m² e o da capa é cartão 300 g/m².